수리물리학

박환배 지음
Hwanbae Park

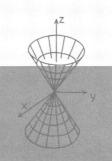

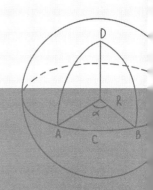

 북스힐

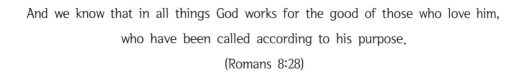

And we know that in all things God works for the good of those who love him,
who have been called according to his purpose.
(Romans 8:28)

머리말

   수리물리학은 고전역학, 전자기학 그리고 양자역학 등의 학부 및 대학원 물리학 전공을 배우는데 필요한 미분, 적분 그리고 특수함수 등의 수리적 내용을 가능한 한 중간과정을 생략하지 않고 자세히 기술하여 수학에 어려움을 겪는 학생들도 따라올 수 있도록 본문 내용을 준비하려고 노력하였다. 본문의 많은 내용이 저자에 의해 영어로 출판된 "Guardian for Mathematical Physics"에 기술되어 있지만 이번에 한글로 출판되는 수리물리학에서는 많은 부분이 새롭게 추가되거나 보강되었다. 본문 내용에 난이도를 달리하는 예제들을 가능한 한 많이 제시하였고 본문에 기술되지 않은 관계식에 대한 증명 또는 유도 등은 각 장의 뒷 부분에 있는 보충자료 또는 문제 풀이에서 기술하였다. 각 장에 있는 연습문제를 통해 학생들 스스로 배운 내용을 잘 이해하고 있는지 점검을 할 수 있도록 했고 마지막 장의 뒤에 연습문제 풀이도 제공하였다.

   이 책을 집필하는 동안 내용표현을 꼼꼼히 검토해 준 최은진양의 수고에 감사드리며, 오늘이 있기까지 함께 해 주며 큰 힘이 되어준 나의 행복이고 기쁨인 가족들, 평생의 반려자인 아내 그리고 진효, 조량, 윤형, 지민에게 이 자리를 빌어서 감사와 사랑을 표한다.

   책의 내용이 많이 부족하고 교정에 신중을 기하였으나 오탈자 및 내용표현에 미숙한 점들이 여전히 많으리라 생각되며 독자들의 지도와 조언을 구하는 바이다.

그리고 책을 준비하는데 도움을 준 북스힐 조승식 대표님과 이수정 선생님과 편집직원 분들의 수고와 노고에 깊이 감사드린다.

2022년 11월
저자

차례

소개

    이 장에서는 물리 및 공학 분야의 문제 풀이에 필요한 기본적인 수학 함수들에 대해 복습하고 이들 수학 공식들이 어떤 원리로 유도되는지에 대해 알아본다. 또한 델타 함수, 라플라스 변환, 그린 함수의 개념 그리고 복소함수의 적분을 개략적으로 살펴봄으로써 심도있는 물리학을 배울 수 있는 준비를 한다. 이러한 수학 관계식 및 개념은 이 책의 다른 장들뿐만 아니라 고전역학, 전자기학, 양자역학과 같은 전공과목들을 배우고 이해하는 데 필수적이라 할 수 있다.

1.1 삼각함수 결과[(1)] 활용

- $\cos(\theta_1 \pm \theta_2) = \cos\theta_1\cos\theta_2 \mp \sin\theta_1\sin\theta_2$

  $\Rightarrow \begin{cases} \cos(-\theta) = \cos\theta : 우(even)함수 \\ 1 = \cos^2\theta + \sin^2\theta \end{cases}$

- $\sin(\theta_1 \pm \theta_2) = \sin\theta_1\cos\theta_2 \pm \cos\theta_1\sin\theta_2 \Rightarrow \sin(-\theta) = -\sin\theta$: 기(odd)함수

- $\tan(\theta_1 \pm \theta_2) = \dfrac{\tan\theta_1 \pm \tan\theta_2}{1 \mp \tan\theta_1\tan\theta_2} \Rightarrow \tan(-\theta) = -\tan\theta$

---

(1) 벡터 연산의 성질을 이용해서 이들 삼각함수 관계식을 3장 2절에서 증명합니다.

위의 삼각함수 관계식을 사용하여 우함수와 기함수의 성질에 대해 알아보자.

$$\cos{(\theta_1 - \theta_2)} = \cos\theta_1\cos\theta_2 + \sin\theta_1\sin\theta_2 \qquad (1.1.1)$$

인 관계식에 $\theta_1 = 0$ 그리고 $\theta_2 = \theta$을 대입하면 다음과 같다.

$$\cos{(0 - \theta)} = \cos0\cos\theta + \sin0\sin\theta = \cos\theta \;\Rightarrow\; \cos{(0 - \theta)} = \cos{(-\theta)}$$

결과적으로

$$\cos{(-\theta)} = \cos\theta \qquad (1.1.2)$$

인 관계식을 얻는다. 이와 같이 $f(-x) = f(x)$의 관계를 만족하는 함수 $f(x)$를 **우함수**라 한다.

식 (1.1.1)의 왼편에 $\theta_1 = \theta_2 \equiv \theta$을 대입하면

$$\cos{(\theta - \theta)} = \cos\theta\cos\theta + \sin\theta\sin\theta = \cos^2\theta + \sin^2\theta$$

이 되고 이때 이 식의 왼편은 $\cos{(\theta - \theta)} = 1$이 되어, 우리가 잘 알고 있는 다음의 관계식을 얻는다.

$$1 = \cos^2\theta + \sin^2\theta$$

그리고

$$\sin{(\theta_1 - \theta_2)} = \sin\theta_1\cos\theta_2 - \cos\theta_1\sin\theta_2 \qquad (1.1.3)$$

인 관계식에 $\theta_1 = 0$ 그리고 $\theta_2 = \theta$을 대입하면 다음과 같다.

$$\sin{(0 - \theta)} = \sin0\cos\theta - \cos0\sin\theta = -\sin\theta \;\Rightarrow\; \sin{(0 - \theta)} = \sin{(-\theta)}$$

결과적으로

$$\sin{(-\theta)} = -\sin\theta \qquad (1.1.4)$$

인 관계식을 얻는다. 이와 같이 $f(-x) = -f(x)$의 관계를 만족하는 함수 $f(x)$을 **기함수**라 한다.

우함수의 관계식 (1.1.2)와 기함수의 관계식 (1.1.4)로부터

$$\tan(-\theta) = \frac{\sin(-\theta)}{\cos(-\theta)} = \frac{-\sin(\theta)}{\cos(\theta)} = -\tan\theta$$

을 얻어, $\tan\theta$는 기함수임을 알 수 있다.

결과적으로 아래 그림과 같이 우함수는 y축에 관해 대칭이며 기함수는 원점에 관해 대칭이다.

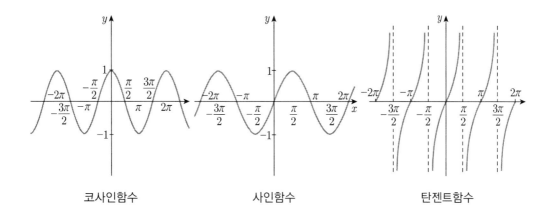

코사인함수   사인함수   탄젠트함수

예제 1.1

위의 결과를 사용하여 다음의 삼각함수 관계식을 증명하세요.

$$\sin A \cos B = \frac{1}{2}[\sin(A+B) + \sin(A-B)],$$

$$\cos A \sin B = \frac{1}{2}[\sin(A+B) - \sin(A-B)]$$

$$\cos A \cos B = \frac{1}{2}[\cos(A+B) + \cos(A-B)],$$

$$\sin A \sin B = -\frac{1}{2}[\cos(A+B) - \cos(A-B)]$$

풀이 $\sin(A+B) = \sin A \cos B + \cos A \sin B$ 그리고 $\sin(A-B) = \sin A \cos B - \cos A \sin B$
이므로, 이들 관계식을 더하면

$$\frac{1}{2}[\sin(A+B) + \sin(A-B)] = \sin A \cos B$$

을 얻고, 이들 관계식을 빼면

$$\frac{1}{2}[\sin(A+B) - \sin(A-B)] = \cos A \sin B$$

인 관계식을 얻는다. 유사한 방법으로

$$\cos(A+B) = \cos A \cos B - \sin A \sin B\text{와 } \cos(A-B) = \cos A \cos B + \sin A \sin B$$

의 두 관계식을 더하고 **빼면** 각각

$$\cos A \cos B = \frac{1}{2}[\cos(A+B) + \cos(A-B)]\text{와}$$

$$\sin A \sin B = -\frac{1}{2}[\cos(A+B) - \cos(A-B)]$$

의 관계식을 얻는다.

예제 1.2

$\sin A + \sin B = 2\sin\left(\dfrac{A+B}{2}\right)\cos\left(\dfrac{A-B}{2}\right)$의 관계를 [예제 1.1]의 결과를 사용해서 증명하세요.

풀이 [예제 1.1]에서 얻은 관계식 $\sin A \cos B = \dfrac{1}{2}[\sin(A+B) + \sin(A-B)]$에서 A 대신에 $\dfrac{A+B}{2}$을 대입하고, B 대신에 $\dfrac{A-B}{2}$을 대입하면 다음을 얻는다.

$$\sin\left(\frac{A+B}{2}\right)\cos\left(\frac{A-B}{2}\right) = \frac{1}{2}\left[\sin\left(\frac{A+B}{2} + \frac{A-B}{2}\right) + \sin\left(\frac{A+B}{2} - \frac{A-B}{2}\right)\right]$$

$$= \frac{1}{2}(\sin A + \sin B)$$

$$\therefore \ \sin A + \sin B = 2\sin\left(\frac{A+B}{2}\right)\cos\left(\frac{A-B}{2}\right)$$

예제 1.3

$\sin\left(\dfrac{\pi}{2} - \theta\right) = \cos\theta$, $\sin(\pi - \theta) = \sin\theta$, $\cos\left(\dfrac{\pi}{2} - \theta\right) = \sin\theta$ 그리고 $\cos(\pi - \theta) = -\cos\theta$을 증명하세요.

풀이 (i) $\sin\left(\dfrac{\pi}{2} - \theta\right) = \sin\left(\dfrac{\pi}{2}\right)\cos\theta - \cos\left(\dfrac{\pi}{2}\right)\sin\theta = \cos\theta$

(ii) $\sin(\pi - \theta) = \sin(\pi)\cos\theta - \cos(\pi)\sin\theta = \sin\theta$

(iii) $\cos\left(\dfrac{\pi}{2} - \theta\right) = \cos\left(\dfrac{\pi}{2}\right)\cos\theta + \sin\left(\dfrac{\pi}{2}\right)\sin\theta = \sin\theta$

(iv) $\cos(\pi - \theta) = \cos(\pi)\cos\theta + \sin(\pi)\sin\theta = -\cos\theta$

1.2 배각 및 반각 공식

① 배각 공식

- $\sin 2\theta = 2\sin\theta\cos\theta$

- $\cos 2\theta = 2\cos^2\theta - 1 = 1 - 2\sin^2\theta$

- $\tan 2\theta = \dfrac{2\tan\theta}{1 - \tan^2\theta}$

예제 1.4

위의 관계식을 증명하세요.

풀이 (i) 관계식 $\sin(\theta_1 + \theta_2) = \sin\theta_1\cos\theta_2 + \cos\theta_1\sin\theta_2$에 $\theta_1 = \theta_2 \equiv \theta$을 대입하면 다음을 얻는다.

$$\sin 2\theta = \sin\theta\cos\theta + \cos\theta\sin\theta = 2\sin\theta\cos\theta$$

(ii) 관계식 $\cos(\theta_1 + \theta_2) = \cos\theta_1\cos\theta_2 - \sin\theta_1\sin\theta_2$에 $\theta_1 = \theta_2 \equiv \theta$을 대입하면 다음을 얻는다.

$$\cos 2\theta = \cos^2\theta - \sin^2\theta = 2\cos^2\theta - 1 = 1 - 2\sin^2\theta \ \left(\because \ \cos^2\theta + \sin^2\theta = 1 \right)$$

(iii) $\tan 2\theta = \dfrac{\sin 2\theta}{\cos 2\theta} = \dfrac{2\sin\theta\cos\theta}{\cos^2\theta - \sin^2\theta} = \dfrac{2\dfrac{\sin\theta}{\cos\theta}}{1 - \dfrac{\sin^2\theta}{\cos^2\theta}} = \dfrac{2\tan\theta}{1 - \tan^2\theta}$

② 반각 공식

- $\sin^2\dfrac{\theta}{2} = \dfrac{1}{2}(1 - \cos\theta)$

- $\cos^2\dfrac{\theta}{2} = \dfrac{1}{2}(1 + \cos\theta)$

- $\tan^2\dfrac{\theta}{2} = \dfrac{1 - \cos\theta}{1 + \cos\theta}$

위의 관계식을 증명하세요.

풀이 (i) 배각 공식 $\cos 2\theta = 1 - 2\sin^2\theta$에서 θ 대신에 $\dfrac{\theta}{2}$을 대입하면 다음과 같다.

$$\cos\theta = 1 - 2\sin^2\frac{\theta}{2}$$

$$\therefore\ \sin^2\frac{\theta}{2} = \frac{1}{2}(1 - \cos\theta)$$

(ii) 배각 공식 $\cos 2\theta = 2\cos^2\theta - 1$에서 θ 대신에 $\dfrac{\theta}{2}$을 대입하면 다음과 같다.

$$\cos\theta = 2\cos^2\frac{\theta}{2} - 1$$

$$\therefore\ \cos^2\frac{\theta}{2} = \frac{1}{2}(1 + \cos\theta)$$

(iii) 위 결과를 이용하면 다음의 관계식을 얻는다.

$$\tan^2\frac{\theta}{2} = \frac{\sin^2\dfrac{\theta}{2}}{\cos^2\dfrac{\theta}{2}} = \frac{\dfrac{1}{2}(1 - \cos\theta)}{\dfrac{1}{2}(1 + \cos\theta)} = \frac{1 - \cos\theta}{1 + \cos\theta}$$

1.3 쌍곡선 함수

쌍곡선(hyperbolic) 함수는 지수함수를 써서 정의된 함수로서 일반적인 삼각함수와 유사한 성질을 갖는다.

- **쌍곡코사인**(hyperbolic cosine): $\cosh x \equiv \dfrac{e^x + e^{-x}}{2}$

- **쌍곡사인**(hyperbolic sine): $\sinh x \equiv \dfrac{e^x - e^{-x}}{2}$

$$\Rightarrow\ \cosh^2 x - \sinh^2 x = \left(\frac{e^x + e^{-x}}{2}\right)^2 - \left(\frac{e^x - e^{-x}}{2}\right)^2 = 1$$

- **쌍곡탄젠트**(hyperbolic tangent): $\tanh x = \dfrac{\sinh x}{\cosh x} = \dfrac{e^x - e^{-x}}{e^x + e^{-x}}$

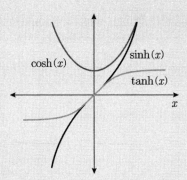

- **오일러의 공식**(Euler's formula)[2]: $e^{i\theta} = \cos\theta + i\sin\theta$

$\Rightarrow \cos\theta = \dfrac{e^{i\theta} + e^{-i\theta}}{2}$ 그리고 $\sin\theta = \dfrac{e^{i\theta} - e^{-i\theta}}{2i}$

$\Rightarrow e^{in\theta} = (\cos\theta + i\sin\theta)^n$ (**드 무아브르의 공식**, De Moivre's formula)

예제 1.6

오일러의 공식과 드 무아브르의 공식을 사용하여 배각 공식인 $\cos 2\theta = \cos^2\theta - \sin^2\theta$ 그리고 $\sin 2\theta = 2\sin\theta\cos\theta$을 증명하세요.

풀이 드 무아브르의 공식에서 $n = 2$인 경우, 다음의 관계식을 얻는다.

$$(e^{i\theta})^2 = e^{i2\theta} = (\cos\theta + i\sin\theta)^2 = (\cos^2\theta - \sin^2\theta) + 2i\sin\theta\cos\theta$$

여기서 왼편은 오일러의 공식으로부터 $e^{i2\theta} = \cos 2\theta + i\sin 2\theta$이므로 위 식은 다음과 같다.

$$\cos 2\theta + i\sin 2\theta = (\cos^2\theta - \sin^2\theta) + 2i\sin\theta\cos\theta$$

등식이 성립하기 위해서는 등식의 좌·우에 있는 실수는 실수끼리 그리고 허수는 허수끼리 같아야 하므로 다음의 관계식을 얻는다.

$$\begin{cases} 실수: \ \cos 2\theta = \cos^2\theta - \sin^2\theta \\ 허수: \ \sin 2\theta = 2\sin\theta\cos\theta \end{cases}$$

이 결과는 배각 공식에서 얻은 관계식이다.

---

(2) 6장 [연습문제−6]에서 증명합니다.

예제 1.7

$\cos(ix) = \cosh x$, $\sin(ix) = i\sinh x$, $\cosh(ix) = \cos x$ 그리고 $\sinh(ix) = i\sin x$의 관계식
을 증명하세요.

풀이 (i) $\cos(ix) = \dfrac{e^{i(ix)} + e^{-i(ix)}}{2} = \dfrac{e^{-x} + e^{x}}{2} = \cosh x$

(ii) $\sin(ix) = \dfrac{e^{i(ix)} - e^{-i(ix)}}{2i} = \dfrac{e^{-x} - e^{x}}{2i} = \dfrac{i(e^{x} - e^{-x})}{2} = i\sinh x$

(iii) $\cosh(ix) = \dfrac{e^{ix} + e^{-ix}}{2} = \cos x$

(iv) $\sinh(ix) = \dfrac{e^{ix} - e^{-ix}}{2} = i\dfrac{e^{ix} - e^{-ix}}{2i} = i\sin x$

1.4 상미분과 편미분

상(ordinary)**미분**은 1개의 변수를 갖는 함수에 관한 미분으로 다음과 같이 표현된다.

$$\frac{df(x)}{dx} \equiv f'(x)$$

반면에 **편**(partial)**미분**은 2개 이상의 변수를 갖는 함수에 관한 미분으로, 특정한 변수에
관해 미분을 수행할 때 나머지 변수는 상수로 간주하면서 미분하는 것을 의미한다.

$$\left.\frac{df(x,y,z)}{dx}\right|_{y,z\,=\,상수} \equiv \frac{\partial f(x,y,z)}{\partial x}$$

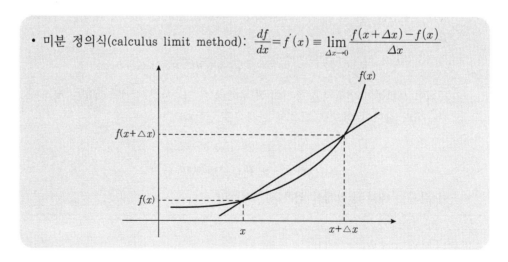

• 미분 정의식(calculus limit method): $\dfrac{df}{dx} = f'(x) \equiv \lim\limits_{\Delta x \to 0} \dfrac{f(x+\Delta x) - f(x)}{\Delta x}$

$\dfrac{f(x+\Delta x)-f(x)}{\Delta x}$ 는 x와 $x+\Delta x$ 사이의 함수 $f(x)$의 기울기에 해당하므로 $f^{'}(x)$은 $\Delta x \to 0$일 때 x에서의 기울기이다.

미분 정의식을 사용해서 다음의 미분 결과를 얻을 수 있다.

$$
\begin{cases}
\dfrac{d}{dx}\sin x = \cos x \\[2mm]
\dfrac{d}{dx}\cos x = -\sin x \\[2mm]
\dfrac{d}{dx}\tan x = \dfrac{1}{\cos^2 x} \equiv \sec^2 x \\[2mm]
\dfrac{d}{dx}\cosh x = \sinh x \\[2mm]
\dfrac{d}{dx}\sinh x = \cosh x \\[2mm]
\dfrac{d}{dx}\tanh x = \operatorname{sech}^2 x
\end{cases}
$$

- $\dfrac{\partial f(x,y,z)}{\partial x} = \lim\limits_{\Delta x \to 0} \dfrac{f(x+\Delta x, y, z) - f(x,y,z)}{\Delta x}$

예제 1.8

$f(x) = x^2$일 때 1차 도함수인 $f^{'}(x) = \dfrac{df(x)}{dx}$을 미분 정의식을 사용해서 구하세요.

(※ 일반화: $y = [g(x)]^n \Rightarrow y^{'} = n\dfrac{dg(x)}{dx}[g(x)]^{n-1}$)

풀이 미분 정의식에 $f(x) = x^2$을 적용하면 우리가 알고 있는 다음의 결과를 얻는다.

$$
\lim_{\Delta x \to 0} \frac{(x+\Delta x)^2 - x^2}{\Delta x} = \lim_{\Delta x \to 0} \frac{2x\Delta x + (\Delta x)^2}{\Delta x} = \lim_{\Delta x \to 0}(2x + \Delta x) = 2x
$$

이 결과로부터 함수 $y = [f(x)]^n$에 대한 보다 일반적인 다음의 미분 관계식을 얻을 수 있다.

$$
y^{'} = n\frac{df(x)}{dx}[f(x)]^{n-1}
$$

예제 1.9

$f(x) = \dfrac{1}{x^2}$일 때 $f^{'}(x)$을 미분 정의식과 위의 [예제 1.8]의 일반화 결과를 이용하여 각각 구한 뒤에 그 결과를 비교하세요.

풀이 (i) 미분 정의식에 $f(x) = \dfrac{1}{x^2}$ 을 적용하면

$$f'(x) = \lim_{\Delta \to 0} \frac{\dfrac{1}{(x+\Delta x)^2} - \dfrac{1}{x^2}}{\Delta x} = \lim_{\Delta x \to 0} \frac{-2x\Delta x - (\Delta x)^2}{x^2(x+\Delta x)^2 \Delta x}$$

$$= \lim_{\Delta x \to 0} \frac{-2x - \Delta x}{x^2(x+\Delta x)^2} = -\frac{2}{x^3}$$

(ii) $f(x) = \dfrac{1}{x^2} = x^{-2}$ 이므로 $f'(x) = (x^{-2})'$ 이다. 이는 [예제 1.8]의 일반화 결과와

비교해보면 일반화 결과식에서 $n = -2$ 에 해당하므로

$$f'(x) = -2x^{(-2-1)} = -2x^{-3} = -\frac{2}{x^3}$$

인 결과를 얻는다. 이 결과는 (i)에서 미분 정의식을 사용해서 얻은 결과와
같다.

예제 1.10

함수 $f(x,y) = x^2 + 2x + 6xy + y^3 + 4$ 에 관한 $\dfrac{\partial f}{\partial x}$ 와 $\dfrac{\partial f}{\partial y}$ 을 구하세요.

풀이 f 는 2개의 변수를 갖는 함수이므로 x 에 관한 미분은 $\dfrac{df}{dx}\bigg|_{y\,=\,상수} = \dfrac{\partial f}{\partial x}$ 인 편미분으

로 그리고 y 에 관한 미분은 $\dfrac{df}{dy}\bigg|_{x\,=\,상수} = \dfrac{\partial f}{\partial y}$ 인 편미분으로 이해할 수 있다.

(i) $\dfrac{\partial f}{\partial x} = 2x + 2 + 6y$ (ii) $\dfrac{\partial f}{\partial y} = 6x + 3y^2$

예제 1.11

$y(x) = \sin x$ 일 때 1차 도함수를 미분 정의식을 사용해서 구하세요.

풀이 미분 정의식에 $y = \sin x$ 을 적용하면 다음과 같다.

$$y'(x) = \lim_{\Delta x \to 0} \frac{\sin(x + \Delta x) - \sin x}{\Delta x} = \lim_{\Delta x \to 0} \frac{\sin x \cos \Delta x + \cos x \sin \Delta x - \sin x}{\Delta x}$$

(여기서 $\Delta x \ll 1$ 에 대해 $\cos \Delta x = 1$ 그리고 $\sin \Delta x = \Delta x^{(3)}$)

$$= \lim_{\Delta x \to 0} \frac{\sin x + \Delta x \cos x - \sin x}{\Delta x} = \cos x$$

$y = \tan x$일 때 1차 도함수를 미분 정의식을 사용해서 구하세요.

풀이 $y' = \lim\limits_{\Delta x \to 0} \dfrac{\tan(x + \Delta x) - \tan x}{\Delta x}$ 에서 분자를 먼저 계산해보자.

$$\tan(x + \Delta x) - \tan x = \frac{\sin x \cos \Delta x + \cos x \sin \Delta x}{\cos x \cos \Delta x - \sin x \sin \Delta x} - \frac{\sin x}{\cos x}$$

$$= \frac{\cos x(\sin x \cos \Delta x + \cos x \sin \Delta x) - \sin x(\cos x \cos \Delta x - \sin x \sin \Delta x)}{\cos x(\cos x \cos \Delta x - \sin x \sin \Delta x)}$$

$$= \frac{(\cos^2 x + \sin^2 x)\sin \Delta x}{\cos x(\cos x \cos \Delta x - \sin x \sin \Delta x)} = \frac{\sin \Delta x}{\cos x(\cos x \cos \Delta x - \sin x \sin \Delta x)}$$

이를 원식에 대입하면 다음과 같다.

$$y' = \lim_{\Delta x \to 0} \frac{\tan(x + \Delta x) - \tan x}{\Delta x} = \lim_{\Delta x \to 0} \frac{\sin \Delta x}{\cos x(\cos x \cos \Delta x - \sin x \sin \Delta x)\Delta x}$$

$$= \lim_{\Delta x \to 0} \frac{\sin \Delta x}{(\cos^2 x \cos \Delta x - \cos x \sin x \sin \Delta x)\Delta x}$$

$$= \lim_{\Delta x \to 0} \frac{\Delta x}{(\cos^2 x - \Delta x \cos x \sin x)\Delta x} = \frac{1}{\cos^2 x}$$

$$= \sec^2 x$$

$$\therefore \ y'(x) = \sec^2 x$$

쌍곡선 함수 $\cosh x$, $\sinh x$, $\tanh x$의 1차 도함수를 구하세요.

풀이 (i) $\dfrac{d}{dx}\cosh x = \dfrac{d}{dx}\left(\dfrac{e^x + e^{-x}}{2}\right) = \dfrac{e^x - e^{-x}}{2} = \sinh x$

(ii) $\dfrac{d}{dx}\sinh x = \dfrac{d}{dx}\left(\dfrac{e^x - e^{-x}}{2}\right) = \dfrac{e^x + e^{-x}}{2} = \cosh x$

(iii) $\dfrac{d}{dx}\tanh x = \dfrac{d}{dx}\left(\dfrac{\sinh x}{\cosh x}\right) = \dfrac{\cosh^2 x - \sinh^2 x}{\cosh^2 x} = \dfrac{1}{\cosh^2 x} = \operatorname{sech}^2 x$

---

(3) 6장에서 테일러 전개에 관해 배웁니다.

1.5 연쇄법칙

연쇄법칙(chain rule)은 합성함수를 미분할 때 아주 유용하게 사용된다.

$$y = f(u(x)) \text{일 때} \Rightarrow \frac{dy}{dx} = \frac{dy}{du}\frac{du}{dx}$$

u에 대한 함수 $y = f(u)$가 있다고 하자. 여기서 u가 x에 관한 함수라고 한다면 두 함수를 합성하여 $y = f(u(x))$인 하나의 함수로 나타낼 수 있다.

이때

$$\frac{\Delta y}{\Delta x} = \frac{y[u(x + \Delta x)] - y[u(x)]}{\Delta x}$$

$$= \frac{y[u(x + \Delta x)] - y[u(x)]}{u(x + \Delta x) - u(x)} \cdot \frac{u(x + \Delta x) - u(x)}{\Delta x} = \frac{\Delta y}{\Delta u} \cdot \frac{\Delta u}{\Delta x}$$

여기서 $\Delta u = u(x + \Delta x) - u(x)$이므로 $\Delta x {\to} 0$에 대해 $\Delta u {\to} 0$을 얻는다. 위 식의 좌·우에 $\lim\limits_{\Delta x \to 0}$ 을 취하면, 미분 정의식으로부터 다음과 같게 된다.

$$\therefore \quad \frac{dy}{dx} = \frac{dy}{du}\frac{du}{dx}$$

f가 변수 x와 y의 함수이며 x와 y가 t의 함수일 때, 즉 $f = f[x(t), y(t)]$일 때 함수 f의 t에 관한 미분은 다음과 같다.

$$\frac{df}{dt} = \frac{df}{dx}\bigg|_{y}\frac{dx}{dt} + \frac{df}{dy}\bigg|_{x}\frac{dy}{dt} = \frac{\partial f}{\partial x}\frac{dx}{dt} + \frac{\partial f}{\partial y}\frac{dy}{dt}$$

만약 함수 f가 또한 명시적으로 시간의 함수일 때, 즉 $f = f[t, x(t), y(t)]$일 때

$$\frac{df}{dt} = \frac{df}{dt}\bigg|_{x,y} + \frac{df}{dx}\bigg|_{t,y}\frac{dx}{dt} + \frac{df}{dy}\bigg|_{t,x}\frac{dy}{dt} = \frac{\partial f}{\partial t} + \frac{\partial f}{\partial x}\frac{dx}{dt} + \frac{\partial f}{\partial y}\frac{dy}{dt}$$

여기서 $\dfrac{df}{dt}\bigg|_{x,y}$ 는 시간 t에 관한 편미분이다.

$y = \ln(\sin 2x)$일 때 $\dfrac{dy}{dx}$ 을 구하세요.

풀이 $\sin 2x \equiv u \implies y = \ln u$

$$\therefore \quad \frac{dy}{dx} = \frac{dy}{du}\frac{du}{dx} = \frac{1}{u}(2\cos 2x) = 2\frac{\cos 2x}{\sin 2x} = 2\cot 2x$$

$y = e^{x^3}$일 때 $\dfrac{dy}{dx}$ 을 구하세요.

풀이 $u = x^3 \implies y = e^u$

$$\therefore \quad \frac{dy}{dx} = \frac{dy}{du}\frac{du}{dx} = e^u(3x^2) = 3x^2 e^{x^3}$$

$f = xy^2 + 2y$(여기서 $x = 2t$ 그리고 $y = t^3$)일 때 $\dfrac{df}{dt}$ 을 구하고, 그 결과를 시간의 함수로 나타내세요.

풀이 (i) $\dfrac{df}{dt} = \dfrac{\partial f}{\partial x}\dfrac{dx}{dt} + \dfrac{\partial f}{\partial y}\dfrac{dy}{dt} = y^2(2) + (2xy + 2)(3t^2) = 2y^2 + 6xyt^2 + 6t^2$

$\qquad\qquad = 2t^6 + 6(2t)(t^3)t^2 + 6t^2 = 2t^6 + 12t^6 + 6t^2 = 14t^6 + 6t^2$

(ii) $f = xy^2 + 2y = (2t)(t^6) + 2t^3 = 2t^7 + 2t^3 \implies \therefore \dfrac{df}{dt} = 14t^6 + 6t^2$

고전역학에서 중심력장(central force field) $f(r)$에서 움직이는 질량이 m인 입자의 지름성분의 방정식은 $m(\ddot{r} - r\dot{\theta}^2) = f(r)$ [(4)]로 주어진다. $r = \dfrac{1}{u}$로 놓고 $\dot{\theta} = \dfrac{d\theta}{dt} = \ell u^2$로 놓을 때 지름성분의 방정식을 θ의 함수인 u, 즉 $u(\theta)$로 표현하세요.

풀이 $\qquad \dot{r} = \dfrac{dr}{dt} = \dfrac{dr}{du}\dfrac{du}{dt} = \left(-\dfrac{1}{u^2}\right)\dfrac{du}{d\theta}\dfrac{d\theta}{dt} = \left(-\dfrac{1}{u^2}\right)\ell u^2 \dfrac{du}{d\theta} = -\ell\dfrac{du}{d\theta}$

---

(4) 이 관계식은 5장에서 유도합니다.

풀이

$$\dot{r} = \frac{dr}{dt} = \frac{dr}{du}\frac{du}{dt} = \left(-\frac{1}{u^2}\right)\frac{du}{d\theta}\frac{d\theta}{dt} = \left(-\frac{1}{u^2}\right)\ell u^2 \frac{du}{d\theta} = -\ell\frac{du}{d\theta}$$

$$\Rightarrow \ddot{r} = \frac{d^2 r}{dt^2} = \frac{d}{dt}\left(\frac{dr}{dt}\right) = -\ell\frac{d}{dt}\left(\frac{du}{d\theta}\right) = -\ell\frac{d}{d\theta}\frac{d\theta}{dt}\left(\frac{du}{d\theta}\right)$$

$$= -\ell\frac{d\theta}{dt}\frac{d}{d\theta}\left(\frac{du}{d\theta}\right) = -\ell(\ell u^2)\frac{d^2 u}{d\theta^2} = -\ell^2 u^2 \frac{d^2 u}{d\theta^2}$$

그러면 지름성분의 방정식은 다음과 같이 $u(\theta)$로 표현될 수 있다.

$$\ddot{r} - r\dot{\theta}^2 = \frac{f(r)}{m} \Rightarrow \ell^2 u^2 \frac{d^2 u}{d\theta^2} + \frac{1}{u}\ell^2 u^4 = -\frac{f(u^{-1})}{m}$$

$$\therefore \frac{d^2 u}{d\theta^2} + u = -\frac{1}{m\ell^2 u^2}f(u^{-1})$$

예제 1.18

중력장 $f(r) = -\dfrac{k}{r^2}$에 대해 [예제 1.17]의 지름성분의 방정식을 $u(\theta)$로 표현하세요.

풀이 $\dfrac{d^2 u}{d\theta^2} + u = -\dfrac{1}{m\ell^2 u^2}f(u^{-1}) = -\dfrac{1}{m\ell^2 u^2}(-ku^2) = \dfrac{k}{m\ell^2}$

1.6 부정적분과 정적분

세세하게 나누는 과정인 미분의 반대 개념인 적분은 아래 그림과 같이 세세하게 나누어진 부분들을 더해주는 과정으로 간주할 수 있다. $\Delta x \to 0$인 조건에서 합산은 적분 형태로 표현될 수 있다. 이를 수식적으로 표현하면 다음과 같다.

$$\lim_{\Delta x \to 0}\sum_{i=1} f_i(x)\Delta x = \int f(x)dx$$

여기서 $f(x)$는 **피적분**(integrand)**함수**라 불린다.

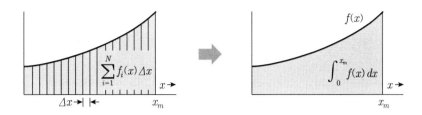

왼편 그림의 세세한 면적 $f_i \Delta x$을 $\Delta x \to 0$인 조건에서 더해준 면적은 오른편의 적분으로 나타낼 수 있다.

함수 $F(x)$가 미분 가능하고 도함수가 $f(x)$라고 할 때, 즉 $\dfrac{dF(x)}{dx} = f(x)$의 관계를 만족할 때, 도함수 $f(x)$을 적분하면 함수 $F(x)$가 된다. 이때 적분 구간이 정해져 있지 않기 때문에 함수 $F(x)$을 $f(x)$의 **부정**(indefinite)**적분**이라 한다.

$$f(x) = \frac{dF(x)}{dx} \Rightarrow F(x) = \int f(x)dx + C, \text{ 여기서 } C \text{는 적분상수}$$

반면에 **정**(definite)**적분**은 적분 구간이 정해져 있는 적분이다. 닫힌 구간 $[a, b]$에서 연속인 함수 $f(x)$의 닫힌 구간에서의 정적분은 다음과 같다.

$$\int_a^b f(x)dx = \int_a^b \frac{dF}{dx}dx = F(x)\Big|_{x=a}^{x=b} = F(b) - F(a)$$

이 결과는 부정적분과는 달리 적분상수가 없다.

부정적분 또는 정적분의 결과를 미분했을 때 피적분함수와 일치하는지 아닌지를 보는 것은 적분이 옳게 수행되었는지 아닌지를 판단할 수 있는 유용한 방법이다.

예제 1.19

변수가 2개인 함수에 관한 적분을 이중 적분이라 한다. 밑변의 길이가 a이고 높이가 b인 삼각형의 면적 A를 계산하세요.

풀이 $\quad A = \int dA = \int_0^a \left(\int_0^{\frac{b}{a}x} dy \right) dx = \int_0^a \left(\frac{b}{a}x \right) dx = \left(\frac{b}{a} \right) \left[\frac{1}{2}x^2 \right]_{x=0}^{x=a} = \frac{1}{2}ab$

반경이 a인 원의 면적 A를 구하세요.

풀이

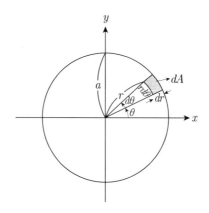

$$A = \int dA = \int \int (rd\theta)dr = \int_0^a \left(\int_0^{2\pi} d\theta \right) rdr$$

$$= 2\pi \int_0^a rdr = 2\pi \left[\frac{1}{2}r^2 \right]_0^a = \pi a^2$$

유용한 적분 계산 방법으로는 합성함수 미분법의 역연산으로 정의되는 치환적분 방법과 곱의 미분법의 역연산으로 정의되는 부분적분 방법이 있다.

① 치환적분법

$x = g(t)$이면 $\dfrac{dx}{dt} = \dfrac{dg(t)}{dt} \Rightarrow dx = \dfrac{dg(t)}{dt}dt = \dot{g}(t)dt$

이때 함수 $f(x)$의 적분은

$$\int f(x)dx = \int f(g(t))\dot{g}(t)dt$$

로 표현되어 적분변수 x가 t에 대한 변수로 바뀐 것을 알 수 있다.

$\int \sin 2\theta d\theta$을 치환적분법($x \equiv 2\theta$)을 사용하여 계산하세요. 그런 뒤에 그 결과가 타당한지를 미분함으로써 확인하세요.

풀이 $x = 2\theta$로 놓으면 $dx = 2d\theta \Rightarrow d\theta = \dfrac{1}{2}dx$가 되어

$$\int \sin 2\theta d\theta = \int \sin x \left(\frac{1}{2}dx\right) = \frac{1}{2}\int \sin x dx = \frac{1}{2}\int \left[-\frac{d(\cos x)}{dx}\right]dx$$

$$= -\frac{1}{2}\cos x + C = -\frac{1}{2}\cos 2\theta + C, \text{ 여기서 } C \text{는 적분상수}$$

그리고 적분 결과가 타당한지를 알아보기 위해 결과에 대해 미분을 수행하면

$$\frac{d}{d\theta}\left(-\frac{1}{2}\cos 2\theta + C\right) = -\frac{1}{2}\frac{d(\cos 2\theta)}{d\theta} = -\frac{1}{2}(-2\sin 2\theta) = \sin 2\theta$$

즉 기대한 대로

$$\frac{d}{d\theta}\int \sin 2\theta d\theta = \sin 2\theta$$

가 되어 적분이 옳게 수행되었음을 알 수 있다.

$\int \dfrac{dx}{\sqrt{a^2 - a^2 x^2}}$ (여기서 a는 상수)을 치환적분법을 사용하여 계산하세요.

풀이
$$\int \frac{dx}{\sqrt{a^2 - a^2 x^2}} = \frac{1}{a}\int \frac{dx}{\sqrt{1 - x^2}}$$

여기서 $x = \sin\theta$로 놓으면 $dx = \cos\theta d\theta$이다. 이를 위 식에 대입하면

$$\frac{1}{a}\int \frac{\cos\theta d\theta}{\sqrt{1 - \sin^2\theta}} = \frac{1}{a}\int d\theta = \frac{\theta}{a} + C, \text{ 여기서 } C \text{는 적분상수}$$

치환한 관계식 $x = \sin\theta$로부터 $\theta = \sin^{-1}x$이므로

$$\therefore \int \frac{dx}{\sqrt{a^2 - a^2 x^2}} = \frac{\sin^{-1}x}{a} + C$$

$\displaystyle\int \frac{dx}{a^2x^2+a^2}$ (여기서 a는 상수)을 치환적분법을 사용하여 계산하세요.

풀이 $x=\tan\theta$로 놓으면 $dx=\dfrac{d\theta}{\cos^2\theta}$ 이다. 이를 위 식에 대입하면

$$\int \frac{dx}{a^2x^2+a^2}=\frac{1}{a^2}\int \frac{d\theta}{\cos^2\theta}\frac{1}{(\tan^2\theta+1)}=\frac{1}{a^2}\int d\theta$$

$$=\frac{\theta}{a^2}+C=\frac{1}{a^2}\tan^{-1}x+C,\ \text{여기서}\ C\text{는 적분상수}$$

고전역학에서 에너지 방정식으로부터 운동하는 입자의 궤도를 구할 때 나오는 적분 $\displaystyle\int \frac{dx}{\sqrt{ax^2+bx+c}}$ (여기서 $a<0$)을 치환적분법을 사용하여 계산하세요.

풀이 $\displaystyle\int \frac{dx}{\sqrt{ax^2+bx+c}}=\int \frac{dx}{\sqrt{-a\left(-x^2-\dfrac{b}{a}x-\dfrac{b^2}{4a^2}+\dfrac{b^2}{4a^2}-\dfrac{c}{a}\right)}}$

$$=\int \frac{1}{\sqrt{-a}}\frac{dx}{\sqrt{-\left(x+\dfrac{b}{2a}\right)^2+\dfrac{b^2}{4a^2}-\dfrac{c}{a}}}=\frac{1}{\sqrt{-a}}\int \frac{dx}{\sqrt{-\left(x+\dfrac{b}{2a}\right)^2+\left(\dfrac{b^2}{4a^2}-\dfrac{c}{a}\right)}}$$

$$\left(\text{여기서}\ \sqrt{\dfrac{b^2}{4a^2}-\dfrac{c}{a}}=k\text{로 놓으면}\right)$$

$$=\frac{1}{\sqrt{-a}}\int \frac{dx}{\sqrt{-\left(x+\dfrac{b}{2a}\right)^2+k^2}}=\frac{1}{\sqrt{-a}}\int \frac{1}{k}\frac{dx}{\sqrt{\dfrac{-\left(x+\dfrac{b}{2a}\right)^2}{k^2}+1}}$$

$$=\frac{1}{\sqrt{-a}}\frac{1}{k}\int \frac{dx}{\sqrt{1-\left(\dfrac{x+\dfrac{b}{2a}}{k}\right)^2}}$$

$$\left(\text{여기서}\ \dfrac{x+\dfrac{b}{2a}}{k}=\cos\theta\text{로 놓으면}\ dx=-k\sin\theta d\theta\right)$$

$$=\frac{1}{\sqrt{-a}}\frac{1}{k}\int \frac{-k\sin\theta d\theta}{\sqrt{1-\cos^2\theta}}=\frac{1}{\sqrt{-a}}\int \frac{-\sin\theta d\theta}{\sin\theta}=\frac{-\theta}{\sqrt{-a}}+C,$$

여기서 C는 적분상수

치환한 관계식으로부터 $-\theta=\cos^{-1}\left(\dfrac{x+\dfrac{b}{2a}}{k}\right)$이므로

$$\therefore \int \frac{dx}{\sqrt{ax^2+bx+c}} = \frac{1}{\sqrt{-a}} \cos^{-1}\left(\frac{x+\dfrac{b}{2a}}{k}\right) + C$$

$$= \frac{1}{\sqrt{-a}} \cos^{-1}\left(\frac{x+\dfrac{b}{2a}}{\sqrt{\dfrac{b^2}{4a^2}-\dfrac{c}{a}}}\right) + C$$

② 부분적분법

함수 $f(x)$와 $g(x)$가 미분 가능한 함수일 때

$$\frac{d}{dx}[f(x)g(x)] = [f(x)g(x)]' = f'(x)g(x) + f(x)g'(x)$$

이다. 이 식의 좌·우에 적분을 취하면 다음과 같다.

$$f(x)g(x) = \int f'(x)g(x)dx + \int f(x)g'(x)dx$$

$$\therefore \int f'(x)g(x)dx = f(x)g(x) - \int f(x)g'(x)dx$$

또는

$$\therefore \int f(x)g'(x)dx = f(x)g(x) - \int f'(x)g(x)dx$$

예제 1.25

$\int x\cos x \, dx$을 부분적분법을 사용하여 계산하세요.

풀이 원식을 다음과 같이 나타낼 수 있다.

$$\int x\cos x \, dx = \int x(\sin x)' dx \qquad (1)$$

$$\text{여기서 } (\sin x)' = \frac{d}{dx}\sin x$$

이때 $\dfrac{d}{dx}(x\sin x) = \sin x \dfrac{d}{dx}x + x\dfrac{d(\sin x)}{dx} = \sin x + x(\sin x)'$ 이므로

$$x(\sin x)' = \frac{d}{dx}(x\sin x) - \sin x$$

가 되어, 이를 식 (1)에 대입하면 다음과 같다.

$$\int x \cos x dx = \int x (\sin x)^{'} dx = \int \left[\frac{d}{dx}(x \sin x) - \sin x \right] dx$$
$$= \int \frac{d}{dx}(x \sin x) dx - \int \sin x dx$$
$$= x \sin x + \cos x + C$$

예제 1.26

$\int \ln|x| dx$을 부분적분법을 사용하여 계산하세요.

풀이 $\int \ln|x| dx = \int (x)^{'} \ln|x| dx = x \ln|x| - \int x \frac{1}{x} dx = x \ln|x| - \int dx$
$$= x \ln|x| - x + C$$

예제 1.27

$\int e^{x} \sin x dx$을 부분적분법을 사용하여 계산하세요.

풀이 $I = \int e^{x} \sin x dx = \int e^{x}(-\cos x)^{'} dx = -e^{x} \cos x + \int e^{x} \cos x dx$

$$= -e^{x} \cos x + \int e^{x} (\sin x)^{'} dx = -e^{x} \cos x + \left(e^{x} \sin x - \int e^{x} \sin x dx \right)$$

$$= -e^{x} \cos x + e^{x} \sin x - \int e^{x} \sin x dx$$

$$= -e^{x} \cos x + e^{x} \sin x - I + C_1, \text{ 여기서 } C_1 \text{은 적분상수}$$

$$\therefore I = \frac{1}{2}(e^{x} \sin x - e^{x} \cos x) + C, \text{ 여기서 } C = \frac{C_1}{2} \text{인 상수}$$

1.7 복소수

복소수(complex number)는 실수부와 허수부의 합의 형태로 표현되는 수로서, 임의의 실수 x와 y에 대하여 복소수 z는 다음과 같이 표현된다.

$$z = x + iy$$

여기서 허수부를 나타내는 $i = \sqrt{-1}$ 로 정의된다. 그러므로 $i^2 = -1$, $i^3 = -i$, $i^4 = 1$, …… 이다.

복소수 z의 허수부의 부호를 바꾼 복소수를 **켤레(공액) 복소수**(complex conjugate) z^*이라 한다. 그러므로

$$z^* = x - iy$$

이고, 만약 두 복소수가 다음의 관계를 만족한다면

$$a + ib = c + id$$

등식 좌·우의 실수부와 허수부는 각각 같아야 한다. 그러므로

$$a = c \ \text{ 그리고 } \ b = d$$

복소수($z_1 = a + ib$, $z_2 = c + id$)의 덧셈 또는 뺄셈은 다음과 같이 실수부와 허수부를 각각 더하거나 빼주면 된다.

$$z_1 \pm z_2 = (a \pm c) + i(b \pm d)$$

복소수의 곱셈은

$$z_1 z_2 = (a + ib)(c + id) = ac + iad + ibc - bd = (ac - bd) + i(ad + bc)$$

이고 나눗셈은 다음과 같다.

$$\frac{z_2}{z_1} = \frac{c + id}{a + ib} = \frac{(c + id)(a - ib)}{(a + ib)(a - ib)} = \frac{(ca + db) + i(da - cb)}{a^2 + b^2} = \left(\frac{ca + db}{a^2 + b^2}\right) + i\left(\frac{da - cb}{a^2 + b^2}\right)$$

실수부의 실수 x(실수 성분)와 허수부의 실수 y(허수 성분)는 각각 다음과 같이 나타낼 수 있다.

$$x = Re(z), \ y = Im(z)$$

다음 그림과 같이 직각좌표계에서 x축을 실수부 그리고 y축을 허수부로 하는 복소평면 내에서 실수 성분과 허수 성분의 궤적을 나타낸 도표를 **아르강 도표**(Argand diagram)라 한다.

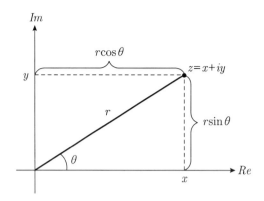

이때

$$\begin{cases} x = r\cos\theta \\ y = r\sin\theta \end{cases} \Rightarrow z = x + iy = r(\cos\theta + i\sin\theta) = re^{i\theta} \quad (\because \ \text{오일러의 공식})$$

그러므로 직각좌표계에서의 질점의 위치 $(x,\ y)$을 복소평면에서 (r, θ)로 나타낼 수 있으며 복소수는 다음과 같이 극좌표 형식으로 표현된다.

$$z = re^{i\theta}$$

이러한 표현에 있는 r과 θ의 의미를 알아보자. 이를 위해 z^*을 먼저 살펴보면 다음과 같다.

$$z^* = x - iy = r(\cos\theta - i\sin\theta) = re^{-i\theta}$$

이때

$$|z|^2 = zz^* = (x+iy)(x-iy) = x^2 + y^2$$

여기서 오른편의 $x^2 + y^2$은 원점에서 질점까지의 거리 r^2에 해당하므로

$$|z| = \sqrt{x^2 + y^2} = r$$

을 얻는다. 원점에서 질점까지의 거리인 r은 복소수 z의 절댓값(또는 **modulus**)이라 한다. 그리고

$$\begin{cases} x = r\cos\theta \\ y = r\sin\theta \end{cases} \Rightarrow \tan\theta = \frac{y}{x} \Rightarrow \theta = \tan^{-1}\left(\frac{y}{x}\right) \ \text{또는} \ \arctan\left(\frac{y}{x}\right)$$

이때 θ는 복소수 z의 **argument**(또는 위상)이라 하고 $\theta = \arg(z)$로 나타낼 수 있다. 이러한 복소수의 극좌표 형식 표현은 복소수의 곱셈과 나눗셈의 연산을 할 때 유용하다.

복소함수의 적분에 관한 내용은 이 장의 마지막에 있는 [보충자료]를 참고하기 바란다.

예제 1.28

방정식 $x^2 - 2x + 2 = 0$의 解를 구하세요.

풀이 解를 구하는 공식 $x = \dfrac{-b \pm \sqrt{b^2 - 4ac}}{2a}$ 을 사용하면

$$x_{1,2} = 1 \pm \sqrt{1^2 - 2} = 1 \pm \sqrt{-1} = 1 \pm i$$

인 解를 얻는다.

예제 1.29

$z = 2\sqrt{3} + i2$을 복소평면에서 극좌표 형식으로 표현하세요.

풀이 $r = \sqrt{(2\sqrt{3})^2 + 2^2} = 4$ 그리고 $\theta = \tan^{-1}\left(\dfrac{2}{2\sqrt{3}}\right) = \dfrac{\pi}{6}$

$$\therefore \ z = 4e^{i\frac{\pi}{6}} \ \text{또는} \ z = 4\left(\cos\frac{\pi}{6} + i\sin\frac{\pi}{6}\right)$$

예제 1.30

복소수 $z_1 = r_1 e^{i\theta_1}$과 $z_2 = r_2 e^{i\theta_2}$가 있을 때 두 복소수의 곱셈인 $z_1 z_2$을 계산해서 삼각함수 관계식인 $\cos(\theta_1 + \theta_2) = \cos\theta_1\cos\theta_2 - \sin\theta_1\sin\theta_2$와 $\sin(\theta_1 + \theta_2) = \cos\theta_1\sin\theta_2 + \sin\theta_1\cos\theta_2$ 을 증명하세요.

풀이
$$z_1 z_2 = r_1 e^{i\theta_1} r_2 e^{i\theta_2} = r_1 r_2 e^{i(\theta_1 + \theta_2)}$$
$$\Rightarrow r_1 r_2 (\cos\theta_1 + i\sin\theta_1)(\cos\theta_2 + i\sin\theta_2) = r_1 r_2 [\cos(\theta_1 + \theta_2) + i\sin(\theta_1 + \theta_2)]$$
$$\Rightarrow (\cos\theta_1 + i\sin\theta_1)(\cos\theta_2 + i\sin\theta_2) = [\cos(\theta_1 + \theta_2) + i\sin(\theta_1 + \theta_2)]$$

이때 등식의 왼편은

$$(\cos\theta_1\cos\theta_2 - \sin\theta_1\sin\theta_2) + i(\cos\theta_1\sin\theta_2 + \sin\theta_1\cos\theta_2)$$

이므로 등식의 좌·우를 비교해보면 다음의 관계식을 얻을 수 있다.

$$\therefore \begin{cases} \cos(\theta_1 + \theta_2) = \cos\theta_1\cos\theta_2 - \sin\theta_1\sin\theta_2 \\ \sin(\theta_1 + \theta_2) = \cos\theta_1\sin\theta_2 + \sin\theta_1\cos\theta_2 \end{cases}$$

예제 1.31

함수 e^x는 무한 다항식 $e^x = \sum_{n=0}^{\infty} \dfrac{x^n}{n!}$으로 표현될 수 있다. 이 관계식을 이용하여 $\cos\theta$와 $\sin\theta$의 테일러 전개 결과를 각각 구하세요.

풀이
$$e^{i\theta} = 1 + i\theta + \frac{(i\theta)^2}{2!} + \frac{(i\theta)^3}{3!} + \frac{(i\theta)^4}{4!} + \cdots\cdots$$
$$= 1 - \frac{\theta^2}{2!} + \frac{\theta^4}{4!} - \cdots\cdots + i\left(\theta - \frac{\theta^3}{3!} + \frac{\theta^5}{5!} - \cdots\cdots\right)$$

이때 등식의 왼편은 오일러의 공식으로부터 $\cos\theta + i\sin\theta$이므로 위 식은 다음과 같다.

$$\cos\theta + i\sin\theta = 1 - \frac{\theta^2}{2!} + \frac{\theta^4}{4!} - \cdots\cdots + i\left(\theta - \frac{\theta^3}{3!} + \frac{\theta^5}{5!} - \cdots\cdots\right)$$

$$\therefore \begin{cases} \cos\theta = 1 - \dfrac{\theta^2}{2!} + \dfrac{\theta^4}{4!} - \cdots\cdots \\ \sin\theta = \theta - \dfrac{\theta^3}{3!} + \dfrac{\theta^5}{5!} - \cdots\cdots \end{cases}$$

테일러 전개에 대해서는 6장에서 자세히 다룰 것이다.

예제 1.32

$z = \cos\theta + i\sin\theta$일 때 $\dfrac{dz}{d\theta}$을 (a) 주어진 식으로부터 그리고 (b) 극좌표 형식으로부터 각각 계산하세요.

풀이 (a) $\dfrac{dz}{d\theta} = \dfrac{d}{d\theta}(\cos\theta + i\sin\theta) = \dfrac{d(\cos\theta)}{d\theta} + i\dfrac{d(\sin\theta)}{d\theta} = -\sin\theta + i\cos\theta$

(b) $z = \cos\theta + i\sin\theta = e^{i\theta} \Rightarrow \dfrac{dz}{d\theta} = \dfrac{d(e^{i\theta})}{d\theta} = ie^{i\theta} = i(\cos\theta + i\sin\theta)$

$$= i\cos\theta - \sin\theta = -\sin\theta + i\cos\theta$$

1.8 크로네커 델타 함수와 디락 델타 함수

물리학적 증명이나 계산을 용이하게 하는 데 많이 사용되는 크로네커 델타 함수와 디락 델타 함수의 정의와 성질에 대해 알아보자.

크로네커(Kronecker) **델타** δ_{ij}는 정수 값을 갖는 두 아래 첨자가 같으면 1이고 다르면 0으로 정의되는 함수이다.

$$\delta_{ij} = \delta_{ji} = \begin{cases} 1, & i = j \\ 0, & i \neq j \end{cases}$$
$$\Rightarrow \delta_{ik}a_k = a_i$$

이때 9개의 행렬요소를 갖는 3×3 행렬인 δ_{ij}는 다음과 같이 표현될 수 있다.

$$\delta_{ij} = \begin{pmatrix} \delta_{11} & \delta_{12} & \delta_{13} \\ \delta_{21} & \delta_{22} & \delta_{23} \\ \delta_{31} & \delta_{32} & \delta_{33} \end{pmatrix} = \begin{pmatrix} 1 & 0 & 0 \\ 0 & 1 & 0 \\ 0 & 0 & 1 \end{pmatrix}$$

크로네커 델타를 사용하면 직각좌표계에서의 성분끼리의 미분은 다음과 같이 편리하게 표현할 수 있다.

$$\frac{\partial x_i}{\partial x_j} = \delta_{ij}$$

그리고

$$\sum_{k=1}^{3} \delta_{kk} = \delta_{11} + \delta_{22} + \delta_{33} = 1 + 1 + 1 = 3$$

이 되는데 위 식의 오른편을 δ_{kk}로 표현하는 방법을 **아인슈타인 합 표기법**(Einstein summation convention)[5]이라 한다. 즉, 이 표기법은 한 항에 동일한 첨자가 있을 때 해당 첨자가 가질 수 있는 모든 값에 대해 항의 모든 값을 더하는 것으로 이해하면 된다. 즉, 다음과 같이 표현할 수 있다.

---

(5) 상대성 이론, 전자기학 그리고 유체역학 등과 같은 공학에서 사용되는 텐서 이론에서는 거의 이 표기법을 사용합니다.

$$\sum_{i=1}^{3} a_i b_i = a_i b_i = a_1 b_1 + a_2 b_2 + a_3 b_3$$

$$\sum_{j=1}^{3} \delta_{ij} \delta_{jk} = \delta_{ij} \delta_{jk} = \delta_{i1} \delta_{1k} + \delta_{i2} \delta_{2k} + \delta_{i3} \delta_{3k}$$

직각좌표계에서의 단위벡터는 다음과 같은 성질이 있고, 이러한 성질을 크로네커 델타로 편리하게 나타낼 수 있다.

$$\begin{cases} \hat{x} \cdot \hat{y} = 0 \\ \hat{x} \cdot \hat{x} = 1 \\ \vdots \end{cases} \Rightarrow \hat{e}_i \cdot \hat{e}_j = \delta_{ij}$$

여기서 $\hat{e}_1 = \hat{x}$, $\hat{e}_2 = \hat{y}$ 그리고 $\hat{e}_3 = \hat{z}$에 대응한다.

크로네커 델타 함수의 연속 함수화된 함수로 볼 수 있는 **디락**(Dirac) **델타 함수** $\delta(x)$는 물리학자 디락(Dirac)이 양자역학을 연구하기 위해 고안한 초함수이며 원점에서 무한대이고 이 함수를 $-\infty$에서 $+\infty$까지 적분하면 1이 되는 성질을 갖는다.

$$\delta(x) = \begin{cases} 0, & x \neq 0 \\ \infty, & x = 0 \end{cases}$$

그리고

$$\int_{-\infty}^{\infty} \delta(x) dx = 1$$

디락 델타 함수의 중요한 몇 가지 성질을 정리하면 다음과 같다.

(1) $\displaystyle\int_{-\infty}^{\infty} \delta(x) f(x) dx = f(0)$

증명 $\displaystyle\int_{-\infty}^{\infty} \delta(x) f(x) dx = f(0) \int_{-\infty}^{\infty} \delta(x) dx = f(0)$

(2) 체 거르기(sifting) 성질: $\displaystyle\int_{-\infty}^{\infty} \delta(x - x_0) f(x) dx = f(x_0)$

증명 델타 함수 $\delta(x - x_0)$는 $x = x_0$을 제외한 모든 곳에서 0이므로 아래와 같이 적분 구간을 x_0 근처의 매우 작은 구간 $[x_0 - \epsilon, x_0 + \epsilon_0]$으로 바꾸어도 등식이 성립한다.

$$\int_{-\infty}^{\infty} \delta(x-x_0)f(x)dx = \int_{x_0-\epsilon}^{x_0+\epsilon} \delta(x-x_0)f(x)dx$$

이 작은 구간에서 함수 $f(x)$는 일정하다고 볼 수 있으므로 위 식의 오른편은 다음과 같이 나타낼 수 있다.

$$\int_{x_0-\epsilon}^{x_0+\epsilon} \delta(x-x_0)f(x)dx = f(x_0)\int_{x_0-\epsilon}^{x_0+\epsilon} \delta(x-x_0)dx = f(x_0)$$

($\because$ 디락 함수의 정의로부터)

$$\therefore \int_{-\infty}^{\infty} \delta(x-x_0)f(x)dx = f(x_0)$$

(3) 대칭 성질: $\delta(-x) = \delta(x)$

증명 $\int_{-\infty}^{\infty} \delta(-x)dx$에서 $-x = y$로 놓으면

$$\int_{-\infty}^{\infty} \delta(-x)dx = \int_{\infty}^{-\infty} \delta(y)(-dy) = -\int_{\infty}^{-\infty} \delta(y)dy = \int_{-\infty}^{\infty} \delta(y)dy$$

$$= \int_{-\infty}^{\infty} \delta(x)dx$$

이 된다. 등식의 좌·우를 비교하면

$$\therefore \ \delta(-x) = \delta(x)$$

(4) 척도(scaling) 성질: $\delta(ax) = \dfrac{1}{|a|}\delta(x)$ (여기서 $a \neq 0$인 실수)

증명 (i) $a > 0$인 경우에 $ax = y$로 놓으면

$$\int_{-\infty}^{\infty} \delta(ax)dx = \int_{-\infty}^{\infty} \delta(y)\left(\frac{dy}{|a|}\right) = \frac{1}{|a|}\int_{-\infty}^{\infty} \delta(y)dy$$

$$= \frac{1}{|a|}\int_{-\infty}^{\infty} \delta(x)dx = \int_{-\infty}^{\infty} \left(\frac{1}{|a|}\delta(x)\right)dx$$

이 되어 등식의 좌·우를 비교하면

$$\therefore \ \delta(ax) = \frac{1}{|a|}\delta(x)$$

(ii) 반면에 $a < 0$인 경우

$$\int_{-\infty}^{\infty} \delta(ax)dx = \int_{-\infty}^{\infty} \delta(-|a|x)dx$$

에서 $-|a|x = y$로 놓으면 위 적분식은

$$\int_{-\infty}^{\infty} \delta(-|a|x)dx = \int_{\infty}^{-\infty} \delta(y)\left(\frac{dy}{-|a|}\right) = \frac{1}{|a|}\int_{-\infty}^{\infty} \delta(y)dy$$

$$= \frac{1}{|a|}\int_{-\infty}^{\infty} \delta(x)dx = \int_{-\infty}^{\infty}\left(\frac{1}{|a|}\delta(x)\right)dx$$

이 되어 등식의 좌·우를 비교하면

$$\therefore \ \delta(ax) = \frac{1}{|a|}\delta(x)$$

그러므로 (i)과 (ii)로부터 $\delta(ax) = \frac{1}{|a|}\delta(x)$가 된다.

(5) $\delta(x^2 - a^2) = \frac{1}{2|a|}[\delta(x - a) + \delta(x + a)]$

증명 $\displaystyle\int_{-\infty}^{\infty} \delta(x^2 - a^2)f(x)dx = \int_{-\infty}^{0} \delta(x^2 - a^2)f(x)dx + \int_{0}^{\infty} \delta(x^2 - a^2)f(x)dx$

위 식의 오른편에 있는 첫 번째 적분에 대해 $x = -\sqrt{y}$로 놓으면

$$\int_{-\infty}^{0} \delta(x^2 - a^2)f(x)dx = \int_{\infty}^{0} \delta(y - a^2)f(-\sqrt{y})\left(-\frac{1}{2}\frac{1}{\sqrt{y}}dy\right)$$

$$= \frac{1}{2}\int_{0}^{\infty} \delta(y - a^2)f(-\sqrt{y})\frac{1}{\sqrt{y}}dy$$

$$= \frac{1}{2}\frac{f(-\sqrt{a^2})}{\sqrt{a^2}} = \frac{1}{2|a|}f(-|a|)$$

유사한 방법으로 오른편에 있는 두 번째 적분에 대해 $x = \sqrt{y}$로 놓으면

$$\int_0^\infty \delta(x^2 - a^2)f(x)dx = \int_0^\infty \delta(y - a^2)f(\sqrt{y})\left(\frac{1}{2}\frac{1}{\sqrt{y}}dy\right)$$

$$= \frac{1}{2}\frac{f(\sqrt{a^2})}{\sqrt{a^2}} = \frac{1}{2|a|}f(|a|)$$

그러므로 원식은

$$\int_{-\infty}^\infty \delta(x^2 - a^2)f(x)dx = \frac{1}{2|a|}\left[f(-|a|) + f(|a|)\right]$$

$$= \frac{1}{2|a|}\left[\int_{-\infty}^\infty \delta(x+a)f(x)dx + \int_{-\infty}^\infty \delta(x-a)f(x)dx\right]$$

$$= \int_{-\infty}^\infty \frac{1}{2|a|}[\delta(x+a) + \delta(x-a)]f(x)dx$$

$$= \int_{-\infty}^\infty \frac{1}{2|a|}[\delta(x-a) + \delta(x+a)]f(x)dx$$

등식의 좌·우를 비교하면

$$\therefore \quad \delta(x^2 - a^2) = \frac{1}{2|a|}[\delta(x-a) + \delta(x+a)]$$

예제 1.33

1장의 [연습문제 9]에서 증명하는 $\left(\dfrac{d}{dx}\delta(x)\right)f(x) = -\delta(x)\dfrac{df}{dx}$ 의 관계를 사용하여

$\dfrac{d}{dx}\delta(x) = -\delta(x)\dfrac{d}{dx}$ 임을 보이세요.

풀이
$$\left(\frac{d}{dx}\delta(x)\right)f(x) = -\delta(x)\frac{df(x)}{dx} = \left(-\delta(x)\frac{d}{dx}\right)f(x)$$

$$\therefore \quad \frac{d\delta(x)}{dx} = -\delta(x)\frac{d}{dx}$$

1.9 궤도 방정식

① **원**은 평면 위의 한 정점(원의 중심) C에서의 거리가 같은 점들의 집합이다.

방정식	$(x-h)^2 + (y-k)^2 = r^2$
중심	(h, k)
반지름(반경)	r
원 그림	

$$\left(\overline{CP}\right)^2 = (h-x)^2 + (k-y)^2$$

여기서 $\overline{CP}$는 원의 중심 C에서 원 위의 한 점인 P까지의 길이이므로

$$\Rightarrow r^2 = (x-h)^2 + (y-k)^2 : \text{원의 방정식의 표준형}$$

원의 표준형을 전개하면 다음과 같은 이차식인 원의 방정식의 일반형 표현을 얻는다.

$$x^2 + y^2 + ax + by + c = 0, \text{ 여기서 } a, \ b \text{ 그리고 } c \text{는 상수}$$

$$\Rightarrow x^2 + ax + \frac{a^2}{4} - \frac{a^2}{4} + y^2 + by + \frac{b^2}{4} - \frac{b^2}{4} + c = 0$$

$$\Rightarrow \left(x + \frac{a}{2}\right)^2 + \left(y + \frac{b}{2}\right)^2 + c - \frac{a^2}{4} - \frac{b^2}{4} = 0$$

$$\Rightarrow \left(x + \frac{a}{2}\right)^2 + \left(y + \frac{b}{2}\right)^2 = \frac{a^2}{4} + \frac{b^2}{4} - c = 0$$

$$\therefore \left(x + \frac{a}{2}\right)^2 + \left(y + \frac{b}{2}\right)^2 = \left(\sqrt{\frac{a^2}{4} + \frac{b^2}{4} - c}\right)^2$$

여기서 $\left(\dfrac{a^2}{4} + \dfrac{b^2}{4} - c\right) > 0$일 때 위 관계식은 원의 중심이 $\left(-\dfrac{a}{2}, \, -\dfrac{b}{2}\right)$이며 원의 반지름이 $\sqrt{\dfrac{a^2}{4} + \dfrac{b^2}{4} - c}$ 인 원을 나타낸다.

② **타원**은 평면 위의 두 정점(타원의 초점) F와 F'에서의 거리의 합이 일정한 점들의 집합이다. 중심이 (h, k)이며 $a > b$ 그리고 $a < b$인 경우는 각각 가로로 긴 타원 그리고 세로로 긴 타원에 해당한다. 궤도 이심률(e, eccentricity)이 $e < 1$은 타원, $e = 1$은 포물선, $e = 0$은 원 그리고 $e > 1$은 쌍곡선 궤도에 해당한다.

방정식	$\dfrac{(x-h)^2}{a^2} + \dfrac{(y-k)^2}{b^2} = 1$	
중심	(h, k)	
a, b의 크기	$a > b$ 가로로 긴 타원	$a < b$ 세로로 긴 타원
타원 그림		
장축의 길이	$2a$	$2b$
단축의 길이	$2b$	$2a$
궤도 이심률(e)	$\dfrac{\sqrt{a^2 - b^2}}{a} < 1$	$\dfrac{\sqrt{b^2 - a^2}}{b} < 1$
초점	$(h \pm ae, k)$ 또는 $(h \pm c, k)$ 여기서 $c^2 = a^2 - b^2$	$(h, k \pm be)$ 또는 $(h, k \pm c)$ 여기서 $c^2 = b^2 - a^2$

두 초점 $F(c, 0)$와 $F'(-c, 0)$으로부터 거리의 합이 $2a$인 타원 방정식은 $\dfrac{x^2}{a^2} + \dfrac{y^2}{b^2} = 1$(여기서 $a > b$라고 가정)임을 [예제 1.35]에서 증명한다.

③ **포물선**은 평면 위의 한 정점(포물선의 초점) F와 이 정점을 지나지 않는 정직선(준선) H가 있을 때, 정점과 정직선(준선)에 이르는 거리가 같은 점들의 집합이다.

방정식	$x^2 = 4py$	$y^2 = 4px$
포물선 그림		
꼭짓점	$(0,\,0)$	$(0,\,0)$
초점	$(0,\,p)$	$(p,\,0)$
준선	$y = -p$	$x = -p$

왼편의 포물선 방정식은 다음과 같이 얻을 수 있다.

그림에서 $\overline{FP} = \overline{PH} \Rightarrow \sqrt{x^2 + (p-y)^2} = |y+p|$

$$\Rightarrow x^2 + p^2 -- 2yp + y^2 = y^2 + 2yp + p^2$$

$$\therefore \ x^2 = 4py$$

유사한 방법으로 오른편의 포물선 방정식은 $y^2 = 4px$ 임을 쉽게 보일 수 있다.

④ **쌍곡선**은 평면 위의 두 정점(쌍곡선의 초점)에서의 거리의 차가 일정한 점들의 집합이다. 중심이 $(0,0)$이고 x가 무한히 커지거나 작아질 때 쌍곡선이 점점 근접해가는 직선인 점근선이 $y = \pm \dfrac{b}{a}x$를 갖는 쌍곡선 궤도는 다음과 같다.

방정식	$\dfrac{x^2}{a^2} - \dfrac{y^2}{b^2} = 1$ 좌·우로 퍼진 쌍곡선	$\dfrac{x^2}{a^2} - \dfrac{y^2}{b^2} = -1$ 상·하로 퍼진 쌍곡선
중심	$(0,0)$	
쌍곡선 그림		

꼭짓점	$(\pm a, 0)$	$(0, \pm b)$
주축의 길이	$2a$	$2b$
초점	$(\pm \sqrt{a^2+b^2}, 0)$ 또는 $(\pm c, 0)$ 여기서 $c^2 = a^2 + b^2$	$(0, \pm \sqrt{a^2+b^2})$ 또는 $(0, \pm c)$ 여기서 $c^2 = a^2 + b^2$
점근선 방정식	$y = \pm \dfrac{b}{a} x$	

왼편의 쌍곡선 방정식은 다음과 같이 얻을 수 있다.

쌍곡선 위의 임의의 점 $P(x,\ y)$와 초점 $F(c,\ 0)$의 거리는 $\sqrt{(x-c)^2 + y^2}$ 이고 점 $P(x,\ y)$와 초점 $F'(-c,\ 0)$의 거리는 $\sqrt{(x+c)^2 + y^2}$ 이다.

그리고 초점 $F(c,\ 0)$와 꼭짓점 $(a,\ 0)$의 거리는 $(c-a)$이며 초점 $F'(-c,\ 0)$와 꼭짓점 $(a,\ 0)$의 거리는 $(a+c)$이어서 거리의 차는 $(a+c)-(c-a) = 2a$가 된다. 그러므로 임의의 점 $P(x,\ y)$와 두 초점 사이의 거리차는 다음과 같다.

$$\sqrt{(x+c)^2 + y^2} - \sqrt{(x-c)^2 + y^2} = 2a$$

$$\Rightarrow -\sqrt{(x-c)^2 + y^2} = 2a - \sqrt{(x+c)^2 + y^2}$$

$$\Rightarrow x^2 - 2cx + c^2 + y^2 = 4a^2 - 4a\sqrt{(x+c)^2 + y^2} + x^2 + 2cx + c^2 + y^2$$

$$\Rightarrow -2cx = 4a^2 - 4a\sqrt{(x+c)^2 + y^2} + 2cx$$

$$\Rightarrow 4a\sqrt{(x+c)^2 + y^2} = 4a^2 + 4cx \ \Rightarrow \ a\sqrt{(x+c)^2 + y^2} = a^2 + cx$$

$$\Rightarrow a^2[(x+c)^2 + y^2] = a^4 + 2ca^2x + c^2x^2$$

$$\Rightarrow a^2x^2 + 2ca^2x + a^2c^2 + a^2y^2 = a^4 + 2ca^2x + c^2x^2$$

$$\Rightarrow a^2x^2 + a^2c^2 + a^2y^2 = a^4 + c^2x^2$$

$$\Rightarrow (a^2 - c^2)x^2 + a^2y^2 = a^2(a^2 - c^2)$$

$$\Rightarrow (c^2 - a^2)x^2 - a^2y^2 = a^2(c^2 - a^2) \quad (\because \ c > a)$$

$$\Rightarrow b^2x^2 - a^2y^2 = a^2b^2 \quad (\because \ c = \sqrt{a^2+b^2} \ \Rightarrow \ c^2 - a^2 = b^2)$$

$$\therefore \ \frac{x^2}{a^2} - \frac{y^2}{b^2} = 1$$

그리고 점근성 방정식이 $y = \pm \dfrac{b}{a} x$임을 위의 쌍곡선 방정식으로부터 다음과 같이 얻을 수 있다.

$$\frac{x^2}{a^2} - \frac{y^2}{b^2} = 1 \implies y^2 = b^2 \left(\frac{x^2}{a^2} - 1 \right)$$

$$\implies y = \pm b^2 \sqrt{\frac{x^2}{a^2} - 1} = \pm \frac{b}{a} x \sqrt{1 - \frac{a^2}{x^2}}$$

이때 x가 무한히 커지면 쌍곡선은 직선 $y = \pm \dfrac{b}{a} x$로 수렴함을 알 수 있다. 유사한 방법으로 오른편의 쌍곡선 방정식은 $\dfrac{x^2}{a^2} - \dfrac{y^2}{b^2} = 1$임을 보일 수 있다.

예제 1.34

장반경이 a 그리고 단반경이 b인 타원의 면적을 구하세요.

풀이

$$\frac{x^2}{a^2} + \frac{y^2}{b^2} = 1 \implies y = \pm b \sqrt{1 - \frac{x^2}{a^2}}$$

$$A = \int\int dA = \int dx dy = \int_{-a}^{a} \left(\int_{-b\sqrt{1-x^2/a^2}}^{b\sqrt{1-x^2/a^2}} dy \right) dx$$

$$= 4 \int_{0}^{a} \left(\int_{0}^{b\sqrt{1-x^2/a^2}} dy \right) dx = 4b \int_{0}^{a} \sqrt{1 - \frac{x^2}{a^2}} \, dx$$

(여기서 $x = a \sin\theta$로 놓으면)

$$= 4ab \int_{0}^{\frac{\pi}{2}} \cos^2\theta d\theta = 4ab \int_{0}^{\frac{\pi}{2}} \frac{1}{2}(1 - \cos 2\theta) d\theta$$

$$= \left(\frac{4ab}{2} \right) \left(\frac{\pi}{2} \right) = \pi ab$$

$$\therefore \ A = \pi ab$$

예제 1.35

행성은 태양을 초점으로 가로로 긴 타원 궤도 운동을 한다. 이때의 궤도 방정식이 $\dfrac{x^2}{a^2} + \dfrac{y^2}{b^2} = 1$일 때 행성은 평면 위의 두 타원의 초점에서의 거리의 합이 일정한 궤도를 운동함을 보이세요.

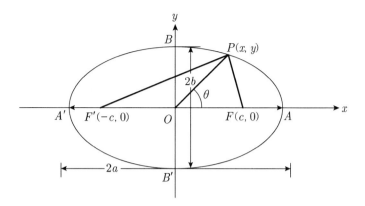

풀이

$$\frac{x^2}{a^2} + \frac{y^2}{b^2} = 1 \Rightarrow b^2x^2 + a^2y^2 = a^2b^2 \tag{1}$$

이때 중심으로부터 장축 방향에 있는 초점까지의 거리 c는 장반경과 단반경과 $c^2 = a^2 - b^2 \Rightarrow b^2 = a^2 - c^2$의 관계에 있으므로

식 (1)은

$$(a^2 - c^2)x^2 + a^2y^2 = a^2(a^2 - c^2) \Rightarrow a^2x^2 + a^2y^2 + a^2c^2 = a^4 + c^2x^2$$

$$\Rightarrow a^2(x+c)^2 - 2a^2cx + a^2y^2 = (a^2 + cx)^2 - 2a^2cx$$

$$\Rightarrow a^2[(x+c)^2 + y^2] = (a^2 + cx)^2 \Rightarrow a\sqrt{(x+c)^2 + y^2} = a^2 + cx$$

$$\Rightarrow 4a\sqrt{(x+c)^2 + y^2} = 4(a^2 + cx) \Rightarrow 0 = 4a^2 + 4cx - 4a\sqrt{(x+c)^2 + y^2}$$

$$\Rightarrow -2cx = 4a^2 + 2cx - 4a\sqrt{(x+c)^2 + y^2}$$

$$\Rightarrow -2cx + (x^2 + c^2 + y^2) = (x^2 + c^2 + y^2) + 4a^2 + 2cx - 4a\sqrt{(x+c)^2 + y^2}$$

$$\Rightarrow x^2 - 2cx + c^2 + y^2 = 4a^2 + x^2 + 2cx + c^2 + y^2 - 4a\sqrt{(x+c)^2 + y^2}$$

$$\Rightarrow (x-c)^2 + y^2 = 4a^2 + (x+c)^2 + y^2 - 4a\sqrt{(x+c)^2 + y^2}$$

$$\Rightarrow (x-c)^2 + y^2 = 4a^2 - 4a\sqrt{(x+c)^2 + y^2} + (x+c)^2 + y^2$$

$$\Rightarrow \sqrt{(x-c)^2 + y^2} = 2a - \sqrt{(x+c)^2 + y^2}$$

$$\Rightarrow \sqrt{(x-c)^2 + y^2} + \sqrt{(x+c)^2 + y^2} = 2a$$

$$\Rightarrow PF + PF' = 2a$$

그러므로 행성은 평면 위의 타원의 두 초점에서의 거리의 합이 $2a$인 일정한 궤도를 운동한다.

1.10 라플라스 변환

차수가 높은 미분방정식의 解(해)를 직접 구하기가 쉽지 않을 때 **라플라스 변환**(Laplace transform)법을 사용한다. 이 변환법은 미분방정식을 대수방정식 형태로 변환시켜 보다 쉽게 解를 구한 뒤에 다시 역변환시켜 미분방정식의 解를 구하는 방법이다. 이 변환법은 일정한 주기를 갖는 함수 형태의 解를 쉽게 구할 수 있어서 전자공학 등의 공학 분야에 특히 많이 사용된다.

함수 $f(t)$의 라플라스 변환 $\mathcal{L}[f(t)]$은 다음과 같이 정의된다.

$$\mathcal{L}[f(t)] = \int_0^\infty e^{-st} f(t)dt = F(s), \ \text{여기서} \ t \geq 0$$

즉, 라플라스 변환 $\mathcal{L}[f(t)]$은 시간에 대한 함수 $f(t)$을 새로운 변수인 s을 갖는 함수 $F(s)$로 변환시킨다.

라플라스 변환 때 사용하는 **헤비사이드 단위 계단**(Heaviside unit step) 함수는 일반적으로 다음과 같이 정의된다.

$$\Theta(t) = \begin{cases} 1, \ t \geq a \\ 0, \ t < a \end{cases}$$

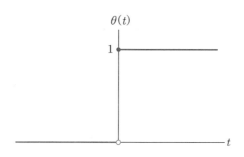

이때

$$\mathcal{L}[\Theta(t)] = F(s) = \int_0^\infty e^{-st}\Theta(t)dt = \int_a^\infty e^{-st}dt = \left[\frac{e^{-st}}{-s}\right]_{t=a}^{t=\infty} = \frac{1}{s}e^{-sa}$$

이제 도함수의 라플라스 변환에 대해 알아보자. 함수 $f(t)$가 미분 가능한 함수일 때

$$\mathcal{L}\left[f'(t)\right] = \int_0^\infty e^{-st} f'(t)dt = \left[e^{-st}f(t)\right]_{t=0}^{t=\infty} + s\int_0^\infty e^{-st}f(t)dt$$

(∵ 부분적분으로부터)

$$= -f(0) + s\mathcal{L}\left[f(t)\right] \tag{1.10.1}$$

그리고

$$\mathcal{L}\left[f''(t)\right] = \int_0^\infty e^{-st} f''(t)dt = \left[e^{-st}f'(t)\right]_{t=0}^{t=\infty} + s\int_0^\infty e^{-st}f'(t)dt$$

$$= -f'(0) + s\mathcal{L}\left[f'(t)\right] = -f'(0) + s\left[-f(0) + s\mathcal{L}\left[f(t)\right]\right]$$

(∵ 식 (1.10.1)로부터)

$$= s^2\mathcal{L}\left[f(t)\right] - sf(0) - f'(0) \tag{1.10.2}$$

유사한 방법으로

$$\mathcal{L}\left[f'''(t)\right] = \int_0^\infty e^{-st} f'''(t)dt = \left[e^{-st}f''(t)\right]_{t=0}^{t=\infty} + s\int_0^\infty e^{-st}f''(t)dt$$

$$= -f''(0) + s\mathcal{L}\left[f''(t)\right] = -f''(0) + s\left[s^2\mathcal{L}\left[f(t)\right] - sf(0) - f'(0)\right]$$

(∵ 식 (1.10.2)로부터)

$$= s^3\mathcal{L}\left[f(t)\right] - s^2f(0) - sf'(0) - f''(0) \tag{1.10.3}$$

결론적으로는 차수가 더 높아지더라도 모든 도함수가 라플라스 변환 이후에는 없어짐을 알 수 있다.

$$\vdots$$
$$\vdots$$

일반식은 다음과 같다.

$$\mathcal{L}\left[f^{(n)}(t)\right] = s^n\mathcal{L}\left[f(t)\right] - s^{n-1}f(0) - s^{n-2}f'(0) - s^{n-3}f''(0) - \cdots\cdots - f^{(n-1)}(0)$$

만약 $f(t) = \int_0^t g(x)dx$ 일 경우, $f(0) = 0$ 이며 $f'(t) = g(x)$ 이다. 이때 $\mathcal{L}\left[f'(t)\right] = \mathcal{L}\left[g(x)\right]$ 가 되며, 이 식의 오른편은 식 (1.10.1)로부터

$$\mathcal{L}\left[f'(t)\right] = -f(0) + s\mathcal{L}\left[f(t)\right] = s\mathcal{L}\left[f(t)\right] \quad (∵ f(0) = 0 \text{이므로})$$

가 된다.

그러므로

$$s \mathcal{L}\left[f(t)\right] = \mathcal{L}\left[g(x)\right] \text{ 또는}$$

$$\mathcal{L}\left[f(t)\right] = \frac{1}{s} \mathcal{L}\left[g(x)\right] = \frac{G(s)}{s} \Rightarrow F(s) = \frac{1}{s} G(s)$$

$$\therefore \ \mathcal{L}^{-1}\left[\frac{G(s)}{s}\right] = f(t)$$

인 관계를 얻는다.

예제 1.36

라플라스 변환의 선형 성질 $\mathcal{L}\left[af(t) + bg(t)\right] = aF(s) + bG(s)$을 증명하세요.

풀이 $\mathcal{L}\left[af(t) + bg(t)\right] = \int_0^\infty e^{-st}[af(t) + bg(t)]dt$

$$= a\int_0^\infty e^{-st}f(t)dt + b\int_0^\infty e^{-st}g(t)dt = aF(s) + bG(s)$$

예제 1.37

$f(t) = \cos\omega t$을 라플라스 변환시키세요.

풀이
$$\begin{cases} e^{i\omega t} = \cos\omega t + i\sin\omega t \\ e^{-i\omega t} = \cos\omega t - i\sin\omega t \end{cases} \Rightarrow \cos\omega t = \frac{1}{2}\left(e^{i\omega t} + e^{-i\omega t}\right)$$

그러므로 $f(t) = \cos\omega t = \frac{1}{2}e^{i\omega t} + \frac{1}{2}e^{-i\omega t}$ 로 표현된다.

이때 라플라스 변환의 선형 성질을 이용하면 다음과 같다.

$$\mathcal{L}\left[f(t)\right] = \mathcal{L}\left[\frac{1}{2}e^{i\omega t} + \frac{1}{2}e^{-i\omega t}\right] = \frac{1}{2}\mathcal{L}\left[e^{i\omega t}\right] + \frac{1}{2}\mathcal{L}\left[e^{-i\omega t}\right]$$

$$= \frac{1}{2}\int_0^\infty e^{-st}e^{i\omega t}dt + \frac{1}{2}\int_0^\infty e^{-st}e^{-i\omega t}dt$$

$$= \frac{1}{2}\int_0^\infty e^{(-s+i\omega)t}dt + \frac{1}{2}\int_0^\infty e^{(-s-i\omega)t}dt$$

$$= \frac{1}{2}\left[\frac{e^{(-s+i\omega)t}}{-s+i\omega}\right]_{t=0}^{t=\infty} + \frac{1}{2}\left[\frac{e^{(-s-i\omega)t}}{-s-i\omega}\right]_{t=0}^{t=\infty}$$

(여기서 $s > 0$이다. 그렇지 않으면 위 식의 각 항이 발산하기 때문이다.)

$$= \frac{1}{2}\left[\frac{-1}{(-s+i\omega)} + \frac{1}{(s+i\omega)}\right] = \frac{1}{2}\left(\frac{-2s}{-s^2-\omega^2}\right) = \frac{s}{s^2+\omega^2}$$

$$\therefore \ \mathcal{L}\left[\cos\omega t\right] = \frac{s}{s^2+\omega^2}, \ \text{여기서} \ s > 0$$

유사한 방법으로 $\sin\omega t$의 라플라스 변환 결과는 다음과 같음을 보여줄 수 있다.

$$\mathcal{L}\left[\sin\omega t\right] = \frac{\omega}{s^2+\omega^2} \tag{1}$$

예제 1.38

$f(t) = e^{at}$을 라플라스 변환시키세요.

풀이 $\quad \mathcal{L}\left[e^{at}\right] = \int_0^\infty e^{-st}e^{at}dt = \int_0^\infty e^{-(s-a)t}dt = \frac{-1}{s-a}\left[e^{-(s-a)t}\right]_0^\infty = \frac{1}{s-a}$

여기서 $s > a$이다. 그렇지 않으면 위 식이 발산하기 때문이다.

예제 1.39

다음의 이계 미분방정식의 解를 라플라스 변환과 역변환을 사용해서 구하세요.
$\ddot{y}+5\dot{y}+6y=0$, 초기조건은 $y(0)=2$ 그리고 $\dot{y}(0)=3$이다.

풀이 $\ \mathcal{L}\left[y(t)\right] = Y(s)$로 놓으면 식 (1.10.1)과 (1.10.2)로부터 다음을 얻는다.

$$\mathcal{L}\left[\dot{y}\right] = -y(0) + s\mathcal{L}\left[y\right] = -y(0) + sY(s) = -2 + sY(s)$$

그리고

$$\mathcal{L}\left[\ddot{y}\right] = s^2\mathcal{L}\left[y\right] - sy(0) - \dot{y}(0) = s^2Y(s) - 2s - 3$$

이때 주어진 이계 미분방정식의 라플라스 변환은 다음과 같이 미분방정식을 대수방정식 형태로 변환시킴을 알 수 있다.

$$(s^2Y - 2s - 3) + 5(-2 + sY) + 6Y = 0$$

$$\Rightarrow \ Y(s^2 + 5s + 6) = 2s + 13$$

$$\Rightarrow \ Y = \frac{2s+13}{s^2+5s+6} = \frac{2s+13}{(s+2)(s+3)} = \frac{9}{s+2} - \frac{7}{s+3}$$

이제 위식에 역변환을 취하면

$$\mathcal{L}^{-1}[Y] = y(t) = 9\mathcal{L}^{-1}\left[\frac{1}{s+2}\right] - 7\mathcal{L}^{-1}\left[\frac{1}{s+3}\right]$$

$$= 9e^{-2t} - 7e^{-3t} \quad (\because \text{[예제 1.38]의 결과로부터})$$

그러므로 주어진 문제의 이계 미분방정식의 解는 다음과 같다.

$$y(t) = 9e^{-2t} - 7e^{-3t}$$

예제 1.40

$f(t) = \int_0^t dx \sin ax$의 라플라스 변환을 구하세요.

풀이 $\quad \mathcal{L}[f(t)] = \frac{1}{s}\mathcal{L}[\sin ax] \quad (\because \quad s\mathcal{L}[f(t)] = \mathcal{L}[g(x)])$

$$= \frac{a}{s(s^2+a^2)} \quad (\because \text{[예제 1.37]의 식 (1)로부터})$$

함수 꼴이 $e^{at}f(t)$일 때 이 함수의 라플라스 변환은 다음과 같다.

$$\mathcal{L}[e^{at}f(t)] = \int_0^\infty e^{-st}[e^{at}f(t)]dt = \int_0^\infty e^{-(s-a)t}f(t)dt = F(s-a)$$

여기서 발산을 막기 위해서 $s > a$이어야 한다.

이 결과는 함수 $F(s)$가 오른쪽으로 a만큼 이동한 것을 의미하므로 이를 라플라스 변환의 **제1 이동정리**(the first shifting theorem)라 한다.

함수 $g(t) = f(t-a)$가 있어서 $t < 0$인 경우에 대해 $f(t) = 0$이라 할 때

$$\mathcal{L}[g(t)] = e^{-as}\mathcal{L}[f(t)] \tag{1.10.4}$$

의 관계를 만족한다. 이 관계를 증명해보자.

$$F(s) = \mathcal{L}[f(t)] = \int_0^\infty e^{-st}f(t)dt$$

$$\Rightarrow e^{-as}F(s) = e^{-as}\mathcal{L}[f(t)] = \int_0^\infty e^{-s(t+a)}f(t)dt$$

여기서 $x = t + a$로 놓으면 위 적분은 다음과 같이 표현된다.

$$\int_0^\infty e^{-s(t+a)} f(t) dt = \int_a^\infty e^{-sx} f(x-a) dx$$

$$= \int_0^a e^{-sx} 0 \, dx + \int_a^\infty e^{-sx} f(x-a) dx$$

$$(\because \ t < 0 \text{인 경우 함수 } f(t) = 0 \text{이고, } t < 0 \text{일 때}$$
$$x < a \text{가 되어 함수 } f \text{는 } 0 \text{이 되므로})$$

$$= \int_0^\infty e^{-sx} g(x) dx = \int_0^\infty e^{-st} g(t) dt = \pounds[g(t)]$$

그러므로 $e^{-as} \pounds[f(t)] = \pounds[g(t)]$인 관계식 (1.10.4)를 얻을 수 있다. 이를 라플라스 변환의 **제2 이동정리**라 한다. 이는 $t-$영역에서 $f(t)$를 a만큼 이동시키는 것은 $s-$영역에서 $F(s)$에 지수함수 e^{-as}를 곱한 것에 대응한다는 의미이다.

예제 1.41

$e^{-at} t^n$을 라플라스 변환시키세요.

풀이 [예제 1.36]과 1장의 [연습문제 10]의 결과를 라플라스 변환의 제1 이동정리에 적용하면

$$\pounds[e^{-at} t^n] = F(s+a) \quad (\because \ \pounds[t^n] \text{이 왼쪽으로 } a \text{만큼 이동한 것을 의미하므로})$$
$$= \frac{n!}{(s+a)^{n+1}}, \text{ 여기서 } s > -a$$

인 결과를 얻는다.

예제 1.42

$f(t) = \begin{cases} t, & t \geq 0 \\ 0, & t < 0 \end{cases}$이고 $g(t) = \begin{cases} 0, & t < 5 \\ t-5, & t \geq 5 \end{cases}$일 때 $\pounds[g(t)]$를 구하세요.

풀이 주어진 문제로부터 $g(t) = f(t-5)$임을 알 수 있다. 라플라스 변환의 제2 이동정리를 적용하면

$$\pounds[g(t)] = e^{-5s} \pounds[f(t)] \tag{1}$$

여기서 [연습문제 10]의 결과로부터 $\mathcal{L}[f(t)] = \dfrac{1!}{s^{1+1}} = \dfrac{1}{s^2}$ 이므로 이를 식 (1)에 대입하면

$$\mathcal{L}[g(t)] = \frac{e^{-5s}}{s^2}$$

을 얻는다.

$f(t)$가 주기 T를 갖는 주기함수이면 $f(t) = f(t+T)$가 된다. 이때 이 주기함수의 라플라스 변환은 다음과 같다.

$$\begin{aligned}
\mathcal{L}[f(t)] &= \int_0^\infty e^{-st}f(t)dt \\
&= \int_0^T e^{-st}f(t)dt + \int_T^{2T} e^{-st}f(t)dt + \int_{2T}^{3T} e^{-st}f(t)dt + \cdots\cdots
\end{aligned}$$

여기서 오른편 두 번째 적분에서 $t = x + T$ 그리고 세 번째 적분에서 $t = x + 2T$로 놓으면 위식은 다음과 같이 된다.

$$\begin{aligned}
\mathcal{L}[f(t)] &= \int_0^T e^{-st}f(t)dt + \int_0^T e^{-s(x+T)}f(x+T)dx \\
&\quad + \int_0^T e^{-s(x+2T)}f(x+2T)dx + \cdots\cdots \\
&= \int_0^T e^{-st}f(t)dt + \int_0^T e^{-s(x+T)}f(x)dx + \int_0^T e^{-s(x+2T)}f(x)dx + \cdots\cdots \\
&= \int_0^T e^{-st}f(t)dt + \int_0^T e^{-s(t+T)}f(t)dt + \int_0^T e^{-s(t+2T)}f(t)dt + \cdots\cdots \\
&= \int_0^T e^{-st}f(t)dt + e^{-sT}\int_0^T e^{-st}f(t)dt + e^{-s2T}\int_0^T e^{-st}f(t)dt + \cdots\cdots \\
&= \left(1 + e^{-sT} + e^{-s2T} + \cdots\cdots\right)\int_0^T e^{-st}f(t)dt = \frac{1}{1-e^{-sT}}\int_0^T e^{-st}f(t)dt
\end{aligned}$$

그러므로 주기 T를 갖는 주기함수 $f(t)$의 라플라스 변환은 다음과 같다.

$$\mathcal{L}[f(t)] = \frac{1}{1-e^{-sT}}\int_0^T e^{-st}f(t)dt$$

1.11 그린 함수

그린 함수를 이용하면 비동차(inhomogeneous) 미분방정식의 解를 구하는 데 편리하다. 미분방정식

$$L[y(x)] = f(x) \tag{1.11.1}$$

여기서 L은 $L = L(x)$인 선형 미분 연산자[6]

이 있을 때 $f(x) = 0$이면 상대적으로 미분방정식의 解를 구하기 쉽지만 $f(x) \neq 0$인 경우에는 **그린**(Green) **함수** $G(x,z)$을 사용하면 解를 구하기 수월하다. 여기서 그린 함수는 다음의 방정식을 만족한다고 가정한다.

$$LG(x, z) = \delta(x - z) \tag{1.11.2}$$

그러면

$$\int L(x)[G(x, z)]f(z)dz = \int \delta(x - z)f(z)dz$$

$$\Rightarrow L(x)\left[\int G(x, z)f(z)dz\right] = \int \delta(x - z)f(z)dz = f(x) \tag{1.11.3}$$

식 (1.11.1)과 (1.11.3)을 비교하면 다음과 같이 미분방정식의 解를 얻는다.

$$y(x) = \int G(x, z)f(z)dz \tag{1.11.4}$$

예제 1.43

경계조건으로 $y(0) = 0$ 그리고 $y\left(\dfrac{\pi}{2}\right) = 0$을 갖는 비동차 상미분방정식 $y'' + y = x$ 의 解를 구하세요.

풀이
$$y'' + y = x \implies \frac{d^2y}{dx^2} + y = x \implies \left(\frac{d^2}{dx^2} + 1\right)y = x \equiv f(x)$$

---

[6] $L(c_1f_1 + c_2f_2) = c_1L(f_1) + c_2L(f_2)$의 관계를 만족하는 연산자 L을 선형 연산자라 하며, 여기서 일반적으로 c_1과 c_2는 복소수입니다.

여기서 $\left(\dfrac{d^2}{dx^2}+1\right)[c_1 f_1(x)+c_2 f_2(x)]=c_1\left(\dfrac{d^2}{dx^2}+1\right)f_1+c_2\left(\dfrac{d^2}{dx^2}+1\right)f_2$의 관계를 만족하므로 $\left(\dfrac{d^2}{dx^2}+1\right)$은 선형 미분 연산자이다.

이때 그린 함수는 식 (1.11.2)를 만족한다.

$$\left(\frac{d^2}{dx^2}+1\right)G(x,z)=\delta(x-z) \Rightarrow \frac{d^2 G(x,z)}{dx^2}+G(x,z)=\delta(x-z) \tag{1}$$

$x \neq z$인 경우 위 식은

$$\begin{cases} \dfrac{d^2 G_<(x,z)}{dx^2}+G_<(x,z)=0, \ x<z\text{인 경우} \\[2mm] \dfrac{d^2 G_>(x,z)}{dx^2}+G_>(x,z)=0, \ x>z\text{인 경우} \end{cases}$$

이 되어

$$\begin{cases} G_<(x,z)=A\sin x + B\cos x \\ G_>(x,z)=C\sin x + D\cos x \end{cases} \tag{2}$$

을 얻는다.

$x=0$에서의 경계조건을 식 (2)의 첫 번째 관계식에 적용하면

$$G_<(0,z)=0 \Rightarrow B=0$$

을 얻고 $x=\dfrac{\pi}{2}$에서의 경계조건을 식 (2)의 두 번째 관계식에 적용하면

$$G_>(\pi/2,z)=0 \Rightarrow C=0$$

가 되어

$$\begin{cases} G_<(x,z)=A\sin x \\ G_>(x,z)=D\cos x \end{cases} \tag{3}$$

을 얻는다. $x=z$에서 그린 함수는 연속이므로 식 (3)으로부터 다음의 관계식을 얻는다.

$$A\sin z = D\cos z \tag{4}$$

미분방정식의 오른편에 델타 함수가 있는 식 (1)과 같은 미분방정식은 x가 $[z-\epsilon, \ z+\epsilon]$인 구간에서 다음과 같이 표현된다.

$$\int_{z-\epsilon}^{z+\epsilon} \frac{d^2 G(x,z)}{dx^2}dx + \int_{z-\epsilon}^{z+\epsilon} G(x,z)dx = \int_{z-\epsilon}^{z+\epsilon} \delta(x-z)dx$$

여기서 $\epsilon \to 0$일 때 왼편의 두 번째 적분은 그린 함수가 연속이라는 사실로부터 0이 되고 오른편 적분은 1이 되어서 위 관계식은 다음과 같이 표현된다.

$$\int_{z-\epsilon}^{z+\epsilon} \frac{d^2 G(x,z)}{dx^2} dx = 1 \Rightarrow \int_{z-\epsilon}^{z+\epsilon} \frac{d}{dx}\left[\frac{dG(x,z)}{dx}\right] dx = 1$$

그러므로 위 식은 다음과 같은 그린 함수의 도함수에 관한 경계조건식을 얻게 된다.

$$\left[\frac{dG(x,z)}{dx}\right]_{z-\epsilon}^{z+\epsilon} = 1 \Rightarrow \therefore \left. \frac{dG}{dx}\right|_{z+\epsilon} - \left.\frac{dG}{dx}\right|_{z-\epsilon} = 1 \tag{5}$$

여기서

$$\left.\frac{dG}{dx}\right|_{z+\epsilon} = \left[\frac{dG_>}{dx}\right]_{x=z} = \left[\frac{d}{dx}(D\cos x)\right]_{x=z} = -D\sin z \tag{6}$$

그리고

$$\left.\frac{dG}{dx}\right|_{z-\epsilon} = \left[\frac{dG_<}{dx}\right]_{x=z} = \left[\frac{d}{dx}(A\sin x)\right]_{x=z} = A\cos z \tag{7}$$

식 (6)과 (7)을 그린 함수의 도함수에 관한 경계조건인 식 (5)에 대입하면 다음과 같다.

$$-D\sin z - A\cos z = 1 \tag{8}$$

식 (4)로부터 $D = A\dfrac{\sin z}{\cos z}$ 이고 이를 식 (8)에 대입하면

$$-A\frac{\sin z}{\cos z}\sin z - A\cos z = 1 \Rightarrow A(\sin^2 z + \cos^2 z) = -\cos z$$

$$\therefore A = -\cos z$$

을 얻고

$$D = A\frac{\sin z}{\cos z} = -\cos z\frac{\sin z}{\cos z} = -\sin z$$

가 되어 이들을 식 (3)에 대입하면 그린 함수는 다음과 같다.

$$\begin{cases} G_<(x,z) = -\cos z \sin x \\ G_>(x,z) = -\sin z \cos x \end{cases} \tag{9}$$

문제로 주어진 미분방정식의 解를 구하기 위해서 식 (1.11.4)에 식 (9)의 그린 함수를 대입하면

$$y(x) = \int_0^{\pi/2} G(x,z)f(z)dz = \int_0^x G_>(x,z)f(z)dz + \int_x^{\pi/2} G_<(x,z)f(z)dz$$

$$= \int_0^x (-\sin z \cos x)f(z)dz + \int_x^{\pi/2} (-\cos z \sin x)f(z)dz$$

$$= \int_0^x (-\sin z \cos x)zdz + \int_x^{\pi/2} (-\cos z \sin x)zdz$$

$$= -\cos x \int_0^x z \sin z\, dz - \sin x \int_x^{\pi/2} z \cos z\, dz \qquad (10)$$

여기서

$$\int_0^x z\sin z\, dz = \int_0^x z(-\cos z)' dz = [-z\cos z]_0^x + \int_0^x \cos z\, dz$$

$$= -x\cos x + \sin x$$

그리고

$$\int_x^{\pi/2} z\cos z\, dz = \int_x^{\pi/2} z(\sin z)' dz = [z\sin z]_x^{\pi/2} - \int_x^{\pi/2} \sin z\, dz$$

$$= \pi/2 - x\sin x - \cos x$$

이들을 식 (10)에 대입하면 다음과 같이 미분방정식의 解를 얻는다.

$$y(x) = -\cos x(-x\cos x + \sin x) - \sin x(\pi/2 - x\sin x - \cos x)$$

$$= x\cos^2 x - \cos x \sin x - \frac{\pi}{2}\sin x + x\sin^2 x + \sin x \cos x$$

$$= x(\cos^2 x + \sin^2 x) - \frac{\pi}{2}\sin x$$

$$\therefore\ y(x) = x - \frac{\pi}{2}\sin x$$

  미분 가능한 복소함수 $f(z)$가 복소평면의 어떤 영역에서 하나의 값을 가질 때 그 함수는 해석적이라 한다.

  복소함수 $f(z) = u(x,y) + iv(x,y)$라 할 때 z와 f의 변화를 다음과 같이 나타낼 수 있다.

$$\begin{cases} \triangle z = \triangle x + i\triangle y \\ \triangle f = \triangle u + i\triangle v \end{cases} \Rightarrow \frac{\triangle f}{\triangle z} = \frac{\triangle u + i\triangle v}{\triangle x + i\triangle y}$$

  $\triangle z \to 0$은 그림에 있는 경로 (a)인 x축에서 0으로 가거나 경로 (b)인 y축에서 0으로 갈 수 있으므로

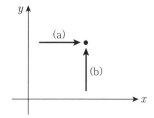

(a) $f' = \lim\limits_{\triangle z \to 0} \dfrac{\triangle f}{\triangle z} = \lim\limits_{\triangle x \to 0}\left(\dfrac{\triangle u + i\triangle v}{\triangle x}\right) = \dfrac{\partial u}{\partial x} + i\dfrac{\partial v}{\partial x}$

(b) $f' = \lim\limits_{\triangle z \to 0} \dfrac{\triangle f}{\triangle z} = \lim\limits_{\triangle y \to 0}\left(\dfrac{\triangle u + i\triangle v}{i\triangle y}\right) = -i\dfrac{\partial u}{\partial y} + \dfrac{\partial v}{\partial y}$

을 얻는다. 복소함수가 미분 가능한 함수가 되기 위해서는 (a)와 (b)의 결과가 같아야 하므로

$$\frac{\partial u}{\partial x} + i\frac{\partial v}{\partial x} = -i\frac{\partial u}{\partial y} + \frac{\partial v}{\partial y} \Rightarrow \begin{cases} \dfrac{\partial u}{\partial x} = \dfrac{\partial v}{\partial y} \\ \dfrac{\partial u}{\partial y} = -\dfrac{\partial v}{\partial x} \end{cases}$$

인 결과를 얻는다. 이 결과는 복소함수의 도함수가 존재할 필요조건이 되며 이를 **코시-리만** (Cauchy–Riemann) **조건**이라 한다.

$f(z) = z^2$은 해석적인지 아닌지 알아보세요. 즉 복소함수의 도함수가 존재할 필요조건인 코시−리만 조건을 만족하는지를 알아보세요.

풀이
$$z^2 = (x+iy)^2 = (x^2 - y^2) + 2ixy$$

$$\Rightarrow \begin{cases} \dfrac{\partial u}{\partial x} = \dfrac{\partial}{\partial x}(x^2 - y^2) = 2x \\ \dfrac{\partial v}{\partial y} = \dfrac{\partial}{\partial y}(2xy) = 2x \end{cases} \Rightarrow \therefore \ \dfrac{\partial u}{\partial x} = \dfrac{\partial v}{\partial x}$$

그리고

$$\Rightarrow \begin{cases} \dfrac{\partial u}{\partial y} = \dfrac{\partial}{\partial y}(x^2 - y^2) = -2y \\ -\dfrac{\partial v}{\partial x} = -\dfrac{\partial}{\partial x}(2xy) = -2y \end{cases} \Rightarrow \therefore \ \dfrac{\partial u}{\partial y} = -\dfrac{\partial v}{\partial x}$$

이므로 복소함수 $f(z) = z^2$는 해석적이다.

$f(z) = z^*$은 해석적인지 아닌지 알아보세요.

풀이
$$z^* = x - iy$$

$$\Rightarrow \begin{cases} \dfrac{\partial u}{\partial x} = \dfrac{\partial}{\partial x}x = 1 \\ \dfrac{\partial v}{\partial y} = \dfrac{\partial}{\partial y}(-y) = -1 \end{cases} \Rightarrow \dfrac{\partial u}{\partial x} \neq \dfrac{\partial v}{\partial y}$$

이므로 복소함수 $f(z) = z^*$는 해석적이지 않다. 즉 이 복소함수의 도함수는 존재하지 않는다.

폐경로 C와 그 내부에서 복소함수 $f(z)$가 해석적이며 복소함수의 도함수 $f'(z)$가 연속일 때 다음의 정적분의 결과는

$$\oint_C f(z)dz = 0$$

이 된다. 이를 **코시**(Cauchy) **정리**라 한다.

또는 다른 표현 방법으로, 하나의 선으로 연결되어 있고 구멍을 갖지 않는 영역인 단일

연결영역에서 복소함수 $f(z)$가 해석적이면, 단일 연결영역 내부의 경로가 교차하거나 맞닿는 지점이 없는 단순 폐경로 C에 대해 정적분의 결과는

$$\oint_C f(z)dz = 0$$

이 된다고 표현할 수 있다. 이와 같이 코시 정리에서 복소함수 $f(z)$의 도함수에 대한 조건을 없앤 것을 **코시-구르사**(Cauchy–Goursat) **정리**라 한다.

증명 $\oint_C f(z)dz = \oint_C (u+iv)(dx+idy) = \oint_C (udx-vdy) + i\oint_C (vdx+udy)$

여기서

$$\oint_C (udx-vdy) = \oint_C (u\hat{x}-v\hat{y}) \cdot (dx\hat{x}+dy\hat{y}) = \oint_C (u\hat{x}-v\hat{y}) \cdot \vec{dr}$$

$$(\vec{F}=u\hat{x}-v\hat{y}\text{로 놓으면})$$

$$= \int_S (\vec{\nabla}\times\vec{F}) \cdot \vec{da} \ (\because \text{ 3장의 스토크 정리로부터})$$

이때

$$\vec{\nabla}\times\vec{F} = \begin{vmatrix} \hat{x} & \hat{y} & \hat{z} \\ \dfrac{\partial}{\partial x} & \dfrac{\partial}{\partial y} & \dfrac{\partial}{\partial z} \\ u & -v & 0 \end{vmatrix} = \hat{x}\frac{\partial v}{\partial z} + \hat{y}\frac{\partial u}{\partial z} + \hat{z}\left(-\frac{\partial v}{\partial x} - \frac{\partial u}{\partial y}\right)$$

$$= -\hat{z}\left(\frac{\partial v}{\partial x} + \frac{\partial u}{\partial y}\right) \ (\because \ u\text{와 } v\text{는 } x\text{와 } y\text{만의 함수이므로})$$

그리고

$$\vec{da} = \hat{z}dxdy$$

이므로 위 적분은 다음과 같이 된다.

$$\int_S (\vec{\nabla}\times\vec{F}) \cdot \vec{da} = -\int_S \left(\frac{\partial v}{\partial x} + \frac{\partial u}{\partial y}\right)dxdy(\hat{z} \cdot \hat{z})$$

$$= -\int_S \left(\frac{\partial v}{\partial x} + \frac{\partial u}{\partial y}\right)dxdy$$

$$= -\int_S \left(-\frac{\partial u}{\partial y} + \frac{\partial u}{\partial y} \right) dxdy \ (\because \ \text{코시--리만 조건으로부터})$$

$$= 0$$

$$\therefore \oint_C (udx - vdy) = 0$$

유사한 방법으로

$$\oint (vdx + udy) = \oint_C (v\hat{x} + u\hat{y}) \cdot (dx\hat{x} + dy\hat{y})$$

$$= \oint_C (v\hat{x} + u\hat{y}) \cdot \vec{dr} \ (\vec{F} = v\hat{x} + u\hat{y} \text{로 놓으면})$$

$$= \int_S (\vec{\nabla} \times \vec{F}) \cdot \vec{da} \ (\because \ \text{스토크 정리로부터})$$

이때

$$\vec{\nabla} \times \vec{F} = \begin{vmatrix} \hat{x} & \hat{y} & \hat{z} \\ \frac{\partial}{\partial x} & \frac{\partial}{\partial y} & \frac{\partial}{\partial z} \\ v & u & 0 \end{vmatrix} = \hat{z} \left(\frac{\partial u}{\partial x} - \frac{\partial v}{\partial y} \right)$$

그러므로 위 적분은 다음과 같이 된다.

$$\int_S (\vec{\nabla} \times \vec{F}) \cdot \vec{da} = \int_S \left(\frac{\partial u}{\partial x} - \frac{\partial v}{\partial y} \right) dxdy$$

$$= \int_S \left(\frac{\partial v}{\partial y} - \frac{\partial v}{\partial y} \right) dxdy \ (\because \ \text{코시--리만 조건으로부터})$$

$$= 0$$

$$\therefore \oint_C (vdx + udy) = 0$$

이들 결과를 원 식에 대입하면

$$\oint_C f(z)dz = 0$$

을 얻는다.

$f(z) = z^2$은 모든 z에 대해 해석적이므로 코시 정리로부터 $\oint_C z^2 dz = 0$임을 알 수 있다.
극좌표를 사용해서 이 적분결과를 증명하세요.

풀이 극좌표계에서 $z = e^{i\theta} \implies \begin{cases} z^2 = e^{i2\theta} \\ dz = ie^{i\theta}d\theta \end{cases}$ 이므로

$$\oint_C z^2 dz = \int_0^{2\pi} e^{i2\theta}(ie^{i\theta}d\theta) = i\int_0^{2\pi} e^{i3\theta}d\theta = i\left[\frac{1}{i3}e^{i3\theta}\right]_0^{2\pi} = \frac{1}{3}\left(e^{i6\pi} - e^0\right) = 0$$

$$\therefore \oint_C z^2 dz = 0$$

$\oint_C e^{z^2} dz$를 계산하고 이 결과로부터 $\int_0^{2\pi} e^{\cos 2\theta}\sin(\theta + \sin 2\theta)d\theta$ 와
$\int_0^{2\pi} e^{\cos 2\theta}\cos(\theta + \sin 2\theta)d\theta$ 의 적분결과를 구하세요.

풀이 $f(z) = e^{z^2}$은 모든 z에 대해 해석적이므로 코시 정리로부터 $\oint_C e^{z^2} dz = 0$이다. 이제

$\oint_C e^{z^2} dz$를 극좌표계에서 표현하면

$$\int_0^{2\pi} e^{e^{i2\theta}} ie^{i\theta}d\theta = i\int_0^{2\pi} e^{(\cos 2\theta + i\sin 2\theta)} e^{i\theta}d\theta = i\int_0^{2\pi} e^{\cos 2\theta} e^{i(\sin 2\theta + \theta)}d\theta$$

$$= i\int_0^{2\pi} e^{\cos 2\theta}\left[\cos(\sin 2\theta + \theta) + i\sin(\sin 2\theta + \theta)\right]d\theta$$

$$= -\int_0^{2\pi} e^{\cos 2\theta}\sin(\sin 2\theta + \theta)d\theta + i\int_0^{2\pi} e^{\cos 2\theta}\cos(\sin 2\theta + \theta)d\theta$$

$$= -\int_0^{2\pi} e^{\cos 2\theta}\sin(\theta + \sin 2\theta)d\theta + i\int_0^{2\pi} e^{\cos 2\theta}\cos(\theta + \sin 2\theta)d\theta$$

이 된다. 이 결과가 0이기 위해서는 오른편의 실수부와 허수부가 각각 0이어야
하므로

$$\int_0^{2\pi} e^{\cos 2\theta}\sin(\theta + \sin 2\theta)d\theta = 0 \quad \text{그리고} \quad \int_0^{2\pi} e^{\cos 2\theta}\cos(\theta + \sin 2\theta)d\theta = 0$$

이 된다.

단일 연결영역에 구멍이 있는 경우

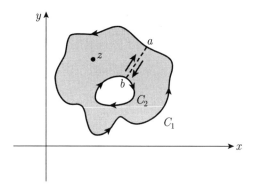

각 폐경로 C_1과 C_2에 코시-구르사 정리를 적용하면 다음과 같다.

$$\oint_{C_1} f(z)dz - \oint_{C_2} f(z)dz = 0$$

$$\therefore \oint_{C_1} f(z)dz = \oint_{C_2} f(z)dz$$

이 관계를 **경로 변형**(deformation)**정리**라 한다.

반면에 단순 폐경로 C 내부의 임의의 점 z_0에 관해 특이점을 갖는 다음의 적분은

$$f(z_0) = \frac{1}{2\pi i} \oint_C \frac{f(z)}{z - z_0} dz$$

이 된다. 이를 **코시 적분공식**이라 한다.

증명

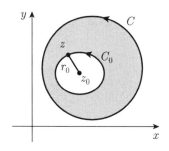

폐경로 C_0는 그림과 같이 폐경로 C의 내부에 있으며 $|z - z_0| = r_0$를 만족한다. 함수 $\dfrac{f(z)}{z - z_0}$는 폐경로 C와 C_0 사이의 영역에서 해석적이므로 경로 변형정리로부터 다음과 같이 표현된다.

$$\oint_C \frac{f(z)}{z - z_0} dz = \oint_{C_0} \frac{f(z)}{z - z_0} dz$$

$$\Rightarrow \oint_C \frac{f(z)}{z - z_0} dz - f(z_0) \oint_{C_0} \frac{1}{z - z_0} dz = \oint_{C_0} \frac{f(z)}{z - z_0} dz - f(z_0) \oint_{C_0} \frac{1}{z - z_0} dz$$

$$= \oint_{C_0} \frac{f(z) - f(z_0)}{z - z_0} dz \tag{1}$$

여기서 폐경로 C_0를 $z = z_0 + r_0 e^{i\theta}$(여기서 $0 \le \theta \le 2\pi$)로 나타내면 $dz = i r_0 e^{i\theta} d\theta$가 되며

$$\oint_{C_0} \frac{1}{z - z_0} dz = \int_0^{2\pi} \frac{i r_0 e^{i\theta}}{r_0 e^{i\theta}} d\theta = i \int_0^{2\pi} d\theta = 2\pi i \tag{2}$$

가 된다. 식 (2)를 (1)에 대입하면

$$\oint_C \frac{f(z)}{z - z_0} dz - f(z_0) 2\pi i = \oint_{C_0} \frac{f(z) - f(z_0)}{z - z_0} dz \tag{3}$$

가 된다.

$$\left| \oint_{C_0} \frac{f(z) - f(z_0)}{z - z_0} dz \right| < \oint_{C_0} \left| \frac{f(z) - f(z_0)}{z - z_0} \right| dz$$

$$(\because \text{코시-슈바르츠 부등식으로부터})$$

$$= \frac{1}{r_0} \oint_{C_0} |f(z) - f(z_0)| dz \quad (\because |z - z_0| = r_0)$$

여기서 임의의 $\delta > 0$에 대해 $|z - z_0| < \delta$이면 $\epsilon > 0$이 존재해서 $|f(z) - f(z_0)| < \epsilon$로 놓을 수 있다. 따라서 위 식은 다음과 같이 표현된다.

$$\left| \oint_{C_0} \frac{f(z) - f(z_0)}{z - z_0} dz \right| < \frac{1}{r_0} \epsilon \oint_{C_0} dz = \frac{\epsilon}{r_0} 2\pi r_0 = 2\pi \epsilon \tag{4}$$

식 (4)의 결과를 (3)에 적용하면 (3)은 다음과 같이 표현된다.

$$\left| \oint_C \frac{f(z)}{z - z_0} dz - f(z_0) 2\pi i \right| < 2\pi \epsilon$$

여기서 $\epsilon > 0$이므로 위의 부등식의 절댓값은 0이 될 수밖에 없다. 그러므로

$$\oint_C \frac{f(z)}{z - z_0} dz - f(z_0) 2\pi i = 0$$

이다.

$$\therefore \ f(z_0) = \frac{1}{2\pi i} \oint_C \frac{f(z)}{z - z_0} dz$$

예시

$\oint_C \frac{1}{z} dz$을 계산하세요.

풀이 복소함수 $\frac{1}{z}$은 $z = 0$에서 특이점을 갖는다. 이때 코시 적분공식으로부터

$$f(z_0) = \frac{1}{2\pi i} \oint_C \frac{f(z)}{z - z_0} dz \Rightarrow f(0) = \frac{1}{2\pi i} \oint_C \frac{1}{z} dz$$

여기서 $f(z) = 1$이므로 $f(0) = 1$이다. 그러면 위 식은

$$1 = \frac{1}{2\pi i} \oint_C \frac{1}{z} dz \Rightarrow \ \therefore \ \oint_C \frac{1}{z} dz = 2\pi i$$

을 얻는다.
또는 극좌표를 사용하면

$$\oint_C \frac{1}{z} dz = \int_0^{2\pi} \frac{1}{re^{i\theta}} \left(ire^{i\theta} d\theta \right) = i \int_0^{2\pi} d\theta = 2\pi i$$

인 같은 적분 결과를 얻는다.

예시

$\oint_C \frac{e^{az}}{z} dz$를 계산하세요. 여기서 a는 실수이다.

풀이 $f(z) = e^{az}$로 놓으면 $f(0) = 1$이 되고 코시 적분공식으로부터

$$f(0) = \frac{1}{2\pi i} \oint_C \frac{e^{az}}{z} dz \Rightarrow 1 = \frac{1}{2\pi i} \oint_C \frac{e^{az}}{z} dz \Rightarrow \oint_C \frac{e^{az}}{z} dz = 2\pi i \tag{1}$$

극좌표를 사용해서 적분을 직접 계산하면

$$\oint_C \frac{e^{az}}{z} dz = \int_0^{2\pi} \frac{e^{ae^{i\theta}}}{e^{i\theta}} \left(ie^{i\theta} d\theta \right) = i \int_0^{2\pi} e^{ae^{i\theta}} d\theta = i \int_0^{2\pi} e^{a(\cos\theta + i\sin\theta)} d\theta$$

$$= i \int_0^{2\pi} e^{a\cos\theta} e^{i(a\sin\theta)} d\theta = i \int_0^{2\pi} e^{a\cos\theta} [\cos(a\sin\theta) + i\sin(a\sin\theta)] d\theta$$

$$= - \int_0^{2\pi} e^{a\cos\theta} \sin(a\sin\theta) d\theta + i \int_0^{2\pi} e^{a\cos\theta} \cos(a\sin\theta) d\theta \tag{2}$$

그러므로 식 (1)과 (2)가 같아야 하므로

$$\therefore \begin{cases} \displaystyle\int_0^{2\pi} e^{a\cos\theta} \sin(a\sin\theta) d\theta = 0 \\ \displaystyle\int_0^{2\pi} e^{a\cos\theta} \cos(a\sin\theta) d\theta = 2\pi \end{cases}$$

인 결과를 얻는다.

예시

$\oint_C \dfrac{3z-2}{z(z-1)} dz$를 계산하세요.

풀이 충분히 작은 $\epsilon > 0$에 대해 경로 변형정리를 적용하면 주어진 문제는 다음과 같이 표현된다.

$$\oint_C \frac{3z-2}{z(z-1)} dz = \oint_{|z|=\epsilon} \frac{3z-2}{z(z-1)} dz + \oint_{|z-1|=\epsilon} \frac{3z-2}{z(z-1)} dz \tag{1}$$

여기서

$$\frac{3z-2}{z(z-1)} = \frac{a}{z} + \frac{b}{z-1} \Rightarrow \begin{cases} a+b=3 \\ a=2 \end{cases} \Rightarrow a=2,\ b=1$$

이므로 식 (1)의 오른편 첫 번째 적분은 다음과 같이 된다.

$$\oint_{|z|=\epsilon} \frac{3z-2}{z(z-1)} dz = \oint_{|z|=\epsilon} \frac{2}{z} dz + \oint_{|z|=\epsilon} \frac{1}{z-1} dz \tag{2}$$

여기서 식 (2)의 오른편 두 번째 적분에서 $z_0 = 1$은 폐경로 밖에 있으므로 적분 결과는 0이 되고, 오른편 첫 번째 적분은

$$\oint_{|z|=\epsilon} \frac{2}{z} dz = 2 \oint_{|z|=\epsilon} \frac{1}{z} dz = 2[2\pi i\, f(0)] = 4\pi i \ (\because \text{코시 적분공식으로부터})$$

이 되어 식 (2)는

$$\oint_{|z|=\epsilon} \frac{3z-2}{z(z-1)} dz = 4\pi i \tag{3}$$

가 된다.

그리고 식 (1)의 오른편 두 번째 적분은 다음과 같이 된다.

$$\oint_{|z-1|=\epsilon} \frac{3z-2}{z(z-1)} dz = \oint_{|z-1|=\epsilon} \frac{2}{z} dz + \oint_{|z-1|=\epsilon} \frac{1}{z-1} dz \tag{4}$$

여기서 위 식의 오른편 첫 번째 적분은 $z_0 = 0$가 폐경로밖에 있으므로 0이 되고, 오른편 두 번째 적분은

$$\oint_{|z-1|=\epsilon} \frac{1}{z-1} dz = 2\pi i\, f(1) = 2\pi i \ (\because \text{코시 적분공식으로부터})$$

가 되어 식 (4)는 다음과 같다.

$$\oint_{|z-1|=\epsilon} \frac{3z-2}{z(z-1)} dz = 2\pi i \tag{5}$$

식 (3)과 (5)를 (1)에 대입하면

$$\therefore \oint_C \frac{3z-2}{z(z-1)} dz = 4\pi i + 2\pi i = 6\pi i$$

인 결과를 얻는다.

코시 적분공식 $f(z_0) = \dfrac{1}{2\pi i} \oint_C \dfrac{f(z)}{z - z_0} dz$에서 좌·우를 z_0에 관해 미분하면

$$f'(z_0) = \frac{1}{2\pi i} \oint_C \left[-(-1)\frac{f(z)}{(z-z_0)^2} \right] dz$$

$$= \frac{1}{2\pi i} \oint_C \frac{f(z)}{(z-z_0)^2} dz = \frac{1!}{2\pi i} \oint_C \frac{f(z)}{(z-z_0)^2} dz$$

이며, 위식의 좌·우를 한 번 더 z_0에 관해 미분하면

$$f''(z_0) = \frac{1}{2\pi i} \oint_C \left[-2(-1)\frac{f(z)}{(z-z_0)^3} \right] dz$$

$$= \frac{1}{2\pi i} \oint_C 2! \frac{f(z)}{(z-z_0)^3} dz = \frac{2!}{2\pi i} \oint_C \frac{f(z)}{(z-z_0)^3} dz$$

이 된다. 그리고 이를 한 번 더 z_0에 관해 미분하면 다음과 같다.

$$f'''(z_0) = \frac{1}{2\pi i} \oint_C \left[2(-3)(-1)\frac{f(z)}{(z-z_0)^4} \right] dz$$

$$= \frac{1}{2\pi i} \oint_C 3! \frac{f(z)}{(z-z_0)^4} dz = \frac{3!}{2\pi i} \oint_C \frac{f(z)}{(z-z_0)^4} dz$$

$$\vdots$$

결과적으로 $(n-1)$번 코시 적분공식을 z_0에 관해 미분하면

$$f^{(n-1)}(z_0) = \frac{(n-1)!}{2\pi i} \oint_C \frac{f(z)}{(z-z_0)^n} dz$$

인 파생된 코시 적분공식을 얻는다.

예시

$\oint_C \dfrac{z^6}{(z-1/2)^6} dz$를 계산하세요.

풀이 파생된 코시 적분공식으로부터

$$f^{(5)}(1/2) = \frac{5!}{2\pi i} \oint_C \frac{z^6}{(z-1/2)^6} dz \tag{1}$$

여기서 $f(z) = z^6$이므로 $f^{(5)}(z) = 6!z \Rightarrow f^{(5)}(1/2) = 6!(1/2)$
이때 식 (1)로부터

$$\therefore \oint_C \frac{z^6}{(z-1/2)^6} dz = \frac{2\pi i}{5!} f^{(5)}(1/2) = \frac{2\pi i}{5!} 6!(1/2) = 6\pi i$$

을 얻는다.

$\displaystyle\oint_{C} \frac{e^{4z}}{z(z-2i)^2} dz$를 계산하세요.

풀이 충분히 작은 $\epsilon > 0$에 대해 경로 변형정리를 적용하면 주어진 문제는 다음과 같이 표현된다.

$$\oint_{C} \frac{e^{4z}}{z(z-2i)^2} dz = \oint_{|z|=\epsilon} \frac{e^{4z}}{z(z-2i)^2} dz + \oint_{|z-2i|=\epsilon} \frac{e^{4z}}{z(z-2i)^2} dz \tag{1}$$

여기서

$$\frac{1}{z(z-2i)^2} = \frac{a}{z} + \frac{b}{z-2i} + \frac{c}{(z-2i)^2}$$

$$\Rightarrow \begin{cases} a+b=0 \\ c-4ia-2ib=0 \\ 4a=-1 \end{cases} \Rightarrow a=-\frac{1}{4},\ b=\frac{1}{4},\ c=-\frac{i}{2}$$

이다. 그러면 식 (1)의 오른편 첫 번째 적분은

$$\oint_{|z|=\epsilon} \frac{e^{4z}}{z(z-2i)^2} dz = -\frac{1}{4}\oint_{|z|=\epsilon} \frac{e^{4z}}{z} dz + \frac{1}{4}\oint_{|z|=\epsilon} \frac{e^{4z}}{z-2i} dz - \frac{i}{2}\oint_{|z|=\epsilon} \frac{e^{4z}}{(z-2i)^2} dz$$

이 된다. 그러나 오른편 두 번째와 세 번째 적분은 $z_0 = 2i$가 폐경로 밖에 있으므로 적분 결과는 0이 되어서 위 식은 다음과 같이 된다.

$$\oint_{|z|=\epsilon} \frac{e^{4z}}{z(z-2i)^2} dz = -\frac{1}{4}\oint_{|z|=\epsilon} \frac{e^{4z}}{z} dz = 0$$

$$(\because \text{폐경로와 그 내부에서 복소함수가 해석적이므로})$$

유사한 방법으로 식 (1)의 오른편 두 번째 적분은

$$\oint_{|z-2i|=\epsilon} \frac{e^{4z}}{z(z-2i)^2} dz = -\frac{1}{4}\oint_{|z-2i|=\epsilon} \frac{e^{4z}}{z} dz + \frac{1}{4}\oint_{|z-2i|=\epsilon} \frac{e^{4z}}{z-2i} dz$$

$$- \frac{i}{2}\oint_{|z-2i|=\epsilon} \frac{e^{4z}}{(z-2i)^2} dz \tag{2}$$

이 되는데 오른편 첫 번째 적분은 $z_0 = 0$이 폐경로 밖에 있으므로 0이 되고 오른편 두 번째 적분에 코시 적분공식을 적용하면

$$\oint_{|z-2i|=\epsilon} \frac{e^{4z}}{z-2i} dz = 2\pi i\, f(2i) = i2\pi e^{i8} \tag{3}$$

이 되고 오른편 세 번째 적분에 파생된 코시 적분공식을 적용하면

$$\oint_{|z-2i|=\epsilon} \frac{e^{4z}}{(z-2i)^2} dz = [f^{(1)}(2i)]2\pi i = (4e^{i8})2\pi i = i8\pi e^{i8} \qquad (4)$$

을 얻는다. 식 (3)과 (4)를 (2)에 대입하면

$$\oint_{|z-2i|=\epsilon} \frac{e^{4z}}{z(z-2i)^2} dz = \frac{1}{4}\left(i2\pi e^{i8}\right) - \frac{i}{2}\left(i8\pi e^{i8}\right) = 4\pi e^{i8} + i\frac{1}{2}\pi e^{i8}$$

이 되어, 이 결과를 식 (1)에 대입하면

$$\therefore \oint_C \frac{e^{4z}}{z(z-2i)^2} dz = 4\pi e^{i8} + i\frac{1}{2}\pi e^{i8} = \left(4 + i\frac{1}{2}\right)\pi e^{i8}$$

을 얻는다.

01 우함수인 $f(x)$와 기함수인 $g(x)$가 있을 때, (a) 우함수 간의 합성 결과는 우함수가 되고 기함수 간의 합성 결과는 기함수가 됨을 보이세요. (b) 우함수와 기함수의 합성 결과는 순서와 관계없이 우함수가 됨을 보이세요.

02 $\sin A - \sin B = 2\cos\left[(A+B)/2\right]\sin\left[(A-B)/2\right]$,
$\cos A + \cos B = 2\cos\left[(A+B)/2\right]\cos\left[(A-B)/2\right]$,
$\cos A - \cos B = -2\sin\left[(A+B)/2\right]\sin\left[(A-B)/2\right]$의 관계를 [예제 1.1]의 결과를 사용해서 증명하세요.

03 $z = 1 + i$일 때 z^{100}을 구하세요.

04 $y = \cos x$일 때 1차 도함수를 미분 정의식을 사용해서 구하세요.

05 $y = e^x$일 때 1차 도함수를 미분 정의식을 사용해서 구하세요. 이때
$e^{\triangle x} = 1 + \triangle x + \dfrac{1}{2!}(\triangle x)^2 + \cdots\cdots$인 테일러 급수를 활용하세요.

06 $E(x,t) = \sin(vt)\cos x$, 여기서 v가 상수일 때 $\dfrac{\partial^2 E}{\partial x^2} = \dfrac{1}{v^2}\dfrac{\partial^2 E}{\partial t^2}$의 관계를 만족함을 보이세요. 이 관계식은 속도 v로 x 방향으로 진행하는 파동방정식에 해당한다.

07 $\displaystyle\int_0^2 y^2 e^{-y} dy$을 부분적분법을 사용하여 계산하세요.

08 i^{35}을 계산하세요. 이때 $i^2 = -1$인 관계만을 사용하세요.

09 $x\dfrac{d}{dx}\delta(x) = -\delta(x)$임을 증명하세요.

10 $f(t) = t^n$을 라플라스 변환시키세요. 여기서 $n > 0$인 정수이다.

11 $f(t) = 3\delta(t) - 2e^t$을 라플라스 변환시키세요.

12 미분방정식 $\ddot{x} + \omega^2 x = 2\cos t$은 (여기서 ω는 상수) 외력이 진동자에 작용하는 강제 진동자에 해당하며, 초기조건은 $x(0) = 0$ 그리고 $\dot{x}(0) = 0$이다. 그린 함수를 사용해서 미분방정식의 **解**를 구하세요.

13 경계조건으로 $y(0) = 0$ 그리고 $y(\ell) = 0$을 갖는 비동차 상미분방정식 $y'' - k^2 y = f(x)$의 그린 함수를 구하세요.

CHAPTER 02

미분방정식

미분방정식은 방정식을 만족하는 함수인 解(해)와 그 함수의 도함수 또는 미분을 포함하는 방정식이다.

미분방정식에 있는 가장 높은 도함수의 차수가 n이면 그 미분방정식은 n계 미분방정식이라 한다. 예로서 $\dfrac{d^3y(x)}{dx^3}=y'''(x)$ 가 미분방정식에 있는 가장 차수가 높은 도함수라고 하면 이 미분방정식은 삼계 미분방정식이다.

이 장의 1절에서는 미분방정식을 구별하는 용어에 대해 간략하게 소개한다. 2절에서는 일계 상미분방정식 그리고 3절에서는 이계 동차 상미분방정식을 푸는 방법에 대해서 배우고, 4절에서는 이계 비동차 상미분방정식을 푸는 방법에 대해 배운다.

2.1 소개

- ordinary(상미분) ⇔ partial(편미분)
- linear(선형) ⇔ nonlinear(비선형)
- homogeneous(동차 또는 제차) ⇔ non-homogeneous(비동차)

미분방정식의 解인 함수가 한 개의 독립변수를 갖는 함수이면 그 미분방정식을 **상미분**방정식이라 하고 두 개 이상의 독립변수를 갖는 함수이면 **편미분**방정식이라 한다. 또한 미분방정식의 解인 함수와 그 함수의 도함수에 대한 계수가 상수 또는 x만의 함수이고, 함수와 그 함수의 도함수가 모두 일차식일 때 **선형** 미분방정식이라 하며, 그렇지 못할 때 **비선형** 미분방정식이라 한다.

다음과 같은 이계 미분방정식이 있을 때

$$y^{''}(x) + p(x)y^{'} + q(x)y = f(x)$$

여기서 $f(x) = 0$이면 **동차**(homogeneous, 또는 제차) 미분방정식 그리고 $f(x) \neq 0$이면 **비동차**(non-homogeneous, 또는 비제차) 미분방정식이라 한다.

어떤 이계 동차 미분방정식이 있을 때, 이 미분방정식은 일반적으로 두 개의 解을 갖는다. 이 解를 $y_1(x)$와 $y_2(x)$라고 가정하면 $y_3(x) = y_1(x) + y_2(x)$ 또한 미분방정식의 解가 된다. 즉, 중첩(또는 선형성)의 원리가 성립한다. 일반적으로 중첩의 원리는 비동차 미분방정식에는 성립하지 않는다.

예로서, $y^{''} + p(x)y^{'} + Q(x)y = 0$은 이계 동차 선형 미분방정식이고, $y^{''} + p(x)y^{'} + Q(x)y = f(x)$(여기서 $f(x) \neq 0$)은 이계 비동차 선형 미분방정식이다.

반면에 비선형 미분방정식의 예들은 다음과 같다.

(i) $xy\dfrac{dy}{dx} + 2y = \sin x$ (도함수 $\dfrac{dy}{dx}$의 계수에 x만의 함수가 아닌 y가 있기 때문)

(ii) $\dfrac{d^2 y}{dx^2} + \left(\dfrac{dy}{dx}\right)^2 = 1$ ($\left(\dfrac{dy}{dx}\right)^2$은 도함수 $\dfrac{dy}{dx}$ 대한 일차식이 아니기 때문)

(iii) $\dfrac{d^2 y}{dx^2} + (\sin y)y = 0$ (함수 y의 계수에 x만의 함수가 아닌 $\sin y$가 있기 때문)

(iv) $\dfrac{d^2 y}{dx^2} + \sin(x+y) = e^{3x}$ ($\sin(x+y)$은 비선형 함수이기 때문)

양자역학에서 나오는 슈뢰딩거 방정식은 다음과 같다.

$$\left(-\frac{\hbar^2}{2m}\nabla^2 + U\right)\Psi(x,y,z,t) = i\hbar\frac{\partial \Psi(x,y,z,t)}{\partial t}$$

여기서 델 연산자[7]는 $\overrightarrow{\nabla} = \hat{x}\dfrac{\partial}{\partial x} + \hat{y}\dfrac{\partial}{\partial y} + \hat{z}\dfrac{\partial}{\partial z}$ 이므로 $\nabla^2 = \dfrac{\partial^2}{\partial x^2} + \dfrac{\partial^2}{\partial y^2} + \dfrac{\partial^2}{\partial z^2}$ 가 되어 슈뢰딩거 방정식은 이계 편미분방정식이다.

예제 2.1

일계 상미분방정식 $x\dfrac{dy}{dx} = y+1$의 **解**를 **변수분리법**[8]으로 구하세요.

풀이
$$x\dfrac{dy}{dx} = y+1 \;\Rightarrow\; \dfrac{dy}{y+1} = \dfrac{dx}{x} \;\Rightarrow\; \int \dfrac{dy}{y+1} = \int \dfrac{dx}{x}$$

$$\Rightarrow \ln(y+1) = \ln x + c, \quad \text{여기서 } c\text{는 적분상수}$$
$$\qquad\qquad = \ln(ax), \quad \text{여기서 } \ln(a) = c\text{인 또 다른 상수}$$

$$\Rightarrow y+1 = ax$$

$$\therefore\; y(x) = ax - 1$$

예제 2.2

이계 미분방정식 $m\dfrac{d^2x}{dt^2} = ma$(여기서 a는 가속도)의 **解**를 구하세요. 초기조건으로 $v(t=0) = v_0$ 그리고 $x(t=0) = x_0$라고 가정한다.

풀이 주어진 미분방정식을 시간에 관해 적분하면

$$\int \dfrac{d}{dt}\left(\dfrac{dx}{dt}\right)dt = a\int dt \;\Rightarrow\; \dfrac{dx}{dt} = at + c, \quad \text{여기서 } c\text{는 적분상수}$$

$$\Rightarrow v(t) = at + c$$

초기조건으로부터 $v(0) = c = v_0$이므로

$$\therefore\; v(t) = \dfrac{dx}{dt} = at + v_0$$

위 식을 시간에 관해 적분하면

---

(7) 3장에서 자세히 배웁니다.

(8) 변수가 여러개인 함수의 미분방정식에서, 한쪽에 같은 변수만 있도록 옮긴 후에 각 변수에 대해서 따로 방정식을 세워서 푸는 방법입니다.

$$\int \left(\frac{dx}{dt} \right) dt = a \int t\,dt + v_0 \int dt$$

$$\Rightarrow x(t) = \frac{1}{2}at^2 + v_0 t + c, \quad \text{여기서 } c \text{는 적분상수}$$

초기조건 $x(t=0) = x_0$로부터 $x(0) = c = x_0$이므로

$$\therefore \ x(t) = \frac{1}{2}at^2 + v_0 t + x_0$$

중력장에서 수직 방향으로 움직이는 물체의 경우에는 위에서 얻은 결과에 $a \to -g$ 그리고 $x \to y$을 대입하면 된다. 그러면 시간의 함수로서 물체의 위치를 다음과 같이 얻을 수 있다.

$$y(t) = -\frac{1}{2}gt^2 + v_0 t + y_0$$

2.2 일계 상미분방정식의 일반해

- 일계 상미분방정식 $y' + P(x)y = Q(x)$의 **일반해**는 다음과 같다.

$$y(x) = e^{-I(x)} \int Q(x) e^{I(x)}\,dx + ce^{-I(x)}$$

여기서 $I(x) = \int P(x)dx$ 그리고 c는 적분상수이다.

일계 상미분방정식 $\dfrac{dy}{dx} + P(x)y = Q(x)$의 일반해를 구하는 방법에 대해 알아보자.

① 먼저 $Q(x) = 0$인 경우, 즉 일계 동차 상미분방정식은 다음과 같다.

$$\frac{dy(x)}{dx} + P(x)y(x) = 0$$

변수분리법을 사용하면 위 식은

$$\frac{dy(x)}{y(x)} = -P(x)dx$$

가 된다. 좌·우에 적분을 취해서 계산하면

$$\ln y(x) = -\int P(x)dx + c, \quad \text{여기서 } c는 \text{ 적분상수}$$

$$\therefore \ y(x) = Ae^{-\int P(x)dx}, \quad \text{여기서 } A = e^c \text{인 상수} \tag{2.2.1}$$

인 解를 얻는다.

② $Q(x) \neq 0$인 경우, 즉 일계 비동차 상미분방정식인 경우 $I(x) = \int P(x)dx$로 정의하면 $\dfrac{dI}{dx} = P(x)$가 된다.

이때

$$\begin{aligned}
\frac{d}{dx}\left[y(x)e^{I(x)}\right] &= \frac{dy(x)}{dx}e^{I(x)} + y(x)\frac{dI(x)}{dx}e^{I(x)} \\
&= y^{'}(x)e^{I(x)} + y(x)P(x)e^{I(x)} \\
&= \left[y^{'}(x) + P(x)y(x)\right]e^{I}
\end{aligned} \tag{2.2.2}$$

이고, 위 식의 오른편에 있는 대괄호 안의 항인 $y^{'}(x) + P(x)y(x)$은 주어진 일계 상미분방정식의 $Q(x)$에 해당하므로 식 (2.2.2)는 다음과 같이 표현된다.

$$\frac{d}{dx}\left[y(x)e^{I(x)}\right] = Q(x)e^{I(x)} \tag{2.2.3}$$

식 (2.2.3)을 x에 관해 적분하면 다음과 같이 일계 비동차 상미분방정식의 일반해를 얻을 수 있다.

$$\int\left[\frac{d}{dx}\{y(x)e^{I(x)}\}\right]dx = \int Q(x)e^{I(x)}dx$$

$$\Rightarrow y(x)e^{I(x)} = \int Q(x)e^{I(x)}dx + c, \quad \text{여기서 } c는 \text{ 적분상수}$$

$$\therefore \ y(x) = e^{-I(x)}\int Q(x)e^{I(x)}dx + ce^{-I(x)}, \quad \text{여기서 } I(x) = \int P(x)dx \tag{2.2.4}$$

예제 2.3

일계 비동차 상미분방정식 $x\dfrac{dy}{dx}=y+1$의 **解**를 일반해를 구하는 관계식을 사용해서 구하고, [예제 2.1]에서 변수분리법을 사용해서 구한 결과와 비교하세요.

풀이
$$x\frac{dy}{dx}=y+1 \;\Rightarrow\; y^{'}-\frac{1}{x}y=\frac{1}{x}$$

이 식은 $P(x)=-\dfrac{1}{x}$ 그리고 $Q(x)=\dfrac{1}{x}$에 해당한다.

이때, $I(x)=\displaystyle\int P(x)dx=-\int\dfrac{1}{x}dx=-\ln x$가 된다.

이를 일계 비동차 상미분방정식의 일반해를 구하는 관계식 (2.2.4)에 대입하면

$$y(x)=e^{-I(x)}\int Q(x)e^{I(x)}dx+ce^{-I(x)}$$
$$=e^{\ln x}\int\frac{1}{x}e^{-\ln x}dx+ce^{\ln x} \tag{1}$$

여기서 $e^{\ln f}=f$로 놓으면 $\ln f=\ln x \Rightarrow f=x$가 되어 $e^{\ln x}=x$임을 알 수 있다. 유사한 방법으로 $e^{-\ln x}=\dfrac{1}{x}$이다.

이들을 식 (1)에 대입하면 미분방정식의 **解**를 다음과 같이 얻을 수 있다.

$$y(x)=x\int\frac{1}{x}\left(\frac{1}{x}\right)dx+cx=x\left(\frac{-1}{x}\right)+cx=cx-1$$

이 결과는 [예제 2.1]에서 변수분리법을 사용해서 얻은 결과와 같음을 알 수 있다.

예제 2.4

일계 비동차 상미분방정식 $xy^{'}+2y=x^2-x+1$의 **解**를 구하세요.

풀이
$$xy^{'}+2y=x^2-x+1 \;\Rightarrow\; y^{'}+\frac{2}{x}y=x-1+\frac{1}{x}$$

위 식은 $P(x)=\dfrac{2}{x}$ 그리고 $Q(x)=x-1+\dfrac{1}{x}$에 해당한다.

이때, $I(x)=\displaystyle\int P(x)dx=\int\dfrac{2}{x}dx=2\ln x$

그러므로

$$y(x)=e^{-I(x)}\int Q(x)e^{I(x)}dx+ce^{-I(x)}=e^{-2\ln x}\int\left(x-1+\frac{1}{x}\right)e^{2\ln x}dx+ce^{-2\ln x}$$

$$= e^{-I(x)}\int Q(x)e^{I(x)}dx + ce^{-I(x)} = e^{-2\ln x}\int\left(x-1+\frac{1}{x}\right)e^{2\ln x}dx + ce^{-2\ln x}$$

$$= e^{-\ln x^2}\int\left(x-1+\frac{1}{x}\right)e^{\ln x^2}dx + ce^{-\ln x^2} = \frac{1}{x^2}\int\left(x-1+\frac{1}{x}\right)x^2 dx + c\frac{1}{x^2}$$

$$\left(\because\ e^{\ln x}=x\ \Rightarrow\ e^{\ln x^2}=x^2,\ e^{-\ln x}=\frac{1}{x}\ \Rightarrow\ e^{-\ln x^2}=\frac{1}{x^2}\right)$$

$$= \frac{1}{x^2}\int(x^3 - x^2 + x)dx + c\frac{1}{x^2} = \frac{1}{x^2}\left(\frac{1}{4}x^4 - \frac{1}{3}x^3 + \frac{1}{2}x^2\right) + c\frac{1}{x^2}$$

$$\therefore\ y(x) = \frac{1}{4}x^2 - \frac{1}{3}x + \frac{1}{2} + \frac{c}{x^2}$$

2.3 이계 동차 상미분방정식

- 이계 동차 상미분방정식 $ay'' + by' + cy = 0$ (여기서 a, b, c는 상수)의 일반해는 다음과 같다.

$$y(x) = A_1 e^{D_1 x} + A_2 e^{D_2 x}, \quad \text{여기서}\ D_{1,2} = \frac{-b \pm \sqrt{b^2 - 4ac}}{2a}$$

이계 동차 상미분방정식 $a\dfrac{d^2 y(x)}{dx^2} + b\dfrac{dy(x)}{dx} + cy(x) = 0$의 일반해를 구하는 방법에 대해 알아보자.

편의를 위해 **미분연산자** $\dfrac{d}{dx}$를 D로 정의하자. 그러면 상미분방정식에 있는 일차 도함수와 이차 도함수는 각각 다음과 같이 표현된다.

$$\frac{d}{dx}y = Dy$$

그리고

$$\frac{d^2 y}{dx^2} = \frac{d}{dx}\left(\frac{d}{dx}y\right) = \frac{d}{dx}(Dy) = D(Dy) = D^2 y$$

이를 원식인 이계 동차 상미분방정식에 대입하면

$$(aD^2 + bD + c)y(x) = 0 \qquad (2.3.1)$$

이 된다. 이를 **보조 방정식**(auxiliary equation)이라 한다.

여기서 $y(x) \neq 0$이므로 위의 등식이 성립하기 위해서는

$$aD^2 + bD + c = 0$$

이 되어야 한다. 이는 다음과 같은 解를 갖는 이차 방정식이다.

$$D_{1,2} = \frac{-b \pm \sqrt{b^2 - 4ac}}{2a}$$

먼저 $D_1 \neq D_2$인 경우에 대해 알아보자. 이때 식 (2.3.1)은 다음과 같이 표현될 수 있다.

$$(D - D_1)(D - D_2)y(x) = 0$$

$$\Rightarrow (D - D_1)y(x) = 0 \text{ 또는 } (D - D_2)y(x) = 0$$

(i) $(D - D_1)y(x) = 0$인 경우

$$(D - D_1)y = 0 \Rightarrow Dy = D_1 y$$

$$\Rightarrow \frac{dy}{dx} = D_1 y \Rightarrow \frac{dy}{y} = D_1 dx$$

위 식을 x에 대해 적분하면

$$\ln y(x) = D_1 x + c, \quad \text{여기서 } c\text{는 적분상수}$$

가 된다.

$$\therefore \ y_1(x) = A_1 e^{D_1 x}$$

(ii) $(D - D_2)y(x) = 0$인 경우

위의 (i)와 유사한 방법으로 다음의 결과를 구할 수 있다.

$$\therefore \ y_2(x) = A_2 e^{D_2 x}$$

위의 (i)와 (ii)로부터 $y_1(x) = A_1 e^{D_1 x}$와 $y_2(x) = A_2 e^{D_2 x}$가 미분방정식의 解이므로 중첩의 원리에 의해 이들의 선형대수 합도 解가 된다.

그러므로 이계 동차 상미분방정식 $a\dfrac{d^2y(x)}{dx^2} + b\dfrac{dy(x)}{dx} + cy(x) = 0$의 일반해는 다음과 같다.

$$y(x) = A_1 e^{D_1 x} + A_2 e^{D_2 x}, \quad 여기서 \ \ D_{1,2} = \frac{-b \pm \sqrt{b^2 - 4ac}}{2a} \tag{2.3.2}$$

(iii) 보조 방정식인 식 (2.3.1)의 解가 중근($D_1 = D_2$)인 경우, 식 (2.3.1)은 다음과 같이 표현된다.

$$(D - D_1)(D - D_1)y(x) = 0$$

여기서 $(D - D_1)y(x) = u(x)$로 놓으면 위 식은 $(D - D_1)u(x) = 0$으로 표현된다. 그러면

$$Du = D_1 u \ \Rightarrow \ \frac{du}{dx} = D_1 u \ \Rightarrow \ \frac{du}{u} = D_1 dx$$

$$\Rightarrow \ \int \frac{du}{u} = D_1 \int dx \ \Rightarrow \ \ln u(x) = D_1 x + c$$

$$\Rightarrow \ u(x) = A e^{D_1 x} \ \Rightarrow \ (D - D_1)y(x) = A e^{D_1 x}$$

$$\Rightarrow \ \frac{dy(x)}{dx} - D_1 y(x) = A e^{D_1 x}, \quad 여기서 \ A는 \ 상수$$

가 된다. 이는 2절에서 배운 일계 상미분방정식에 해당한다.

이 경우 $P(x) = -D_1$ 그리고 $Q(x) = A e^{D_1 x}$에 해당한다. 그러면

$$I(x) = \int P(x)dx = -\int D_1 dx = -D_1 x$$

이들을 이계 상미분방정식의 일반해를 구하는 관계식 (2.2.4)에 대입하면

$$y(x) = e^{-I(x)} \int Q(x) e^{I(x)} dx + c e^{-I(x)} = e^{D_1 x} \int A e^{D_1 x} e^{-D_1 x} dx + c e^{D_1 x}$$

$$= e^{D_1 x} A \int dx + c e^{D_1 x} = e^{D_1 x} A x + c e^{D_1 x}$$

가 되어 보조 방정식이 중근을 갖는 경우에는 이계 동차 상미분방정식의 일반해는 다음과 같다.

$$y(x) = A x e^{D_1 x} + c e^{D_1 x} = (Ax + c)e^{D_1 x}, \quad \text{여기서 } A \text{와 } c \text{는 상수} \tag{2.3.3}$$

> 즉, 보조 방정식의 解가 중근($D_1 = D_2$)인 경우, 일반해는 $e^{D_1 x}$ 함수와 이 함수에 x를 곱한 $x e^{D_1 x}$ 함수의 선형대수 합으로 표현된다.

예제 2.5

$y'' + y' - 2y = 0$의 解를 구하세요.

풀이 보조 방정식으로부터

$$D_{1,2} = \frac{-b \pm \sqrt{b^2 - 4ac}}{2a} = \frac{-1 \pm \sqrt{1+8}}{2} = \frac{-1 \pm 3}{2}$$
$$\Rightarrow D_1 = 1 \text{ 그리고 } D_2 = -2$$

이를 식 (2.3.2)에 대입하면

$$y(x) = A_1 e^x + A_2 e^{-2x}, \quad \text{여기서 } A_1 \text{과 } A_2 \text{는 상수}$$

인 일반해를 얻는다.

예제 2.6

고전역학에서 조화진동자의 운동방정식이 $\dfrac{d^2 x(t)}{dt^2} + \omega_0^2 x(t) = 0$으로 주어짐을 보이고, 이 미분방정식의 解를 구하세요. 여기서 $\omega_0^2 = \dfrac{k}{m}$인 상수이다.

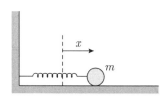

풀이 용수철은 후크의 법칙 $F = -kx$(여기서 k는 용수철 상수)를 따른다. 이때 뉴턴의 운동법칙(제2법칙) $F = m\ddot{x}$(m은 진동자의 질량)으로부터

$$F = m\ddot{x} \Rightarrow -kx = m\ddot{x}$$

$$\Rightarrow m\frac{d^2x(t)}{dt^2} + kx(t) = 0$$

$$\Rightarrow \frac{d^2x(t)}{dt^2} + \omega_0^2 x(t) = 0 \quad (\text{여기서 } \omega_0 = \sqrt{k/m})$$

이고 이 식은 $a = 1$, $b = 0$, 그리고 $c = \omega_0^2$인 이계 동차 상미분방정식에 해당한다. 이때 보조 방정식의 解는 다음과 같다.

$$D_{1,2} = \frac{-b \pm \sqrt{b^2 - 4ac}}{2a} = \frac{\pm\sqrt{-4\omega_0^2}}{2} = \pm i\omega_0$$

그러므로 주어진 문제의 일반해는 다음과 같이 표현될 수 있다.

$$x(t) = A_1 e^{D_1 t} + A_2 e^{D_2 t} = A_1 e^{i\omega_0 t} + A_2 e^{-i\omega_0 t} \text{ 또는}$$

$$x(t) = B_1 \cos\omega_0 t + B_2 \sin\omega_0 t \text{ 또는}$$

$$x(t) = C\cos(\omega_0 t + \phi), \text{ 여기서 } (\omega_0 t + \phi)\text{는 위상이고 } \phi\text{는 위상상수}$$

진폭 C와 위상상수 ϕ는 진동자의 초기 위치와 초기 속도의 정보로부터 계산된다. 물체의 운동이 위와 같은 解로 기술될 때, 이 물체는 조화운동을 한다고 한다.

예제 2.7

공기 저항력 또는 마찰력 같은 비보존력에 의한 감쇠(damping)항을 갖는 감쇠 조화진동자에 대한 방정식 $\frac{d^2x(t)}{dt^2} + 2\gamma\frac{dx(t)}{dt} + \omega_0^2 x(t) = 0$의 解를 구하세요. 여기서 γ와 ω_0는 상수이다.

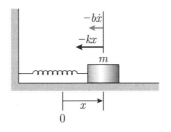

풀이 감쇠 조화진동자에 대한 이계 동차 상미분방정식이 어떻게 얻어지는지 먼저 알아 보자. 일반적으로 공기 저항력 또는 마찰력 같은 비보존력에 의한 감쇠력(F_damp)의

크기는 운동하는 물체의 속도에 비례하고 감쇠력의 방향은 물체의 운동 방향에 반대이다. 그러므로 감쇠력은 다음과 같이 표현된다.

$$F_{\text{damp}} = -b\dot{x}, \text{ 여기서 } b \text{는 감쇠 계수}$$

이때 뉴턴의 운동법칙 $\sum F = m\ddot{x}$로부터

$$F_{tot} = m\ddot{x} \implies -kx - b\dot{x} = m\ddot{x} \implies \ddot{x} + \frac{b}{m}\dot{x} + \frac{k}{m}x = 0$$

$$\implies \frac{d^2x(t)}{dt^2} + 2\gamma\frac{dx(t)}{dt} + \omega_0^2 x(t) = 0, \text{ 여기서 편의상 } \frac{b}{m} = 2\gamma \text{로 놓았음}$$

인 감쇠 조화진동자에 대한 이계 동차 상미분방정식을 얻는다.

이 미분방정식은 $a = 1$, $b = 2\gamma$ 그리고 $c = \omega_0^2$인 이계 동차 상미분방정식에 해당한다. 이때 보조 방정식의 解는 다음과 같다.

$$D_{1,2} = \frac{-b \pm \sqrt{b^2 - 4ac}}{2a} = -\gamma \pm \sqrt{\gamma^2 - \omega_0^2}$$

γ와 ω_0의 상대적 크기에 따라 다음과 같이 일반해는 달라진다.

(i) $\gamma^2 > \omega_0^2$인 경우, $D_{1,2}$는 실수이다.

$$\therefore \ x(t) = A_1 e^{D_1 t} + A_2 e^{D_2 t} = \left(A_1 e^{\sqrt{\gamma^2 - \omega_0^2}\, t} + A_2 e^{-\sqrt{\gamma^2 - \omega_0^2}\, t} \right) e^{-\gamma t}$$

시간이 지남에 따라 물체의 변위가 지수적으로 감소하는 **과대 감쇠**(overdamped) 진동을 한다.

(ii) $\gamma^2 < \omega_0^2$인 경우, $D_{1,2}$에 허수부가 존재한다.

$$\therefore \ x(t) = A_1 e^{D_1 t} + A_2 e^{D_2 t} = \left(A_1 e^{i\sqrt{\omega_0^2 - \gamma^2}\, t} + A_2 e^{-i\sqrt{\omega_0^2 - \gamma^2}\, t} \right) e^{-\gamma t} \text{ 또는}$$

$$x(t) = e^{-\gamma t}\left[B_1 \cos\left(\sqrt{\omega_0^2 - \gamma^2}\, t\right) + B_2 \sin\left(\sqrt{\omega_0^2 - \gamma^2}\, t\right) \right] \text{ 또는}$$

$$x(t) = Ce^{-\gamma t}\cos\left(\sqrt{\omega_0^2 - \gamma^2}\, t + \phi\right)$$

시간의 함수인 변위는 두 함수인 $e^{-\gamma t}$와 $-e^{-\gamma t}$ 사이에 위치하고 각진동수 $\sqrt{\omega_0^2 - \gamma^2}$로 진동을 하며 시간이 지남에 따라 변위가 감소하는 **과소 감쇠** (underdamped) 진동을 한다.

(iii) $\gamma^2 = \omega_0^2$인 경우, 보조 방정식이 중근 $D_1 = D_2 = -\gamma$을 가지므로

$$\therefore \ x(t) = (At + c)e^{D_1 t} = (At + c)e^{-\gamma t}$$

시간이 지남에 따라 물체의 변위가 과대감쇠보다 더 빨리 지수적으로 감소하는 **임계 감쇠**(critically damped) 진동을 한다.

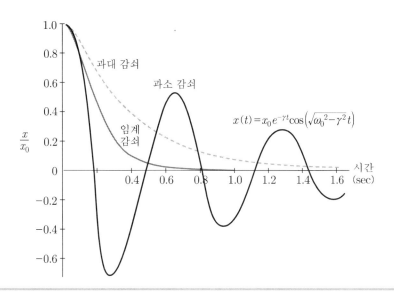

2.4 이계 비동차 상미분방정식

이계 비동차 상미분방정식 $a\dfrac{d^2y(x)}{dx^2}+b\dfrac{dy(x)}{dx}+cy(x)=f(x)$ (여기서 a, b, c는 상수이고 $f(x) \neq 0$)를 풀 때 아래의 세 가지 순서를 따라 일반해를 구하는 것이 편리하다.

① 먼저 이계 동차 상미분방정식 $a\dfrac{d^2y}{dx^2}+b\dfrac{dy}{dx}+cy=0$의 解를 3절에서 배운 방법으로 구한다. 이 解를 **보조해**(complementary solution)라 하고 일반적으로 $y_c(x)$로 나타낸다.

② 반면에 이계 비동차 상미분방정식의 解를 **특수해**(particular solution)라 부르고 $y_p(x)$로 나타낸다. 주어진 문제의 미분방정식의 오른편에 있는 $f(x)$에 따라 적절한 **시도해**[9](trial solution)를 사용하여 특수해인 $y_p(x)$를 구한다. 함수 $f(x)$ 꼴에 따른 시도해는 다음과 같다.

---

(9) 또는 임시해라 부르기도 합니다.

$f(x)$	특수해를 구하기 위한 시도해
상수 C	상수 D
$\cos nx$, n은 상수	$Re\left[Ce^{inx}\right]$ 또는 $c_1\cos nx + c_2\sin nx$
$\sin nx$, n은 상수	$Im\left[Ce^{inx}\right]$ 또는 $c_1\cos nx + c_2\sin nx$
e^{nx}, n은 상수	Ce^{nx}
$x^n - x$, n은 상수	$\displaystyle\sum_{i=0}^{n} c_n x^n$, 여기서 $c_n \neq 0$

만약 $f(x)$가 보조해 중의 하나와 같은 함수 꼴이면 $f(x)$에 x를 곱한 $xf(x)$가 시도해가 된다. 이렇게 했을 때의 $xf(x)$가 나머지 하나의 보조해와 같은 함수 꼴이면 $xf(x)$에 x를 한 번 더 곱한 $x^2 f(x)$가 특수해를 찾기 위한 시도해가 된다. 그리고 $f(x)$가 둘 이상의 단순 함수의 곱일 때, 시도해는 개별 함수에 대응하는 시도해의 곱이 된다. 예를 들어 $f(x) = x^3 e^{3x}\cos 3x$일 때 $\left(c_3 x^3 + c_2 x^2 + c_1 x + c_0\right)e^{3x}\cos 3x + \left(d_3 x^3 + d_2 x^2 + d_1 x + d_0\right)e^{3x}\sin 3x$가 특수해를 찾기 위한 시도해가 된다. 이 예에서와 같이 개별 함수에 대응하는 시도해의 각 항은 개별 함수의 다른 항과 공유되지 않는 고유한 계수를 갖는다.

$f(x)$	특수해를 구하기 위한 시도해
차수 n인 다항식 $P_n(x)$	$\displaystyle\sum_{i=0}^{n} c_n x^n$, 여기서 $c_n \neq 0$
$P_n(x)e^{ax}$, a은 상수	$\displaystyle\sum_{i=0}^{n} c_n x^n e^{ax}$, 여기서 $c_n \neq 0$
$P_n(x)\cos ax$ 그리고/또는 $P_n(x)\sin ax$	$\displaystyle\sum_{i=0}^{n} c_n x^n (\cos ax) + \sum_{i=0}^{n} d_n x^n (\sin ax)$, 여기서 $c_n \neq 0$ 그리고 $d_n \neq 0$
$P_n(x)e^{ax}\cos bx$ 그리고/또는 $P_n(x)e^{ax}\sin bx$	$\displaystyle\sum_{i=0}^{n} c_n x^n e^{ax}(\cos bx) + \sum_{i=0}^{n} d_n x^n e^{ax}(\sin bx)$, 여기서 $c_n \neq 0$ 그리고 $d_n \neq 0$

$f(x)$가 위의 표에 있는 것과 같은 함수일 때 표에 있는 시도해를 특수해를 찾기 위해 사용할 수 있다. 그러나 $f(x) = e^{x^4}$, $\dfrac{1}{x+1}$ 또는 $\tan x$ 등과 같을 때는 위의 표에 있는 시도해를 사용할 수 없다[10].

③ 앞의 두 가지 순서로부터 보조해는 $ay_c'' + by_c' + cy_c = 0$의 미분방정식을 만족하고 특수해는 $ay_p'' + by_p' + cy_p = f(x)$의 미분방정식을 만족함을 알고 있다. 이 관계식을 미분연산자 D를 사용해서 표현하면 $\left(aD^2 + bD + c\right)y_c(x) = 0$와 $\left(aD^2 + bD + c\right)y_p(x) = f(x)$가 된다.

이들 두 방정식을 더하면

$$(aD^2 + bD + c)(y_c + y_p) = f(x)$$

가 되기 때문에 보조해와 특수해의 합인 $[y_c(x) + y_p(x)]$ 또한 이계 비동차 상미분방정식의 解가 되며, 이를 **일반해**라 부른다.

그러므로 이계 비동차 상미분방정식의 **일반해는 보조해** $y_c(x)$**와 특수해** $y_p(x)$**의 합**이다.

$$y(x) = y_p(x) + y_c(x)$$

예제 2.8

$\dfrac{d^2 y}{dx^2} - 4\dfrac{dy}{dx} + 3y = x^2 + 6x + 4$의 **解**를 구하세요.

풀이 미분연산자를 사용하면 미분방정식은 $(D^2 - 4D + 3)y(x) = x^2 + 6x + 4$로 표현된다. 이때 보조 방정식은

$$(D-1)(D-3)y_c(x) = 0 \Rightarrow D_{1,2} = 1, 3$$

그러므로 보조해는 $y_c(t) = Ae^x + Be^{3x}$가 된다. 여기서 A와 B는 상수이다. 시도해는 $y_p(x) = c_2 x^2 + c_1 x + c_0$ 함수 꼴이다.

---

(10) 이런 경우에 대해 특수해를 구하는 방법은 2장의 [보충자료 1]을 참고하세요.

$$\Rightarrow \begin{cases} y_p^{'}(x) = 2c_2 x + c_1 \\ y_p^{''}(x) = 2c_2 \end{cases}$$

이를 원식에 대입하면,

$$2c_2 - 4(2c_2 x + c_1) + 3(c_2 x^2 + c_1 x + c_0) = x^2 + 6x + 4$$

$$\Rightarrow \begin{cases} 3c_2 = 1 \\ -8c_2 + 3c_1 = 6 \\ 2c_2 - 4c_1 + 3c_0 = 4 \end{cases} \Rightarrow c_2 = \frac{1}{3}, \ c_1 = \frac{26}{9}, \ c_0 = \frac{134}{27}$$

$$\Rightarrow y_p(x) = \frac{1}{3}x^2 + \frac{26}{9}x + \frac{134}{27}$$

그러므로 보조해와 특수해의 합인 일반해는 다음과 같다.

$$y(x) = y_c(x) + y_p(x) = Ae^x + Be^{3x} + \frac{1}{3}x^2 + \frac{26}{9}x + \frac{134}{27}$$

예제 2.9

이계 비동차 상미분방정식 $\dfrac{d^2 x}{dt^2} + \dfrac{dx}{dt} - 2x = e^t$ 의 解를 구하세요.

풀이 미분연산자를 사용하면 미분방정식은 $(D^2 + D - 2)x(t) = e^t$ 로 표현된다.
이때 보조 방정식은

$$(D+2)(D-1)x_c(t) = 0 \Rightarrow D_{1,2} = 1, \ -2$$

그러므로 보조해는

$$x_c(t) = Ae^t + Be^{-2t}, \ \ \text{여기서 } A \text{와 } B \text{는 상수}$$

여기서 $f(t) = e^t$ 가 보조해 중의 하나와 같은 함수 꼴이므로 시도해는 te^t 함수 꼴을 갖는다. 즉 $x_p(t) = cte^t$ (여기서 C는 상수)이다.

$$\Rightarrow \begin{cases} \dot{x}_p(t) = ce^t + cte^t \\ \ddot{x}_p(t) = 2ce^t + cte^t \end{cases}$$

이를 원식에 대입하면,

$$\ddot{x}_p(t) + \dot{x}_p(t) - 2x_p(t) = e^t \Rightarrow (2ce^t + cte^t) + (ce^t + cte^t) - 2cte^t = e^t$$

$$\Rightarrow 3c = 1 \Rightarrow c = \frac{1}{3}$$

$$\Rightarrow x_p = \frac{1}{3}te^t$$

그러므로 일반해는 다음과 같다.

$$x(t) = x_c(t) + x_p(t) = Ae^t + Be^{-2t} + \frac{1}{3}te^t$$

예제 2.10

$\dfrac{d^2y}{dx^2} - 5\dfrac{dy}{dx} + 6y = 2e^x + 6x - 4$의 解를 구하세요.

풀이 미분연산자를 사용하면 미분방정식은 $(D^2 - 5D + 6)y(x) = 2e^x + 6x - 4$로 표현된
다. 이때 보조 방정식은

$$(D^2 - 5D + 6)y_c(x) = 0 \implies (D-2)(D-3) = 0 \implies D_{1,2} = 2,\ 3$$

그러므로 보조해는 $y_c(t) = Ae^{2x} + Be^{3x}$이 된다. 여기서 A와 B는 상수이다.
주어진 문제에서 $f(x) = 2e^x + 6x - 4$이므로 시도해는 $y_p(x) = c_1e^x + c_2x + c_3$ 함수
꼴을 갖는다. 여기서 C_1, C_2 그리고 C_3는 상수이다.

$$\implies \begin{cases} y_p'(x) = c_1e^x + c_2 \\ y_p''(x) = c_1e^x \end{cases}$$

이를 원식에 대입하면,

$$c_1e^x - 5(c_1e^x + c_2) + 6(c_1e^x + c_2x + c_3) = 2e^x + 6x - 4$$

$$\implies 2c_1e^x + 6c_2x - 5c_2 + 6c_3 = 2e^x + 6x - 4$$

$$\begin{cases} 2c_1 = 2 \\ 6c_2 = 6 \\ -5c_2 + 6c_3 = -4 \end{cases} \implies c_1 = 1,\ c_2 = 1,\ c_3 = \frac{1}{6}$$

$$\implies y_p(x) = c_1e^x + c_2x + c_3 = e^x + x + \frac{1}{6}$$

그러므로 일반해는 다음과 같다.

$$y(x) = y_c(x) + y_p(x) = Ae^{2x} + Be^{3x} + e^x + x + \frac{1}{6}$$

공기 저항력 또는 마찰력 같은 비보존력에 의한 감쇠항이 반면에, 없는 다른 외력이 진동자에 작용하는 **강제 진동자**의 경우에 대한 미분방정식 $\dfrac{d^2x(t)}{dt^2}+\omega_0^2 x(t)=F_0\cos\omega t$ (여기서 ω_0^2과 F_0은 상수)의 일반해를 구하세요. 이때 초기조건으로 $x(0)=0$과 $\dot{x}(0)=0$이라 가정한다.

풀이 주어진 문제의 미분방정식은 이계 비동차 상미분방정식에 해당한다. 먼저 보조해를 구해보자. 동차 미분방정식은 $\dfrac{d^2x(t)}{dt^2}+\omega_0^2 x(t)=0$이고, 이 미분방정식의 解는 다음과 같다.

$$x_c(t)=A_1\cos\omega_0 t+A_2\sin\omega_0 t, \quad \text{여기서 } A_1 \text{과} A_2 \text{는 상수이다.}$$

시도해로 $x_p(t)=C_1\cos\omega t+C_2\sin\omega t$ (C_1과 C_2는 상수)로 놓으면

$$\Rightarrow \begin{cases} \dot{x}_p(t)=-C_1\omega\sin\omega t+C_2\omega\cos\omega t \\ \ddot{x}_p(t)=-C_1\omega^2\cos\omega t-C_2\omega^2\sin\omega t \end{cases}$$

이를 주어진 문제의 미분방정식에 대입하면

$$(-C_1\omega^2\cos\omega t-C_2\omega^2\sin\omega t)+\omega_0^2(C_1\cos\omega t+C_2\sin\omega t)=F_0\cos\omega t$$
$$\Rightarrow (\omega_0^2-\omega^2)C_1\cos\omega t+(\omega_0^2-\omega^2)C_2\sin\omega t=F_0\cos\omega t$$

$\omega_0\neq\omega$인 경우에, 모든 t에 대해 위의 등식이 항상 성립하기 위해서는

$$\begin{cases}(\omega_0^2-\omega^2)C_1=F_0 \\ (\omega_0^2-\omega^2)C_2=0 \end{cases} \Rightarrow \begin{cases} C_1=\dfrac{F_0}{\omega_0^2-\omega^2} \\ C_2=0 \end{cases}$$

인 관계를 만족해야 한다. 그러므로 특수해는 다음과 같다.

$$x_p(t)=C_1\cos\omega t+C_2\sin\omega t=\dfrac{F_0}{\omega_0^2-\omega^2}\cos\omega t$$

그러므로 일반해는

$$x(t)=x_c(t)+x_p(t)=A_1\cos\omega_0 t+A_2\sin\omega_0 t+\left(\dfrac{F_0}{\omega_0^2-\omega^2}\right)\cos\omega t$$

이다. 그리고

$$\dot{x}(t)=-\omega_0 A_1\sin\omega_0 t+\omega_0 A_2\cos\omega_0 t-\left(\dfrac{\omega F_0}{\omega_0^2-\omega^2}\right)\sin\omega t$$

초기조건 $x(0)=0$와 $\dot{x}(0)=0$로부터

$$\begin{cases} x(0)=A_1+\dfrac{F_0}{\omega_0^2-\omega^2}=0 \\[2mm] \dot{x}(0)=\omega_0 A_2=0 \end{cases} \Rightarrow \begin{cases} A_1=-\dfrac{F_0}{\omega_0^2-\omega^2} \\[2mm] A_2=0 \end{cases}$$

그러므로 일반해는 다음과 같다.

$$x(t)=-\frac{F_0}{\omega_0^2-\omega^2}\cos\omega_0 t+\left(\frac{F_0}{\omega_0^2-\omega^2}\right)\cos\omega t=\frac{F_0}{\omega_0^2-\omega^2}(\cos\omega t-\cos\omega_0 t)$$

예제 2.12

감쇠항이 있는 강제 진동자에 대한 미분방정식 $\dfrac{d^2x(t)}{dt^2}+2\gamma\dfrac{dx(t)}{dt}+\omega_0^2 x(t)=F_0\cos\omega t$의 일반해를 구하세요.

풀이 [예제 2.7]에서 이계 동차 상미분방정식에 대해서 γ^2와 ω_0^2의 크기 차이에 따라 진동이 과대 감쇠, 과소 감쇠, 그리고 임계 감쇠를 겪는 세 가지 解가 존재함을 배웠다. 이들 각각의 解는 보조해 $x_c(t)$에 해당한다.

시도해로 $X=X_R+iX_I$(여기서 X_R과 X_I는 각각 $X=C(\omega)e^{i\omega t}$의 실수부와 허수부에 해당함)로 잡으면, $F_0\cos\omega t=Re(F_0 e^{i\omega t})$이기 때문에 X의 실수부만이 주어진 미분방정식의 특수해가 된다. 원식을 다음과 같이 표현할 수 있다.

$$\frac{d^2X(t)}{dt^2}+2\gamma\frac{dX(t)}{dt}+\omega_0^2 X(t)=F_0 e^{i\omega t} \tag{1}$$

여기서 $\dot{X}=i\omega Ce^{i\omega t}$ 그리고 $\ddot{X}=-\omega^2 Ce^{i\omega t}$이며, 이를 식 (1)에 대입하면 다음과 같다.

$$(-\omega^2+2i\gamma\omega+\omega_0^2)C=F_0$$

$$\Rightarrow\ C=\frac{F_0}{(\omega_0^2-\omega^2)+2i\gamma\omega}=\frac{F_0}{(\omega_0^2-\omega^2)^2+4\gamma^2\omega^2}\left[(\omega_0^2-\omega^2)-2i\gamma\omega\right]$$

$$=\frac{F_0}{\sqrt{(\omega_0^2-\omega^2)^2+4\gamma^2\omega^2}}\left(\frac{\omega_0^2-\omega^2}{\sqrt{(\omega_0^2-\omega^2)^2+4\gamma^2\omega^2}}-i\frac{2\gamma\omega}{\sqrt{(\omega_0^2-\omega^2)^2+4\gamma^2\omega^2}}\right) \tag{2}$$

여기서 $A=\sqrt{(\omega_0^2-\omega^2)^2+4\gamma^2\omega^2}$, $\cos\phi=\dfrac{\omega_0^2-\omega^2}{\sqrt{(\omega_0^2-\omega^2)^2+4\gamma^2\omega^2}}$으로 놓으면

$$\sin\phi=\frac{2\gamma\omega}{\sqrt{(\omega_0^2-\omega^2)^2+4\gamma^2\omega^2}}$$이 된다.

이때 식 (2)는 다음과 같이 간명하게 표현된다.

$$C = \frac{F_0}{A}(\cos\phi - i\sin\phi) = \frac{F_0}{A}e^{-i\phi}$$

이때, $X(t) = C(\omega)e^{i\omega t} = \frac{F_0}{A}e^{-i\phi}e^{i\omega t} = \frac{F_0}{A}e^{i(\omega t - \phi)}$

$X(t)$의 실수부가 주어진 미분방정식의 특수해이므로

$$\therefore \ x_p(t) = X_R(t) = \frac{F_0}{A}\cos(\omega t - \phi)$$

그러므로 주어진 문제의 이계 비동차 상미분방정식의 일반해는 보조해인 $x_c(t)$와 특수해인 $x_p(t)$을 더한 $x(t) = x_c(t) + x_p(t)$이다.

예제 2.13

척력 $f(r) = -\dfrac{k}{r^2}$ (여기서 k는 양의 상수)의 영향하에서 움직이는 질량이 m인 입자의 운동방정식을 구하세요.

풀이 뉴턴의 운동법칙 $f(r)\hat{r} = m\vec{a}$로부터 지름성분에 대한 다음의 관계식을 얻는다.

$$m(\ddot{r} - r\dot{\theta}^2) = f(r)^{(11)}, \ \text{여기서} \ \dot{\theta} = \frac{\ell}{r^2} (\ell\text{은 단위질량당 각운동량})$$

여기서 $r = \dfrac{1}{u}$로 정의하면, $\dot{\theta} = \dfrac{d\theta}{dt} = \ell u^2$ 그리고

$$\dot{r} = \frac{d}{dt}r = \frac{du}{dt}\frac{d}{du}\left(\frac{1}{u}\right) = \frac{du}{dt}\left(-\frac{1}{u^2}\right) = \frac{d\theta}{dt}\frac{du}{d\theta}\left(-\frac{1}{u^2}\right) = \ell u^2\left(-\frac{1}{u^2}\right)\frac{du}{d\theta} = -\ell\frac{du}{d\theta}$$

이고 유사한 방법으로

$$\ddot{r} = -\ell\frac{d}{dt}\left(\frac{du}{d\theta}\right) = -\ell\frac{d\theta}{dt}\frac{d}{d\theta}\left(\frac{du}{d\theta}\right) = -\ell(\ell u^2)\frac{d^2u}{d\theta^2} = -\ell^2 u^2\frac{d^2u}{d\theta^2}$$

을 얻고 이들을 원식에 대입하면

$$m\left(-\ell^2 u^2\frac{d^2u}{d\theta^2} - \frac{1}{u}\dot{\theta}^2\right) = -\frac{k}{r^2} \Rightarrow m\left[-\ell^2 u^2\frac{d^2u}{d\theta^2} - \frac{1}{u}(\ell u^2)^2\right] = -ku^2$$

$$\Rightarrow \frac{d^2u}{d\theta^2} + u = \frac{k}{m\ell^2}$$

---

(11) 이 관계식은 5장에서 유도합니다.

위 식은 이계 비동차 상미분방정식이다. 이 미분방정식의 일반해는 보조해 $A\cos(\theta-\theta_0)$와 특수해 $\dfrac{k}{m\ell^2}$의 합으로 다음과 같다.

$$u(\theta) = A\cos(\theta-\theta_0) + \frac{k}{m\ell^2}$$

여기서 $u = \dfrac{1}{r}$이므로 위 식은 다음과 같이 표현된다.

$$r(\theta) = \frac{1}{A\cos(\theta-\theta_0) + \dfrac{k}{m\ell^2}},$$

여기서 A와 θ_0는 초기조건에 의해 결정되는 상수

만약 $\theta_0 = 0$인 경우, 위 식은 다음과 같은 타원 방정식으로 표현된다.

$$r(\theta) = \frac{m\ell^2/k}{1 + (Am\ell^2/k)\cos\theta} \tag{1}$$

여기서 분자 $m\ell^2/k$는 타원 궤도의 수직지름의 절반(semi-latus rectum)[12]이고 $Am\ell^2/k$은 이심률(e)이다.

---

[12] 수직지름이란 타원의 초점을 지나고 장축에 수직한 직선이 타원과 만나는 두 점을 이은 선분을 가리킵니다.

이계 비동차 상미분방정식 $y^{''} + p(x)y^{'} + q(x)y = f(x)$의 특수해를 구하는 방법에 대해 알아본다.

먼저, $y_1(x)$와 $y_2(x)$가 이계 동차 상미분방정식의 해라고 가정하면

$$\begin{cases} y_1^{''} + p(x)y_1^{'} + q(x)y_1 = 0 \\ y_2^{''} + p(x)y_2^{'} + q(x)y_2 = 0 \end{cases} \tag{1}$$

인 관계식을 얻는다.

특수해를 $y_p(x) = u_1(x)y_1(x) + u_2(x)y_2(x)$로 놓을 수 있고, $u_1(x)$와 $u_2(x)$를 구하면 된다.

$$\Rightarrow y_p^{'} = u_1^{'}y_1 + u_1 y_1^{'} + u_2^{'}y_2 + u_2 y_2^{'} = (u_1^{'}y_1 + u_2^{'}y_2) + (u_1 y_1^{'} + u_2 y_2^{'}) \tag{2}$$

여기서 계산의 편의를 위해

$$u_1^{'}y_1 + u_2^{'}y_2 = 0 \tag{3}$$

으로 놓으면 식 (2)는 다음과 같이 된다.

$$y_p^{'} = u_1 y_1^{'} + u_2 y_2^{'}$$

그리고 이 식을 한 번 더 미분하면 다음과 같이 된다.

$$y_p^{''} = u_1^{'} y_1^{'} + u_1 y_1^{''} + u_2^{'} y_2^{'} + u_2 y_2^{''}$$

이들 y_p, $y_p^{'}$ 그리고 $y_p^{''}$을 이계 비동차 상미분방정식에 대입하면

$$(u_1^{'}y_1^{'} + u_1 y_1^{''} + u_2^{'}y_2^{'} + u_2 y_2^{''}) + p(x)(u_1 y_1^{'} + u_2 y_2^{'}) + q(x)(u_1 y_1 + u_2 y_2) = f(x)$$

$$\Rightarrow u_1^{'}y_1^{'} + u_2^{'}y_2^{'} + u_1 \left[y_1^{''} + p(x)y_1^{'} + q(x)y_1 \right] + u_2 \left[y_2^{''} + p(x)y_2^{'} + q(x)y_2 \right] = f(x)$$

$$\Rightarrow u_1^{'}y_1^{'} + u_2^{'}y_2^{'} = f(x) \quad (\because \text{식 (1)로부터 위 식의 대괄호항은 0}) \tag{4}$$

우리가 구하고자 하는 $u_1(x)$와 $u_2(x)$에 관한 두 가지 관계식은 식 (3)과 (4)로부터 다음과 같은 관계식을 만족한다.

$$\begin{cases} u_1'y_1 + u_2'y_2 = 0 \\ u_1'y_1' + u_2'y_2' = f(x) \end{cases} \tag{5}$$

식 (5)를 4장에서 배울 행렬로 표현하면 다음과 같다.

$$\begin{pmatrix} y_1(x) & y_2(x) \\ y_1'(x) & y_2'(x) \end{pmatrix} \begin{pmatrix} u_1'(x) \\ u_2'(x) \end{pmatrix} = \begin{pmatrix} 0 \\ f(x) \end{pmatrix}$$

여기서 $\begin{pmatrix} y_1(x) & y_2(x) \\ y_1'(x) & y_2'(x) \end{pmatrix} = A$, $\begin{pmatrix} 0 & y_2(x) \\ f(x) & y_2'(x) \end{pmatrix} = A_1$, $\begin{pmatrix} y_1(x) & 0 \\ y_1'(x) & f(x) \end{pmatrix} = A_2$ 행렬로 놓으면 **크래머 공식**(Cramer's formula)[13]으로부터

$$u_1'(x) = \frac{|A_1|}{|A|} = \frac{\begin{vmatrix} 0 & y_2(x) \\ f(x) & y_2'(x) \end{vmatrix}}{\begin{vmatrix} y_1(x) & y_2(x) \\ y_1'(x) & y_2'(x) \end{vmatrix}} = \frac{-y_2(x)f(x)}{\begin{vmatrix} y_1(x) & y_2(x) \\ y_1'(x) & y_2'(x) \end{vmatrix}} \tag{6}$$

여기서 $|A|$와 $|A_1|$은 각각 행렬 A와 A_1의 행렬식이다.

그리고

$$u_2'(x) = \frac{|A_2|}{|A|} = \frac{\begin{vmatrix} y_1(x) & 0 \\ y_1'(x) & f(x) \end{vmatrix}}{\begin{vmatrix} y_1(x) & y_2(x) \\ y_1'(x) & y_2'(x) \end{vmatrix}} = \frac{y_1(x)f(x)}{\begin{vmatrix} y_1(x) & y_2(x) \\ y_1'(x) & y_2'(x) \end{vmatrix}} \tag{7}$$

$u_1(x)$와 $u_2(x)$를 구하기 위해 식 (6)과 (7)을 각각 적분하면

$$u_1(x) = -\int dx \frac{y_2(x)f(x)}{\begin{vmatrix} y_1(x) & y_2(x) \\ y_1'(x) & y_2'(x) \end{vmatrix}} \quad \text{그리고} \quad u_2(x) = \int dx \frac{y_1(x)f(x)}{\begin{vmatrix} y_1(x) & y_2(x) \\ y_1'(x) & y_2'(x) \end{vmatrix}}$$

를 얻는다. 이를 $y_p(x) = u_1(x)y_1(x) + u_2(x)y_2(x)$에 대입하면 이계 비동차 상미분방정식

---

(13) 공식의 유도는 4장에서 배웁니다.

$y'' + p(x)y' + q(x)y = f(x)$의 특수해를 다음과 같이 얻는다.

$$y_p(x) = -y_1(x)\left[\int dx \,\frac{y_2(x)f(x)}{\begin{vmatrix} y_1(x) & y_2(x) \\ y_1'(x) & y_2'(x) \end{vmatrix}}\right] + y_2(x)\left[\int dx \,\frac{y_1(x)f(x)}{\begin{vmatrix} y_1(x) & y_2(x) \\ y_1'(x) & y_2'(x) \end{vmatrix}}\right] \qquad (8)$$

연습문제

01 미분방정식 $\dot{x}+2tx=0$의 **解**를 변수분리법과 일계 상미분방정식의 일반해를 구하는 관계식으로부터 각각 구한 뒤 그 결과를 비교하세요.

02 $y''-6y'+9y=e^{3x}$의 **解**를 구하세요.

03 $y''-2y'+y=\dfrac{e^x}{x}$의 **解**를 구하세요.

04 [예제 2.13]에 있는 식 (1)을 극좌표로 표현하여 이 식이 타원 방정식임을 증명하세요.

05 1장의 [예제 1.39]에서 미분방정식인 $\ddot{y}+5\dot{y}+6y=0$의 **解**를 라플라스 변환과 역변환을 사용해서 구했다. 같은 초기조건 $y(0)=2$ 그리고 $\dot{y}(0)=3$을 갖는다고 가정하면서 미분연산자 방법을 사용해서 $y(t)$를 구하고, 그 결과를 1장에서 구한 결과와 비교하세요.

06 1장의 [예제 1.43]에서 미분방정식인 $y''+y=x$의 **解**를 그린 함수를 사용해서 구했다. 같은 초기조건 $y(0)=0$ 그리고 $y\left(\dfrac{\pi}{2}\right)=0$을 갖는다고 가정하면서 보조해 $y_c(x)$와 특수해 $y_p(x)$를 구하세요. 이로부터 일반해 $y(x)$를 구하고, 그 결과를 1장에서 구한 결과와 비교하세요.

07 1장의 [연습문제 12]에서 강제진동자의 방정식인 $\ddot{x}+\omega^2 x=2\cos t$의 **解**를 그린 함수를 사용해서 구했다. 같은 초기조건 $x(0)=0$ 그리고 $\dot{x}(0)=0$을 갖는다고 가정하면서 보조해 $x_c(t)$와 특수해 $x_p(t)$를 구하세요. 이로부터 일반해 $x(t)$를 구하고, 그 결과를 1장에서 구한 결과와 비교하세요.

CHAPTER 03
벡터

평면 또는 입체적 공간에 있는 어떤 지점의 위치를 서로 독립적이며 고유한 좌표로 유일하게 기술할 수 있을 때 그 좌표로 구성된 계를 좌표계라고 한다. 물리적 문제를 풀거나 이해할 때 좌표계를 적절하게 선택하면, 계산을 쉽게 또는 이해할 수 있게 된다. 1절에서는 직각(또는 데카르트)좌표계, 구면좌표계 그리고 원통좌표계에 대한 기본 개념을 기술하고, 2절에서는 크기와 방향을 갖는 벡터와 직각좌표계에서 벡터 연산을 다룬다. 미분 벡터 연산자 $\overrightarrow{\triangledown}$(델 연산자)와 다른 벡터 또는 스칼라와의 연산은 4절에서, 그리고 5절에서는 전자기학에 매우 유용한 발산 정리(divergence theorem)와 스토크 정리 (Stokes'theorem)에 대해서 다루고, 6절에서는 텐서(tensor)의 기본 개념에 대해 간략하게 살펴본 후 고전역학과 전자기학에서의 텐서 예를 살펴본다.

3.1 좌표계 소개

- 직각좌표계: (x, y, z)

$$-\infty < x < \infty, \quad -\infty < y < \infty, \quad -\infty < z < \infty$$

- 극좌표계: (r, θ)

$$0 \le r < \infty, \quad 0 \le \theta \le 2\pi$$

- 구면좌표계: (r, θ, ϕ) 여기서 θ는 극각, ϕ는 방위각

$$0 \leq r < \infty, \quad 0 \leq \theta \leq \pi, \quad 0 \leq \phi \leq 2\pi$$

- 원통좌표계: (ρ, ϕ, z)

$$0 \leq \rho < \infty, \quad 0 \leq \phi \leq 2\pi, \quad -\infty < z < \infty$$

① **직각좌표계**: $(x, \ y, \ z)$

공간상의 어떤 지점의 위치가 서로 수직으로 교차하는 직선 좌표축을 기준으로 원점으로 부터의 거리에 의해서 표현된 좌표계이다.

특별한 언급이 없으면 관례적으로 '**오른손 좌표계(오른손 법칙)**'를 따른다. 이 좌표계에서 는 오른손 손가락을 x−축으로부터 y−축으로 감을 때 오른손 엄지가 향하는 방향이 $+z$ 방향이 된다. 예로서 $\vec{A} \times \vec{B} = AB\sin\theta\hat{n}$, 여기서 $\hat{n}$ 방향은 오른손 법칙을 따른다. **위치벡터** $\vec{r}$은 원점 O에서 관측점 P까지의 거리벡터이다.

$$\vec{r} = x\hat{x} + y\hat{y} + z\hat{z}$$

여기서 x, y, z는 각각 x−축, y−축, z−축 방향에서의 거리벡터의 크기이고 $\hat{x}, \hat{y}, \hat{z}$는 각 축 방향의 **단위벡터**이다. 3차원 공간에서의 모든 지점의 위치를 나타내기 위한 x, y, z의 범위는 다음과 같다.

$$-\infty < x < \infty, \quad -\infty < y < \infty \ \ 그리고 \ -\infty < z < \infty$$

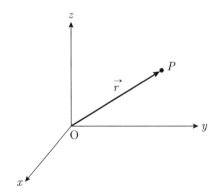

② 극좌표계: $(r,\ \theta)$

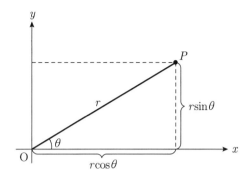

평면상의 어떤 지점의 위치가 원점으로부터의 거리 r과 x축으로부터의 방향 θ에 의해서 표현된 좌표계이다.

이때 위치벡터 $\vec{r}$은 다음과 같이 표현된다.

$$\begin{cases} \vec{r} = r\hat{r} \\ \vec{r} = x\hat{x} + y\hat{y} = r\cos\theta\hat{x} + r\sin\theta\hat{y} \end{cases},\quad \text{여기서 } x = r\cos\theta \text{ 그리고 } y = r\sin\theta$$

즉 극좌표계에서 어떤 지점의 위치는 $r = \sqrt{x^2 + y^2}$과 $\theta = \tan^{-1}\left(\dfrac{y}{x}\right)$에 의해 표현된다. 평면상의 모든 지점의 위치를 나타내기 위한 r과 θ의 범위는 다음과 같다.

$$0 \le r < \infty \text{ 그리고 } 0 \le \theta \le 2\pi$$

③ 구면좌표계: $(r,\ \theta,\ \phi)$

공간상의 어떤 지점의 위치가 아래 그림처럼 원점으로부터의 거리 r 그리고 방향 θ와 ϕ에 의해서 표현된 좌표계이다.

위치벡터 $\vec{r}$은 다음과 같이 표현된다.

$$\vec{r} = r\hat{r} = r\sin\theta\cos\phi\hat{x} + r\sin\theta\sin\phi\hat{y} + r\cos\theta\hat{z}$$

여기서 θ는 극각(polar angle), ϕ는 방위각(azimuthal angle)이다. 그리고

$$x = r\sin\theta\cos\phi, \ \ y = r\sin\theta\sin\phi \ \ 그리고 \ \ z = r\cos\theta$$

3차원 공간의 모든 위치를 나타내기 위한 r, θ, ϕ의 범위는 다음과 같다.

$$0 \le r < \infty, \ 0 \le \theta \le \pi \ \ 그리고 \ \ 0 \le \phi \le 2\pi$$

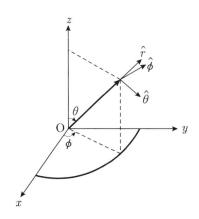

④ **원통좌표계:** $(\rho, \ \phi, \ z)$

평면 극좌표계에 평면에서부터의 높이 z가 추가되어 공간상의 어떤 지점의 위치가 아래 그림처럼 원점으로부터의 거리 ρ, x축으로부터의 방향 ϕ와 높이 z에 의해서 표현된 좌표계이다.

위치벡터 $\vec{r}$은 다음과 같이 표현된다.

$$\vec{r} = \rho\cos\phi\,\hat{x} + \rho\sin\phi\,\hat{y} + z\,\hat{z}, \ \ 여기서 \ \ x = \rho\cos\phi \ \ 그리고 \ \ y = \rho\sin\phi$$

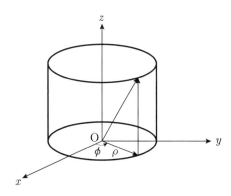

3차원 공간의 모든 위치를 나타내기 위한 ρ, ϕ, z의 범위는 다음과 같다.

$$0 \le \rho < \infty, \ 0 \le \phi \le 2\pi \ \text{그리고} \ -\infty < z < \infty$$

예제 3.1

물리학에서 자주 나오는 적분 $\displaystyle\int_{-\infty}^{\infty} e^{-x^2} dx$를 극좌표계를 사용해서 계산하세요.

풀이 $\displaystyle \left[\int_{-\infty}^{\infty} e^{-x^2} dx\right]^2 = \left(\int_{-\infty}^{\infty} e^{-x^2} dx\right)\left(\int_{-\infty}^{\infty} e^{-y^2} dy\right) = \int_{-\infty}^{\infty}\int_{-\infty}^{\infty} e^{-(x^2+y^2)} dx dy$

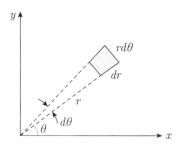

평면 극좌표계에서 $x = r\cos\theta$, $y = r\sin\theta$ 그리고 $dA = dxdy = rd\theta dr$.

평면 극좌표계에서 $x^2 + y^2 = r^2\cos^2\theta + r^2\sin^2\theta = r^2$ 그리고 $dxdy = dA = rd\theta dr$이다. 이들 결과를 적분식에 대입하면

$$\left(\int_{-\infty}^{\infty} e^{-x^2} dx\right)\left(\int_{-\infty}^{\infty} e^{-y^2} dy\right) = \int\int e^{-r^2} rd\theta dr$$

$$= \int_0^{\infty} e^{-r^2} rdr \int_0^{2\pi} d\theta = 2\pi \int_0^{\infty} e^{-r^2} rdr$$

$$= 2\pi \int_0^{\infty} e^{-r^2}\frac{1}{2} d(r^2) = \pi \int_0^{\infty} e^{-r^2} d(r^2)$$

$$= -\pi e^{-r^2}\Big|_0^{\infty} = -\pi(0-1) = \pi$$

$$\therefore \int_{-\infty}^{\infty} e^{-x^2} dx = \sqrt{\pi}$$

그리고 $\displaystyle\int_{-\infty}^{\infty} e^{-x^2} dx = 2\int_0^{\infty} e^{-x^2} dx$이므로

$$\therefore \int_0^{\infty} e^{-x^2} dx = \frac{\sqrt{\pi}}{2}$$

$$\int_{-\infty}^{\infty} e^{-x^2} dx = \sqrt{\pi}\,, \qquad \int_{0}^{\infty} e^{-x^2} dx = \frac{\sqrt{\pi}}{2}$$

예제 3.2

정규분포의 확률밀도함수(probability density function, pdf)인

$f(x) = \dfrac{1}{\sqrt{2\pi}\,\sigma} e^{-\frac{(x-\mu)^2}{2\sigma^2}}$ (여기서 μ와 σ는 각각 평균과 표준편차)의 적분을 계산하세요.

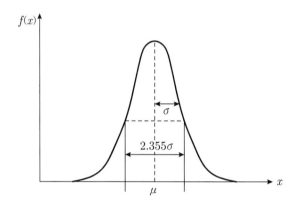

반치폭(full width at half maximum)은 2.355σ에 해당한다.

풀이 pdf의 적분식은 다음과 같다.

$$\int_{-\infty}^{\infty} f(x)dx = \frac{1}{\sqrt{2\pi}\,\sigma} \int_{-\infty}^{\infty} e^{-\frac{(x-\mu)^2}{2\sigma^2}} dx = \frac{1}{\sqrt{2\pi}\,\sigma} \int_{-\infty}^{\infty} \sqrt{2}\,\sigma e^{-y^2} dy$$

(여기서 $\dfrac{x-\mu}{\sqrt{2}\,\sigma} = y$로 놓았고 $dx = \sqrt{2}\,\sigma dy$가 된다. 그러면 위 식은

[예제 3.1]의 결과로부터)

$$= \frac{1}{\sqrt{\pi}} \int_{-\infty}^{\infty} e^{-y^2} dy = 1$$

그러므로

$$\int_{-\infty}^{\infty} \frac{1}{\sqrt{2\pi}\,\sigma} e^{-\frac{(x-\mu)^2}{2\sigma^2}} dx = 1$$

이 결과는 pdf에 있는 $\dfrac{1}{\sqrt{2\pi}\,\sigma}$는 규격화 상수(normalization constant)임을 의미한다.

3.2 직각좌표계에서의 벡터

물리량은 크기와 방향을 나타내는 벡터(vector)와 크기만을 나타내는 스칼라(scalar)로 구분된다. 벡터 물리량의 예로는 변위, 속도, 가속도, 힘, 운동량, 전기장, 자기장 등이 있고 스칼라 물리량의 예로는 길이, 넓이, 시간, 온도, 질량, 속력, 에너지 등이 있다.

벡터를 나타내는 방법에는 기하학적 방법과 대수적 방법이 있다. 벡터 표현 방법에서 벡터 $\vec{A}$의 크기는 $|\vec{A}|$ 또는 A로 나타내고 화살표의 방향이 벡터 방향이 된다. 벡터의 기하학적 표현 방법에서는 화살표의 길이가 벡터의 크기, 화살표의 방향이 벡터의 방향 그리고 화살표의 시작점이 벡터의 작용점이 된다.

1절에서 배운 좌표계에서 좌표축 방향을 향하며 크기가 1인 벡터를 그 축방향의 **단위벡터** 라 한다. 즉, $|\hat{x}| = |\hat{y}| = |\hat{z}| = 1$, $|\hat{r}| = |\hat{\theta}| = |\hat{\phi}| = 1$, 그리고 $|\hat{\rho}| = |\hat{\phi}| = |\hat{z}| = 1$이다. 벡터의 대수적 표현 방법에서는 벡터 $\vec{A}$을 벡터의 크기 $|\vec{A}|$와 좌표계의 단위벡터를 사용하여 벡터의 크기와 방향을 표현한다.

- $\vec{A} = A_x\hat{x} + A_y\hat{y} + A_z\hat{z}$일 때

  벡터의 크기는 $A = |\vec{A}| = \sqrt{A_x^2 + A_y^2 + A_z^2}$

예를 들어 직각좌표계에서 $\vec{A}$는 다음과 같이 표현된다.

$$\vec{A} = A_x\hat{x} + A_y\hat{y} + A_z\hat{z} \ \left(\vec{A} = A_x\hat{i} + A_y\hat{j} + A_z\hat{k} \ \text{또는}\right.$$

$$\left.\vec{A} = A_1\hat{e}_1 + A_2\hat{e}_2 + A_3\hat{e}_3 = \sum_{i=1}^{3} A_i\hat{e}_i \ \text{또는} \ (A_x, A_y, A_z)\right)$$

여기서 A_x, A_y, A_z는 각각 $\vec{A}$의 $x-$축, $y-$축, $z-$축 방향의 벡터의 크기이다.

또한 $\vec{A}$는 다음과 같이 **방향코사인**(directional cosine)인 α, β 그리고 γ로도 표현된다.

$$\vec{A} = A_x\hat{x} + A_y\hat{y} + A_z\hat{z} = A\left(\frac{A_x}{A}\hat{x} + \frac{A_y}{A}\hat{y} + \frac{A_z}{A}\hat{z}\right)$$

$$= A(\hat{x}\cos\alpha + \hat{y}\cos\beta + \hat{z}\cos\gamma)$$

$$= A(\cos\alpha, \ \cos\beta, \ \cos\gamma) \equiv A\hat{n}$$

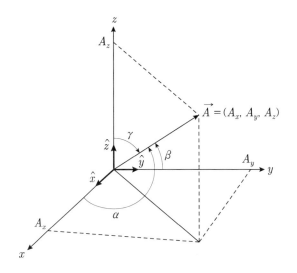

이때

$$|\hat{n}| = \sqrt{\cos^2\alpha + \cos^2\beta + \cos^2\gamma} = \sqrt{\frac{A_x^2 + A_y^2 + A_z^2}{A^2}} = 1$$

이 된다.

대수적 방법으로 벡터를 연산하는 방법에 대해 알아보자.

① 두 벡터의 덧셈과 뺄셈

　(i) 두 벡터의 같은 성분끼리 더하거나 뺄 수 있음

　　덧셈: $\vec{A} + \vec{B} = (A_x + B_x)\hat{x} + (A_y + B_y)\hat{y} + (A_z + B_z)\hat{z}$

　　뺄셈: $\vec{A} - \vec{B} = (A_x - B_x)\hat{x} + (A_y - B_y)\hat{y} + (A_z - B_z)\hat{z}$

　　등식: $\vec{A} = \vec{B} \Rightarrow A_x = B_x,\ A_y = B_y,\ A_z = B_z$

　(ii) 벡터의 스칼라배: $c\vec{A} = cA_x\hat{x} + cA_y\hat{y} + cA_z\hat{z}$, 여기서 c는 상수

　　　　　크기는 $|\vec{A}|$의 c배이고 방향은 $\vec{A}$와 같은 방향

② 두 벡터의 곱

두 벡터의 곱의 결과는 스칼라 또는 벡터가 될 수 있다. 결과가 스칼라가 되는 두 벡터의

곱을 **스칼라곱**(dot product 또는 **내적**)이라 한다. 반면에 결과가 벡터가 되는 두 벡터의 곱을 **벡터곱**(cross product 또는 **외적**)이라 한다.

- 스칼라곱

  $\vec{A} \cdot \vec{B} = AB\cos\theta$, 여기서 θ는 $\vec{A}$와 $\vec{B}$의 사잇각

  $\vec{A} \cdot \vec{B} = (A_x\hat{x} + A_y\hat{y} + A_z\hat{z}) \cdot (B_x\hat{x} + B_y\hat{y} + B_z\hat{z}) = A_xB_x + A_yB_y + A_zB_z$

- 벡터곱

  $\vec{A} \times \vec{B} = (AB\sin\theta)\hat{n}$, 여기서 $\hat{n}$은 두 벡터가 이루는 평면에 오른손 법칙을 따르며 수직 바깥 방향

  $\vec{A} \times \vec{B} = \begin{vmatrix} \hat{x} & \hat{y} & \hat{z} \\ A_x & A_y & A_z \\ B_x & B_y & B_z \end{vmatrix}$ **(행렬식)**

  $= (A_yB_z - A_zB_y)\hat{x} + (A_zB_x - A_xB_z)\hat{y} + (A_xB_y - A_yB_x)\hat{z}$

(a) 스칼라곱

$$\vec{A} \cdot \vec{B} = AB\cos\theta, \text{ 여기서 } \theta \text{은 } \vec{A}\text{와 } \vec{B}\text{의 사잇각}$$

스칼라는 크기만 갖는 물리량이므로 교환법칙($\vec{A} \cdot \vec{B} = \vec{B} \cdot \vec{A}$)의 관계가 성립한다. 그리고 $\vec{A} \cdot \vec{B} = 0$(여기서 $\vec{A} \neq 0$ 그리고 $\vec{B} \neq 0$)인 경우 $\cos\theta = 0$이 된다. 즉 두 벡터는 직교(perpendicular, 양자역학에서는 두 함수는 orthogonal 관계에 있다고 함)한다.

단위벡터 $\hat{x}$와 $\hat{y}$의 스칼라곱은 $\hat{x} \cdot \hat{y} = |\hat{x}||\hat{y}|\cos\dfrac{\pi}{2} = 0$이다. 이와 유사하게 $\hat{y} \cdot \hat{z} = \hat{z} \cdot \hat{x} = 0 = \hat{y} \cdot \hat{x} = \hat{z} \cdot \hat{y} = \hat{x} \cdot \hat{z}$이다. 반면에

$$\hat{x} \cdot \hat{x} = |\hat{x}||\hat{x}|\cos 0 = 1 = \hat{y} \cdot \hat{y} = \hat{z} \cdot \hat{z}$$

이므로 이 결과들을 다음과 같이 표현할 수 있다.

$$\hat{e}_i \cdot \hat{e}_j = \delta_{ij}$$

예제 3.3

두 벡터 $\vec{A}$와 $\vec{B}$의 스칼라곱을 계산하세요.

풀이
$$\vec{A} \cdot \vec{B} = (A_x\hat{x} + A_y\hat{y} + A_z\hat{z}) \cdot (B_x\hat{x} + B_y\hat{y} + B_z\hat{z})$$
$$= A_xB_x\hat{x} \cdot \hat{x} + A_xB_y\hat{x} \cdot \hat{y} + A_xB_z\hat{x} \cdot \hat{z}$$
$$+ A_yB_x\hat{y} \cdot \hat{x} + A_yB_y\hat{y} \cdot \hat{y} + A_yB_z\hat{y} \cdot \hat{z}$$
$$+ A_zB_x\hat{z} \cdot \hat{x} + A_zB_y\hat{z} \cdot \hat{y} + A_zB_z\hat{z} \cdot \hat{z}$$
$$= A_xB_x + A_yB_y + A_zB_z$$
$$\therefore \vec{A} \cdot \vec{B} = A_xB_x + A_yB_y + A_zB_z$$

즉 두 벡터의 스칼라곱은 각 벡터의 같은 성분끼리 곱셈을 한 뒤에 모두 더해주면 된다.

예제 3.4

벡터 $\vec{A} = A_x\hat{x} + A_y\hat{y} + A_z\hat{z}$의 크기를 구하세요.

풀이 $\vec{A} \cdot \vec{A} = AA\cos 0 = A^2$ 그리고 $\vec{A} \cdot \vec{A} = A_xA_x + A_yA_y + A_zA_z$이므로
$$\therefore A = \sqrt{A^2} = \sqrt{A_x^2 + A_y^2 + A_z^2}$$

(b) 벡터곱

$$\vec{A} \times \vec{B} = \vec{C} = AB\sin\theta\hat{n}$$

결과 벡터 $\vec{C}$의 크기는 $AB\sin\theta$이며, 방향($\hat{n}$)은 두 벡터 $\vec{A}$와 $\vec{B}$가 이루는 평면에 수직이면서 오른손 법칙을 따르는 바깥 방향이다. 벡터는 방향을 갖기 때문에 $\vec{A} \times \vec{B} = -\vec{B} \times \vec{A}$가 되어 교환법칙이 성립하지 않는다[14].

단위벡터 $\hat{x}$와 $\hat{y}$의 벡터곱은 $\hat{x} \times \hat{y} = \left(|\hat{x}||\hat{y}|\sin\frac{\pi}{2}\right)\hat{z} = \hat{z}$이다. 이와 유사하게 $\hat{y} \times \hat{z} = \hat{x}$ 그리고 $\hat{z} \times \hat{x} = \hat{y}$이다.

---

[14] 이를 반교환법칙(anti-commutative)이 성립한다고 얘기할 수도 있습니다.

반면에 $|\hat{x}\times\hat{x}| = |\hat{x}||\hat{x}|\sin0 = 0 = |\hat{y}\times\hat{y}| = |\hat{z}\times\hat{z}|$ 그리고 벡터곱의 반교환법칙으로부터 $\hat{y}\times\hat{x} = -(\hat{x}\times\hat{y}) = -\hat{z}$, $\hat{z}\times\hat{y} = -(\hat{y}\times\hat{z}) = -\hat{x}$와 $\hat{x}\times\hat{z} = -(\hat{z}\times\hat{x}) = -\hat{y}$가 된다.

예제 3.5

두 벡터 $\vec{A}$와 $\vec{B}$의 벡터곱을 계산하세요.

풀이

$$\vec{A}\times\vec{B} = (A_x\hat{x} + A_y\hat{y} + A_z\hat{z})\times(B_x\hat{x} + B_y\hat{y} + B_z\hat{z})$$

$$= A_xB_x\hat{x}\times\hat{x} + A_xB_y\hat{x}\times\hat{y} + A_xB_z\hat{x}\times\hat{z}$$

$$+ A_yB_x\hat{y}\times\hat{x} + A_yB_y\hat{y}\times\hat{y} + A_yB_z\hat{y}\times\hat{z}$$

$$+ A_zB_x\hat{z}\times\hat{x} + A_zB_y\hat{z}\times\hat{y} + A_zB_z\hat{z}\times\hat{z}$$

$$= A_xB_y\hat{z} - A_xB_z\hat{y} - A_yB_x\hat{z} + A_yB_z\hat{x} + A_zB_x\hat{y} - A_zB_y\hat{x}$$

$$= (A_yB_z - A_zB_y)\hat{x} + (A_zB_x - A_xB_z)\hat{y} + (A_xB_y - A_yB_x)\hat{z}$$

이 벡터곱의 결과는 오른쪽 아래로 향하는 대각선 형태의 벡터성분들의 곱의 합에서 오른쪽 위로 향하는 대각선 형태의 벡터성분들의 곱의 합을 뺀 값을 나타내는[15] **행렬식**(determinant)을 사용해서 다음과 같이 간편하게 나타낼 수 있다.

$$\vec{A}\times\vec{B} = (A_yB_z - A_zB_y)\hat{x} + (A_zB_x - A_xB_z)\hat{y} + (A_xB_y - A_yB_x)\hat{z}$$

$$\equiv \begin{vmatrix} \hat{x} & \hat{y} & \hat{z} \\ A_x & A_y & A_z \\ B_x & B_y & B_z \end{vmatrix}$$

예제 3.6

1장에서 배운 관계식 $\cos(\theta_1 \pm \theta_2) = \cos\theta_1\cos\theta_2 \mp \sin\theta_1\sin\theta_2$을 벡터를 사용해서 증명하세요.

---

[15] 이와 같은 행렬식 계산 방법은 행렬의 크기가 3×3보다 큰 행렬에는 성립하지 않습니다.

풀이

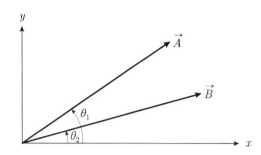

그림과 같이 평면에서 크기가 $|\vec{A}|=|\vec{B}|=1$인 두 단위벡터 $\vec{A}$와 $\vec{B}$를 고려해보자. 이때 두 벡터는 다음과 같이 표현된다.

$$\vec{A}=\hat{x}\cos\theta_1+\hat{y}\sin\theta_1 \text{ 그리고 } \vec{B}=\hat{x}\cos\theta_2+\hat{y}\sin\theta_2$$

이들 두 벡터의 스칼라곱은 다음과 같다.

$$
\begin{aligned}
\vec{A}\cdot\vec{B} &= (\hat{x}\cos\theta_1+\hat{y}\sin\theta_1)\cdot(\hat{x}\cos\theta_2+\hat{y}\sin\theta_2) \\
&= \cos\theta_1\cos\theta_2+\sin\theta_1\sin\theta_2
\end{aligned}
\tag{1}
$$

두 벡터의 사잇각이 $(\theta_1-\theta_2)$이므로 위 식의 왼편은

$$\vec{A}\cdot\vec{B}=AB\cos(\theta_1-\theta_2)=\cos(\theta_1-\theta_2) \quad (\because\ |\vec{A}|=|\vec{B}|=1)$$

이 되어 식 (1)은 다음과 같다.

$$\therefore\ \cos(\theta_1-\theta_2)=\cos\theta_1\cos\theta_2+\sin\theta_1\sin\theta_2$$

그리고 위 식에서 θ_2에 $-\theta_2$을 대입하면 다음과 같은 관계식을 얻는다.

$$\cos(\theta_1+\theta_2)=\cos\theta_1\cos(-\theta_2)+\sin\theta_1\sin(-\theta_2)=\cos\theta_1\cos\theta_2-\sin\theta_1\sin\theta_2$$

여기서 코사인함수는 우함수이고 사인함수는 기함수인 성질을 사용했다.

예제 3.7

1장에서 배운 관계식 $\sin(\theta_1\pm\theta_2)=\sin\theta_1\cos\theta_2\pm\cos\theta_1\sin\theta_2$을 [예제 3.6]의 그림에 있는 두 벡터를 사용하여 증명하세요.

풀이
$$\vec{A}=\hat{x}\cos\theta_1+\hat{y}\sin\theta_1, \quad \vec{B}=\hat{x}\cos\theta_2+\hat{y}\sin\theta_2$$

이들 두 벡터의 벡터곱은 다음과 같다.

$$\vec{A} \times \vec{B} = (\hat{x} \times \hat{y})\cos\theta_1\sin\theta_2 + (\hat{y} \times \hat{x})\sin\theta_1\cos\theta_2 \quad (\because \ \hat{x} \times \hat{x} = \hat{y} \times \hat{y} = 0)$$
$$= \cos\theta_1\sin\theta_2(\hat{z}) + \sin\theta_1\cos\theta_2(-\hat{z})$$
$$= (\cos\theta_1\sin\theta_2 - \sin\theta_1\cos\theta_2)\hat{z} \tag{1}$$

두 벡터의 사잇각이 $(\theta_1 - \theta_2)$이고 x-축에서 y-축으로 움직이는 방향은 $\vec{A}$에서 $\vec{B}$로 움직이는 방향과 반대 방향이므로, 위 식의 왼편은

$$\vec{A} \times \vec{B} = AB\sin(\theta_1 - \theta_2)(-\hat{z}) = -\sin(\theta_1 - \theta_2)\hat{z}$$

이 되어 식 (1)은 다음과 같다.

$$\therefore \ \sin(\theta_1 - \theta_2) = \sin\theta_1\cos\theta_2 - \cos\theta_1\sin\theta_2$$

그리고 위 식에서 θ_2에 $-\theta_2$을 대입하면 다음과 같은 관계식을 얻는다.

$$\sin(\theta_1 + \theta_2) = \sin\theta_1\cos(-\theta_2) - \cos\theta_1\sin(-\theta_2)$$
$$= \sin\theta_1\cos\theta_2 + \cos\theta_1\sin\theta_2$$

예제 3.8

각운동량(angular momentum)은 $\vec{L} = \vec{r} \times \vec{p}$이다. 여기서 $\vec{r} = x\hat{x} + y\hat{y} + z\hat{z}$은 위치벡터이고 $\vec{p} = p_x\hat{x} + p_y\hat{y} + p_z\hat{z}$는 선운동량이다. 직각좌표계에서 각운동량 $\vec{L}$을 계산하세요.

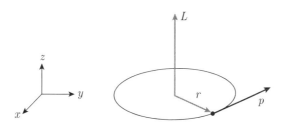

풀이 두 벡터인 위치벡터 $\vec{r}$과 선운동량 $\vec{p}$의 벡터곱을 행렬식으로 계산하면 다음과 같다.

$$\vec{L} = \vec{r} \times \vec{p} = \begin{vmatrix} \hat{x} & \hat{y} & \hat{z} \\ x & y & z \\ p_x & p_y & p_z \end{vmatrix} = (yp_z - zp_y)\hat{x} + (zp_x - xp_z)\hat{y} + (xp_y - yp_x)\hat{z}$$

위 식의 왼편에 있는 각운동량은 직각좌표계에서 $\vec{L} = L_x\hat{x} + L_y\hat{y} + L_z\hat{z}$이므로 벡터의 등식으로부터 다음과 같은 각운동량 성분을 얻는다.

$$\begin{cases} L_x = yp_z - zp_y \\ L_y = zp_x - xp_z \\ L_z = xp_y - yp_x \end{cases} \tag{1}$$

만약 위 그림과 같이 위치벡터와 선운동량이 xy 평면상에 있다면 $z = p_z = 0$이
되고, 이를 식 (1)에 대입하면 $L_x = L_y = 0$이 된다. 즉 각운동량의 z 성분만 그림과
같은 방향으로 작용하게 된다.

3.3 셋 또는 네 개 벡터의 곱

- $\displaystyle\sum_k \epsilon_{ijk}\epsilon_{k\ell m} = \delta_{i\ell}\delta_{jm} - \delta_{im}\delta_{j\ell}$ [16] 또는 $\displaystyle\sum_k \epsilon_{kij}\epsilon_{k\ell m} = \delta_{i\ell}\delta_{jm} - \delta_{im}\delta_{j\ell}$

- $\vec{A} \times (\vec{B} \times \vec{C}) = \vec{B}(\vec{A} \cdot \vec{C}) - \vec{C}(\vec{A} \cdot \vec{B})$ ('$BAC-CAB$' 공식)

- $\vec{A} \cdot (\vec{B} \times \vec{C}) = \vec{A} \times \vec{B} \cdot \vec{C} = \overline{ABC}$ ('ABC' 공식)

- $(\vec{A} \times \vec{B}) \cdot (\vec{C} \times \vec{D}) = (\vec{A} \cdot \vec{C})(\vec{B} \cdot \vec{D}) - (\vec{B} \cdot \vec{C})(\vec{A} \cdot \vec{D})$

세 벡터의 벡터곱인 **삼중곱**(triple product)을 계산할 때는 **레비-시비타 기호**(Levi-
Civita symbol) ϵ_{ijk}와 크로네커 델타 δ_{ij}를 사용하는 것이 편리하다. 레비-시비타 기호는
다음과 같은 값을 갖는 것으로 정의한다. 여기서 아래첨자 i, j, k는 1, 2 또는 3을
갖고 각각 x, y, z에 대응한다.
- 레비-시비타의 아래첨자에 같은 숫자가 중복되면, 레비-시비타 값은 0

    (예) $\epsilon_{122} = \epsilon_{131} = \epsilon_{331} = 0$

- 레비-시비타의 아래첨자가 1,2,3을 기준으로 자리 바뀜 횟수가 짝수 번이면, 레비-
  시비타 값은 1

    (예) $\epsilon_{123} = \epsilon_{231} = \epsilon_{312} = 1$

- 레비-시비타의 아래첨자가 1,2,3을 기준으로 자리 바뀜 횟수가 홀수 번이면, 레비-
  시비타 값은 -1

---

[16] $\epsilon_{ijk}\epsilon_{k\ell m} = \delta_{i\ell}\delta_{jm} - \delta_{im}\delta_{j\ell}$은 1장에서 배운 아인슈타인 합 표기법으로 표현한 것입니다. 잘 나오지
않는 레비-시비타 성질의 예로는 $\epsilon_{i\ell m}\epsilon_{j\ell m} = 2\delta_{ij}$, $\epsilon_{ijk}\epsilon_{ijk} = 6$ 등이 있습니다.

(예) $\epsilon_{132} = \epsilon_{213} = \epsilon_{321} = -1$

그리고 크로네커 델타는 다음과 같이 정의된다.

- $\begin{cases} \delta_{ij} = 0, & i \neq j \\ \delta_{ij} = 1, & i = j \end{cases}$

벡터곱 $\vec{A} \times \vec{B} = \vec{C}$를 레비-시비타 기호를 사용하여 벡터 성분으로 나타내면 다음과 같다.

$$C_i = (\vec{A} \times \vec{B})_i = \sum_{j,k} \epsilon_{ijk} A_j B_k$$

$$\Rightarrow \begin{cases} C_1 = C_x = \epsilon_{123} A_2 B_3 + \epsilon_{132} A_3 B_2 = A_2 B_3 - A_3 B_2 = A_y B_z - A_z B_y \\ C_2 = C_y = \epsilon_{213} A_1 B_3 + \epsilon_{231} A_3 B_1 = -A_1 B_3 + A_3 B_1 = A_z B_x - A_x B_z \\ C_3 = C_z = \epsilon_{312} A_1 B_2 + \epsilon_{321} A_2 B_1 = A_1 B_2 - A_2 B_1 = A_x B_y - A_y B_x \end{cases} \qquad (3.3.1)$$

그리고

$$\vec{C} = \vec{A} \times \vec{B} = \begin{vmatrix} \hat{x} & \hat{y} & \hat{z} \\ A_x & A_y & A_z \\ B_x & B_y & B_z \end{vmatrix}$$ 은 식 (3.3.1)의 C_x, C_y, C_z와 같은 결과를 주므로 두 벡터의

벡터곱은 레비-시비타 기호를 사용하여

$$C_i = (\vec{A} \times \vec{B})_i = \sum_{j,k} \epsilon_{ijk} A_j B_k$$

로 나타낼 수 있음을 알 수 있다.

예제 3.9

세 벡터의 벡터곱 $\vec{A} \times (\vec{B} \times \vec{C})$를 레비-시비타 기호을 사용해서 계산하기 쉬운 두 벡터의 연산으로 표현하세요.

풀이 세 벡터의 벡터곱은 벡터이다. 이 벡터의 성분 i는 다음과 같다.

$$\begin{aligned} [\vec{A} \times (\vec{B} \times \vec{C})]_i &= \sum_{j,k} \epsilon_{ijk} A_j (\vec{B} \times \vec{C})_k = \sum_{j,k} \epsilon_{ijk} A_j \sum_{\ell,m} \epsilon_{k\ell m} B_\ell C_m = \sum_{j,k} \sum_{\ell,m} \epsilon_{ijk} \epsilon_{k\ell m} A_j B_\ell C_m \\ &= \sum_{j,\ell,m} (\delta_{i\ell}\delta_{jm} - \delta_{im}\delta_{j\ell}) A_j B_\ell C_m \quad (\because \sum_k \epsilon_{ijk}\epsilon_{k\ell m} = \delta_{i\ell}\delta_{jm} - \delta_{im}\delta_{j\ell}^{[17]}) \\ &= \sum_{j,\ell,m} \delta_{i\ell}\delta_{jm} A_j B_\ell C_m - \sum_{j,\ell,m} \delta_{im}\delta_{j\ell} A_j B_\ell C_m = B_i \sum_j A_j C_j - C_i \sum_j A_j B_j \\ &= B_i (\vec{A} \cdot \vec{C}) - C_i (\vec{A} \cdot \vec{B}) \end{aligned}$$

---

(17) 증명은 3장의 [보충자료 1]을 참고하세요.

이때 $i=1$인 경우, 위 식은 다음과 같다.

$$[\vec{A} \times (\vec{B} \times \vec{C})]_x = B_x (\vec{A} \cdot \vec{C}) - C_x (\vec{A} \cdot \vec{B}) \tag{1}$$

유사한 방법으로 $i=2$와 3인 경우에 대해 구해보면

$$\begin{cases} [\vec{A} \times (\vec{B} \times \vec{C})]_y = B_y (\vec{A} \cdot \vec{C}) - C_y (\vec{A} \cdot \vec{B}) \\ [\vec{A} \times (\vec{B} \times \vec{C})]_z = B_z (\vec{A} \cdot \vec{C}) - C_z (\vec{A} \cdot \vec{B}) \end{cases} \tag{2}$$

이다. 식 (1)과 (2)로부터 세 벡터의 벡터곱은 다음과 같이 표현된다.

$$\begin{aligned} \vec{A} \times (\vec{B} \times \vec{C}) &= [\vec{A} \times (\vec{B} \times \vec{C})]_x \hat{x} + [\vec{A} \times (\vec{B} \times \vec{C})]_y \hat{y} + [\vec{A} \times (\vec{B} \times \vec{C})]_z \hat{z} \\ &= (B_x \hat{x} + B_y \hat{y} + B_z \hat{z})(\vec{A} \cdot \vec{C}) - (C_x \hat{x} + C_y \hat{y} + C_z \hat{z})(\vec{A} \cdot \vec{B}) \\ &= \vec{B}(\vec{A} \cdot \vec{C}) - \vec{C}(\vec{A} \cdot \vec{B}) \end{aligned}$$

$$\therefore \quad \vec{A} \times (\vec{B} \times \vec{C}) = \vec{B}(\vec{A} \cdot \vec{C}) - \vec{C}(\vec{A} \cdot \vec{B}) \quad (\text{‘}BAC-CAB\text{’ 공식})$$

예제 3.10

세 벡터의 삼중곱 $\vec{A} \cdot (\vec{B} \times \vec{C})$를 계산하기 쉬운 간단한 표현으로 나타내세요. 이 삼중곱의 연산 결과는 스칼라이다. 그래서 이 삼중곱을 삼중 스칼라곱(또는 스칼라적 삼중곱)이라고도 부른다.

풀이 레비-시비타 기호를 사용해서 주어진 삼중곱을 나타내면

$$\vec{A} \cdot (\vec{B} \times \vec{C}) = \sum_i A_i (\vec{B} \times \vec{C})_i = \sum_i \sum_{j,k} \epsilon_{ijk} A_i B_j C_k \tag{1}$$

한편,

$$\vec{A} \times \vec{B} \cdot \vec{C} = \sum_k (\vec{A} \times \vec{B})_k C_k = \sum_k \sum_{\ell,m} \epsilon_{k\ell m} A_\ell B_m C_k = \sum_k \sum_{\ell,m} \epsilon_{\ell m k} A_\ell B_m C_k \tag{2}$$

식 (1)에서 i와 j 대신에 각각 ℓ과 m을 대입하면 식 (2)와 같게 된다.

$$\therefore \quad \vec{A} \cdot (\vec{B} \times \vec{C}) = \vec{A} \times \vec{B} \cdot \vec{C}$$

그러므로 위와 같은 삼중곱에서 ‘dot(•)’와 ‘cross(×)’가 교환될 수 있음을 알 수 있다. 그리고 식 (1)은

$$\begin{aligned} \vec{A} \cdot (\vec{B} \times \vec{C}) &= \sum_i \sum_{j,k} \epsilon_{ijk} A_i B_j C_k \\ &= \epsilon_{123} A_1 B_2 C_3 + \epsilon_{132} A_1 B_3 C_2 + \epsilon_{213} A_2 B_1 C_3 + \epsilon_{231} A_2 B_3 C_1 + \epsilon_{312} A_3 B_1 C_2 + \epsilon_{321} A_3 B_2 C_1 \\ &= A_1(B_2 C_3 - B_3 C_2) + A_2(B_3 C_1 - B_1 C_3) + A_3(B_1 C_2 - B_2 C_1) \\ &= A_x(B_y C_z - B_z C_y) + A_y(B_z C_x - B_x C_z) + A_z(B_x C_y - B_y C_x) \end{aligned}$$

로 표현되기 때문에 이 삼중곱은 다음과 같이 행렬식으로 간결하게 나타낼 수 있다.

$$\vec{A} \cdot (\vec{B} \times \vec{C}) = \vec{A} \times \vec{B} \cdot \vec{C} = \begin{vmatrix} A_x & A_y & A_z \\ B_x & B_y & B_z \\ C_x & C_y & C_z \end{vmatrix} \equiv \overrightarrow{ABC} \quad (\,'ABC'\;\text{공식})$$

참고로 $(\vec{A} \cdot \vec{B}) \times \vec{C}$는 스칼라와 벡터의 벡터곱 꼴이므로 연산이 불가능하므로 올바른 벡터 연산식이 아니다.

예제 3.11

네 개 벡터의 스칼라적 곱인 $(\vec{A} \times \vec{B}) \cdot (\vec{C} \times \vec{D})$를 계산하기 쉬운 간단한 표현으로 나타내세요.

풀이
$$(\vec{A} \times \vec{B}) \cdot (\vec{C} \times \vec{D}) = \sum_i (\vec{A} \times \vec{B})_i (\vec{C} \times \vec{D})_i = \sum_i \sum_{j,k} \epsilon_{ijk} A_j B_k \sum_{\ell,m} \epsilon_{i\ell m} C_\ell D_m$$

$$= \sum_i \sum_{j,k} \sum_{\ell,m} \epsilon_{jki} \epsilon_{i\ell m} A_j B_k C_\ell D_m = \sum_{j,k} \sum_{\ell,m} (\delta_{j\ell}\delta_{km} - \delta_{jm}\delta_{k\ell}) A_j B_k C_\ell D_m$$

$$= \sum_j A_j C_j \sum_k B_k D_k - \sum_k B_k C_k \sum_j A_j D_j$$

$$= (\vec{A} \cdot \vec{C})(\vec{B} \cdot \vec{D}) - (\vec{B} \cdot \vec{C})(\vec{A} \cdot \vec{D})$$

$$\therefore \; (\vec{A} \times \vec{B}) \cdot (\vec{C} \times \vec{D}) = (\vec{A} \cdot \vec{C})(\vec{B} \cdot \vec{D}) - (\vec{B} \cdot \vec{C})(\vec{A} \cdot \vec{D})$$

3.4 그래디언트, 다이버전스 그리고 컬

- 델(Del) 연산자(operator): $\vec{\nabla} = \hat{x}\dfrac{\partial}{\partial x} + \hat{y}\dfrac{\partial}{\partial y} + \hat{z}\dfrac{\partial}{\partial z}$

- 함수 $f(r)$의 그래디언트: $\vec{\nabla}f = \dfrac{df}{dr}\hat{r}$

- 다변수 함수 F의 다이버전스: $\vec{\nabla} \cdot \vec{F} = \dfrac{\partial F_x}{\partial x} + \dfrac{\partial F_y}{\partial y} + \dfrac{\partial F_z}{\partial z}$

- 다변수 함수 F의 컬: $\vec{\nabla} \times \vec{F} = \left(\dfrac{\partial F_z}{\partial y} - \dfrac{\partial F_y}{\partial z}\right)\hat{x} + \left(\dfrac{\partial F_x}{\partial z} - \dfrac{\partial F_z}{\partial x}\right)\hat{y} + \left(\dfrac{\partial F_y}{\partial x} - \dfrac{\partial F_x}{\partial y}\right)\hat{z}$

- 함수 ϕ의 라플라시안: $\vec{\nabla} \cdot \vec{\nabla}\phi = \nabla^2\phi = \dfrac{\partial^2\phi}{\partial x^2} + \dfrac{\partial^2\phi}{\partial y^2} + \dfrac{\partial^2\phi}{\partial z^2}$

- $\overrightarrow{\nabla} \times (\overrightarrow{A} \times \overrightarrow{B}) = (\overrightarrow{B} \cdot \overrightarrow{\nabla})\overrightarrow{A} + \overrightarrow{A}(\overrightarrow{\nabla} \cdot \overrightarrow{B}) - \overrightarrow{B}(\overrightarrow{\nabla} \cdot \overrightarrow{A}) - (\overrightarrow{A} \cdot \overrightarrow{\nabla})\overrightarrow{B}$
- $\overrightarrow{\nabla} \times (\overrightarrow{\nabla} \times \overrightarrow{A}) = \overrightarrow{\nabla}(\overrightarrow{\nabla} \cdot \overrightarrow{A}) - \nabla^2 \overrightarrow{A}$
- $\overrightarrow{\nabla} \cdot (\phi \overrightarrow{A}) = \overrightarrow{A} \cdot \overrightarrow{\nabla}\phi + \phi(\overrightarrow{\nabla} \cdot \overrightarrow{A})$
- $\overrightarrow{\nabla}(\overrightarrow{A} \cdot \overrightarrow{B}) = \overrightarrow{A} \times (\overrightarrow{\nabla} \times \overrightarrow{B}) + \overrightarrow{B} \times (\overrightarrow{\nabla} \times \overrightarrow{A}) + (\overrightarrow{A} \cdot \overrightarrow{\nabla})\overrightarrow{B} + (\overrightarrow{B} \cdot \overrightarrow{\nabla})\overrightarrow{A}$

① 그래디언트(gradient, 경사도)

어떤 함수의 그래디언트는 그 함수의 가장 큰 증가율의 방향을 따르도록 하는 경사도를 나타내는 방향 도함수이다.

벡터 미적분학에서 함수의 그래디언트, 다이버전스 또는 컬 등을 나타내는 데 많이 사용되는 델 연산자 $\overrightarrow{\nabla}$는 다음과 같이 정의된다.

$$\overrightarrow{\nabla} = \hat{x}\frac{\partial}{\partial x} + \hat{y}\frac{\partial}{\partial y} + \hat{z}\frac{\partial}{\partial z} \tag{3.4.1}$$

이때 스칼라 함수 $\phi(x,y,z)$의 그래디언트는 다음과 같다.

$$\overrightarrow{\nabla}\phi(x,y,z) = \left(\hat{x}\frac{\partial}{\partial x} + \hat{y}\frac{\partial}{\partial y} + \hat{z}\frac{\partial}{\partial z}\right)\phi(x,y,z) = \frac{\partial\phi}{\partial x}\hat{x} + \frac{\partial\phi}{\partial y}\hat{y} + \frac{\partial\phi}{\partial z}\hat{z}$$

중심력과 같이 어떤 함수가 $f = f(r)$일 때(여기서 $r = \sqrt{x^2 + y^2 + z^2}$), 이 함수의 그래디언트는 다음과 같다.

$$\overrightarrow{\nabla}f = \frac{\partial f}{\partial x}\hat{x} + \frac{\partial f}{\partial y}\hat{y} + \frac{\partial f}{\partial z}\hat{z} = \frac{\partial f}{\partial r}\frac{\partial r}{\partial x}\hat{x} + \frac{\partial f}{\partial r}\frac{\partial r}{\partial y}\hat{y} + \frac{\partial f}{\partial r}\frac{\partial r}{\partial z}\hat{z} \tag{3.4.2}$$

여기서 $\frac{\partial r}{\partial x} = \frac{\partial}{\partial x}(x^2 + y^2 + z^2)^{1/2} = \frac{1}{2}2x(x^2 + y^2 + z^2)^{-1/2} = \frac{x}{r}$, 유사한 방법으로

$\frac{\partial r}{\partial y} = \frac{y}{r}$ 그리고 $\frac{\partial r}{\partial z} = \frac{z}{r}$이다.

그러므로 식 (3.4.2)는 다음과 같이 된다.

$$\overrightarrow{\nabla}f = \frac{\partial f}{\partial r}\frac{x}{r}\hat{x} + \frac{\partial f}{\partial r}\frac{y}{r}\hat{y} + \frac{\partial f}{\partial r}\frac{z}{r}\hat{z}$$

여기서 함수 f는 단지 r만의 함수이므로 $\dfrac{\partial f}{\partial r} = \dfrac{df}{dr}$ 가 되어 위 식은

$$\overrightarrow{\nabla} f(r) = \frac{df}{dr}\frac{x}{r}\hat{x} + \frac{df}{dr}\frac{y}{r}\hat{y} + \frac{df}{dr}\frac{z}{r}\hat{z}$$

$$= \frac{df}{dr}\frac{1}{r}(x\hat{x} + y\hat{y} + z\hat{z}) = \frac{df}{dr}\frac{\vec{r}}{r} = \frac{df}{dr}\hat{r}$$

이 된다.

② 다이버전스(divergence, 발산)

벡터 함수 $\vec{F}$의 다이버전스는 델 연산자와 벡터 함수의 스칼라곱이다. 즉 $\overrightarrow{\nabla} \cdot \vec{F}$로 표현되고 $\overrightarrow{\nabla} \cdot$ 는 다이버전스 연산자라 한다. 다이버전스가 갖는 물리적 의미는 벡터장 내의 주어진 위치 둘레의 미소부피를 빠져나가는 벡터장의 흐름이다.

델 연산자 $\overrightarrow{\nabla}$와 벡터 함수 $\vec{F}(x,y,z)$의 스칼라곱의 결과는 스칼라이다.

$$\overrightarrow{\nabla} \cdot \vec{F} = \left(\hat{x}\frac{\partial}{\partial x} + \hat{y}\frac{\partial}{\partial y} + \hat{z}\frac{\partial}{\partial z} \right) \cdot \left(F_x\hat{x} + F_y\hat{y} + F_z\hat{z} \right)$$

$$= \frac{\partial F_x}{\partial x} + \frac{\partial F_y}{\partial y} + \frac{\partial F_z}{\partial z}$$

예제 3.12

벡터 함수 $\vec{r}f(r)$의 다이버전스를 구하세요. 여기서 $\vec{r} = x\hat{x} + y\hat{y} + z\hat{z}$이다.

풀이
$$\overrightarrow{\nabla} \cdot \vec{r}f(r) = \left(\hat{x}\frac{\partial}{\partial x} + \hat{y}\frac{\partial}{\partial y} + \hat{z}\frac{\partial}{\partial z} \right) \cdot \left[f(r)x\hat{x} + f(r)y\hat{y} + f(r)z\hat{z} \right]$$

$$= \frac{\partial}{\partial x}[xf(r)] + \frac{\partial}{\partial y}[yf(r)] + \frac{\partial}{\partial z}[zf(r)] \tag{1}$$

여기서 $\dfrac{\partial}{\partial x}[xf(r)] = f(r) + x\dfrac{\partial f(r)}{\partial x} = f(r) + x\dfrac{df(r)}{dr}\dfrac{\partial r}{\partial x} = f(r) + \dfrac{df(r)}{dr}\dfrac{x^2}{r}$,

유사한 방법으로 $\dfrac{\partial}{\partial y}[yf(r)] = f(r) + \dfrac{df(r)}{dr}\dfrac{y^2}{r}$

그리고 $\dfrac{\partial}{\partial z}[zf(r)] = f(r) + \dfrac{df(r)}{dr}\dfrac{z^2}{r}$ 이다. 이들을 식 (1)에 대입하면 다음과 같다.

$$\therefore \ \overrightarrow{\nabla} \cdot \vec{r}f(r) = 3f(r) + \frac{df(r)}{dr}\frac{1}{r}(x^2 + y^2 + z^2) = 3f(r) + r\frac{df(r)}{dr}$$

$f(r) = r^{n-1}$인 경우, 벡터 함수 $\vec{r}f(r)$의 다이버전스를 구하세요.

풀이 [예제 3.12]에서 구한 결과를 사용하면 다음과 같다.

$$3f(r) + r\frac{df(r)}{dr} = 3r^{n-1} + r\frac{d}{dr}r^{n-1} = 3r^{n-1} + (n-1)r^{n-1} = (n+2)r^{n-1}$$

그러므로

$$\vec{\nabla} \cdot \vec{r}f(r) = \vec{\nabla} \cdot \vec{r}r^{n-1} = (n+2)r^{n-1} \tag{1}$$

이 된다.

전기장의 경우 $\vec{E}(r) = \dfrac{q}{r^2}\hat{r} = q\vec{r}\dfrac{1}{r^3} = q\vec{r}r^{-3}$이며, 이는 $f(r) = r^{n-1}$에서 $n = -2$에 해당하므로 식 (1)의 오른편은 0이 된다.

$$\therefore \quad \vec{\nabla} \cdot \vec{E} = 0$$

③ 컬(curl, 회전)

벡터 함수 $\vec{F}$의 컬은 델 연산자와 벡터 함수의 벡터곱이다. 즉 $\vec{\nabla} \times \vec{F}$로 표현되고 $\vec{\nabla} \times$는 컬 연산자라 한다. 컬이 갖는 물리적 의미는 벡터 장 내의 주어진 위치에서의 회전이며 크기는 회전 강도를 나타내고 회전 방향은 오른손 법칙을 따른다.

델 연산자 $\vec{\nabla}$와 벡터 함수 $\vec{F}(x,y,z)$의 벡터곱의 결과는 벡터이다.

$$\vec{\nabla} \times \vec{F} = \begin{vmatrix} \hat{x} & \hat{y} & \hat{z} \\ \dfrac{\partial}{\partial x} & \dfrac{\partial}{\partial y} & \dfrac{\partial}{\partial z} \\ F_x & F_y & F_z \end{vmatrix}$$

$$= \left(\frac{\partial F_z}{\partial y} - \frac{\partial F_y}{\partial z}\right)\hat{x} + \left(\frac{\partial F_x}{\partial z} - \frac{\partial F_z}{\partial x}\right)\hat{y} + \left(\frac{\partial F_y}{\partial x} - \frac{\partial F_x}{\partial y}\right)\hat{z}$$

그러므로 결과 벡터의 각각의 성분은 다음과 같다.

$$(\vec{\nabla} \times \vec{F})_x = \frac{\partial F_z}{\partial y} - \frac{\partial F_y}{\partial z}, \quad (\vec{\nabla} \times \vec{F})_y = \frac{\partial F_x}{\partial z} - \frac{\partial F_z}{\partial x}, \quad (\vec{\nabla} \times \vec{F})_z = \frac{\partial F_y}{\partial x} - \frac{\partial F_x}{\partial y}$$

$\vec{B} = \vec{\nabla} \times \vec{A}$의 관계식[18]이 맥스웰 방정식 $\vec{\nabla} \cdot \vec{B} = 0$을 만족함을 보이세요.

풀이 $\vec{\nabla} \cdot \vec{B} = \vec{\nabla} \cdot (\vec{\nabla} \times \vec{A})$의 계산 결과가 0이 됨을 보이면 된다.

이 식에서

$$\vec{\nabla} \cdot (\vec{\nabla} \times \vec{A}) = \sum_i \partial_i (\vec{\nabla} \times \vec{A})_i = \sum_i \partial_i \left(\sum_{j,k} \epsilon_{ijk} \partial_j A_k \right) = \sum_i \sum_{j,k} \epsilon_{ijk} \partial_i \partial_j A_k$$

$$= \sum_k \left(\sum_{i,j} \epsilon_{kij} \partial_i \partial_j \right) A_k = \sum_k (\vec{\nabla} \times \vec{\nabla})_k A_k = (\vec{\nabla} \times \vec{\nabla}) \cdot \vec{A}$$

이고, 여기서

$$\vec{\nabla} \times \vec{\nabla} = \begin{vmatrix} \hat{x} & \hat{y} & \hat{z} \\ \dfrac{\partial}{\partial x} & \dfrac{\partial}{\partial y} & \dfrac{\partial}{\partial z} \\ \dfrac{\partial}{\partial x} & \dfrac{\partial}{\partial y} & \dfrac{\partial}{\partial z} \end{vmatrix}$$

$$= \left(\frac{\partial^2}{\partial y \partial z} - \frac{\partial^2}{\partial z \partial y} \right) \hat{x} + \left(\frac{\partial^2}{\partial z \partial x} - \frac{\partial^2}{\partial x \partial z} \right) \hat{y} + \left(\frac{\partial^2}{\partial x \partial y} - \frac{\partial^2}{\partial y \partial x} \right) \hat{z} = 0$$

그러므로

$$\vec{\nabla} \cdot (\vec{\nabla} \times \vec{A}) = (\vec{\nabla} \times \vec{\nabla}) \cdot \vec{A} = 0$$

즉 컬의 다이버전스는 항상 0이 된다.

스칼라 함수 $\phi(x,y,z)$의 그래디언트의 컬이 0이 됨을 보이세요.

풀이 $$\vec{\nabla} \times \vec{\nabla} \phi = \begin{vmatrix} \hat{x} & \hat{y} & \hat{z} \\ \dfrac{\partial}{\partial x} & \dfrac{\partial}{\partial y} & \dfrac{\partial}{\partial z} \\ \dfrac{\partial \phi}{\partial x} & \dfrac{\partial \phi}{\partial y} & \dfrac{\partial \phi}{\partial z} \end{vmatrix}$$

$$= \left(\frac{\partial^2 \phi}{\partial y \partial z} - \frac{\partial^2 \phi}{\partial z \partial y} \right) \hat{x} + \left(\frac{\partial^2 \phi}{\partial z \partial x} - \frac{\partial^2 \phi}{\partial x \partial z} \right) \hat{y} + \left(\frac{\partial^2 \phi}{\partial x \partial y} - \frac{\partial^2 \phi}{\partial y \partial x} \right) \hat{z} = 0$$

$$\left(\because \text{연속 함수 } \phi(x,y,z) \text{에 대해서 } \frac{\partial^2 \phi}{\partial y \partial z} = \frac{\partial^2 \phi}{\partial z \partial y}, \quad \cdots\cdots \right)$$

---

(18) 증명은 3장의 [연습문제 2]에서 다룹니다.

④ 라플라시안(Laplacian)

델 연산자와 델 연산자와의 스칼라곱(또는 그래디언트의 다이버전스)을 한 연산자를
라플라시안이라 한다. 즉 $\vec{\nabla} \cdot \vec{\nabla} = \nabla^2$로 표현되고 ∇^2는 라플라시안 연산자라 한다.
이 연산자는 고전역학, 전자기학 그리고 양자역학에서 어떤 물리량이 이계 미분방정식으로
표현될 때 사용된다.

스칼라 함수 $\phi(x,\ y,\ z)$의 그래디언트는 벡터이고, 이 벡터의 다이버전스인 $\vec{\nabla} \cdot (\vec{\nabla}\phi)$
은 스칼라이다.

$$\vec{\nabla} \cdot \vec{\nabla}\phi = \left(\hat{x}\frac{\partial}{\partial x} + \hat{y}\frac{\partial}{\partial y} + \hat{z}\frac{\partial}{\partial z} \right) \cdot \left(\frac{\partial \phi}{\partial x}\hat{x} + \frac{\partial \phi}{\partial y}\hat{y} + \frac{\partial \phi}{\partial z}\hat{z} \right)$$

$$= \frac{\partial^2 \phi}{\partial x^2} + \frac{\partial^2 \phi}{\partial y^2} + \frac{\partial^2 \phi}{\partial z^2}$$

$$\Rightarrow \nabla^2\phi = \frac{\partial^2 \phi}{\partial x^2} + \frac{\partial^2 \phi}{\partial y^2} + \frac{\partial^2 \phi}{\partial z^2}$$

$$\therefore \ \nabla^2 = \frac{\partial^2}{\partial x^2} + \frac{\partial^2}{\partial x^2} + \frac{\partial^2}{\partial x^2}$$

전자기학에서 라플라스(Laplace) 방정식은 $\nabla^2\phi = 0$ 그리고 푸아송(Poisson) 방정식은
$\nabla^2\phi = -\dfrac{\rho}{\epsilon_0}$로 표현된다.

예제 3.16

고전역학에서 계(system)의 역학적에너지는 운동에너지($K.E.$)와 위치에너지($P.E.$)의
합으로 $E = K.E. + P.E. = \dfrac{p^2}{2m} + U(r)$이다. 양자역학에서는 운동량 $\vec{p}$가 운동량 연산자
(operator) $\vec{p}_{op} = \dfrac{\hbar}{i}\vec{\nabla}$로 대체(양자化)되기 때문에, 역학적에너지는 $H = -\dfrac{\hbar^2}{2m}\nabla^2 + U_{op}(r)$
로 표현된다. 여기서 H는 양자역학에서 운동에너지와 위치에너지의 합에 해당하는 연산
자인 **해밀토니안**(Hamiltonian)이다. 이때 시간에 따라 계가 어떻게 변화하는지를 기술하
는 **슈뢰딩거 방정식**은 $H\Psi(\vec{r}) = E\Psi(\vec{r})$이며, 여기서 $\Psi(\vec{r})$은 계를 기술하는 시간에 무관한
파동함수이다. 1차원에서의 자유입자에 대해 슈뢰딩거 방정식을 만족하는 解를 구하세요.

풀이 $H\Psi(\vec{r}) = E\Psi(\vec{r})$ 관계식으로부터 시간에 무관한 슈뢰딩거 방정식을 얻는다.

$$\left[-\frac{\hbar^2}{2m}\nabla^2 + U(r) \right]\Psi(\vec{r}) = E\Psi(\vec{r}) \tag{1}$$

자유입자는 $U(r)=0$인 경우에 해당하므로 이때 1차원에서의 슈뢰딩거 방정식은 다음과 같다.

$$-\frac{\hbar^2}{2m}\frac{d^2\Psi(x)}{dx^2} = E\Psi(x) \implies \frac{d^2\Psi(x)}{dx^2} + \frac{2mE}{\hbar^2}\Psi(x) = 0$$

위 식은 이계 동차 상미분방정식이다. 여기서 $E > 0$일 때 $\frac{2mE}{\hbar^2} = k^2$로 놓으면 위 식은 다음과 같이 된다.

$$\frac{d^2\Psi}{dx^2} + k^2\Psi = 0$$

이 미분방정식의 일반해는

$$\therefore \ \Psi(x) = A\cos kx + B\sin kx, \ \ \text{여기서} \ \ k = \sqrt{\frac{2mE}{\hbar^2}}$$

이다. 계수 A와 B는 경계조건으로부터 구할 수 있다.

예제 3.17

시간에 의존하는 파동함수 $\Psi(\vec{r},t)$에 대한 슈뢰딩거 방정식은 $H\!\Psi(\vec{r},t) = E\Psi(\vec{r},t)$ 관계식에서 E를 $i\hbar\frac{\partial}{\partial t}$로 대체함으로써 얻을 수 있다. 즉 시간에 의존하는 슈뢰딩거 방정식은 다음과 같다.

$$\left[-\frac{\hbar^2}{2m}\nabla^2 + U(r) \right]\Psi(\vec{r},t) = i\hbar\frac{\partial}{\partial t}\Psi(\vec{r},t)$$

1차원에서의 자유입자에 대해 슈뢰딩거 방정식을 만족하는 解를 구하세요.

풀이 1차원에의 자유입자에 대한 시간에 의존하는 슈뢰딩거 방정식은 다음과 같다.

$$-\frac{\hbar^2}{2m}\frac{\partial^2}{\partial x^2}\Psi(x,t) = i\hbar\frac{\partial}{\partial t}\Psi(x,t) \tag{1}$$

파동함수가 위치함수 $u(x)$와 시간함수 $T(t)$의 곱이라고 하면 $\Psi(x,t) = u(x)T(t)$가 되어 식 (1)은 다음과 같이 된다.

$$-\frac{\hbar^2}{2m}\frac{1}{u(x)}\frac{d^2u(x)}{dx^2} = i\hbar\frac{1}{T(t)}\frac{dT(t)}{dt}$$

모든 위치와 시간에 대해 위의 등식이 항상 성립하기 위해서는 등식의 왼편과 오른편이 위치와 시간에 무관한 상수이어야 한다. 이 상수를 E로 놓으면 다음 관계식을 얻는다.

$$\begin{cases} \dfrac{d^2 u(x)}{dx^2} + \dfrac{2mE}{\hbar^2} u(x) = 0 \\ \dfrac{dT(t)}{dt} = -\dfrac{i}{\hbar} E T(t) \end{cases} \qquad (2)$$

식 (2)의 첫 번째 관계식은 [예제 3.16]에서와 같이 시간에 무관한 슈뢰딩거 방정식인 이계 동차 상미분방정식이며 일반해는 다음과 같다.

$$u(x) = A\cos kx + B\sin kx, \ \ \text{여기서} \ E > 0 \ \ \text{그리고} \ k = \frac{\sqrt{2mE}}{\hbar}$$

식 (2)의 두 번째 관계식으로부터

$$\frac{dT}{T} = -\frac{i}{\hbar} E dt \ \Rightarrow \ T(t) = C e^{-\frac{i}{\hbar} Et}, \ \ \text{여기서} \ C \text{는 상수}$$

그러므로 이들 결과로부터 시간에 의존하는 슈뢰딩거 방정식의 일반해인 파동함수는 다음과 같다.

$$\Psi(x,t) = u(x)\,T(t) = (A_1\cos kx + A_2\sin kx)e^{-\frac{i}{\hbar} Et}$$

예제 3.18

전자기학에서 나오는 다음의 관계식을 증명하세요.

$$\vec{\nabla} \times (\vec{\nabla} \times \vec{A}) = \vec{\nabla}(\vec{\nabla} \cdot \vec{A}) - \nabla^2 \vec{A}$$

풀이 $\vec{\nabla} \times (\vec{\nabla} \times \vec{A})$의 성분 i는 다음과 같다.

$$\begin{aligned}
[\vec{\nabla} \times (\vec{\nabla} \times \vec{A})]_i &= \sum_{j,k} \epsilon_{ijk} \partial_j (\vec{\nabla} \times \vec{A})_k = \sum_{j,k} \sum_{\ell,m} \epsilon_{ijk} \partial_j (\epsilon_{k\ell m} \partial_\ell A_m) \\
&= \sum_{j,k} \sum_{\ell,m} \epsilon_{ijk} \epsilon_{k\ell m} \partial_j (\partial_\ell A_m) = \sum_j \sum_{\ell,m} (\delta_{i\ell}\delta_{jm} - \delta_{im}\delta_{j\ell}) \partial_j (\partial_\ell A_m) \\
&= \sum_j \sum_{\ell,m} \delta_{i\ell}\delta_{jm} \partial_j (\partial_\ell A_m) - \sum_j \sum_{\ell,m} \delta_{im}\delta_{j\ell} \partial_j (\partial_\ell A_m) \\
&= \sum_j \partial_i (\partial_j A_j) - \sum_j (\partial_j \partial_j) A_i \\
&= \partial_i (\vec{\nabla} \cdot \vec{A}) - (\vec{\nabla} \cdot \vec{\nabla}) A_i = \partial_i (\vec{\nabla} \cdot \vec{A}) - \nabla^2 A_i
\end{aligned}$$

$$\therefore \ \vec{\nabla} \times (\vec{\nabla} \times \vec{A}) = \vec{\nabla}(\vec{\nabla} \cdot \vec{A}) - \nabla^2 \vec{A}$$

전자기학에서 나오는 **게이지**(gauge) **변환**에는 쿨롱(Coulomb) 게이지 변환과 로렌츠 (Lorentz) 게이지 변환이 있다. 이들 게이지 변환은 벡터 포텐셜에 관한 변환이며 이러한 변환으로 전기장과 자기장이 바뀌지는 않는다. 게이지 변환으로 복잡한 방정식을 간결하게 할 수 있는 장점이 있다.

쿨롱 게이지: $\vec{\nabla} \cdot \vec{A} = 0$

로렌츠 게이지: $\vec{\nabla} \cdot \vec{A} + \dfrac{1}{c^2}\dfrac{\partial \phi}{\partial t} = 0$, 여기서 ϕ는 전위

게이지 변환하에서 원천(source)이 주어진 일반적인 문제는 비동차 미분방정식을 푸는 것에 해당한다.

예제 3.19

전자기학에서 나오는 다음의 관계식을 증명하세요.

$$\vec{\nabla} \cdot (\phi\vec{A}) = \vec{A} \cdot \vec{\nabla}\phi + \phi(\vec{\nabla} \cdot \vec{A})$$

풀이
$$\vec{\nabla} \cdot (\phi\vec{A}) = \sum_i \partial_i(\phi\vec{A})_i = \sum_i \partial_i(\phi A_i) = \sum_i A_i(\partial_i \phi) + \sum_i \phi(\partial_i A_i)$$
$$= \sum_i A_i(\partial\phi)_i + \sum_i \phi(\partial_i A_i) = \vec{A} \cdot \vec{\nabla}\phi + \phi(\vec{\nabla} \cdot \vec{A})$$

$$\therefore \ \vec{\nabla} \cdot (\phi\vec{A}) = \vec{A} \cdot \vec{\nabla}\phi + \phi(\vec{\nabla} \cdot \vec{A})$$

예제 3.20

전자기학에서 나오는 다음의 관계식을 증명하세요.

$$\vec{\nabla}(\vec{A} \cdot \vec{B}) = \vec{A} \times (\vec{\nabla} \times \vec{B}) + \vec{B} \times (\vec{\nabla} \times \vec{A}) + (\vec{A} \cdot \vec{\nabla})\vec{B} + (\vec{B} \cdot \vec{\nabla})\vec{A}$$

풀이 등식의 오른편 첫 항인 $\vec{A} \times (\vec{\nabla} \times \vec{B})$의 성분 i는 다음과 같다.

$$[\vec{A} \times (\vec{\nabla} \times \vec{B})]_i = \sum_{j,k} \epsilon_{ijk} A_j (\vec{\nabla} \times \vec{B})_k = \sum_{j,k}\sum_{\ell,m} \epsilon_{ijk}\epsilon_{k\ell m} A_j \partial_\ell B_m$$
$$= \sum_j \sum_{\ell,m} (\delta_{i\ell}\delta_{jm} - \delta_{im}\delta_{j\ell}) A_j \partial_\ell B_m$$
$$= \sum_j \sum_{\ell,m} \delta_{i\ell}\delta_{jm} A_j \partial_\ell B_m - \sum_j \sum_{\ell,m} \delta_{im}\delta_{j\ell} A_j \partial_\ell B_m$$
$$= \sum_j \sum_{\ell,m} \delta_{i\ell}\delta_{jm} A_j \partial_\ell B_m - (\vec{A} \cdot \vec{\nabla})B_i$$

그리고 등식의 오른편 두 번째 항은 유사한 방법으로 다음과 같다.

$$[\vec{B}\times(\vec{\nabla}\times\vec{A})]_i = \sum_j \sum_{\ell,m} \delta_{i\ell}\delta_{jm}B_j\partial_\ell A_m - (\vec{B}\cdot\vec{\nabla})A_i$$

위의 두 관계식을 더하면

$$[\vec{A}\times(\vec{\nabla}\times\vec{B})]_i + [\vec{B}\times(\vec{\nabla}\times\vec{A})]_i$$

$$= \sum_j \sum_{\ell,m} \delta_{i\ell}\delta_{jm}(A_j\partial_\ell B_m + B_j\partial_\ell A_m) - (\vec{A}\cdot\vec{\nabla})B_i - (\vec{B}\cdot\vec{\nabla})A_i$$

$$= \sum_{j,\ell} \delta_{i\ell}(A_j\partial_\ell B_j + B_j\partial_\ell A_j) - (\vec{A}\cdot\vec{\nabla})B_i - (\vec{B}\cdot\vec{\nabla})A_i$$

$$= \sum_{j,\ell} \delta_{i\ell}\partial_\ell(A_jB_j) - (\vec{A}\cdot\vec{\nabla})B_i - (\vec{B}\cdot\vec{\nabla})A_i$$

$$= \sum_j \partial_i(A_jB_j) - (\vec{A}\cdot\vec{\nabla})B_i - (\vec{B}\cdot\vec{\nabla})A_i$$

$$= \partial_i(\vec{A}\cdot\vec{B}) - (\vec{A}\cdot\vec{\nabla})B_i - (\vec{B}\cdot\vec{\nabla})A_i$$

$$\Rightarrow \vec{A}\times(\vec{\nabla}\times\vec{B}) + \vec{B}\times(\vec{\nabla}\times\vec{A}) = \vec{\nabla}(\vec{A}\cdot\vec{B}) - (\vec{A}\cdot\vec{\nabla})\vec{B} - (\vec{B}\cdot\vec{\nabla})\vec{A}$$

가 되어

$$\therefore \ \vec{\nabla}(\vec{A}\cdot\vec{B}) = \vec{A}\times(\vec{\nabla}\times\vec{B}) + \vec{B}\times(\vec{\nabla}\times\vec{A}) + (\vec{A}\cdot\vec{\nabla})\vec{B} + (\vec{B}\cdot\vec{\nabla})\vec{A}$$

인 관계식을 얻는다.

3.5 발산 정리와 스토크 정리

- 발산 정리: $\int_V \vec{\nabla}\cdot\vec{F}dV = \int_A \vec{F}\cdot d\vec{A}$
- 스토크 정리: $\int_A \vec{\nabla}\times\vec{F}\cdot d\vec{A} = \oint_C \vec{F}\cdot d\vec{\ell}$

① 발산 정리 증명

발산 정리는 어떤 영역을 빠져나가는 양에 해당하는 벡터장 발산의 적분은 그 영역을 둘러싸는 폐곡면에 관한 벡터장의 면적분과 같다는 것이다.

$$\int_V \overrightarrow{\nabla} \cdot \overrightarrow{F} dV = \int_A \overrightarrow{F} \cdot d\overrightarrow{A}$$

여기서 A는 부피 V를 둘러싸는 폐곡면이다.

아래 그림과 같이 x−축과 수직인 넓이 A_1과 A_2를 갖는 직사각형 ($x_1 \le x \le x_2$, $y_1 \le y \le y_2$, $z_1 \le z \le z_2$)을 고려하자.

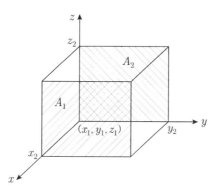

벡터장 $\overrightarrow{F}$ 가 넓이 A_2에서 A_1으로 지나는 매끄러운(smooth) 함수라고 할 때, 벡터장의 흐름

$$\int_{A_1} \overrightarrow{F} \cdot d\overrightarrow{A} + \int_{A_2} \overrightarrow{F} \cdot d\overrightarrow{A}$$

을 계산하면 다음과 같다.

$$-\int_{z=z_1}^{z_2} \int_{y=y_1}^{y_2} F(x_1,y,z)dydz + \int_{z=z_1}^{z_2} \int_{y=y_1}^{y_2} F(x_2,y,z)dydz$$

$$= \int_{z=z_1}^{z_2} \int_{y=y_1}^{y_2} [F(x_2,y,z) - F(x_1,y,z)]dydz$$

$$= \int_{z=z_1}^{z_2} \int_{y=y_1}^{y_2} \left[F(x_1 + \Delta x, y, z) - F(x_1, y, z) \right] dydz$$

$$= \int_{z=z_1}^{z_2} \int_{y=y_1}^{y_2} \left(\frac{\partial F}{\partial x} \Delta x \right) dydz = \int_{z=z_1}^{z_2} \int_{y=y_1}^{y_2} \left(\frac{\partial F}{\partial x} \int_{x=x_1}^{x_1 + \Delta x} dx \right) dydz$$

$$= \int_{z=z_1}^{z_2} \int_{y=y_1}^{y_2} \left(\int_{x=x_1}^{x_2} \frac{\partial F}{\partial x} dx \right) dydz = \int\int\int \frac{\partial F}{\partial x} dV$$

y – 축 또는 z – 축에 수직인 넓이에 대해 벡터장의 흐름을 위에서 한 것과 유사한 방법으로 계산하면 각각 다음과 같다.

$$\int\int\int \frac{\partial F}{\partial y}dV \quad \text{그리고} \quad \int\int\int \frac{\partial F}{\partial z}dV$$

이들 결과를 모두 더하면 직사각형을 지나는 벡터장의 흐름을 구할 수 있다.

$$\int_A \vec{F}\cdot d\vec{A} = \int\int\int \frac{\partial F}{\partial x}dV + \int\int\int \frac{\partial F}{\partial y}dV + \int\int\int \frac{\partial F}{\partial z}dV$$
$$= \int_V \left(\frac{\partial F}{\partial x} + \frac{\partial F}{\partial y} + \frac{\partial F}{\partial z}\right)dV = \int_V \vec{\nabla}\cdot\vec{F}dV$$

즉 다음과 같은 어떤 벡터의 체적적분과 면적분의 관계인 발산 정리를 얻을 수 있다.

$$\int_V \vec{\nabla}\cdot\vec{F}dV = \int_A \vec{F}\cdot d\vec{A}$$

② 스토크 정리 증명

스토크 정리는 벡터장의 컬을 폐경로에 둘러싸인 폐곡면에 관해서 면적분 한 것은 폐경로에 관한 벡터장의 선적분과 같다는 것이다.

$$\int_A \vec{\nabla}\times\vec{F}\cdot d\vec{A} = \int_C \vec{F}\cdot d\vec{\ell}$$

여기서 A는 폐경로 C에 의해 둘러싸인 폐곡면이다.

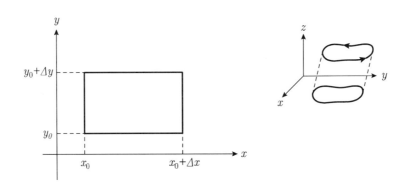

이때 xy 평면에서 $\oint \vec{F} \cdot d\vec{\ell}$ 을 계산하면 다음과 같다.

$$\oint \vec{F} \cdot d\vec{\ell} = \int_{x_0}^{x_0 + \Delta x} F_x(x, y_0) dx + \int_{y_0}^{y_0 + \Delta y} F_y(x_0 + \Delta x, y) dy$$

$$+ \int_{x_0 + \Delta x}^{x_0} F_x(x, y_0 + \Delta y) dx + \int_{y_0 + \Delta y}^{y_0} F_y(x_0, y) dy$$

$$= \int_{x_0}^{x_0 + \Delta x} [F_x(x, y_0) - F_x(x, y_0 + \Delta y)] dx$$

$$+ \int_{y_0}^{y_0 + \Delta y} [F_y(x_0 + \Delta x, y) - F_y(x_0, y)] dy$$

$$= \int_{x_0}^{x_0 + \Delta x} \left(-\frac{\partial F_x}{\partial y} \Delta y \right) dx + \int_{y_0}^{y_0 + \Delta y} \left(\frac{\partial F_y}{\partial x} \Delta x \right) dy$$

$$= \int_{x_0}^{x_0 + \Delta x} \int_{y_0}^{y_0 + \Delta y} \left(-\frac{\partial F_x}{\partial y} \right) dx dy + \int_{x_0}^{x_0 + \Delta x} \int_{y_0}^{y_0 + \Delta y} \left(\frac{\partial F_y}{\partial x} \right) dx dy$$

$$= \int_{x_0}^{x_0 + \Delta x} \int_{y_0}^{y_0 + \Delta y} \left(\frac{\partial F_y}{\partial x} - \frac{\partial F_x}{\partial y} \right) dx dy$$

$$= \int_{x_0}^{x_0 + \Delta x} \int_{y_0}^{y_0 + \Delta y} (\vec{\nabla} \times \vec{F})_z dA_z$$

유사한 방법으로 yz 평면과 zx 평면에 대해서 $\oint \vec{F} \cdot d\vec{\ell}$ 을 계산하면 각각 다음과 같은 결과를 얻는다.

$$\int_{y_0}^{y_0 + \Delta y} \int_{z_0}^{z_0 + \Delta z} (\vec{\nabla} \times \vec{F})_x dA_x \;\; \text{그리고} \;\; \int_{z_0}^{z_0 + \Delta z} \int_{x_0}^{x_0 + \Delta x} (\vec{\nabla} \times \vec{F})_y dA_y$$

이들 결과를 모두 더하면 다음과 같은 어떤 벡터의 면적분과 선적분의 관계인 스토크 정리를 얻을 수 있다.

$$\oint_C \vec{F} \cdot d\vec{\ell} = \int_A (\vec{\nabla} \times \vec{F})_x dA_x + \int_A (\vec{\nabla} \times \vec{F})_y dA_y + \int_A (\vec{\nabla} \times \vec{F})_z dA_z$$

$$= \int_A \vec{\nabla} \times \vec{F} \cdot d\vec{A}$$

$$\therefore \int_A \vec{\nabla} \times \vec{F} \cdot d\vec{A} = \oint_C \vec{F} \cdot d\vec{\ell}$$

전기장 그리고 만유인력 등과 같은 많은 물리량은 역자승 법칙에 속한다. 이러한 함수 $\vec{F} = \frac{1}{r^2}\hat{r}$의 다이버전스를 계산하세요.

풀이
$$\vec{\nabla} \cdot \vec{F} = \frac{1}{r^2}\frac{\partial}{\partial r}\left(r^2 F_r\right)^{(19)} = \frac{1}{r^2}\frac{\partial}{\partial r}\left(r^2\frac{1}{r^2}\right) = \frac{1}{r^2}\frac{\partial}{\partial r}(1) = 0$$

$$\Rightarrow \int \vec{\nabla} \cdot \vec{F} dV = 0 \tag{1}$$

이 식에 발산 정리를 적용하면 다음과 같다.

$$\int \vec{F} \cdot d\vec{A} = 0$$

반면에 반지름이 $r = a$인 구에 관해 체적적분을 취하면

$$\int \vec{\nabla} \cdot \vec{F} dV = \int \vec{F} \cdot d\vec{A} = \int_{\phi=0}^{2\pi}\int_{\theta=0}^{\pi}\left(\frac{1}{a^2}\hat{r}\right) \cdot (a^2\sin\theta d\theta d\phi\,\hat{r}) = 4\pi$$

이 된다. 이 결과는 식 (1)과 모순된다. 원점을 제외한 모든 곳에서는 $\vec{\nabla} \cdot \vec{F} = 0$이라고 하면 이러한 모순점은 해결된다. 이 문장을 디락 델타를 써서 수학적으로 표현하면 다음과 같다.

$$\vec{\nabla} \cdot \vec{F} = \vec{\nabla} \cdot \frac{\hat{r}}{r^2} = 4\pi\delta(\vec{r})$$

$\nabla^2\frac{1}{r} = \vec{\nabla} \cdot \vec{\nabla}\frac{1}{r}$을 계산하세요.

풀이 함수의 그래디언트를 먼저 계산한 다음에 그 결과의 다이버전스를 계산하자.

$$\vec{\nabla}\frac{1}{r} = \frac{\partial}{\partial r}\left(\frac{1}{r}\right)\hat{r} = -\frac{1}{r^2}\hat{r}$$

$$\therefore \vec{\nabla} \cdot \vec{\nabla}\frac{1}{r} = -\vec{\nabla} \cdot \frac{\hat{r}}{r^2} = -4\pi\delta(\vec{r}) \quad (\because [\text{예제 } 3.21]\text{로부터})$$

---

(19) 5장에서 자세히 증명할 것입니다.

부피 전하밀도가 $\rho(r)$인 연속 전하분포로부터 $\vec{r}$만큼 떨어져 있는 곳에서의 전기장은 $\vec{E} = \dfrac{1}{4\pi\epsilon_0} \int \dfrac{\hat{r}}{r^2} \rho(\vec{r}) dV$로 주어진다. 이 전기장의 다이버전스를 계산하세요.

풀이
$$\overrightarrow{\nabla} \cdot \vec{E} = \frac{1}{4\pi\epsilon_0} \int \left(\overrightarrow{\nabla} \cdot \frac{\hat{r}}{r^2} \right) \rho dV = \frac{1}{4\pi\epsilon_0} \int 4\pi \delta(\vec{r}) \rho dV$$

$$(\because \text{[예제 3.21]로부터})$$

$$= \frac{1}{\epsilon_0} \int \delta(\vec{r}) \rho dV = \frac{\rho}{\epsilon_0}$$

그러므로 다음과 같은 미분형 가우스 법칙의 관계식을 얻는다.

$$\overrightarrow{\nabla} \cdot \vec{E} = \frac{\rho}{\epsilon_0}$$

미분형 맥스웰 방정식 $\overrightarrow{\nabla} \cdot \vec{E} = \dfrac{1}{\epsilon_0}\rho$를 적분형으로 나타내세요.

풀이 원식의 좌·우에 체적적분을 취하면 다음과 같다.

$$\int_V \overrightarrow{\nabla} \cdot \vec{E} dV = \frac{1}{\epsilon_0} \int_V \rho dV = \frac{1}{\epsilon_0} Q$$

여기서 Q는 부피 V에 있는 전하량이다. 이때 등식의 왼편은 발산 정리에 의해서

$$\int_V \overrightarrow{\nabla} \cdot \vec{E} dV = \int_A \vec{E} \cdot d\vec{A}$$

이므로 다음과 같은 적분형 가우스 법칙의 관계식을 얻는다.

$$\int_A \vec{E} \cdot d\vec{A} = \frac{Q}{\epsilon_0}$$

스토크 정리의 예로서 전자기학의 문제 중 하나를 고려해보자. 점전하 q로부터 $\vec{r}$ 만큼 떨어진 곳에서의 전기장은 $\vec{E} = \dfrac{1}{4\pi\epsilon_0} \dfrac{q}{r^2} \hat{r}$로 주어진다. 이 전기장의 컬을 계산하세요.

풀이 구면좌표계에서 전기장의 선적분을 계산하면 다음과 같다.

$$\oint \vec{E} \cdot \vec{dr} = \frac{q}{4\pi\epsilon_0} \oint \frac{\hat{r}}{r^2} \cdot (dr\hat{r} + rd\theta\hat{\theta} + r\sin\theta d\phi\hat{\phi})\,{}^{(20)} = \frac{q}{4\pi\epsilon_0} \oint \frac{1}{r^2} dr$$

$$= -\frac{q}{4\pi\epsilon_0} \left(\frac{1}{r}\right)\Big|_{r=r_0}^{r=r_0} = -\frac{q}{4\pi\epsilon_0} \left(\frac{1}{r_0} - \frac{1}{r_0}\right) = 0$$

스토크 정리로부터 위 식은

$$\int (\overrightarrow{\nabla} \times \vec{E}) \cdot \vec{dA} = 0$$

이 되고 위의 등식이 항상 성립하기 위해서는 피적분 함수가 0이 되어야 하므로 다음 관계식을 얻는다.

$$\overrightarrow{\nabla} \times \vec{E} = 0 \qquad\qquad (1)$$

앞에서 어떤 스칼라 함수의 그래디언트의 컬은 0이 된다는 것을 배웠다. 그러므로 식 (1)로부터 전기장은 스칼라 함수 ϕ의 그래디언트로 나타낼 수 있음을 알 수 있다.

$$\therefore \ \vec{E} = -\overrightarrow{\nabla}\phi$$

이는 전기장과 스칼라 퍼텐셜의 관계식에 해당한다.

예제 3.26

[예제 3.24]와 [예제 3.25]로부터 스칼라 퍼텐셜에 관한 푸아송 방정식과 라플라스 방정식을 구할 수 있음을 보이세요.

풀이 $\overrightarrow{\nabla} \cdot \vec{E} = \frac{\rho}{\epsilon_0} \Rightarrow \overrightarrow{\nabla} \cdot (-\overrightarrow{\nabla}\phi) = \frac{\rho}{\epsilon_0}$ 이다. 이 식은 푸아송 방정식 $\nabla^2\phi = -\frac{\rho}{\epsilon_0}$ 을 준다. 만약 공간에 전하밀도가 없는 경우에는 $\rho = 0$이 되어 $\nabla^2\phi = 0$인 라플라스 방정식을 얻는다.

예제 3.27

단위부피당 전자기력 $\vec{f}$은 $\vec{f} = \rho\vec{E} + \vec{J} \times \vec{B}$로 주어진다. 여기서 ρ는 부피 전하밀도 그리고 $\vec{J}$는 단위면적당 전류인 전류밀도이다. 이 관계식으로부터 단위부피당 전자기력은

---

(20) $\vec{r} = dr\hat{r} + rd\theta\hat{\theta} + r\sin\theta d\phi\hat{\phi}$임을 5장에서 배울 것입니다.

$$\vec{f} = \epsilon_0[(\vec{\nabla} \cdot \vec{E})\vec{E} + (\vec{E} \cdot \vec{\nabla})\vec{E}] + \frac{1}{\mu_0}[(\vec{\nabla} \cdot \vec{B})\vec{B} + (\vec{B} \cdot \vec{\nabla})\vec{B}]$$

$$- \frac{1}{2}\vec{\nabla}(\epsilon_0 E^2 + \frac{1}{\mu_0}B^2) - \epsilon_0\frac{\partial}{\partial t}(\vec{E} \times \vec{B})$$

로도 표현될 수 있음을 보이세요.

풀이 (i) 전자기장이 미소의 전하량 dq에 작용하는 로렌츠 힘은 다음과 같다.

$$d\vec{F} = dq(\vec{E} + \vec{v} \times \vec{B})$$

이때 부피 V에 있는 모든 전하에 작용하는 전자기력은 다음과 같이 적분으로 표현된다.

$$\vec{F} = \int d\vec{F} = \int (\vec{E} + \vec{v} \times \vec{B})\rho dV$$
$$= \int (\rho\vec{E} + \rho\vec{v} \times \vec{B})dV = \int (\rho\vec{E} + \vec{J} \times \vec{B})dV \qquad (1)$$

여기서 $[\rho v] = \dfrac{\text{전하}}{\text{부피}}\dfrac{\text{길이}}{\text{시간}} = \dfrac{1}{\text{면적}}\dfrac{\text{전하}}{\text{시간}} = \dfrac{\text{전류}}{\text{면적}}$ 이므로 전류밀도의 단위를 갖는다. $\vec{f}$는 단위부피당 전자기력이기 때문에 로렌츠 힘과 다음의 관계를 갖는다.

$$\vec{F} = \int \vec{f}dV \qquad (2)$$

식 (1)과 (2)로부터 단위부피당 전자기력은 다음과 같이 표현됨을 알 수 있다.

$$\vec{f} = \rho\vec{E} + \vec{J} \times \vec{B} \qquad (3)$$

(ii) 맥스웰 방정식 중 가우스 법칙인 $\vec{\nabla} \cdot \vec{E} = \dfrac{\rho}{\epsilon_0}$와 앙페르–맥스웰 법칙인 $\vec{\nabla} \times \vec{B} = \mu_0\vec{J} + \mu_0\epsilon_0\dfrac{\partial\vec{E}}{\partial t}$ 로부터 다음과 같이 전자기장과 체적 전하밀도와 전류밀도의 관계식을 얻는다.

$$\begin{cases} \rho = \epsilon_0\vec{\nabla} \cdot \vec{E} \\ \vec{J} = \dfrac{1}{\mu_0}\vec{\nabla} \times \vec{B} - \epsilon_0\dfrac{\partial\vec{E}}{\partial t} \end{cases}$$

이들을 식 (3)에 대입하면

$$\vec{f} = \epsilon_0(\vec{\nabla} \cdot \vec{E})\vec{E} + \left(\frac{1}{\mu_0}\vec{\nabla} \times \vec{B} - \epsilon_0\frac{\partial\vec{E}}{\partial t}\right) \times \vec{B}$$
$$= \epsilon_0(\vec{\nabla} \cdot \vec{E})\vec{E} + \frac{1}{\mu_0}(\vec{\nabla} \times \vec{B}) \times \vec{B} - \epsilon_0\frac{\partial\vec{E}}{\partial t} \times \vec{B} \qquad (4)$$

가 된다.

한편

$$\frac{\partial}{\partial t}(\vec{E} \times \vec{B}) = \frac{\partial \vec{E}}{\partial t} \times \vec{B} + \vec{E} \times \frac{\partial \vec{B}}{\partial t} = \frac{\partial \vec{E}}{\partial t} \times \vec{B} + \vec{E} \times (-\vec{\nabla} \times \vec{E}) \quad (21)$$

$$\Rightarrow \frac{\partial \vec{E}}{\partial t} \times \vec{B} = \frac{\partial}{\partial t}(\vec{E} \times \vec{B}) + \vec{E} \times (\vec{\nabla} \times \vec{E})$$

인 관계식을 얻는데, 이를 식 (4)에 대입하면 다음과 같이 된다.

$$\vec{f} = \epsilon_0 [(\vec{\nabla} \cdot \vec{E})\vec{E} - \vec{E} \times (\vec{\nabla} \times \vec{E})] - \frac{1}{\mu_0}[\vec{B} \times (\vec{\nabla} \times \vec{B})] - \epsilon_0 \frac{\partial}{\partial t}(\vec{E} \times \vec{B}) \quad (5)$$

이제 레비–시비타 기호를 사용해서 식 (5)에 있는 $\vec{E} \times (\vec{\nabla} \times \vec{E})$와 $\vec{B} \times (\vec{\nabla} \times \vec{B})$를 계산하자.

$$\begin{aligned}
[\vec{E} \times (\vec{\nabla} \times \vec{E})]_i &= \sum_{j,k} \epsilon_{ijk} E_j (\vec{\nabla} \times \vec{E})_k = \sum_{j,k} \sum_{\ell,m} \epsilon_{ijk} E_j \epsilon_{k\ell m} \partial_\ell E_m \\
&= \sum_{j,k} \sum_{\ell,m} \epsilon_{ijk} \epsilon_{k\ell m} E_j \partial_\ell E_m = \sum_j \sum_{\ell,m} (\delta_{i\ell}\delta_{jm} - \delta_{im}\delta_{j\ell}) E_j \partial_\ell E_m \\
&= \sum_j E_j \partial_i E_j - \sum_j E_j \partial_j E_i \quad (6)
\end{aligned}$$

여기서 $\partial_i(E_j E_j) = 2E_j \partial_i E_j \Rightarrow E_j \partial_i E_j = \frac{1}{2}\partial_i(E_j E_j)$이므로 식 (6)은

$$[\vec{E} \times (\vec{\nabla} \times \vec{E})]_i = \frac{1}{2}\partial_i (\sum_j E_j E_j) - (\sum_j E_j \partial_j)E_i = \frac{1}{2}\partial_i E^2 - (\vec{E} \cdot \vec{\nabla})E_i$$

$$\Rightarrow \vec{E} \times (\vec{\nabla} \times \vec{E}) = \frac{1}{2}\vec{\nabla} E^2 - (\vec{E} \cdot \vec{\nabla})\vec{E} \quad (7)$$

유사한 방법으로 다음의 관계식을 얻을 수 있다.

$$\vec{B} \times (\vec{\nabla} \times \vec{B}) = \frac{1}{2}\vec{\nabla} B^2 - (\vec{B} \cdot \vec{\nabla})\vec{B} \quad (8)$$

식 (7)과 (8)을 식 (5)에 대입하면 다음과 같다.

$$\vec{f} = \epsilon_0 [(\vec{\nabla} \cdot \vec{E})\vec{E} + (\vec{E} \cdot \vec{\nabla})\vec{E}] + \frac{1}{\mu_0}[(\vec{\nabla} \cdot \vec{B})\vec{B} + (\vec{B} \cdot \vec{\nabla})\vec{B}]$$

$$- \frac{1}{2}\vec{\nabla}(\epsilon_0 E^2 + \frac{1}{\mu_0} B^2) - \epsilon_0 \frac{\partial}{\partial t}(\vec{E} \times \vec{B})$$

이 방정식에서 $\vec{\nabla} \cdot \vec{B} = 0$이므로 결과에 영향을 주지 않고 대칭적 표현을 하기 위해서 $(\vec{\nabla} \cdot \vec{B})\vec{B}$ 항을 추가했다.

---

(21) 맥스웰 방정식 중 패러데이 법칙 $\vec{\nabla} \times \vec{E} = -\dfrac{\partial \vec{B}}{\partial t}$

일반물리학에서 폐경로에서 힘 $\vec{F}$가 물체에 한 일이 $\oint \vec{F} \cdot d\vec{\ell} = 0$일 때, 물체에 한 힘은 보존력이라고 배웠다. 어떤 힘이 보존력인지 아닌지를 판별하는 또 다른 방법을 스토크 정리를 사용하여 기술하세요.

풀이 $\vec{F}$가 보존력이 되는 조건인 $\oint \vec{F} \cdot d\vec{\ell} = 0$에 스토크 정리를 적용하면 다음과 같다.

$$\int (\vec{\nabla} \times \vec{F}) \cdot d\vec{A} = 0$$

모든 면적에 대해 위 관계식이 항상 성립하기 위해서는 피적분함수가 $\vec{\nabla} \times \vec{F} = 0$이 되어야 한다. 그러므로 힘 $\vec{F}$가 $\vec{\nabla} \times \vec{F} = 0$의 관계를 만족하면 그 힘은 보존력이다.

$\vec{F} = -\dfrac{k}{r^2}\hat{r}$ (여기서 $k > 0$)일 때 이 힘이 보존력인지 아닌지 판별하세요.

풀이 구면좌표계에서 이 함수의 컬은[22] 다음과 같다.

$$\vec{\nabla} \times \vec{F} = \frac{1}{h_1 h_2 h_3} \begin{vmatrix} h_1\hat{r} & h_2\hat{\theta} & h_3\hat{\phi} \\ \dfrac{\partial}{\partial r} & \dfrac{\partial}{\partial \theta} & \dfrac{\partial}{\partial \phi} \\ h_1 F_r & h_2 F_\theta & h_3 F_\phi \end{vmatrix}$$

주어진 문제에서 함수는 지름성분 F_r만 갖기 때문에 $F_\theta = 0$ 그리고 $F_\phi = 0$이어서 위 행렬식은 다음과 같이 된다.

$$\vec{\nabla} \times \vec{F} = \frac{1}{r^2 \sin\theta} \begin{vmatrix} \hat{r} & r\hat{\theta} & r\sin\theta\hat{\phi} \\ \dfrac{\partial}{\partial r} & \dfrac{\partial}{\partial \theta} & \dfrac{\partial}{\partial \phi} \\ -\dfrac{k}{r^2} & 0 & 0 \end{vmatrix} = 0$$

그러므로 이 힘은 보존력이다.

앞에서 어떤 스칼라 함수의 그래디언트의 컬은 0이 된다는 것을 배웠다. 그러므로 힘이 보존력일 때 $\vec{\nabla} \times \vec{F} = 0$이기 때문에, 이 힘은 스칼라 함수 U의 그래디언트로 나타낼

---

(22) $h_1 = 1$, $h_2 = r$, $h_3 = r\sin\theta$임을 5장에서 배웁니다.

수 있다.

$$\vec{F} = -\vec{\nabla} U$$

이 관계식은 힘과 위치에너지 사이의 관계식이며, 이 관계식은 힘이 보존력인 경우에만 적용된다는 것을 알 수 있다.

3.6 텐서 개념

지금까지 물리량은 1개의 성분인 크기만 갖는 스칼라와 크기와 3개의 방향을 갖는 벡터를 배웠다. 벡터에 스칼라를 곱하면 벡터의 크기는 변하지만 방향은 변하지 않는다. 반면에 두 벡터의 스칼라곱은 크기만 갖는 스칼라가 되고 두 벡터의 벡터곱의 결과는 두 벡터에 수직인 방향으로 정해진다. 그러나 전자기학에서 배울 자기장 $\vec{B}$와 보조자기장 $\vec{H}$는 $\vec{B} = \mu\vec{H}$과 관계에 있어서 자기장은 보조자기장과 크기만 다르고 방향은 같다. 그러나 어떤 특정한 물질 내에서는 자기장과 보조자기장이 크기뿐만 아니라 방향도 다르다. 이와 같이 크기와 방향을 동시에 바꿔주기 위해 도입된 개념이 **텐서**(tensor)이다.

크기만 갖는 스칼라와 한 방향만을 갖는 벡터를 텐서라는 용어를 사용하여 각각 rank 0 텐서 그리고 rank 1 텐서라고 한다. 반면에 두 방향과 세 방향을 갖는 물리량을 각각 rank 2 텐서인 **다이애드**(dyad)와 rank 3 텐서인 **트리애드**(triad)라 한다. 그래서 rank 1 텐서인 벡터와 rank 2 텐서인 다이애드의 스칼라곱은 크기와 방향을 동시에 바꿔준다. 일반적으로 텐서라고 할 때는 rank 2 텐서 이상을 의미한다.

$$\begin{cases} \text{스칼라} \to \text{1개 성분} = 3^0 \\ \text{벡터} \to \text{3개 성분} = 3^1 \end{cases} \Rightarrow 3^n = \text{rank n 텐서} \Rightarrow \begin{cases} \text{rank 0 텐서} = \text{스칼라} \\ \text{rank 1 텐서} = \text{벡터} \end{cases}$$

유사하게방향

$$\begin{cases} \text{rank 2 텐서} = \text{dyad(다이애드)}: \text{크기와 2개의 방향} \\ \text{rank 3 텐서} = \text{triad(트리애드)}: \text{크기와 3개의 방향} \end{cases}$$

이 절에서는 텐서 중에서 많이 쓰이는 rank 2 텐서인 다이애드에 대해 알아보고자 한다. 두 벡터의 다이애드 곱이 rank 2 텐서가 되는데 표기법으로는 벡터와 벡터 사이에 아무것도 쓰지 않는다.

예로서 벡터 $\vec{F}=f_1\hat{x}+f_2\hat{y}+f_3\hat{z}$와 벡터 $\vec{G}=g_1\hat{x}+g_2\hat{y}+g_3\hat{z}$의 다이애드 곱은 다음과 같다.

$$\vec{FG} = f_1g_1\hat{x}\hat{x}+f_1g_2\hat{x}\hat{y}+f_1g_3\hat{x}\hat{z}+f_2g_1\hat{y}\hat{x}+f_2g_2\hat{y}\hat{y}+f_2g_3\hat{y}\hat{z}$$
$$+f_3g_1\hat{z}\hat{x}+f_3g_2\hat{z}\hat{y}+f_3g_3\hat{z}\hat{z} \tag{3.6.1}$$

즉 다이애드는 9개의 성분을 갖는 rank 2 텐서이고 $\hat{x}\hat{x}$, $\hat{x}\hat{y}$, $\hat{x}\hat{z}$, ⋯⋯ 등을 **단위다이애드**라 한다. $f_1g_1=a_{11}$, $f_1g_2=a_{12}$, $f_1g_3=a_{13}$, ⋯⋯ 등으로 정의하면 식 (3.6.1)은 다음과 같이 표현된다.

$$\vec{FG} = a_{11}\hat{x}\hat{x}+a_{12}\hat{x}\hat{y}+a_{13}\hat{x}\hat{z}+a_{21}\hat{y}\hat{x}+a_{22}\hat{y}\hat{y}+a_{23}\hat{y}\hat{z}$$
$$+a_{31}\hat{z}\hat{x}+a_{32}\hat{z}\hat{y}+a_{33}\hat{z}\hat{z} \tag{3.6.2}$$

단위벡터를 다음과 같이 행렬로 표현할 수 있다[23].

$$\hat{x}=\begin{pmatrix}1\\0\\0\end{pmatrix}, \quad \hat{y}=\begin{pmatrix}0\\1\\0\end{pmatrix}, \quad \hat{z}=\begin{pmatrix}0\\0\\1\end{pmatrix}$$

그러면 단위다이애드는 다음과 같은 3×3 행렬로 표현된다.

$$\hat{x}\hat{x}=\begin{pmatrix}1&0&0\\0&0&0\\0&0&0\end{pmatrix}, \quad \hat{x}\hat{y}=\begin{pmatrix}0&1&0\\0&0&0\\0&0&0\end{pmatrix}, \quad \hat{x}\hat{z}=\begin{pmatrix}0&0&1\\0&0&0\\0&0&0\end{pmatrix}, \quad \hat{y}\hat{x}=\begin{pmatrix}0&0&0\\1&0&0\\0&0&0\end{pmatrix}, \quad \hat{y}\hat{y}=\begin{pmatrix}0&0&0\\0&1&0\\0&0&0\end{pmatrix}, \quad \hat{y}\hat{z}=\begin{pmatrix}0&0&0\\0&0&1\\0&0&0\end{pmatrix}$$

$$\hat{z}\hat{x}=\begin{pmatrix}0&0&0\\0&0&0\\1&0&0\end{pmatrix}, \quad \hat{z}\hat{y}=\begin{pmatrix}0&0&0\\0&0&0\\0&1&0\end{pmatrix}, \quad \hat{z}\hat{z}=\begin{pmatrix}0&0&0\\0&0&0\\0&0&1\end{pmatrix}$$

이때 식 (3.6.2)의 오른편을 단위다이애드 행렬을 사용해서 행렬로 표현하면

$$\begin{pmatrix}a_{11}&a_{12}&a_{13}\\a_{21}&a_{22}&a_{23}\\a_{31}&a_{32}&a_{33}\end{pmatrix}$$

─────────────────

(23) 3장의 [보충자료 2]를 참고하세요. 행렬은 4장에서 자세히 배웁니다.

가 된다. 식 (3.6.2)의 왼편을 $\overleftrightarrow{FG}=\overleftrightarrow{A}$로 나타내면 식 (3.6.2)는 다음과 같다.

$$\overleftrightarrow{A} = \begin{pmatrix} a_{11} & a_{12} & a_{13} \\ a_{21} & a_{22} & a_{23} \\ a_{31} & a_{32} & a_{33} \end{pmatrix}, \quad \text{여기서 } \overleftrightarrow{A}\text{은 rank 2 텐서}$$

그리고 벡터 $\vec{A} = a_x \hat{x} + a_y \hat{y} + a_z \hat{z}$에 대해

$$(\hat{x}\hat{x} + \hat{y}\hat{y} + \hat{z}\hat{z}) \cdot (a_x \hat{x} + a_y \hat{y} + a_z \hat{z}) = a_x \hat{x} + a_y \hat{y} + a_z \hat{z} = \vec{A} \tag{3.6.3}$$

이므로 $\hat{x}\hat{x} + \hat{y}\hat{y} + \hat{z}\hat{z} = \overleftrightarrow{1}$가 되고 이를 **단위 다이애딕**(dyadic)이라 한다.
단위 다이애딕을 단위다이애드 행렬을 사용해서 행렬로 표현하면 다음과 같다.

$$\hat{x}\hat{x} + \hat{y}\hat{y} + \hat{z}\hat{z} = \begin{pmatrix} 1 & 0 & 0 \\ 0 & 0 & 0 \\ 0 & 0 & 0 \end{pmatrix} + \begin{pmatrix} 0 & 0 & 0 \\ 0 & 1 & 0 \\ 0 & 0 & 0 \end{pmatrix} + \begin{pmatrix} 0 & 0 & 0 \\ 0 & 0 & 0 \\ 0 & 0 & 1 \end{pmatrix} = \begin{pmatrix} 1 & 0 & 0 \\ 0 & 1 & 0 \\ 0 & 0 & 1 \end{pmatrix}$$

식 (3.6.3)을 행렬을 사용해서 계산하면

$$\begin{pmatrix} 1 & 0 & 0 \\ 0 & 1 & 0 \\ 0 & 0 & 1 \end{pmatrix} \begin{pmatrix} a_x \\ a_y \\ a_z \end{pmatrix} = \begin{pmatrix} a_x \\ a_y \\ a_z \end{pmatrix} = \vec{A}$$

인 결과를 얻을 수 있음을 알 수 있다.

예제 3.30

다음의 rank 2 텐서 $\overleftrightarrow{A}$를 행렬로 표현하세요.

$$\overleftrightarrow{A} = 2\hat{x}\hat{y} + \frac{\sqrt{3}}{2}\hat{y}\hat{x} - 8\pi\hat{y}\hat{z} + 2\sqrt{2}\,\hat{z}\hat{z}$$

풀이 $\overleftrightarrow{A} = 2\begin{pmatrix} 0 & 1 & 0 \\ 0 & 0 & 0 \\ 0 & 0 & 0 \end{pmatrix} + \frac{\sqrt{3}}{2}\begin{pmatrix} 0 & 0 & 0 \\ 1 & 0 & 0 \\ 0 & 0 & 0 \end{pmatrix} - 8\pi\begin{pmatrix} 0 & 0 & 0 \\ 0 & 0 & 1 \\ 0 & 0 & 0 \end{pmatrix} + 2\sqrt{2}\begin{pmatrix} 0 & 0 & 0 \\ 0 & 0 & 0 \\ 0 & 0 & 1 \end{pmatrix} = \begin{pmatrix} 0 & 2 & 0 \\ \frac{\sqrt{3}}{2} & 0 & -8\pi \\ 0 & 0 & 2\sqrt{2} \end{pmatrix}$

벡터 $\vec{v} = v_1\hat{x} + v_2\hat{y} + v_3\hat{z}$와 rank 2 텐서 $\overleftrightarrow{A}$의 스칼라곱을 계산하세요.

풀이
$$\begin{aligned}
\vec{v} \cdot \overleftrightarrow{A} &= (v_1\hat{x} + v_2\hat{y} + v_3\hat{z}) \cdot (a_{11}\hat{x}\hat{x} + a_{12}\hat{x}\hat{y} + a_{13}\hat{x}\hat{z} \\
&\qquad + a_{21}\hat{y}\hat{x} + a_{22}\hat{y}\hat{y} + a_{23}\hat{y}\hat{z} + a_{31}\hat{z}\hat{x} + a_{32}\hat{z}\hat{y} + a_{33}\hat{z}\hat{z}) \\
&= v_1(a_{11}\hat{x} + a_{12}\hat{y} + a_{13}\hat{z}) + v_2(a_{21}\hat{x} + a_{22}\hat{y} + a_{23}\hat{z}) + v_3(a_{31}\hat{x} + a_{32}\hat{y} + a_{33}\hat{z}) \\
&= (v_1a_{11} + v_2a_{21} + v_3a_{31})\hat{x} + (v_1a_{12} + v_2a_{22} + v_3a_{32})\hat{y} + (v_1a_{13} + v_2a_{23} + v_3a_{33})\hat{z}
\end{aligned}$$

인 벡터가 된다.

$$\Rightarrow \begin{cases}
(\vec{v} \cdot \overleftrightarrow{A})_1 = v_1a_{11} + v_2a_{21} + v_3a_{31} = \displaystyle\sum_{j=1}^{3} v_j a_{j1} \\[2mm]
(\vec{v} \cdot \overleftrightarrow{A})_2 = v_1a_{12} + v_2a_{22} + v_3a_{32} = \displaystyle\sum_{j=1}^{3} v_j a_{j2} \\[2mm]
(\vec{v} \cdot \overleftrightarrow{A})_3 = v_1a_{13} + v_2a_{23} + v_3a_{33} = \displaystyle\sum_{j=1}^{3} v_j a_{j3}
\end{cases}$$

그러므로 벡터 $\vec{v}$와 텐서 $\overleftrightarrow{A}$의 스칼라곱은 다음과 같이 나타낼 수 있다.

$$(\vec{v} \cdot \overleftrightarrow{A})_i = \sum_{j=1}^{3} v_j a_{ji}, \quad \text{여기서 } i \text{는 1, 2, 3} \tag{1}$$

벡터 $\vec{H}$와 다이애드 $\overleftrightarrow{FG}$의 스칼라곱을 계산하면

$$\vec{H} \cdot (\overleftrightarrow{FG}) = (\vec{H} \cdot \vec{F})\vec{G} = a\vec{G}, \quad \text{여기서 } a \text{는 상수}$$

가 된다. 즉 결과는 벡터이며 크기는 $a|\vec{G}|$이고 방향은 벡터 $\vec{G}$의 방향이다.
반면에 다이애드 $\overleftrightarrow{FG}$와 벡터 $\vec{H}$의 스칼라곱을 계산하면

$$(\overleftrightarrow{FG}) \cdot \vec{H} = \vec{F}(\vec{G} \cdot \vec{H}) = \vec{F}b = b\vec{F}$$

가 되어, 크기는 $b|\vec{F}|$이고 방향은 벡터 $\vec{F}$의 방향인 벡터의 결과를 얻는다.
그러므로 두 벡터의 스칼라곱과 달리 벡터와 다이애드의 스칼라곱에서는 교환법칙은 성립하지 않는다.

예제 3.32

$\vec{F}=f_1\hat{x}+f_2\hat{y}+f_3\hat{z}$, $\vec{G}=g_1\hat{x}+g_2\hat{y}+g_3\hat{z}$ 그리고 $\vec{H}=h_1\hat{x}+h_2\hat{y}+h_3\hat{z}$일 때
$(\overrightarrow{FG})\cdot\vec{H}=\vec{F}(\vec{G}\cdot\vec{H})$임을 증명하세요.

풀이
$$(\overrightarrow{FG})\cdot\vec{H}=\begin{pmatrix}f_1g_1 & f_1g_2 & f_1g_3\\f_2g_1 & f_2g_2 & f_2g_3\\f_3g_1 & f_3g_2 & f_3g_3\end{pmatrix}\begin{pmatrix}h_1\\h_2\\h_3\end{pmatrix}=\begin{pmatrix}f_1g_1h_1+f_1g_2h_2+f_1g_3h_3\\f_2g_1h_1+f_2g_2h_2+f_2g_3h_3\\f_3g_1h_1+f_3g_2h_2+f_3g_3h_3\end{pmatrix}$$

$$=\begin{pmatrix}f_1(g_1h_1+g_2h_2+g_3h_3)\\f_2(g_1h_1+g_2h_2+g_3h_3)\\f_3(g_1h_1+g_2h_2+g_3h_3)\end{pmatrix}=\begin{pmatrix}f_1\\f_2\\f_3\end{pmatrix}(g_1h_1+g_2h_2+g_3h_3)=\vec{F}(\vec{G}\cdot\vec{H})$$

$$\therefore\ (\overrightarrow{FG})\cdot\vec{H}=\vec{F}(\vec{G}\cdot\vec{H})$$

예제 3.33

아래 그림과 같은 공간에서의 강체 운동을 고려한다. 이때 임의의 회전축에 대한 **관성
모멘트**(moment of inertia)[24]를 구하세요. 방향코사인은 각각 $\cos\alpha$, $\cos\beta$, $\cos\gamma$ 이다.

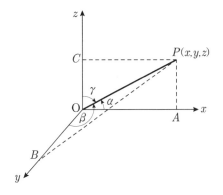

풀이 방향코사인은 회전축($\overrightarrow{OP}$)과 좌표축의 사잇각으로 정의되기 때문에

$\cos\alpha=\dfrac{x}{r}$, $\cos\beta=\dfrac{y}{r}$ 그리고 $\cos\gamma=\dfrac{z}{r}$ 이다.

$\hat{r}$을 회전축 방향으로 놓으면

$$\vec{r}=r\hat{r}=x\hat{x}+y\hat{y}+z\hat{z}=(r\cos\alpha)\hat{x}+(r\cos\beta)\hat{y}+(r\cos\gamma)\hat{z}$$
$$=r\left[\cos\alpha\hat{x}+\cos\beta\hat{y}+\cos\gamma\hat{z}\right]$$

$$\Rightarrow\ \hat{r}=\hat{x}\cos\alpha+\hat{y}\cos\beta+\hat{z}\cos\gamma \tag{1}$$

그러므로 방향코사인은 다음의 성질을 만족한다.

$$\hat{r} \cdot \hat{r} = 1 \;\Rightarrow\; (\hat{x}\cos\alpha + \hat{y}\cos\beta + \hat{z}\cos\gamma) \cdot (\hat{x}\cos\alpha + \hat{y}\cos\beta + \hat{z}\cos\gamma) = 1$$

$$\Rightarrow\; \cos^2\alpha + \cos^2\beta + \cos^2\gamma = 1$$

회전축에 관한 관성 모멘트 I의 관계식은 다음과 같다.

$$I = \sum_i m_i r_{i\perp}^2 \tag{2}$$

여기서 $r_{i\perp}$는 회전축으로부터 입자 m_i까지의 수직거리이므로 $\sin\theta = \dfrac{r_{i\perp}}{r_i}$ (여기서 θ는 $\hat{r}$과 $\vec{r_i}$의 사잇각) $\Rightarrow r_{\perp i} = |\vec{r_i} \times \hat{r}|$가 된다.

이때 식 (1)로부터

$$\vec{r}_{i\perp} = |\vec{r_i} \times \hat{r}| = \begin{vmatrix} \hat{x} & \hat{y} & \hat{z} \\ x_i & y_i & z_i \\ \cos\alpha & \cos\beta & \cos\gamma \end{vmatrix}$$

$$= (y_i\cos\gamma - z_i\cos\beta)\hat{x} + (z_i\cos\alpha - x_i\cos\gamma)\hat{y} + (x_i\cos\beta - y_i\cos\alpha)\hat{z}$$

$$\Rightarrow\; r_{i\perp}^2 = (y_i\cos\gamma - z_i\cos\beta)^2 + (z_i\cos\alpha - x_i\cos\gamma)^2 + (x_i\cos\beta - y_i\cos\alpha)^2$$

$$= (y_i^2 + z_i^2)\cos^2\alpha + (z_i^2 + x_i^2)\cos^2\beta + (x_i^2 + y_i^2)\cos^2\gamma$$

$$- 2y_i z_i \cos\beta\cos\gamma - 2z_i x_i \cos\gamma\cos\alpha - 2x_i y_i \cos\alpha\cos\beta$$

을 얻는다. 이를 식 (2)에 대입하면 다음과 같다.

$$I = \sum_i m_i(y_i^2 + z_i^2)\cos^2\alpha + \sum_i m_i(z_i^2 + x_i^2)\cos^2\beta + \sum_i m_i(x_i^2 + y_i^2)\cos^2\gamma$$

$$- 2\sum_i m_i y_i z_i \cos\beta\cos\gamma - 2\sum_i m_i z_i x_i \cos\gamma\cos\alpha - 2\sum_i m_i x_i y_i \cos\alpha\cos\beta \tag{3}$$

$x-$축에 관한 관성 모멘트는 $I_{11} = \sum_i m_i(y_i^2 + z_i^2)$ [25], $y-$축에 관한 관성 모멘트는 $I_{22} = \sum_i m_i(z_i^2 + x_i^2)$ 그리고 $z-$축에 관한 관성 모멘트는 $I_{33} = \sum_i m_i(x_i^2 + y_i^2)$ 이며, **관성곱**(product of inertia)인 yz, zx, xy는 각각 $I_{23} = -\sum_i m_i y_i z_i$, $I_{31} = -\sum_i m_i z_i x_i$, $I_{12} = -\sum_i m_i x_i y_i$ [26]이므로 식 (3)은 다음과 같이 표현된다.

$$I = I_{11}\cos^2\alpha + I_{22}\cos^2\beta + I_{33}\cos^2\gamma$$

$$+ 2I_{23}\cos\beta\cos\gamma + 2I_{31}\cos\gamma\cos\alpha + 2I_{12}\cos\alpha\cos\beta \tag{4}$$

---

(24) 강체의 질량분포와 회전축으로부터의 위치에 의해 정해지는 물리량으로, 회전운동에 대한 관성을 나타내는 양입니다.

(25) 3장의 [보충자료 3]을 참고하세요.

(26) 3장의 [보충자료 3]을 참고하세요.

9개의 행렬성분을 갖는 rank 2 텐서의 행렬을 다음과 같이 정의하자.

$$\begin{pmatrix} I_{11} & I_{12} & I_{13} \\ I_{21} & I_{22} & I_{23} \\ I_{31} & I_{32} & I_{33} \end{pmatrix} = \overset{\leftrightarrow}{I}$$

이제 (1×3) 행렬, (3×3) 행렬 그리고 (3×1) 행렬인 $\hat{r}\cdot\overset{\leftrightarrow}{I}\cdot\hat{r}$의 행렬곱을 계산하면 결과는 다음과 같이 (1×1)인 스칼라가 된다.

$$\hat{r}\cdot\overset{\leftrightarrow}{I}\cdot\hat{r} = (\cos\alpha\ \cos\beta\ \cos\gamma)\begin{pmatrix} I_{11} & I_{12} & I_{13} \\ I_{21} & I_{22} & I_{23} \\ I_{31} & I_{32} & I_{33} \end{pmatrix}\begin{pmatrix}\cos\alpha \\ \cos\beta \\ \cos\gamma\end{pmatrix}$$

$$= I_{11}\cos^2\alpha + I_{22}\cos^2\beta + I_{33}\cos^2\gamma$$
$$+ 2I_{23}\cos\beta\cos\gamma + 2I_{31}\cos\gamma\cos\alpha + 2I_{12}\cos\alpha\cos\beta \qquad (5)$$

식 (5)는 (4)와 같음을 알 수 있다. 즉 회전축 방향 $\hat{r}$에 대한 관성 모멘트는 다음과 같이 행렬의 곱으로 나타낼 수 있다.

$$I_{rr} = \hat{r}\cdot\overset{\leftrightarrow}{I}\cdot\hat{r}$$

그러므로 9개의 성분을 갖는 rank 2 텐서인 관성 모멘트의 성분은 다음과 같이 계산된다.

$$I_{ij} = \hat{i}\cdot\overset{\leftrightarrow}{I}\cdot\hat{j} \qquad (6)$$

여기서 i와 j는 x, y, z에 대응하는 1, 2, 3이다.

식 (6)을 사용해서 관성 모멘트의 성분을 구하면 다음과 같다.

$$\hat{x}\cdot\overset{\leftrightarrow}{I}\cdot\hat{x} = (1\,0\,0)\begin{pmatrix} I_{11} & I_{12} & I_{13} \\ I_{21} & I_{22} & I_{23} \\ I_{31} & I_{32} & I_{33} \end{pmatrix}\begin{pmatrix}1 \\ 0 \\ 0\end{pmatrix} = (1\,0\,0)\begin{pmatrix}I_{11} \\ I_{21} \\ I_{31}\end{pmatrix} = I_{11}$$

$$\hat{y}\cdot\overset{\leftrightarrow}{I}\cdot\hat{x} = (0\,1\,0)\begin{pmatrix} I_{11} & I_{12} & I_{13} \\ I_{21} & I_{22} & I_{23} \\ I_{31} & I_{32} & I_{33} \end{pmatrix}\begin{pmatrix}1 \\ 0 \\ 0\end{pmatrix} = (0\,1\,0)\begin{pmatrix}I_{11} \\ I_{21} \\ I_{31}\end{pmatrix} = I_{21}$$

$$\vdots$$
$$\vdots$$
$$\vdots$$

이를 일반화하면 rank 2 텐서 $\overset{\leftrightarrow}{T}$의 성분 T_{ij}는 다음과 같이 구할 수 있다.

$$T_{ij} = \hat{i}\cdot\overset{\leftrightarrow}{T}\cdot\hat{j}$$

---

(27) $I_{ij} = I_{ji}$이다.

관성 모멘트 텐서의 비대각성분이 0일 때, 즉 관성 모멘트 텐서의 행렬이 대각화되어 있을 때의 관성 모멘트를 **주관성**(principal inertia) **모멘트**라 하고 이때의 회전축을 **주관성 축**이라 한다. 관성 모멘트 텐서의 행렬은 특성방정식을 사용하여 대각화시킬 수 있음을 4장 4절에서 배운다. 관성 모멘트 텐서에 대한 특성방정식

$$\begin{vmatrix} I_{11} - \lambda & I_{12} & I_{13} \\ I_{21} & I_{22} - \lambda & I_{23} \\ I_{31} & I_{32} & I_{33} - \lambda \end{vmatrix} = 0$$

으로부터 주관성 모멘트 λ_i를 구하고

$$\begin{pmatrix} I_{11} & I_{12} & I_{13} \\ I_{21} & I_{22} & I_{23} \\ I_{31} & I_{32} & I_{33} \end{pmatrix} \begin{pmatrix} \cos\alpha_i \\ \cos\beta_i \\ \cos\gamma_i \end{pmatrix} = \lambda_i \begin{pmatrix} \cos\alpha_i \\ \cos\beta_i \\ \cos\gamma_i \end{pmatrix} \Rightarrow \begin{pmatrix} I_{11} - \lambda_i & I_{12} & I_{13} \\ I_{21} & I_{22} - \lambda_i & I_{23} \\ I_{31} & I_{32} & I_{33} - \lambda_i \end{pmatrix} \begin{pmatrix} \cos\alpha_i \\ \cos\beta_i \\ \cos\gamma_i \end{pmatrix} = 0$$

의 관계식을 사용해서 주관성 모멘트 λ_i에 대응하는 주관성축 방향인 $(\cos\alpha_i, \cos\beta_i, \cos\gamma_i)$를 구할 수 있다.

결과적으로 관성 모멘트 텐서의 행렬을 대각화시키는 행렬은 다음과 같다.

$$\begin{pmatrix} \cos\alpha_1 & \cos\alpha_2 & \cos\alpha_3 \\ \cos\beta_1 & \cos\beta_2 & \cos\beta_3 \\ \cos\gamma_1 & \cos\gamma_2 & \cos\gamma_3 \end{pmatrix}$$

예제 3.34

한 변의 길이가 a이며 질량이 m인 균일한 얇은 정사각형 조각의 대각선에 관한 관성 모멘트, 주관성 모멘트 그리고 주관성축을 구하세요. 여기서 단위면적당 질량은 σ라 가정한다.

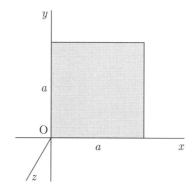

풀이 균일한 얇은 정사각형 조각은 xy 평면상에 있으므로 정사각형 조각에 있는 모든 점들에 대해 $z=0$이다. 그러므로 $I_{xz}=I_{yz}=0$이 되고 또한 관성 모멘트 성분의 대칭성에 의해 $I_{zx}=I_{zy}=0$이 된다.

$$I_{11}=I_{xx}=\int (y^2+z^2)dm=\int y^2 dm=\int_0^a y^2(\sigma a\,dy)$$

$$=\sigma a\frac{1}{3}a^3=\frac{m}{a^2}\frac{1}{3}a^4=\frac{1}{3}ma^2$$

유사한 방법으로 $I_{22}=I_{yy}=\dfrac{1}{3}ma^2$가 된다.

그러면 수직축 정리로부터 $I_{33}=I_{zz}=I_{xx}+I_{yy}=\dfrac{2}{3}ma^2$을 얻는다.

또한

$$I_{12}=I_{xy}=-\int xy\,dm=-\int_0^a\int_0^a xy(\sigma dx dy)$$

$$=-\frac{1}{2}\sigma a^2\int_0^a y\,dy=-\frac{1}{4}a^4\sigma=-\frac{1}{4}ma^2$$

이다. 관성 모멘트 성분의 대칭성에 의해 $I_{12}=I_{21}$이므로 $I_{yx}=-\dfrac{1}{4}ma^2$이 된다. 이들로부터 관성 모멘트 행렬은 다음과 같다.

$$\overleftrightarrow{I}=\begin{pmatrix} I_{11} & I_{12} & I_{13} \\ I_{21} & I_{22} & I_{23} \\ I_{31} & I_{32} & I_{33} \end{pmatrix}=ma^2\begin{pmatrix} \dfrac{1}{3} & -\dfrac{1}{4} & 0 \\ -\dfrac{1}{4} & \dfrac{1}{3} & 0 \\ 0 & 0 & \dfrac{2}{3} \end{pmatrix} \tag{1}$$

그리고 정사각형 조각의 대각선에 대한 방향코사인은

$$\cos\alpha=\frac{a}{\sqrt{2}\,a}=\frac{1}{\sqrt{2}}\ ,\ \cos\beta=\frac{a}{\sqrt{2}\,a}=\frac{1}{\sqrt{2}}\ \ \text{그리고}\ \cos\gamma=0$$

이므로 [예제 3.33]의 식 (5)로부터 대각선에 관한 정사각형 조각의 관성 모멘트는 다음과 같다.

$$\hat{r}_{diag}\cdot\overleftrightarrow{I}\cdot\hat{r}_{diag}=\begin{pmatrix} \dfrac{1}{\sqrt{2}} & \dfrac{1}{\sqrt{2}} & 0 \end{pmatrix}ma^2\begin{pmatrix} \dfrac{1}{3} & -\dfrac{1}{4} & 0 \\ -\dfrac{1}{4} & \dfrac{1}{3} & 0 \\ 0 & 0 & \dfrac{2}{3} \end{pmatrix}\begin{pmatrix} \dfrac{1}{\sqrt{2}} \\ \dfrac{1}{\sqrt{2}} \\ 0 \end{pmatrix}$$

$$=\begin{pmatrix} \dfrac{1}{\sqrt{2}} & \dfrac{1}{\sqrt{2}} & 0 \end{pmatrix}ma^2\begin{pmatrix} \dfrac{1}{12\sqrt{2}} \\ \dfrac{1}{12\sqrt{2}} \\ 0 \end{pmatrix}=\frac{1}{12}ma^2$$

$$\therefore\ I_{diag} = \frac{1}{12}ma^2 \tag{2}$$

그리고 주관성 모멘트를 구하기 위해서 관성 모멘트 텐서의 행렬인 식 (1)을 대각화 시켜야 한다.

특성방정식으로부터

$$ma^2 \begin{vmatrix} \frac{1}{3}-\lambda & -\frac{1}{4} & 0 \\ -\frac{1}{4} & \frac{1}{3}-\lambda & 0 \\ 0 & 0 & \frac{2}{3}-\lambda \end{vmatrix} = 0 \Rightarrow \left(\frac{2}{3}-\lambda\right)\left[\left(\frac{1}{3}-\lambda\right)^2 - \left(\frac{1}{4}\right)^2\right] = 0$$

가 되어

$$\therefore\ \lambda_1 = \frac{1}{12}ma^2,\ \lambda_2 = \frac{7}{12}ma^2,\ \lambda_3 = \frac{2}{3}ma^2$$

인 주관성 모멘트를 얻는다.

이제 주관성축 방향을 구해보자.

(i) $\lambda_1 = \frac{1}{12}ma^2$인 경우

$$ma^2 \begin{pmatrix} \frac{1}{3}-\frac{1}{12} & -\frac{1}{4} & 0 \\ -\frac{1}{4} & \frac{1}{3}-\frac{1}{12} & 0 \\ 0 & 0 & \frac{2}{3}-\frac{1}{12} \end{pmatrix} \begin{pmatrix} \alpha \\ \beta \\ \gamma \end{pmatrix} = 0 \Rightarrow ma^2 \begin{pmatrix} \frac{1}{4} & -\frac{1}{4} & 0 \\ -\frac{1}{4} & \frac{1}{4} & 0 \\ 0 & 0 & \frac{7}{12} \end{pmatrix} \begin{pmatrix} \alpha \\ \beta \\ \gamma \end{pmatrix} = 0$$

$$\Rightarrow \begin{cases} \cos\gamma = 0 \\ \cos\alpha = \cos\beta \end{cases} \Rightarrow \begin{pmatrix} 1 \\ 1 \\ 0 \end{pmatrix}$$

그러므로 이 주관성 모멘트의 주관성축은 다음과 같다.

$$\hat{r}_1 = \frac{1}{\sqrt{2}}\begin{pmatrix} 1 \\ 1 \\ 0 \end{pmatrix} = \begin{pmatrix} \frac{1}{\sqrt{2}} \\ \frac{1}{\sqrt{2}} \\ 0 \end{pmatrix} \Rightarrow \alpha = \beta = 45^0,\ \gamma = 90^0$$

즉 대각선 방향은 주관성축 방향이며 이때의 관성 모멘트인 식 (2)는 주관성 모멘트에 해당한다.

(ii) $\lambda_2 = \dfrac{7}{12}ma^2$인 경우

$$ma^2 \begin{pmatrix} -\dfrac{1}{4} & -\dfrac{1}{4} & 0 \\ -\dfrac{1}{4} & -\dfrac{1}{4} & 0 \\ 0 & 0 & \dfrac{1}{12} \end{pmatrix} \begin{pmatrix} \alpha \\ \beta \\ \gamma \end{pmatrix} = 0 \Rightarrow \begin{cases} \cos\alpha = -\cos\beta \\ \cos\gamma = 0 \end{cases} \Rightarrow \begin{pmatrix} -1 \\ 1 \\ 0 \end{pmatrix}$$

그러므로 이 주관성 모멘트의 주관성축은 다음과 같다.

$$\hat{r}_2 = \frac{1}{\sqrt{2}}\begin{pmatrix} -1 \\ 1 \\ 0 \end{pmatrix} = \begin{pmatrix} -\dfrac{1}{\sqrt{2}} \\ \dfrac{1}{\sqrt{2}} \\ 0 \end{pmatrix} \Rightarrow \alpha = 135^0,\ \beta = 45^0,\ \gamma = 90^0$$

(iii) $\lambda_3 = \dfrac{2}{3}ma^2$인 경우

$$ma^2 \begin{pmatrix} -\dfrac{1}{3} & -\dfrac{1}{4} & 0 \\ -\dfrac{1}{4} & -\dfrac{1}{3} & 0 \\ 0 & 0 & 0 \end{pmatrix} \begin{pmatrix} \alpha \\ \beta \\ \gamma \end{pmatrix} = 0 \Rightarrow \begin{cases} \cos\alpha = 0 \\ \cos\beta = 0 \end{cases} \Rightarrow \begin{pmatrix} 0 \\ 0 \\ 1 \end{pmatrix}$$

그러므로 이 주관성 모멘트의 주관성축은 다음과 같다.

$$\hat{r}_3 = \begin{pmatrix} 0 \\ 0 \\ 1 \end{pmatrix} \Rightarrow \alpha = 90^0,\ \beta = 90^0,\ \gamma = 0^0$$

예제 3.35

전자기학에서 9개의 성분을 갖는 **맥스웰 변형력 텐서**(Maxwell stress tensor)[28] $\overleftrightarrow{T}$ 는 행렬로 다음과 같이 표현되며

$$\overleftrightarrow{T} = \begin{pmatrix} T_{11} & T_{12} & T_{13} \\ T_{21} & T_{22} & T_{23} \\ T_{31} & T_{32} & T_{33} \end{pmatrix}$$

여기서 행렬성분은 다음과 같이 주어진다.

$$T_{ij} = \epsilon_0 \left(E_i E_j - \frac{1}{2}\delta_{ij}E^2 \right) + \frac{1}{\mu_0}\left(B_i B_j - \frac{1}{2}\delta_{ij}B^2 \right) \tag{1}$$

위 식의 $\vec{E}$ 와 $\vec{B}$ 는 전기장과 자기장이고, δ_{ij} 는 크로네커 델타이며 1, 2, 3은 각각 x, y, z 성분에 대응한다. 맥스웰 변형력 텐서의 행렬성분 T_{11} 과 T_{12} 그리고 $\overrightarrow{\nabla} \cdot \overleftrightarrow{T}$ 를 구하세요.

풀이 식 (1)로부터

$$T_{11} = \epsilon_0 \left(E_1^2 - \frac{1}{2} E^2 \right) + \frac{1}{\mu_0} \left(B_1^2 - \frac{1}{2} B^2 \right)$$

$$= \epsilon_0 \left[E_1^2 - \frac{1}{2} (E_1^2 + E_2^2 + E_3^2) \right] + \frac{1}{\mu_0} \left[B_1^2 - \frac{1}{2} (B_1^2 + B_2^2 + B_3^2) \right]$$

$$= \frac{1}{2} \epsilon_0 (E_1^2 - E_2^2 - E_3^2) + \frac{1}{2\mu_0} (B_1^2 - B_2^2 - B_3^2)$$

그리고

$$T_{12} = \epsilon_0 E_1 E_2 + \frac{1}{\mu_0} B_1 B_2 = \epsilon_0 E_2 E_1 + \frac{1}{\mu_0} B_2 B_1 = T_{21}$$

을 얻는다.

[예제 3.31]의 식 (1)인 $(\vec{\nabla} \cdot \overleftrightarrow{T})_i = \sum_j \nabla_j T_{ji}$ 에 이 문제의 식 (1)을 대입하면

$$(\vec{\nabla} \cdot \overleftrightarrow{T})_i = \sum_j \nabla_j \left[\epsilon_0 \left(E_j E_i - \frac{1}{2} \delta_{ji} E^2 \right) + \frac{1}{\mu_0} \left(B_j B_i - \frac{1}{2} \delta_{ji} B^2 \right) \right]$$

$$= \epsilon_0 \left[\sum_j (\nabla_j E_j) E_i + \sum_j (E_j \nabla_j) E_i - \sum_j \frac{1}{2} \delta_{ji} \nabla_j E^2 \right]$$

$$+ \frac{1}{\mu_0} \left[\sum_j (\nabla_j B_j) B_i + \sum_j (B_j \nabla_j) B_i - \sum_j \frac{1}{2} \delta_{ji} \nabla_j B^2 \right]$$

$$= \epsilon_0 \left[(\vec{\nabla} \cdot \vec{E}) E_i + (\vec{E} \cdot \vec{\nabla}) E_i - \frac{1}{2} \nabla_i E^2 \right]$$

$$+ \frac{1}{\mu_0} [(\vec{\nabla} \cdot \vec{B}) B_i + (\vec{B} \cdot \vec{\nabla}) B_i - \frac{1}{2} \nabla_i B^2]$$

가 되어, 다음과 같은 관계식을 얻는다.

$$\vec{\nabla} \cdot \overleftrightarrow{T} = \epsilon_0 \left[(\vec{\nabla} \cdot \vec{E}) \vec{E} + (\vec{E} \cdot \vec{\nabla}) \vec{E} - \frac{1}{2} \vec{\nabla} E^2 \right]$$

$$+ \frac{1}{\mu_0} \left[(\vec{\nabla} \cdot \vec{B}) \vec{B} + (\vec{B} \cdot \vec{\nabla}) \vec{B} - \frac{1}{2} \vec{\nabla} B^2 \right]$$

$$= \epsilon_0 [(\vec{\nabla} \cdot \vec{E}) \vec{E} + (\vec{E} \cdot \vec{\nabla}) \vec{E}]$$

$$+ \frac{1}{\mu_0} [(\vec{\nabla} \cdot \vec{B}) \vec{B} + (\vec{B} \cdot \vec{\nabla}) \vec{B}] - \frac{1}{2} \vec{\nabla} \left(\epsilon_0 E^2 + \frac{1}{\mu_0} B^2 \right)$$

---

(28) 물질에 작용하는 전자기력에 의해 물질이 받는 변형력을 rank 2 텐서로 표현한 것입니다.

포인팅(Poynting) **벡터**[29]는 $\vec{S} = \dfrac{1}{\mu_0}\vec{E} \times \vec{B}$이므로 단위부피당 전자기력 $\vec{f}$는 다음과 같이 나타낼 수 있다.

$$\vec{f} = \epsilon_0 \left[(\overrightarrow{\nabla} \cdot \vec{E})\vec{E} + (\vec{E} \cdot \overrightarrow{\nabla})\vec{E} \right] + \frac{1}{\mu_0} \left[(\overrightarrow{\nabla} \cdot \vec{B})\vec{B} + (\vec{B} \cdot \overrightarrow{\nabla})\vec{B} \right]$$

$$- \frac{1}{2}\overrightarrow{\nabla}\left(\epsilon_0 E^2 + \frac{1}{\mu_0}B^2 \right) - \epsilon_0 \frac{\partial}{\partial t}(\vec{E} \times \vec{B})$$

$$= \epsilon_0 \left[(\overrightarrow{\nabla} \cdot \vec{E})\vec{E} + (\vec{E} \cdot \overrightarrow{\nabla})\vec{E} \right] + \frac{1}{\mu_0} \left[(\overrightarrow{\nabla} \cdot \vec{B})\vec{B} + (\vec{B} \cdot \overrightarrow{\nabla})\vec{B} \right]$$

$$- \frac{1}{2}\overrightarrow{\nabla}\left(\epsilon_0 E^2 + \frac{1}{\mu_0}B^2 \right) - \epsilon_0 \mu_0 \frac{\partial \vec{S}}{\partial t}$$

이로부터 단위부피당 전자기력 $\vec{f}$와 맥스웰 변형력 텐서 $\overleftrightarrow{T}$에 관한 아래와 같은 관계식을 얻을 수 있다.

$$\vec{f} = \overrightarrow{\nabla} \cdot \overleftrightarrow{T} - \epsilon_0 \mu_0 \frac{\partial \vec{S}}{\partial t}$$

---

(29) 전자기장의 단위시간당 단위면적당 에너지로서, 방향은 에너지가 전달되는 방향이며 전기장 방향과 자기장 방향에 각각 수직입니다.

$\sum_{k} \epsilon_{ijk}\epsilon_{k\ell m} = \delta_{i\ell}\delta_{jm} - \delta_{im}\delta_{j\ell}$의 관계식을 증명하세요.

풀이

두 레비-시비타 곱의 일반식은

$$\epsilon_{i_1 i_2 \cdots\cdots i_n}\epsilon_{j_1 j_2 \cdots\cdots j_n} = \begin{vmatrix} \delta_{i_1 j_1} & \delta_{i_1 j_2} & \cdots\cdots\cdots & \delta_{i_1 j_n} \\ \delta_{i_2 j_1} & \delta_{i_2 j_2} & \cdots\cdots\cdots & \delta_{i_2 j_n} \\ \vdots & \vdots & \vdots & \vdots \\ \delta_{i_n j_1} & \delta_{i_n j_2} & \cdots\cdots\cdots & \delta_{i_n j_n} \end{vmatrix}$$

이므로 3차원에서의 두 레비-시비타 곱을 계산하면

$$\sum_{k=1}^{3} \epsilon_{ijk}\epsilon_{k\ell m} = \sum_{k=1}^{3} \begin{vmatrix} \delta_{ik} & \delta_{i\ell} & \delta_{im} \\ \delta_{jk} & \delta_{j\ell} & \delta_{jm} \\ \delta_{kk} & \delta_{k\ell} & \delta_{km} \end{vmatrix}$$

$$= \sum_{k=1}^{3} (\delta_{ik}\delta_{j\ell}\delta_{km} - \delta_{ik}\delta_{jm}\delta_{k\ell} - \delta_{i\ell}\delta_{jk}\delta_{km} + \delta_{i\ell}\delta_{jm}\delta_{kk} - \delta_{im}\delta_{j\ell}\delta_{kk} + \delta_{im}\delta_{jk}\delta_{k\ell})$$

$$= \sum_{k=1}^{3} (\delta_{i\ell}\delta_{jm} - \delta_{im}\delta_{j\ell})\delta_{kk} + \sum_{k=1}^{3} \delta_{ik}\delta_{j\ell}\delta_{km}$$

$$- \sum_{k=1}^{3} \delta_{ik}\delta_{jm}\delta_{k\ell} - \sum_{k=1}^{3} \delta_{i\ell}\delta_{jk}\delta_{km} + \sum_{k=1}^{3} \delta_{im}\delta_{jk}\delta_{k\ell}$$

$$= 3(\delta_{i\ell}\delta_{jm} - \delta_{im}\delta_{j\ell}) + \delta_{im}\delta_{j\ell} - \delta_{i\ell}\delta_{jm} - \delta_{i\ell}\delta_{jm} + \delta_{im}\delta_{j\ell}$$

$$= 3(\delta_{i\ell}\delta_{jm} - \delta_{im}\delta_{j\ell}) + 2\delta_{im}\delta_{j\ell} - 2\delta_{i\ell}\delta_{jm}$$

$$= \delta_{i\ell}\delta_{jm} - \delta_{im}\delta_{j\ell}$$

이 된다.

$$\therefore \sum_{k=1}^{3} \epsilon_{ijk}\epsilon_{k\ell m} = \delta_{i\ell}\delta_{jm} - \delta_{im}\delta_{j\ell}$$

임의의 벡터 $\vec{A}$는 단위벡터를 사용해서 다음과 같이 표현될 수 있다.

$$\vec{A} = A_x\hat{x} + A_y\hat{y} + A_z\hat{z} = (A_x,\ A_y,\ A_z)$$
$$= A_x(1,0,0) + A_x(0,1,0) + A_z(0,0,1) \tag{1}$$

그러므로 단위벡터는 다음과 같이 행(row)벡터 또는 1×3 행렬로 표현될 수 있다.

$$\hat{x} = (1,0,0),\ \hat{y} = (0,1,0),\ \hat{z} = (0,0,1) \tag{2}$$

또는

$$\vec{A} = A_x\hat{x} + A_y\hat{y} + A_z\hat{z} = \begin{pmatrix} A_x \\ A_y \\ A_z \end{pmatrix} = A_x\begin{pmatrix} 1 \\ 0 \\ 0 \end{pmatrix} + A_y\begin{pmatrix} 0 \\ 1 \\ 0 \end{pmatrix} + A_z\begin{pmatrix} 0 \\ 0 \\ 1 \end{pmatrix} \tag{3}$$

그러므로 단위벡터는 다음과 같이 열(column)벡터 또는 3×1 행렬로 표현될 수도 있다.

$$\hat{x} = \begin{pmatrix} 1 \\ 0 \\ 0 \end{pmatrix},\ \hat{y} = \begin{pmatrix} 0 \\ 1 \\ 0 \end{pmatrix},\ \hat{z} = \begin{pmatrix} 0 \\ 0 \\ 1 \end{pmatrix} \tag{4}$$

식 (1)과 (3)은 같은 벡터 $\vec{A}$에 대한 표현이기 때문에 단위벡터를 1×3 행렬인 식 (2) 또는 3×1 행렬인 식 (4)로 표현해도 무방하다. 주어진 문제에 따라 이들 중의 하나의 표현법을 적절하게 선택하면 된다.

행렬 A와 행렬 B의 곱은 A 행렬의 열과 B 행렬의 행이 같을 때만 가능하다. 즉

$\hat{x}\hat{x} = (1,0,0)(1,0,0)$은 1×3 행렬과 1×3 행렬의 행렬곱이므로 곱이 불가능하며, 또한

$\hat{x}\hat{x} = \begin{pmatrix} 1 \\ 0 \\ 0 \end{pmatrix}\begin{pmatrix} 1 \\ 0 \\ 0 \end{pmatrix}$은 3×1 행렬과 3×1 행렬의 행렬곱이므로 곱이 불가능하다.

그리고

$\hat{x}\hat{x} = (1,0,0)\begin{pmatrix}1\\0\\0\end{pmatrix}$ 은 1×3 행렬과 3×1 행렬의 행렬곱이므로 한 개의 행렬성분을 갖는 1×1인 스칼라가 된다. 이는 다이애드 $\hat{x}\hat{x}$는 rank 2 텐서이므로 9개의 행렬성분을 가져야 한다는 것과 모순되므로 타당하지 않은 행렬곱이다.

반면에

$\hat{x}\hat{x} = \begin{pmatrix}1\\0\\0\end{pmatrix}(1,0,0)$ 은 3×1 행렬과 1×3 행렬의 행렬곱이므로 곱이 가능하고 결과는 9개의 행렬성분을 갖는 3×3인 행렬이 된다. 그러므로 단위다이애드는 다음과 같이 계산하면 된다.

$$\hat{x}\hat{x} = \begin{pmatrix}1\\0\\0\end{pmatrix}(1,0,0) = \begin{pmatrix}1&0&0\\0&0&0\\0&0&0\end{pmatrix}, \quad \hat{x}\hat{y} = \begin{pmatrix}1\\0\\0\end{pmatrix}(0,\ 1,\ 0) = \begin{pmatrix}0&1&0\\0&0&0\\0&0&0\end{pmatrix}, \quad \hat{x}\hat{z} = \begin{pmatrix}1\\0\\0\end{pmatrix}(0,0,1) = \begin{pmatrix}0&0&1\\0&0&0\\0&0&0\end{pmatrix}$$

임의의 회전축에 관한 입자들의 총 각운동량 $\vec{L}$을 계산함으로써 관성 모멘트 $I_{11} = \sum_i m_i(y_i^2 + z_i^2)$와 관성곱 $I_{23} = -\sum_i m_i y_i z_i$의 관계식을 증명하세요.

풀이

$$\vec{L} = \sum_i \vec{L}_i = \sum_i \vec{r}_i \times \vec{p}_i = \sum_i \vec{r}_i \times m_i \vec{v}_i = \sum_i m_i \vec{r}_i \times (\vec{\omega} \times \vec{r}_i)$$

강체의 정의로부터 강체를 이루는 모든 입자의 각속도 ω_i은 일정하므로 $\vec{\omega}_i = \vec{\omega}$로 놓을 수 있다. 그러므로 위 식의 총 각운동량은 다음과 같이 된다.

$$\vec{L} = \sum_i m_i \vec{r}_i \times (\vec{\omega} \times \vec{r}_i)$$

위 등식의 오른쪽에 있는 벡터 삼중곱 $\vec{r}_i \times (\vec{\omega} \times \vec{r}_i)$를 계산해서 대입하면 위 식은 다음과 같이 된다.

$$\vec{L} = \sum_i m_i[r_i^2 \vec{\omega} - \vec{r}_i(\vec{r}_i \cdot \vec{\omega})] = \left[\sum_i m_i r_i^2 \overleftrightarrow{1} - \sum_i m_i \vec{r}_i \vec{r}_i\right] \cdot \vec{\omega} \quad (\because \overleftrightarrow{1} \cdot \vec{\omega} = \vec{\omega}) \quad (1)$$

각운동량은 관성 모멘트와 각속도의 곱 $\vec{L} = \overleftrightarrow{I} \cdot \vec{\omega}$[30]이므로 식 (1)과 비교하면 관성 모멘트는 다음과 같이 표현될 수 있음을 알 수 있다.

$$\overleftrightarrow{I} = \sum_i m_i r_i^2 \overleftrightarrow{1} - \sum_i m_i \vec{r}_i \vec{r}_i \quad (2)$$

그러면 텐서인 관성 모멘트의 성분은 [예제 3.33]의 식 (6)인 $I_{ij} = \hat{i} \cdot \overleftrightarrow{I} \cdot \hat{j}$를 사용해서 다음과 같이 구할 수 있다.

$$I_{11} = \hat{1} \cdot \overleftrightarrow{I} \cdot \hat{1} = \hat{x} \cdot \overleftrightarrow{I} \cdot \hat{x} = \hat{x} \cdot \left[\sum_i m_i r_i^2 \overleftrightarrow{1} - \sum_i m_i \vec{r}_i \vec{r}_i\right] \cdot \hat{x}$$

---

(30) $L = \sum_i L_i = \sum_i r_i(m_i v_i) = \sum_i r_i m_i r_i \omega_i = \sum_i m_i r_i^2 \omega = I\omega$

$$= \hat{x} \cdot \left[\sum_i m_i r_i^2 (\hat{x}\hat{x} + \hat{y}\hat{y} + \hat{z}\hat{z}) - \sum_i m_i \vec{r_i}\vec{r_i} \right] \cdot \hat{x}$$

$$= \hat{x} \cdot \left[\sum_i m_i r_i^2 (\hat{x}\hat{x} \cdot \hat{x} + \hat{y}\hat{y} \cdot \hat{x} + \hat{z}\hat{z} \cdot \hat{x}) - \sum_i m_i \vec{r_i}(\vec{r_i} \cdot \hat{x}) \right]$$

여기서 $\hat{x} \cdot \hat{x} = 1$, $\hat{y} \cdot \hat{x} = \hat{z} \cdot \hat{x} = 0$ 그리고 $\vec{r_i} \cdot \hat{x} = (x_i\hat{x} + y_i\hat{y} + z_i\hat{z}) \cdot \hat{x} = x_i$ 이므로 위 식은 다음과 같다.

$$I_{11} = \hat{x} \cdot \left[\sum_i m_i r_i^2 \hat{x} - \sum_i m_i \vec{r_i}x_i \right] = \sum_i m_i r_i^2 \hat{x} \cdot \hat{x} - \sum_i m_i (\hat{x} \cdot \vec{r_i})x_i$$

$$= \sum_i m_i r_i^2 - \sum_i m_i x_i^2 = \sum_i m_i (r_i^2 - x_i^2) = \sum_i m_i (y_i^2 + z_i^2)$$

$$\therefore \ I_{11} = \sum_i m_i (y_i^2 + z_i^2)$$

유사한 방법으로 관성곱을 계산하면 다음과 같다.

$$I_{23} = \hat{2} \cdot \overleftrightarrow{I} \cdot \hat{3} = \hat{y} \cdot \overleftrightarrow{I} \cdot \hat{z} = \hat{y} \cdot \left[\sum_i m_i r_i^2 (\hat{x}\hat{x} + \hat{y}\hat{y} + \hat{z}\hat{z}) - \sum_i m_i \vec{r_i}\vec{r_i} \right] \cdot \hat{z}$$

$$= \hat{y} \cdot \left[\sum_i m_i r_i^2 \hat{z} - \sum_i m_i \vec{r_i}z_i \right] = -\sum_i m_i y_i z_i$$

$$\therefore \ I_{23} = -\sum_i m_i y_i z_i$$

01 $\vec{\nabla} \cdot \vec{r} r^{n-1} = \left(\hat{x} \dfrac{\partial}{\partial x} + \hat{y} \dfrac{\partial}{\partial y} + \hat{z} \dfrac{\partial}{\partial z} \right) \cdot \left(x r^{n-1} \hat{x} + y r^{n-1} \hat{y} + z r^{n-1} \hat{z} \right)$을 계산하세요.

02 전자기학에서 벡터 퍼텐셜 $\vec{A}$은 $\vec{A} = \dfrac{1}{2} (\vec{B} \times \vec{r})$로 표현된다. 여기서 $\vec{B}$은 자기장, $\vec{r}$은 원점으로부터 벡터 퍼텐셜 $\vec{A}$가 측정되는 지점까지의 위치벡터이다. 이때 벡터 퍼텐셜 $\vec{A}$의 컬을 구하세요.

03 전자기학에서 나오는 다음의 관계식을 증명하세요.

$$\vec{\nabla} \times (\vec{A} \times \vec{B}) = (\vec{B} \cdot \vec{\nabla}) \vec{A} + \vec{A} (\vec{\nabla} \cdot \vec{B}) - \vec{B} (\vec{\nabla} \cdot \vec{A}) - (\vec{A} \cdot \vec{\nabla}) \vec{B}$$

04 적분 $\displaystyle\int_A z^3 \hat{z} \cdot d\vec{A}$ (여기서 A는 반경 R의 구 표면)을 직접 계산한 결과와 발산 정리를 사용해서 계산한 결과를 비교하세요.

05 벡터장 $\vec{F} = -y^3 \hat{x} + x^3 \hat{y}$이고 C가 원점을 중심으로 하는 반지름 R인 원의 경우에, 적분 $\displaystyle\int_C \vec{F} \cdot d\vec{\ell}$을 직접 계산한 결과와 스토크 정리를 사용해서 계산한 결과를 비교하세요.

06 $2\hat{x}\hat{y} + 3\hat{y}\hat{x} - 5\hat{y}\hat{z} + 2\hat{z}\hat{z}$을 행렬로 표현하세요.

07 임의의 회전축에 대한 관성 모멘트의 성분 I_{22}, I_{33}, I_{21}, I_{31}을 구하세요.

CHAPTER 04

행렬

행렬(matrix)은 어떤 수나 식의 배열을 가로줄인 행(row)과 세로줄인 열(column)로 표현한 것으로, $m \times n$ [31] 행렬은 m개의 행과 n개의 열로 이루어진 행렬이다. 이때 $m \times n$은 행렬의 크기(또는 차원)이고 행렬의 각 행과 각 열에 있는 수나 식을 **행렬성분**(또는 행렬요소)이라 한다. 행렬 A의 행렬성분은 일반적으로 a_{mn}로 표현된다. [32]

$$A = \begin{pmatrix} a_{11} & a_{12} & \cdots\cdots & a_{1n} \\ a_{21} & a_{22} & \cdots\cdots & a_{2n} \\ \vdots & \vdots & \ddots & \vdots \\ a_{m1} & a_{m2} & \cdots\cdots & a_{mn} \end{pmatrix}$$

여기서 m과 n은 행렬 A의 m번째 행과 n번째 열을 의미하며, 행렬 A는 $(m \times n)$개의 행렬성분을 갖는다. 그중 하나의 행으로만 이루어진 크기 $1 \times n$ 행렬은 **행벡터**(row vector) 그리고 하나의 열로만 이루어진 크기 $n \times 1$ 행렬은 **열벡터**(column vector)라 한다. 행렬 $(a_1 \quad a_2 \quad \cdots\cdots \quad a_n)$은 크기가 $1 \times n$인 행벡터이고

---

(31) m-by-n이라 읽습니다.

(32) 양자역학에서는 행렬 A의 행렬성분을 다음과 같이 표현합니다.: $<n|A|m> = A_{nm}$

행렬

$$\begin{pmatrix} a_1 \\ a_2 \\ \vdots \\ a_n \end{pmatrix}$$

은 크기가 $n \times 1$인 열벡터이다.

$n \times n$ 행렬과 같이 행과 열의 수가 같은 행렬을 **정방**(square)**행렬**이라 하며, 이때 n을 행렬의 차수(order)라 한다. 정방행렬에서 행렬성분 a_{nn}을 포함하는 대각선을 주대각선이라 하는데, 주대각선 행렬성분이 모두 1이고 그 외 성분이 모두 0인 행렬을 **단위**(identity)**행렬** I라 한다. 그리고 주대각선 행렬성분들을 제외한 행렬성분들이 모두 0인 행렬을 **대각행렬**이라 한다. 주대각선 행렬성분들만 남기고 그 외 모든 행렬성분을 0이 되도록 하는 것을 **대각화**(diagonalization)라 하며, 주대각선 행렬성분들의 합을 **대각합**(trace)이라 한다. 크기가 $n \times n$인 행렬 A의 대각합은 다음과 같이 표현된다.

$$Tr(A) = a_{11} + a_{22} + \cdots\cdots + a_{nn} = \sum_{i=1}^{n} a_{ii}$$

주대각선을 중심으로 서로 반대편에 있는 행렬성분의 수나 식이 같은 행렬을 **대칭행렬**이라 한다. 예로서 크기가 3×3인 단위행렬은

$$I = \begin{pmatrix} 1 & 0 & 0 \\ 0 & 1 & 0 \\ 0 & 0 & 1 \end{pmatrix}$$

이며, 이 단위행렬은 또한 대각행렬이기도 하다.

그리고 정방행렬의 행과 열을 바꾼 행렬을 **전치**(transpose)**행렬**이라 한다. a_{mn} 행렬성분으로 이루어진 행렬 A의 전치행렬은 a_{nm}의 행렬성분으로 이루어진 행렬이며 A^T로 표현된다. 그러므로 $A = A^T$일 때 정방행렬 A는 대칭행렬이다.

그리고 $A^{-1}A = AA^{-1} = I$(여기서 I는 단위행렬)의 관계를 만족하는 행렬 A^{-1}을 정방행렬 A의 **역행렬**이라 한다.

4.1 행렬 표현

A가 정방행렬로 주어져 있을 때,

- **소**(Minor)**행렬** M_{ij}: 행렬 A의 i번째 행과 j번째 열을 지운 뒤에 남은 부분행렬
이때 $|M_{ij}|$은 소행렬 M_{ij}의 행렬식이다.

- C_{ij}는 A_{ij}의 **여인수**(cofactor): $C_{ij} = (-1)^{i+j}|M_{ij}|$
여인수 C_{ij}을 행렬성분으로 갖는 행렬을 **여인수행렬** C라 한다.

- **역**(inverse)**행렬**(A^{-1}): $A^{-1}A = AA^{-1} = I$의 관계를 만족하는 행렬
역행렬을 구하는 관계식(양자역학에서 꼭 필요한 식)은 다음과 같다.

$$A^{-1} = \frac{1}{|A|}C^T, \ \text{여기서} \ C^T\text{는 여인수행렬의 전치행렬}$$

  역행렬이 존재하는 행렬을 **가역**(invertible)**행렬**이라 하고, 역행렬이 존재하지 않는
  행렬을 **특이**(singular)**행렬**이라 한다.

직각좌표계에서 위치벡터는 다음과 같이 표현된다.

$$\vec{A} = a_x\hat{x} + a_y\hat{y} + a_z\hat{z} = a_1\hat{x}_1 + a_2\hat{x}_2 + a_3\hat{x}_3 = \sum_{k=1}^{3} a_k\hat{x}_k \tag{4.1.1}$$

여기서 단위벡터 $\hat{x} = \hat{x}_1$, $\hat{y} = \hat{x}_2$, 그리고 $\hat{z} = \hat{x}_3$인 $\hat{x}_k$로 편의상 놓았다. 3차원 공간에 있는 모든 벡터는 이들 단위벡터로 유일하게 모두 다 표현될 수 있고, 이들 단위벡터는 독립적[33]이다. 즉 공간의 모든 벡터를 이들 단위벡터의 선형결합으로 유일하게 표현할 수 있다. 이러한 벡터를 **기저**(basis)라 하고 다음과 같이 행렬표현으로 나타낼 수 있다.

$$\hat{x}_1 = (1\ 0\ 0), \ \hat{x}_2 = (0\ 1\ 0), \ \hat{x}_3 = (0\ 0\ 1)$$

이때 식 (4.1.1)의 임의의 벡터 $\vec{A}$는 다음과 같이 행벡터 또는 열벡터로 표현될 수 있다.

$$\vec{A} = a_1(1\ 0\ 0) + a_2(0\ 1\ 0) + a_3(0\ 0\ 1) = (a_1\ a_2\ a_3)$$

또는

---

(33) $a_1\hat{x}_1 + a_2\hat{x}_2 + a_3\hat{x}_3 + \cdots\cdots + a_n\hat{x}_n = 0$일 때 모든 a_i가 0이면 독립적이라 합니다.

$$\vec{A} = a_1 \begin{pmatrix} 1 \\ 0 \\ 0 \end{pmatrix} + a_2 \begin{pmatrix} 0 \\ 1 \\ 0 \end{pmatrix} + a_3 \begin{pmatrix} 0 \\ 0 \\ 1 \end{pmatrix} = \begin{pmatrix} a_1 \\ a_2 \\ a_3 \end{pmatrix}$$

크기가 $m \times n$인 두 행렬 A와 B가 각각 다음과 같은 행렬성분으로 이루어져 있을 때

$$A = \begin{pmatrix} a_{11} & a_{12} & \cdots\cdots & a_{1n} \\ a_{21} & a_{22} & \cdots\cdots & a_{2n} \\ \vdots & \vdots & \ddots & \vdots \\ a_{m1} & a_{m2} & \cdots\cdots & a_{mn} \end{pmatrix}, \quad B = \begin{pmatrix} b_{11} & b_{12} & \cdots\cdots & b_{1n} \\ b_{21} & b_{22} & \cdots\cdots & b_{2n} \\ \vdots & \vdots & \ddots & \vdots \\ b_{m1} & b_{m2} & \cdots\cdots & b_{mn} \end{pmatrix}$$

두 행렬의 덧셈 또는 뺄셈은 행렬 A와 B의 같은 행렬성분들끼리 더하거나 빼 주면 된다. 즉 두 행렬 A와 B의 i번째 행과 j번째 열의 행렬성분이 각각 a_{ij}와 b_{ij}아므로 두 행렬의 덧셈 또는 뺄셈의 결과는 다음과 같다.

$$(A \pm B)_{ij} = a_{ij} \pm b_{ij}$$

크기가 3×1인 열벡터 $X = \begin{pmatrix} x_1 \\ x_2 \\ x_3 \end{pmatrix}$은 다음과 같이 표현된다.

$$\begin{pmatrix} x_1 \\ x_2 \\ x_3 \end{pmatrix} = x_1 \begin{pmatrix} 1 \\ 0 \\ 0 \end{pmatrix} + x_2 \begin{pmatrix} 0 \\ 1 \\ 0 \end{pmatrix} + x_3 \begin{pmatrix} 0 \\ 0 \\ 1 \end{pmatrix} = \sum_{k=1}^{3} x_k \hat{x}_k$$

이때 크기가 3×3인 A와 크기가 3×1인 행렬 X의 **행렬곱**은 다음과 같다.

$$AX = \begin{pmatrix} a_{11} & a_{12} & a_{13} \\ a_{21} & a_{22} & a_{23} \\ a_{31} & a_{32} & a_{33} \end{pmatrix} \begin{pmatrix} x_1 \\ x_2 \\ x_3 \end{pmatrix} = \begin{pmatrix} a_{11}x_1 + a_{12}x_2 + a_{13}x_3 \\ a_{21}x_1 + a_{22}x_2 + a_{23}x_3 \\ a_{31}x_1 + a_{32}x_2 + a_{33}x_3 \end{pmatrix}$$

$$\Rightarrow \begin{cases} (AX)_1 = a_{11}x_1 + a_{12}x_2 + a_{13}x_3 \\ (AX)_2 = a_{21}x_1 + a_{22}x_2 + a_{23}x_3 \\ (AX)_3 = a_{31}x_1 + a_{32}x_2 + a_{33}x_3 \end{cases}$$

$$\therefore \ (AX)_i = \sum_{k=1}^{3} a_{ik}x_k \tag{4.1.2}$$

그러므로 두 행렬곱에서 왼편에 있는 행렬의 열의 수와 오른편에 있는 행렬의 행의 수가 같아야만 한다.

즉 크기가 3×3인 행렬과 크기가 3×1인 행렬의 행렬곱은 크기가 3×1인 열벡터가 된다. 이를 일반화하면 아래와 같이 크기가 $m \times n$ 행렬과 크기가 $n \times \ell$ 행렬의 행렬곱은 크기가 $m \times \ell$인 행렬이 된다. 크기가 $m \times n$인 행렬 A와 크기가 $n \times \ell$인 행렬 B의 행렬곱은 다음과 같다.

$$AB = \begin{pmatrix} a_{11} & a_{12} & \cdots\cdots & a_{1n} \\ a_{21} & a_{22} & \cdots\cdots & a_{2n} \\ \vdots & \vdots & \ddots & \vdots \\ a_{m1} & a_{m2} & \cdots\cdots & a_{mn} \end{pmatrix} \begin{pmatrix} b_{11} & b_{12} & \cdots\cdots & b_{1\ell} \\ b_{21} & b_{22} & \cdots\cdots & b_{2\ell} \\ \vdots & \vdots & \ddots & \vdots \\ b_{n1} & b_{n2} & \cdots\cdots & b_{n\ell} \end{pmatrix}$$

$$= \begin{pmatrix} \sum_{k=1}^{n} a_{1k}b_{k1} & \sum_{k=1}^{n} a_{1k}b_{k2} & \cdots\cdots & \sum_{k=1}^{n} a_{1k}b_{k\ell} \\ \sum_{k=1}^{n} a_{2k}b_{k1} & \sum_{k=1}^{n} a_{2k}b_{k2} & \cdots\cdots & \sum_{k=1}^{n} a_{2k}b_{k\ell} \\ \vdots & \vdots & \ddots & \vdots \\ \sum_{k=1}^{n} a_{mk}b_{k1} & \sum_{k=1}^{n} a_{mk}b_{k2} & \cdots\cdots & \sum_{k=1}^{n} a_{mk}b_{k\ell} \end{pmatrix}$$

$$\Rightarrow (AB)_{ij} = \sum_{k=1}^{n} a_{ik}b_{kj} \tag{4.1.3}$$

여기서 $i = 1, 2, \cdots\cdots, m$ 그리고 $j = 1, 2, \cdots\cdots, \ell$이다.

크기가 2×2인 행렬과 크기가 2×1인 열벡터의 행렬곱 $\begin{pmatrix} a & b \\ c & d \end{pmatrix} \begin{pmatrix} e \\ f \end{pmatrix} = \begin{pmatrix} ae+bf \\ ce+df \end{pmatrix}$은 크기가 2×1인 행렬이 된다.

행렬곱에서는 행렬 곱셈의 순서가 중요하다. 일반적으로 행렬곱에서는 교환법칙은 성립하지 않는다.

$$AB \neq BA$$

예제 4.1

크기가 1×2인 행벡터와 크기가 2×1인 열벡터의 행렬곱 $(a\,b)\begin{pmatrix} c \\ d \end{pmatrix}$을 구하세요.

풀이 $(a\,b)\begin{pmatrix} c \\ d \end{pmatrix} = (ac+bd)$

$A = \begin{pmatrix} 1 & 2 \\ 3 & 4 \end{pmatrix}$, $B = \begin{pmatrix} 2 & 3 \\ 4 & 6 \end{pmatrix}$일 때 행렬곱 AB와 BA를 구하세요.

풀이 $AB = \begin{pmatrix} 2+8 & 3+12 \\ 6+16 & 9+24 \end{pmatrix} = \begin{pmatrix} 10 & 15 \\ 22 & 33 \end{pmatrix}$

그리고 $BA = \begin{pmatrix} 2+9 & 4+12 \\ 4+18 & 8+24 \end{pmatrix} = \begin{pmatrix} 11 & 16 \\ 22 & 32 \end{pmatrix}$

$\therefore \ AB \neq BA$

$A = \begin{pmatrix} a_{11} & a_{12} & a_{13} \\ a_{21} & a_{22} & a_{23} \\ a_{31} & a_{32} & a_{33} \end{pmatrix}$일 때 전치행렬 A^T와 소행렬 M_{21}과 소행렬의 행렬식 $|M_{21}|$을 구하세요.

여기서 행렬성분 a_{ij}는 실수이다. 그리고 A의 행렬식을 여인수로 표현하세요.

풀이 (i) 전치행렬은 정방행렬의 행과 열을 바꾼 행렬이므로 다음과 같다.

$$A^T = \begin{pmatrix} a_{11} & a_{21} & a_{31} \\ a_{12} & a_{22} & a_{32} \\ a_{13} & a_{23} & a_{33} \end{pmatrix}$$

그리고 소행렬 M_{21}은 행렬 A의 두 번째 행과 첫 번째 열을 지운 뒤에 남은 부분행렬이므로

$$M_{21} = \begin{pmatrix} a_{12} & a_{13} \\ a_{32} & a_{33} \end{pmatrix}$$

이고, 이 소행렬의 행렬식은

$$|M_{21}| = \begin{vmatrix} a_{12} & a_{13} \\ a_{32} & a_{33} \end{vmatrix} = a_{12}a_{33} - a_{13}a_{32}$$

이다.

(ii) A의 행렬식은

$$|A| = a_{11}\begin{vmatrix} a_{22} & a_{23} \\ a_{32} & a_{33} \end{vmatrix} - a_{12}\begin{vmatrix} a_{21} & a_{23} \\ a_{31} & a_{33} \end{vmatrix} + a_{13}\begin{vmatrix} a_{21} & a_{22} \\ a_{31} & a_{32} \end{vmatrix}$$

로 표시되므로 다음과 같이 소행렬로 A의 행렬식을 나타낼 수 있다.

$$|A| = a_{11}|M_{11}| - a_{12}|M_{12}| + a_{13}|M_{13}| \tag{1}$$

A_{ij}의 여인수인 C_{ij}를

$$C_{ij} = (-1)^{i+j}|M_{ij}| \tag{2}$$

로 놓으면

$$C_{11} = (-1)^{1+1}|M_{11}| = |M_{11}|,$$

$$C_{21} = (-1)^{2+1}|M_{21}| = -|M_{21}|,$$

$$C_{31} = (-1)^{3+1}|M_{31}| = |M_{31}|$$

가 되어 식 (1)은 다음과 같이 여인수로 표현된다.

$$|A| = a_{11}C_{11} + a_{12}C_{12} + a_{13}C_{13} \tag{3}$$

예제 4.4

실수를 행렬성분으로 갖는 정방행렬 $A = \begin{pmatrix} a_{11} & a_{12} & a_{13} \\ a_{21} & a_{22} & a_{23} \\ a_{31} & a_{32} & a_{33} \end{pmatrix}$의 여인수행렬 C와 전치행렬 C^T를 구하세요.

풀이 여인수행렬은 여인수를 행렬성분으로 갖는 행렬이므로 [예제 4.3]의 식 (2)의 여인수와 소행렬 사이의 관계식으로부터

$$C = \begin{pmatrix} C_{11} & C_{12} & C_{13} \\ C_{21} & C_{22} & C_{23} \\ C_{31} & C_{32} & C_{33} \end{pmatrix} = \begin{pmatrix} |M_{11}| & -|M_{12}| & |M_{13}| \\ -|M_{21}| & |M_{22}| & -|M_{23}| \\ |M_{31}| & -|M_{32}| & |M_{33}| \end{pmatrix}$$

$$= \begin{pmatrix} a_{22}a_{33} - a_{23}a_{32} & a_{23}a_{31} - a_{21}a_{33} & a_{21}a_{32} - a_{22}a_{31} \\ a_{13}a_{32} - a_{12}a_{33} & a_{11}a_{33} - a_{13}a_{31} & a_{12}a_{31} - a_{11}a_{32} \\ a_{12}a_{23} - a_{13}a_{22} & a_{13}a_{21} - a_{11}a_{23} & a_{11}a_{22} - a_{12}a_{21} \end{pmatrix}$$

가 된다. 이때 여인수행렬의 전치행렬은 다음과 같다.

$$C^T = \begin{pmatrix} C_{11} & C_{21} & C_{31} \\ C_{12} & C_{22} & C_{32} \\ C_{13} & C_{23} & C_{33} \end{pmatrix}$$

4.2 선형 연립방정식

미지수 x와 y를 갖는 아래와 같은 두 방정식을 고려하자.

$$\begin{cases} a_1 x + b_1 y = p_1 \\ a_2 x + b_2 y = p_2 \end{cases}, \text{ 여기서 } a_1,\ a_2,\ b_1,\ b_2,\ p_1,\ p_2 \text{는 상수} \tag{4.2.1}$$

위의 두 방정식을 행렬로 표현하면 다음과 같다.

$$\begin{pmatrix} a_1 & b_1 \\ a_2 & b_2 \end{pmatrix} \begin{pmatrix} x \\ y \end{pmatrix} = \begin{pmatrix} p_1 \\ p_2 \end{pmatrix} \tag{4.2.2}$$

여기서 $A = \begin{pmatrix} a_1 & b_1 \\ a_2 & b_2 \end{pmatrix}$, $X = \begin{pmatrix} x \\ y \end{pmatrix}$, $P = \begin{pmatrix} p_1 \\ p_2 \end{pmatrix}$ 로 놓으면 식 (4.2.2)는 행렬곱

$$AX = P \tag{4.2.3}$$

의 형태이다.

이때 미지수 x와 y를 구하기 위한 두 가지 방법(크래머 공식과 역행렬 방법)에 대해서 알아보자.

① 크래머 공식(Cramer's rule)

식 (4.2.1)의 두 번째 관계식으로부터

$$y = \frac{p_2 - a_2 x}{b_2} \tag{4.2.4}$$

을 얻고 이를 식 (3.2.1)의 첫 번째 관계식에 대입하면 미지수 x를 다음과 같이 얻는다.

$$x = \frac{b_2 p_1 - b_1 p_2}{a_1 b_2 - a_2 b_1} = \frac{1}{|A|} (b_2 p_1 - b_1 p_2) \tag{4.2.5}$$

여기서 $|A|$은 행렬 A의 행렬식이다.

이제 식 (4.2.5)를 식 (4.2.4)에 대입하면 미지수 y는 다음과 같다.

$$y = \frac{a_1 p_2 - p_1 a_2}{a_1 b_2 - a_2 b_1} = \frac{1}{|A|} (a_1 p_2 - p_1 a_2) \tag{4.2.6}$$

$|A_i|$를 행렬 A의 i번째 열이 $P=\begin{pmatrix} p_1 \\ p_2 \end{pmatrix}$로 대체된 행렬의 행렬식이라 할 때

$$|A_1| = \begin{vmatrix} p_1 & b_1 \\ p_2 & b_2 \end{vmatrix} = p_1 b_2 - b_1 p_2 \ \ \text{그리고} \ \ |A_2| = \begin{vmatrix} a_1 & p_1 \\ a_2 & p_2 \end{vmatrix} = a_1 p_2 - p_1 a_2$$

이 되어 미지수 x와 y에 관한 식 (4.2.5)와 (4.2.6)은 각각 다음과 같이 된다.

$$x = \frac{1}{|A|}(b_2 p_1 - b_1 p_2) = \frac{1}{|A|}\begin{vmatrix} p_1 & b_1 \\ p_2 & b_2 \end{vmatrix} = \frac{|A_1|}{|A|} \equiv x_1$$

그리고

$$y = \frac{1}{|A|}(a_1 p_2 - p_1 a_2) = \frac{1}{|A|}\begin{vmatrix} a_1 & p_1 \\ a_2 & p_2 \end{vmatrix} = \frac{|A_2|}{|A|} \equiv x_2$$

그러므로 미지수 x와 y를 다음과 같이 구할 수 있다.

$$x_i = \frac{|A_i|}{|A|}, \ \ \textbf{(크래머 공식)}$$

여기서 $|A_i|$은 행렬 A의 i번째 열이 식 (4.2.2)의 오른편에 있는 $P=\begin{pmatrix} p_1 \\ p_2 \end{pmatrix}$로 대체된 행렬의 행렬식이다.

② 역행렬 방법

식 (4.2.3)의 왼편은 행렬곱의 형태이다. 좌·우에 행렬 A의 역행렬인 A^{-1}을 곱해주면 식 (4.2.3)은 다음과 같다.

$$A^{-1}AX = A^{-1}P \Rightarrow X = A^{-1}P \ \ (\because \ A^{-1}A = 1)$$

즉 행렬 A의 역행렬 A^{-1}을 구한 뒤에 $A^{-1}P$의 행렬곱을 계산하면 미지수 행렬 $X=\begin{pmatrix} x \\ y \end{pmatrix}$을 구할 수 있다.

이제, 행렬 $A=\begin{pmatrix} a_1 & b_1 \\ a_2 & b_2 \end{pmatrix}$ 그리고 역행렬을 $A^{-1}=\begin{pmatrix} f_1 & g_1 \\ f_2 & g_2 \end{pmatrix}$라 가정하면서 이 역행렬의

행렬성분을 구하는 것에 대해 알아보자.

역행렬은 $AA^{-1} = I$의 관계를 만족하기 때문에 다음의 행렬표현 관계식을 얻는다.

$$\begin{pmatrix} a_1 & b_1 \\ a_2 & b_2 \end{pmatrix} \begin{pmatrix} f_1 & g_1 \\ f_2 & g_2 \end{pmatrix} = \begin{pmatrix} 1 & 0 \\ 0 & 1 \end{pmatrix}$$

이로부터 다음의 관계식을 얻는다.

$$\begin{cases} a_1 f_1 + b_1 f_2 = 1 \\ a_1 g_1 + b_1 g_2 = 0 \\ a_2 f_1 + b_2 f_2 = 0 \\ a_2 g_1 + b_2 g_2 = 1 \end{cases} \tag{4.2.7}$$

이들 관계식으로부터 먼저 f_1과 f_2을 구해보자. 식 (4.2.7)의 첫 번째 식으로부터

$$f_1 = \frac{1 - b_1 f_2}{a_1} \tag{4.2.8}$$

이를 식 (4.2.7)의 세 번째 식에 대입하면

$$f_2 = \frac{-a_2}{a_1 b_2 - b_1 a_2} \tag{4.2.9}$$

을 얻고, 이를 식 (4.2.8)에 대입하면

$$f_1 = \frac{b_2}{a_1 b_2 - b_1 a_2} \tag{4.2.10}$$

을 얻는다.

유사한 방법으로 식 (4.2.7)의 두 번째와 세 번째 식으로부터

$$g_1 = \frac{-b_1}{a_1 b_2 - b_1 a_2} \tag{4.2.11}$$

그리고

$$g_2 = \frac{a_1}{a_1 b_2 - b_1 a_2} \tag{4.2.12}$$

을 얻는다. 이와 같이 역행렬 A^{-1}의 행렬성분인 f_1, f_2, g_1, g_2를 구했다.

그러므로 역행렬 A^{-1}은 다음과 같다.

$$A^{-1} = \frac{1}{a_1 b_2 - b_1 a_2} \begin{pmatrix} b_2 & -b_1 \\ -a_2 & a_1 \end{pmatrix}, \ \text{여기서 } a_1 b_2 - b_1 a_2 \text{는 } A \text{의 행렬식이다.}$$

$$= \frac{1}{|A|} \begin{pmatrix} b_2 & -b_1 \\ -a_2 & a_1 \end{pmatrix} \tag{4.2.13}$$

한편 행렬 A의 여인수행렬인 C의 전치행렬 C^T는

$$C^T = \begin{pmatrix} C_{11} & C_{21} \\ C_{12} & C_{22} \end{pmatrix} = \begin{pmatrix} (-1)^{1+1}|M_{11}| & (-1)^{2+1}|M_{21}| \\ (-1)^{1+2}|M_{12}| & (-1)^{2+2}|M_{22}| \end{pmatrix} = \begin{pmatrix} b_2 & -b_1 \\ -a_2 & a_1 \end{pmatrix} \tag{4.2.14}$$

이다. 이 결과는 식 (4.2.13)의 오른편에 있는 행렬과 같다.

그러므로 역행렬 A^{-1}은 다음의 관계식을 만족한다.

$$A^{-1} = \frac{1}{|A|} C^T \tag{4.2.15}$$

미지수 x와 y는 $X = A^{-1}P$의 행렬곱으로부터 구할 수 있다. 이 관계식에 식 (4.2.15)와 (4.2.14)를 대입하면

$$\begin{pmatrix} x \\ y \end{pmatrix} = \frac{1}{|A|} C^T \begin{pmatrix} p_1 \\ p_2 \end{pmatrix} = \frac{1}{|A|} \begin{pmatrix} b_2 & -b_1 \\ -a_2 & a_1 \end{pmatrix} \begin{pmatrix} p_1 \\ p_2 \end{pmatrix}$$

가 되어

$$\therefore \begin{cases} x = \dfrac{1}{|A|}(b_2 p_1 - b_1 p_2) \\ y = \dfrac{1}{|A|}(a_1 p_2 - a_2 p_1) \end{cases}$$

을 얻는다. 이 결과는 크래머 공식을 사용해서 얻은 결과와 같음을 알 수 있다.

행렬 A의 행렬식 $|A|$를 구하세요.

$$A = \begin{pmatrix} 0 & 10 & -1 & 1 \\ 2 & -2 & -4 & 0 \\ 4 & 2 & 0 & 4 \\ 3 & 2 & 0 & 3 \end{pmatrix}$$

풀이 행렬의 행렬식을 여인수로 표현하는 관계식인 [예제 4.3]의 식 (3)으로부터

$$|A| = a_{11}C_{11} + a_{12}C_{12} + a_{13}C_{13} + a_{14}C_{14}$$

$$(\because \text{여인수와 소행렬과의 관계식 [예제 4.3]의 (2)로부터})$$

$$= a_{11}|M_{11}| - a_{12}|M_{12}| + a_{13}|M_{13}| - a_{14}|M_{14}|$$

$$= 0\begin{vmatrix} -2 & -4 & 0 \\ 2 & 0 & 4 \\ 2 & 0 & 3 \end{vmatrix} - 10\begin{vmatrix} 2 & -4 & 0 \\ 4 & 0 & 4 \\ 3 & 0 & 3 \end{vmatrix} - 1\begin{vmatrix} 2 & -2 & 0 \\ 4 & 2 & 4 \\ 3 & 2 & 3 \end{vmatrix} - \begin{vmatrix} 2 & -2 & -4 \\ 4 & 2 & 0 \\ 3 & 2 & 0 \end{vmatrix}$$

$$= 10\left\{ 2\begin{vmatrix} 0 & 4 \\ 0 & 3 \end{vmatrix} - 4(-1)\begin{vmatrix} 4 & 4 \\ 3 & 3 \end{vmatrix} + 0\begin{vmatrix} 4 & 0 \\ 3 & 0 \end{vmatrix} \right\} - \left\{ 2\begin{vmatrix} 2 & 4 \\ 2 & 3 \end{vmatrix} - 2(-1)\begin{vmatrix} 4 & 4 \\ 3 & 3 \end{vmatrix} + 0\begin{vmatrix} 4 & 2 \\ 3 & 2 \end{vmatrix} \right\}$$

$$- \left\{ 2\begin{vmatrix} 2 & 0 \\ 2 & 0 \end{vmatrix} - 2(-1)\begin{vmatrix} 4 & 0 \\ 3 & 0 \end{vmatrix} - 4\begin{vmatrix} 4 & 2 \\ 3 & 2 \end{vmatrix} \right\} = 12$$

$$\therefore |A| = 12$$

다음 연립방정식의 解를 크래머 공식과 역행렬 방법으로 각각 구하고 그 결과를 비교하세요.

$$\begin{cases} 2x - z = 2 \\ 6x + 5y + 3z = 7 \\ 2x - y = 4 \end{cases}$$

풀이 (i) 미지수에 대한 크래머 공식은 $x_i = \dfrac{|A_i|}{|A|}$ 이다. 여기서 x_1, x_2, x_3는 각각 미지수 x, y, z에 대응한다.

문제에 주어진 연립방정식은 행렬 $AX = P$ 표현으로 다음과 같이 나타낼 수 있다.

$$\begin{pmatrix} 2 & 0 & -1 \\ 6 & 5 & 3 \\ 2 & -1 & 0 \end{pmatrix}\begin{pmatrix} x \\ y \\ z \end{pmatrix} = \begin{pmatrix} 2 \\ 7 \\ 4 \end{pmatrix}$$

이때 행렬 A의 행렬식은

$$\begin{vmatrix} 2 & 0 & -1 \\ 6 & 5 & 3 \\ 2 & -1 & 0 \end{vmatrix} = 2\begin{vmatrix} 5 & 3 \\ -1 & 0 \end{vmatrix} - 0\begin{vmatrix} 6 & 3 \\ 2 & 0 \end{vmatrix} - 1\begin{vmatrix} 6 & 5 \\ 2 & -1 \end{vmatrix} = 2(3) - (-16) = 22$$

이 되어 크래머 공식으로부터

$$x = \frac{|A_1|}{|A|} = \frac{1}{|A|} \begin{vmatrix} 2 & 0 & -1 \\ 7 & 5 & 3 \\ 4 & -1 & 0 \end{vmatrix}$$

$$= \frac{1}{22} \left\{ 2 \begin{vmatrix} 5 & 3 \\ -1 & 0 \end{vmatrix} - 0 \begin{vmatrix} 7 & 3 \\ 4 & 0 \end{vmatrix} - 1 \begin{vmatrix} 7 & 5 \\ 4 & -1 \end{vmatrix} \right\}$$

$$= \frac{1}{22} [2(3) - (-7 - 20)] = \frac{33}{22} = \frac{3}{2}$$

유사한 방법으로 미지수

$$y = \frac{|A_2|}{|A|} = \frac{1}{|A|} \begin{vmatrix} 2 & 2 & -1 \\ 6 & 7 & 3 \\ 2 & 4 & 0 \end{vmatrix} = \frac{-22}{22} = -1$$

그리고 미지수

$$z = \frac{|A_2|}{|A|} = \frac{1}{|A|} \begin{vmatrix} 2 & 0 & 2 \\ 6 & 5 & 7 \\ 2 & -1 & 4 \end{vmatrix} = \frac{22}{22} = 1$$

을 얻는다.

$$\therefore \ x = \frac{3}{2}, \ y = -1, \ z = 1$$

(ii) 역행렬 방법을 사용하기 위해서 행렬 A의 여인수행렬과 역행렬을 구해야

한다. $A = \begin{pmatrix} 2 & 0 & -1 \\ 6 & 5 & 3 \\ 2 & -1 & 0 \end{pmatrix}$ 이므로 A의 여인수 행렬성분으로 이루어진 여인수행

렬은 다음과 같다.

$$C = \begin{pmatrix} C_{11} & C_{12} & C_{13} \\ C_{21} & C_{22} & C_{23} \\ C_{31} & C_{32} & C_{33} \end{pmatrix} = \begin{pmatrix} (-1)^{1+1}|M_{11}| & (-1)^{1+2}|M_{12}| & (-1)^{1+3}|M_{13}| \\ (-1)^{2+1}|M_{21}| & (-1)^{2+2}|M_{22}| & (-1)^{2+3}|M_{23}| \\ (-1)^{3+1}|M_{31}| & (-1)^{3+2}|M_{32}| & (-1)^{3+3}|M_{33}| \end{pmatrix}$$

$$= \begin{pmatrix} \begin{vmatrix} 5 & 3 \\ -1 & 0 \end{vmatrix} & -\begin{vmatrix} 6 & 3 \\ 2 & 0 \end{vmatrix} & \begin{vmatrix} 6 & 5 \\ 2 & -1 \end{vmatrix} \\ -\begin{vmatrix} 0 & -1 \\ -1 & 0 \end{vmatrix} & \begin{vmatrix} 2 & -1 \\ 2 & 0 \end{vmatrix} & -\begin{vmatrix} 2 & 0 \\ 2 & -1 \end{vmatrix} \\ \begin{vmatrix} 0 & -1 \\ 5 & 3 \end{vmatrix} & -\begin{vmatrix} 2 & -1 \\ 6 & 3 \end{vmatrix} & \begin{vmatrix} 2 & 0 \\ 6 & 5 \end{vmatrix} \end{pmatrix} = \begin{pmatrix} 3 & 6 & -16 \\ 1 & 2 & 2 \\ 5 & -12 & 10 \end{pmatrix}$$

이때 여인수행렬의 전치행렬은 $C^T = \begin{pmatrix} 3 & 1 & 5 \\ 6 & 2 & -12 \\ -16 & 2 & 10 \end{pmatrix}$ 이 되어 역행렬을 구하는

관계식 $A^{-1} = \frac{1}{|A|} C^T$ 로부터

$$A^{-1} = \frac{1}{|A|}\begin{pmatrix} 3 & 1 & 5 \\ 6 & 2 & -12 \\ -16 & 2 & 10 \end{pmatrix}$$

인 역행렬을 얻는다.

$AX = P \Rightarrow X = A^{-1}P$에 위에서 구한 역행렬 결과를 대입하면

$$\begin{pmatrix} x \\ y \\ z \end{pmatrix} = \frac{1}{|A|}\begin{pmatrix} 3 & 1 & 5 \\ 6 & 2 & -12 \\ -16 & 2 & 10 \end{pmatrix}\begin{pmatrix} 2 \\ 7 \\ 4 \end{pmatrix}$$

가 되어

$$x = \frac{1}{|A|}(6 + 7 + 20) = \frac{33}{22} = \frac{3}{2}, \quad y = \frac{1}{|A|}(12 + 14 - 48) = \frac{-22}{22} = -1$$

그리고

$$z = \frac{1}{|A|}(-32 + 14 + 40) = \frac{22}{22} = 1$$

인 미지수를 얻는다.

그러므로 (i)과 (ii)로부터 크래머 공식과 역행렬 방법은 같은 결과를 준다는 것을 알 수 있다.

행렬식을 이용하여 함수들 사이의 관계가 선형 독립인지 선형 종속인지를 판단하는 방법을 제공하는 것이 **론스키 행렬식**(Wronskian)이다.

n개의 $f_i(x)$함수(여기서 $i = 1, 2, \cdots\cdots, n$)의 선형 대수합이 다음의 관계에 있을 때

$$c_1 f_1(x) + c_2 f_2(x) + c_3 f_3(x) + \cdots\cdots\cdots c_n f_n(x) = 0 \tag{4.2.16}$$

모든 계수 $c_i(i = 1, 2, \cdots\cdots, n)$가 0일 때만 위의 관계식이 성립한다면 이들 n개의 함수는 선형 독립적이라 한다.

식 (4.2.16)으로부터 다음과 같은 n개의 연립방정식을 생각할 수 있다.

$$\Rightarrow \begin{cases} c_1 f_1(x) + c_2 f_2(x) + c_3 f_3(x) + \cdots\cdots\cdots + c_n f_n(x) = 0 \\ c_1 f_1'(x) + c_2 f_2'(x) + c_3 f_3'(x) + \cdots\cdots\cdots + c_n f_n'(x) = 0 \\ \qquad\qquad\qquad\qquad \vdots \\ c_1 f_1^{(n-1)}(x) + c_2 f_2^{(n-1)}(x) + c_3 f_3^{(n-1)}(x) + \cdots\cdots\cdots + c_n f_n^{(n-1)}(x) = 0 \end{cases}$$

이를 행렬표현으로 나타내면 다음과 같다.

$$\begin{pmatrix} f_1(x) & f_2(x) & f_3(x) & \cdots & f_n(x) \\ f_1'(x) & f_2'(x) & f_3'(x) & \cdots & f_n'(x) \\ \vdots & \vdots & \vdots & \vdots & \vdots \\ f_1^{(n-1)}(x) & f_2^{(n-1)}(x) & f_3^{(n-1)}(x) & \cdots & f_n^{(n-1)}(x) \end{pmatrix} \begin{pmatrix} c_1 \\ c_2 \\ c_3 \\ \vdots \\ c_n \end{pmatrix} = \begin{pmatrix} 0 \\ 0 \\ 0 \\ \vdots \\ 0 \end{pmatrix} \qquad (4.2.17)$$

위 식의 가장 왼편에 있는 행렬의 행렬식을 **론스키안**이라 한다. 만약 론스키안이 0이 아니라고 하면 가장 왼편에 있는 행렬의 역행렬이 존재하게 되고, 이 역행렬을 식 (4.2.17)의 좌·우에 곱해주면

$$\begin{pmatrix} c_1 \\ c_2 \\ c_3 \\ \vdots \\ c_n \end{pmatrix} = \begin{pmatrix} 0 \\ 0 \\ 0 \\ \vdots \\ 0 \end{pmatrix}$$

이 된다. 즉 모든 계수 $c_i(i = 1, 2, \cdots\cdots, n)$는 0이다.

그러므로 론스키안이 0이 아니면 행렬성분을 이루는 함수 $f_i(x)$는 서로 선형 독립적이고 론스키안이 0이면 함수 $f_i(x)$는 서로 선형 종속적이다.

예제 4.7

$f_1(x) = \cos 4x$ 그리고 $f_2(x) = \sin 4x$일 때 일반해가 선형 독립인지 선형 종속인지 판단하세요.

풀이 일반해는 $y(x) = c_1 f_1(x) + c_2 f_2(x)$가 된다. 이때 론스키안은

$$\begin{vmatrix} f_1(x) & f_2(x) \\ f_1'(x) & f_2'(x) \end{vmatrix} = \begin{vmatrix} \cos 4x & \sin 4x \\ -4\sin 4x & 4\cos 4x \end{vmatrix} = 4(\cos^2 4x + \sin^2 4x) = 4$$

이다. 그러므로 론스키안이 0이 아니므로 일반해는 선형 독립적이다.

예제 4.8

$f_1(x) = a$(상수), $f_2 = \sin^2 x$ 그리고 $f_3(x) = \cos^2 x$일 때 $f_2(x)$와 $f_3(x) = 1 - f_2(x)$ 관계에 있기 때문에 선형 독립적이지 않음이 명백하다. 론스키안으로부터 일반해가 선형 종속임을 보이세요.

풀이 이때 론스키안은

$$\begin{vmatrix} f_1(x) & f_2(x) & f_3(x) \\ f_1'(x) & f_2'(x) & f_3'(x) \\ f_1''(x) & f_2''(x) & f_3''(x) \end{vmatrix} = \begin{vmatrix} a & \sin^2 x & \cos^2 x \\ 0 & \sin 2x & -\sin 2x \\ 0 & 2\cos 2x & -2\cos 2x \end{vmatrix} = \begin{vmatrix} \sin 2x & -\sin 2x \\ 2\cos 2x & -2\cos 2x \end{vmatrix}$$

$$= -2(\sin 2x)\cos 2x + \sin 2x(2\cos 2x) = 0$$

이다. 그러므로 론스키안이 0이므로 일반해는 선형 종속적이다.

4.3 연산자

- A^+: 복소수를 행렬성분으로 갖는 정방행렬 A의 모든 행렬성분에 **켤레**(또는 공액) **복소수**를 취한 후의 행렬의 전치행렬을 의미한다.

$$(A^*)^T \equiv A^+ \quad (A \text{ **데거**(dagger)라 읽음})$$

즉 A 데거는 A의 **켤레전치행렬**이다.
이때

$A^+ = A$이면 A는 **에르미티안**(Hermitian) 또는 **에르미트**(Hermite)**행렬**,

$A^+ = A^{-1}$이면 A는 **유니타리**(unitary)**행렬**,

$A^T = A^{-1}$(즉, $A^T A = AA^T = 1$)이면 A는 **직교**(orthogonal)**행렬**

⇒ 행렬성분이 모두 실수이면 직교행렬은 유니타리행렬이다.

양자역학에서 연산자(operator)는 어떤 함수를 측정하는 역할을 한다. 예를 들어 어떤 사람이 몸무게를 알아보기 위해 저울에 올라갔다고 하자. 이때 저울이 연산자 역할을 한 것이 되고 사람은 측정되는 함수에 해당되고 체중은 측정된 물리량이 된다.

연산자 A가 열벡터 Ψ에 작용했을 때, 열벡터 Ψ가 갖는 물리량이 a 값인 것으로 측정되면

$$A\Psi = a\Psi$$

인 행렬표현으로 표현할 수 있다. 따라서 이러한 문제를 풀 경우 연산자를 행렬표현으로 나타내어 행렬로 문제를 다루는 것이 편리하다.

복소수를 행렬성분으로 갖는 정방행렬 A의 모든 행렬성분에 켤레 복소수를 취한 행렬인 A^*의 전치행렬인 $(A^*)^T$을 A^+로 나타낸다. 즉 A^+는 A의 켤레전치행렬이다.

$$(A^+)_{ij} = (A^*)^T_{ij} = (A^*)_{ji}$$

여기서 A_{ij}은 행렬 A의 i번째 행, j번째 열의 행렬성분이다.

(a) $A^+ = A$이면 A은 에르미티안 또는 에르미트행렬이라 한다.

$$A_{ij} = (A^+)_{ij} = (A^*)_{ji}$$

그러므로 행렬 A의 주대각선 행렬성분은 실수이어야만 한다.

양자역학에서 자세히 배우겠지만 에르미티안의 고유치인 측정 가능한 물리량은 실수 값을 갖는다. 즉 에너지 연산자, 운동량 연산자, 위치 연산자는 측정 가능한 물리량을 제공하므로 이들 연산자는 모두 에르미트 연산자이다.

(b) 연산자 A가 역행렬을 가질 때 A은 가역행렬이다. 이때 역행렬이 전치행렬과 같을 때, 즉 $A^{-1} = A^T$일 때 행렬 A은 직교행렬이라 한다.

(c) 연산자 U가 $U^+ U = UU^+ = I$일 때, 즉 $U^+ = U^{-1}$을 만족할 때 이 연산자 행렬은 유니타리행렬이라 한다.

위치나 벡터를 나타내는 한 좌표계의 좌표를 다른 좌표계의 좌표로 바꾸는 것을 **좌표변환** (coordinate transformation)이라 한다. 좌표변환 하기 전과 한 후의 좌표계는 같을 수도 있고 다를 수도 있다. 여기서는 회전한 직각좌표계 사이의 좌표변환에 관해 행렬표현을 사용하여 알아본다. 직각좌표계에서 $\vec{A} = A_x \hat{x} + A_y \hat{y} + A_z \hat{z}$인 벡터를 고려하자. 좌표가 회전에 의해 바뀔 경우(변환된 좌표계를 프라임(prime) 좌표계라 하자), 벡터 $\vec{A}$은 다음과 같이 표현될 수 있다.

$$\vec{A} = A_{x'} \hat{x'} + A_{y'} \hat{y'} + A_{z'} \hat{z'} \tag{4.3.1}$$

변환된 좌표계에서 $\vec{A}$의 성분은 다음과 같이 구할 수 있다.

$$\begin{cases} \vec{A} \cdot \hat{x} = A_x \hat{x} \cdot \hat{x} + A_y \hat{y} \cdot \hat{x} + A_z \hat{z} \cdot \hat{x} = A_x \\ \vec{A} \cdot \hat{y} = A_x \hat{x} \cdot \hat{y} + A_y \hat{y} \cdot \hat{y} + A_z \hat{z} \cdot \hat{y} = A_y \qquad (\because \text{식 } (4.3.1)) \\ \vec{A} \cdot \hat{z} = A_x \hat{x} \cdot \hat{z} + A_y \hat{y} \cdot \hat{z} + A_z \hat{z} \cdot \hat{z} = A_z \end{cases}$$

그리고 $\vec{A} = A_x \hat{x} + A_y \hat{y} + A_z \hat{z}$ 이므로 변환된 좌표계에서 $\vec{A}$의 성분은 다음과 같다.

$$\begin{cases} A_{x'} = \vec{A} \cdot \hat{x'} = A_x \hat{x} \cdot \hat{x'} + A_y \hat{y} \cdot \hat{x'} + A_z \hat{z} \cdot \hat{x'} \\ A_{y'} = \vec{A} \cdot \hat{y'} = A_x \hat{x} \cdot \hat{y'} + A_y \hat{y} \cdot \hat{y'} + A_z \hat{z} \cdot \hat{y'} \\ A_{z'} = \vec{A} \cdot \hat{z'} = A_x \hat{x} \cdot \hat{z'} + A_y \hat{y} \cdot \hat{z'} + A_z \hat{z} \cdot \hat{z'} \end{cases}$$

위의 관계식들을 행렬표현으로 나타내면

$$\begin{pmatrix} A_{x'} \\ A_{y'} \\ A_{z'} \end{pmatrix} = \begin{pmatrix} \hat{x} \cdot \hat{x'} & \hat{y} \cdot \hat{x'} & \hat{z} \cdot \hat{x'} \\ \hat{x} \cdot \hat{y'} & \hat{y} \cdot \hat{y'} & \hat{z} \cdot \hat{y'} \\ \hat{x} \cdot \hat{z'} & \hat{y} \cdot \hat{z'} & \hat{z} \cdot \hat{z'} \end{pmatrix} \begin{pmatrix} A_x \\ A_y \\ A_z \end{pmatrix} \qquad (4.3.2)$$

가 된다. 이는 좌표변환 후와 변환 전의 좌표에 관한 관계식이다.

여기서 등식의 오른편에 있는 3×3 행렬을 **변환행렬**(이 경우, 이 변환행렬은 **회전행렬** R에 해당함)이라 한다. 변환행렬의 행렬성분은 변환 전의 좌표축에 대한 변환 후의 좌표축의 방향코사인이다.

아래 그림과 같이 $z-$축을 회전축으로 해서 반시계 방향으로 θ만큼 회전할 경우, $z-$축이 회전축이 되므로 $\hat{z} = \hat{z'}$가 되어

$$\hat{z} \cdot \hat{z'} = \hat{z} \cdot \hat{z} = \cos 0 = 1, \quad \hat{x} \cdot \hat{z'} = \hat{y} \cdot \hat{z'} = \cos \frac{\pi}{2} = 0$$

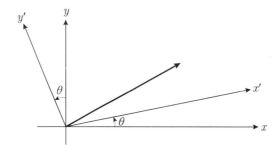

그리고

$$\begin{cases} \hat{x} \cdot \widehat{x} = \cos\theta \\ \hat{y} \cdot \widehat{x} = \cos\left(\dfrac{\pi}{2} - \theta\right) = \sin\theta \\ \hat{z} \cdot \widehat{x} = \hat{z} \cdot \widehat{x} = \cos\dfrac{\pi}{2} = 0 \end{cases}$$

이다.

$$\text{반면에}\quad \begin{cases} \hat{x} \cdot \widehat{y} = \cos\left(\dfrac{\pi}{2} + \theta\right) = -\sin\theta \\ \hat{y} \cdot \widehat{y} = \cos\theta \\ \hat{z} \cdot \widehat{y} = \hat{z} \cdot \widehat{y} = \cos\dfrac{\pi}{2} = 0 \end{cases}$$

이 된다. 이들 결과를 식 (4.3.2)의 변환행렬에 대입하면

$$\therefore \begin{pmatrix} \cos\theta & \sin\theta & 0 \\ -\sin\theta & \cos\theta & 0 \\ 0 & 0 & 1 \end{pmatrix} \equiv R_z(\theta) \tag{4.3.3}$$

여기서 변환행렬을 $R_z(\theta)$로 놓은 것은 z-축을 회전축으로 해서 반시계 방향으로 θ 만큼 회전시켰다는 의미이다.

만약 z-축을 회전축으로 해서 시계 방향으로 θ만큼 회전했을 경우, 식 (4.3.3)에서 θ 대신에 $-\theta$을 대입하면 되므로

$$R_z(-\theta) = \begin{pmatrix} \cos(-\theta) & \sin(-\theta) & 0 \\ -\sin(-\theta) & \cos(-\theta) & 0 \\ 0 & 0 & 1 \end{pmatrix} = \begin{pmatrix} \cos\theta & -\sin\theta & 0 \\ \sin\theta & \cos\theta & 0 \\ 0 & 0 & 1 \end{pmatrix}$$

가 된다.

z-축을 회전축으로 해서 반시계 방향으로 θ만큼 회전한 다음에 다시 시계 방향으로 θ만큼 회전시키면

$$\begin{aligned} R_z(-\theta)R_z(\theta) &= \begin{pmatrix} \cos\theta & -\sin\theta & 0 \\ \sin\theta & \cos\theta & 0 \\ 0 & 0 & 1 \end{pmatrix} \begin{pmatrix} \cos\theta & \sin\theta & 0 \\ -\sin\theta & \cos\theta & 0 \\ 0 & 0 & 1 \end{pmatrix} \\ &= \begin{pmatrix} \cos^2\theta + \sin^2\theta & \cos\theta\sin\theta - \sin\theta\cos\theta & 0 \\ \sin\theta\cos\theta - \cos\theta\sin\theta & \sin^2\theta + \cos^2\theta & 0 \\ 0 & 0 & 1 \end{pmatrix} \\ &= \begin{pmatrix} 1 & 0 & 0 \\ 0 & 1 & 0 \\ 0 & 0 & 1 \end{pmatrix} = 1 \end{aligned}$$

이 되어, 기대한 대로 원래의 좌표계로 돌아오는 것을 알 수 있다.

유사한 방법으로 $x-$ 또는 $y-$축을 회전축으로 해서 시계 방향으로 θ만큼 회전할 때 회전 변환행렬은 각각 다음과 같음을 알 수 있다[34].

$$R_x(-\theta) = \begin{pmatrix} 1 & 0 & 0 \\ 0 & \cos\theta & -\sin\theta \\ 0 & \sin\theta & \cos\theta \end{pmatrix}, \quad R_y(-\theta) = \begin{pmatrix} \cos\theta & 0 & \sin\theta \\ 0 & 1 & 0 \\ -\sin\theta & 0 & \cos\theta \end{pmatrix}$$

위치벡터 $\vec{r} = x\hat{x} + y\hat{y} + z\hat{z}$을 $z-$축을 회전축으로 해서 시계 방향으로 θ만큼 회전했을 경우, 변환된 좌표계에서 좌표는 다음과 같이 표현될 수 있다.

$$\begin{pmatrix} x' \\ y' \\ z' \end{pmatrix} = R_z(-\theta) \begin{pmatrix} x \\ y \\ z \end{pmatrix} = \begin{pmatrix} \cos\theta & -\sin\theta & 0 \\ \sin\theta & \cos\theta & 0 \\ 0 & 0 & 1 \end{pmatrix} \begin{pmatrix} x \\ y \\ z \end{pmatrix}$$

$$\Rightarrow \begin{cases} x' = x\cos\theta - y\sin\theta \\ y' = x\sin\theta + y\cos\theta \\ z' = z \end{cases}$$

회전축은 변하지 않으므로 x와 y 성분만 살펴보자. 이때 회전 변환행렬 $R_z(-\theta)$의 여인수 행렬 C와 이 행렬의 전치행렬 C^T를 구해보면 다음과 같다.

$$C = \begin{pmatrix} C_{11} & C_{12} \\ C_{21} & C_{22} \end{pmatrix} = \begin{pmatrix} (-1)^{1+1}|M_{11}| & (-1)^{1+2}|M_{12}| \\ (-1)^{2+1}|M_{21}| & (-1)^{2+2}|M_{22}| \end{pmatrix} = \begin{pmatrix} \cos\theta & -\sin\theta \\ \sin\theta & \cos\theta \end{pmatrix}$$

$$\Rightarrow |C| = \cos^2\theta + \sin^2\theta = 1 \tag{4.3.4}$$

그리고

$$C^T = \begin{pmatrix} \cos\theta & \sin\theta \\ -\sin\theta & \cos\theta \end{pmatrix} \tag{4.3.5}$$

여인수행렬 C를 편의상 $R(-\theta)$로 놓고 역행렬을 구하는 관계식, $A^{-1} = \dfrac{1}{|A|}C^T$,에 식 (4.3.4)와 (4.3.5)를 대입하면 회전 변환행렬 $R(-\theta)$의 역행렬은

$$R^{-1}(-\theta) = \frac{1}{\cos^2\theta + \sin^2\theta} \begin{pmatrix} \cos\theta & \sin\theta \\ -\sin\theta & \cos\theta \end{pmatrix} = \begin{pmatrix} \cos\theta & \sin\theta \\ -\sin\theta & \cos\theta \end{pmatrix} \tag{4.3.6}$$

---

(34) 증명은 4장의 [연습문제 2]에서 다룹니다.

가 된다.

그리고

$$R^+ = (R^*)^T = \left[\begin{pmatrix} \cos\theta & -\sin\theta \\ \sin\theta & \cos\theta \end{pmatrix} \right]^T = \begin{pmatrix} \cos\theta & \sin\theta \\ -\sin\theta & \cos\theta \end{pmatrix} = R^{-1}$$

$$(\because 식 \ (4.3.6)으로부터)$$

또한

$$R^T = \begin{pmatrix} \cos\theta & \sin\theta \\ -\sin\theta & \cos\theta \end{pmatrix}$$

결과적으로 $R^T = R^{-1}$인 직교행렬 성질을 만족하고, $R^+ = R^{-1}$인 유니타리행렬 성질도 만족한다. 그러므로 회전 변환행렬은 직교행렬이면서 유니타리행렬이다. 직교행렬의 행렬 성분은 실수이므로 직교그룹(group)은 유니타리그룹의 부분그룹이다.

회전 변환행렬의 행렬식이 식 (4.3.4)와 같이 +1이고 직교행렬이므로 이 행렬은 **SO(2) 그룹**[35]이라 한다. 여기서 'S'는 행렬식이 +1인 'Special'을 의미하고 'O'는 직교를 의미하며, '2'는 2×2 행렬임을 의미한다. 회전 변환행렬은 또한 유니타리행렬이므로 **SU(2) 그룹**이기도 하다. 여기서 'U'는 유니타리를 의미한다.

예제 4.9

1장에서 배운 삼각함수에 대한 다음의 관계식을 회전 변환행렬 $R(\theta)$를 사용해서 증명하세요.

$$\begin{cases} \cos(\theta_1 + \theta_2) = \cos\theta_1\cos\theta_2 - \sin\theta_1\sin\theta_2 \\ \sin(\theta_1 + \theta_2) = \sin\theta_1\cos\theta_2 + \cos\theta_1\sin\theta_2 \end{cases}$$

풀이 z-축을 회전축으로 해서 시계 방향으로 θ_1만큼 회전한 후에 계속해서 θ_2만큼 더 회전시킬 경우, 회전 변환행렬로 다음과 같이 표현된다.

$$R_z[-(\theta_1 + \theta_2)] = R_z(-\theta_2) R_z(-\theta_1) \tag{1}$$

여기서 일반적으로 행렬곱은 교환법칙이 성립하지 않으므로 연산하는 순서에 주의해야 한다. 적용하는 연산자의 순서대로 오른쪽에서 왼쪽으로 연산자의 행렬을 표현한 뒤에 행렬곱을 계산해야 한다.

식 (1)에 z-축을 회전축으로 해서 시계 방향으로 회전하는 경우에 대한 회전 변환행렬을 적용하면

---

(35) 회전 변환행렬 SO(2)을 만드는 생성자(generator)의 개념은 4장의 [보충자료 1]을 참고하세요.

변환행렬을 적용하면

$$\begin{pmatrix} \cos(\theta_1+\theta_2) & -\sin(\theta_1+\theta_2) \\ \sin(\theta_1+\theta_2) & \cos(\theta_1+\theta_2) \end{pmatrix} = \begin{pmatrix} \cos\theta_2 & -\sin\theta_2 \\ \sin\theta_2 & \cos\theta_2 \end{pmatrix} \begin{pmatrix} \cos\theta_1 & -\sin\theta_1 \\ \sin\theta_1 & \cos\theta_1 \end{pmatrix}$$

$$= \begin{pmatrix} \cos\theta_1\cos\theta_2 - \sin\theta_1\sin\theta_2 & -\sin\theta_1\cos\theta_2 - \cos\theta_1\sin\theta_2 \\ \cos\theta_1\sin\theta_2 + \sin\theta_1\cos\theta_2 & -\sin\theta_1\sin\theta_2 + \cos\theta_1\cos\theta_2 \end{pmatrix}$$

이 된다.

그러므로 위 식의 좌·우를 비교하면

$$\begin{cases} \cos(\theta_1+\theta_2) = \cos\theta_1\cos\theta_2 - \sin\theta_1\sin\theta_2 \\ \sin(\theta_1+\theta_2) = \sin\theta_1\cos\theta_2 + \cos\theta_1\sin\theta_2 \end{cases}$$

인 삼각함수에 대한 관계식을 얻는다.

회전 변환행렬은 $R(\theta_1+\theta_2) = R(\theta_2+\theta_1)$ 그리고 $R(\theta_1+\theta_2) = R(\theta_2)R(\theta_1)$ [36]의 관계를 만족하기 때문에 다음의 관계가 성립한다.

$$R(\theta_1)R(\theta_2) = R(\theta_2)R(\theta_1)$$

즉 회전 변환행렬의 순서는 결과에 영향을 주지 않는다. 이와 같이 연산에서 교환법칙이 성립하는 그룹을 **아벨리안**(Abelian)그룹 또는 **가환적**(commutative)그룹이라 한다.

3차원 공간에서 강체의 회전운동은 오일러 각(Euler angle)이라 불리는 3개의 연속적인 회전 좌표변환으로 잘 기술된다.

(i) 고정 좌표계(x, y, z)에서 z-축을 회전축으로 해서 반시계 방향으로 ϕ만큼 회전시킨다.

(ii) 회전된 좌표계$(x', y', z' = z)$에서 x'-축을 회전축으로 해서 반시계 방향으로 θ만큼 회전시킨다.

(iii) 회전된 좌표계$(x'' = x', y'', z'')$에서 z''-축을 회전축으로 해서 반시계 방향으로 Ψ만큼 회전시켜서 강체의 좌표계(x_1, x_2, x_3)을 얻는다.

이러한 회전을 회전 변환행렬로 표시하면 다음과 같다.

---

(36) 증명은 4장의 [연습문제 3]에서 다룹니다.

$$R(\phi,\theta,\Psi) = R_{z''}(\Psi)R_{x'}(\theta)R_{z}(\phi)$$

$$= \begin{pmatrix} \cos\Psi & \sin\Psi & 0 \\ -\sin\Psi & \cos\Psi & 0 \\ 0 & 0 & 1 \end{pmatrix}\begin{pmatrix} 1 & 0 & 0 \\ 0 & \cos\theta & \sin\theta \\ 0 & -\sin\theta & \cos\theta \end{pmatrix}\begin{pmatrix} \cos\phi & \sin\phi & 0 \\ -\sin\phi & \cos\phi & 0 \\ 0 & 0 & 1 \end{pmatrix}$$

$$= \begin{pmatrix} \cos\Psi\cos\phi - \cos\theta\sin\Psi\sin\phi & -\sin\Psi\cos\phi - \cos\theta\sin\phi\cos\Psi & \sin\theta\sin\phi \\ \cos\Psi\sin\phi + \cos\theta\sin\phi\sin\Psi & -\sin\phi\sin\Psi + \cos\theta\cos\phi\cos\Psi & -\sin\theta\cos\phi \\ \sin\theta\sin\Psi & \sin\theta\cos\Psi & \cos\theta \end{pmatrix}$$

역학에서 문제를 다룰 때는 위의 행렬이 필요하지 않고 각속도인 $\vec{\omega}$가 필요하다. 이때 각속도는

$$\vec{\omega} = \frac{d\vec{\phi}}{dt} + \frac{d\vec{\theta}}{dt} + \frac{d\vec{\Psi}}{dt} = \dot{\vec{\phi}} + \dot{\vec{\theta}} + \dot{\vec{\Psi}} \tag{4.3.7}$$

로 표현된다.

먼저 위에 기술된 (i)의 회전에 의한 $\vec{\phi}$의 변화는

$$\dot{\phi}_{x'} = 0, \ \dot{\phi}_{y'} = 0 \ \text{그리고} \ \dot{\phi}_{z'} = \dot{\phi}$$

가 되고 (ii)의 회전된 좌표계에서는

$$\begin{pmatrix} \dot{\phi}_{x''} \\ \dot{\phi}_{y''} \\ \dot{\phi}_{z''} \end{pmatrix} = \begin{pmatrix} 1 & 0 & 0 \\ 0 & \cos\theta & \sin\theta \\ 0 & -\sin\theta & \cos\theta \end{pmatrix}\begin{pmatrix} \dot{\phi}_{x'} \\ \dot{\phi}_{y'} \\ \dot{\phi}_{z'} \end{pmatrix} = \begin{pmatrix} 1 & 0 & 0 \\ 0 & \cos\theta & \sin\theta \\ 0 & -\sin\theta & \cos\theta \end{pmatrix}\begin{pmatrix} 0 \\ 0 \\ \dot{\phi} \end{pmatrix} = \begin{pmatrix} 0 \\ \dot{\phi}\sin\theta \\ \dot{\phi}\cos\theta \end{pmatrix}$$

이 되며, 여기에 (iii)의 회전된 좌표계에서는

$$\begin{pmatrix} \dot{\phi}_{x_1} \\ \dot{\phi}_{x_2} \\ \dot{\phi}_{x_3} \end{pmatrix} = \begin{pmatrix} \cos\Psi & \sin\Psi & 0 \\ -\sin\Psi & \cos\Psi & 0 \\ 0 & 0 & 1 \end{pmatrix}\begin{pmatrix} \dot{\phi}_{x''} \\ \dot{\phi}_{y''} \\ \dot{\phi}_{z''} \end{pmatrix} = \begin{pmatrix} \cos\Psi & \sin\Psi & 0 \\ -\sin\Psi & \cos\Psi & 0 \\ 0 & 0 & 1 \end{pmatrix}\begin{pmatrix} 0 \\ \dot{\phi}\sin\theta \\ \dot{\phi}\cos\theta \end{pmatrix}$$

$$= \begin{pmatrix} \dot{\phi}\sin\theta\sin\Psi \\ \dot{\phi}\sin\theta\cos\Psi \\ \dot{\phi}\cos\theta \end{pmatrix} \tag{4.3.8}$$

이 된다. 그리고 (ii)의 회전에 의한 $\vec{\theta}$의 변화는

$$\dot{\theta}_{x''} = \dot{\theta}, \ \dot{\theta}_{y''} = 0 \ \text{그리고} \ \dot{\theta}_{z''} = 0$$

가 되고 (iii)의 회전된 좌표계에서는

$$\begin{pmatrix} \dot{\theta}_{x_1} \\ \dot{\theta}_{x_2} \\ \dot{\theta}_{x_3} \end{pmatrix} = \begin{pmatrix} \cos\Psi & \sin\Psi & 0 \\ -\sin\Psi & \cos\Psi & 0 \\ 0 & 0 & 1 \end{pmatrix} \begin{pmatrix} \dot{\theta}_{x''} \\ \dot{\theta}_{y''} \\ \dot{\theta}_{z''} \end{pmatrix} = \begin{pmatrix} \cos\Psi & \sin\Psi & 0 \\ -\sin\Psi & \cos\Psi & 0 \\ 0 & 0 & 1 \end{pmatrix} \begin{pmatrix} \dot{\theta} \\ 0 \\ 0 \end{pmatrix}$$

$$= \begin{pmatrix} \dot{\theta}\cos\Psi \\ -\dot{\theta}\sin\Psi \\ 0 \end{pmatrix} \tag{4.3.9}$$

이 된다. 유사한 방법으로 (iii)의 회전에 의한 $\vec{\psi}$의 변화는

$$\dot{\Psi}_{x_1} = 0, \quad \dot{\Psi}_{x_2} = 0 \quad \text{그리고} \quad \dot{\Psi}_{x_3} = \dot{\Psi} \tag{4.3.10}$$

가 된다.

식 (4.3.8), (4.3.9) 그리고 (4.3.10)의 결과를 식 (4.3.7)에 대입하면

$$\vec{\omega} = \left(\dot{\phi}_{x_1} + \dot{\theta}_{x_1} + \dot{\Psi}_{x_1}\right)\hat{x}_1 + \left(\dot{\phi}_{x_2} + \dot{\theta}_{x_2} + \dot{\Psi}_{x_2}\right)\hat{x}_2 + \left(\dot{\phi}_{x_3} + \dot{\theta}_{x_3} + \dot{\Psi}_{x_3}\right)\hat{x}_3$$

$$= (\dot{\phi}\sin\theta\sin\Psi + \dot{\theta}\cos\Psi)\hat{x}_1 + (\dot{\phi}\sin\theta\cos\Psi - \dot{\theta}\sin\Psi)\hat{x}_2 + (\dot{\phi}\cos\theta + \dot{\Psi})\hat{x}_3$$

$$\tag{4.3.11}$$

인 강체의 회전 좌표계(x_1, x_2, x_3)에서의 각속도를 얻을 수 있다.

4.4 고유치 방정식

- **고유치 방정식**(eigenvalue equation) $AX = \lambda X$를 푼다는 것은 행렬(또는 연산자) A을 대각화시킨다는 의미이다.

- 행렬 A의 **고유치**(eigenvalue) λ와 이에 대응하는 **고유벡터**(eigenvector) X는 다음과 같은 **특성방정식**(characteristic equation)으로부터 구한다.

$$\det(A - \lambda I) = |A - \lambda I| = 0$$

- 고유벡터 X는 행렬곱 $X^{-1}AX$에 의해 행렬 A를 대각화시킨다.

$X^{-1}AX = \lambda$이며 λ가 대각화된 행렬일 때 정방행렬 A는 대각화될 수 있다고 한다. 이때 행렬 λ의 주대각선 행렬성분들을 고유치라 하며, 이 고유치에 대응하는 열벡터 X를 고유벡터라 한다.

예로서 고유치 λ_1과 λ_2에 대응하는 열벡터를 각각 $X_1 = \begin{pmatrix} x_{11} \\ x_{21} \end{pmatrix}$과 $X_2 = \begin{pmatrix} x_{12} \\ x_{22} \end{pmatrix}$라고 가정하면 고유치와 고유벡터는 행렬로 다음과 같이 표현된다.

$$\lambda = \begin{pmatrix} \lambda_1 & 0 \\ 0 & \lambda_2 \end{pmatrix} \text{ 그리고 } X = \begin{pmatrix} x_{11} & x_{12} \\ x_{21} & x_{22} \end{pmatrix}$$

$X^{-1}AX = \lambda$는 $AX = X\lambda$로 나타낼 수 있고, 이는 다음과 같은 고유치 방정식으로 표현된다.

$$AX = \lambda X \Rightarrow (A - \lambda I)X = 0$$

선형대수학에서 **가역 행렬이론**(invertible matrix theorem)은 위 관계식에서 행렬 $(A - \lambda I)$가 가역적이면 방정식 $(A - \lambda I)X = 0$에서 $X = 0$인 자명해(trivial solution)를 갖는다는 이론이다. 즉 자명해가 아닌 解를 갖기 위해서는 행렬 $(A - \lambda I)$가 비가역적이어야 한다. 이것은 행렬 $(A - \lambda I)$의 행렬식이 0일 때만 만족한다.

$$\det(A - \lambda) = |A - \lambda I| = 0$$

이를 **특성방정식**이라 한다.

그러므로 고유치 방정식 $AX = \lambda X$를 푼다는 것은 행렬 A을 대각화시킨다는 의미이다.

예제 4.10

$A = \begin{pmatrix} 5 & -2 \\ -2 & 2 \end{pmatrix}$일 때 (a) 고유치와 대응하는 고유벡터를 구하고 (b) 고유치에 대응하는 열벡터로 이루어져 있는 행렬 X는 A를 대각화시킴을 보이세요.

풀이 (a) 특성방정식으로부터 다음과 같이 고유치를 구할 수 있다.

$$\begin{vmatrix} 5 - \lambda & -2 \\ -2 & 2 - \lambda \end{vmatrix} = 0 \Rightarrow (\lambda^2 - 7\lambda + 10) - 4 = 0 \Rightarrow (\lambda - 1)(\lambda - 6) = 0$$

$$\therefore \lambda_1 = 1, \ \lambda_2 = 6$$

(i) $\lambda_1 = 1$일 때

$$\begin{pmatrix} 4 & -2 \\ -2 & 1 \end{pmatrix}\begin{pmatrix} x \\ y \end{pmatrix} = 0 \implies 4x - 2y = 0 \implies x = 1,\ y = 2$$

규격화된 고유벡터는

$$a^2 (1\ \ 2)\begin{pmatrix} 1 \\ 2 \end{pmatrix} = 1,\ \ 여기서\ a는\ 규격화\ 상수$$

의 관계를 만족해야 한다. 이로부터

$$5a^2 = 1 \implies a = \frac{1}{\sqrt{5}}$$

을 얻는다.

$$\therefore\ 규격화된\ 고유벡터는\ \ \frac{1}{\sqrt{5}}\begin{pmatrix} 1 \\ 2 \end{pmatrix}$$

(ii) $\lambda_2 = 6$일 때

$$\begin{pmatrix} -1 & -2 \\ -2 & -4 \end{pmatrix}\begin{pmatrix} x \\ y \end{pmatrix} = 0 \implies -x - 2y = 0 \implies x = 2,\ y = -1$$

$$\therefore\ 규격화된\ 고유벡터는\ \ \frac{1}{\sqrt{5}}\begin{pmatrix} 2 \\ -1 \end{pmatrix}$$

(b) 고유치 λ_1과 λ_2에 대응하는 열벡터로 이루어져 있는 행렬은 다음과 같다.

$$X = \begin{pmatrix} \dfrac{1}{\sqrt{5}} & \dfrac{2}{\sqrt{5}} \\ \dfrac{2}{\sqrt{5}} & -\dfrac{1}{\sqrt{5}} \end{pmatrix} = \frac{1}{\sqrt{5}}\begin{pmatrix} 1 & 2 \\ 2 & -1 \end{pmatrix} \implies |X| = -1$$

이때 2×2 행렬의 역행렬을 구하는 관계식인 식 (4.2.13)으로부터

$$X^{-1} = \frac{1}{|X|}\frac{1}{\sqrt{5}}\begin{pmatrix} -1 & -2 \\ -2 & 1 \end{pmatrix}$$

$$= -\frac{1}{\sqrt{5}}\begin{pmatrix} -1 & -2 \\ -2 & 1 \end{pmatrix} = \frac{1}{\sqrt{5}}\begin{pmatrix} 1 & 2 \\ 2 & -1 \end{pmatrix}$$

인 역행렬을 얻는다.
아래의 행렬곱을 계산하면

$$X^{-1}AX = \frac{1}{\sqrt{5}}\begin{pmatrix} 1 & 2 \\ 2 & -1 \end{pmatrix}\begin{pmatrix} 5 & -2 \\ -2 & 2 \end{pmatrix}\frac{1}{\sqrt{5}}\begin{pmatrix} 1 & 2 \\ 2 & -1 \end{pmatrix}$$

$$= \frac{1}{5}\begin{pmatrix} 1 & 2 \\ 2 & -1 \end{pmatrix}\begin{pmatrix} 1 & 12 \\ 2 & -6 \end{pmatrix} = \begin{pmatrix} 1 & 0 \\ 0 & 6 \end{pmatrix} = \begin{pmatrix} \lambda_1 & 0 \\ 0 & \lambda_2 \end{pmatrix}$$

을 얻어 X는 행렬 A를 대각화시키는 행렬이며 고유치 λ_1과 λ_2에 대응하는 열벡터로 이루어져 있는 행렬임을 알 수 있다.

다음의 행렬 A의 고유치와 고유벡터를 구하세요.

$$A = \begin{pmatrix} 1 & 1 & -1 \\ 1 & 1 & 1 \\ 0 & 0 & 2 \end{pmatrix}$$

풀이 특성방정식으로부터

$$\begin{vmatrix} 1-\lambda & 1 & -1 \\ 1 & 1-\lambda & 1 \\ 0 & 0 & 2-\lambda \end{vmatrix} = 0 \implies (2-\lambda)[(1-\lambda)^2 - 1] = 0 \implies \lambda(\lambda-2)^2 = 0$$

$$\implies \lambda = 0, \ 2$$

인 고유치를 얻는다.

(i) $\lambda = 0$인 경우

$$\begin{pmatrix} 1 & 1 & -1 \\ 1 & 1 & 1 \\ 0 & 0 & 2 \end{pmatrix}\begin{pmatrix} x_1 \\ x_2 \\ x_3 \end{pmatrix} = 0 \implies \begin{cases} x_1 + x_2 - x_3 = 0 \\ x_1 + x_2 + x_3 = 0 \implies x_1 = 1, \ x_2 = -1, \ x_3 = 0 \\ x_3 = 0 \end{cases}$$

그러므로 규격화된 고유벡터는 다음과 같다.

$$\frac{1}{\sqrt{2}}\begin{pmatrix} 1 \\ -1 \\ 0 \end{pmatrix}$$

(i) $\lambda = 2$인 경우

$$\begin{pmatrix} -1 & 1 & -1 \\ 1 & -1 & 1 \\ 0 & 0 & 0 \end{pmatrix}\begin{pmatrix} x_1 \\ x_2 \\ x_3 \end{pmatrix} = 0 \implies x_1 - x_2 + x_3 = 0$$

이때 $(x_2, x_3) = (1, 0)$과 $(x_2, x_3) = (0, 1)$로 놓으면

$$(x_1, x_2, x_3) = (1, 1, 0)$$과 $$(x_1, x_2, x_3) = (-1, 0, 1)$$

그러므로 규격화된 고유벡터는 다음과 같다.

$$\frac{1}{\sqrt{2}}\begin{pmatrix} 1 \\ 1 \\ 0 \end{pmatrix} \ \text{그리고} \ \frac{1}{\sqrt{2}}\begin{pmatrix} -1 \\ 0 \\ 1 \end{pmatrix}$$

아래 그림과 같이 질량은 같고 용수철 상수는 다른 용수철들로 이루어져 있고 용수철의 양끝이 고정된 진동자 운동에 관한 행렬관계식이 아래와 같이 주어질 때[37], 이 진동자의 운동에 관해 기술하고 A를 대각화시키는 행렬을 구하세요.

$$A\begin{pmatrix} a_1 \\ a_2 \end{pmatrix} = \lambda \begin{pmatrix} a_1 \\ a_2 \end{pmatrix}$$

여기서 $A = \begin{pmatrix} k_1 + k_2 & -k_2 \\ -k_2 & k_1 + k_2 \end{pmatrix}$인 행렬이고 a_1과 a_2는 각각 질량이 m인 첫 번째 입자와 두 번째 입자의 진동 진폭이다.

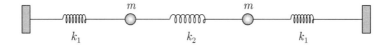

풀이 주어진 행렬관계식으로부터 고유치와 고유벡터를 구해보자.

$$\begin{pmatrix} k_1 + k_2 & -k_2 \\ -k_2 & k_1 + k_2 \end{pmatrix}\begin{pmatrix} a_1 \\ a_2 \end{pmatrix} = \lambda \begin{pmatrix} a_1 \\ a_2 \end{pmatrix} \implies \begin{pmatrix} k_1 + k_2 - \lambda & -k_2 \\ -k_2 & k_1 + k_2 - \lambda \end{pmatrix}\begin{pmatrix} a_1 \\ a_2 \end{pmatrix} = 0 \tag{1}$$

이때 특성방정식으로부터 다음과 같이 고유치를 구할 수 있다.

$$\begin{vmatrix} k_1 + k_2 - \lambda & -k_2 \\ -k_2 & k_1 + k_2 - \lambda \end{vmatrix} = 0 \implies (k_1 - \lambda)(k_1 + 2k_2 - \lambda) = 0$$

$$\implies \lambda_1 = k_1, \ \lambda_2 = k_1 + 2k_2$$

$$\therefore \ \lambda = \begin{pmatrix} k_1 & 0 \\ 0 & k_1 + 2k_2 \end{pmatrix}$$

이제 고유치에 대응하는 고유벡터를 구해보자.

(i) $\lambda_1 = k_1$을 식 (1)에 대입하면

$$\begin{pmatrix} k_1 + k_2 - k_1 & -k_2 \\ -k_2 & k_1 + k_2 - k_1 \end{pmatrix}\begin{pmatrix} a_1 \\ a_2 \end{pmatrix} = 0 \implies \begin{pmatrix} k_2 & -k_2 \\ -k_2 & k_2 \end{pmatrix}\begin{pmatrix} a_1 \\ a_2 \end{pmatrix} = 0$$

$$\implies k_2 a_1 - k_2 a_2 = 0 \implies a_1 = a_2$$

이 되어 고유벡터는 $\begin{pmatrix} 1 \\ 1 \end{pmatrix}$이다.

이때 규격화된 고유벡터 $C\begin{pmatrix} 1 \\ 1 \end{pmatrix}$에서 규격화 상수 C는 다음과 같이 얻을 수 있다.

---

(37) 행렬의 관계식 유도는 [예제 9.14]에서 합니다.

$$|C|^2 (1\ 1)\begin{pmatrix}1\\1\end{pmatrix}=1 \implies |C|^2 2 = 1 \implies C=\frac{1}{\sqrt{2}}$$

$$\therefore \text{ 고유치 } \lambda_1 = k_1 \text{에 대응하는 규격화된 고유벡터는 } \frac{1}{\sqrt{2}}\begin{pmatrix}1\\1\end{pmatrix}$$

이는 두 입자가 같은 방향으로 진동하는 경우에 해당한다.

(ii) $\lambda_2 = (k_1 + 2k_2)$을 식 (1)에 대입하면

$$\begin{pmatrix}k_1+k_2-k_1-2k_2 & -k_2\\ -k_2 & k_1+k_2-k_1-2k_2\end{pmatrix}\begin{pmatrix}a_1\\a_2\end{pmatrix}=0 \implies \begin{pmatrix}-k_2 & -k_2\\ -k_2 & -k_2\end{pmatrix}\begin{pmatrix}a_1\\a_2\end{pmatrix}=0$$

$$\implies -k_2 a_1 - k_2 a_2 = 0 \implies a_1 = -a_2$$

이 되어 고유벡터는 $\begin{pmatrix}1\\-1\end{pmatrix}$이다.

유사한 방법으로 규격화 상수 $\dfrac{1}{\sqrt{2}}$을 얻을 수 있다.

$$\therefore \text{ 고유치 } \lambda_2 = (k_1 + 2k_2)\text{에 대응하는 규격화된 고유벡터는 } \frac{1}{\sqrt{2}}\begin{pmatrix}1\\-1\end{pmatrix}$$

이는 두 입자가 서로 반대 방향으로 진동하는 경우에 해당한다.

이제 방정식 $X^{-1}AX = \lambda$를 만족하는 행렬 X를 구하자. X의 열벡터는 각 고유치에 대응하는 고유벡터이므로

$$X = \frac{1}{\sqrt{2}}\begin{pmatrix}1 & 1\\1 & -1\end{pmatrix}$$

가 되고 이 행렬의 행렬식은 $|X|=-1$이다.

2×2 행렬의 역행렬을 구하는 관계식인 식 (4.2.13)으로부터

$$X^{-1} = \frac{1}{|X|}\frac{1}{\sqrt{2}}\begin{pmatrix}-1 & -1\\-1 & 1\end{pmatrix}=\frac{1}{\sqrt{2}}\begin{pmatrix}1 & 1\\1 & -1\end{pmatrix}$$

이어서

$$X^{-1}AX = \frac{1}{\sqrt{2}}\begin{pmatrix}1 & 1\\1 & -1\end{pmatrix}\begin{pmatrix}k_1+k_2 & -k_2\\ -k_2 & k_1+k_2\end{pmatrix}\frac{1}{\sqrt{2}}\begin{pmatrix}1 & 1\\1 & -1\end{pmatrix}$$

$$= \frac{1}{2}\begin{pmatrix}1 & 1\\1 & -1\end{pmatrix}\begin{pmatrix}k_1 & k_1+2k_2\\k_1 & -k_1-2k_2\end{pmatrix}=\frac{1}{2}\begin{pmatrix}2k_1 & 0\\0 & 2k_1+4k_2\end{pmatrix}$$

$$= \begin{pmatrix}k_1 & 0\\0 & k_1+2k_2\end{pmatrix}$$

이 된다. 그러므로 고유치에 대응하는 고유벡터로 이루어진 행렬 X는 행렬곱 $X^{-1}AX$로 A를 대각화시키고, 대각화된 결과인

$$\lambda = \begin{pmatrix} k_1 & 0 \\ 0 & k_1+2k_2 \end{pmatrix} = \begin{pmatrix} \lambda_1 & 0 \\ 0 & \lambda_2 \end{pmatrix}$$

의 행렬성분이 고유벡터에 대응하는 각 고유치로 이루어진 대각화된 행렬임을 알 수 있다.

예제 4.13

양자역학의 예로서, 해밀토니안[38] H가 다음과 같은 행렬로 표현될 때

$$H = \begin{pmatrix} m_1\cos^2\alpha + m_2\sin^2\alpha & (m_1-m_2)\cos\alpha\sin\alpha \\ (m_1-m_2)\cos\alpha\sin\alpha & m_1\sin^2\alpha + m_2\cos^2\alpha \end{pmatrix}$$

이 해밀토니안의 고유치와 고유벡터를 구하세요. 여기서 $m_1 \neq m_2$라고 가정한다.

풀이 특성방정식으로부터

$$\begin{vmatrix} m_1\cos^2\alpha + m_2\sin^2\alpha - \lambda & (m_1-m_2)\cos\alpha\sin\alpha \\ (m_1-m_2)\cos\alpha\sin\alpha & m_1\sin^2\alpha + m_2\cos^2\alpha - \lambda \end{vmatrix} = 0$$

$$\Rightarrow (m_1\cos^2\alpha + m_2\sin^2\alpha - \lambda)(m_1\sin^2\alpha + m_2\cos^2\alpha - \lambda) - (m_1-m_2)^2\cos^2\alpha\sin^2\alpha = 0$$

$$\Rightarrow m_1m_2\cos^4\alpha + \lambda m_1\cos^2\alpha + m_1m_2\sin^4\alpha - \lambda m_2\sin^2\alpha$$
$$\quad + \lambda^2 - \lambda m_1\sin^2\alpha - \lambda m_2\cos^2\alpha + 2m_1m_2\cos^2\alpha\sin^2\alpha = 0$$

$$\Rightarrow m_1m_2(\cos^2\alpha + \sin^2\alpha)^2 + \lambda^2 - \lambda(m_1+m_2) = 0$$

$$\Rightarrow \lambda^2 - (m_1+m_2)\lambda + m_1m_2 = 0 \Rightarrow (\lambda-m_1)(\lambda-m_2) = 0$$

$$\Rightarrow \lambda_1 = m_1, \ \lambda_2 = m_2$$

$$\therefore \ \lambda = \begin{pmatrix} m_1 & 0 \\ 0 & m_2 \end{pmatrix}$$

인 고유치를 얻는다.
이제 고유치에 대응하는 고유벡터를 구해보자.

(i) $\lambda_1 = m_1$인 경우

$$\begin{pmatrix} m_1\cos^2\alpha + m_2\sin^2\alpha - m_1 & (m_1-m_2)\cos\alpha\sin\alpha \\ (m_1-m_2)\cos\alpha\sin\alpha & m_1\sin^2\alpha + m_2\cos^2\alpha - m_1 \end{pmatrix}\begin{pmatrix} x_1 \\ x_2 \end{pmatrix} = 0$$

$$\Rightarrow x_1(m_1\cos^2\alpha + m_2\sin^2\alpha - m_1) = x_2(m_2 - m_1)\cos\alpha\sin\alpha$$

$$\Rightarrow x_1[m_1(\cos^2\alpha - 1) + m_2\sin^2\alpha] = x_2(m_2 - m_1)\cos\alpha\sin\alpha$$

$$\Rightarrow x_1(-m_1\sin^2\alpha + m_2\sin^2\alpha) = x_2(m_2 - m_1)\cos\alpha\sin\alpha$$

$$\Rightarrow x_1(m_2 - m_1)\sin^2\alpha = x_2(m_2 - m_1)\cos\alpha\sin\alpha$$

$$\Rightarrow x_1\sin\alpha = x_2\cos\alpha$$

$$\therefore\ x_1 = \cos\alpha,\ x_2 = \sin\alpha$$

규격화 상수가 1이므로 고유치에 대응하는 규격화된 고유벡터는 $\begin{pmatrix}\cos\alpha\\\sin\alpha\end{pmatrix}$이다.

(ii) $\lambda_2 = m_2$인 경우

$$\begin{pmatrix} m_1\cos^2\alpha + m_2\sin^2\alpha - m_2 & (m_1 - m_2)\cos\alpha\sin\alpha \\ (m_1 - m_2)\cos\alpha\sin\alpha & m_1\sin^2\alpha + m_2\cos^2\alpha - m_2 \end{pmatrix}\begin{pmatrix}x_1\\x_2\end{pmatrix} = 0$$

$$\Rightarrow x_1(m_1\cos^2\alpha + m_2\sin^2\alpha - m_2) = x_2(m_2 - m_1)\cos\alpha\sin\alpha$$

$$\Rightarrow x_1[m_1\cos^2\alpha + m_2(\sin^2\alpha - 1)] = x_2(m_2 - m_1)\cos\alpha\sin\alpha$$

$$\Rightarrow x_1(m_1\cos^2\alpha - m_2\cos^2\alpha) = x_2(m_2 - m_1)\cos\alpha\sin\alpha$$

$$\Rightarrow -x_1(m_2 - m_1)\cos^2\alpha = x_2(m_2 - m_1)\cos\alpha\sin\alpha$$

$$\Rightarrow -x_1\cos\alpha = x_2\sin\alpha$$

$$\therefore\ x_1 = \sin\alpha,\ x_2 = -\cos\alpha$$

규격화 상수가 1이므로 고유치에 대응하는 규격화된 고유벡터는 $\begin{pmatrix}\sin\alpha\\-\cos\alpha\end{pmatrix}$이다.
그러므로 (i)와 (ii)로부터 고유치 m_1과 m_2에 대응하는 해밀토니안의 고유벡터 행렬은 다음과 같다.

$$X = \begin{pmatrix} \cos\alpha & \sin\alpha \\ \sin\alpha & -\cos\alpha \end{pmatrix}$$

---

(38) 양자역학에서 해밀턴 연산자인 해밀토니안(Hamiltonian)은 계의 운동에너지와 위치에너지의 합에 해당하는 연산자입니다.

4.5 양자역학에서의 디락 표기법[(39)]

- **디락 표기법**
  - $<X|$은 **브라**(bra)벡터 그리고 $|X>$은 **켓**(ket)벡터라 한다.
  - 브라벡터는 행렬표현에서 행벡터 그리고 켓벡터는 행렬표현에서 열벡터에 해당한다.
- 벡터의 내적(inner product): $<A|B> = \int A^*(x)B(x)dx$
- 벡터의 외적(outer product)): $|A><B|$
- 벡터의 **완전성 관계**(completeness relation): $\sum_n |n><n| = 1$
- **유니타리 변환**(unitary transformation), $U^{-1}AU = U^+AU$(여기서 A는 연산자), 에서 길이(norm)가 보존되므로 이 변환은 양자역학에서 중요하다.[(40)]

고유치 방정식 $AX = \lambda X$를 고려할 때, A가 $n \times n$ 정방행렬이면 X의 열벡터는 각 고유치에 대응하는 고유벡터임을 배웠다. 이 열벡터를 $|X>$로 표기할 수 있고, 반면에 행벡터는 열벡터의 전치행렬이므로 $<X|$로 표기한다. 여기서 '$< >$'은 'braket'이므로 $<X|$와 $|X>$는 각각 브라벡터와 켓벡터 부른다. 이러한 벡터표기법을 디락 표기법이라 한다. 이러한 표기법은 디락이 양자역학에서 벡터인 양자상태를 다루기 편하게 사용할 목적으로 고안한 표기법이다.

행벡터 A와 열벡터 B의 행렬곱(여기서 A의 열과 B의 행 수가 같을 경우 행렬곱이 가능함)은 스칼라이기 때문에 A와 B의 내적은 복소수 벡터 공간에서 함수 꼴로는 $\int A^*(x)B(x)dx$로 표기되고 디락 표기법에서는 $<A|B>$로 표기된다. 즉

$$<A|B> = \int A^*(x)B(x)dx = \left[\int B^*(x)A(x)dx\right]^* = <B|A>^*$$

$$\therefore \quad <A|B> = <B|A>^*$$

---

(39) 브라-켓(bra-ket) 표기법이라고도 합니다.

(40) 유니타리 변환 예제는 [예제 4.10]을 참고하세요.

$$A = \begin{pmatrix} a_1 \\ a_2 \\ \vdots \\ a_n \end{pmatrix} \text{ 그리고 } B = \begin{pmatrix} b_1 \\ b_2 \\ \vdots \\ b_n \end{pmatrix} \text{인 경우 } A \text{와 } B \text{의 내적은 다음과 같다.}$$

$$<A|B> = (a_1^* \; a_2^* \cdots\cdots \; a_n^*) \begin{pmatrix} b_1 \\ b_2 \\ \vdots \\ b_n \end{pmatrix} = a_1^* b_1 + a_2^* b_2 + \cdots\cdots + a_n^* b_n = \sum_{i=1}^{n} a_i^* b_i$$

여기서 브라벡터는 켤레 복소수를 갖는 행벡터임을 잊지 말아야 한다.

벡터 A와 벡터 B의 내적이 $<A|B> = 0$일 때 두 벡터는 **직교**(orthogonal)한다고 한다. 그리고

$$<A|A> = a_1^* a_1 + a_2^* a_2 + \cdots\cdots + a_n^* a_n = \sum_i^n |a_i|^2$$

$$\Rightarrow \quad \sqrt{<A|A>} = \|A\| \text{는 벡터 } A \text{의 길이(또는 크기)라 한다.}$$

예로서 3차원 공간에서 벡터 $A = a_x \hat{x} + a_y \hat{y} + a_z \hat{z}$의 길이는 다음과 같다.

$$<A|A> = a_x^2 + a_y^2 + a_z^2 = \|A\|^2 \Rightarrow \|A\| = \sqrt{a_x^2 + a_y^2 + a_z^2}$$

2차원에서 모든 벡터를 표현하는데 사용되는 기저벡터의 성질에 대해 알아보자. 여기서 편의를 위해 $|\hat{x}> = |\hat{x}_1> = |1>$ 그리고 $|\hat{y}> = |\hat{x}_2> = |2>$로 나타내었다.

(i) $<1|1> = (1 \; 0 \; 0) \begin{pmatrix} 1 \\ 0 \\ 0 \end{pmatrix} = 1, \quad <2|2> = (0 \; 1 \; 0) \begin{pmatrix} 0 \\ 1 \\ 0 \end{pmatrix} = 1$

(ii) $<1|2> = (1 \; 0 \; 0) \begin{pmatrix} 0 \\ 1 \\ 0 \end{pmatrix} = 0, \quad <2|2> = (0 \; 1 \; 0) \begin{pmatrix} 1 \\ 0 \\ 0 \end{pmatrix} = 0$

(iii) $|1><1| + |2><2| = \begin{pmatrix} 1 \\ 0 \end{pmatrix} (1 \; 0) + \begin{pmatrix} 0 \\ 1 \end{pmatrix} (0 \; 1) = \begin{pmatrix} 1 & 0 \\ 0 & 1 \end{pmatrix} = 1$

위와 같은 기저벡터의 성질은 $N-$차원까지 일반화될 수 있다.

두 벡터 $\left(\dfrac{1}{\sqrt{2}} \; \dfrac{1}{\sqrt{2}} \right)$와 $\left(-\dfrac{1}{\sqrt{2}} \; \dfrac{1}{\sqrt{2}} \right)$는 위의 (i), (ii) 그리고 (iii)의 성질을 만족하므로 이들 두 벡터 또한 2차원에서 벡터를 표현할 때 기저벡터로 사용될 수 있다.

즉 $|\hat{x}>$와 $|\hat{y}>$만이 2차원에서의 벡터를 표현하기 위해 사용될 수 있는 유일한 기저벡터인 것은 아니다.

예제 4.14

두 벡터가 복소수 벡터 공간에서 $A=\begin{pmatrix}a_1\\a_2\end{pmatrix}$와 $B=\begin{pmatrix}b_1\\b_2\end{pmatrix}$일 때 $<A|B>$와 $<B|A>$를 계산하세요.

풀이

$$<A|B>=\begin{pmatrix}a_1^* & a_2^*\end{pmatrix}\begin{pmatrix}b_1\\b_2\end{pmatrix}=a_1^*b_1+a_2^*b_2$$

$$그리고 \;\; <B|A>=\begin{pmatrix}b_1^* & b_2^*\end{pmatrix}\begin{pmatrix}a_1\\a_2\end{pmatrix}=b_1^*a_1+b_2^*a_2$$

이므로 기대한 대로 다음과 같은 관계식을 얻는다.

$$(<A|B>)^* = \begin{pmatrix}a_1^*b_1+a_2^*b_2\end{pmatrix}^* = a_1b_1^*+a_2b_2^* = b_1^*a_1+b_2^*a_2 = <B|A>$$

임의의 벡터 $|\Psi>=\begin{pmatrix}\alpha_1 & \alpha_2 & \cdots\cdots & \alpha_n\end{pmatrix}$는 다음과 같이 기저벡터로 표현될 수 있다.

$$|\Psi> = \alpha_1|1>+\alpha_2|2>+\cdots\cdots+\alpha_n|n> = \sum_{i=1}^{n}\alpha_i|i> \qquad (3.5.1)$$

여기서 $|i>$는 $<j|i>=\delta_{ji}$를 만족하는 기저벡터이고 $\alpha_i(i=1, 2, \cdots\cdots, n)$는 계수이다.

이때 계수 α_i는 식 (4.5.1)로부터 다음과 같이 구할 수 있다.

$$<j|\Psi> = \sum_i \alpha_i <j|i> = \sum_i \alpha_i \delta_{ji} = \alpha_j \Rightarrow <j|\Psi> = \alpha_j$$

$$\therefore \;\; <n|\Psi> = \alpha_n \qquad (4.5.2)$$

식 (4.5.2)를 (4.5.1)에 대입하면 다음과 같다.

$$|\Psi> = \sum_i <i|\Psi>|i> = \sum_i |i><i|\Psi> \qquad (4.5.3)$$

위 식의 좌·우를 비교하면

$$\therefore \sum_i |i><i|=1, \quad \text{여기서 } |i>\text{는 } <j|i>=\delta_{ji}\text{인 기저벡터} \qquad (4.5.4)$$

인 완전성 관계식을 얻는다.

직각좌표계에서 $\sum_{i=1}^{3} |i><i|$ 를 계산하면 다음과 같다.

$$|\hat{x}><\hat{x}| + |\hat{y}><\hat{y}| + |\hat{z}><\hat{z}| = |1><1| + |2><2| + |3><3|$$

$$= \begin{pmatrix} 1 \\ 0 \\ 0 \end{pmatrix}(1\,0\,0) + \begin{pmatrix} 0 \\ 1 \\ 0 \end{pmatrix}(0\,1\,0) + \begin{pmatrix} 0 \\ 0 \\ 1 \end{pmatrix}(0\,0\,1)$$

$$= \begin{pmatrix} 1\,0\,0 \\ 0\,0\,0 \\ 0\,0\,0 \end{pmatrix} + \begin{pmatrix} 0\,0\,0 \\ 0\,1\,0 \\ 0\,0\,0 \end{pmatrix} + \begin{pmatrix} 0\,0\,0 \\ 0\,0\,0 \\ 0\,0\,1 \end{pmatrix} = \begin{pmatrix} 1\,0\,0 \\ 0\,1\,0 \\ 0\,0\,1 \end{pmatrix}$$

그러므로 기저벡터는 $\sum_i |i><i| = 1$ 인 완전성 관계를 만족함을 알 수 있다.

내적에 상대적으로 $|i><i|$ 는 외적이라 하고 연산자 개념에서는 이를 **투영**(projection) **연산자** P 라 한다. 왜냐하면

$$P^2 = PP = |j><j|i><i| = |j>(\delta_{ji})<i| = \delta_{ji}|j><i| = |i><i| = P$$

인 성질을 갖기 때문이다. 그리고 완전성 관계로부터

$$\sum_i P_i = \sum_i |i><i| = 1$$

이며, 다음과 같이 투영 연산자가 상태벡터 $|\Psi>$ 에 작용하면 특정한 상태에 있는 상태벡터의 계수 α_n 과 이에 대응하는 기저벡터 $|n>$ 로 표현된다.

$$P_n|\Psi> = |n><n|\Psi> = \alpha_n|n> \qquad (4.5.5)$$

기저벡터를 $|1> = \begin{pmatrix} 1 \\ 0 \\ 0 \\ \vdots \end{pmatrix}$, $|2> = \begin{pmatrix} 0 \\ 1 \\ 0 \\ \vdots \end{pmatrix}$, ... 등으로 표현하면 식 (4.5.1)은 다음과 같이

행렬로 표현된다.

$$|\Psi> = \alpha_1|1> + \alpha_2|2> + \alpha_3|3> + \cdots\cdots = \begin{pmatrix} \alpha_1 \\ \alpha_2 \\ \alpha_3 \\ \vdots \end{pmatrix}$$

연산자 A가 상태벡터 $|\Psi>$에 작용하여 다른 상태벡터 $|\varphi>$을 주는 경우

$$A|\Psi> = |\varphi>$$

로 표기된다. 위 식의 왼편에 완전성 관계를 적용하면 다음과 같다.

$$A|\Psi> = A\sum_n |n> < n|\Psi> = \sum_n A|n> < n|\Psi>$$

$$\Rightarrow |\varphi> = \sum_n A|n> < n|\Psi>$$

위 식의 왼편과 오른편에 브라벡터 $<m|$을 곱하면

$$<m|\varphi> = \sum_n <m|A|n> < n|\Psi> \tag{4.5.6}$$

이 된다. 여기서 오른편에 있는 $<n|\Psi> = \alpha_n$인 것과 유사하게 왼편은 $<m|\varphi> = \varphi_m$으로 나타낼 수 있다.

식 (4.5.6)의 오른편에 있는 $<m|A|n>$의 의미를 알아보기 위해서 $<2|A|3>$을 계산해보면

$$<2|A|3> = (0 \quad 1 \quad 0 \quad \cdots\cdots \quad 0) \begin{pmatrix} a_{11} & a_{12} & a_{13} & \cdots & \cdots \\ a_{21} & a_{22} & a_{23} & \cdots & \cdots \\ \vdots & \vdots & \vdots & \ddots & \vdots \\ \vdots & \vdots & \vdots & \ddots & \vdots \\ a_{m1} & a_{m2} & a_{m3} & \cdots & \cdots \end{pmatrix} \begin{pmatrix} 0 \\ 0 \\ 1 \\ \vdots \\ 0 \end{pmatrix}$$

$$= (0 \quad 1 \quad 0 \quad \cdots\cdots \quad 0) \begin{pmatrix} a_{13} \\ a_{23} \\ a_{33} \\ \vdots \\ a_{m3} \end{pmatrix} = a_{23}$$

이 된다.

즉 $<m|A|n>$은 **행렬 A의 m번째 행과 n번째 열의 행렬성분**을 의미한다.

그러므로 식 (4.5.6)은

$$\varphi_m = \sum_n a_{mn}\alpha_n$$

으로 표현된다.

$$\Rightarrow \begin{cases} \varphi_1 = \sum_n a_{1n}\alpha_n = a_{11}\alpha_1 + a_{12}\alpha_2 + a_{13}\alpha_3 + \cdots\cdots \\ \varphi_2 = \sum_n a_{2n}\alpha_n = a_{21}\alpha_1 + a_{22}\alpha_2 + a_{23}\alpha_3 + \cdots\cdots \\ \qquad\qquad\qquad\quad \vdots \end{cases}$$

이 식을 행렬표현으로 나타내면 다음과 같다.

$$\begin{pmatrix} \varphi_1 \\ \varphi_2 \\ \vdots \\ \vdots \end{pmatrix} = \begin{pmatrix} a_{11} & a_{12} & \cdots & \cdots \\ a_{21} & a_{22} & \cdots & \cdots \\ \vdots & \vdots & \ddots & \vdots \\ a_{m1} & a_{m2} & \cdots & \cdots \end{pmatrix} \begin{pmatrix} \alpha_1 \\ \alpha_2 \\ \vdots \\ \vdots \end{pmatrix}$$

예제 4.15

해밀토니안이 다음과 같이 주어지는 계를 고려하자.

$$H = m(|1><1| + |2><2|) + g(|1><2| + |2><1|)$$

여기서 $|1>$과 $|2>$는 기저벡터이고 m과 g는 상수이다. 이 해밀토니안의 고유치와 대응하는 고유벡터를 구하세요.

풀이 해밀토니안을 행렬로 표현하면 다음과 같다.

$$|1><1| = \begin{pmatrix} 1 \\ 0 \end{pmatrix}(1\ \ 0) = \begin{pmatrix} 1 & 0 \\ 0 & 0 \end{pmatrix}, \quad |2><2| = \begin{pmatrix} 0 \\ 1 \end{pmatrix}(0\ \ 1) = \begin{pmatrix} 0 & 0 \\ 0 & 1 \end{pmatrix}$$

$$|1><2| = \begin{pmatrix} 1 \\ 0 \end{pmatrix}(0\ \ 1) = \begin{pmatrix} 0 & 1 \\ 0 & 0 \end{pmatrix}, \quad |2><1| = \begin{pmatrix} 0 \\ 1 \end{pmatrix}(1\ \ 0) = \begin{pmatrix} 0 & 0 \\ 1 & 0 \end{pmatrix}$$

이들을 주어진 해밀토니안의 관계식에 대입하면 다음과 같다.

$$H = m\left\{ \begin{pmatrix} 1 & 0 \\ 0 & 0 \end{pmatrix} + \begin{pmatrix} 0 & 0 \\ 0 & 1 \end{pmatrix} \right\} + g\left\{ \begin{pmatrix} 0 & 1 \\ 0 & 0 \end{pmatrix} + \begin{pmatrix} 0 & 0 \\ 1 & 0 \end{pmatrix} \right\} = \begin{pmatrix} m & g \\ g & m \end{pmatrix}$$

이제 특성방정식으로부터 고유치를 구해보자.

$$\begin{vmatrix} m-\lambda & g \\ g & m-\lambda \end{vmatrix} = 0 \ \Rightarrow \ (\lambda-m)^2 - g^2 = 0 \ \Rightarrow \ (\lambda-m+g)(\lambda-m-g) = 0$$

$$\therefore \ \lambda = m+g \ \text{또는} \ \lambda = m-g$$

(i) 고유치 $\lambda_1 = (m+g)$인 경우

$$\begin{pmatrix} -g & g \\ g & -g \end{pmatrix}\begin{pmatrix} x_1 \\ x_2 \end{pmatrix} = 0 \ \Rightarrow \ -gx_1 + gx_2 = 0 \ \Rightarrow \ x_1 = x_2$$

그러므로 고유치 λ_1에 대응하는 규격화된 고유벡터는 다음과 같다.

$$|\Psi_1> = \frac{1}{\sqrt{2}}\begin{pmatrix} 1 \\ 1 \end{pmatrix}$$

(ii) 고유치 $\lambda_2 = (m-g)$인 경우

$$\begin{pmatrix} g & g \\ g & g \end{pmatrix}\begin{pmatrix} x_1 \\ x_2 \end{pmatrix} = 0 \ \Rightarrow \ x_1 = -x_2$$

그러므로 고유치 λ_2에 대응하는 규격화된 고유벡터는 다음과 같다.

$$|\Psi_2> = \frac{1}{\sqrt{2}}\begin{pmatrix} 1 \\ -1 \end{pmatrix}$$

이때 규격화된 두 벡터의 내적은

$$<\Psi_1|\Psi_2> = \frac{1}{\sqrt{2}}(1\ 1)\frac{1}{\sqrt{2}}\begin{pmatrix} 1 \\ -1 \end{pmatrix} = 0$$

이 된다.

그러므로 **다른 고유치를 갖는 두 고유함수는 서로 직교함을 알 수 있다.**

지금부터는 에르미트 연산자($A^+ = A$)와 유니타리 연산자($A^+ = A^{-1}$)의 중요한 몇 가지 성질에 대해 알아보자.

① 다음의 고유치 방정식을 만족하는 에르미트 연산자 A가 있다고 하자.

$$A|X> = \lambda|X>$$

여기서 $|X>$는 고유치 λ를 갖는 에르미트 연산자 A의 고유벡터이다.

이때

$$< AX|X > = < \lambda X|X > = \lambda^* < X|X > \qquad (4.5.7)$$

이고 위 식의 왼편은

$$< AX|X > = < X|A^+|X > = < X|A|X > \quad (\because \quad A^+ = A)$$
$$= \lambda < X|X > \qquad (4.5.8)$$

이다.

식 (4.5.7)과 (4.5.8)로부터

$$\lambda^* < X|X > = \lambda < X|X > \; \Rightarrow \; (\lambda^* - \lambda) < X|X > = 0$$

을 얻는다. 여기서 $< X|X > \neq 0$이므로 $\lambda = \lambda^*$을 얻는다.

즉 에르미트 연산자의 **고유치는 실수**이다. 측정 가능한 물리량은 실수이므로 이것은 중요한 개념이다. 그리고 연산자의 고유치가 실수이면 이때의 연산자는 에르미트 연산자라는 역정리도 성립한다.

② 특이행렬이 아닌 정방행렬 P가 존재해서 두 정방행렬 A와 B가 다음의 관계를 만족할 때

$$B = P^{-1}AP \qquad (4.5.9)$$

이때 A와 B는 서로 유사하다고 하고 이 변환을 **유사 변환**(similarity transformation)이라 한다.

다음과 같은 유사 변환의 성질을 자세한 증명없이 기술한다.

$$|B| = |P^{-1}||A||P| = |A| \quad (\because \; \det(AB) = (\det A)(\det B))$$

그리고

$$Tr(B) = Tr(P^{-1}AP) = Tr(PP^{-1}A) = Tr(A)$$
$$(\because \; \text{대각합은 행렬의 순서대로 차례로 바꾸어도 상관없으므로})$$

또한

$$|A - \lambda I| = |B - \lambda I|$$

이므로 B의 고유치는 A의 고유치와 같다.[41]

식 (4.5.9)에서 P가 유니타리행렬이면 **유니타리 변환**이라 한다. 유니타리 변환은 기저벡터를 다른 기저벡터로 변환시킨다.

2차원에서 일반적으로 기저벡터로 $|1> = \begin{pmatrix} 1 \\ 0 \end{pmatrix}$, $|2> = \begin{pmatrix} 0 \\ 1 \end{pmatrix}$인 행렬표현으로 나타낸다. 앞에서 $\begin{pmatrix} \dfrac{1}{\sqrt{2}} \\ \dfrac{1}{\sqrt{2}} \end{pmatrix}$와 $\begin{pmatrix} -\dfrac{1}{\sqrt{2}} \\ \dfrac{1}{\sqrt{2}} \end{pmatrix}$도 2차원에서 기저벡터임을 배웠다. 즉 2차원의 어떤 벡터도 이들 기저벡터의 선형 조합으로 표현될 수 있다.

여기서 $\begin{pmatrix} \dfrac{1}{\sqrt{2}} \\ \dfrac{1}{\sqrt{2}} \end{pmatrix} \equiv |\alpha_1>$ 그리고 $\begin{pmatrix} -\dfrac{1}{\sqrt{2}} \\ \dfrac{1}{\sqrt{2}} \end{pmatrix} \equiv |\alpha_2>$으로 놓으면

$$|i> = \sum_{i=1}^{2} |\alpha_i><\alpha_i|i> \quad (\because \text{완전성 관계로부터})$$

$$= \sum_{i=1}^{2} |\alpha_i><i|\alpha_i>^* = \sum_{i=1}^{2} |\alpha_i> U_{i\alpha_i}^* = \sum_{i=1}^{2} |\alpha_i> U_{\alpha_i i}^+ \qquad (4.5.10)$$

여기서 $<i|\alpha_i> = U_{i\alpha_i}$로 놓았다. 즉 U^+는 $|\alpha_i>$를 $|i>$로 변환시킨다.

유사한 방법으로

$$|\alpha_i> = \sum_{i=1}^{2} |i><i|\alpha_i> \quad (\because \text{완전성 관계로부터})$$

$$= \sum_{i=1}^{2} |i> U_{i\alpha_i} \qquad (4.5.11)$$

을 얻는다. 즉 U는 $|i>$를 $|\alpha_i>$로 변환시킨다.

$|i>$와 $|\alpha_i>$는 기저벡터이므로 $\delta_{ij} = <i|j> = <\alpha_i|\alpha_j>$인 관계를 만족한다.

이때

$$\delta_{ij} = <i|j> = \sum_{i=1}^{2} <i|\alpha_i><\alpha_i|j> = \sum_{i=1}^{2} <i|\alpha_i><j|\alpha_i>^*$$

$$= \sum_{i=1}^{2} U_{i\alpha_i} U_{j\alpha_i}^* = \sum_{i=1}^{2} U_{i\alpha_i} U_{\alpha_i j}^+ = (UU^+)_{ij}$$

---

(41) 증명은 4장의 [연습문제 8]에서 다룹니다.

$$\Rightarrow 1 = UU^+ \Rightarrow U^+ = U^{-1}$$

그러므로 U는 유니타리행렬이다. 즉 서로 다른 기저벡터는 유니타리행렬에 의해 서로 변환된다.

이제 기저벡터를 다른 기저벡터로 변환시키는 행렬 U의 행렬성분을 구해보자. $< i|\alpha_i > = U_{i\alpha_i}$로 놓았으므로

$$U_{11} = U_{1\alpha_1} = (1\ 0)\begin{pmatrix} \dfrac{1}{\sqrt{2}} \\ \dfrac{1}{\sqrt{2}} \end{pmatrix} = \frac{1}{\sqrt{2}}, \quad U_{12} = U_{1\alpha_2} = (1\ 0)\begin{pmatrix} -\dfrac{1}{\sqrt{2}} \\ \dfrac{1}{\sqrt{2}} \end{pmatrix} = -\frac{1}{\sqrt{2}},$$

$$U_{21} = U_{2\alpha_1} = (0\quad 1)\begin{pmatrix} \dfrac{1}{\sqrt{2}} \\ \dfrac{1}{\sqrt{2}} \end{pmatrix} = \frac{1}{\sqrt{2}}, \quad U_{22} = U_{2\alpha_2} = (0\ 1)\begin{pmatrix} -\dfrac{1}{\sqrt{2}} \\ \dfrac{1}{\sqrt{2}} \end{pmatrix} = \frac{1}{\sqrt{2}}$$

가 되어 다음과 같은 행렬을 얻는다.

$$U = \begin{pmatrix} U_{11} & U_{12} \\ U_{21} & U_{22} \end{pmatrix} = \begin{pmatrix} \dfrac{1}{\sqrt{2}} & -\dfrac{1}{\sqrt{2}} \\ \dfrac{1}{\sqrt{2}} & \dfrac{1}{\sqrt{2}} \end{pmatrix} \quad \text{그리고} \quad U^+ = U^{*T} = \begin{pmatrix} \dfrac{1}{\sqrt{2}} & \dfrac{1}{\sqrt{2}} \\ -\dfrac{1}{\sqrt{2}} & \dfrac{1}{\sqrt{2}} \end{pmatrix}$$

그리고 식 (4.2.15)로부터 역행렬은

$$U^{-1} = \frac{1}{|U|} C^T = \frac{1}{|U|}\begin{pmatrix} C_{11} & C_{12} \\ C_{21} & C_{22} \end{pmatrix} = \frac{1}{|U|}\begin{pmatrix} |M_{11}| & -|M_{12}| \\ -|M_{21}| & |M_{22}| \end{pmatrix}$$

이 된다. 여기서 C는 행렬 U의 여인수행렬이다. $|U| = 1$이므로 위의 역행렬은

$$U^{-1} = \begin{pmatrix} \dfrac{1}{\sqrt{2}} & \dfrac{1}{\sqrt{2}} \\ -\dfrac{1}{\sqrt{2}} & \dfrac{1}{\sqrt{2}} \end{pmatrix}$$

이 되므로 $U^+ = U^{-1}$의 관계를 얻어 행렬 U는 유니타리행렬임을 알 수 있다. 또한

$$U|1> = \begin{pmatrix} \dfrac{1}{\sqrt{2}} & -\dfrac{1}{\sqrt{2}} \\ \dfrac{1}{\sqrt{2}} & \dfrac{1}{\sqrt{2}} \end{pmatrix}\begin{pmatrix} 1 \\ 0 \end{pmatrix} = \begin{pmatrix} \dfrac{1}{\sqrt{2}} \\ \dfrac{1}{\sqrt{2}} \end{pmatrix} = |\alpha_1> \quad \text{그리고}$$

$$U|2> = \begin{pmatrix} \dfrac{1}{\sqrt{2}} & -\dfrac{1}{\sqrt{2}} \\ \dfrac{1}{\sqrt{2}} & \dfrac{1}{\sqrt{2}} \end{pmatrix}\begin{pmatrix} 0 \\ 1 \end{pmatrix} = \begin{pmatrix} -\dfrac{1}{\sqrt{2}} \\ \dfrac{1}{\sqrt{2}} \end{pmatrix} = |\alpha_2>$$

을 얻어, 유니타리행렬 U는 기저벡터 $|i>$를 기저벡터 $|\alpha_i>$로 변환시키는 행렬임을 알 수 있다.

유사한 방법으로

$$U^+|\alpha_1> = \begin{pmatrix} \dfrac{1}{\sqrt{2}} & \dfrac{1}{\sqrt{2}} \\ -\dfrac{1}{\sqrt{2}} & \dfrac{1}{\sqrt{2}} \end{pmatrix}\begin{pmatrix} \dfrac{1}{\sqrt{2}} \\ \dfrac{1}{\sqrt{2}} \end{pmatrix} = \begin{pmatrix} 1 \\ 0 \end{pmatrix} = |1> \quad \text{그리고}$$

$$U^+|\alpha_2> = \begin{pmatrix} \dfrac{1}{\sqrt{2}} & \dfrac{1}{\sqrt{2}} \\ -\dfrac{1}{\sqrt{2}} & \dfrac{1}{\sqrt{2}} \end{pmatrix}\begin{pmatrix} -\dfrac{1}{\sqrt{2}} \\ \dfrac{1}{\sqrt{2}} \end{pmatrix} = \begin{pmatrix} 0 \\ 1 \end{pmatrix} = |2>$$

가 되어, U^+는 기저벡터 $|\alpha_i>$를 기저벡터 $|i>$로 변환시키는 행렬임을 알 수 있다.

유니타리 연산자 U가 고유치 방정식 $U|X> = \lambda|X>$를 만족한다고 하면

$$\Rightarrow \ <UX|UX> = <\lambda X|\lambda X>$$

$$\Rightarrow \begin{cases} <UU^+X|X> = <X|X> : \text{위 식의 왼편} \\ \lambda^*\lambda <X|X> = |\lambda|^2 <X|X> : \text{위 식의 오른편} \end{cases}$$

$$\Rightarrow \ <X|X> = |\lambda|^2 <X|X>$$

$$\therefore \ |\lambda|^2 = 1 \qquad\qquad\qquad (4.5.12)$$

그러므로 유니타리 연산자의 고유치는 $e^{\pm ix}$ 함수 꼴을 가질 수 있다.

그리고 유니타리행렬 U가 벡터 $|X>$를 $|X'>$으로 변환시킨다면

$$< X'|X' >=< X|U^+U|X >=< X|U^{-1}U|X >=< X|X > \implies \|X'\| = \|X\|$$

이므로 유니타리 변환에 의해 벡터의 길이(norm 또는 크기)는 변하지 않음을 알 수 있다.

예제 4.16

$A = \begin{pmatrix} 5 & -2 \\ -2 & 2 \end{pmatrix}$일 때 유니타리 변환에서 두 벡터의 길이가 보존됨을 보이세요.

(힌트) 길이: $\|A\| = \sqrt{\sum_i \sum_j |a_{ij}|^2}$

풀이 특성방정식으로부터 고유치를 다음과 같이 얻을 수 있다.

$$\begin{vmatrix} 5-\lambda & -2 \\ -2 & 2-\lambda \end{vmatrix} = 0 \implies (\lambda^2 - 7\lambda + 10) - 4 = 0 \implies (\lambda-1)(\lambda-6) = 0$$

$$\therefore \ \lambda_1 = 1, \ \lambda_2 = 6$$

(i) $\lambda_1 = 1$일 때

$$\begin{pmatrix} 4 & -2 \\ -2 & 1 \end{pmatrix}\begin{pmatrix} x \\ y \end{pmatrix} = 0 \implies 4x - 2y = 0 \implies x = 1, \ y = 2$$

$$\therefore \ \text{규격화된 고유벡터는 } \frac{1}{\sqrt{5}}\begin{pmatrix} 1 \\ 2 \end{pmatrix}$$

(ii) $\lambda_2 = 6$일 때

$$\begin{pmatrix} -1 & -2 \\ -2 & -4 \end{pmatrix}\begin{pmatrix} x \\ y \end{pmatrix} = 0 \implies -x - 2y = 0 \implies x = 2, \ y = -1$$

$$\therefore \ \text{규격화된 고유벡터는 } \frac{1}{\sqrt{5}}\begin{pmatrix} 2 \\ -1 \end{pmatrix}$$

행렬 X의 열행렬이 위에서 구한 고유벡터로 이루어진 행렬이라 하면

$X = \frac{1}{\sqrt{5}}\begin{pmatrix} 1 & 2 \\ 2 & -1 \end{pmatrix}$가 되고 2×2 행렬의 역행렬을 구하는 관계식인 식 (4.2.13) 으로부터

$$X^{-1} = \frac{1}{|X|}\frac{1}{\sqrt{5}}\begin{pmatrix} -1 & -2 \\ -2 & 1 \end{pmatrix} = -\frac{1}{\sqrt{5}}\begin{pmatrix} -1 & -2 \\ -2 & 1 \end{pmatrix} = \frac{1}{\sqrt{5}}\begin{pmatrix} 1 & 2 \\ 2 & -1 \end{pmatrix}$$

인 역행렬을 얻는다.

다음의 행렬곱을 계산하면

$$X^{-1}AX = \frac{1}{\sqrt{5}}\begin{pmatrix} 1 & 2 \\ 2 & -1 \end{pmatrix}\begin{pmatrix} 5 & -2 \\ -2 & 2 \end{pmatrix}\frac{1}{\sqrt{5}}\begin{pmatrix} 1 & 2 \\ 2 & -1 \end{pmatrix}$$

$$= \frac{1}{5}\begin{pmatrix} 1 & 2 \\ 2 & -1 \end{pmatrix}\begin{pmatrix} 1 & 12 \\ 2 & -6 \end{pmatrix} = \begin{pmatrix} 1 & 0 \\ 0 & 6 \end{pmatrix} = \begin{pmatrix} \lambda_1 & 0 \\ 0 & \lambda_2 \end{pmatrix}$$

을 얻어 X는 행렬 A을 대각화시키는 행렬이며 고유치 λ_1과 λ_2에 대응하는 열벡터로 이루어져 있는 행렬임을 알 수 있다. 즉 **정방행렬 A의 고유치에 대응하는 고유벡터를 열행렬로 갖는 정방행렬 X는 행렬 A를 대각화시키며 대각화된 행렬의 행렬성분은 고유벡터에 대응하는 고유치가 된다.**
그리고

$$X^+ = \frac{1}{\sqrt{5}}\begin{pmatrix} 1 & 2 \\ 2 & -1 \end{pmatrix}$$

이다. $X^+ = X$이므로 X는 에르미트행렬이며 또한 $X^+ = X^{-1}$이므로 X는 유니타리행렬이기도 하다.
이때 유니타리 변환은

$$A' = X^+AX = X^{-1}AX = \frac{1}{\sqrt{5}}\begin{pmatrix} 1 & 2 \\ 2 & -1 \end{pmatrix}\begin{pmatrix} 5 & -2 \\ -2 & 2 \end{pmatrix}\frac{1}{\sqrt{5}}\begin{pmatrix} 1 & 2 \\ 2 & -1 \end{pmatrix}$$

$$= \frac{1}{5}\begin{pmatrix} 1 & 2 \\ 2 & -1 \end{pmatrix}\begin{pmatrix} 1 & 12 \\ 2 & -6 \end{pmatrix} = \begin{pmatrix} 1 & 0 \\ 0 & 6 \end{pmatrix}$$

이 된다.
A의 길이는 $\|A\| = \sqrt{5^2 + (-2)^2 + (-2)^2 + 2^2} = 37$이고 유니타리 변환 후의 A' 길이는 $\|A\| = \sqrt{1^2 + 6^2} = 37$이어서 두 벡터의 길이가 같음을 알 수 있다. 즉 유니타리 변환 전·후의 행렬의 길이는 보존된다.

예제 4.17

z-축을 회전축으로 해서 시계 방향으로 θ만큼 회전시키는 회전 변환행렬은 유니타리행렬임을 배웠다. 이때 유니타리 변환 전·후의 벡터의 길이는 보존됨을 보이세요.

풀이 벡터 $X = x\hat{x} + y\hat{y}$는 회전하기 전에는 다음과 같은 길이를 갖는다.

$$<X|X> = (x \quad y)\begin{pmatrix} x \\ y \end{pmatrix} = x^2 + y^2$$

$$\Rightarrow \quad \sqrt{<X|X>} = \sqrt{x^2 + y^2}$$

회전 후에는 $|X'> = R_z(-\theta)|X>$이므로

$$|X'> = \begin{pmatrix} \cos\theta & -\sin\theta \\ \sin\theta & \cos\theta \end{pmatrix}\begin{pmatrix} x \\ y \end{pmatrix} = \begin{pmatrix} x\cos\theta - y\sin\theta \\ x\sin\theta + y\cos\theta \end{pmatrix}$$

$$\Rightarrow <X'|X'> = (x\cos\theta - y\sin\theta \quad x\sin\theta + y\cos\theta)\begin{pmatrix} x\cos\theta - y\sin\theta \\ x\sin\theta + y\cos\theta \end{pmatrix} = x^2 + y^2$$

$$\Rightarrow \sqrt{<X'|X'>} = \sqrt{x^2 + y^2}$$

즉 유니타리 변환에서 길이는 보존된다.

예제 4.18

시간변화(time-evolution) 연산자는 $e^{-\frac{i}{\hbar}Ht}$ 이다.[42] 여기서 H는 $H = -\frac{\hbar^2}{2m}\nabla^2$인 자유입자에 대한 해밀토니안이다. 시간변화 연산자가 유니타리 연산자임을 보이세요.

풀이 먼저 해밀토니안이 에르미티안 임을 보이자.

1차원의 $[0, a]$ 구간에서 움직이는 질량 m의 자유입자의 경우, 해밀토니안은 다음과 같다.

$$H = -\frac{\hbar^2}{2m}\nabla^2 \xrightarrow{\text{1차원}} H = -\frac{\hbar^2}{2m}\frac{d^2}{dx^2}$$

같은 경계조건을 만족하는 두 함수 $f(x)$와 $g(x)$에 대해서 다음을 계산하면

$$<f(x)|Hg(x)> = -\frac{\hbar^2}{2m}\int_0^a f^*(x)\frac{d}{dx}\left[\frac{dg(x)}{dx}\right]dx$$

$$= -\frac{\hbar^2}{2m}\left[f^*(x)\frac{dg(x)}{dx}\right]_{x=0}^{x=a} + \frac{\hbar^2}{2m}\int_0^a \frac{df^*(x)}{dx}\frac{dg(x)}{dx}dx$$

이다. 위 식의 오른편의 첫 항은 경계조건 $f^*(0) = f^*(a) = 0$에 의해 0이다. 그래서 위 식은

$$<f(x)|Hg(x)> = \frac{\hbar^2}{2m}\int_0^a \frac{df^*(x)}{dx}\frac{dg(x)}{dx}dx$$

이 된다. 이 식의 오른편에 한 번 더 부분적분을 적용하면 다음과 같다.

$$<f(x)|Hg(x)> = \frac{\hbar^2}{2m}\left[\frac{df^*(x)}{dx}g(x)\right]_{x=0}^{x=a} - \frac{\hbar^2}{2m}\int_0^a \frac{d^2f^*(x)}{dx^2}g(x)dx$$

---

[42] $H\Psi = E\Psi \xleftarrow[E \to i\hbar\frac{\partial}{\partial t}]{\text{양자화}} i\hbar\frac{d\Psi(t)}{dt} = H\Psi(t) \Rightarrow \frac{d\Psi(t)}{\Psi(t)} = -\frac{i}{\hbar}Hdt \Rightarrow \Psi(t) = e^{-\frac{i}{\hbar}Ht}\Psi(0)$

위 식의 오른편의 첫 항은 경계조건 $g(0) = g(a) = 0$에 의해 0이므로

$$< f(x)|Hg(x) > = \int_0^a \left[-\frac{\hbar^2}{2m} \frac{d^2 f^*(x)}{dx^2} \right] g(x) dx$$

$$= \int_0^a \left[Hf^*(x) \right] g(x) dx$$

$$= < H^* f(x)|g(x) > = < f(x)|H^+ g(x) >$$

$\therefore$ $H^+ = H$이므로 해밀토니안 H는 에르미트 연산자이다.

그러므로 시간변화 연산자 $e^{-\frac{i}{\hbar}Ht}$의 켤레전치 연산자는

$$\left(e^{-\frac{i}{\hbar}Ht} \right)^+ = e^{+\frac{i}{\hbar}H^+ t} = e^{+\frac{i}{\hbar}Ht}$$

이고, $e^{-\frac{i}{\hbar}Ht} e^{+\frac{i}{\hbar}Ht} = 1$이므로 $e^{+\frac{i}{\hbar}Ht}$은 시간변화 연산자의 역행렬이다. 즉 에르미티안 켤레 연산자는 역행렬 연산자와 같다. 그러므로 시간변화 연산자는 유니타리 연산자이다.

---

z-축을 회전축으로 해서 시계 방향으로 θ만큼 회전시킬 때의 회전 변환연산자 $R_z(-\theta)$의 고유치를 구하세요.

풀이 이때의 특성방정식로부터 다음과 같이 고유치를 구할 수 있다.

$$\begin{vmatrix} \cos\theta - \lambda & -\sin\theta \\ \sin\theta & \cos\theta - \lambda \end{vmatrix} = 0 \Rightarrow (\lambda - \cos\theta)^2 + \sin^2\theta = 0$$

$$\Rightarrow \lambda^2 - (2\cos\theta)\lambda + 1 = 0$$

$$\Rightarrow \lambda = \cos\theta \pm \sqrt{\cos^2\theta - 1} = \cos\theta \pm i\sin\theta = e^{\pm i\theta}$$

즉 회전 변환행렬이 유니타리행렬임을 알고 있고, 구한 고유치 λ가 유니타리의 결과인 식 (4.5.12) ($|\lambda|^2 = 1$)를 만족함을 알 수 있다.

이차곡선(conic section)의 일반식은 $ax^2 + bxy + cy^2 + dx + ey + f = 0$이다. 이때 판별식 $b^2 - 4ac$가 음수, 0 또는 양수일 때 이차곡선은 각각 타원, 포물선, 또는 쌍곡선 방정식에 대응함을 보이세요.

풀이 좌표변환을 이용하여 이차곡선에 있는 교차항인 bxy 항을 없애는 것이 중요하다.

$$ax^2 + bxy + cy^2 + dx + ey + f = 0$$

$$\Rightarrow ax^2 + \frac{b}{2}xy + \frac{b}{2}xy + cy^2 + dx + ey + f = 0$$

$$\Rightarrow x\left(ax + \frac{b}{2}y\right) + y\left(\frac{b}{2}x + cy\right) + dx + ey + f = 0$$

$$\Rightarrow (x\ y)\begin{pmatrix} a & \dfrac{b}{2} \\ \dfrac{b}{2} & c \end{pmatrix}\begin{pmatrix} x \\ y \end{pmatrix} + (d\ e)\begin{pmatrix} x \\ y \end{pmatrix} + f = 0 \qquad (1)$$

여기서

$$X = \begin{pmatrix} x \\ y \end{pmatrix}, \quad Q = \begin{pmatrix} a & \dfrac{b}{2} \\ \dfrac{b}{2} & c \end{pmatrix} \ \text{그리고} \ K = (d\ e)$$

로 놓으면 식 (1)은 행렬로 다음과 같이 표현된다.

$$X^T Q X + K X + f = 0 \qquad (2)$$

이제 교차항을 없애기 위해 행렬 Q를 대각화시키는 행렬 P를 구해보자. 즉 다음의 고유치 방정식을 풀어보자.

$$QP = \lambda P, \ \text{여기서} \ \lambda \text{는 대각화된 행렬} \ \Rightarrow \ (Q - \lambda)P = 0$$

이때 특성방정식으로부터

$$\begin{vmatrix} a - \lambda & \dfrac{b}{2} \\ \dfrac{b}{2} & c - \lambda \end{vmatrix} = 0 \ \Rightarrow \ (\lambda - c)(\lambda - a) - \frac{b^2}{4} = 0 \ \Rightarrow \ \lambda^2 - (a+c)\lambda + ac - \frac{b^2}{4} = 0$$

$$\Rightarrow \lambda_{1,2} = \frac{(a+c) \pm \sqrt{(a+c)^2 - 4(ac - b^2/4)}}{2}$$

$$\Rightarrow \begin{cases} \lambda_1 = \dfrac{(a+c) + \sqrt{(a-c)^2 + b^2}}{2} \\ \lambda_2 = \dfrac{(a+c) - \sqrt{(a-c)^2 + b^2}}{2} \end{cases}$$

인 고유치를 얻는다. 이제 고유치 λ_1과 λ_2에 각각 대응하는 규격화된 고유벡터 $\begin{pmatrix} p_{11} \\ p_{21} \end{pmatrix}$과 $\begin{pmatrix} p_{12} \\ p_{22} \end{pmatrix}$을 구해보자.

(i) λ_1인 경우

$$\left[a - \frac{(a+c) + \sqrt{(a-c)^2 + b^2}}{2}\right]p_{11} + \frac{b}{2}p_{21} = 0$$

$$\Rightarrow \left[(a-c) - \sqrt{(a-c)^2 + b^2}\right]p_{11} = -bp_{21}$$

인 관계식을 얻어서

$$p_{11} = (a-c) + \sqrt{(a-c)^2 + b^2} \ \ \text{그리고} \ \ p_{21} = b$$

이 되어서, 규격화된 고유벡터는

$$\begin{pmatrix} p_{11} \\ p_{21} \end{pmatrix} = \frac{1}{\sqrt{\left[(a-c) + \sqrt{(a-c)^2 + b^2}\right]^2 + b^2}} \begin{pmatrix} (a-c) + \sqrt{(a-c)^2 + b^2} \\ b \end{pmatrix}$$

이 된다. 여기서 p_{11}과 p_{21}은 고유치 λ_1에 대응하는 고유벡터인 열벡터의 행렬 성분이다.

(ii) λ_2인 경우

$$\left[a - \frac{(a+c) - \sqrt{(a-c)^2 + b^2}}{2}\right]p_{12} + \frac{b}{2}p_{22} = 0$$

$$\Rightarrow [(a-c) + \sqrt{(a-c)^2 + b^2}]p_{12} = -bp_{22}$$

인 관계식을 얻어서

$$p_{12} = -b \ \ \text{그리고} \ \ p_{22} = (a-c) + \sqrt{(a-c)^2 + b^2}$$

이 되어서, 규격화된 고유벡터는

$$\begin{pmatrix} p_{12} \\ p_{22} \end{pmatrix} = \frac{1}{\sqrt{\left[(a-c) + \sqrt{(a-c)^2 + b^2}\right]^2 + b^2}} \begin{pmatrix} -b \\ (a-c) + \sqrt{(a-c)^2 + b^2} \end{pmatrix}$$

이 된다. 여기서 p_{12}와 p_{22}는 고유치 λ_2에 대응하는 고유벡터인 열벡터의 행렬 성분이다.

행렬 Q를 대각화시키는 행렬 P는 (i)과 (ii)로부터 구한 고유벡터로 이루어진 행렬이다.

$$P = \begin{pmatrix} p_{11} & p_{12} \\ p_{21} & p_{22} \end{pmatrix}$$

여기서 위에서 구한 행렬성분으로부터

$$p_{11}p_{22} = \frac{\left[(a-c) + \sqrt{(a-c)^2 + b^2}\,\right]^2}{\left[(a-c) + \sqrt{(a-c)^2 + b^2}\,\right]^2 + b^2}$$

그리고

$$p_{12}p_{21} = \frac{-b^2}{\left[(a-c) + \sqrt{(a-c)^2 + b^2}\,\right]^2 + b^2}$$

이므로 행렬 P의 행렬식을 계산하면

$$|P| = p_{11}p_{22} - p_{12}p_{21} = 1$$

을 얻는다.

회전 변환행렬의 행렬식이 1임을 알고 있다. 이로부터 $X = PX'$의 회전 변환행렬을 고려해 볼 수 있다. 이 변환을 식 (2)에 대입하면

$$(PX')^T Q(PX') + K(PX') + f = 0$$

$$\Rightarrow (X')^T P^T Q P X' + (KP)X' + f = 0 \tag{3}$$

가 된다. 위 식의 $P^T Q P$를 계산해보자.

$$P^T = \begin{pmatrix} p_{11} & p_{21} \\ p_{12} & p_{22} \end{pmatrix}$$

$$= \frac{1}{\sqrt{[(a-c) + \sqrt{(a-c)^2 + b^2}\,]^2 + b^2}} \begin{pmatrix} (a-c) + \sqrt{(a-c)^2 + b^2} & b \\ -b & (a-c) + \sqrt{(a-c)^2 + b^2} \end{pmatrix}$$

그리고 $P^T = P^+$이고 2×2 행렬의 역행렬을 구하는 식 (4.2.13)으로부터

$$P^{-1}$$

$$= \frac{1}{\sqrt{\left[(a-c) + \sqrt{(a-c)^2 + b^2}\,\right]^2 + b^2}} \begin{pmatrix} (a-c) + \sqrt{(a-c)^2 + b^2} & b \\ -b & (a-c) + \sqrt{(a-c)^2 + b^2} \end{pmatrix}$$

$$\therefore \ P^+ = P^{-1}$$

즉 P는 유니타리행렬이다. 유니타리 변환은 행렬 Q를 대각화시키므로 다음과 같이 된다.

$$P^+ Q P = \begin{pmatrix} \lambda_1 & 0 \\ 0 & \lambda_2 \end{pmatrix}$$

이 결과를 식 (3)에 대입하면 방정식은 회전된 계에서

$$(x'\ y') \begin{pmatrix} \lambda_1 & 0 \\ 0 & \lambda_2 \end{pmatrix} \begin{pmatrix} x' \\ y' \end{pmatrix} + (d\ e) \begin{pmatrix} p_{11} & p_{12} \\ p_{21} & p_{22} \end{pmatrix} \begin{pmatrix} x' \\ y' \end{pmatrix} + f = 0$$

$$\Rightarrow \lambda_1 x'^2 + \lambda_2 y'^2 + dp_{11}x' + dp_{12}y' + ep_{21}x' + ep_{22}y' + f = 0$$

$$\Rightarrow \lambda_1 x'^2 + \lambda_2 y'^2 + (dp_{11} + ep_{21})x' + (dp_{12} + ep_{22})y' + f = 0 \tag{4}$$

이 되어, 좌표계를 회전함으로써 이차곡선에서 교차항이 없어졌음을 알 수 있다.

여기서

$$\lambda_1 \left[x'^2 + \frac{(dp_{11} + ep_{21})}{\lambda_1} x' \right]$$

$$= \lambda_1 \left[x'^2 + \frac{(dp_{11} + ep_{21})}{\lambda_1} x' + \frac{(dp_{11} + ep_{21})^2}{4\lambda_1^2} - \frac{(dp_{11} + ep_{21})^2}{4\lambda_1^2} \right]$$

$$= \lambda_1 \left(x' + \frac{dp_{11} + ep_{21}}{2\lambda_1} \right)^2 - \frac{(dp_{11} + ep_{21})^2}{4\lambda_1}$$

이고 y'에 대해서도 이와 유사한 방법을 적용하면 식 (4)는 다음과 같이 표현된다.

$$\lambda_1 \left(x' + \frac{dp_{11} + ep_{21}}{2\lambda_1} \right)^2 + \lambda_2 \left(y' + \frac{dp_{12} + ep_{22}}{2\lambda_2} \right)^2$$

$$= \left(\frac{dp_{11} + ep_{21}}{2\sqrt{\lambda_1}} \right)^2 + \left(\frac{dp_{12} + ep_{22}}{2\sqrt{\lambda_2}} \right)^2 - f$$

그리고

$$\lambda_1 \lambda_2 = \frac{(a+c)^2 - [(a-c)^2 + b^2]}{4} = \frac{4ac - b^2}{4} = \frac{-(b^2 - 4ac)}{4}$$

이 값이 양수, 음수, 0이면 각각 타원, 쌍곡선, 포물선에 대응한다. 즉 판별식 $(b^2 - 4ac)$가 음수, 양수, 0이면 이차방정식은 타원$\left(\dfrac{X^2}{A^2} + \dfrac{Y^2}{B^2} = C \right)$, 쌍곡선 $\left(\dfrac{X^2}{A^2} - \dfrac{Y^2}{B^2} = C \right)$ 그리고 포물선$(AY^2 + BY + C = 0)$에 해당된다.

타원　　　　　포물선　　　　　쌍곡선

이차곡선 $ax^2 + bxy + cy^2 + dx + ey + f = 0$에 대해

- $b^2 - 4ac < 0$이면 타원 ($a = c$인 경우는 원)
- $b^2 - 4ac > 0$이면 쌍곡선
- $b^2 - 4ac = 0$이면 포물선

예제 4.21

2차원 등방성 진동자에 대한 이차방정식 $\dfrac{x^2}{A^2} - 2\dfrac{\cos\Delta}{AB}xy + \dfrac{y^2}{B^2} = \sin^2\Delta$이 타원 방정식임을 증명하세요.

풀이 주어진 방정식은 $a = \dfrac{1}{A^2}$, $b = -2\dfrac{\cos\Delta}{AB}$, $c = \dfrac{1}{B^2}$에 해당하므로

이때의 판별식 $b^2 - 4ac$는 다음과 같다.

$$\left(-2\frac{\cos\Delta}{AB}\right)^2 - 4\frac{1}{A^2}\frac{1}{B^2} = \frac{4\cos^2\Delta - 4}{A^2B^2} = \frac{4(\cos^2\Delta - 1)}{A^2B^2} = -\left(\frac{2\sin\Delta}{AB}\right)^2$$

이 결과는 항상 음수이다. 결과적으로 주어진 이차 방정식은 타원 방정식이다.

z-축을 회전축으로 해서 반시계 방향으로 θ만큼 회전할 때의 회전 변환행렬은 다음과 같음을 배웠다.

$$R_z(\theta) = \begin{pmatrix} \cos\theta & \sin\theta \\ -\sin\theta & \cos\theta \end{pmatrix} \tag{1}$$

다음과 같이 정의된 특별한 2×2 행렬 g_2를 고려하자.

$$g = \begin{pmatrix} 0 & -i \\ i & 0 \end{pmatrix} \Rightarrow g^2 = \begin{pmatrix} 0 & -i \\ i & 0 \end{pmatrix}\begin{pmatrix} 0 & -i \\ i & 0 \end{pmatrix} = \begin{pmatrix} 1 & 0 \\ 0 & 1 \end{pmatrix} = 1 \tag{2}$$

이때 식 (1)은

$$\begin{aligned}
R_z(\theta) &= \begin{pmatrix} \cos\theta & \sin\theta \\ -\sin\theta & \cos\theta \end{pmatrix} = \begin{pmatrix} \cos\theta & 0 \\ 0 & \cos\theta \end{pmatrix} + \begin{pmatrix} 0 & \sin\theta \\ -\sin\theta & 0 \end{pmatrix} \\
&= \cos\theta\begin{pmatrix} 1 & 0 \\ 0 & 1 \end{pmatrix} + i\sin\theta\begin{pmatrix} 0 & -i \\ i & 0 \end{pmatrix} = \cos\theta + ig\sin\theta \\
&= \left(1 - \frac{\theta^2}{2!} + \frac{\theta^4}{4!} - \cdots\cdots\right) + ig\left(\theta - \frac{\theta^3}{3!} + \frac{\theta^5}{5!} - \cdots\cdots\right)
\end{aligned}$$

$$(\because \text{[예제 6.14]와 [예제 6.15]로부터})$$

$$\begin{aligned}
&= 1 + \frac{(i\theta)^2}{2!} + \frac{(i\theta)^4}{4!} - \cdots\cdots + ig\theta + g\frac{(i\theta)^3}{3!} + g\frac{(i\theta)^5}{5!} - \cdots\cdots \\
&= 1 + ig\theta + \frac{(i\theta)^2}{2!} + g\frac{(i\theta)^3}{3!} + \frac{(i\theta)^4}{4!} + g\frac{(i\theta)^5}{5!} + \cdots\cdots\cdots \\
&= 1 + ig\theta + \frac{(ig\theta)^2}{2!} + \frac{(ig\theta)^3}{3!} + \frac{(ig\theta)^4}{4!} + \frac{(ig\theta)^5}{5!} + \cdots\cdots\cdots
\end{aligned}$$

$$(\because \text{식 (2)로부터})$$

$$= e^{i\theta g}$$

$$\therefore \quad R_z(\theta) = e^{i\theta g} \tag{3}$$

이 되어 행렬 g_2은 회전 변환행렬을 만들 수 있어서 SO(2)에 대한 회전 생성자라 한다.

또한 회전행렬이 지수함수 꼴로 표현될 수 있으므로

$$R_z(\theta_1 + \theta_2) = e^{i(\theta_1 + \theta_2)g} = e^{i\theta_1 g}e^{i\theta_2 g} = R_z(\theta_1)R_z(\theta_2)$$

가 됨을 알 수 있다. 즉 z-축을 회전축으로 해서 반시계 방향으로 θ_2만큼 회전한 후에 또 반시계 방향으로 θ_1만큼 회전한 것은 한 번에 $(\theta_1 + \theta_2)$만큼 회전한 것과 같다.

01 양자역학에서 나오는 아래 그림의 네모난 포텐셜(barrier potential) 문제에서

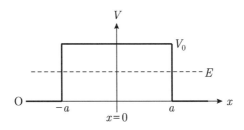

영역 $x < -a$, $-a < x < a$ 그리고 $x > a$에서의 입자의 파동함수를 구하는 데 필요한 관계식은 다음과 같이 주어진다.[43]

$$\begin{cases} A_+ e^{-ika} + A_- e^{ika} = B_+ e^{-\kappa a} + B_- e^{\kappa a} \\ B_+ e^{\kappa a} + B_- e^{-\kappa a} = C_+ e^{ika} + C_- e^{-ika} \end{cases}$$

그리고
$$\begin{cases} ikA_+ e^{-ika} - ikA_- e^{ika} = \kappa B_+ e^{-\kappa a} - \kappa B_- e^{\kappa a} \\ \kappa B_+ e^{\kappa a} - \kappa B_- e^{-\kappa a} = ikC_+ e^{ika} - ikC_- e^{-ika} \end{cases}$$

위 관계식에서 B_+와 B_-을 행렬을 사용하여 소거하는 방법을 제시하세요.

02 $x-$ 또는 $y-$축을 회전축으로 해서 시계 방향으로 θ만큼 회전할 때 회전 변환행렬이 각 각 다음과 같음을 보이세요.

$$R_x(-\theta) = \begin{pmatrix} 1 & 0 & 0 \\ 0 & \cos\theta & -\sin\theta \\ 0 & \sin\theta & \cos\theta \end{pmatrix}, \quad R_y(-\theta) = \begin{pmatrix} \cos\theta & 0 & \sin\theta \\ 0 & 1 & 0 \\ -\sin\theta & 0 & \cos\theta \end{pmatrix}$$

03 $z-$축을 회전축으로 해서 반시계 방향으로 θ_1만큼 회전한 후에 계속해서 반시계 방향으로 θ_2만큼 더 회전을 시킬 경우에 회전 변환행렬이 다음의 관계식을 만족함을 보이세요.

$$R(\theta_1 + \theta_2) = R(\theta_2)R(\theta_1)$$

---

(43) 자세한 유도 과정은 양자역학(박환배 저) 114~115쪽을 참고하세요.

04 식 (4.3.11)은 회전 좌표계에서의 각속도를 표현한 것이다. 고정 좌표계(x,y,z)에서 각속도를 구하세요.

05 다음의 행렬이 유니타리행렬임을 보이세요.

$$A = \frac{1}{5}\begin{pmatrix} 3 & 4i \\ 4i & 3 \end{pmatrix}$$

06 [예제 4.13]의 결과로부터 해밀토니안 H를 대각화하는 행렬을 구하고 대각화된 행렬의 행렬성분을 구하세요.

07 다음의 행렬 A의 고유치와 고유벡터를 구하세요.

$$A = \begin{pmatrix} 0 & -1 & 1 \\ -1 & 0 & 1 \\ 1 & 1 & 0 \end{pmatrix}$$

08 행렬 A와 B가 서로 유사할 때, $|A - \lambda I| = 0 \Rightarrow |B - \lambda I| = 0$임을 증명하세요.

09 [예제 4.15]의 문제에서 시간 $t = 0$에서 상태벡터가 $|\varphi(0)> = |1>$일 때 어떤 시간 t에서의 상태벡터 $|\varphi(t)>$를 구하세요. 여기서 $|\varphi(t)> = e^{-\frac{i}{\hbar}Ht}|\varphi(0)>$로 주어진다.

10 다음의 행렬을 대각화시키는 행렬을 구하고 변환 전·후의 대각합을 비교하세요.

$$A = \begin{pmatrix} 1 & -1 \\ -1 & 1 \end{pmatrix}$$

CHAPTER 05

좌표계에서 물리량 표현

주어진 문제를 쉽게 풀기 위해서는 문제에 적합한 좌표계를 선택하는 것이 중요하다. 예로서 중심력 $\vec{F} = F(r)\hat{r}$의 영향하에 움직이는 질량이 m인 물체의 운동에 대해 알아볼 때는 좌표계로 구면좌표계를 선택하는 것이 좋다. 이때 뉴턴의 운동법칙 $\vec{F} = m\vec{a}$로부터 $F(r)\hat{r} = ma_r\hat{r}$인 지름성분에 대한 관계식을 얻을 수 있다.

이 장에서는 구면좌표계와 원통좌표계에서 물체의 속도 그리고 가속도가 어떻게 표현되는지를 알아보고, 이들 좌표계를 같이 표현할 수 있는 일반화된 좌표계인 곡선좌표계로 어떻게 나타낼 수 있는지에 대해 알아본다.

5.1 구면좌표계

- 척도인자[44](scale factor): $h_1 = 1$, $h_2 = r$ 그리고 $h_3 = r\sin\theta$
- 속도: $\vec{v} = \dot{r}\hat{r} + r\dot{\theta}\hat{\theta} + r\dot{\phi}\sin\theta\hat{\phi}$
- 가속도: $\vec{a} = (\ddot{r} - r\dot{\theta}^2 - r\dot{\phi}^2\sin^2\theta)\hat{r} + (2\dot{r}\dot{\theta} + r\ddot{\theta} - r\dot{\phi}^2\sin\theta\cos\theta)\hat{\theta}$
$$+ (2\dot{r}\dot{\phi}\sin\theta + 2r\dot{\theta}\dot{\phi}\cos\theta + r\ddot{\phi}\sin\theta)\hat{\phi}$$
- 미소체적: $dV = r^2\sin\theta dr d\theta d\phi$

---

[44] 어떤 양을 늘리거나 줄이거나 하는 수(數)입니다.

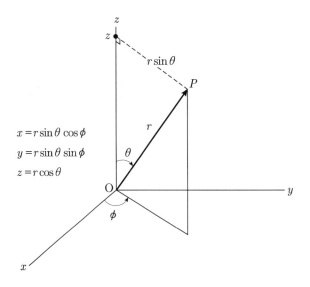

$$x = r\sin\theta\cos\phi$$
$$y = r\sin\theta\sin\phi$$
$$z = r\cos\theta$$

원점에서 관측점 P까지의 거리를 나타내는 위치벡터는 $\vec{r} = r\hat{r}$이므로 속도 $\vec{v}$와 가속도 $\vec{a}$는 다음과 같다.

$$\vec{v} = \frac{d\vec{r}}{dt} = \frac{d}{dt}(r\hat{r}) = \dot{r}\hat{r} + r\dot{\hat{r}} \tag{5.1.1}$$

그리고

$$\vec{a} = \frac{d\vec{v}}{dt} = \frac{d}{dt}(\dot{r}\hat{r} + r\dot{\hat{r}}) = \ddot{r}\hat{r} + 2\dot{r}\dot{\hat{r}} + r\ddot{\hat{r}} \tag{5.1.2}$$

여기서 $\dot{r} = \dfrac{dr}{dt}$, $\dot{\hat{r}} = \dfrac{d\hat{r}}{dt}$, $\ddot{r} = \dfrac{d^2r}{dt^2}$ 그리고 $\ddot{\hat{r}} = \dfrac{d^2\hat{r}}{dt^2}$

이제 속도와 가속도 표현에 있는 $\dot{\hat{r}}$과 $\ddot{\hat{r}}$을 계산해보자. 이를 위해서 직각좌표계와 구면좌표계 사이의 관계를 먼저 알아보자.
위치벡터의 성분은 다음과 같다.

$$x = r\sin\theta\cos\phi, \quad y = r\sin\theta\sin\phi, \quad z = r\cos\theta \tag{5.1.3}$$

공간에 있는 두 지점 사이의 미소거리가 ds일 때

$$ds = \sqrt{dx^2 + dy^2 + dz^2} \implies ds^2 = dx^2 + dy^2 + dz^2 \tag{5.1.4}$$

로 나타낼 수 있다.

식 (5.1.3)에서와 같이 x, y 그리고 z는 r, θ, ϕ의 함수이므로 이들의 도함수는 다음과 같다.

$$\begin{cases} dx = \dfrac{\partial x}{\partial r}dr + \dfrac{\partial x}{\partial \theta}d\theta + \dfrac{\partial x}{\partial \phi}d\phi \\[2mm] dy = \dfrac{\partial y}{\partial r}dr + \dfrac{\partial y}{\partial \theta}d\theta + \dfrac{\partial y}{\partial \phi}d\phi \\[2mm] dz = \dfrac{\partial z}{\partial r}dr + \dfrac{\partial z}{\partial \theta}d\theta + \dfrac{\partial z}{\partial \phi}d\phi \end{cases}$$

$$\Rightarrow \begin{cases} dx = \sin\theta\cos\phi\, dr + r\cos\theta\cos\phi\, d\theta - r\sin\theta\sin\phi d\phi \\ dy = \sin\theta\sin\phi\, dr + r\cos\theta\sin\phi d\theta + r\sin\theta\cos\phi d\phi \\ dz = \cos\theta\, dr - r\sin\theta d\theta \end{cases} \tag{5.1.5}$$

그러면

$$\begin{cases} dx^2 + dy^2 = \sin^2\theta dr^2 + r^2\cos^2\theta d\theta^2 + r^2\sin^2\theta d\phi^2 + 2r\sin\theta\cos\theta dr d\theta \\ dz^2 = \cos^2 dr^2 + r^2\sin^2\theta d\theta^2 - 2r\cos\theta\sin\theta dr d\theta \end{cases}$$

$$\Rightarrow dx^2 + dy^2 + dz^2 = dr^2 + r^2 d\theta^2 + r^2\sin^2\theta d\phi^2$$

이를 식 (5.1.4)에 대입하면 다음과 같다.

$$ds^2 = dr^2 + r^2 d\theta^2 + r^2\sin^2\theta d\phi^2 \tag{5.1.6}$$

$\hat{r}$, $\hat{\theta}$ 그리고 $\hat{\phi}$은 서로 수직이고 $ds^2 = \vec{ds} \cdot \vec{ds}$ 이므로 식 (5.1.6)은 다음의 관계를 의미한다.

$$\vec{ds} = \hat{r}dr + r\hat{\theta}d\theta + r\sin\theta\hat{\phi}d\phi \tag{5.1.7}$$

위 식의 오른편에 있는 성분의 값을 **척도인자**라 한다. 즉 구면좌표계에서 척도인자는 각각 1, r, $r\sin\theta$이 된다. 편의를 위해 이들을 다음과 같이 나타내도록 한다.

$$h_1 = 1, \; h_2 = r \; \text{그리고} \; h_3 = r\sin\theta \tag{5.1.8}$$

그리고 직각좌표계에서 두 지점 사이의 미소거리 벡터는

$$\vec{ds} = \hat{x}dx + \hat{y}dy + \hat{z}dz$$

이므로 이 식에 식 (5.1.5)를 대입하면 다음과 같다.

$$\vec{ds} = \hat{x}(\sin\theta\cos\phi dr + r\cos\theta\cos\phi d\theta - r\sin\theta\sin\phi d\phi)$$

$$+ \hat{y}(\sin\theta\sin\phi dr + r\cos\theta\sin\phi d\theta + r\sin\theta\cos\phi d\phi) + \hat{z}(\cos\theta dr - r\sin\theta d\theta)$$

$$= (\hat{x}\sin\theta\cos\phi + \hat{y}\sin\theta\sin\phi + \hat{z}\cos\theta)dr$$

$$+ r(\hat{x}\cos\theta\cos\phi + \hat{y}\cos\theta\sin\phi - \hat{z}\sin\theta)d\theta$$

$$+ r\sin\theta(-\hat{x}\sin\phi + \hat{y}\cos\phi)d\phi \qquad (5.1.9)$$

식 (5.1.7)과 (5.1.9)를 비교하면 다음과 같은 구면좌표계와 직각좌표계 사이의 관계식을 얻을 수 있다.

$$\begin{cases} \hat{r} = \hat{x}\sin\theta\cos\phi + \hat{y}\sin\theta\sin\phi + \hat{z}\cos\theta \\ \hat{\theta} = \hat{x}\cos\theta\cos\phi + \hat{y}\cos\theta\sin\phi - \hat{z}\sin\theta \\ \hat{\phi} = -\hat{x}\sin\phi + \hat{y}\cos\phi \end{cases} \qquad (5.1.10)$$

기저벡터 $\hat{x}$, $\hat{y}$ 그리고 $\hat{z}$은 고정된 좌표축 방향이므로 시간과 무관해서

$$\dot{\hat{x}} = 0, \quad \dot{\hat{y}} = 0 \quad \text{그리고} \quad \dot{\hat{z}} = 0$$

이다.

식 (5.1.10)의 첫 번째 관계식으로부터 다음과 같이 $\dfrac{d\hat{r}}{dt} = \dot{\hat{r}}$을 계산할 수 있다.

$$\dot{\hat{r}} = \frac{\partial \hat{r}}{\partial t} = \frac{\partial \hat{r}}{\partial \theta}\frac{\partial \theta}{\partial t} + \frac{\partial \hat{r}}{\partial \phi}\frac{\partial \phi}{\partial t}$$

$$= (\hat{x}\cos\theta\cos\phi + \hat{y}\cos\theta\sin\phi - \hat{z}\sin\theta)\dot{\theta} + (-\hat{x}\sin\theta\sin\phi + \hat{y}\sin\theta\cos\phi)\dot{\phi}$$

$$= (\hat{x}\cos\theta\cos\phi + \hat{y}\cos\theta\sin\phi - \hat{z}\sin\theta)\dot{\theta} + \sin\theta(-\hat{x}\sin\phi + \hat{y}\cos\phi)\dot{\phi}$$

$$= \hat{\theta}\dot{\theta} + \sin\theta\hat{\phi}\dot{\phi} \quad (\because \text{식 (5.1.10)의 두 번째 관계식과 세 번째 관계식으로부터})$$

$$\therefore \dot{\hat{r}} = \dot{\theta}\hat{\theta} + \dot{\phi}\sin\theta\hat{\phi}$$

유사한 방법으로 $\dot{\hat{\theta}}$와 $\dot{\hat{\phi}}$을 구할 수 있고[45], 이들 결과를 정리하면 다음과 같다.

---

(45) 증명은 5장의 [연습문제 1]에서 다룹니다.

$$\begin{cases} \dot{\hat{r}} = \dot{\theta}\hat{\theta} + \dot{\phi}\sin\theta\hat{\phi} \\ \dot{\hat{\theta}} = -\dot{\theta}\hat{r} + \dot{\phi}\cos\theta\hat{\phi} \\ \dot{\hat{\phi}} = -\dot{\phi}(\hat{r}\sin\theta + \hat{\theta}\cos\theta) \end{cases} \tag{5.1.11}$$

이 결과들을 입자의 속도에 관한 식 (5.1.1)에 대입하면 다음과 같다.

$$\vec{v} = \dot{r}\hat{r} + r\dot{\hat{r}} = \dot{r}\hat{r} + r(\dot{\theta}\hat{\theta} + \dot{\phi}\sin\theta\hat{\phi}) = \dot{r}\hat{r} + r\dot{\theta}\hat{\theta} + r\dot{\phi}\sin\theta\hat{\phi} \tag{5.1.12}$$

그리고 가속도는 위 식을 시간에 대해 미분하면 된다.

$$\vec{a} = \dot{\vec{v}}$$

$$= \ddot{r}\hat{r} + \dot{r}\dot{\hat{r}} + \dot{r}\dot{\theta}\hat{\theta} + r\ddot{\theta}\hat{\theta} + r\dot{\theta}\dot{\hat{\theta}} + \dot{r}\dot{\phi}\sin\theta\hat{\phi} + r\ddot{\phi}\sin\theta\hat{\phi} + r\dot{\phi}\dot{\theta}\cos\theta\hat{\phi} + r\dot{\phi}\sin\theta\dot{\hat{\phi}}$$

이 식에 식 (5.1.11)의 관계식을 대입하면

$$\vec{a} = (\ddot{r} - r\dot{\theta}^2 - r\dot{\phi}^2\sin^2\theta)\hat{r} + (2\dot{r}\dot{\theta} + r\ddot{\theta} - r\dot{\phi}^2\sin\theta\cos\theta)\hat{\theta}$$
$$+ (2\dot{r}\dot{\phi}\sin\theta + 2r\dot{\theta}\dot{\phi}\cos\theta + r\ddot{\phi}\sin\theta)\hat{\phi}$$

인 가속도를 얻는다. 그러므로 가속도의 지름성분은 다음과 같다.

$$a_r = \ddot{r} - r\dot{\theta}^2 - r\dot{\phi}^2\sin^2\theta \tag{5.1.13}$$

아래 그림과 같이 구면좌표계에서 미소체적 dV는 다음과 같다.

$$dV = (r\sin\theta d\phi)(r d\theta)dr = r^2\sin\theta dr d\theta d\phi$$
$$= 1(r)(r\sin\theta)dr d\theta d\phi = h_1 h_2 h_3 dr d\theta d\phi$$

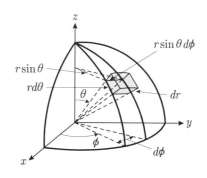

$$\therefore \quad dV = h_1 h_2 h_3 dr d\theta d\phi \qquad (5.1.14)$$

여기서 h_1, h_2, h_3는 구면좌표계에서의 척도인자이다.

그리고 표면적 A에 의해 묶인 **입체각**(solid angle) Ω는 $\Omega = \dfrac{A}{r^2}$(스테라디안(sr), steradians)로 주어진다. 이때 원점으로부터 r만큼 떨어진 곳에서의 미소표면은 아래 그림과 같이 $dA = (rd\theta)(r\sin\theta d\phi) = r^2\sin\theta d\theta d\phi$이다.

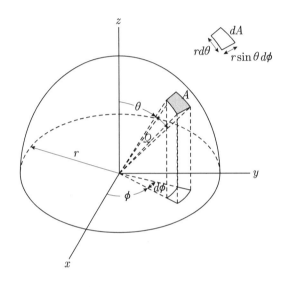

그러므로 미소입체각은 다음과 같고

$$d\Omega = \frac{dA}{r^2} = \frac{r^2\sin\theta d\theta d\phi}{r^2} = \sin\theta d\theta d\phi \qquad (5.1.15)$$

반지름이 r인 구의 미소체적은 미소입체각과 다음의 관계를 갖는다.

$$dV = r^2\sin\theta dr d\theta d\phi = (r^2 dr)d\Omega \qquad (5.1.16)$$

미소입체각을 적분하면 구에 의해 묶인 입체각이 다음과 같이 기대한 결과를 주는 것을 알 수 있다.

$$\iint d\Omega = \int_0^\pi \sin\theta d\theta \int_0^{2\pi} d\phi = -2\pi\cos\theta\Big|_{\theta=0}^{\theta=\pi} = 4\pi$$

반지름 a인 구의 부피를 구하세요.

풀이 구의 문제이므로 구면좌표계를 선택하는 것이 편리하다.

$$V = \int dV = \int_0^a r^2 dr \int \int d\Omega \quad (\because \text{식 (5.1.16)으로부터})$$

$$= 4\pi \int_0^a r^2 dr = 4\pi \frac{1}{3} \left[r^3 \right]_0^a = \frac{4}{3}\pi a^3$$

예제 5.2

극좌표계에서 중심력 $\vec{F} = F(r)\hat{r}$ 하에서 움직이는 질량이 m인 입자의 운동을 기술하세요. 이 문제는 고전역학에서 **케플러 법칙**을 다룰 때 필요한 예제이다.

풀이 뉴턴의 운동방정식 $\vec{F} = m\vec{a}$로부터

$$F(r)\hat{r} = m\ddot{\vec{r}} = m(\ddot{r}\hat{r} + 2\dot{r}\dot{\hat{r}} + r\ddot{\hat{r}}) \quad (\because \text{식 (5.1.2)로부터}) \tag{1}$$

이 된다.

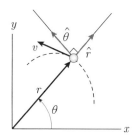

식 (1)에 있는 $\dot{\hat{r}}$와 $\ddot{\hat{r}}$을 계산해야 한다. 극좌표계에서 좌표는 $x = r\cos\theta$ 그리고 $y = r\sin\theta$이므로

$$\begin{cases} dx = \dfrac{\partial x}{\partial r}dr + \dfrac{\partial x}{\partial \theta}d\theta \\ dy = \dfrac{\partial y}{\partial r}dr + \dfrac{\partial y}{\partial \theta}d\theta \end{cases} \Rightarrow \begin{cases} dx = \cos\theta dr - r\sin\theta d\theta \\ dy = \sin\theta dr + r\cos\theta d\theta \end{cases} \tag{2}$$

을 얻어서

$$ds^2 = dx^2 + dy^2 = dr^2 + r^2 d\theta^2 \Rightarrow \vec{ds} = \hat{r}dr + r\hat{\theta}d\theta \tag{3}$$

이다. 직각좌표계에서의 관계식 $\vec{ds} = \hat{x}dx + \hat{y}dy$에 식 (2)를 대입하면 다음과 같다.

$$\vec{ds} = \hat{x}(\cos\theta dr - r\sin\theta d\theta) + \hat{y}(\sin\theta dr + r\cos\theta d\theta)$$
$$= (\hat{x}\cos\theta + \hat{y}\sin\theta)dr + r(-\hat{x}\sin\theta + \hat{y}\cos\theta)d\theta$$

이 식과 식 (3)을 비교하면 극좌표계와 직각좌표계 사이의 다음과 같은 관계식을 얻는다.[46]

$$\begin{cases} \hat{r} = \hat{x}\cos\theta + \hat{y}\sin\theta \\ \hat{\theta} = -\hat{x}\sin\theta + \hat{y}\cos\theta \end{cases} \tag{4}$$

위 식을 시간에 관해 미분하면 다음과 같다.

$$\begin{cases} \dot{\hat{r}} = (-\hat{x}\sin\theta + \hat{y}\cos\theta)\dot{\theta} = \dot{\theta}\hat{\theta} \\ \dot{\hat{\theta}} = -(\hat{x}\cos\theta + \hat{y}\sin\theta)\dot{\theta} = -\dot{\theta}\hat{r} \end{cases} \tag{5}$$

위 관계식의 첫 번째 식을 시간에 관해서 한 번 더 미분하면 다음과 같다.

$$\ddot{\hat{r}} = \ddot{\theta}\hat{\theta} + \dot{\theta}\dot{\hat{\theta}} = \ddot{\theta}\hat{\theta} + \dot{\theta}(-\dot{\theta}\hat{r}) = \ddot{\theta}\hat{\theta} - \dot{\theta}^2\hat{r} \tag{6}$$

식 (5)와 (6)을 식 (1)의 뉴턴의 운동법칙에 대입하면 다음과 같이 된다.

$$F(r)\hat{r} = m\ddot{r}\hat{r} + 2m\dot{r}\dot{\theta}\hat{\theta} + mr(\ddot{\theta}\hat{\theta} - \dot{\theta}^2\hat{r}) = m(\ddot{r} - r\dot{\theta}^2)\hat{r} + m(2\dot{r}\dot{\theta} + r\ddot{\theta})\hat{\theta}$$

벡터의 등식은 왼편과 오른편의 벡터의 성분이 같아야 한다.

그러므로 [예제 1.17]에서 주어진 지름성분의 운동방정식인

$$m(\ddot{r} - r\dot{\theta}^2) = F(r) \tag{7}$$

을 얻을 수 있다. 그리고 각성분의 운동방정식은 다음과 같다.

$$m(2\dot{r}\dot{\theta} + r\ddot{\theta}) = 0 \tag{8}$$

각성분의 관계식인 식 (8)은 $\dfrac{1}{r}\dfrac{d}{dt}(mr^2\dot{\theta}) = 0$과 같다. 즉 $mr^2\dot{\theta}$은 시간과 무관한 상수이며 각운동량의 단위[47]를 갖기 때문에 $mr^2\dot{\theta} = L$로 놓을 수 있다. 그러므로 운동하는 입자의 각운동량은 상수 또는 각운동량은 보존된다라고 할 수 있다.

$r = \dfrac{1}{u}$로 놓고 ℓ을 단위질량당 각운동량이라고 정의하면

---

(46) $\begin{pmatrix} x_1' \\ x_2' \end{pmatrix} = R_z(\theta)\begin{pmatrix} x_1 \\ x_2 \end{pmatrix}$임을 쉽게 알 수 있습니다.

(47) $mr^2\dot{\theta} = mr^2\omega = mr(r\omega) = mrv = r(mv) = rp = L$

$$mr^2\dot{\theta} = L \implies r^2\dot{\theta} = \frac{L}{m} = \ell \implies \frac{1}{u^2}\dot{\theta} = \ell \tag{9}$$

이 되어 [예제 1.17]에 있는 $\dot{\theta} = \ell u^2$인 관계식을 얻을 수 있다.

예제 5.3

평면상에서 일정한 속도로 반지름이 R인 원운동을 하는 입자의 속도와 가속도를 구하세요.

풀이 극좌표계에서 입자의 속도는

$$\vec{r} = r\hat{r} \implies \vec{v} = \dot{\vec{r}} = \dot{r}\hat{r} + r\dot{\hat{r}} = \dot{r}\hat{r} + r\dot{\theta}\hat{\theta} \tag{1}$$

$$(\because \text{[예제 5.2]의 식 (5)의 첫 번째 관계식으로부터)}$$

이다. 주어진 문제는 반지름이 R인 원운동이므로 식 (1)은 다음과 같이 된다.

$$\vec{v} = \dot{R}\hat{r} + R\dot{\theta}\hat{\theta} \tag{2}$$

여기서 원운동의 경우 반지름 R이 시간과 무관한 상수이므로 $\dot{R} = 0$이 되고, 따라서 입자의 속도는 다음과 같이 되어

$$\vec{v} = R\dot{\theta}\hat{\theta} \implies \begin{cases} v_r = 0 \\ v_\theta = R\omega \end{cases}, \text{ 여기서 } \omega = \frac{d\theta}{dt} \text{인 각속도} \tag{3}$$

원운동에서의 접선속도 v_θ와 각속도 ω의 관계식[48]을 얻는다.
그리고 [예제 5.2]의 식 (1), (5) 그리고 (6)으로부터 가속도

$$\vec{a} = \ddot{r}\hat{r} + 2\dot{r}\dot{\hat{r}} + r\ddot{\hat{r}} = \ddot{r}\hat{r} + 2\dot{r}(\dot{\theta}\hat{\theta}) + r(\ddot{\theta}\hat{\theta} - \dot{\theta}^2\hat{r}) = (\ddot{r} - r\dot{\theta}^2)\hat{r} + (2\dot{r}\dot{\theta} + r\ddot{\theta})\hat{\theta} \tag{4}$$

을 얻고, 반지름이 R인 원운동이므로 이때의 가속도는 다음과 같다.

$$a = (\ddot{R} - R\dot{\theta}^2)\hat{r} + (2\dot{R}\dot{\theta} + R\ddot{\theta})\hat{\theta} \tag{5}$$

여기서 원운동의 경우, $\dot{R} = 0$ 그리고 $\ddot{R} = 0$이므로 위 식은 다음과 같이 된다.

$$a = -R\dot{\theta}^2\hat{r} + R\ddot{\theta}\hat{\theta} = -R\omega^2\hat{r} + R\dot{\omega}\hat{\theta} = -R\omega^2\hat{r} \quad (\because \omega \text{는 상수이므로}) \tag{6}$$

$$\implies \begin{cases} a_r = -R\omega^2 = -R\dfrac{v_\theta^2}{R^2} = -\dfrac{v_\theta^2}{R} \\ a_\theta = 0 \end{cases} \tag{7}$$

---

(48) 일반물리에서는 $s = R\theta \implies \dfrac{ds}{dt} = R\dfrac{d\theta}{dt} \implies v = R\omega$로 유도했습니다.

그러므로 가속도의 지름성분 a_r은 **구심 가속도**임을 알 수 있다.

만약 일정한 속도가 아닌 속도로 원운동하는 경우에는 $\dot{\omega} \neq 0$이므로 식 (6)으로부터 가속도의 각성분은 $a_\theta = R\dot{\omega} = R\alpha$(여기서 α는 각가속도)가 된다.

이때 입자의 가속도 크기는 다음과 같다.

$$\vec{a} = a_r \hat{r} + a_\theta \hat{\theta} \;\Rightarrow\; \therefore\; a = \sqrt{a_r^2 + a_\theta^2}$$

예제 5.4

크기를 무시할 수 있는 질량이 m인 물체가 길이 ℓ인 줄에 매달려 운동할 때 물체의 운동방정식과 주기를 구하세요.

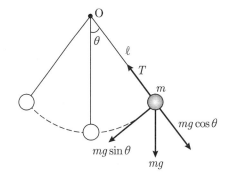

풀이 [예제 5.3]의 식 (4)에 $r \to \ell$을 하면 뉴턴의 운동법칙으로부터

$$\sum \vec{F} = m\vec{a} \;\Rightarrow\; \begin{cases} F_r = ma_r \\ F_\theta = ma_\theta \end{cases} \Rightarrow \begin{cases} mg\cos\theta - T = m(\ddot{r} - r\dot{\theta}^2) = -m\ell\dot{\theta}^2 \\ -mg\sin\theta = m(r\ddot{\theta} + 2\dot{r}\dot{\theta}) = m\ell\ddot{\theta} \end{cases}$$

을 얻는다.

작은 θ인 경우에 $\sin\theta \approx \theta$이므로 위 식의 두 번째 관계식은 다음과 같이 된다.[49]

$$\ddot{\theta} + \frac{g}{\ell}\theta = 0 \;\Rightarrow\; \ddot{\theta} + \omega^2\theta = 0$$

$$\Rightarrow \therefore\; \theta(t) = \theta_{\max}\cos(\omega t + \phi), \;\text{여기서}\; \omega = \sqrt{\frac{g}{\ell}}$$

이때 운동주기 T는

---

(49) 일반물리에서는 다음과 같이 운동방정식을 구했습니다.

$$\sum \vec{F} = m\vec{a} \;\Rightarrow\; -mg\sin\theta = m\frac{d^2 s}{dt^2} = m\ell\frac{d^2\theta}{dt^2} \;\Rightarrow\; \frac{d^2\theta}{dt^2} + \frac{g}{\ell}\sin\theta = 0$$

$$\theta(t) = \theta(t+T) \;\Rightarrow\; \theta_{\max}\cos(\omega t + \phi) = \theta_{\max}\cos\left[\omega(t+T)+\phi\right] \;\Rightarrow\; \therefore\; \omega T = 2\pi$$

이므로 다음과 같다.

$$T = \frac{2\pi}{\omega} = 2\pi\sqrt{\frac{\ell}{g}}$$

예제 5.5

$r = a\theta(t)$ 이며 일정한 각속도 ω로 나선형 운동[50]을 할 경우, 속도와 가속도를 각속도와 시간의 함수로 표현하세요. 여기서 a는 상수이다.

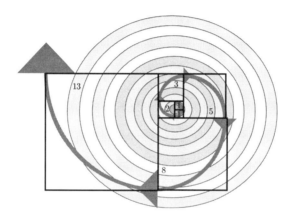

풀이 [예제 5.3]에서 구한 원운동하는 입자의 속도와 가속도의 결과를 이 문제에 적용하면 된다.

$$\begin{cases} \vec{v} = \dot{r}\hat{r} + r\dot{\theta}\hat{\theta} \\ \vec{a} = (\ddot{r} - r\dot{\theta}^2)\hat{r} + (2\dot{r}\dot{\theta} + r\ddot{\theta})\hat{\theta} \end{cases} \tag{1}$$

이 문제에서는

$$r = a\theta(t) \;\Rightarrow\; \dot{r} = a\dot{\theta} = a\omega,\;\; \ddot{r} = a\dot{\omega} = 0 \;\; \text{그리고} \;\; \ddot{\theta} = 0$$

이므로 이들을 식 (1)에 대입하면

$$\vec{v} = a\omega\hat{r} + (a\theta)\omega\hat{\theta} = a\omega\hat{r} + a(\omega t)\omega\hat{\theta} = a\omega\hat{r} + a\omega^2 t\hat{\theta} \quad (\because\; \theta = \omega t \text{이므로})$$

$$\Rightarrow\; \therefore\; v(t) = a\omega\hat{r} + a\omega^2 t\hat{\theta}$$

---

(50) 이러한 운동을 **피보나치 스파이럴**(Fibonacci spiral)이라 합니다. 그림에 있는 숫자는 인접한 두 수를 더하면 다음 수가 되는 것을 보여주는 것으로 이를 피보나치 수열이라 합니다.

인 속도 그리고

$$\vec{a} = (0 - a\theta\omega^2)\hat{r} + (2a\omega\dot{\theta} + 0)\hat{\theta} = -a\omega^3 t\hat{r} + 2a\omega^2\hat{\theta}$$

$$\Rightarrow \therefore \vec{a}(t) = -a\omega^3 t\hat{r} + 2a\omega^2\hat{\theta}$$

인 가속도를 구할 수 있다.

그림에 있는 정사각형은 길이가 연속적인 피보나치 수[51]를 갖는 정사각형을 나타낸다.

5.2 원통좌표계

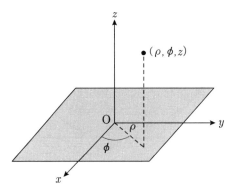

- 척도인자: $h_1 = 1$, $h_2 = \rho$ 그리고 $h_3 = 1$
- 속도: $\vec{v} = \dot{\rho}\hat{\rho} + \rho\dot{\phi}\hat{\phi} + \dot{z}\hat{z}$
- 가속도: $\vec{a} = (\ddot{\rho} - \rho\dot{\phi}^2)\hat{\rho} + (2\dot{\rho}\dot{\phi} + \rho\ddot{\phi})\hat{\phi} + \ddot{z}\hat{z}$
- 미소체적: $dV = \rho d\rho d\phi dz$

원통좌표계에서 $x = \rho\cos\phi$ 그리고 $y = \rho\sin\phi$이다. 이때 이들의 도함수는 다음과 같다.

$$\begin{cases} dx = \cos\phi d\rho - \rho\sin\phi d\phi \\ dy = \sin\phi d\rho + \rho\cos\phi d\phi \end{cases} \tag{5.2.1}$$

---

[51] 연속적인 피보나치 수(각 숫자는 앞의 두 숫자의 합)는 1, 1, 2, 3, 5, 8, 13, ········ 입니다.

$$\Rightarrow \begin{cases} dx^2 = \cos^2\phi d\rho^2 + \rho^2\sin^2\phi d\phi^2 - 2\rho\cos\phi\sin\phi d\rho d\phi \\ dy^2 = \sin^2\phi d\rho^2 + \rho^2\cos^2\phi d\phi^2 + 2\rho\sin\phi\cos\phi d\rho d\phi \end{cases}$$

$$\Rightarrow dx^2 + dy^2 = d\rho^2 + \rho^2 d\phi^2$$

$$\therefore \ ds^2 = dx^2 + dy^2 + dz^2 = d\rho^2 + \rho^2 d\phi^2 + dz^2 \tag{5.2.2}$$

1절의 구면좌표계에서 한 것과 유사한 방법으로 식 (5.2.2)는 다음과 같이 표현될 수 있다.

$$\vec{ds} = \hat{\rho}d\rho + \rho\hat{\phi}d\phi + \hat{z}dz \tag{5.2.3}$$

그러므로 원통좌표계에서 척도인자는 다음과 같다.

$$h_1 = 1, \ h_2 = \rho \ \ \text{그리고} \ h_3 = 1$$

직각좌표계에서의 관계식 $\vec{ds} = \hat{x}dx + \hat{y}dy + \hat{z}dz$에 식 (5.2.1)을 대입하면

$$\vec{ds} = \hat{x}(\cos\phi d\rho - \rho\sin\phi d\phi) + \hat{y}(\sin\phi d\rho + \rho\cos\phi d\phi) + \hat{z}dz$$

$$= (\hat{x}\cos\phi + \hat{y}\sin\phi)d\rho + \rho(-\hat{x}\sin\phi + \hat{y}\cos\phi)d\phi + \hat{z}dz$$

가 되고, 이 결과를 식 (5.2.3)과 비교하면 원통좌표계와 직각좌표계 사이에는 다음과 같은 관계식을 얻는다.

$$\begin{cases} \hat{\rho} = \hat{x}\cos\phi + \hat{y}\sin\phi \\ \hat{\phi} = -\hat{x}\sin\phi + \hat{y}\cos\phi \end{cases} \tag{5.2.4}$$

그러면 원통좌표계에서 위치벡터[52]는 다음과 같이 표현된다.

$$\vec{r} = x\hat{x} + y\hat{y} + z\hat{z} = \hat{x}\rho\cos\phi + \hat{y}\rho\sin\phi + \hat{z}z$$

$$= \rho(\hat{x}\cos\phi + \hat{y}\sin\phi) + \hat{z}z = \rho\hat{\rho} + z\hat{z}$$

$$\therefore \ \vec{r} = \rho\hat{\rho} + z\hat{z} \tag{5.2.5}$$

---

(52) 또한 원통좌표계의 그림으로부터도 명백합니다.

속도 $\vec{v}$를 구하기 위해 식 (5.2.5)를 시간에 관해 미분하면

$$\vec{v} = \dot{\vec{r}} = \dot{\rho}\hat{\rho} + \rho\dot{\hat{\rho}} + \dot{z}\hat{z} + z\dot{\hat{z}} = \dot{\rho}\hat{\rho} + \rho\dot{\hat{\rho}} + \dot{z}\hat{z} \quad (\because \dot{\hat{z}} = 0) \tag{5.2.6}$$

이 되고 식 (5.2.4)를 시간에 관해 미분하면

$$\begin{cases} \dot{\hat{\rho}} = (-\hat{x}\sin\phi + \hat{y}\cos\phi)\dot{\phi} = \hat{\phi}\dot{\phi} \\ \dot{\hat{\phi}} = -(\hat{x}\cos\phi + \hat{y}\sin\phi)\dot{\phi} = -\hat{\rho}\dot{\phi} \end{cases}$$

$$\Rightarrow \begin{cases} \dot{\hat{\rho}} = \dot{\phi}\hat{\phi} \\ \dot{\hat{\phi}} = -\dot{\phi}\hat{\rho} \end{cases} \tag{5.2.7}$$

이 된다. 다시 이 결과를 식 (5.2.6)의 $\dot{\hat{\rho}}$에 대입하면 다음과 같이 속도를 얻는다.

$$\vec{v} = \dot{\rho}\hat{\rho} + \rho\dot{\phi}\hat{\phi} + \dot{z}\hat{z} \tag{5.2.8}$$

그리고 가속도 $\vec{a}$를 구하기 위해 속도 $\vec{v}$를 시간에 관해 미분하면

$$\begin{aligned} \vec{a} = \dot{\vec{v}} &= \ddot{\rho}\hat{\rho} + \dot{\rho}\dot{\hat{\rho}} + \dot{\rho}\dot{\phi}\hat{\phi} + \rho\ddot{\phi}\hat{\phi} + \rho\dot{\phi}\dot{\hat{\phi}} + \ddot{z}\hat{z} \\ &= \ddot{\rho}\hat{\rho} + \dot{\rho}(\dot{\phi}\hat{\phi}) + \dot{\rho}\dot{\phi}\hat{\phi} + \rho\ddot{\phi}\hat{\phi} + \rho\dot{\phi}(-\dot{\phi}\hat{\rho}) + \ddot{z}\hat{z} \\ &= (\ddot{\rho} - \rho\dot{\phi}^2)\hat{\rho} + (2\dot{\rho}\dot{\phi} + \rho\ddot{\phi})\hat{\phi} + \ddot{z}\hat{z} \end{aligned}$$

$$\therefore \vec{a} = (\ddot{\rho} - \rho\dot{\phi}^2)\hat{\rho} + (2\dot{\rho}\dot{\phi} + \rho\ddot{\phi})\hat{\phi} + \ddot{z}\hat{z} \tag{5.2.9}$$

인 가속도를 얻는다.

미소체적은 관계식 (5.1.14)를 원통좌표계에 적용하면

$$dV = \rho d\rho d\phi dz$$

가 된다.

아래 그림은 원통좌표계에서 미소면적 da와 미소체적 dV를 보여준다.

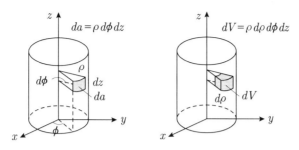

예제 5.6

반지름이 a이며 높이가 h인 원통의 부피를 구하세요.

풀이 $V = \int dV = \int_{\rho=0}^{a} \int_{\phi=0}^{2\pi} \int_{z=0}^{h} \rho d\rho d\phi dz = \int_{0}^{a} \rho d\rho \int_{0}^{2\pi} d\phi \int_{0}^{h} dz$

$= 2\pi h \int_{0}^{a} \rho d\rho = 2\pi h \frac{1}{2} \left[\rho^2 \right]_{0}^{a} = \pi a^2 h$

예제 5.7

원통좌표계에서 질량이 m이며 속도 $\vec{v}$로 움직이는 입자의 운동에너지를 구하세요.

풀이 $K = \frac{1}{2} m v^2 = \frac{1}{2} m (\dot{\rho}^2 + \rho^2 \dot{\phi}^2 + \dot{z}^2) \quad (\because \ \vec{v} = \dot{\rho}\hat{\rho} + \rho\dot{\phi}\hat{\phi} + \dot{z}\hat{z})$

5.3 곡선좌표계

- $\overrightarrow{\nabla}\Psi = \frac{1}{h_1} \frac{\partial \Psi}{\partial q_1} \hat{q}_1 + \frac{1}{h_2} \frac{\partial \Psi}{\partial q_2} \hat{q}_2 + \frac{1}{h_3} \frac{\partial \Psi}{\partial q_3} \hat{q}_3$

- $\overrightarrow{\nabla} \cdot \vec{f} = \frac{1}{h_1 h_2 h_3} \left[\frac{\partial}{\partial q_1} (h_2 h_3 f_1) + \frac{\partial}{\partial q_2} (h_3 h_1 f_2) + \frac{\partial}{\partial q_3} (h_1 h_2 f_3) \right]$

- $\overrightarrow{\nabla} \times \vec{f} = \frac{1}{h_1 h_2 h_3} \begin{vmatrix} h_1 \hat{q}_1 & h_2 \hat{q}_2 & h_3 \hat{q}_3 \\ \frac{\partial}{\partial q_1} & \frac{\partial}{\partial q_2} & \frac{\partial}{\partial q_3} \\ h_1 f_1 & h_2 f_2 & h_3 f_3 \end{vmatrix}$

- $\nabla^2 \Psi = \frac{1}{h_1 h_2 h_3} \left[\frac{\partial}{\partial q_1} \left(h_2 h_3 \frac{1}{h_1} \frac{\partial \Psi}{\partial q_1} \right) + \frac{\partial}{\partial q_2} \left(h_3 h_1 \frac{1}{h_2} \frac{\partial \Psi}{\partial q_2} \right) + \frac{\partial}{\partial q_3} \left(h_1 h_2 \frac{1}{h_3} \frac{\partial \Psi}{\partial q_3} \right) \right]$

지금까지 배운 직각좌표계, 구면좌표계 그리고 원통좌표계를 보다 일반화된 좌표계인 곡선(curvilinear)좌표계(좌표 q_1, q_2, q_3가 반드시 서로 수직일 필요는 없음)로 나타내어 보자.

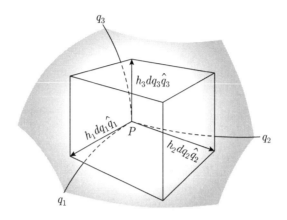

이때 곡선좌표계에서 위치벡터의 미소변동은 다음과 같다.

$$\vec{ds} = h_1 dq_1 \hat{q}_1 + h_2 dq_2 \hat{q}_2 + h_3 dq_3 \hat{q}_3 \,^{(53)} \text{ (여기서 } h_i (i = 1,\ 2,\ 3)\text{는 척도인자)}$$

$$\Rightarrow\ ds^2 = h_1^2 dq_1^2 + h_2^2 dq_2^2 + h_3^2 dq_3^2$$

① 곡선좌표계에서 스칼라 함수의 그래디언트가 어떻게 표현되는지 알아보자.
스칼라 함수 Ψ의 그래디언트는

$$\vec{\nabla}\Psi = (\vec{\nabla}\Psi)_{q_1}\hat{q}_1 + (\vec{\nabla}\Psi)_{q_2}\hat{q}_2 + (\vec{\nabla}\Psi)_{q_3}\hat{q}_3 \tag{5.3.1}$$

이며, 여기서 q_1 성분은

$$(\vec{\nabla}\Psi)_{q_1} = \hat{q}_1 \cdot (\vec{\nabla}\Psi)$$

$$= \lim_{dq_1 \to 0} \frac{\Psi(q_1 + h_1 dq_1) - \Psi(q_1)}{h_1 dq_1} = \frac{1}{h_1} \lim_{dq_1 \to 0} \frac{\Psi(q_1 + h_1 dq_1) - \Psi(q_1)}{dq_1}$$

$$= \frac{1}{h_1}\frac{\partial \Psi}{\partial q_1}$$

---

(53) 앞에서 배운 결과로부터 $dV = h_1 h_2 h_3 dq_1 dq_2 dq_3 = (h_1 dq_1)(h_2 dq_2)(h_3 dq_3)$ 입니다.

$$\therefore \ (\overrightarrow{\nabla}\Psi)_{q_1} = \frac{1}{h_1}\frac{\partial \Psi}{\partial q_1}$$

이와 유사한 방법으로 스칼라 함수 Ψ의 그래디언트의 q_2와 q_3 성분은 다음과 같음을 알 수 있다.

$$(\overrightarrow{\nabla}\Psi)_{q_2} = \frac{1}{h_2}\frac{\partial \Psi}{\partial q_2}, \quad (\overrightarrow{\nabla}\Psi)_{q_3} = \frac{1}{h_3}\frac{\partial \Psi}{\partial q_3}$$

이 결과들을 식 (5.3.1)에 대입하면

$$\overrightarrow{\nabla}\Psi = (\overrightarrow{\nabla}\Psi)_{q_1}\hat{q}_1 + (\overrightarrow{\nabla}\Psi)_{q_2}\hat{q}_2 + (\overrightarrow{\nabla}\Psi)_{q_3}\hat{q}_3$$

$$= \frac{1}{h_1}\frac{\partial \Psi}{\partial q_1}\hat{q}_1 + \frac{1}{h_2}\frac{\partial \Psi}{\partial q_2}\hat{q}_2 + \frac{1}{h_3}\frac{\partial \Psi}{\partial q_3}\hat{q}_3$$

$$\therefore \ \overrightarrow{\nabla}\Psi = \frac{1}{h_1}\frac{\partial \Psi}{\partial q_1}\hat{q}_1 + \frac{1}{h_2}\frac{\partial \Psi}{\partial q_2}\hat{q}_2 + \frac{1}{h_3}\frac{\partial \Psi}{\partial q_3}\hat{q}_3 \tag{5.3.2}$$

인 스칼라 함수 Ψ의 그래디언트를 얻는다.

곡선좌표계에서의 스칼라 함수 Ψ의 그래디언트인 일반식 (5.3.2)를 각 좌표계에 적용하면 다음과 같다.

(i) 직각좌표계: $h_1 = h_2 = h_3 = 1$, $q_1 = x$, $q_2 = y$, $q_3 = z$

$$\overrightarrow{\nabla}\Psi = \frac{\partial \Psi}{\partial x}\hat{x} + \frac{\partial \Psi}{\partial y}\hat{y} + \frac{\partial \Psi}{\partial z}\hat{z} \tag{5.3.3}$$

(ii) 구면좌표계: $h_1 = 1$, $h_2 = r$, $h_3 = r\sin\theta$, $q_1 = r$, $q_2 = \theta$, $q_3 = \phi$

$$\overrightarrow{\nabla}\Psi = \frac{\partial \Psi}{\partial r}\hat{r} + \frac{1}{r}\frac{\partial \Psi}{\partial \theta}\hat{\theta} + \frac{1}{r\sin\theta}\frac{\partial \Psi}{\partial \phi}\hat{\phi} \tag{5.3.4}$$

(iii) 원통좌표계: $h_1 = 1$, $h_2 = \rho$, $h_3 = 1$, $q_1 = \rho$, $q_2 = \phi$, $q_3 = z$

$$\overrightarrow{\nabla}\Psi = \frac{\partial \Psi}{\partial \rho}\hat{\rho} + \frac{1}{\rho}\frac{\partial \Psi}{\partial \phi}\hat{\phi} + \frac{\partial \Psi}{\partial z}\hat{z} \tag{5.3.5}$$

예제 5.8

유가와(Yukawa) 퍼텐셜 $\phi(r) = \dfrac{qe^{-\mu r}}{r}$ 의 그래디언트를 구하세요. 여기서 q와 μ는 상수이다.

풀이 퍼텐셜이 r만의 함수이므로 구면좌표계에서의 그래디언트 관계식 (5.3.4)를 사용하면

$$\overrightarrow{\nabla}\phi = q\hat{r}\frac{\partial}{\partial r}\left(\frac{e^{-\mu r}}{r}\right) = q\hat{r}\frac{-\mu e^{-\mu r}r - e^{-\mu r}}{r^2} = -q\hat{r}\frac{(\mu r + 1)}{r^2}e^{-\mu r}$$

인 스칼라 함수인 유가와 포텐셜의 그래디언트를 얻는다.

---

② 곡선좌표계에서 벡터함수의 다이버전스가 어떻게 표현되는지 알아보자.

$$\overrightarrow{\nabla}\cdot\vec{f} = (\overrightarrow{\nabla}\cdot\vec{f})_{q_1} + (\overrightarrow{\nabla}\cdot\vec{f})_{q_2} + (\overrightarrow{\nabla}\cdot\vec{f})_{q_3} \tag{5.3.6}$$

여기서

$$\vec{f} = f_1\hat{q}_1 + f_2\hat{q}_2 + f_3\hat{q}_3 = h_2h_3f_1\frac{\hat{q}_1}{h_2h_3} + h_3h_1f_2\frac{\hat{q}_2}{h_3h_1} + h_1h_2f_3\frac{\hat{q}_3}{h_1h_2}$$

이므로 식 (5.3.6)의 오른편 첫 번째 항은

$$(\overrightarrow{\nabla}\cdot\vec{f})_{q_1} = \overrightarrow{\nabla}\cdot\left(h_2h_3f_1\frac{\hat{q}_1}{h_2h_3}\right)$$
$$= \frac{\hat{q}_1}{h_2h_3}\cdot\overrightarrow{\nabla}(h_2h_3f_1) + h_2h_3f_1\overrightarrow{\nabla}\cdot\left(\frac{\hat{q}_1}{h_2h_3}\right)^{(54)} \tag{5.3.7}$$

식 (5.3.7)의 오른편 두 번째 항을 계산하기 위해서 먼저 $\overrightarrow{\nabla}q_1$을 계산해보자. 식 (5.3.2)로부터

$$\overrightarrow{\nabla}q_1 = \frac{1}{h_1}\frac{\partial q_1}{\partial q_1}\hat{q}_1 + \frac{1}{h_2}\frac{\partial q_1}{\partial q_2}\hat{q}_2 + \frac{1}{h_3}\frac{\partial q_1}{\partial q_3}\hat{q}_3 = \frac{1}{h_1}\hat{q}_1 \quad \left(\because \frac{\partial q_1}{\partial q_2} = 0 = \frac{\partial q_1}{\partial q_3}\right)$$

---

(54) $\overrightarrow{\nabla}\cdot(\phi\overrightarrow{F}) = \sum_i\partial_i(\phi\overrightarrow{F})_i = \sum_i\partial_i(\phi F_i) = \sum_i\phi\partial_iF_i + \sum_iF_i\partial_i\phi \Rightarrow \overrightarrow{\nabla}\cdot(\phi\overrightarrow{F}) = \phi\overrightarrow{\nabla}\cdot\overrightarrow{F} + \overrightarrow{F}\cdot\overrightarrow{\nabla}\phi$ 인 관계식을 적용했습니다.

이와 유사한 방법으로 다음의 관계식을 얻는다.

$$\overrightarrow{\nabla} q_2 = \frac{1}{h_2}\hat{q}_2, \quad \overrightarrow{\nabla} q_3 = \frac{1}{h_3}\hat{q}_3$$

이때 다음의 관계를 계산하면

$$\overrightarrow{\nabla} q_1 \times \overrightarrow{\nabla} q_2 = \frac{1}{h_1}\hat{q}_1 \times \frac{1}{h_2}\hat{q}_2 = \frac{1}{h_1 h_2}\hat{q}_1 \times \hat{q}_2 = \frac{1}{h_1 h_2}\hat{q}_3$$

이 되고, 이 식의 다이버전스를 구하면 다음과 같다.

$$\overrightarrow{\nabla} \cdot (\overrightarrow{\nabla} q_1 \times \overrightarrow{\nabla} q_2) = \frac{1}{h_1 h_2}\overrightarrow{\nabla} \cdot \hat{q}_3$$

여기서 컬의 다이버전스는 0이기 때문에 위 식의 왼편이 0이 되어서

$$\frac{1}{h_1 h_2}\overrightarrow{\nabla} \cdot \hat{q}_3 = 0$$

이 된다. 이와 유사한 방법으로 다음의 관계식을 얻는다.

$$\frac{1}{h_3 h_1}\overrightarrow{\nabla} \cdot \hat{q}_2 = 0, \quad \frac{1}{h_2 h_3}\overrightarrow{\nabla} \cdot \hat{q}_1 = 0$$

그러므로 식 (5.3.7)의 오른편 두 번째 항은 0이 되고, 따라서 식 (5.3.7)은 다음과 같이 표현된다.

$$\begin{aligned}
(\overrightarrow{\nabla} \cdot \vec{f})_{q_1} &= \frac{\hat{q}_1}{h_2 h_3} \cdot \overrightarrow{\nabla}(h_2 h_3 f_1) = \frac{1}{h_2 h_3}[\overrightarrow{\nabla}(h_2 h_3 f_1)]_{q_1} \\
&= \frac{1}{h_2 h_3}\left[\frac{1}{h_1}\frac{\partial}{\partial q_1}(h_2 h_3 f_1)\right] \quad (\because \ \text{식 (5.3.2)로부터}) \\
&= \frac{1}{h_1 h_2 h_3}\frac{\partial}{\partial q_1}(h_2 h_3 f_1)
\end{aligned}$$

$$\therefore \ (\overrightarrow{\nabla} \cdot \vec{f})_{q_1} = \frac{1}{h_1 h_2 h_3}\frac{\partial}{\partial q_1}(h_2 h_3 f_1)$$

유사한 방법으로 q_2와 q_3 성분을 구해보면 다음과 같다.[55]

$$(\overrightarrow{\nabla} \cdot \vec{f})_{q_2} = \frac{1}{h_1 h_2 h_3} \frac{\partial}{\partial q_2} (h_3 h_1 f_2), \quad (\overrightarrow{\nabla} \cdot \vec{f})_{q_3} = \frac{1}{h_1 h_2 h_3} \frac{\partial}{\partial q_3} (h_1 h_2 f_3)$$

이들 결과를 식 (5.3.6)에 대입하면

$$\therefore \ \overrightarrow{\nabla} \cdot \vec{f} = \frac{1}{h_1 h_2 h_3} \frac{\partial}{\partial q_1} (h_2 h_3 f_1) + \frac{1}{h_1 h_2 h_3} \frac{\partial}{\partial q_2} (h_3 h_1 f_2) + \frac{1}{h_1 h_2 h_3} \frac{\partial}{\partial q_3} (h_1 h_2 f_3)$$

$$(5.3.8)$$

인 벡터함수 $\vec{f}$의 다이버전스를 얻는다.

곡선좌표계에서의 벡터함수 $\vec{f}$의 다이버전스인 일반식 (5.3.8)을 각 좌표계에 적용하면 다음과 같다.

(i) 직각좌표계: $h_1 = h_2 = h_3 = 1$, $q_1 = x$, $q_2 = y$, $q_3 = z$ 그리고 $f_1 = f_x$, $f_2 = f_y$, $f_3 = f_z$

$$\overrightarrow{\nabla} \cdot \vec{f} = \frac{\partial}{\partial x} f_x + \frac{\partial}{\partial y} f_y + \frac{\partial}{\partial z} f_z \tag{5.3.9}$$

(ii) 구면좌표계: $h_1 = 1$, $h_2 = r$, $h_3 = r\sin\theta$, $q_1 = r$, $q_2 = \theta$, $q_3 = \phi$ 그리고 $f_1 = f_r$, $f_2 = f_\theta$, $f_3 = f_\phi$

$$\overrightarrow{\nabla} \cdot \vec{f} = \frac{1}{r^2 \sin\theta} \frac{\partial}{\partial r} (r^2 \sin\theta f_r) + \frac{1}{r^2 \sin\theta} \frac{\partial}{\partial \theta} (r\sin\theta f_\theta) + \frac{1}{r^2 \sin\theta} \frac{\partial}{\partial \phi} (r f_\phi)$$

$$= \frac{1}{r^2 \sin\theta} \left[\sin\theta \frac{\partial}{\partial r} (r^2 f_r) + r \frac{\partial}{\partial \theta} (\sin\theta f_\theta) + r \frac{\partial}{\partial \phi} f_\phi \right] \tag{5.3.10}$$

(iii) 원통좌표계: $h_1 = 1$, $h_2 = \rho$, $h_3 = 1$, $q_1 = \rho$, $q_2 = \phi$, $q_3 = z$ 그리고 $f_1 = f_\rho$, $f_2 = f_\phi$, $f_3 = f_z$

$$\overrightarrow{\nabla} \cdot \vec{f} = \frac{1}{\rho} \left[\frac{\partial}{\partial \rho} (\rho f_\rho) + \frac{\partial}{\partial \phi} f_\phi + \frac{\partial}{\partial z} (\rho f_z) \right]$$

$$= \frac{1}{\rho} \left[\frac{\partial}{\partial \rho} (\rho f_\rho) + \frac{\partial}{\partial \phi} f_\phi + \rho \frac{\partial}{\partial z} f_z \right] \tag{5.3.11}$$

---

(55) 증명은 5장의 [연습문제 6]에서 다룹니다.

$\vec{E}(r) = \dfrac{q}{r^\alpha}\vec{r}$의 다이버전스를 구하세요. 여기서 $\alpha \neq 3$이고 r은 전하분포로부터 관측점까지의 거리이다. 그리고 이러한 전기장을 생기게 하는 전하밀도를 구하세요.

풀이

$$\vec{E}(r) = \frac{q}{r^\alpha}\vec{r} = \frac{q}{r^\alpha}r\hat{r} = qr^{1-\alpha}\hat{r} \Rightarrow E_r = qr^{1-\alpha}$$

이를 구면좌표계에서의 다이버전스에 관한 관계식 (5.3.10)에 대입하면

$$\vec{\nabla} \cdot \vec{E}(r) = \frac{1}{r^2\sin\theta}\left[\sin\theta\frac{\partial}{\partial r}(r^2 E_r)\right] = \frac{1}{r^2}\left[\frac{\partial}{\partial r}(r^2 qr^{1-\alpha})\right] \quad (\because E_\theta = 0 = E_\phi)$$

$$= \frac{q}{r^2}\frac{\partial}{\partial r}r^{3-\alpha} = \frac{q}{r^2}(3-\alpha)r^{3-\alpha-1} = \frac{3-\alpha}{r^\alpha}q \tag{1}$$

를 얻는다. 가우스 법칙 $\vec{\nabla} \cdot \vec{E} = \dfrac{\rho}{\epsilon_0} \Rightarrow \rho = \epsilon_0\vec{\nabla} \cdot \vec{E}$에 식 (1)을 대입하면 다음과 같은 전하밀도를 얻는다.

$$\rho(r) = \epsilon_0\left(\frac{3-\alpha}{r^\alpha}q\right)$$

③ 곡선좌표계에서 벡터 함수의 컬이 어떻게 표현되는지 알아보자.

벡터 함수의 컬은

$$\vec{\nabla} \times \vec{f} = (\vec{\nabla} \times \vec{f})_{q_1}\hat{q}_1 + (\vec{\nabla} \times \vec{f})_{q_2}\hat{q}_2 + (\vec{\nabla} \times \vec{f})_{q_3}\hat{q}_3 \tag{5.3.12}$$

으로 나타낼 수 있고, 이때 q_1 성분은 다음과 같다.

$$(\vec{\nabla} \times \vec{f})_{q_1} = \vec{\nabla}_{q_2}f_3 - \vec{\nabla}_{q_3}f_2$$

여기서 등식 오른편의 첫 번째 항과 두 번째 항은 각각 $(\vec{\nabla}f_3)_{q_2}$와 $(\vec{\nabla}f_2)_{q_3}$으로 나타낼 수 있어서 벡터 함수 $\vec{f}$의 컬의 q_1 성분은 다음과 같다.

$$(\vec{\nabla} \times \vec{f})_{q_1} = (\vec{\nabla}f_3)_{q_2} - (\vec{\nabla}f_2)_{q_3} = \frac{1}{h_2}\frac{\partial f_3}{\partial q_2} - \frac{1}{h_3}\frac{\partial f_2}{\partial q_3}$$

$$= \frac{1}{h_2 h_3}\left[\frac{\partial(h_3 f_3)}{\partial q_2} - \frac{\partial(h_2 f_2)}{\partial q_3}\right]$$

$$\therefore \quad (\overrightarrow{\nabla} \times \vec{f})_{q_1} = \frac{1}{h_2 h_3}\left[\frac{\partial(h_3 f_3)}{\partial q_2} - \frac{\partial(h_2 f_2)}{\partial q_3}\right]$$

이와 유사한 방법으로 벡터 함수 $\vec{f}$의 컬의 q_2와 q_3 성분을 구해보면

$$(\overrightarrow{\nabla} \times \vec{f})_{q_2} = \frac{1}{h_3 h_1}\left[\frac{\partial(h_1 f_1)}{\partial q_3} - \frac{\partial(h_3 f_3)}{\partial q_1}\right], \quad (\overrightarrow{\nabla} \times \vec{f})_{q_3} = \frac{1}{h_1 h_2}\left[\frac{\partial(h_2 f_2)}{\partial q_1} - \frac{\partial(h_1 f_1)}{\partial q_2}\right]$$

이 된다. 이들을 식 (5.3.12)에 대입하면

$$\overrightarrow{\nabla} \times \vec{f} = \frac{\hat{q_1}}{h_2 h_3}\left[\frac{\partial(h_3 f_3)}{\partial q_2} - \frac{\partial(h_2 f_2)}{\partial q_3}\right] + \frac{\hat{q_2}}{h_3 h_1}\left[\frac{\partial(h_1 f_1)}{\partial q_3} - \frac{\partial(h_3 f_3)}{\partial q_1}\right]$$
$$+ \frac{\hat{q_3}}{h_1 h_2}\left[\frac{\partial(h_2 f_2)}{\partial q_1} - \frac{\partial(h_1 f_1)}{\partial q_2}\right]$$

이 되고, 이 식을 행렬식으로 표현하면 다음과 같다.

$$\overrightarrow{\nabla} \times \vec{f} = \frac{1}{h_1 h_2 h_3}\begin{vmatrix} h_1\hat{q_1} & h_2\hat{q_2} & h_3\hat{q_3} \\ \dfrac{\partial}{\partial q_1} & \dfrac{\partial}{\partial q_2} & \dfrac{\partial}{\partial q_3} \\ h_1 f_1 & h_2 f_2 & h_3 f_3 \end{vmatrix} \tag{5.3.13}$$

곡선좌표계에서의 벡터 함수 $\vec{f}$의 컬인 일반식 (5.3.13)을 각 좌표계에 적용하면 다음과 같다.

(i) 직각좌표계: $h_1 = h_2 = h_3 = 1$, $q_1 = x$, $q_2 = y$, $q_3 = z$ 그리고 $f_1 = f_x$, $f_2 = f_y$, $f_3 = f_z$

$$\overrightarrow{\nabla} \times \vec{f} = \begin{vmatrix} \hat{x} & \hat{y} & \hat{z} \\ \dfrac{\partial}{\partial x} & \dfrac{\partial}{\partial y} & \dfrac{\partial}{\partial z} \\ f_x & f_y & f_z \end{vmatrix}$$
$$= \left(\frac{\partial f_z}{\partial y} - \frac{\partial f_y}{\partial z}\right)\hat{x} + \left(\frac{\partial f_x}{\partial z} - \frac{\partial f_z}{\partial x}\right)\hat{y} + \left(\frac{\partial f_y}{\partial x} - \frac{\partial f_x}{\partial y}\right)\hat{z} \tag{5.3.14}$$

(ii) 구면좌표계: $h_1 = 1$, $h_2 = r$, $h_3 = r\sin\theta$, $q_1 = r$, $q_2 = \theta$, $q_3 = \phi$ 그리고 $f_1 = f_r$, $f_2 = f_\theta$, $f_3 = f_\phi$

$$\vec{\nabla}\times\vec{f} = \frac{1}{r^2\sin\theta}\begin{vmatrix} \hat{r} & r\hat{\theta} & r\sin\theta\hat{\phi} \\ \dfrac{\partial}{\partial r} & \dfrac{\partial}{\partial\theta} & \dfrac{\partial}{\partial\phi} \\ f_r & rf_\theta & r\sin\theta f_\phi \end{vmatrix}$$

$$= \frac{1}{r^2\sin\theta}\left[\left(\frac{\partial(r\sin\theta f_\phi)}{\partial\theta} - \frac{\partial(rf_\theta)}{\partial\phi}\right)\hat{r} + \left(\frac{\partial f_r}{\partial\phi} - \frac{\partial(r\sin\theta f_\phi)}{\partial r}\right)r\hat{\theta}\right.$$

$$\left. + \left(\frac{\partial(rf_\theta)}{\partial r} - \frac{\partial f_r}{\partial\theta}\right)r\sin\theta\hat{\phi}\right]$$

$$= \frac{1}{r\sin\theta}\left[\frac{\partial(f_\phi\sin\theta)}{\partial\theta} - \frac{\partial f_\theta}{\partial\phi}\right]\hat{r} + \frac{1}{r\sin\theta}\left[\frac{\partial f_r}{\partial\phi} - \sin\theta\frac{\partial(rf_\phi)}{\partial r}\right]\hat{\theta}$$

$$+ \frac{1}{r}\left[\frac{\partial(rf_\theta)}{\partial r} - \frac{\partial f_r}{\partial\theta}\right]\hat{\phi} \tag{5.3.15}$$

(iii) 원통좌표계: $h_1 = 1$, $h_2 = \rho$, $h_3 = 1$, $q_1 = \rho$, $q_2 = \phi$, $q_3 = z$ 그리고 $f_1 = f_\rho$,
$f_2 = f_\phi$, $f_3 = f_z$

$$\vec{\nabla}\times\vec{f} = \frac{1}{\rho}\begin{vmatrix} \hat{\rho} & \rho\hat{\phi} & \hat{z} \\ \dfrac{\partial}{\partial\rho} & \dfrac{\partial}{\partial\phi} & \dfrac{\partial}{\partial z} \\ f_\rho & \rho f_\phi & f_z \end{vmatrix}$$

$$= \frac{1}{\rho}\left[\left(\frac{\partial f_z}{\partial\phi} - \frac{\partial(\rho f_\phi)}{\partial z}\right)\hat{\rho} + \left(\frac{\partial f_\rho}{\partial z} - \frac{\partial f_z}{\partial\rho}\right)\rho\hat{\phi} + \left(\frac{\partial(\rho f_\phi)}{\partial\rho} - \frac{\partial f_\rho}{\partial\phi}\right)\hat{z}\right]$$

$$= \left(\frac{1}{\rho}\frac{\partial f_z}{\partial\phi} - \frac{\partial f_\phi}{\partial z}\right)\hat{\rho} + \left(\frac{\partial f_\rho}{\partial z} - \frac{\partial f_z}{\partial\rho}\right)\hat{\phi} + \frac{1}{\rho}\left(\frac{\partial(\rho f_\phi)}{\partial\rho} - \frac{\partial f_\rho}{\partial\phi}\right)\hat{z} \tag{5.3.16}$$

예제 5.10

$\vec{\nabla}\times\vec{r}$을 직각좌표계, 구면좌표계 그리고 원통좌표계에서 각각 계산하고 그 결과를 비교해 보세요.

풀이 직각좌표계에서 $\vec{r} = x\hat{x} + y\hat{y} + z\hat{z}$이므로

$$\vec{\nabla}\times\vec{r} = \begin{vmatrix} \hat{x} & \hat{y} & \hat{z} \\ \dfrac{\partial}{\partial x} & \dfrac{\partial}{\partial y} & \dfrac{\partial}{\partial z} \\ x & y & z \end{vmatrix} = \left(\frac{\partial z}{\partial y} - \frac{\partial y}{\partial z}\right)\hat{x} + \left(\frac{\partial x}{\partial z} - \frac{\partial z}{\partial x}\right)\hat{y} + \left(\frac{\partial y}{\partial x} - \frac{\partial x}{\partial y}\right)\hat{z} = 0$$

구면좌표계에서 $\vec{r} = r\hat{r}$이므로

$$\vec{\nabla} \times \vec{r} = \frac{1}{r^2\sin\theta} \begin{vmatrix} \hat{r} & r\hat{\theta} & r\sin\theta\hat{\phi} \\ \frac{\partial}{\partial r} & \frac{\partial}{\partial \theta} & \frac{\partial}{\partial \phi} \\ r & 0 & 0 \end{vmatrix} = \frac{1}{r^2\sin\theta}\left[r\hat{\theta}\left(\frac{\partial}{\partial\phi}r\right) + r\sin\theta\hat{\phi}\left(-\frac{\partial}{\partial\theta}r\right)\right]$$

$$= \frac{1}{r^2\sin\theta}(0+0) = 0$$

그리고 원통좌표계에서 $\vec{r} = \rho\hat{\rho} + z\hat{z}$ 이므로

$$\vec{\nabla} \times \vec{r} = \frac{1}{\rho}\begin{vmatrix} \hat{\rho} & \rho\hat{\phi} & \hat{z} \\ \frac{\partial}{\partial \rho} & \frac{\partial}{\partial \phi} & \frac{\partial}{\partial z} \\ \rho & 0 & z \end{vmatrix} = \frac{1}{\rho}\left[\hat{\rho}\left(\frac{\partial}{\partial\phi}z\right) + \rho\hat{\phi}\left(\frac{\partial}{\partial z}\rho - \frac{\partial}{\partial\rho}z\right) + \hat{z}\left(-\frac{\partial}{\partial\phi}\rho\right)\right]$$

$$= \frac{1}{\rho}(0+0+0) = 0$$

가 되어, 좌표계와 무관하게 $\vec{\nabla} \times \vec{r} = 0$인 결과를 얻는다.

---

④ 곡선좌표계에서 스칼라 함수의 라플라시안이 어떻게 표현되는지 알아보자.

라플라시안은 그래디언트와 다이버전스의 결과로부터 구할 수 있다. 즉 곡선좌표계에서의 벡터 함수 $\vec{f}$의 다이버전스인 일반식 (5.3.8)에서 $\vec{f}$ 대신에 $\vec{\nabla}\Psi$를 대입하면 다음과 같이 된다.

$$\vec{\nabla} \cdot \vec{\nabla}\Psi = \nabla^2\Psi$$

$$= \frac{1}{h_1h_2h_3}\left[\frac{\partial}{\partial q_1}\left\{h_2h_3(\vec{\nabla}\Psi)_{q_1}\right\} + \frac{\partial}{\partial q_2}\left\{h_3h_1(\vec{\nabla}\Psi)_{q_2}\right\} + \frac{\partial}{\partial q_3}\left\{h_1h_2(\vec{\nabla}\Psi)_{q_3}\right\}\right]$$

여기서 곡선좌표계에서의 스칼라 함수 Ψ의 그래디언트인 일반식 (5.3.2)로부터 $(\vec{\nabla}\Psi)_{q_1} = \frac{1}{h_1}\frac{\partial\Psi}{\partial q_1}$, $(\vec{\nabla}\Psi)_{q_2} = \frac{1}{h_2}\frac{\partial\Psi}{\partial q_2}$ 그리고 $(\vec{\nabla}\Psi)_{q_3} = \frac{1}{h_3}\frac{\partial\Psi}{\partial q_3}$ 이므로 곡선좌표계에서 스칼라 함수의 라플라시안인 위 식은 다음과 같이 표현된다.

$$\nabla^2\Psi = \frac{1}{h_1h_2h_3}\left[\frac{\partial}{\partial q_1}\left(h_2h_3\frac{1}{h_1}\frac{\partial\Psi}{\partial q_1}\right) + \frac{\partial}{\partial q_2}\left(h_3h_1\frac{1}{h_2}\frac{\partial\Psi}{\partial q_2}\right) + \frac{\partial}{\partial q_3}\left(h_1h_2\frac{1}{h_3}\frac{\partial\Psi}{\partial q_3}\right)\right]$$

$$(5.3.17)$$

곡선좌표계에서의 스칼라 함수 Ψ의 라플라시안인 일반식 (5.3.17)을 각 좌표계에 적용하면 다음과 같다.

(i) 직각좌표계: $h_1 = h_2 = h_3 = 1$ 그리고 $q_1 = x$, $q_2 = y$, $q_3 = z$

$$\nabla^2 \Psi = \frac{\partial}{\partial x}\left(\frac{\partial \Psi}{\partial x}\right) + \frac{\partial}{\partial y}\left(\frac{\partial \Psi}{\partial y}\right) + \frac{\partial}{\partial z}\left(\frac{\partial \Psi}{\partial z}\right) = \frac{\partial^2 \Psi}{\partial x^2} + \frac{\partial^2 \Psi}{\partial y^2} + \frac{\partial^2 \Psi}{\partial z^2} \qquad (5.3.18)$$

(ii) 구면좌표계: $h_1 = 1$, $h_2 = r$, $h_3 = r\sin\theta$ 그리고 $q_1 = r$, $q_2 = \theta$, $q_3 = \phi$

$$\nabla^2 \Psi = \frac{1}{r^2\sin\theta}\left[\frac{\partial}{\partial r}\left(r^2\sin\theta\frac{\partial \Psi}{\partial r}\right) + \frac{\partial}{\partial \theta}\left(\sin\theta\frac{\partial \Psi}{\partial \theta}\right) + \frac{\partial}{\partial \phi}\left(\frac{1}{\sin\theta}\frac{\partial \Psi}{\partial \phi}\right)\right]$$

$$= \frac{1}{r^2}\frac{\partial}{\partial r}\left(r^2\frac{\partial \Psi}{\partial r}\right) + \frac{1}{r^2\sin\theta}\frac{\partial}{\partial \theta}\left(\sin\theta\frac{\partial \Psi}{\partial \theta}\right) + \frac{1}{r^2\sin^2\theta}\frac{\partial^2 \Psi}{\partial \phi^2} \qquad (5.3.19)$$

(iii) 원통좌표계: $h_1 = 1$, $h_2 = \rho$, $h_3 = 1$ 그리고 $q_1 = \rho$, $q_2 = \phi$, $q_3 = z$

$$\nabla^2 \Psi = \frac{1}{\rho}\left[\frac{\partial}{\partial \rho}\left(\rho\frac{\partial \Psi}{\partial \rho}\right) + \frac{\partial}{\partial \phi}\left(\frac{1}{\rho}\frac{\partial \Psi}{\partial \phi}\right) + \frac{\partial}{\partial z}\left(\rho\frac{\partial \Psi}{\partial z}\right)\right]$$

$$= \frac{1}{\rho}\frac{\partial}{\partial \rho}\left(\rho\frac{\partial \Psi}{\partial \rho}\right) + \frac{1}{\rho^2}\frac{\partial^2 \Psi}{\partial \phi^2} + \frac{\partial^2 \Psi}{\partial z^2} \qquad (5.3.20)$$

구면좌표계에서 라플라스 방정식은 다음과 같이 표현된다.

$$\nabla^2 \Psi = 0 \Rightarrow \frac{1}{r^2}\frac{\partial}{\partial r}\left(r^2\frac{\partial \Psi}{\partial r}\right) + \frac{1}{r^2\sin\theta}\frac{\partial}{\partial \theta}\left(\sin\theta\frac{\partial \Psi}{\partial \theta}\right) + \frac{1}{r^2\sin^2\theta}\frac{\partial^2 \Psi}{\partial \phi^2} = 0$$

여기서 $\Psi(r,\theta,\phi) = R(r)\Theta(\theta)\Phi(\phi)$로 놓으면 위 식은

$$\frac{\sin^2\theta}{R}\frac{d}{dr}\left(r^2\frac{dR}{dr}\right) + \frac{\sin\theta}{\Theta}\frac{d}{d\theta}\left(\sin\theta\frac{d\Theta}{d\theta}\right) + \frac{1}{\Phi}\frac{d^2\Phi}{d\phi^2} = 0$$

이 되어

$$\Rightarrow \begin{cases} \dfrac{d^2\Phi}{d\phi^2} + m^2\Phi = 0 \\[2mm] -\dfrac{1}{\sin\theta}\dfrac{d}{d\theta}\left(\sin\theta\dfrac{d\Theta}{d\theta}\right) + \left[\dfrac{m^2}{\sin^2\theta} - \ell(\ell+1)\right]\Theta = 0 \\[2mm] \left[\dfrac{d^2}{dr^2} + \dfrac{2}{r}\dfrac{d}{dr} - \dfrac{\ell(\ell+1)}{r^2}\right]R = 0 \end{cases} \qquad (5.3.21)$$

인 관계식을 얻는다. 위 식의 두 번째 관계식은

$$\left[\frac{d^2}{d\theta^2}+\cot\theta\frac{d}{d\theta}-\frac{m^2}{\sin^2\theta}+\ell(\ell+1)\right]\Theta(\theta)=0$$

인 **르장드르**(Legendre) **미분방정식**이다. 이 방정식의 解는 $m=0$인 경우 **르장드르 다항식** $P_\ell(\cos\theta)$이고, $m\neq0$인 경우 **연관**(associated) **르장드르 함수** $P_\ell^m(\cos\theta)$이다. 위 식의 세 번째 미분방정식의 解는 $R(r)=Ar^\ell+\frac{B}{r^{\ell+1}}$이다[56].

그러므로 식 (5.3.21)의 미분방정식들의 解로부터 구면좌표계에서 라플라스 방정식의 解는 다음과 같이 표현된다.

$$\Phi(r,\theta,\phi)=R(r)\Theta(\theta)\Phi(\phi)=\sum_{\ell=0}^{\infty}\sum_{m=-\ell}^{\ell}\left(A_{\ell m}r^\ell+\frac{B_{\ell m}}{r^{\ell+1}}\right)P_\ell^m(\cos\theta)e^{im\phi}$$

그리고 원통좌표계에서 라플라스 방정식은

$$\nabla^2\Phi=0\ \Rightarrow\ \frac{1}{\rho}\frac{\partial}{\partial\rho}\left(\rho\frac{\partial\Phi}{\partial\rho}\right)+\frac{1}{\rho^2}\frac{\partial^2\Phi}{\partial\phi^2}+\frac{\partial^2\Phi}{\partial z^2}=0$$

$$\Rightarrow\ \frac{\partial^2\Phi}{\partial\rho^2}+\frac{1}{\rho}\frac{\partial\Phi}{\partial\rho}+\frac{1}{\rho^2}\frac{\partial^2\Phi}{\partial\phi^2}+\frac{\partial^2\Phi}{\partial z^2}=0$$

이고, 여기서 $\Phi(\rho,\phi,z)=R(\rho)\Phi(\phi)Z(z)$로 놓으면 위 식으로부터

$$\Rightarrow\begin{cases}\dfrac{d^2\Phi}{d\phi^2}+\nu^2\Phi=0\\[2mm]\dfrac{d^2Z}{dz^2}-k^2Z=0\\[2mm]\dfrac{d^2R}{d\rho^2}+\dfrac{1}{\rho}\dfrac{dR}{d\rho}+\left(k^2-\dfrac{\nu^2}{\rho^2}\right)R=0\end{cases}\tag{5.3.22}$$

인 관계식을 얻는다. 위의 세 번째 관계식에서 $x=k\rho$로 놓으면

$$k^2\frac{d^2R}{dx^2}+k^2\frac{1}{x}\frac{dR}{dx}+k^2\left(1-\frac{\nu^2}{x^2}\right)R=0$$

$$\Rightarrow\ \frac{d^2R}{dx^2}+\frac{1}{x}\frac{dR}{dx}+\left(1-\frac{\nu^2}{x^2}\right)R=0$$

---

(56) 증명은 5장의 [연습문제 10]에서 다룹니다.

인 **베셀**(Bessel) **미분방정식**을 얻는다. 이 방정식의 解를 ν차 **베셀함수**라 하고 $J_\nu(x)$와 $J_{-\nu}(x)$로 나타낸다. 만약 ν가 정수이면 $J_{-\nu}(x) = (-1)^\nu J_\nu(x)$인 관계에 있으므로 더 이상 두 解가 독립적인 解가 아니다. 그래서 ν가 정수이면 解는 독립적인 두 解인 $J_\nu(x)$와 $N_\nu(x)$로 표현된다. 여기서 $N_\nu(x)$는 ν차 **노이먼**(Neumann)**함수**이다.

식 (5.3.21)에 있는 두 번째와 세 번째 미분방정식 그리고 (5.3.22)에 있는 세 번째 미분방정식의 解를 구하는 방법에 대해서는 7장의 특수함수에서 다룰 것이다.

식 (5.3.22)의 미분방정식들의 解[57]로부터 원통좌표계에서 라플라스 방정식의 解는 다음과 같이 표현된다.

$$\Phi(\rho,\phi,z) = R(\rho)\Phi(\phi)Z(z)$$
$$= \sum_{\nu,k} e^{i\nu\phi}[A_1 J_\nu(k\rho) + A_2 N_\nu(k\rho)](B_1 \cosh kz + B_2 \sinh kz)$$

예제 5.11

구면좌표계에서 다음의 고유치 방정식을 표현하세요.

$$H\Psi = E\Psi \Rightarrow \left[\frac{p_{op}^2}{2m} + U(r)\right]\Psi(r,\theta,\phi) = E\Psi(r,\theta,\phi)$$

여기서 $\vec{p}_{op} = \frac{\hbar}{i}\vec{\nabla}$인 운동량 연산자이다.

풀이 원식에 $\vec{p}_{op} = \frac{\hbar}{i}\vec{\nabla}$를 대입하면 다음과 같이 된다.

$$-\frac{\hbar^2}{2m}\nabla^2\Psi + U\Psi = E\Psi$$

구면좌표계에서의 라플라시안 결과인 식 (5.3.19)를 위 식에 대입하면 다음과 같이 된다.

$$-\frac{\hbar^2}{2m}\left[\frac{1}{r^2}\frac{\partial}{\partial r}\left(r^2\frac{\partial}{\partial r}\right) + \frac{1}{r^2\sin\theta}\frac{\partial}{\partial\theta}\left(\sin\theta\frac{\partial}{\partial\theta}\right) + \frac{1}{r^2\sin^2\theta}\frac{\partial^2}{\partial\phi^2}\right]\Psi(r,\theta,\phi) + U\Psi = E\Psi(r,\theta,\phi)$$

---

(57) 자세한 계산은 전자기학(박환배 저) 121~123쪽을 그리고 이와 관련된 예제는 148~150쪽을 참고하세요.

구면좌표계에서 각운동량 연산자 $\vec{L}$과 L^2을 표현하세요.

풀이 $\vec{L}_{op} = \vec{r} \times \vec{p}_{op}$ 그리고 $\vec{p}_{op} = \dfrac{\hbar}{i} \vec{\nabla}$이므로

$$\vec{L}_{op} = \vec{r} \times \vec{p}_{op} = -i\hbar \vec{r} \times \vec{\nabla} \tag{1}$$

이다. 구면좌표계에서 $\vec{r} = r\hat{r}$이므로

$$\vec{r} \times \vec{\nabla} = \frac{1}{r^2 \sin\theta} \begin{vmatrix} \hat{r} & r\hat{\theta} & r\sin\theta\hat{\phi} \\ r & 0 & 0 \\ \dfrac{\partial}{\partial r} & \dfrac{\partial}{\partial \theta} & \dfrac{\partial}{\partial \phi} \end{vmatrix} = \frac{1}{r^2 \sin\theta} \left[r\hat{\theta}\left(-r\frac{\partial}{\partial\phi}\right) + r\sin\theta\hat{\phi}\left(r\frac{\partial}{\partial\theta}\right) \right]$$

$$= \frac{1}{\sin\theta}\left(-\hat{\theta}\frac{\partial}{\partial\phi} + \hat{\phi}\sin\theta\frac{\partial}{\partial\theta}\right)$$

이고, 이 결과를 식 (1)에 대입하면 구면좌표계에서 각운동량 연산자를 다음과 같이 구할 수 있다.

$$\vec{L}_{op} = -i\hbar \frac{1}{\sin\theta}\left(-\hat{\theta}\frac{\partial}{\partial\phi} + \hat{\phi}\sin\theta\frac{\partial}{\partial\theta}\right) \tag{2}$$

이 관계식은 양자역학에 자주 등장한다.
이때

$$L_{op}^2 = \vec{L}_{op} \cdot \vec{L}_{op} = -\hbar^2 \frac{1}{\sin^2\theta}\left(-\hat{\theta}\frac{\partial}{\partial\phi} + \hat{\phi}\sin\theta\frac{\partial}{\partial\theta}\right) \cdot \left(-\hat{\theta}\frac{\partial}{\partial\phi} + \hat{\phi}\sin\theta\frac{\partial}{\partial\theta}\right)$$

$$= -\hbar^2 \frac{1}{\sin^2\theta}\left[\frac{\partial^2}{\partial\phi^2} + \sin\theta\frac{\partial}{\partial\theta}\left(\sin\theta\frac{\partial}{\partial\theta}\right)\right]$$

$$= -\hbar^2 \left[\frac{1}{\sin\theta}\frac{\partial}{\partial\theta}\left(\sin\theta\frac{\partial}{\partial\theta}\right) + \frac{1}{\sin^2\theta}\frac{\partial^2}{\partial\phi^2}\right] \tag{3}$$

$$\therefore \ L_{op}^2 = -\hbar^2 \left(\frac{\partial^2}{\partial\theta^2} + \cot\theta\frac{\partial}{\partial\theta} + \frac{1}{\sin^2\theta}\frac{\partial^2}{\partial\phi^2}\right) \tag{4}$$

$$\text{또는} \ -\frac{L_{op}^2}{\hbar^2} = \left(\frac{\partial^2}{\partial\theta^2} + \cot\theta\frac{\partial}{\partial\theta} + \frac{1}{\sin^2\theta}\frac{\partial^2}{\partial\phi^2}\right) \tag{5}$$

그리고 $\nabla^2 = \dfrac{\partial^2}{\partial r^2} + \dfrac{2}{r}\dfrac{\partial}{\partial r} - \dfrac{L_{op}^2}{r^2\hbar^2}$ (58)이므로 슈뢰딩거 방정식은

$$\left[\frac{p_{op}^2}{2m} + U(r)\right]\Psi(r,\theta,\phi) = E\Psi(r,\theta,\phi) \ \Rightarrow \ -\frac{\hbar^2}{2m}\nabla^2\Psi + U\Psi = E\Psi$$

$$\Rightarrow \ -\frac{\hbar^2}{2m}\left(\frac{\partial^2}{\partial r^2} + \frac{2}{r}\frac{\partial}{\partial r} - \frac{L_{op}^2}{r^2\hbar^2}\right)\Psi + U\Psi = E\Psi$$

로 표현될 수 있다.

구면좌표계에서 각운동량 연산자 $\vec{L}_{op}$의 z 성분인 L_z를 구하세요.

풀이 각운동량 연산자 $\vec{L}_{op}$의 z 성분인 L_z를 구한다는 의미는 $(\vec{L}_{op})_z = \hat{z} \cdot \vec{L}_{op}$ (59)을 계산한다는 뜻이다.

이제 $\hat{z}$이 구면좌표계에서 어떻게 표현되는지 구해보자. 식 (5.1.10)의 첫 번째 관계식에 $\cos\theta$을 곱하면

$$\hat{r}\cos\theta = \hat{x}\sin\theta\cos\theta\cos\phi + \hat{y}\sin\theta\cos\theta\sin\phi + \hat{z}\cos^2\theta$$

이 되고, 두 번째 관계식에 $\sin\theta$을 곱하면

$$\hat{\theta}\sin\theta = \hat{x}\cos\theta\sin\theta\cos\phi + \hat{y}\cos\theta\sin\theta\sin\phi - \hat{z}\sin^2\theta$$

이 된다. 이들 두 관계식을 빼면

$$\hat{r}\cos\theta - \hat{\theta}\sin\theta = \hat{z}$$

이 되어 $\hat{z}$을 구면좌표계 표현으로 나타낼 수 있다.
이때

$$(\vec{L}_{op})_z = \hat{z} \cdot \vec{L}_{op} = (\hat{r}\cos\theta - \hat{\theta}\sin\theta) \cdot \left[\frac{-i\hbar}{\sin\theta} \left(-\hat{\theta}\frac{\partial}{\partial\phi} + \hat{\phi}\sin\theta\frac{\partial}{\partial\theta} \right) \right]$$

$$(\because [\text{예제 5.12}]\text{의 식 (2)로부터})$$

$$= -i\hbar\frac{\partial}{\partial\phi}$$

$$\therefore \ L_z = -i\hbar\frac{\partial}{\partial\phi}$$

그러면 $\Phi(\phi) = e^{im\phi}$(여기서 m은 상수)인 파동함수에 대해

$$L_z\Phi = -i\hbar\frac{\partial}{\partial\phi}e^{im\phi} = -i\hbar\frac{d}{d\phi}e^{im\phi} = m\hbar e^{im\phi} = m\hbar\Phi$$

가 된다. 그러므로 파동함수 $\Phi(\phi)$는 연산자 L_z의 고유함수이며 대응하는 고유치 $m\hbar$를 갖는다. 그리고 $\Phi(\phi) = \Phi(\phi + 2\pi)$의 조건으로부터 m은 정수가 되어야 한다는 것을 알 수 있다.

---

(58) 증명은 5장의 [연습문제 8]에서 다룹니다.

(59) 주의할 점은 [예제 5.12]의 식 (2)와 같이 각운동량 연산자가 미분항을 포함하고 있으므로 $\vec{L}_{op} \cdot \hat{z}$ 로 계산해서는 안 됩니다.

앞의 예제와 유사한 방법으로 L_x와 L_y를 구하세요.

풀이 식 (5.1.10)의 첫 번째 식에 $\sin\theta$를 곱하고 두 번째 식에 $\cos\theta$를 곱한 뒤, 두 관계식을 더하면

$$\hat{r}\sin\theta + \hat{\theta}\cos\theta = \hat{x}\cos\phi + \hat{y}\sin\phi \tag{1}$$

이 된다. 이 식에 $\cos\phi$를 곱하고 식 (5.1.10)의 세 번째 식에 $\sin\phi$를 곱한 뒤에 두 관계식을 빼주면

$$\hat{x} = \hat{r}\sin\theta\cos\phi + \hat{\theta}\cos\theta\cos\phi - \hat{\phi}\sin\phi$$

를 얻는다.

이때 각운동량의 x 성분은 다음과 같다.

$$L_x = \hat{x} \cdot \vec{L} = (\hat{r}\sin\theta\cos\phi + \hat{\theta}\cos\theta\cos\phi - \hat{\phi}\sin\phi) \cdot \left[\frac{-i\hbar}{\sin\theta}\left(-\hat{\theta}\frac{\partial}{\partial\phi} + \hat{\phi}\sin\theta\frac{\partial}{\partial\theta}\right)\right]$$

$$= i\hbar\left(\cos\theta\cos\phi\frac{1}{\sin\theta}\frac{\partial}{\partial\phi} + \sin\phi\frac{1}{\sin\theta}\sin\theta\frac{\partial}{\partial\theta}\right)$$

$$\therefore L_x = i\hbar\left(\sin\phi\frac{\partial}{\partial\theta} + \cot\theta\cos\phi\frac{\partial}{\partial\phi}\right)$$

그리고 식 (1)에 $\sin\phi$를 곱하고 식 (5.1.10)의 세 번째 식에 $\cos\phi$를 곱한 뒤에 두 관계식을 더해주면

$$\hat{y} = \hat{r}\sin\theta\sin\phi + \hat{\theta}\cos\theta\sin\phi + \hat{\phi}\cos\phi$$

를 얻는다.

이때 각운동량의 y 성분은 다음과 같다.

$$L_y = \hat{y} \cdot \vec{L} = (\hat{r}\sin\theta\sin\phi + \hat{\theta}\cos\theta\sin\phi + \hat{\phi}\cos\phi) \cdot \left[\frac{-i\hbar}{\sin\theta}\left(-\hat{\theta}\frac{\partial}{\partial\phi} + \hat{\phi}\sin\theta\frac{\partial}{\partial\theta}\right)\right]$$

$$= i\hbar(\cos\theta\sin\phi\frac{1}{\sin\theta}\frac{\partial}{\partial\phi} - \cos\phi\frac{1}{\sin\theta}\sin\theta\frac{\partial}{\partial\theta})$$

$$\therefore L_y = i\hbar\left(-\cos\phi\frac{\partial}{\partial\theta} + \cot\theta\sin\phi\frac{\partial}{\partial\phi}\right)$$

그러므로 양자역학에서 각운동량 연산자를 구면좌표계에서 표현하면 다음과 같다.

$$\begin{cases} L_x = i\hbar\left(\sin\phi\dfrac{\partial}{\partial\theta} + \cot\theta\cos\phi\dfrac{\partial}{\partial\phi}\right) \\ L_y = i\hbar\left(-\cos\phi\dfrac{\partial}{\partial\theta} + \cot\theta\sin\phi\dfrac{\partial}{\partial\phi}\right) \\ L_z = -i\hbar\dfrac{\partial}{\partial\phi} \end{cases}$$

지금까지 배운 좌표계들에 관해 정리하면 다음과 같다.

좌표계	좌표축			척도인자		
	q_1	q_2	q_3	h_1	h_2	h_3
직각	x	y	z	1	1	1
구면	r	θ	ϕ	1	r	$r\sin\theta$
원통	ρ	ϕ	z	1	ρ	1

01 구면좌표계에서 $\dot{\hat{\theta}}$와 $\dot{\hat{\phi}}$가 다음과 같은 관계식을 갖는 것을 보이세요.

$$\begin{cases} \dot{\hat{\theta}}=-\dot{\theta}\hat{r}+\dot{\phi}\cos\theta\hat{\phi} \\ \dot{\hat{\phi}}=-\dot{\phi}(\hat{r}\sin\theta+\hat{\theta}\cos\theta) \end{cases}$$

02 중심력 $f(r)=-\dfrac{k}{r^2}$ (여기서 $k>0$인 상수)의 영향하에서 움직이는 질량이 m인 입자의 운동방정식을 구하세요.

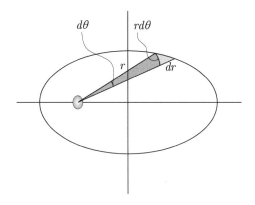

03 일정한 각속도 $\vec{\omega}$로 회전하는 자전거 바퀴가 있다. 구슬이 일정한 속도 $\vec{u}$로 자전거 바퀴 살(spoke)을 따라 움직일 때 구슬의 속도와 가속도를 ω와 u로 나타내세요.

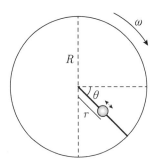

04 $z = 1 + x^2 + y^2$, $x^2 + y^2 = 5$ 그리고 xy-평면에 의해 둘러싸인 체적에 관해 $\int_V e^z dV$ 을 계산하세요.

05 아래 그림과 같은 나선형 미끄럼틀에서 내려오는 사람의 속도와 가속도를 원통좌표계를 사용하여 구하세요.

06 $(\vec{\nabla} \cdot \vec{f})_{q_2} = \dfrac{1}{h_1 h_2 h_3} \dfrac{\partial}{\partial q_2}(h_3 h_1 f_2)$ 그리고 $(\vec{\nabla} \cdot \vec{f})_{q_3} = \dfrac{1}{h_1 h_2 h_3} \dfrac{\partial}{\partial q_3}(h_1 h_2 f_3)$임을 증명하세요.

07 $\vec{\nabla} \cdot \vec{r}$을 직각좌표계, 구면좌표계 그리고 원통좌표계에서 각각 계산하고 그 결과를 비교하세요.

08 구면좌표계에서 라플라시안과 각운동량 연산자와의 관계식 $\nabla^2 = \dfrac{\partial^2}{\partial r^2} + \dfrac{2}{r} \dfrac{\partial}{\partial r} - \dfrac{L_{op}^2}{r^2 \hbar^2}$ 을 증명하세요.

09 구면좌표계에서 각운동량 연산자 $\vec{L}_{op}$을 곡선좌표계에서의 스칼라 함수의 그래디언트인 관계식 (5.3.4)를 사용해서 구하세요.

10 이계 상미분방정식 $\left[\dfrac{d^2}{dr^2} + \dfrac{2}{r} \dfrac{d}{dr} - \dfrac{\ell(\ell+1)}{r^2} \right] R(r) = 0$의 解를 구하세요.

CHAPTER 06
무한급수

복잡한 미적분 문제를 풀 때 때로는 주어진 함수를 급수의 형태로 나타내어 계산하는 것이 편리할 때가 있다. 이 장에서는 테일러(Taylor) 급수에 대해서 중점적으로 다룬다.

6.1 급수

급수에는 주어진 수열을 지정한 항에서 다른 지정한 항까지 더하는 **유한급수**와 한없이 수열을 더하는 **무한급수**가 있다.

수열에서 서로 이웃하는 항의 차(또는 공차)가 일정한 급수를 **산술**(arithmetic)**급수**(또는 **등차급수**)라 하고 서로 이웃하는 항의 비(또는 공비)가 일정한 급수를 **기하**(geometric)**급수**(또는 **등비급수**)라 한다.

부분합이 $n \to \infty$에 대해 한정된 값(definite value)을 가질 때 무한급수는 수렴한다고 하고, 한정된 값을 가지지 못할 때 발산한다고 한다.

- 등비급수

$$\sum_{n=1}^{\infty} ar^{n-1} = \begin{cases} 수렴, & |r| < 1 \\ 발산, & 그 외 \end{cases}$$

- 멱급수(冪級數, power series)

$$\sum_{n=1}^{\infty}\frac{1}{n^k}=\begin{cases}수렴, & |k|>1 \\ 발산, & 그 외\end{cases}$$

- 비율 판정법(ratio test)

$$\lim_{n\to\infty}\left|\frac{a_{n+1}}{a_n}\right|=R일\ 때,\ \sum_{n=1}^{\infty}a_n=\begin{cases}수렴, & R<1 \\ 발산, & R>1 \\ 다른\,판정법\,필요, & R=1\end{cases}$$

- 로피탈의 정리(L'Hôptial's theorem)

$$\lim_{x\to a}\frac{f(x)}{g(x)}=\frac{0}{0}\ 또는\ \frac{\infty}{\infty}\,일\ 때,\ \lim_{x\to a}\frac{f(x)}{g(x)}=\lim_{x\to a}\frac{f'(x)}{g'(x)}$$

① 산술급수

첫 항 a에 일정한 공차 d를 더한 급수로 n항까지의 부분합을 S_n이라 하면

$$S_n=a+(a+d)+(a+2d)+\cdots+[a+(n-2)d]+[a+(n-1)d]$$
$$=[a+(a+(n-1)d)]+[(a+d)+(a+(n-2)d)]+\cdots$$

$$(\because\ 앞과\ 뒤로\ 두\ 항씩\ 짝으로\ 해서\ 계산을\ 하면)$$

$$=\underbrace{[2a+(n-1)d]+\cdots+[2a+(n-1)d]}_{(n/2)개\ 항}$$
$$=\frac{n}{2}[2a+(n-1)d]=na+\frac{n(n-1)}{2}d$$

인 부분합을 얻는다.

이때 무한합 S는 다음과 같다.

$$S=\sum_{n=1}^{\infty}a_n=\sum_{n=1}^{\infty}[a+(n-1)d]$$

부분합 $S_{50} = 1 + 3 + 5 + \cdots\cdots + 99$를 구하세요.

풀이 주어진 문제는 첫 항이 $a = 1$이며 공차 $d = 2$인 산술급수이다. 이때 n번째 항인 a_n은 다음과 같다.

$$a_n = a + (n-1)d = 1 + (n-1)2 = 2n - 1$$

그러므로 부분합은 다음과 같다.

$$S_{50} = \sum_{n=1}^{50}(2n-1) = 2\sum_{n=1}^{50}n - \sum_{n=1}^{50}1$$

$$= 2(1 + 2 + \cdots\cdots + 50) - 50 = 2 \times (51 \times 25) - 50 = 2500$$

또는 $\qquad S_{50} = \dfrac{n}{2}(a + a_n) = \dfrac{50}{2} \times (1 + 99) = 25 \times 100 = 2500$

② 기하급수

바로 앞의 항에 일정한 공비 r를 곱한 급수로 n항까지의 부분합은

$$S_n = a + ar + ar^2 + ar^3 + \cdots\cdots + ar^{n-1}$$

이며 무한합은

$$S = \sum_{n=1}^{\infty} a_n = \sum_{n=1}^{\infty} ar^{n-1}$$

이다. 이때 부분합 S_n에 공비 r을 곱하면

$$rS_n = ar + ar^2 + ar^3 + \cdots\cdots + ar^n$$

이므로

$$S_n - rS_n = a - ar^n \Rightarrow S_n(1-r) = a(1-r^n)$$

$$\therefore \ S_n = \frac{a(1-r^n)}{1-r}$$

인 부분합 표현을 얻어서 무한합은 다음과 같이 표현된다.

$$S = \lim_{n \to \infty} S_n = \lim_{n \to \infty} \frac{a(1-r^n)}{1-r} = \frac{a}{1-r}, \quad |r| < 1 일 \ 때$$

공비가 $r=1$인 경우에 부분합은 $S_n = \underbrace{a + a + \cdots\cdots + a}_{n개 항} = na$이므로 무한합을 발산한다.

즉 $|r| < 1$인 경우에 기하급수는 수렴하고, $|r| \geq 1$인 경우에 기하급수는 발산한다.

예제 6.2

부분합 $S_n = 1 + 2 + 2^2 + \cdots\cdots + 2^{n-1}$을 구하세요.

풀이 첫 항이 $a=1$ 그리고 공비가 $r=2$인 기하급수이다. 이때 부분합은 다음과 같다.

$$S_n = \frac{a(1-r^n)}{1-r} = \frac{1(1-2^n)}{1-2} = 2^n - 1$$

예제 6.3

부분합 $S_n = 1 + 2^{-1} + 2^{-2} + \cdots\cdots + 2^{-(n-1)}$을 구하세요.

풀이 첫 항이 $a=1$이며 공비가 $r = \dfrac{1}{2}$인 기하급수이다. 이때 부분합은 다음과 같다.

$$S_n = \frac{1(1-2^{-n})}{1-2^{-1}} = 2\left(1 - \frac{1}{2^n}\right) = \frac{2^n - 1}{2^{n-1}}$$

이 문제는 공비가 $|r| < 1$인 경우로, 무한 기하급수가 1에 수렴함을 알 수 있다.

---

③ 멱급수

다항식의 일반형과 같은 꼴이되, 유한합에서 끝나지 않고 한없이 계속되는 급수이다.

$$S = a_0 + a_1 x + a_2 x^2 + a_3 x^3 + \cdots\cdots + a_n x^n + \cdots\cdots = \sum_{n=0}^{\infty} a_n x^n$$

여기서 a_0, a_1, a_2, a_3, $\cdots$, a_n, $\cdots$ 은 상수이다. 멱급수는 x의 값에 따라 수렴 또는 발산할 수 있다. $|x| < r$에 대해 수렴하고 $|x| > r$에 대해서는 발산하는 반지름이 r인 **수렴반지름**이 존재한다.

무한급수가 수렴하는지 발산하는지 판별하는 방법 중의 하나인 달랑베르 **비율판정법**에 대해 알아보자.

(i) 무한급수 $\sum_{n=1}^{\infty} a_n$이 $\lim_{n \to \infty} \left| \dfrac{a_{n+1}}{a_n} \right| < 1$일 때, 무한급수는 수렴한다.

(ii) 무한급수 $\sum_{n=1}^{\infty} a_n$이 $\lim_{n \to \infty} \left| \dfrac{a_{n+1}}{a_n} \right| = 1$일 때는 무한급수가 수렴인지 발산인지 판별할 수 없고 판별을 하기 위한 다른 방법이 필요하다.

(iii) 위의 두 경우 외의 다른 경우에는 무한급수가 발산한다.

예제 6.4

기하급수 $\sum_{n=1}^{\infty} ar^{n-1}$이 수렴하는지 또는 발산하는지를 비율판정법을 사용해서 판별하세요.

풀이
$$\lim_{n \to \infty} \left| \frac{a_{n+1}}{a_n} \right| = \lim_{n \to \infty} \left| \frac{ar^n}{ar^{n-1}} \right| = |r|$$

그러므로 수렴조건은 $|r| < 1$이어야 한다. 이는 앞쪽의 기하급수에서 기술된, 즉 '$|r| < 1$인 경우 기하급수는 수렴하고'와 일치하는 결과이다.

예제 6.5

무한급수 $(1-x)^{-1} = \dfrac{1}{1-x} = 1 + x + x^2 + \cdots\cdots + x^{n-1} + \cdots\cdots$가 수렴하는지 아닌지 판별하세요.

풀이 첫 항이 $a = 1$이며 공비가 $r = x$인 기하급수이다. 이때 비율판정법은 다음과 같다.
$$\lim_{n \to \infty} \left| \frac{a_{n+1}}{a_n} \right| = \lim_{n \to \infty} \left| \frac{x^n}{x^{n-1}} \right| = |x|$$

그러므로 $|x| < 1$인 경우에 무한급수는 수렴한다.

예제 6.6

$1 + \dfrac{1}{2!} + \dfrac{1}{3!} + \dfrac{1}{4!} + \cdots\cdots + \dfrac{1}{n!} + \cdots\cdots$인 무한급수가 수렴하는지 발산하는지를 판별하세요. 여기서 $n!(n$ **팩토리얼**(factorial))은 $n! = n \cdot (n-1) \cdot (n-2) \cdots\cdots 2 \cdot 1$이다.

풀이 이때 $a_{n+1} = \dfrac{1}{(n+1)!}$ 이고 $a_n = \dfrac{1}{n!}$ 이므로 비율판정법은 다음과 같다.

$$\lim_{n \to \infty} \left| \frac{a_{n+1}}{a_n} \right| = \lim_{n \to \infty} \left| \frac{1/(n+1)!}{1/n!} \right| = \lim_{n \to \infty} \left| \frac{1}{n+1} \right| = 0$$

그러므로 $\lim\limits_{n \to \infty} \left| \dfrac{a_{n+1}}{a_n} \right| < 1$ 이 되어 무한급수는 수렴한다.

예제 6.7

무한급수 $\displaystyle\sum_{n=1}^{\infty} \dfrac{1}{n} = 1 + \dfrac{1}{2} + \dfrac{1}{3} + \cdots\cdots \dfrac{1}{n} + \cdots\cdots$ 가 수렴하는지 발산하는지를 판별하세요.

풀이 비율판정법은 다음과 같다.

$$\lim_{n \to \infty} \left| \frac{a_{n+1}}{a_n} \right| = \lim_{n \to \infty} \left| \frac{1/(n+1)}{1/n} \right| = \lim_{n \to \infty} \left| \frac{n}{n+1} \right| = \lim_{n \to \infty} \left| \frac{1}{1+1/n} \right| = 1$$

그러므로 무한급수가 수렴하는지 발산하는지를 비율판정법으로는 결정할 수 없다. **발산판정법**(또는 일반항 판정법)에 의해 $\lim\limits_{n \to \infty} a_n = \lim\limits_{n \to \infty} \dfrac{1}{n} = 0$ 이므로 무한급수 $\displaystyle\sum_{n=1}^{\infty} \dfrac{1}{n}$ 은 수렴한다.

예제 6.8

무한급수 $\displaystyle\sum_{n=1}^{\infty} \dfrac{1}{n^2} = 1 + \dfrac{1}{2^2} + \dfrac{1}{3^2} + \cdots\cdots + \dfrac{1}{n^2} + \cdots\cdots$ 가 수렴하는지 발산하는지를 판별하세요.

풀이 비율판정법은 다음과 같다.

$$\lim_{n \to \infty} \left| \frac{a_{n+1}}{a_n} \right| = \lim_{n \to \infty} \left| \frac{1/(n+1)^2}{1/n^2} \right| = \lim_{n \to \infty} \left| \frac{n^2}{(n+1)^2} \right|$$

$$= \lim_{n \to \infty} \left| \frac{n^2}{n^2 + 2n + 1} \right| = \lim_{n \to \infty} \left| \frac{1}{1 + 2/n + 1/n^2} \right| = 1$$

그러므로 무한급수가 수렴하는지 발산하는지를 비율판정법으로는 결정할 수 없다. 발산판정법에 의해 $\lim\limits_{n \to \infty} a_n = \lim\limits_{n \to \infty} \dfrac{1}{n^2} = 0$ 이므로 무한급수 $\displaystyle\sum_{n=1}^{\infty} \dfrac{1}{n^2}$ 은 수렴한다.

---

④ 로피탈의 정리

$f(x)$와 $g(x)$가 $(a-\epsilon, a+\epsilon)$에서 연속이며 a를 제외한 구간 $(a-\epsilon, a+\epsilon)$에서 미분 가능한 함수일 때, $\lim\limits_{x \to a} \dfrac{f(x)}{g(x)} = \dfrac{0}{0}$ 또는 $\dfrac{\infty}{\infty}$ 이면

$$\lim_{x \to a} \frac{f(x)}{g(x)} = \lim_{x \to a} \frac{f'(x)}{g'(x)}$$

인 관계를 만족한다. 주어진 문제에서 로피탈의 정리를 반드시 한 번만 사용해야 되는 것은 아니며, 로피탈의 정리를 사용할 수 있는 조건만 맞다면 여러 번 사용할 수도 있다.

예제 6.9

$\lim\limits_{x \to 0} \dfrac{\sin x}{x}$ 를 계산하세요.

풀이 $\lim\limits_{x \to 0} \dfrac{\sin x}{x} \to \dfrac{0}{0}$ 이므로 로피탈의 정리를 적용하면 다음과 같다.

$$\lim_{x \to 0} \frac{(\sin x)'}{(x)'} = \lim_{x \to 0} \frac{\cos x}{1} = 1$$

예제 6.10

$\lim\limits_{x \to \infty} \dfrac{\ln(x)}{\sqrt{x}}$ 를 계산하세요.

풀이 $\lim\limits_{x \to \infty} \dfrac{\ln x}{\sqrt{x}} \to \dfrac{\infty}{\infty}$ 이므로 로피탈의 정리를 적용하면 다음과 같다.

$$\lim_{x \to \infty} \frac{[\ln(x)]'}{\sqrt{x}} = \lim_{x \to \infty} \frac{\dfrac{1}{x}}{\dfrac{1}{2} x^{-\frac{1}{2}}} = 2 \lim_{x \to \infty} \frac{1}{\sqrt{x}} = 0$$

6.2 테일러 급수, 맥클로린 급수 그리고 이항급수

- 테일러 급수: $f(x+a) = \displaystyle\sum_{n=0}^{\infty} \frac{(x-a)^n}{n!} f^{(n)}(a)$

- 맥클로린(Maclaurin) 급수: $f(x) = \displaystyle\sum_{n=0}^{\infty} \frac{x^n}{n!} f^{(n)}(0)$

  - $e^x = \displaystyle\sum_{n=0}^{\infty} \frac{x^n}{n!}$

  - $\cos x = \displaystyle\sum_{n=0}^{\infty} (-1)^n \frac{1}{(2n)!} x^{2n}$

  - $\sin x = \displaystyle\sum_{n=0}^{\infty} (-1)^n \frac{x^{2n+1}}{(2n+1)!}$

- 이항(binomial)급수:

  $$(1+x)^n = 1 + nx + \frac{n(n-1)}{2!}x^2 + \frac{n(n-1)(n-2)}{3!}x^3 + \cdots\cdots = \sum_{k=0}^{n}\binom{n}{k}x^k$$

  - $\dfrac{1}{1+x} = \displaystyle\sum_{n=0}^{\infty} (-1)^n x^n$

  - $\dfrac{1}{1-x} = \displaystyle\sum_{n=0}^{\infty} x^n, \quad |x| < 1$

- $\ln(1+x) = \displaystyle\sum_{n=0}^{\infty} (-1)^n \frac{x^{n+1}}{n+1}, \quad |x| < 1$

① 테일러 급수

테일러 급수는 함수 $f(x)$가 한없이 미분 가능한 함수일 때 그 도함수들을 어떤 특정한 x에서 계산한 항들의 무한합으로 함수 $f(x)$를 나타내는 방법으로 물리 문제를 푸는 데 매우 유용한 방법이다.

이제 테일러 급수에 대한 관계식을 유도해보자.

함수 $f(x)$를 n번 미분한 함수를 $\dfrac{d^n f(x)}{dx^n} = f^{(n)}(x)$로 나타내면, 구간 $[a, x]$에 관한 다음의 적분은

$$\int_a^x f^{(n)}(x_1)dx_1 = \int_a^x \frac{d}{dx_1}f^{(n-1)}(x_1)dx_1$$

$$= \left[f^{(n-1)}(x_1)\right]_{x_1=a}^{x_1=x} = f^{(n-1)}(x) - f^{(n-1)}(a)$$

이 된다. 위 식의 왼편과 오른편에 적분을 취하면

$$\int_a^x dx_2 \int_a^{x_2} f^{(n)}(x_1)dx_1 = \int_a^x dx_2 \left[f^{(n-1)}(x_2) - f^{(n-1)}(a)\right]$$

$$= \int_a^x f^{(n-1)}(x_2)dx_2 - f^{(n-1)}(a)\int_a^x dx_2$$

$$= \int_a^x \left[\frac{d}{dx_2}f^{(n-2)}(x_2)\right]dx_2 - f^{(n-1)}(a)\int_a^x dx_2$$

$$= \left[f^{(n-2)}(x_2)\right]_{x_2=a}^{x_2=x} - f^{(n-1)}(a)\left[x_2\right]_{x_2=a}^{x_2=x}$$

$$= f^{(n-2)}(x) - f^{(n-2)}(a) - (x-a)f^{(n-1)}(a)$$

이 되어, 위 식에서 $x \rightarrow x_3$로 하면 다음과 같이 된다.

$$\int_a^{x_3} dx_2 \int_a^{x_2} f^{(n)}(x_1)dx_1 = f^{(n-2)}(x_3) - f^{(n-2)}(a) - (x_3-a)f^{(n-1)}(a)$$

위 식의 왼편과 오른편에 한 번 더 적분을 취하면 다음과 같다.

$$\int_a^x dx_3 \int_a^{x_3} dx_2 \int_a^{x_2} f^{(n)}(x_1)dx_1$$

$$= \int_a^x dx_3 \left[f^{(n-2)}(x_3) - f^{(n-2)}(a) - (x_3-a)f^{(n-1)}(a)\right] \qquad (6.2.1)$$

위 관계식의 오른편에 있는 첫 번째 항은

$$\int_a^x f^{(n-2)}(x_3)dx_3 = \int_a^x \frac{d}{dx_3}f^{(n-3)}(x_3)dx_3$$

$$= \left[f^{(n-3)}(x_3)\right]_{x_3=a}^{x_3=x} = f^{(n-3)}(x) - f^{(n-3)}(a)$$

이고, 두 번째 항은

$$\int_a^x f^{(n-2)}(a)dx_3 = f^{(n-2)}(a)\int_a^x dx_3 = f^{(n-2)}(a)\left[x_3\right]_{x_3=a}^{x_3=x}$$

$$= (x-a)f^{(n-2)}(a)$$

이며, 관계식의 오른편에 있는 세 번째 항은

$$\int_a^x (x_3-a)f^{(n-1)}(a)dx_3 = f^{(n-1)}(a)\int_a^x (x_3-a)dx_3$$

$$= f^{(n-1)}(a)\left[\frac{1}{2}x_3^2 - ax\right]_{x_3=a}^{x_3=x}$$

$$= f^{(n-1)}(a)\left[\frac{1}{2}(x^2-a^2) - a(x-a)\right]$$

$$= \frac{1}{2}\left(x^2-2ax+a^2\right)f^{(n-1)}(a)$$

$$= \frac{1}{2!}(x-a)^2 f^{(n-1)}(a)$$

이다. 이들 결과를 식 (6.2.1)에 대입하면 다음과 같다.

$$\int_a^x dx_3 \int_a^{x_3} dx_2 \int_a^{x_2} dx_1 f^{(n)}(x_1)$$

$$= f^{(n-3)}(x) - f^{(n-3)}(a) - (x-a)f^{(n-2)}(a) - \frac{1}{2!}(x-a)^2 f^{(n-1)}(a)$$

위 식은 함수 $f(x)$를 세 번 적분했을 때 얻은 관계식이므로, 이와 같은 방법으로 n번 계속해서 적분을 취하면

$$\int_a^x dx_n \cdots\cdots\cdots \int_a^{x_2} dx_1 f^{(n)}(x_1)$$

$$= f^{(n-n)}(x) - f^{(n-n)}(a) - (x-a)f^{(n-(n-1))}(a) - \frac{1}{2!}(x-a)^2 f^{(n-(n-2))}(a) - \cdots\cdots$$

$$= f(x) - f(a) - (x-a)f^{(1)}(a) - \frac{1}{2!}(x-a)^2 f^{(2)}(a) - \cdots\cdots$$

$$\cdots\cdots - \frac{1}{(n-1)!}(x-a)^{n-1}f^{(n-1)}(a)$$

인 관계식을 얻을 수 있다. 위 등식의 왼편을

$$\int_a^x dx_n \cdots\cdots \int_a^{x_2} dx_1 f^{(n)}(x_1) = R_n$$

으로 놓으면 위의 원식은 다음과 같이 표현된다.

$$R_n = f(x) - f(a) - (x-a)f^{(1)}(a) - \frac{1}{2!}(x-a)^2 f^{(2)}(a) - \cdots\cdots$$

$$\cdots\cdots - \frac{1}{(n-1)!}(x-a)^{n-1} f^{(n-1)}(a)$$

그러므로

$$f(x) = f(a) + (x-a)f^{(1)}(a) + \frac{1}{2!}(x-a)^2 f^{(2)}(a) + \cdots\cdots$$

$$\cdots\cdots + \frac{1}{(n-1)!}(x-a)^{n-1} f^{(n-1)}(a) + R_n \qquad (6.2.2)$$

위 관계식으로부터 R_n은 등식의 왼편에 있는 $f(x)$와 오른편에 있는 다항함수들의 합과의 차이[60]임을 알 수 있다. 아래 그림은 $f(x) = \sin x$인 경우에 대한 $f(x)$와 R_n을 보여준다. 그림과 같이 n이 증가함에 따라 다항함수들의 합은 주어진 함수 $f(x)$에 근접하기 때문에 $\lim_{n \to \infty} R_n = 0$으로 놓을 수 있다.

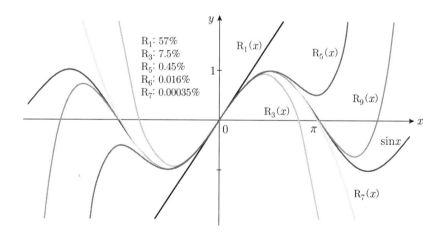

---

(60) 라그랑지 나머지항(Lagrange remainder term)이라고 합니다.

그러면 식 (6.2.2)는 다음과 같이 된다.

$$f(x) = f(a) + (x-a)f^{(1)}(a) + \frac{1}{2!}(x-a)^2 f^{(2)}(a) + \cdots\cdots$$

$$\cdots\cdots + \frac{1}{(n-1)!}(x-a)^{n-1} f^{(n-1)}(a)$$

여기서 $f^{(1)}(a) = \dfrac{df(x)}{dx}\Big|_{x=a} = f'(a)$ 그리고 $f^{(2)}(a) = \dfrac{d^2 f(x)}{dx^2}\Big|_{x=a} = f''(a)$

그러므로 위 식은 다음과 같은 테일러 급수로 표현된다.

$$f(x) = f(a) + (x-a)f'(a) + \frac{(x-a)^2}{2!}f''(a) + \cdots\cdots + \frac{(x-a)^n}{n!}f^{(n)}(a) + \cdots\cdots$$

$$= \sum_{n=0}^{\infty} \frac{(x-a)^n}{n!}f^{(n)}(a), \quad \text{여기서 } f^{(n)}(a) = \frac{d^n f}{dx^n}\Big|_{x=a} \tag{6.2.3}$$

② 맥클로린 급수

식 (6.2.3)은 $x=a$에 관한 테일러 급수이다. 반면에 $a=0$인 경우에 대한 전개는 맥클로린 급수라 한다. 즉 맥클로린 급수는 한없이 미분 가능한 어떤 함수를 원점 근처에서 다항함수들의 무한합으로 나타낸 것이다.

$$f(x) = f(0) + xf'(0) + \frac{x^2}{2!}f''(0) + \frac{x^3}{3!}f'''(0) + \cdots\cdots + \frac{x^n}{n!}f^{(n)}(0) + \cdots\cdots$$

$$= \sum_{n=0}^{\infty} \frac{x^n}{n!}f^{(n)}(0) \tag{6.2.4}$$

예제 6.11

$f(x) = e^x$를 맥클로린 급수로 나타내세요.

풀이 주어진 함수의 미분은 다음과 같다.

$$f'(x)|_{x=0} = e^x|_{x=0} = 1, \quad f''(x)|_{x=0} = e^x|_{x=0} = 1, \quad f'''(x)|_{x=0} = e^x|_{x=0} = 1$$

$$\vdots$$
$$\vdots$$

이 된다. 이를 식 (6.2.4)에 대입하면 다음과 같이 주어진 함수의 맥클로린 급수를 얻는다.

$$e^x = 1 + x + \frac{x^2}{2!} + \cdots\cdots + \frac{x^n}{n!} + \cdots\cdots = \sum_{n=0}^{\infty} \frac{x^n}{n!}$$

예제 6.12

$\displaystyle\lim_{x \to 0} \frac{e^x - 1 - x}{x^2}$ 을 계산하세요.

풀이 (i) e^x를 맥클로린 급수로 해서 주어진 식을 계산하면

$$\lim_{x \to 0} \frac{e^x - 1 - x}{x^2} = \lim_{x \to 0} \frac{1}{x^2}\left(1 + x + \frac{x^2}{2!} + \frac{x^3}{3!} + \cdots\cdots - 1 - x\right)$$

$$= \lim_{x \to 0} \frac{1}{x^2}\left(\frac{x^2}{2!} + \frac{x^3}{3!} + \cdots\cdots\right)$$

$$= \lim_{x \to 0}\left(\frac{1}{2!} + \frac{x}{3!} + \cdots\cdots\right) = \frac{1}{2}$$

을 얻는다.

(ii) $\displaystyle\lim_{x \to 0} \frac{e^x - 1 - x}{x^2} \to \frac{0}{0}$ 의 꼴이므로 로피탈의 정리를 적용하여 주어진 식을 계산하면

$$\lim_{x \to 0} \frac{e^x - 1 - x}{x^2} = \lim_{x \to 0} \frac{e^x - 1}{2x}$$

이 되며, 등식의 오른편은 $\frac{0}{0}$의 꼴이므로 한 번 더 로피탈 정리를 적용할 수 있어서 다음과 같이 된다.

$$\lim_{x \to 0} \frac{e^x - 1}{2x} = \lim_{x \to 0} \frac{e^x}{2} = \frac{1}{2}$$

그러므로 기대한 대로 (i)와 (ii)는 같은 결과를 준다.

적분 $\int e^{x^2} dx$ 를 계산하세요.

풀이 $e^x = 1 + x + \dfrac{x^2}{2!} + \cdots\cdots + \dfrac{x^n}{n!} + \cdots\cdots = \displaystyle\sum_{n=0}^{\infty} \dfrac{x^n}{n!}$ 이므로

$$\Rightarrow e^{x^2} = 1 + x^2 + \dfrac{x^4}{2!} + \cdots\cdots + \dfrac{x^{2n}}{n!} + \cdots\cdots = \sum_{n=0}^{\infty} \dfrac{x^{2n}}{n!}$$

이 된다. 이때 다음의 적분은

$$\int e^{x^2} dx = \int \left(1 + x^2 + \dfrac{x^4}{2!} + \dfrac{x^6}{3!} + \cdots\cdots + \dfrac{x^{2n}}{n!} + \cdots\cdots \right) dx$$

$$= x + \dfrac{x^3}{3 \cdot 1!} + \dfrac{x^5}{5 \cdot 2!} + \dfrac{x^7}{7 \cdot 3!} + \cdots\cdots + C \quad \text{(여기서 } C \text{는 적분상수)}$$

$$= \dfrac{x^1}{1 \cdot 0!} + \dfrac{x^3}{3 \cdot 1!} + \dfrac{x^5}{5 \cdot 2!} + \dfrac{x^7}{7 \cdot 3!} + \cdots\cdots + C$$

가 되어

$$\therefore \int e^{x^2} dx = \sum_{n=0}^{\infty} \dfrac{x^{2n+1}}{(2n+1)n!} + C$$

인 결과를 얻는다.

$f(x) = \cos x$ 를 맥클로린 급수로 나타내세요.

풀이 주어진 함수의 미분은 다음과 같다.

$$f(x)|_{x=0} = \cos 0 = 1, \ f'(x)|_{x=0} = -\sin 0 = 0, \ f''(x)|_{x=0} = -\cos 0 = -1,$$

$$f'''(x)|_{x=0} = \sin 0 = 0, \quad f''''(x)|_{x=0} = \cos 0 = 1, \ \cdots\cdots$$

이 된다. 이를 식 (6.2.4)에 대입하면

$$\cos x = 1 + \dfrac{x^2}{2!}(-1) + \dfrac{x^4}{4!}(1) + \cdots\cdots$$

$$= 1 - \dfrac{x^2}{2!} + \dfrac{x^4}{4!} - \cdots\cdots = \sum_{n=0}^{\infty} (-1)^n \dfrac{x^{2n}}{(2n)!}$$

이 되어

$$\therefore \cos x = 1 - \dfrac{x^2}{2!} + \dfrac{x^4}{4!} - \dfrac{x^6}{6!} + \cdots\cdots = \sum_{n=0}^{\infty} (-1)^n \dfrac{x^{2n}}{(2n)!}$$

인 맥클로린 급수를 얻는다.

예제 6.15

$f(x) = \sin x$를 맥클로린 급수로 나타내세요.

풀이 주어진 함수의 미분은 다음과 같다.

$$f(x)|_{x=0} = \sin 0 = 0, \ f'(x)|_{x=0} = \cos 0 = 1, \ f''(x)|_{x=0} = -\sin 0 = 0,$$

$$f'''(x)|_{x=0} = -\cos 0 = -1, \ f''''(x)|_{x=0} = \sin 0 = 0, \ \cdots\cdots$$

이를 식 (6.2.4)에 대입하면

$$\sin x = x - \frac{x^3}{3!} + \frac{x^5}{5!} - \cdots\cdots = \sum_{n=0}^{\infty} (-1)^n \frac{x^{2n+1}}{(2n+1)!}$$

이 되어

$$\therefore \ \sin x = x - \frac{x^3}{3!} + \frac{x^5}{5!} - \frac{x^7}{7!} + \cdots\cdots = \sum_{n=0}^{\infty} (-1)^n \frac{x^{2n+1}}{(2n+1)!}$$

인 맥클로린 급수를 얻는다.

예제 6.16

$\lim\limits_{x \to 0} \dfrac{\sin x}{x}$를 $\sin x$의 맥클로린 급수를 사용해서 계산하세요.

풀이 [예제 6.15]의 결과로부터 $\sin x = \sum\limits_{n=0}^{\infty} (-1)^n \dfrac{x^{2n+1}}{(2n+1)!}$이므로

$$\lim_{x \to 0} \frac{\sin x}{x} = \lim_{x \to 0} \frac{1}{x}\left(x - \frac{x^3}{3!} + \frac{x^5}{5!} + \cdots\cdots\right) = \lim_{x \to 0}\left(1 - \frac{x^2}{3!} + \frac{x^4}{5!} + \cdots\cdots\right) = 1$$

이 된다. 이는 [예제 6.9]에서 로피탈의 정리를 사용해서 얻은 결과와 같다.

③ 이항급수

두 개 항의 대수합 $(a+b)$의 거듭제곱 $(a+b)^n$(여기서 $n \geq 0$인 자연수)을 $a^{n-k}b^k$의 상수배의 합으로 나타내는 것을 **이항정리**라 하고 이항급수는 함수 $f(x) = (1+x)^n$에서 n이 실수일 때, 이항정리에 나온 급수를 일반화한 급수이다. 이때 x의 범위는 한정된다.

먼저 $(a+b)^n$을 고려해보자. 여기서 $a > b$ 그리고 $n \geq 0$이다. 이때

$$(a+b)^n = a^n \left[1 + n\left(\frac{b}{a}\right) + \frac{1}{2}n(n-1)\left(\frac{b}{a}\right)^2 + \cdots + \frac{n!}{(n-1)!}\left(\frac{b}{a}\right)^{n-1} + \frac{n!}{n!}\left(\frac{b}{a}\right)^n \right]$$

$$= a^n + na^{n-1}b + \frac{n(n-1)}{2}a^{n-2}b^2 + \cdots + nab^{n-1} + b^n$$

$$= \sum_{k=0}^{n} \binom{n}{k} a^{n-k}b^k \tag{6.2.5}$$

여기서 이항계수 $\binom{n}{k}$는 $\binom{n}{k} = \dfrac{n!}{k!(n-k)!} = \dfrac{n(n-1)\cdots(n-k+1)}{k!}$로, 이는 n개에서 k를 고르는 조합의 수인 ${}_nC_k$와 같다.

$$(a+b)^0 = \qquad\qquad 1$$
$$(a+b)^1 = \qquad\qquad 1a + 1b$$
$$(a+b)^2 = \qquad\qquad 1a^2 + 2ab + 1b^2$$
$$(a+b)^3 = \qquad\qquad 1a^3 + 3a^2b + 3ab^2 + 1b^3$$
$$(a+b)^4 = \qquad\qquad 1a^4 + 4a^3b + 6a^2b^2 + 4ab^3 + 1b^4$$
$$(a+b)^5 = \qquad 1a^5 + 5a^4b + 10a^3b^2 + 10a^2b^3 + 5ab^4 + 1b^5$$
$$(a+b)^6 = 1a^6 + 6a^5b + 15a^4b^2 + 20a^3b^3 + 15a^2b^4 + 6ab^5 + 1b^6$$

(i) 이항정리 식 (6.2.5)에 $a=1$ 그리고 $b=x$를 대입하면

$$(1+x)^n = \sum_{k=0}^{n} \binom{n}{k} x^k = \sum_{k=0}^{n} \frac{n(n-1)\cdots(n-k+1)}{k!}x^k \tag{6.2.6}$$

이 된다. 이때 비율판정법으로부터

$$\lim_{k \to \infty}\left|\frac{a_{k+1}}{a_k}\right| = \lim_{k \to \infty}\left|\left(\frac{n!}{(k+1)![n-(k+1)]!}x^{k+1}\right)\left(\frac{k!(n-k)!}{n!\,x^k}\right)\right|$$

$$= \lim_{k \to \infty}\left|\frac{n(n-1)\cdots(n-k+1)(n-k)x^{k+1}}{(k+1)!}\frac{k!}{n(n-1)\cdots(n-k+1)x^k}\right|$$

$$= \lim_{k \to \infty}\left|\frac{n-k}{k+1}x\right| = |x|\lim_{k \to \infty}\left|\frac{n-k}{k+1}\right| = |x|$$

을 얻어서 $|x| < 1$일 때 $\lim\limits_{k \to \infty}\left|\dfrac{a_{k+1}}{a_k}\right| < 1$이므로 이항정리는 수렴한다.

즉 함수 $f(x) = (1+x)^n$에서 n이 실수일 때, 이항정리에 나온 급수를 일반화한 급수인 이항급수는 $|x| < 1$일 때 수렴한다.

(ii) 함수 $f(x) = (1+x)^n$ (여기서 n은 실수)을 맥클로린 급수로 나타내어 보자. 이때 주어진 함수의 미분은 다음과 같다.

$$f'(x)|_{x=0} = n(1+x)^{n-1}|_{x=0} = n$$

$$f''(x)|_{x=0} = n(n-1)(1+x)^{n-2}|_{x=0} = n(n-1)$$

$$f'''(x)|_{x=0} = n(n-1)(n-2)(1+x)^{n-3}|_{x=0} = n(n-1)(n-2)$$

$$\vdots$$
$$\vdots$$

이를 식 (6.2.4)에 대입하면 다음과 같다.

$$(1+x)^n = 1 + nx + \frac{n(n-1)}{2!}x^2 + \frac{n(n-1)(n-2)}{3!}x^3 + \cdots\cdots$$

$$+ \frac{n(n-1)(n-2)\cdots\cdots(n-k+1)}{k!}x^k + \cdots\cdots + x^n \qquad (6.2.7)$$

여기서 $\dfrac{n(n-1)(n-2)\cdots\cdots(n-k+1)}{k!}x^k = \dfrac{n!}{(n-k)!k!}x^k = \dbinom{n}{k}x^k$이므로 식 (6.2.7)은 다음과 같이 된다.

$$(1+x)^n = 1 + nx + \frac{n(n-1)}{2!}x^2 + \frac{n(n-1)(n-2)}{3!}x^3 + \cdots\cdots + \binom{n}{k}x^k + \cdots\cdots + x^n$$

$$\therefore \ (1+x)^n = \sum_{k=0}^{n}\binom{n}{k}x^k$$

이 결과는 식 (6.2.6)과 같다. 그러므로 함수 $f(x) = (1+x)^n$가 수렴되기 위해서는 $|x| < 1$가 되어야 한다.

$|x| < 1$인 경우에 $\dfrac{1}{1+x}$와 $\dfrac{1}{1-x}$을 계산하세요.

풀이

$$\frac{1}{1+x} = (1+x)^{-1} = 1 - x + \frac{1}{2!}(-1)(-2)x^2 + \frac{1}{3!}(-1)(-2)(-3)x^3 + \cdots\cdots$$

$$= 1 - x + x^2 - x^3 + \cdots\cdots = \sum_{n=0}^{\infty}(-1)^n x^n$$

이와 유사한 방법으로

$$\frac{1}{1-x} = (1-x)^{-1}$$

$$= 1 - (-x) + \frac{1}{2!}(-1)(-2)(-x)^2 + \frac{1}{3!}(-1)(-2)(-3)(-x)^3 + \cdots\cdots$$

$$\therefore \ \frac{1}{1-x} = \sum_{n=0}^{\infty} x^n$$

$\ln(1+x)$을 급수로 표현하세요. 여기서 $|x| < 1$이다.

풀이 (i) 주어진 함수를

$$\ln(1+x) = \int \frac{1}{1+x} dx$$

인 적분 형태로 나타낼 수 있다. 그리고 [예제 6.17]에서 구한

$\dfrac{1}{1+x} = \displaystyle\sum_{n=0}^{\infty}(-1)^n x^n$ 결과를 위 식에 대입하면

$$\ln(1+x) = \sum_{n=0}^{\infty}(-1)^n \int x^n dx = \sum_{n=0}^{\infty}(-1)^n \frac{x^{n+1}}{n+1} \quad \left(\text{또는 } \sum_{n=1}^{\infty}(-1)^{n-1}\frac{x^n}{n}\right)$$

인 급수로 표현된다.

(ii) 함수 $f(x) = \ln(1+x)$을 맥클로린 급수로 나타내기 위해 미분하면 다음과 같다.

$$f(x)|_{x=0} = \ln 1 = 0, \ f'(x)|_{x=0} = \frac{1}{1+x}\bigg|_{x=0} = 1,$$

$$f''(x)|_{x=0} = \frac{-1}{(1+x)^2}\bigg|_{x=0} = -1, \ f'''(x)|_{x=0} = \frac{2}{(1+x)^3}\bigg|_{x=0} = 2$$

$$\vdots$$

이를 식 (6.2.4)에 대입하면

$$\ln(1+x) = x - \frac{x^2}{2} + \frac{x^3}{3} - \ \cdots\cdots = \sum_{n=0}^{\infty}(-1)^n \frac{x^{n+1}}{n+1}$$

을 얻어서, 기대한 대로 (i)와 (ii)는 같은 결과를 준다.

예제 6.19

$\frac{1}{2}\ln\left(\frac{1+x}{1-x}\right)$을 계산하세요. 여기서 $|x| < 1$이다.

풀이 [예제 6.18]과 6장의 [연습문제 3]의 결과를 사용하면

$$\frac{1}{2}\ln\left(\frac{1+x}{1-x}\right) = \frac{1}{2}[\ln(1+x) - \ln(1-x)]$$

$$= \frac{1}{2}\left[\sum_{n=0}^{\infty}(-1)^n \frac{x^{n+1}}{n+1} - \left(-\sum_{n=0}^{\infty} \frac{x^{n+1}}{n+1}\right)\right]$$

$$= \frac{1}{2}2\left(x + \frac{x^3}{3} + \frac{x^5}{5} + \cdots\cdots\right) = \sum_{n=0}^{\infty} \frac{x^{2n+1}}{2n+1}$$

을 얻는다.

예제 6.20

질량이 m이고 길이가 ℓ인 진자가 매달려 있는 단진자의 운동방정식을 구하세요. 이때 줄의 질량과 공기 저항 등은 고려하지 않는다.

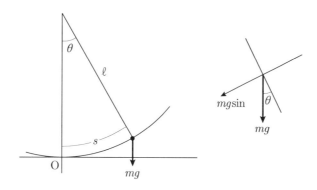

풀이 뉴턴의 운동방정식 $\vec{F} = m\vec{a}$로부터 $-mg\sin\theta = m\frac{d^2 s}{dt^2}$을 얻는다. 여기서 등식의 왼편에 있는 음의 부호는 힘이 복원력임을 의미한다.

진자의 진동이 작은 경우 $s = \ell\theta$ 그리고 $\sin\theta = \theta$가 되어 위 식은 다음과 같이 된다.

$$m\ell\frac{d^2\theta}{dt^2} + mg\theta = 0 \implies \frac{d^2\theta}{dt^2} + \frac{g}{\ell}\theta = 0, \quad \text{여기서 } g\text{와 } \ell\text{은 상수}$$

여기서 $\frac{g}{\ell} = \omega_0^2$으로 놓으면 위 식은 다음과 같은 이계 상미분방정식이 된다.

$$\frac{d^2\theta}{dt^2} + \omega_0^2\theta = 0$$

이 식은 2장에서 배운 이계 상미분방정식에서 $a = 1$, $b = 0$, $c = \omega_0^2$에 해당하므로

$$D_{1,2} = \frac{\pm\sqrt{-4\omega_0^2}}{2} = \pm i\omega_0$$

가 되어 미분방정식의 일반해는 다음과 같다.

$$\theta(t) = A_1 e^{+i\omega_0 t} + A_2 e^{-i\omega_0 t} \quad \text{또는} \quad \theta(t) = \theta_0 \sin(\omega_0 t + \phi)$$

초기조건으로 $t = 0$일 때 $\theta(0) = 0$이라고 하면

$$\theta(0) = \theta_0\sin\phi = 0 \implies \phi = 0$$

그러므로 단진자 운동방정식의 解는 다음과 같다.

$$\theta(t) = \theta_0\sin\omega_0 t$$

이때 진자의 주기가 T라고 하면 진자는 $\theta(t+T) = \theta(t)$인 관계식을 만족하므로 다음과 같이 표현된다.

$$\theta_0\sin\omega_0(t+T) = \theta_0\sin\omega_0 t \implies \sin(\omega_0 t + \omega_0 T) = \sin\omega_0 t$$

이 등식을 만족하기 위해서는

$$\omega_0 T = 2\pi$$

가 되어야 한다. 그러므로 단진자 운동의 주기는 다음과 같다.

$$T = \frac{2\pi}{\omega_0} = 2\pi\sqrt{\frac{\ell}{g}}$$

6.3 이변수 함수에 대한 테일러 급수

지금까지는 변수가 하나인 일변수 함수를 다항식으로 근사하는 것에 대해 알아보았다. 이 절에서는 변수가 두 개인 이변수 함수의 근사에 대해 알아본다. 이변수 함수 $f(x,y)$가 $x = x_0$와 $y = y_0$에서 잘 정의된 함수라고 하면 이 함수의 (x_0, y_0)에서의 무한급수는 다음과 같다.

$$f(x,y) = f(x_0,y_0) + (x - x_0)\frac{\partial f}{\partial x}\bigg|_{x_0,y_0} + (y - y_0)\frac{\partial f}{\partial y}\bigg|_{x_0,y_0}$$

$$+ \frac{1}{2!}\left[(x - x_0)^2\frac{\partial^2 f}{\partial x^2}\bigg|_{x_0,y_0} + 2(x - x_0)(y - y_0)\frac{\partial^2 f}{\partial x \partial y}\bigg|_{x_0,y_0} + (y - y_0)^2\frac{\partial^2 f}{\partial y^2}\bigg|_{x_0,y_0}\right]$$

$$+ \frac{1}{3!}\left[(x - x_0)^3\frac{\partial^3 f}{\partial x^3}\bigg|_{x_0,y_0} + 3(x - x_0)^2(y - y_0)\frac{\partial^3 f}{\partial x^2 \partial y}\bigg|_{x_0,y_0}\right.$$

$$\left.+ 3(x - x_0)(y - y_0)^2\frac{\partial^3 f}{\partial x \partial y^2}\bigg|_{x_0,y_0} + (y - y_0)^3\frac{\partial^3 f}{\partial y^3}\bigg|_{x_0,y_0}\right] + \cdots\cdots \tag{6.3.1}$$

위 식을 좀 더 편리하게 나타내기 위해서, 다음과 같이 정의하고

$$\frac{\partial f}{\partial x}\bigg|_{x_0,y_0} = f_x(x_0,y_0), \quad \frac{\partial f}{\partial y}\bigg|_{x_0,y_0} = f_y(x_0,y_0), \quad \frac{\partial^2 f}{\partial x^2}\bigg|_{x_0,y_0} = f_{xx}(x_0,y_0),$$

$$\frac{\partial^2 f}{\partial y^2}\bigg|_{x_0,y_0} = f_{yy}(x_0,y_0), \quad \frac{\partial^2 f}{\partial x \partial y}\bigg|_{x_0,y_0} = f_{xy}(x_0,y_0), \quad \frac{\partial^2 f}{\partial y \partial x}\bigg|_{x_0,y_0} = f_{yx}(x_0,y_0)$$

$$\vdots$$

이들을 식 (6.3.1)에 대입하면 원식은 다음과 같이 표현된다.

$$f(x,y) = f(x_0,y_0) + (x - x_0)f_x(x_0,y_0) + (y - y_0)f_y(x_0,y_0)$$

$$+ \frac{1}{2!}\left[(x - x_0)^2 f_{xx}(x_0,y_0) + 2(x - x_0)(y - y_0)f_{xy}(x_0,y_0)\right.$$

$$\left.+ (y - y_0)^2 f_{yy}(x_0,y_0)\right] + \cdots\cdots$$

$$= f(x_0,y_0) + (x - x_0)f_x(x_0,y_0) + (y - y_0)f_y(x_0,y_0)$$

$$+ \frac{1}{2!}(x - x_0 \ y - y_0)\begin{pmatrix} f_{xx}(x_0,y_0) & f_{xy}(x_0,y_0) \\ f_{yx}(x_0,y_0) & f_{yy}(x_0,y_0) \end{pmatrix}\begin{pmatrix} x - x_0 \\ y - y_0 \end{pmatrix} + \cdots\cdots \tag{6.3.2}$$

여기서 $f_{xy}(x_0,y_0) = f_{yx}(x_0,y_0)$인 관계를 사용했다.

식 (6.3.2)를 좀 더 간결하게 표현하기 위해 $\vec{x} = (x,y)$ 그리고 $\vec{x}_0 = (x_0,y_0)$인 벡터로 나타내면 식은 다음과 같이 표현된다.

$$f(\vec{x}) = f(\vec{x}_0) + (\vec{x} - \vec{x}_0) \cdot \nabla f(\vec{x}_0)$$
$$+ \frac{1}{2!} \left[(\vec{x} - \vec{x}_0)^T H(\vec{x}_0)(\vec{x} - \vec{x}_0) \right] + \cdots\cdots \qquad (6.3.3)$$

여기서 $H(\vec{x}_0)$는

$$H(\vec{x}_0) = H(x_0,y_0) = \begin{pmatrix} f_{xx}(x_0,y_0) & f_{xy}(x_0,y_0) \\ f_{yx}(x_0,y_0) & f_{yy}(x_0,y_0) \end{pmatrix} \qquad (6.3.4)$$

인 **헤시안**(Hessian) 정방행렬이라 한다.

그리고 $\left.\dfrac{\partial f(x,y)}{\partial x}\right|_{x_0,y_0} = 0$이면서 $\left.\dfrac{\partial f(x,y)}{\partial y}\right|_{x_0,y_0} = 0$이면 함수 $f(x,y)$는 $x = x_0$와 $y = y_0$에

서 **평형위치**(equilibrium position)를 갖는다고 한다.

예제 6.21

함수 $f(x,y) = y\sin x + \cos y$를 $\vec{x}_0 = (x_0,y_0) = (0,0)$인 원점 근처에서 식 (6.3.3)의 오른편 식에 있는 세 번째 항까지 구하세요.

풀이 (i) 식 (6.3.3)의 오른편에 있는 세 번째 항까지 표현하면 다음과 같다.

$$f(\vec{x}) = f(\vec{x}_0) + (\vec{x} - \vec{x}_0) \cdot \nabla f(\vec{x}_0) + \frac{1}{2!}\left[(\vec{x} - \vec{x}_0)^T H(\vec{x}_0)(\vec{x} - \vec{x}_0) \right] \qquad (1)$$

등식의 오른편 첫 번째 항은

$$f(\vec{x}_0) = f(0,0) = 0\sin 0 + \cos 0 = 1$$

이고 두 번째 항은

$$(\vec{x} - \vec{x}_0) \cdot \nabla f(\vec{x}_0) = (x-0)\left.\frac{\partial f}{\partial x}\right|_{x=0,y=0} + (y-0)\left.\frac{\partial f}{\partial y}\right|_{x=0,y=0}$$
$$= x[y\cos x]_{x=0,y=0} + y[\sin x - \sin y]_{x=0,y=0} = 0$$

이다.

그리고 헤시안 행렬성분은 다음과 같다.

$$f_{xx}(0,0) = \frac{\partial^2 f}{\partial x^2}\bigg|_{x=0, y=0} = -y\sin x\bigg|_{x=0, y=0} = 0,$$

$$f_{xy}(0,0) = \frac{\partial^2 f}{\partial x \partial y}\bigg|_{x=0, y=0} = \cos x\bigg|_{x=0, y=0} = 1 = f_{yx}(0,0),$$

$$f_{yy}(0,0) = \frac{\partial^2 f}{\partial y^2}\bigg|_{x=0, y=0} = -\cos y\bigg|_{x=0, y=0} = -1$$

그러면 식 (1)의 오른편 세 번째 항은

$$\frac{1}{2!}\left[(\vec{x}-\vec{x}_0)^T H(\vec{x}_0)(\vec{x}-\vec{x}_0)\right] = \frac{1}{2}(x\ y)\begin{pmatrix} 0 & 1 \\ 1 & -1 \end{pmatrix}\begin{pmatrix} x \\ y \end{pmatrix} = \frac{1}{2}(x\ y)\begin{pmatrix} y \\ x-y \end{pmatrix}$$

$$= \frac{1}{2}[xy + y(x-y)] = \frac{1}{2}(2xy - y^2)$$

이 된다. 세 번째 항까지 구한 결과들을 식 (1)에 대입하면 다음과 같다.

$$\therefore\ f(\vec{x}) = f(x,y) = 1 + \frac{1}{2}(2xy - y^2) = 1 + xy - \frac{1}{2}y^2$$

(ii) 함수 $f(x,y) = y\sin x + \cos y$에서 삼각함수에 대해 테일러 급수를 적용하면

$$f(x,y) = y\sin x + \cos y = y\left(x - \frac{1}{3!}x^3 + \cdots\cdots\right) + \left(1 - \frac{1}{2!}y^2 + \cdots\cdots\right)$$

이 되고 크기가 큰 세 번째 항까지만 고려하면 다음과 같이 된다.

$$f(x,y) = 1 + xy - \frac{1}{2}y^2$$

이 결과는 (i)에서 구한 결과와 같다.

보존계에서 계에 작용하는 힘이 없거나 작용하는 힘의 벡터합이 $0(\sum \vec{F} = 0)$일 때, 계는 평형상태에 있다고 한다. 힘 $\vec{F}$와 위치에너지 U 사이의 관계는 $\vec{F} = -\vec{\nabla} U$이므로 1차원에서는 $F(x) = -\dfrac{dU(x)}{dx}$이다. 평형위치가 x_0일 때 $F(x)|_{x_0} = -\dfrac{dU(x)}{dx}\bigg|_{x_0} = 0$의 관계식을 만족한다.

평형위치로부터 약간의 섭동(disturbance)이 있을 때

(i) 계가 원래의 평형위치로 되돌아오면 평형위치에서 **안정적**(stable) **평형**이라하고

(ii) 계가 원래의 평형위치에서 멀어지면 평형위치에서 **불안정적**(unstable) **평형**이라 하며

(iii) 위의 두 조건들 중의 하나가 아닌 경우에는 평형위치에서 **중립**(neutral) **평형**이라
한다.

위치에너지 U를 평형위치 x_0에 관해 테일러 급수로 표현하면

$$U(x) = U(x_0) + (x - x_0)\frac{dU}{dx}\bigg|_{x_0} + \frac{1}{2!}(x - x_0)^2\frac{d^2U}{dx^2}\bigg|_{x_0} + \cdots\cdots$$

$$= \frac{1}{2!}(x - x_0)^2\frac{d^2U}{dx^2}\bigg|_{x_0}$$

($\because U(x_0) = 0$으로 택할 수 있고 평형위치의 정의에 의해 1차 미분항은 0)

이 되어 힘은 다음과 같다.

$$F(x) = -\frac{dU(x)}{dx} = -\left(\frac{d^2U}{dx^2}\bigg|_{x_0}\right)\frac{d}{dx}\left[\frac{1}{2!}(x - x_0)^2\right] = -\left(\frac{d^2U}{dx^2}\bigg|_{x_0}\right)(x - x_0)$$

힘이 음의 부호를 가질 때 그 힘은 복원력이므로 위 식의 오른편에 있는 $\dfrac{d^2U}{dx^2}\bigg|_{x_0}$ 이
양수이면 힘이 복원력이어서 평형위치 x_0는 안정적 평형이고, 음수이면 힘이 복원력이
아니므로 평형위치는 불안정적 평형이 된다.

$$\therefore \frac{d^2U}{dx^2}\bigg|_{x_0}\begin{cases} > 0 \text{ 안정적 평형} \\ < 0 \text{ 불안정적 평형} \\ = 0 \text{ 중립} \end{cases} \tag{6.3.5}$$

중립인 경우에는 이계 도함수보다 고계(higher order)인 도함수로 평형위치가 안정적
평형인지 또는 불안정적 평형인지 여부를 판단한다.

아래 그림과 같이 안정적 평형의 경우에는 국소최소(local minimum)가 존재하고 불안
정 평형의 경우에는 국소최대(local maximum)가 존재한다. 그리고 다변수 함수일 경우에
는 그림 (c)와 같이 한 방향은 안정적 평형이고 다른 방향은 불안정적 평형이 존재할
수 있으며 이러한 평형위치를 **안장형**(saddle) **평형**이라 한다.

(a) 국소최소   (b) 국소최대   (c) 안장형

함수 f의 평형위치가 갖는 성질은 식 (6.3.5)와 같이 이계 도함수의 부호에 의해 결정된다. 함수의 이계 도함수를 행렬성분으로 갖는 식 (6.3.4)인 헤시안 행렬의 행렬식은 다음과 같다.

$$D = f_{xx}(x_0, y_0)f_{yy}(x_0, y_0) - f_{xy}(x_0, y_0)f_{yx}(x_0, y_0)$$
$$= f_{xx}(x_0, y_0)f_{yy}(x_0, y_0) - \left[f_{xy}(x_0, y_0)\right]^2$$

이때

(i) $f_{xx}(x_0, y_0) > 0$ 그리고 $D > 0$이면 평형위치 (x_0, y_0)는 국소최소가 되고

(ii) $f_{xx}(x_0, y_0) < 0$ 그리고 $D > 0$이면 평형위치 (x_0, y_0)는 국소최대가 되고

(iii) $D < 0$이면 평형위치 (x_0, y_0)는 안장형 평형위치이고

(iv) $D = 0$이면 이 방법으로 평형위치 (x_0, y_0)의 성질을 결정할 수 없다.

예제 6.22

이변수 함수 $f(x,y) = x^2 - y^2$의 평형위치와 평형위치에서의 평형의 성질에 관해 알아보세요.

풀이 (i) 먼저 평형위치 (x_0, y_0)를 구하자.

$$\left.\frac{\partial f}{\partial x}\right|_{x_0} = 0 \;\Rightarrow\; 2x_0 = 0 \;\Rightarrow\; \therefore\; x_0 = 0$$

$$\left.\frac{\partial f}{\partial y}\right|_{y_0} = 0 \;\Rightarrow\; -2y_0 = 0 \;\Rightarrow\; \therefore\; y_0 = 0$$

그러므로 평형위치는 $(x_0, y_0) = (0,0)$인 원점이다.
그리고

$$\left.\frac{d^2 f}{dx^2}\right|_{x_0} = 2 > 0$$이므로 평형위치 $x_0 = 0$은 안정적 평형이다.

그러나

$$\left.\frac{d^2 f}{dy^2}\right|_{y_0} = -2 < 0$$이므로 평형위치 $y_0 = 0$은 불안정적 평형이다.

그러므로 한 방향은 안정적 평형이고 다른 방향은 불안정적 평형이므로 주어진 문제의 평형위치는 안장형 평형이다.

(ii) 또는 헤시안 행렬의 행렬식으로부터

$$D = f_{xx}(x_0, y_0) f_{yy}(x_0, y_0) - \left[f_{xy}(x_0, y_0) \right]^2 = 2(-2) - 0 = -4$$

$\Rightarrow$ $D < 0$이므로 평형은 안장형 평형이다.

그러므로 (i)와 (ii)은 같은 결과를 준다.

연습문제

01 $\displaystyle\lim_{x \to 0} \frac{2\sin x - \sin 2x}{x - \sin x}$ 을 계산하세요.

02 양자역학에서 입자가 초기에 $0 \le x \le a$의 무한포텐셜 우물에서 바닥상태인

$\Psi(x,0) = \sqrt{\dfrac{2}{a}} \sin \dfrac{\pi x}{a}$ 에 있다. 갑자기 우물의 한쪽 벽은 $+\infty$로 그리고 다른쪽 벽은 $-\infty$로 움직일 때 입자가 운동량 p를 갖는 확률을 계산해 보면 다음과 같이 주어진다.

$$|\phi(p)|^2 dp = \frac{4\pi}{a^3 \hbar} \left[\frac{\cos \dfrac{pa}{2\hbar}}{(p/\hbar)^2 - (\pi/a)^2} \right]^2 dp$$

위 관계식으로부터 입자의 운동량 p가 $\dfrac{\pi\hbar}{a}$ 값으로부터 멀어질수록 위 식의 분모가 커지므로 입자가 그런 운동량 값을 가질 확률은 급격하게 떨어진다는 것을 알 수 있다. 입자의 운동량이 $\dfrac{\pi\hbar}{a}$을 가질 확률 $|\phi(p = \pi\hbar/a)|^2$을 계산하세요.

03 $\ln(1-x)$를 급수로 표현하세요. 여기서 $|x| < 1$이다.

04 에너지에 관한 아인슈타인 방정식은 $E = \dfrac{mc^2}{\sqrt{1 - v^2/c^2}} - mc^2$이다. $v \ll c$인 경우, 이 에너지가 고전적 운동에너지에 관한 식이 됨을 보이세요.

05 적분 $\displaystyle\int_0^{\pi/6} dx \sin^2 x$을 계산하세요. 그리고 $\sin^2 x$를 맥클로린 급수로 세 번째 항까지 나타낸 뒤에 적분한 결과와 비교하세요.

06 $e^{i\theta}$를 맥클로린 급수로 표현해서 오일러 정리를 증명하고, 이 결과를 이용해서 $e^{i\pi} + 1 = 0$임을 증명하세요.

07 함수 $f(x) = \tan^{-1} x$의 맥클로린 급수를 구하세요.

08 이변수 함수 $f(x,y) = 4 + x^3 + y^3 - 3xy$의 평형위치와 평형위치에서의 평형의 성질에
    대해 알아보세요.

CHAPTER 07

특수함수

이 장에서는 물리 문제에서 나오는 적분을 계산하는 데 유용한 감마(Gamma)함수와 베타(Beta)함수를 배우고 르장드르(Legendre) 미분방정식의 解인 르장드르 다항식 (polynomials)과 그의 성질 그리고 라게르(Laguerre) 미분방정식의 解인 라게르 다항식과 그의 성질 등에 대해 알아본다. 또한 베셀(Bessel) 미분방정식의 解와 다양한 베셀 함수들 에 관해 배운다.

7.1 감마함수와 베타함수

- 감마함수: $\Gamma(x) = \int_0^\infty t^{x-1} e^{-t} dt$

  - $\Gamma(n+1) = \int_0^\infty t^n e^{-t} dt = n\Gamma(n) = n!$

  - $\int_0^\infty x^n e^{-\alpha x} dx = \dfrac{n!}{\alpha^{n+1}}$ (팩토리얼 함수; factorial function)

- 베타함수: $B(p,q) = \int_0^1 t^{p-1}(1-t)^{q-1} dt$

  - $B(p,q) = \dfrac{\Gamma(p)\Gamma(q)}{\Gamma(p+q)}$ (베타함수와 감마함수 사이의 관계식)

- $\Psi_0(x) = \dfrac{d}{dx}\ln\Gamma(x) = \dfrac{\Gamma'(x)}{\Gamma(x)}$ (다이감마 함수; digamma function)

- $n! \approx n^n e^{-n}\sqrt{2\pi n}$ (큰 n에 대한 스털링 근사공식; Stirling's formula)

$n!$(n 팩토리얼)은 1부터 자연수 n까지의 자연수를 곱한 것인데, 감마함수는 이를 실수와 복소수까지 포함하는 수의 팩토리얼로 확장하는 데 유용하다.

① 감마함수는 다음과 같이 정의된다.

$$\Gamma(x) = \int_0^\infty t^{x-1}e^{-t}dt,\ \text{여기서 } x>0\text{인 실수}^{(61)}$$

감마함수에서 $t \to y^2$을 대입하면 다음과 같고 이는 감마함수의 다른 표현이다.

$$\Gamma(x) = \int_0^\infty y^{2(x-1)}e^{-y^2}2ydy = 2\int_0^\infty y^{2x-1}e^{-y^2}dy$$

팩토리얼을 실수 범위까지 일반화한 것이 감마함수라면 베타함수는 이항계수를 실수 범위까지 일반화한 것이라 할 수 있다.

② 베타함수는 다음과 같이 정의된다.

$$B(p,q) = \int_0^1 t^{p-1}(1-t)^{q-1}dt,\ \text{여기서 } p>0,\ q>0\text{인 실수}$$

베타함수에서 $t \to \sin^2\theta$을 대입하면 다음과 같고 이는 베타함수의 다른 표현이다.

$$B(p,q) = \int_0^{\frac{\pi}{2}} (\sin\theta)^{2(p-1)}(1-\sin^2\theta)^{q-1}\sin 2\theta d\theta$$

$$= 2\int_0^{\frac{\pi}{2}} (\sin\theta)^{2(p-1)}(\cos\theta)^{2(q-1)}\sin\theta\cos\theta d\theta$$

$$= 2\int_0^{\frac{\pi}{2}} (\sin\theta)^{2p-1}(\cos\theta)^{2q-1}d\theta$$

---

(61) $x<0$인 경우는 7장의 [연습문제 1]에서 다룹니다.

물리 문제에서 감마함수가 베타함수에 비해 상대적으로 자주 나오지만 베타함수와 감마함수는 다음과 같이 매우 밀접한 연관성이 있다.

③ 감마함수와 베타함수의 연관성

$$\Gamma(p)\Gamma(q) = \left(2\int_0^\infty y^{2p-1}e^{-y^2}dy\right)\left(2\int_0^\infty x^{2q-1}e^{-x^2}dx\right)$$

$$= 4\int_0^\infty\int_0^\infty x^{2q-1}y^{2p-1}e^{-(x^2+y^2)}dxdy \qquad (7.1.1)$$

극좌표계에서

$$\begin{cases} x = r\cos\theta \\ y = r\sin\theta \end{cases} \Rightarrow \begin{cases} dxdy = rdrd\theta \\ x^2+y^2 = r^2 \end{cases}$$

이므로 식 (7.1.1)은 다음과 같이 된다.

$$\Gamma(p)\Gamma(q) = 4\int_0^\infty\int_0^{\frac{\pi}{2}}(r\cos\theta)^{2q-1}(r\sin\theta)^{2p-1}e^{-r^2}rdrd\theta$$

$$= 4\left(\int_0^\infty r^{2(p+q)-1}e^{-r^2}dr\right)\left(\int_0^{\frac{\pi}{2}}(\sin\theta)^{2p-1}(\cos\theta)^{2q-1}d\theta\right) \quad (7.1.2)$$

여기서 감마함수의 정의식으로부터 등식의 오른편 첫 번째 적분은

$$\Gamma(x) = 2\int_0^\infty y^{2x-1}e^{-y^2}dy \Rightarrow \int_0^\infty r^{2(p+q)-1}e^{-r^2}dr = \frac{1}{2}\Gamma(p+q)$$

이다. 그리고 베타함수의 정의식으로부터 등식의 오른편 두 번째 적분은

$$\int_0^{\frac{\pi}{2}}(\sin\theta)^{2p-1}(\cos\theta)^{2q-1}d\theta = \frac{1}{2}B(p,q)$$

이다. 결과적으로 식 (7.1.2)는

$$\Gamma(p)\Gamma(q) = 4\left[\frac{1}{2}\Gamma(p+q)\right]\left[\frac{1}{2}B(p,q)\right] = \Gamma(p+q)B(p,q)$$

이 된다.

$$\therefore \ B(p,q) = \frac{\Gamma(p)\Gamma(q)}{\Gamma(p+q)} \tag{7.1.3}$$

즉 베타함수는 감마함수의 곱으로 표현될 수 있다.

감마함수의 성질 그리고 감마함수의 팩토리얼 표현에 대해서 알아보자. 감마함수의 정의식으로부터

$$\Gamma(x) = \int_0^\infty t^{x-1} e^{-t} dt$$

$$\Rightarrow \ \Gamma(x+1) = \int_0^\infty t^x e^{-t} dt = \int_0^\infty t^x (-e^{-t})' dt$$

을 얻는다. 여기서 등식의 오른편에 있는 적분에 부분적분을 적용하면

$$\int_0^\infty t^x (-e^{-t})' dt = \left[-e^{-t} t^x \right]_{t=0}^{t=\infty} - \int_0^\infty x t^{x-1} (-e^{-t}) dt$$

$$= x \int_0^\infty t^{x-1} e^{-t} dt = x \Gamma(x)$$

을 얻는다. 이를 원식에 대입하면

$$\Gamma(x+1) = x\Gamma(x) \tag{7.1.4}$$

인 결과를 얻는다.

그리고 $n > 0$인 자연수에 대해서

$$\begin{aligned}
\Gamma(n+1) &= n\Gamma(n) \quad (\because \ \text{식 (7.1.4)로부터}) \\
&= n\Gamma(n-1+1) = n(n-1)\Gamma(n-1) = n(n-1)\Gamma(n-2+1) \\
&= n(n-1)(n-2)\Gamma(n-2) = n(n-1)(n-2)\Gamma(n-3+1) \\
&= n(n-1)(n-2)(n-3)\Gamma(n-3) \\
&\qquad\qquad \vdots \\
&\qquad\qquad \vdots \\
&= n(n-1)(n-2)(n-3)\cdots\cdots 1\Gamma(1) \tag{7.1.5}
\end{aligned}$$

이다. 여기서

$$\Gamma(1) = \int_0^\infty t^0 e^{-t} dt = \int_0^\infty e^{-t} dt = -e^{-t} \Big|_0^\infty = 1 \tag{7.1.6}$$

이므로 식 (7.1.5)는

$$\Gamma(n+1) = n(n-1)(n-2)(n-3)\cdots\cdots 1 = n! \tag{7.1.7}$$

가 된다. 즉 감마함수는 팩토리얼을 일반화한 함수이다.

이제, '베타함수는 이항계수를 실수 범위까지 일반화한 것이다'라는 기술에 대해 살펴보자. n과 r은 자연수이고 $0 \le r \le n$인 경우에

$$B(n-r+1, r+1) = \frac{\Gamma(n-r+1)\Gamma(r+1)}{\Gamma(n+2)} \quad (\because \text{ 식 (7.1.3)으로부터})$$

$$= \frac{(n-r)!\, r!}{\Gamma(n+1+1)} \quad (\because \text{ 식 (7.1.7)로부터})$$

$$= \frac{(n-r)!\, r!}{(n+1)\Gamma(n+1)} = \frac{(n-r)!\, r!}{(n+1)n!}$$

$$(\because \text{ 식 (7.1.4)와 식 (7.1.7)로부터})$$

$$\Rightarrow \frac{1}{B(n-r+1, r+1)} = \frac{(n+1)n!}{(n-r)!\, r!}$$

$$\Rightarrow \frac{1}{(n+1)B(n-r+1, r+1)} = \frac{n!}{(n-r)!\, r!} = \binom{n}{r}$$

그러므로 이항계수 $\binom{n}{r}$은 다음과 같이 표현되어

$$\binom{n}{r} = \frac{1}{(n+1)B(n-r+1, r+1)}$$

즉 이항계수와 베타함수의 관계식을 얻을 수 있다.

다음의 적분을 부분적분으로 계산하면

$$\int_0^\infty x^n e^{-\alpha x} dx = \int_0^\infty x^n \left(-\frac{1}{\alpha} e^{-\alpha x}\right)' dx = \frac{n}{\alpha} \int_0^\infty x^{n-1} e^{-\alpha x} dx$$

을 얻는데, 여기서 $\alpha x = y$로 놓으면 위 적분식은 다음과 같이 표현된다.

$$\int_0^\infty x^n e^{-\alpha x} dx = \frac{n}{\alpha} \frac{1}{\alpha^{n-1}} \frac{1}{\alpha} \int_0^\infty y^{n-1} e^{-y} dy$$

$$= \frac{n}{\alpha^{n+1}} \Gamma(n) = \frac{\Gamma(n+1)}{\alpha^{n+1}} = \frac{n!}{\alpha^{n+1}}$$

그러므로 아래의 팩토리얼 함수에 관한 관계식을 얻는다.

$$\int_0^\infty x^n e^{-\alpha x} dx = \frac{n!}{\alpha^{n+1}} \tag{7.1.8}$$

위 식에서 $\alpha = 1$ 그리고 $n = 0$인 경우에는

$$\int_0^\infty e^{-x} dx = 0!$$

이다. 여기서 $\int_0^\infty e^{-x} dx = -e^{-x} \Big|_0^\infty = 1$이므로

$$\therefore \ 0! = 1$$

인 결과를 얻는다.

다음과 같이 $\ln \Gamma(x)$의 n계 도함수로 정의되는 함수를 **폴리감마**(polygamma) 함수 $\Psi_n(x)$라 한다.

$$\Psi_n(x) = \frac{d^{n+1}}{dx^{n+1}} \ln \Gamma(x)$$

여기서

$$\Psi_0(x) = \frac{d}{dx} \ln \Gamma(x) = \frac{1}{\Gamma(x)} \frac{d}{dx} \Gamma(x) = \frac{\Gamma'(x)}{\Gamma(x)} \tag{7.1.9}$$

을 **다이감마** 함수라 하고 이 함수는 작은 x 값의 근사에서 노이만(Neumann) 함수를 계산할 때 유용하게 사용된다.

식 (7.1.4)의 왼편과 오른편에 로그를 취하면

$$\ln \Gamma(x+1) = \ln [x \Gamma(x)] = \ln x + \ln \Gamma(x)$$

이 되고, 이 식을 x에 관해 미분하면 다음과 같이 된다.

$$\frac{\Gamma'(x+1)}{\Gamma(x+1)} = \frac{1}{x} + \frac{\Gamma'(x)}{\Gamma(x)} \Rightarrow \Psi_0(x+1) = \frac{1}{x} + \Psi_0(x) \quad (\because \text{ 식 } (7.1.9)\text{로부터})$$

자연수인 n의 경우에 위 식에 $x \to n-1$을 대입하면

$$\Psi_0(n) = \frac{1}{n-1} + \Psi_0(n-1) \tag{7.1.10}$$

이 된다. 여기서

$$\Psi_0(n-1) = \frac{1}{n-2} + \Psi_0(n-2)$$

이기 때문에 식 (7.1.10)은 다음과 같이 표현될 수 있다.

$$\begin{aligned}
\Psi_0(n) &= \frac{1}{n-1} + \frac{1}{n-2} + \Psi_0(n-2) \\
&= \frac{1}{n-1} + \frac{1}{n-2} + \frac{1}{n-3} + \Psi_0(n-3) \\
&\qquad\qquad \vdots \\
&\qquad\qquad \vdots \\
&= \frac{1}{n-1} + \frac{1}{n-2} + \frac{1}{n-3} + \cdots\cdots + \frac{1}{2} + \frac{1}{1} + \Psi_0(1)
\end{aligned}$$

즉 다이감마 함수는 조화급수로 표현될 수 있어서 다이감마 함수는 조화급수의 일반화라고 도 한다.

예제 7.1

감마함수 $\Gamma(1/2)$을 계산하세요.

풀이 감마함수 정의식으로부터

$$\Gamma(1/2) = 2\int_0^\infty y^{2(1/2)-1} e^{-y^2} dy = 2\int_0^\infty e^{-y^2} dy \tag{1}$$

여기서 $I = \int_0^\infty e^{-y^2} dy$로 놓으면

$$I^2 = \int_0^\infty \int_0^\infty e^{-x^2} e^{-y^2} dx dy = \int_0^\infty e^{-r^2} r dr \int_0^{\frac{\pi}{2}} d\theta = \frac{\pi}{2} \frac{1}{2} \int_0^\infty e^{-t} dt \quad (\because t = r^2)$$

$$= \frac{\pi}{4} \left[-e^{-t} \right]_0^\infty = \frac{\pi}{4}$$

$$\Rightarrow I = \frac{\sqrt{\pi}}{2}$$

을 얻고, 이를 식 (1)에 대입하면

$$\therefore \ \Gamma(1/2) = \sqrt{\pi}$$

예제 7.2

감마함수 $\Gamma(1)$을 계산하세요.

풀이
$$\Gamma(n+1) = n! \ \Rightarrow \ \therefore \ \Gamma(1) = \Gamma(0+1) = 0! = 1$$

또는 감마함수 정의식을 사용하면

$$\Gamma(1) = \int_0^\infty t^{1-1} e^{-t} dt = \int_0^\infty e^{-t} dt = -e^{-t} \Big|_0^\infty = 1$$

인 같은 결과를 얻는다.

예제 7.3

역학에서 진동자의 에너지 방정식으로부터 진동주기를 계산[62]할 때 나오는 적분식인
$\int_0^1 \frac{dx}{\sqrt{1-x^n}}$ 을 베타함수로 표현하세요.

풀이
$$x^n \equiv t \ \Rightarrow \ \begin{cases} x = t^{\frac{1}{n}} \\ nx^{n-1} dx = dt \ \Rightarrow \ dx = \frac{dt}{nx^{n-1}} \ \Rightarrow \ dx = \frac{1}{n} t^{\frac{1}{n}-1} dt \end{cases}$$

이들을 주어진 적분식에 대입하면

$$\int_0^1 \frac{dx}{\sqrt{1-x^n}} = \frac{1}{n} \int_0^1 t^{\frac{1}{n}-1} (1-t)^{-\frac{1}{2}} dt$$

가 된다. 베타함수의 정의식에 $p \rightarrow \frac{1}{n}$ 그리고 $q \rightarrow \frac{1}{2}$ 을 대입하면 위 등식의 오른편에 있는 적분식이 됨을 알 수 있다.
그러므로 주어진 적분식은 다음과 같이 베타함수로 표현된다.

$$\int_0^1 \frac{dx}{\sqrt{1-x^n}} = \frac{1}{n} B\left(\frac{1}{n}, \frac{1}{2}\right)$$

베타함수와 감마함수 사이의 관계식을 사용하여 [예제 7.3]의 적분식을 감마함수로 표현하세요.

풀이 [예제 7.3]의 결과인 $\displaystyle\int_0^1 \frac{dx}{\sqrt{1-x^n}} = \frac{1}{n} B(\frac{1}{n}, \frac{1}{2})$와 식 (7.1.3)으로부터

$$\int_0^1 \frac{dx}{\sqrt{1-x^n}} = \frac{1}{n} B(\frac{1}{n}, \frac{1}{2}) = \frac{1}{n} \frac{\Gamma(1/n)\Gamma(1/2)}{\Gamma(1/n+1/2)}$$

$$= \frac{\sqrt{\pi}}{n} \frac{\Gamma(1/n)}{\Gamma(1/n+1/2)}$$

$$(\because \ [\text{예제 } 7.1]\text{의 } \Gamma(1/2) = \sqrt{\pi})$$

을 얻는다.

베타함수와 감마함수 사이의 관계식을 사용해서 $B(\frac{1}{2}, \frac{1}{2})$을 계산하고 [예제 7.3]의 결과를 사용해서 얻은 결과와 비교하세요.

풀이 (i) $B(\frac{1}{2}, \frac{1}{2}) = \dfrac{\Gamma(1/2)\Gamma(1/2)}{\Gamma(1/2+1/2)} = \dfrac{\Gamma(1/2)\Gamma(1/2)}{\Gamma(1)} = \dfrac{\sqrt{\pi}\,\sqrt{\pi}}{0!} = \pi$

(ii) [예제 7.3]의 결과 $\displaystyle\int_0^1 \frac{dx}{\sqrt{1-x^n}} = \frac{1}{n} B(\frac{1}{n}, \frac{1}{2})$에서 $n=2$인 경우

$\displaystyle\int_0^1 \frac{dx}{\sqrt{1-x^2}} = \frac{1}{2} B(\frac{1}{2}, \frac{1}{2})$이 된다. 이 등식 왼편의 적분식은 $x=\cos\theta$로 놓으면 다음과 같이 된다.

$$\int_{\pi/2}^0 \frac{-\sin\theta d\theta}{\sin\theta} = -\theta \Big|_{\pi/2}^0 = \frac{\pi}{2}$$

그러므로

$$\frac{\pi}{2} = \frac{1}{2} B(\frac{1}{2}, \frac{1}{2}) \implies \therefore B(\frac{1}{2}, \frac{1}{2}) = \pi$$

즉 (i)와 (ii)는 같은 결과를 준다.

---

(62) $E = \dfrac{1}{2} m \dot{x}^2 + U \implies \dfrac{dx}{dt} = \sqrt{\dfrac{2}{m}(E-U)} \implies dt = \dfrac{dx}{\sqrt{\dfrac{2}{m}(E-U)}}$

감마함수 $\Gamma(3/2)$과 $(-1/2)!$을 계산하세요.

풀이 (i) $\Gamma(3/2) = \Gamma(1/2+1) = \dfrac{1}{2}\Gamma(1/2) = \dfrac{1}{2}\sqrt{\pi}$

(ii) 식 $(7.1.7)$로부터 $(-1/2)! = \Gamma(-1/2+1) = \Gamma(1/2) = \sqrt{\pi}$

관계식 $\Gamma(n+1) = \displaystyle\int_0^{\infty} t^n e^{-t} dt = n!$을 사용해서 큰 n에 대한 스털링 근사공식

$n! \approx n^n e^{-n} \sqrt{2\pi n}$ 을 증명하세요.

풀이 주어진 피적분함수 $t^n e^{-t}$에 로그를 취하면 다음과 같다.

$$\ln(t^n e^{-t}) = \ln t^n + \ln e^{-t} = \ln t^n - t = n\ln t - t \tag{1}$$

$$(\because \ln e^{-t} \equiv x \Rightarrow e^{-t} = e^x \Rightarrow x = -t)$$

$$\Rightarrow \frac{d}{dt}\ln(t^n e^{-t}) = \frac{d}{dt}(n\ln t - t) = \frac{n}{t} - 1 \tag{2}$$

위 식의 오른편이 0일 때, 피적분함수의 로그는 t에 관해서 극값을 갖는다. 즉 $t=n$일 때 식 (2)의 왼편은 극값을 갖는다.

$\alpha \ll n$인 경우, $t = n + \alpha$라 하면 $dn = 0$이므로 $dt = d\alpha$를 얻는다.

식 (1)의 오른편에 $t = n + \alpha$을 대입하면 다음과 같이 된다.

$$n\ln(n+\alpha) - (n+\alpha) = n\ln\left[n\left(1+\frac{\alpha}{n}\right)\right] - (n+\alpha)$$

$$= n\left[\ln(n) + \ln\left(1+\frac{\alpha}{n}\right)\right] - (n+\alpha) \tag{3}$$

[예제 6.18]로부터

$$\ln\left(1+\frac{\alpha}{n}\right) = \frac{\alpha}{n} - \frac{1}{2}\left(\frac{\alpha}{n}\right)^2 + \frac{1}{3}\left(\frac{\alpha}{n}\right)^3 - \cdots\cdots$$

이므로 작은 α에 관해 위 식의 오른편 두 번째 항까지만 고려하면 식 (3)의 오른편은

$$n\left[\ln(n) + \frac{\alpha}{n} - \frac{1}{2}\left(\frac{\alpha}{n}\right)^2\right] - (n+\alpha) = n\ln(n) - \frac{1}{2n}\alpha^2 - n$$

이 되어 식 (1)은 다음과 같이 표현된다.

$$\ln(t^n e^{-t}) \approx n \ln(n) - \frac{1}{2n}\alpha^2 - n$$

$$\Rightarrow t^n e^{-t} = e^{n\ln(n) - \frac{1}{2n}\alpha^2 - n} = e^{n\ln(n) - n - \frac{1}{2n}\alpha^2} = e^{\ln(n^n)}e^{-n}e^{-\frac{1}{2n}\alpha^2} \tag{4}$$

여기서 $e^{\ln(n^n)} = x \Rightarrow \ln e^{\ln(n^n)} = \ln x \Rightarrow e^{\ln x} = e^{\ln(n^n)} \Rightarrow x = n^n$

이므로 식 (4)는 다음과 같이 된다.

$$t^n e^{-t} \approx n^n e^{-n} e^{-\frac{1}{2n}\alpha^2} \tag{5}$$

식 (5)와 $dt = d\alpha$ 그리고 $t = n + \alpha$로부터 $t = 0$일 때 $\alpha = -n$이고 $t = \infty$일 때 $n = \infty$을, 주어진 관계식

$$n! = \int_0^\infty t^n e^{-t} dt$$

에 대입하면 다음과 같다.

$$n! \approx \int_{-n}^\infty \left(n^n e^{-n} e^{-\frac{1}{2n}\alpha^2} \right) d\alpha = \int_{-\infty}^\infty n^n e^{-n} e^{-\frac{1}{2n}\alpha^2} d\alpha$$

$$= n^n e^{-n} \int_{-\infty}^\infty e^{-\frac{1}{2n}\alpha^2} d\alpha \tag{6}$$

여기서 큰 n의 경우에 대해 피적분함수는 0이 되므로 적분의 하한을 $-n \to -\infty$로 바꾸어도 적분 결과에 영향을 주지 않는다.

식 (6)에서 $\frac{1}{\sqrt{2n}}\alpha = x$로 놓으면 $d\alpha = \sqrt{2n}\,dx$가 되어 식의 오른편은

$$n^n e^{-n} \int_{-\infty}^\infty e^{-x^2} \sqrt{2n}\,dx = n^n e^{-n} \sqrt{2n} \int_{-\infty}^\infty e^{-x^2} dx = n^n e^{-n} \sqrt{2\pi n}$$

이 된다.

$$\therefore \ n! \approx n^n e^{-n} \sqrt{2\pi n}$$

위와 같은 큰 n에 대한 스털링 근사공식을 얻는다. 위 식은 다음과 같이 표현될 수도 있다.

$$\ln(n!) = n \ln(n) - n + \frac{1}{2} \ln(2\pi n)$$

7.2 르장드르 미분방정식

- 차수 ℓ인 르장드르 다항식

$$P_\ell(x) = \frac{1}{2^\ell} \sum_{k=0}^{\left[\frac{\ell}{2}\right]} \frac{(-1)^k (2\ell-2k)!}{k!(\ell-k)!(\ell-2k)!} x^{\ell-2k}$$

$$= \frac{1}{2^\ell} \sum_{k=0}^{\left[\frac{\ell}{2}\right]} \frac{(-1)^k}{k!(\ell-k)!} \frac{d^\ell}{dx^\ell} x^{2\ell-2k}$$

- 로드리게스(Rodrigues) 공식은 직접적으로 르장드르 다항식을 얻는 방법

$$P_\ell(x) = \frac{1}{2^\ell \ell!} \frac{d^\ell}{dx^\ell} (x^2-1)^\ell$$

- 연관(associated) 르장드르 함수와 르장드르 다항식 사이의 관계

$$P_\ell^m(x) = (1-x^2)^{\frac{|m|}{2}} \frac{d^{|m|}}{dx^{|m|}} P_\ell(x), \quad \text{여기서 } m \text{은 정수}$$

- 연관 르장드르 함수 사이의 관계

$$\frac{P_\ell^{-|m|}(x)}{P_\ell^{|m|}(x)} = (-1)^{|m|} \frac{(\ell-|m|)!}{(\ell+|m|)!}$$

라플라스 방정식 $\nabla^2 \Psi(\vec{r}) = 0$을 구면좌표계에서 변수분리법을 사용하면 나오는 방정식이 르장드르 미분방정식이다. 구면좌표계에서의 라플라시안 식 (5.3.19)를 사용하면 라플라스 방정식은 다음과 같이 표현된다.

$$\nabla^2 \Psi(r,\theta,\phi) = 0 \implies \frac{1}{r^2} \frac{\partial}{\partial r}\left(r^2 \frac{\partial \Psi}{\partial r}\right) + \frac{1}{r^2 \sin\theta} \frac{\partial}{\partial \theta}\left(\sin\theta \frac{\partial \Psi}{\partial \theta}\right) + \frac{1}{r^2 \sin^2\theta} \frac{\partial^2 \Psi}{\partial \phi^2} = 0$$

여기서 $\Psi(r,\theta,\phi) = R(r)\Theta(\theta)\Phi(\phi)$로 놓고 이를 위 식에 대입하면

$$\Theta\Phi \frac{1}{r^2} \frac{d}{dr}\left(r^2 \frac{dR}{dr}\right) + \frac{R\Phi}{r^2 \sin\theta} \frac{d}{d\theta}\left(\sin\theta \frac{d\Theta}{d\theta}\right) + \frac{R\Theta}{r^2 \sin^2\theta} \frac{d^2\Phi}{d\phi^2} = 0$$

이 되고, 위 식을 $\Psi(r,\theta,\phi)$로 나눈 뒤 $r^2\sin^2\theta$을 곱하면

$$\frac{\sin^2\theta}{R}\frac{d}{dr}\left(r^2\frac{dR}{dr}\right)+\frac{\sin\theta}{\Theta}\frac{d}{d\theta}\left(\sin\theta\frac{d\Theta}{d\theta}\right)+\frac{1}{\Phi}\frac{d^2\Phi}{d\phi^2}=0$$

$$\Rightarrow \frac{\sin^2\theta}{R}\frac{d}{dr}\left(r^2\frac{dR}{dr}\right)+\frac{\sin\theta}{\Theta}\frac{d}{d\theta}\left(\sin\theta\frac{d\Theta}{d\theta}\right)=-\frac{1}{\Phi}\frac{d^2\Phi}{d\phi^2} \qquad (7.2.1)$$

을 얻는다. 변수의 모든 값에 대해 위 등식이 항상 성립하기 위해서는 오른편은 변수와 무관한 상수가 되어야 한다. 이 상수를 m^2으로 놓으면

$$\frac{1}{\Phi}\frac{d^2\Phi}{d\phi^2}=-m^2 \Rightarrow \frac{d^2\Phi}{d\phi^2}+m^2\Phi=0$$

인 미분방정식을 얻고 이 방정식의 解는 다음과 같다.

$$\Phi(\phi)=Ae^{\pm im\phi} \qquad (7.2.2)$$

이때 상수를 m^2으로 놓은 이유는 방위각성분 解인 $\Phi(\phi)$가 $\phi=2\pi$에 대해 같은 값을 갖도록 하기 위함이다. 즉,

$$\Phi(\phi)=\Phi(\phi+2\pi) \Rightarrow e^{\pm im2\pi}=1 \Rightarrow m은 \ 정수$$

이때 식 (7.2.1)은 다음과 같이 표현된다.

$$\frac{\sin^2\theta}{R}\frac{d}{dr}\left(r^2\frac{dR}{dr}\right)+\frac{\sin\theta}{\Theta}\frac{d}{d\theta}\left(\sin\theta\frac{d\Theta}{d\theta}\right)-m^2=0$$

$$\Rightarrow \frac{1}{R}\frac{d}{dr}\left(r^2\frac{dR}{dr}\right)+\frac{1}{\Theta\sin\theta}\frac{d}{d\theta}\left(\sin\theta\frac{d\Theta}{d\theta}\right)-\frac{m^2}{\sin^2\theta}=0$$

$$\Rightarrow \frac{1}{R}\frac{d}{dr}\left(r^2\frac{dR}{dr}\right)=-\frac{1}{\Theta\sin\theta}\frac{d}{d\theta}\left(\sin\theta\frac{d\Theta}{d\theta}\right)+\frac{m^2}{\sin^2\theta} \qquad (7.2.3)$$

모든 r과 θ에 대해 위의 등식이 항상 성립하기 위해서는 오른편과 왼편이 r과 θ에 무관한 상수가 되어야 한다. 이 상수를 편의상 λ로 놓으면, 오른편은

$$\frac{1}{\Theta\sin\theta}\frac{d}{d\theta}\left(\sin\theta\frac{d\Theta}{d\theta}\right)+\lambda-\frac{m^2}{\sin^2\theta}=0$$

이 되어

$$\frac{1}{\sin\theta}\frac{d}{d\theta}\left(\sin\theta\frac{d\Theta}{d\theta}\right)+\left(\lambda-\frac{m^2}{\sin^2\theta}\right)\Theta=0$$

$$\Rightarrow\frac{d^2\Theta}{d\theta^2}+\frac{\cos\theta}{\sin\theta}\frac{d\Theta}{d\theta}+\left(\lambda-\frac{m^2}{\sin^2\theta}\right)\Theta=0 \qquad (7.2.4)$$

을 얻는다. 여기서 $\cos\theta=x$로 놓으면

$$\frac{d}{d\theta}=\frac{dx}{d\theta}\frac{d}{dx}=-\sin\theta\frac{d}{dx}$$

그리고

$$\begin{aligned}
\frac{d^2}{d\theta^2}&=\frac{d}{d\theta}\left(\frac{d}{d\theta}\right)=\left(-\sin\theta\frac{d}{dx}\right)\left(-\sin\theta\frac{d}{dx}\right)\\
&=\sin^2\theta\frac{d^2}{dx^2}+\sin\theta\left(\frac{d}{dx}\sin\theta\right)\frac{d}{dx}\\
&=\sin^2\theta\frac{d^2}{dx^2}+\sin\theta\left(\frac{d\theta}{dx}\frac{d}{d\theta}\sin\theta\right)\frac{d}{dx}\\
&=\sin^2\theta\frac{d^2}{dx^2}+\sin\theta\left(-\frac{1}{\sin\theta}\right)\cos\theta\frac{d}{dx}\\
&=\sin^2\theta\frac{d^2}{dx^2}-\cos\theta\frac{d}{dx}=(1-\cos^2\theta)\frac{d^2}{dx^2}-\cos\theta\frac{d}{dx}\\
&=(1-x^2)\frac{d^2}{dx^2}-x\frac{d}{dx}
\end{aligned}$$

가 되고, 이들을 식 (7.2.4)에 대입하면

$$\left[(1-x^2)\frac{d^2}{dx^2}-x\frac{d}{dx}\right]\Theta+\frac{\cos\theta}{\sin\theta}\left(-\sin\theta\frac{d\Theta}{dx}\right)+\left(\lambda-\frac{m^2}{1-x^2}\right)\Theta=0$$

$$\Rightarrow(1-x^2)\frac{d^2\Theta}{dx^2}-x\frac{d\Theta}{dx}-x\frac{d\Theta}{dx}+\left(\lambda-\frac{m^2}{1-x^2}\right)\Theta=0$$

$$\Rightarrow(1-x^2)\frac{d^2\Theta}{dx^2}-2x\frac{d\Theta}{dx}+\left(-\frac{m^2}{1-x^2}+\lambda\right)\Theta=0 \qquad (7.2.5)$$

인 이계 선형 미분방정식을 얻는다. 이 식에서 편의를 위해 $\Theta(\theta)$를 $y(x)$로 나타내면

다음과 같은 연관 르장드르 미분방정식

$$(1-x^2)\frac{d^2y(x)}{dx^2} - 2x\frac{dy(x)}{dx} + \left(-\frac{m^2}{1-x^2} + \lambda\right)y(x) = 0 \qquad (7.2.6)$$

(여기서 m은 정수 그리고 $\lambda > 0$인 정수)

을 얻는다. 여기서 $m = 0$일 때의 미분방정식의 解를 **르장드르 다항식**이라 하고 $m \neq 0$일 때의 解를 **연관 르장드르 함수**라 한다.

① 르장드르 다항식

먼저 $m = 0$인 경우에 대해 르장드르 미분방정식의 解를 구해보자.

이때 식 (7.2.6)은 다음과 같이 된다.

$$\left[(1-x^2)\frac{d^2}{dx^2} - 2x\frac{d}{dx} + \lambda\right]y(x) = 0$$

$$\Rightarrow (1-x^2)\frac{d^2y(x)}{dx^2} - 2x\frac{dy(x)}{dx} + \lambda y(x) = 0 \qquad (7.2.7)$$

멱급수(power series) 꼴 $y(x) = \displaystyle\sum_{n=0}^{\infty} a_n x^n$(여기서 a_n은 상수)를 위의 미분방정식의 시도해로 놓으면

$$\Rightarrow \begin{cases} \dfrac{d}{dx}y(x) = \displaystyle\sum_{n=1}^{\infty} n a_n x^{n-1} \\ \dfrac{d^2}{dx^2}y(x) = \dfrac{d}{dx}\displaystyle\sum_{n=1}^{\infty} n a_n x^{n-1} = \displaystyle\sum_{n=2}^{\infty} n(n-1)a_n x^{n-2} \end{cases}$$

이 되고, 이들을 식 (7.2.7)에 대입하면 다음과 같이 된다.

$$\sum_{n=2}^{\infty} n(n-1)a_n x^{n-2} - \sum_{n=2}^{\infty} n(n-1)a_n x^n - 2\sum_{n=1}^{\infty} n a_n x^n + \lambda \sum_{n=0}^{\infty} a_n x^n = 0 \qquad (7.2.8)$$

$$\Rightarrow \sum_{n=0}^{\infty} (n+2)(n+1)a_{n+2} x^n - \sum_{n=2}^{\infty} n(n-1)a_n x^n - 2\sum_{n=1}^{\infty} n a_n x^n + \lambda \sum_{n=0}^{\infty} a_n x^n = 0$$

여기서 왼편 두 번째 항의 경우 $n = 0$ 또는 1일 때 이 항은 0이 되고, 세 번째 항의

경우 $n = 0$일 때 이 항은 0이 되므로 위 관계식을

$$\sum_{n=0}^{\infty}(n+2)(n+1)a_{n+2}x^n - \sum_{n=0}^{\infty}n(n-1)a_nx^n - 2\sum_{n=0}^{\infty}na_nx^n + \lambda\sum_{n=0}^{\infty}a_nx^n = 0$$

이렇게 바꾸어도 결과에 아무런 영향을 주지 않는다.

$$\Rightarrow \sum_{n=0}^{\infty}\left[(n+2)(n+1)a_{n+2} - \{n(n-1)-2n+\lambda\}a_n\right]x^n = 0 \qquad (7.2.9)$$

모든 x에 관해 위 등식이 항상 성립하기 위해서는 x의 멱제곱에 관한 계수가 항상 0이 되어야 한다. 그리고 전자기학과 양자역학에서 나오는 르장드르 미분방정식은 $\lambda = \ell(\ell+1)$이다. 여기서 ℓ은 정수이다. 이때 식 (7.2.9)는

$$(n+2)(n+1)a_{n+2} = [n(n-1)+2n-\ell(\ell+1)]a_n$$

인 관계식을 준다. 그러므로

$$(n+2)(n+1)a_{n+2} = \left[n^2+n-\ell(\ell+1)\right]a_n = (n^2-\ell^2+n-\ell)a_n$$
$$= (n-\ell)(n+\ell+1)a_n$$

을 얻어 다음과 같은 **회귀관계식**을 얻는다.

$$\Rightarrow a_{n+2} = \frac{(n-\ell)(n+\ell+1)}{(n+1)(n+2)}a_n, \text{ 여기서 } n \geq 0\text{인 정수} \qquad (7.2.10)$$

$$\Rightarrow \begin{cases} a_2 = -\dfrac{\ell(\ell+1)}{2}a_0 = -\dfrac{\ell(\ell+1)}{2!}a_0 \\[2mm] a_3 = \dfrac{(1-\ell)(\ell+2)}{2\cdot 3}a_1 = -\dfrac{(\ell-1)(\ell+2)}{3!}a_1 \\[2mm] a_4 = \dfrac{(2-\ell)(2+\ell+1)}{4\cdot 3}a_2 = \dfrac{\ell(\ell+1)(\ell-2)(\ell+3)}{4!}a_0 \\[2mm] a_5 = \dfrac{(3-\ell)(3+\ell+1)}{4\cdot 5}a_3 = \dfrac{(\ell-1)(\ell+2)(\ell-3)(\ell+4)}{5!}a_1 \\[2mm] \qquad\qquad\qquad \vdots \end{cases}$$

회귀관계식 (7.2.10)으로부터 n이 짝수인 경우의 계수 a_n은 임의의 상수인 a_0로부터 얻을 수 있고, n이 홀수인 경우의 계수 a_n은 임의의 상수인 a_1으로부터 얻을 수 있음을 알 수 있다.

즉 르장드르 미분방정식의 解는 다음과 같이 표현될 수 있다.

$$
\begin{aligned}
y(x) &= a_0 + a_1 x + a_2 x^2 + a_3 x^3 + a_4 x^4 + a_5 x^5 + \cdots\cdots \\
&= \left(a_0 + a_2 x^2 + a_4 x^4 + \cdots\cdots \right) + \left(a_1 x + a_3 x^3 + a_5 x^5 + \cdots\cdots \right) \\
&= \left[1 - \frac{\ell(\ell+1)}{2!} x^2 + \frac{\ell(\ell+1)(\ell-2)(\ell+3)}{4!} x^4 - \cdots\cdots \right] a_0 \\
&\quad + \left[x - \frac{(\ell-1)(\ell+2)}{3!} x^3 + \frac{(\ell-1)(\ell+2)(\ell-3)(\ell+4)}{5!} x^5 - \cdots\cdots \right] a_1 \quad (7.2.11)
\end{aligned}
$$

여기서 $a_0 = 1$ 그리고 $a_1 = 0$으로 선택하면

$$
y_{짝수}(x) = 1 - \frac{\ell(\ell+1)}{2!} x^2 + \frac{\ell(\ell+1)(\ell-2)(\ell+3)}{4!} x^4 - \cdots\cdots
$$

가 미분방정식의 解가 되고, $a_0 = 0$ 그리고 $a_1 = 1$로 선택하면

$$
y_{홀수}(x) = x - \frac{(\ell-1)(\ell+2)}{3!} x^3 + \frac{(\ell-1)(\ell+2)(\ell-3)(\ell+4)}{5!} x^5 - \cdots\cdots
$$

가 미분방정식의 解가 된다. 즉 $P_{짝수}(x)$와 $P_{홀수}(x)$는 선형 독립적이다.
그리고 $y_{짝수}(x)$와 $y_{홀수}(x)$는 비율판정법으로부터

$$
\lim_{n\to\infty} \left| \frac{a_{n+2} x^{n+2}}{a_n x^n} \right| = \lim_{n\to\infty} \left| \frac{n^2+n-\ell(\ell+1)}{n^2+3n+2} x^2 \right| = \lim_{n\to\infty} |x^2| = x^2 < 1
$$

일 때 수렴하므로, $y_{짝수}(x)$와 $y_{홀수}(x)$는 구간 $(-1, 1)$에서 수렴한다. 그러나 $x = \pm 1$에서 발산한다. 무한급수가 발산하는 문제점은 회귀관계식 (7.2.10)의 분자를 0으로 만들어서 급수가 도중에 멈추도록 하면 해결된다. 즉 $n = \ell$로 놓으면 된다. 예로서

(i) 만약 $n = \ell = 2$인 짝수이면

$$
y_2(x) = 1 - \frac{2(2+1)}{2!} x^2 + 0 x^4 - \cdots\cdots = 1 - 3x^2
$$

인 다항식을 얻고

$$y_{홀수}(x) = x - \frac{(2-1)(2+2)}{3!}x^3 + \frac{(2-1)(2+2)(2-3)(2+4)}{5!}x^5 - \cdots\cdots$$

$$= x - \frac{2}{3}x^3 - \frac{1}{5}x^5 - \cdots\cdots$$

인 무한급수를 얻는다.

(ii) 만약 $n = \ell = 3$인 홀수이면

$$y_{짝수}(x) = 1 - \frac{3(3+1)}{2!}x^2 + \frac{3(3+1)(3-2)(3+3)}{4!}x^4 - \cdots\cdots$$

$$= 1 - 6x^2 + 3x^4 - \cdots\cdots$$

인 무한급수를 얻고

$$y_3(x) = x - \frac{(3-1)(3+2)}{3!}x^3 + 0x^5 - \cdots\cdots = x - \frac{5}{3}x^3$$

인 다항식을 얻는다.

(i)와 (ii)로부터 $n = \ell$이 짝수인지 홀수인지에 따라 $y_{짝수}(x)$ 또는 $y_{홀수}(x)$ 중 하나는 다항식이 되고 다른 하나는 무한급수가 된다.
여기서 다항식 解가 $x = 1$에서의 값이 1이 되도록 규격화하면 이를 **르장드르 다항식**(또는 **제1종 르장드르 함수**)[63]이라 한다. 즉 르장드르 미분방정식의 解인 르장드르 다항식 $P_n(x)$ 은 다음과 같다.

$$P_n(x) = \frac{y_n(x)}{y_n(1)}, \quad 여기서 \ n \geq 0인 \ 정수$$

즉, $P_n(1) = 1$이다. 위의 (i)와 (ii)에서 구한 결과를 위 관계식에 대입하면 다음과 같이 르장드르 다항식을 얻는다.

---

[63] 반면에, 무한급수 解를 규격화한 것이 **제2종 르장드르 함수**입니다.

$$
\Rightarrow
\begin{cases}
P_2(x) = \dfrac{y_2(x)}{y_2(1)} = \dfrac{1 - 3x^2}{1 - 3} = \dfrac{1}{2}(3x^2 - 1) \\[4mm]
P_3(x) = \dfrac{y_3(x)}{y_3(1)} = \dfrac{x - \dfrac{5}{3}x^3}{1 - \dfrac{5}{3}} = \dfrac{5}{2}\left(x^3 - \dfrac{3}{2}x\right)
\end{cases}
$$

음수인 $n = \ell$에 대한 解는 양수인 ℓ에 대한 解로부터 쉽게 구할 수 있다. 회귀관계식 (7.2.10)에서 $n + \ell + 1 = 0 (\Rightarrow n = -\ell - 1)$일 때도 분자는 0이 되므로 음수 ℓ에 대한 解는 양수 ℓ에 대한 解로부터 구할 수 있다. 예로서 $\ell = -2$인 경우 $n = -(-2) - 1 = 1$이 되어 $\ell = 1$에 대한 회귀관계식과 같다.

이제 차수 ℓ인 르장드르 다항식 $P_\ell(x)$를 급수로 표현해보자. 회귀관계식 (7.2.10)으로부터 다음의 관계식을 얻는다.

$$
a_n = \frac{(n + 2)(n + 1)}{(n - \ell)(n + \ell + 1)} a_{n + 2} \tag{7.2.12}
$$

위 식에 $n \rightarrow \ell - 2k$를 대입하면 다음과 같다.

$$
a_{\ell - 2k} = -\frac{(\ell - 2k + 2)(\ell - 2k + 1)}{2k(2\ell - 2k + 1)} a_{\ell - 2k + 2} \tag{7.2.13}
$$

이때 위 식은 $k = 1$, $k = 2$, $k = 3$, $\cdots\cdots$ 인 경우에 대해

$$
\begin{cases}
a_{\ell - 2} = -\dfrac{(\ell - 2 \cdot 1 + 2)(\ell - 2 \cdot 1 + 1)}{2 \cdot 1(2\ell - 2 \cdot 1 + 1)} a_\ell = (-1)^1 \dfrac{\ell(\ell - 1)}{2(2\ell - 1)} a_\ell \\[4mm]
a_{\ell - 4} = -\dfrac{(\ell - 2 \cdot 2 + 2)(\ell - 2 \cdot 2 + 1)}{2 \cdot 2(2\ell - 2 \cdot 2 + 1)} a_{\ell - 2} = (-1)^2 \dfrac{\ell(\ell - 1)(\ell - 2)(\ell - 3)}{2^2 2!(2\ell - 1)(2\ell - 3)} a_\ell \\[4mm]
a_{\ell - 6} = -\dfrac{(\ell - 2 \cdot 3 + 2)(\ell - 2 \cdot 3 + 1)}{2 \cdot 3(2\ell - 2 \cdot 3 + 1)} a_{\ell - 4} = (-1)^3 \dfrac{\ell(\ell - 1)(\ell - 2)(\ell - 3)(\ell - 4)(\ell - 5)}{2^3 3!(2\ell - 1)(2\ell - 3)(2\ell - 5)} a_\ell \\
\qquad\qquad\qquad\qquad\qquad \vdots
\end{cases}
$$

가 되어 다음의 관계식을 얻을 수 있다.

$$
\Rightarrow a_{\ell - 2k} = (-1)^k \frac{\ell(\ell - 1)(\ell - 2)(\ell - 3) \cdots\cdots (\ell - 2k + 1)}{2^k k!(2\ell - 1)(2\ell - 3) \cdots\cdots (2\ell - 2k + 1)} a_\ell
$$

그러므로 르장드르 다항식 $P_\ell(x)$는 다음과 같이 표현된다.

$$P_\ell(x) = \sum_{k=0}^{\left[\frac{\ell}{2}\right]} a_{\ell-2k} x^{\ell-2k}$$

$$= \sum_{k=0}^{\left[\frac{\ell}{2}\right]} (-1)^k \frac{\ell(\ell-1)(\ell-2)(\ell-3)\cdots\cdots(\ell-2k+1)}{2^k k!(2\ell-1)(2\ell-3)\cdots\cdots(2\ell-2k+1)} a_\ell x^{\ell-2k} \qquad (7.2.14)$$

여기서 $k = 1,\ 2, \cdots\cdots,\ \left[\dfrac{\ell}{2}\right]$ 이며 $\left[\dfrac{\ell}{2}\right] = \begin{cases} \dfrac{\ell}{2}, & \text{짝수 } \ell \\[2mm] \dfrac{\ell-1}{2}, & \text{홀수 } \ell \end{cases}$ 이다.

그리고 $P_\ell(1) = 1$이 되도록 a_ℓ을 선택하면[64]

$$a_\ell = \frac{(2\ell)!}{2^\ell (\ell!)^2} \qquad (7.2.15)$$

가 되고 이를 (7.2.14)에 대입하면

$$P_\ell(x) = \sum_{k=0}^{\left[\frac{\ell}{2}\right]} (-1)^k \frac{\ell(\ell-1)(\ell-2)(\ell-3)\cdots\cdots(\ell-2k+1)}{2^k k!(2\ell-1)(2\ell-3)\cdots\cdots(2\ell-2k+1)} \frac{(2\ell)!}{2^\ell(\ell!)(\ell!)} x^{\ell-2k}$$

$$= \frac{1}{2^\ell} \sum_{k=0}^{\left[\frac{\ell}{2}\right]} \frac{(-1)^k}{k!} \frac{1}{2^k} \frac{\ell(\ell-1)(\ell-2)(\ell-3)\cdots\cdots(\ell-2k+1)}{(2\ell-1)(2\ell-3)\cdots\cdots(2\ell-2k+1)}$$

$$\times \frac{(2\ell)(2\ell-1)(2\ell-2)(2\ell-3)\cdots\cdots 2\cdot 1}{\ell(\ell-1)\cdots\cdots(\ell-2k+1)(\ell-2k)!\ell!} x^{\ell-2k}$$

$$= \frac{1}{2^\ell} \sum_{k=0}^{\left[\frac{\ell}{2}\right]} \frac{(-1)^k}{k!} \frac{1}{2^k} \frac{1}{(2\ell-1)(2\ell-3)\cdots\cdots(2\ell-2k+1)}$$

$$\times \frac{(2\ell-1)(2\ell-3)\cdots\cdots(2\ell-2k+1)(2\ell)(2\ell-2)\cdots\cdots(2\ell-2k+2)(2\ell-2k)!}{(\ell-2k)!\ell!} x^{\ell-2k}$$

$$= \frac{1}{2^\ell} \sum_{k=0}^{\left[\frac{\ell}{2}\right]} \frac{(-1)^k}{k!} \frac{1}{2^k} \frac{2^k \ell(\ell-1)\cdots\cdots(\ell-k+1)(2\ell-2k)!}{(\ell-2k)!\ell(\ell-1)\cdots\cdots(\ell-k+1)(\ell-k)!} x^{\ell-2k}$$

$$= \frac{1}{2^\ell} \sum_{k=0}^{\left[\frac{\ell}{2}\right]} \frac{(-1)^k(2\ell-2k)!}{k!(\ell-2k)!(\ell-k)!} x^{\ell-2k}$$

---

[64] 증명은 7장의 [연습문제 4]에서 다룹니다.

을 얻어서, 차수 ℓ인 르장드르 다항식은 다음과 같다.

$$P_\ell(x) = \frac{1}{2^\ell} \sum_{k=0}^{\left[\frac{\ell}{2}\right]} \frac{(-1)^k (2\ell - 2k)!}{k!(\ell-k)!(\ell-2k)!} x^{\ell-2k} \tag{7.2.16}$$

$\Rightarrow$

$$P_0(x) = \frac{1}{2^0} \sum_{k=0}^{0} (-1)^k \frac{(-2k)!}{k!(-k)!(-2k)!} x^{-2k} = 1$$

$$P_1(x) = \frac{1}{2^1} \sum_{k=0}^{0} (-1)^k \frac{(2-2k)!}{k!(1-k)!(1-2k)!} x^{1-2k} = \frac{2 \cdot x}{2} = x$$

$$P_2(x) = \frac{1}{2^2} \sum_{k=0}^{1} (-1)^k \frac{(4-2k)!}{k!(2-k)!(2-2k)!} x^{2-2k}$$

$$= \frac{4!}{2^2 \cdot 2 \cdot 2} x^2 - \frac{2}{2^2} x^0 = \frac{1}{2}(3x^2 - 1)$$

유사한 방법으로

$$P_3(x) = \frac{1}{2}(5x^3 - 3x)$$

$$P_4(x) = \frac{1}{8}(35x^4 - 30x^2 + 3)$$

$$P_5(x) = \frac{1}{8}(63x^5 - 70x^3 + 15x)$$

$$\vdots$$
$$\vdots$$

을 얻는다. 그러므로 식 (7.2.15)의 적절한 선택으로 르장드르 다항식은 $P_\ell(1) = 1$을 만족함을 알 수 있다. 아래 그림은 위에서 구한 몇몇의 르장드르 다항식의 그래프를 구간 $[-1, 1]$에서 보여준다.

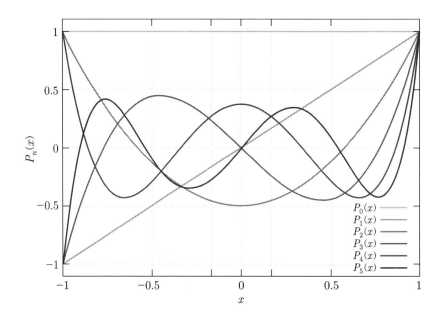

르장드르 다항식을 구하는 다른 방법인 **로드리게스 공식**에 대해 알아보자. $x^{2\ell-2k}$을 ℓ번 미분하면 다음과 같다.

$$\frac{d^\ell}{dx^\ell}x^{2\ell-2k} = (2\ell-2k)(2\ell-2k-1)\cdots\cdots[2\ell-2k-(\ell-1)]x^{2\ell-2k-\ell}$$

$$= (2\ell-2k)(2\ell-2k-1)\cdots\cdots(\ell-2k+1)x^{\ell-2k}$$

$$= \frac{(2\ell-2k)!}{(\ell-2k)!}x^{\ell-2k}$$

$$\therefore \frac{(2\ell-2k)!}{(\ell-2k)!}x^{\ell-2k} = \frac{d^\ell}{dx^\ell}x^{2\ell-2k}$$

이를 식 (7.2.16)에 대입하면 다음과 같이 된다.

$$P_\ell(x) = \frac{1}{2^\ell}\sum_{k=0}^{\left[\frac{\ell}{2}\right]}\frac{(-1)^k}{k!\,(\ell-k)!}\frac{d^\ell}{dx^\ell}x^{2\ell-2k} \tag{7.2.17}$$

여기서 $k > \left[\dfrac{\ell}{2}\right]$의 경우 x의 지수는 ℓ보다 작게 되어 x에 관해 ℓ번 미분할 경우 0이 된다. 그러므로 오른편 항의 합을 $\left[\dfrac{\ell}{2}\right]$에서 ℓ까지 늘려도 결과에는 아무런 영향도 주지 않는다. 그러므로 식 (7.2.17)은 다음과 같이 표현될 수 있다.

$$P_\ell(x) = \frac{1}{2^\ell \ell!} \frac{d^\ell}{dx^\ell} \sum_{k=0}^{\ell} \frac{(-1)^k \ell!}{k!(\ell-k)!} x^{2\ell-2k} \tag{7.2.18}$$

이항정리 $(a+b)^n = \sum_{k=0}^{n} \binom{n}{k} a^{n-k} b^k$ 에 $a = x^2$, $b = -1$, $n = \ell$ 을 대입하면

$$(x^2-1)^\ell = \sum_{k=0}^{\ell} \frac{\ell!}{k!(\ell-k)!} (x^2)^{\ell-k} (-1)^k = \sum_{k=0}^{\ell} \frac{(-1)^k \ell!}{k!(\ell-k)!} x^{2\ell-2k}$$

을 얻는다.

이 결과를 식 (7.2.18)에 대입하면 다음의 관계식을 얻는다.

$$P_\ell(x) = \frac{1}{2^\ell \ell!} \frac{d^\ell}{dx^\ell} (x^2-1)^\ell \tag{7.2.19}$$

이 관계식은 $m = 0$에 대한 르장드르 미분방정식의 解인 르장드르 다항식을 직접 구할 수 있게 하는 **로드리게스 공식**이다.

$\Rightarrow$

$$P_0(x) = \frac{1}{2^0 0!} \frac{d^0}{dx^0} (x^2-1)^0 = 1$$

$$P_1(x) = \frac{1}{2^1 1!} \frac{d}{dx} (x^2-1) = \frac{1}{2}(2x) = x$$

$$P_2(x) = \frac{1}{2^2 2!} \frac{d^2}{dx^2} (x^2-1)^2 = \frac{1}{8}(2x^2-4) = \frac{1}{2}(3x^2-1)$$

$$P_3(x) = \frac{1}{2^3 3!} \frac{d^3}{dx^3} (x^2-1)^3 = \frac{1}{2}(5x^3-3x)$$

$$\vdots$$

그러므로 로드르게스 공식을 사용해서 얻은 르장드르 다항식은 식 (7.2.16)을 사용해서 얻은 르장드르 다항식과 같음을 알 수 있다.

② 연관 르장드르 함수

$m \neq 0$인 경우에 대한 르장드르 미분방정식의 解를 구해보자. 이때 식 (7.2.6)은 $\lambda = \ell(\ell+1)$에 관해서 다음과 같다.

$$(1-x^2)\frac{d^2y(x)}{dx^2} - 2x\frac{dy(x)}{dx} + \left[\ell(\ell+1) - \frac{m^2}{1-x^2}\right]y(x) = 0$$

$$\Rightarrow \frac{d}{dx}\left[(1-x^2)\frac{dy(x)}{dx}\right] + \left[\ell(\ell+1) - \frac{m^2}{1-x^2}\right]y(x) = 0$$

위의 미분방정식의 解를 $P_\ell^m(x)$라고 하면 위 식은 다음과 같이 표현된다.

$$\frac{d}{dx}\left[(1-x^2)\frac{dP_\ell^m(x)}{dx}\right] + \left[\ell(\ell+1) - \frac{m^2}{1-x^2}\right]P_\ell^m(x) = 0 \qquad (7.2.20)$$

여기서 $P_\ell^m(x) = (1-x^2)^{\frac{m}{2}}u(x)$로 놓으면

$$\frac{dP_\ell^m(x)}{dx} = -mx(1-x^2)^{\frac{m}{2}-1}u(x) + (1-x^2)^{\frac{m}{2}}\frac{du(x)}{dx}$$

이고, 이를 식 (7.2.20)의 첫 항에 대입하면

$$\frac{d}{dx}\left[(1-x^2)\frac{dP_\ell^m(x)}{dx}\right] = \frac{d}{dx}\left[-mx(1-x^2)^{\frac{m}{2}}u(x) + (1-x^2)^{\frac{m}{2}+1}u'(x)\right]$$

$$= -m(1-x^2)^{\frac{m}{2}}u - mx\left(\frac{m}{2}\right)(-2x)(1-x^2)^{\frac{m}{2}-1}u - mx(1-x^2)^{\frac{m}{2}}u'$$

$$+ \left(\frac{m}{2}+1\right)(-2x)(1-x^2)^{\frac{m}{2}}u' + (1-x^2)^{\frac{m}{2}+1}u''$$

$$= (1-x^2)^{\frac{m}{2}+1}u''(x) - 2(m+1)x(1-x^2)^{\frac{m}{2}}u'(x)$$

$$+ [m(m+1)x^2 - m](1-x^2)^{\frac{m}{2}-1}u(x)$$

$$(\because [-m(1-x^2) + m^2x^2](1-x^2)^{\frac{m}{2}-1}u = [(m^2+m)x^2 - m](1-x^2)^{\frac{m}{2}-1}u$$

$$= [m(m+1)x^2 - m](1-x^2)^{\frac{m}{2}-1}u)$$

가 되어 이를 식 (7.2.20)에 대입하면 다음과 같이 된다.

$$(1-x^2)^{\frac{m}{2}+1}u''(x) - 2(m+1)x(1-x^2)^{\frac{m}{2}}u'(x) + \left[\left\{m(m+1)x^2 - m\right\}(1-x^2)^{\frac{m}{2}-1}\right.$$

$$\left. + \left\{\ell(\ell+1) - \frac{m^2}{1-x^2}\right\}(1-x^2)^{\frac{m}{2}}\right]u(x) = 0 \qquad (7.2.21)$$

위 식을 $(1-x^2)^{\frac{m}{2}}$ 으로 나누면

$$(1-x^2)u''(x) - 2(m+1)xu'(x)$$

$$+ \left[\frac{m(m+1)x^2 - m}{1-x^2} + \left\{\ell(\ell+1) - \frac{m^2}{1-x^2}\right\}\right]u(x) = 0 \qquad (7.2.22)$$

이 된다. 위 식의 세 번째 항의 대괄호 안을 정리하면

$$\frac{m(m+1)x^2 - m}{1-x^2} + \ell(\ell+1) - \frac{m^2}{1-x^2}$$

$$= \frac{\ell(\ell+1)(1-x^2) + m(m+1)x^2 - m - m^2}{1-x^2}$$

$$= \frac{\ell(\ell+1)(1-x^2) - m^2(1-x^2) - m(1-x^2)}{1-x^2}$$

$$= \ell(\ell+1) - m^2 - m = \ell(\ell+1) - m(m+1)$$

가 되어 식 (7.2.22)는 다음과 같이 표현된다.

$$(1-x^2)\frac{d^2u(x)}{dx^2} - 2(m+1)x\frac{du(x)}{dx} + [\ell(\ell+1) - m(m+1)]u(x) = 0 \qquad (7.2.23)$$

위 식은 $m=0$인 경우에 식 (7.2.7)의 르장드르 미분방정식이 됨을 알 수 있다. 식 (7.2.23)을 미분하면

$$-2x\frac{d^2u}{dx^2} + (1-x^2)\frac{d}{dx}\left(\frac{d^2u}{dx^2}\right) - 2(m+1)\frac{du}{dx} - 2(m+1)x\frac{d^2u}{dx^2}$$

$$+ [\ell(\ell+1) - m(m+1)]\frac{du}{dx} = 0$$

$$\Rightarrow \ (1-x^2)\frac{d}{dx}\left(\frac{d^2u}{dx^2}\right) - 2[(m+1)+1]x\frac{d^2u}{dx^2}$$

$$+ \ [\ell(\ell+1) - m(m+1) - 2(m+1)]\frac{du}{dx} = 0 \tag{7.2.24}$$

$$\Rightarrow \ (1-x^2)\frac{d}{dx}\left(\frac{d^2u}{dx^2}\right) - 2[(m+1)+1]x\frac{d^2u}{dx^2}$$

$$+ \ (\ell^2 + \ell - m^2 - m - 2m - 2)\frac{du}{dx} = 0$$

여기서 $\ell^2 + \ell - m^2 - m - 2m - 2 = \ell^2 + \ell - m^2 - 3m - 2 = \ell^2 + \ell - (m^2 + 3m + 2)$

$$= \ell(\ell+1) - (m+1)(m+2)$$

이므로 위의 관계식은

$$(1-x^2)\frac{d}{dx}\left(\frac{d^2u}{dx^2}\right) - 2[(m+1)+1]x\frac{d^2u}{dx^2}$$

$$+ \ [\ell(\ell+1) - (m+1)(m+2)]\frac{du}{dx} = 0 \tag{7.2.25}$$

이 된다. 이 식을 한 번 더 미분하면

$$(1-x^2)\frac{d^2}{dx^2}\left(\frac{d^2u}{dx^2}\right) - 2[(m+2)+1]x\frac{d}{dx}\left(\frac{d^2u}{dx^2}\right)$$

$$+ \ [\ell(\ell+1) - (m+2)(m+3)]\frac{d^2u}{dx^2} = 0 \tag{7.2.26}$$

이 된다. 그러므로 식 (7.2.23)에서 $u(x) \rightarrow \dfrac{du(x)}{dx}$ 그리고 $m \rightarrow m+1$로 하면 식 (7.2.25)를 얻고, 식 (7.2.23)에서 $u(x) \rightarrow \dfrac{d^2u(x)}{dx^2}$ 그리고 $m \rightarrow m+2$로 하면 식 (7.2.26)을 얻음을 알 수 있다. 즉 $P_\ell(x)$이 $m=0$에서의 미분방정식 解라고 하면, $\dfrac{d}{dx}P_\ell(x)$와 $\dfrac{d^2}{dx^2}P_\ell(x)$은 각각 $m=1$과 $m=2$에서의 미분방정식 解가 된다. $P_\ell^m(x)$ $= (1-x^2)^{\frac{m}{2}}u(x)$로 놓았기 때문에, 결과적으로 다음과 같은 관계식을 얻는다.

$$P_\ell^m(x) = (1-x^2)^{\frac{m}{2}} \frac{d^m}{dx^m} P_\ell(x), \quad \text{여기서} \ m > 0\text{인 정수} \qquad (7.2.27)$$

이는 $m \neq 0$에 대한 르장드르 미분방정식의 **解**인 **연관 르장드르 함수**라 한다.

르장드르 다항식 $P_\ell(x)$에서 x에 관한 가장 높은 차수는 x^ℓ이므로, 식 (7.2.27)로부터 $m \leq \ell$의 경우에 대해서만 연관 르장드르 함수가 0이 아닌 값을 갖는다는 것을 알 수 있다.

$\Rightarrow$

$$P_0^0(x) = (1-x^2)^0 \frac{d^0}{dx^0} P_0(x) = 1 = P_0(x)$$

$$P_1^0(x) = (1-x^2)^0 \frac{d^0}{dx^0} P_1(x) = x = P_1(x)$$

$$P_1^1(x) = (1-x^2)^{\frac{1}{2}} \frac{d}{dx} P_1(x) = (1-x^2)^{\frac{1}{2}} \frac{d}{dx} x = (1-x^2)^{\frac{1}{2}}$$

$$P_2^0(x) = (1-x^2)^0 \frac{d^0}{dx^0} P_2(x) = P_2(x)$$

$$P_2^1(x) = (1-x^2)^{\frac{1}{2}} \frac{d}{dx} P_2(x) = (1-x^2)^{\frac{1}{2}} \frac{d}{dx}\left[\frac{1}{2}(3x^2-1)\right] = 3x(1-x^2)^{\frac{1}{2}}$$

$$P_2^2(x) = (1-x^2) \frac{d^2}{dx^2} P_2(x) = (1-x^2) \frac{d^2}{dx^2}\left[\frac{1}{2}(3x^2-1)\right] = 3(1-x^2)$$

$$P_3^1(x) = (1-x^2)^{\frac{1}{2}} \frac{d}{dx} P_3(x) = (1-x^2)^{\frac{1}{2}} \frac{d}{dx}\left[\frac{1}{2}(5x^3-3x)\right]$$
$$= \frac{3}{2}(5x^2-1)(1-x^2)^{\frac{1}{2}}$$

$$P_3^2(x) = (1-x^2) \frac{d^2}{dx^2} P_3(x) = 15x(1-x^2)$$

$$P_3^3(x) = (1-x^2)^{\frac{3}{2}} \frac{d^3}{dx^3} P_3(x) = 15(1-x^2)^{\frac{3}{2}}$$

$$\vdots$$
$$\vdots$$

음수 ℓ에 대한 解는 양수 ℓ과 $n=-\ell-1$의 관계가 있으므로 다음의 관계식을 얻을 수 있다.

$$P_{-\ell}^{m}(x) = P_{-(-\ell)-1}^{m}(x) = P_{\ell-1}^{m}(x), \quad \text{여기서 } \ell > 0\text{인 정수}$$

이제, m이 음수인 경우에 대한 표현을 구해서 $P_{\ell}^{|m|}$과 $P_{\ell}^{-|m|}$ 사이의 관계를 알아보자. 로드리게스 공식을 식 (7.2.27)에 대입하면 다음과 같다.

$$\begin{aligned}
P_{\ell}^{m}(x) &= (1-x^2)^{\frac{m}{2}} \frac{d^m}{dx^m}\left[\frac{1}{2^{\ell}\ell!}\frac{d^{\ell}}{dx^{\ell}}(x^2-1)^{\ell}\right] \\
&= \frac{1}{2^{\ell}\ell!}(1-x^2)^{\frac{m}{2}}\frac{d^{\ell+m}}{dx^{\ell+m}}(x^2-1)^{\ell} \\
&= \frac{1}{2^{\ell}\ell!}(1-x^2)^{\frac{m}{2}}\frac{d^{\ell+m}}{dx^{\ell+m}}\left[(x+1)^{\ell}(x-1)^{\ell}\right] \quad (7.2.28)
\end{aligned}$$

> **라이프니츠 공식**(Leibnitz's formula)[65]
>
> $$\frac{d^n}{dx^n}[f(x)g(x)] = \sum_{k=0}^{n}\binom{n}{k}\left[\frac{d^{n-k}}{dx^{n-k}}f(x)\right]\left[\frac{d^k}{dx^k}g(x)\right]$$
>
> 을 사용하면

식 (7.2.28)의 오른편에 있는 항은

$$\begin{aligned}
\frac{d^{\ell+m}}{dx^{\ell+m}}[(x+1)^{\ell}(x-1)^{\ell}] &= \sum_{k=0}^{\ell+m}\binom{\ell+m}{k}\left[\frac{d^{\ell+m-k}}{dx^{\ell+m-k}}(x+1)^{\ell}\right]\left[\frac{d^k}{dx^k}(x-1)^{\ell}\right] \\
&= \sum_{k=0}^{\ell+m}\frac{(\ell+m)!}{(\ell+m-k)!k!}\left[\frac{d^{\ell+m-k}}{dx^{\ell+m-k}}(x+1)^{\ell}\right]\left[\frac{d^k}{dx^k}(x-1)^{\ell}\right]
\end{aligned}$$

$$(7.2.29)$$

이 된다.

---

(65) 라이프니츠 공식은 7장의 [보충자료 1]에 증명되어 있습니다.

위 식의 오른편이 0이 되지 않기 위해서는

(i) m이 양수인 경우

$$\begin{cases} \ell + m - k \le \ell \\ k \le \ell \end{cases} \Rightarrow \begin{cases} m \le k \\ k \le \ell \end{cases} \Rightarrow \quad \therefore \quad m \le k \le \ell$$

(ii) m이 음수인 경우

$$\begin{cases} \ell - |m| - k \ge 0 \\ k \ge 0 \end{cases} \Rightarrow \begin{cases} \ell - |m| \ge k \\ k \ge 0 \end{cases} \Rightarrow \quad \therefore \quad 0 \le k \le \ell - |m|$$

이어야 한다.

그리고 식 (7.2.29)의 오른편에 있는 항들 중에서

$$\frac{d^{\ell+m-k}}{dx^{\ell+m-k}}(x+1)^{\ell} = \ell(\ell-1)(\ell-2)\cdots\cdots[\ell-(\ell+m-k-1)](x+1)^{\ell-(\ell+m-k)}$$

$$= \ell(\ell-1)(\ell-2)\cdots\cdots(k-m+1)(x+1)^{k-m}$$

$$= \frac{\ell(\ell-1)(\ell-2)\cdots\cdots(k-m+1)(k-m)(k-m-1)\cdots\cdots 2 \cdot 1}{(k-m)(k-m-1)\cdots\cdots 2 \cdot 1}(x+1)^{k-m}$$

$$= \frac{\ell!}{(k-m)!}(x+1)^{k-m}$$

이고

$$\frac{d^{k}}{dx^{k}}(x-1)^{\ell} = \ell(\ell-1)(\ell-2)\cdots\cdots(\ell-k+1)(x-1)^{\ell-k}$$

$$= \frac{\ell(\ell-1)(\ell-2)\cdots\cdots(\ell-k+1)(\ell-k)(\ell-k-1)\cdots\cdots 2 \cdot 1}{(\ell-k)(\ell-k-1)\cdots\cdots 2 \cdot 1}(x-1)^{\ell-k}$$

$$= \frac{\ell!}{(\ell-k)!}(x-1)^{\ell-k}$$

이므로 이들을 식 (7.2.29)에 대입하면

$$\frac{d^{\ell+m}}{dx^{\ell+m}}(x^2-1)^{\ell} = \sum_{k=0}^{\ell+m} \frac{(\ell+m)!}{(\ell+m-k)!k!}\left[\frac{\ell!}{(k-m)!}(x+1)^{k-m}\right]\left[\frac{\ell!}{(\ell-k)!}(x-1)^{\ell-k}\right]$$

을 얻는다.

위 식은

(i) m이 양수인 경우에는 $m \le k \le \ell$이므로

$$\frac{d^{\ell+m}}{dx^{\ell+m}}(x^2-1)^\ell$$

$$= \sum_{k=m}^{\ell} \frac{(\ell+m)!}{(\ell+m-k)!k!} \frac{\ell!}{(k-m)!}(x+1)^{k-m} \frac{\ell!}{(\ell-k)!}(x-1)^{\ell-k}$$

$$= (\ell!)^2 \sum_{k=m}^{\ell} \frac{(\ell+m)!}{(\ell+m-k)!k!} \frac{1}{(k-m)!} \frac{1}{(\ell-k)!}(x+1)^{k-m}(x-1)^{\ell-k} \quad (7.2.30)$$

이 되고

(ii) m이 음수인 경우에는 $0 \le k \le \ell-|m|$이므로

$$\frac{d^{\ell-m}}{dx^{\ell-m}}(x^2-1)^\ell$$

$$= (\ell!)^2 \sum_{k'=0}^{\ell-m} \frac{(\ell-m)!}{(\ell-m-k')!(k')!} \frac{1}{(k'+m)!} \frac{1}{(\ell-k')!}(x+1)^{k'+m}(x-1)^{\ell-k'} \quad (7.2.31)$$

(여기서 $m > 0$이고 식 (7.2.30)에서의 k와 구분하기 위해 k'으로 나타냄)

이때 식 (7.2.30)의 오른편에 있는 합의 범위와 같도록 위 식의 오른편에 $k' \to k-m$로 놓으면 다음과 같이 된다.

$$\frac{d^{\ell-m}}{dx^{\ell-m}}(x^2-1)^\ell$$

$$= (\ell!)^2 \sum_{k=m}^{\ell} \frac{(\ell-m)!}{(\ell-k)!(k-m)!} \frac{1}{k!} \frac{1}{(\ell+m-k)!}(x+1)^k(x-1)^{\ell+m-k} \quad (7.2.32)$$

식 (7.2.30)과 (7.2.32)를 비교하면 다음의 관계식을 얻는다.

$$\frac{d^{\ell-m}}{dx^{\ell-m}}(x^2-1)^\ell = \frac{(\ell-m)!}{(\ell+m)!} \frac{(x+1)^k(x-1)^{\ell+m-k}}{(x+1)^{k-m}(x-1)^{\ell-k}} \frac{d^{\ell+m}}{dx^{\ell+m}}(x^2-1)^\ell$$

$$= \frac{(\ell-m)!}{(\ell+m)!}(x+1)^m(x-1)^m \frac{d^{\ell+m}}{dx^{\ell+m}}(x^2-1)^\ell$$

$$= \frac{(\ell-m)!}{(\ell+m)!}(x^2-1)^m \frac{d^{\ell+m}}{dx^{\ell+m}}(x^2-1)^\ell \tag{7.2.33}$$

연관 르장드르 함수식 (7.2.28)에서 $m \rightarrow -m$으로 놓으면

$$P_\ell^{-m}(x) = \frac{1}{2^\ell \ell!}(1-x^2)^{-\frac{m}{2}} \frac{d^{\ell-m}}{dx^{\ell-m}}(x^2-1)^\ell$$

가 되고 이 식에 식 (7.2.33)을 대입하면

$$P_\ell^{-m}(x) = \frac{1}{2^\ell \ell!}(1-x^2)^{-\frac{m}{2}} \frac{(\ell-m)!}{(\ell+m)!}(x^2-1)^m \frac{d^{\ell+m}}{dx^{\ell+m}}(x^2-1)^\ell \tag{7.2.34}$$

을 얻는다. 여기서 $m > 0$인 정수이다.

그러면 식 (7.2.28)과 (7.2.34)로부터 m이 양수인 경우와 음수인 경우의 연관 르장드르 함수 사이의 관계식을 다음과 같이 얻을 수 있다.

$$P_\ell^{-m}(x) = (1-x^2)^{-m}(x^2-1)^m \frac{(\ell-m)!}{(\ell+m)!} P_\ell^m(x)$$

$$= (-1)^m \frac{(\ell-m)!}{(\ell+m)!} P_\ell^m(x) \tag{7.2.35}$$

여기서 $m > 0$인 정수이다.

$\Rightarrow$

$$P_1^{-1}(x) = (-1)^1 \frac{(1-1)!}{(1+1)!} P_1^1(x) = -\frac{1}{2} P_1^1(x)$$

$$P_2^{-1}(x) = (-1)^1 \frac{(2-1)!}{(2+1)!} P_2^1(x) = -\frac{1}{6} P_2^1(x)$$

$$P_2^{-2}(x) = (-1)^2 \frac{(2-2)!}{(2+2)!} P_2^2(x) = \frac{1}{24} P_2^2(x)$$

$$\vdots$$

$$\vdots$$

7.3 르장드르 다항식의 성질

- **르장드르 다항식의 직교성**

$$\int_{-1}^{1} P_n(x)P_m(x)dx = \frac{2}{2n+1}\delta_{nm}$$

- **유용한 재귀식**(recurrence relation)

   (i) $\ P'_{n+1}(x) - P'_{n-1}(x) = (2n+1)P_n(x)$

   (ii) $\ nP_{n-1}(x) - (2n+1)xP_n(x) + (n+1)P_{n+1}(x) = 0$

- **연관 르장드르 함수의 직교성**

$$\int_{-1}^{1} P_\ell^m(x)P_\ell^m(x)dx = \frac{2}{2\ell+1}\frac{(\ell+m)!}{(\ell-m)!}\delta_{\ell\ell'}$$

- **구면 조화함수**(spherical harmonics)

$$Y_\ell^m(\theta,\phi) = (-1)^m \sqrt{\frac{2\ell+1}{4\pi}\frac{(\ell-m)!}{(\ell+m)!}}\,P_\ell^m(\cos\theta)e^{im\phi}$$

$$Y_\ell^{-|m|}(\theta,\phi) = (-1)^m Y_\ell^{|m|*}(\theta,\phi)$$

① 르장드르 다항식이 구간 $[-1,1]$에서 직교함을 증명해보자.

$P_n(x)$와 $P_m(x)$는 르장드르 미분방정식을 만족하므로

$$\begin{cases} \dfrac{d}{dx}\left[(1-x^2)\dfrac{dP_n(x)}{dx}\right] + n(n+1)P_n(x) = 0 & (7.3.1) \\[4mm] \dfrac{d}{dx}\left[(1-x^2)\dfrac{dP_m(x)}{dx}\right] + m(m+1)P_m(x) = 0 & (7.3.2) \end{cases}$$

이 된다. 여기서 $P_m(x) \times (7.3.1) - P_n(x) \times (7.3.2)$를 하면 다음과 같이 된다.

$$P_m(x)[(1-x^2)P'_n(x)]' - P_n(x)[(1-x^2)P'_m(x)]'$$
$$+ [n(n+1) - m(m+1)]P_n(x)P_m(x) = 0$$

$$\Rightarrow \int_{-1}^{1}\left[P_m(x)\left\{(1-x^2)P'_n(x)\right\}' - P_n(x)\left\{(1-x^2)P'_m(x)\right\}'\right]dx$$

$$+ [n(n+1) - m(m+1)] \int_{-1}^{1} P_n(x) P_m(x) dx = 0 \qquad (7.3.3)$$

위 식의 첫 번째 적분에 부분적분을 적용하면 다음과 같다.

$$\left[P_m(x)(1-x^2) P_n^{'}(x) \right]_{x=-1}^{x=1} - \left[P_n(x)(1-x^2) P_m^{'}(x) \right]_{x=-1}^{x=1}$$

$$- \int_{1}^{1} [P_m^{'}(x)(1-x^2) P_n^{'}(x) - P_n^{'}(x)(1-x^2) P_m^{'}(x)] dx \qquad (7.3.4)$$

식 (7.3.4)에 있는 모든 항이 0이 되기 때문에 식 (7.3.3)은

$$[n(n+1) - m(m+1)] \int_{-1}^{1} P_n(x) P_m(x) dx = 0 \qquad (7.3.5)$$

이 된다.

(i) $n \neq m$인 경우, 위 식은

$$\int_{-1}^{1} P_n(x) P_m(x) dx = 0 \qquad (7.3.6)$$

이 되어야 하고

(ii) $n = m$인 경우,
로드리게스 공식으로부터

$$P_n(x) = \frac{1}{2^n n!} \frac{d^n}{dx^n} (x^2-1)^n$$

$$\Rightarrow \left[P_n(x) \right]^2 = \frac{1}{2^{2n} (n!)^2} \left[\frac{d^n}{dx^n} (x^2-1)^n \right] \left[\frac{d^n}{dx^n} (x^2-1)^n \right]$$

을 얻어서 식 (7.3.5)의 적분은 다음과 같이 표현된다.

$$\int_{-1}^{1} \left[P_n(x) \right]^2 dx = \frac{1}{2^{2n} (n!)^2} \int_{-1}^{1} \left[\frac{d^n}{dx^n} (x^2-1)^n \right] \left[\frac{d^n}{dx^n} (x^2-1)^n \right] dx$$

$$= \frac{1}{2^{2n} (n!)^2} \int_{-1}^{1} \left[\frac{d^{n-1}}{dx^{n-1}} (x^2-1)^n \right]^{'} \left[\frac{d^n}{dx^n} (x^2-1)^n \right] dx \qquad (7.3.7)$$

위 식의 오른편 적분을 부분적분 방법으로 계산하면

$$\frac{1}{2^{2n}(n!)^2}\left[\frac{d^{n-1}}{dx^{n-1}}(x^2-1)^n\frac{d^n}{dx^n}(x^2-1)^n\right]_{x=-1}^{x=1}$$

$$+\frac{(-1)^1}{2^{2n}(n!)^2}\int_{-1}^1\left[\frac{d^{n-1}}{dx^{n-1}}(x^2-1)^n\right]\left[\frac{d^{n+1}}{dx^{n+1}}(x^2-1)^n\right]dx$$

가 되고, 여기서 첫 항에 있는 $\frac{d^{n-1}}{dx^{n-1}}(x^2-1)^n$을 계산하면 (x^2-1)이 남아 있어서 $x=\pm1$ 에서 첫 항은 0이 된다. 그리고 위 식의 적분을 부분적분 방법으로 n번 계산하면

$$\frac{(-1)^n}{2^{2n}(n!)^2}\int_{-1}^1\left[\frac{d^{n-n}}{dx^{n-n}}(x^2-1)^n\right]\left[\frac{d^{n+n}}{dx^{n+n}}(x^2-1)^n\right]dx$$

$$=\frac{(-1)^n}{2^{2n}(n!)^2}\int_{-1}^1(x^2-1)^n\frac{d^{2n}}{dx^{2n}}(x^2-1)^ndx \tag{7.3.8}$$

가 된다. 위 식의 피적분함수에 있는 $(x^2-1)^n$은 x의 $2n$제곱을 갖기 때문에 이 함수를 $2n$번 미분하면 $(2n)!$이 된다. 즉 식 (7.3.8)의 적분을 부분적분 방법으로 $2n$번 계산하면 식 (7.3.8)은

$$\frac{(-1)^n(2n)!}{2^{2n}(n!)^2}\int_{-1}^1\frac{d^{2n-2n}}{dx^{2n-2n}}(x^2-1)^ndx=\frac{(-1)^n(2n)!}{2^{2n}(n!)^2}\int_{-1}^1(x^2-1)^ndx$$

이 되어 식 (7.3.7)은 다음과 같이 된다.

$$\int_{-1}^1\left[P_n(x)\right]^2dx=\frac{(-1)^n(2n)!}{2^{2n}(n!)^2}\int_{-1}^1(x^2-1)^ndx \tag{7.3.9}$$

위 식의 적분을 계산하기 위해서 $x=2t-1$로 놓으면 $dx=2dt$ 그리고 $x^2-1=(2t-1)^2-1=4t^2-4t+1-1=4t(t-1)$이므로 위의 적분은 다음과 같이 표현 된다.

$$\int_{-1}^1(x^2-1)^ndx=2\int_0^1\left[4t(t-1)\right]^ndt=2\cdot2^{2n}\int_0^1t^n(t-1)^ndt$$

$$=2^{2n+1}(-1)^n\int_0^1t^n(1-t)^ndt \tag{7.3.10}$$

위 식의 오른편 적분은 베타함수 정의식으로부터

$$\int_0^1 t^n(1-t)^n dt = B(n+1, n+1) = \frac{\Gamma(n+1)\Gamma(n+1)}{\Gamma(2n+1+1)}$$

$$= \frac{n!n!}{(2n+1)!} = \frac{(n!)^2}{(2n+1)!}$$

이 되고, 이들을 식 (7.3.9)에 대입하면

$$\int_{-1}^1 [P_n(x)]^2 dx = \frac{(-1)^n(2n)!}{2^{2n}(n!)^2} 2^{2n+1}(-1)^n \frac{(n!)^2}{(2n+1)!}$$

$$= \frac{2(2n)!}{(2n+1)!} = \frac{2}{2n+1} \tag{7.3.11}$$

을 얻는다.

결과적으로 식 (7.3.6)과 (7.3.11)로부터 다음의 르장드르 다항식의 직교성을 얻을 수 있다.

$$\int_{-1}^1 P_n(x)P_m(x)dx = \frac{2}{2n+1}\delta_{nm} \tag{7.3.12}$$

예제 7.8

적분 $\int_0^\pi P_\ell(\cos\theta)P_{\ell'}(\cos\theta)\sin\theta d\theta$를 계산하세요.

풀이 $\cos\theta = x$로 놓으면 $-\sin\theta d\theta = dx$가 되어 주어진 식은 다음과 같이 된다.

$$\int_1^{-1} P_\ell(x)P_{\ell'}(x)(-dx) = \int_{-1}^1 P_\ell(x)P_{\ell'}(x)dx = \frac{2}{2\ell+1}\delta_{\ell\ell'}$$

$$\therefore \int_0^\pi P_\ell(\cos\theta)P_{\ell'}(\cos\theta)\sin\theta d\theta = \frac{2}{2\ell+1}\delta_{\ell\ell'}$$

② 다음의 재귀식(또는 점화식)을 구해보자.

(i) $P'_{n+1}(x) - P'_{n-1}(x) = (2n+1)P_n(x)$

(ii) $nP_{n-1}(x) - (2n+1)xP_n(x) + (n+1)P_{n+1}(x) = 0$

로드리게스 공식 $P_\ell(x) = \dfrac{1}{2^\ell \ell!} \dfrac{d^\ell}{dx^\ell}(x^2-1)^\ell$을 미분하면

$$\frac{d}{dx} P_\ell(x) = \frac{1}{2^\ell \ell!} \frac{d}{dx}\left[\frac{d^\ell}{dx^\ell}(x^2-1)^\ell \right] = \frac{1}{2^\ell \ell!} \frac{d^\ell}{dx^\ell}\left[\frac{d}{dx}(x^2-1)^\ell \right]$$

$$= \frac{1}{2^\ell \ell!} \frac{d^\ell}{dx^\ell}\left[\ell(2x)(x^2-1)^{\ell-1} \right] = \frac{2\ell}{2^\ell \ell!} \frac{d^\ell}{dx^\ell}\left[x(x^2-1)^{\ell-1} \right]$$

$$= \frac{2\ell}{2^\ell \ell!} \frac{d^{\ell-1}}{dx^{\ell-1}} \frac{d}{dx}\left[x(x^2-1)^{\ell-1} \right] \qquad (7.3.13)$$

이 된다. 여기서

$$\frac{d}{dx}\left[x(x^2-1)^{\ell-1} \right] = (x^2-1)^{\ell-1} + x(\ell-1)(2x)(x^2-1)^{\ell-2}$$

$$= (x^2-1)^{\ell-1} + 2x^2(\ell-1)(x^2-1)^{\ell-2}$$

$$= [x^2-1+2x^2(\ell-1)](x^2-1)^{\ell-2}$$

$$= (2x^2\ell - x^2 - 1)(x^2-1)^{\ell-2}$$

$$= [(2\ell-1)x^2 - 1](x^2-1)^{\ell-2}$$

이므로 식 (7.3.13)은

$$\frac{d}{dx} P_\ell(x) = \frac{1}{2^{\ell-1}(\ell-1)!} \frac{d^{\ell-1}}{dx^{\ell-1}}[(2\ell-1)x^2-1](x^2-1)^{\ell-2}$$

이 된다. 이 식에 $\ell \to n+1$을 하면

$$P'_{n+1}(x) = \frac{1}{2^n n!} \frac{d^n}{dx^n}[(2n+1)x^2-1](x^2-1)^{n-1} \qquad (7.3.14)$$

이 되고, 로드리게스 공식에 $\ell \to n-1$을 하면

$$P_{n-1}(x) = \frac{1}{2^{n-1}(n-1)!} \frac{d^{n-1}}{dx^{n-1}}(x^2-1)^{n-1}$$

이 되는데, 이 식을 미분하면

$$\frac{d}{dx} P_{n-1}(x) = \frac{1}{2^{n-1}(n-1)!} \frac{d}{dx}\left[\frac{d^{n-1}}{dx^{n-1}}(x^2-1)^{n-1} \right]$$

$$= \frac{1}{2^{n-1}(n-1)!} \frac{d^n}{dx^n}(x^2-1)^{n-1}$$

$$\Rightarrow P'_{n-1}(x) = \frac{2n}{2^n n!} \frac{d^n}{dx^n}(x^2-1)^{n-1} \tag{7.3.15}$$

이 되어, 식 (7.3.14)와 (7.3.15)로부터

$$P'_{n+1}(x) - P'_{n-1}(x) = \frac{1}{2^n n!} \frac{d^n}{dx^n} \left[\{(2n+1)x^2 - (2n+1)\}(x^2-1)^{n-1} \right]$$

$$= \frac{1}{2^n n!} \frac{d^n}{dx^n} \left[(2n+1)(x^2-1)(x^2-1)^{n-1} \right]$$

$$= \frac{2n+1}{2^n n!} \frac{d^n}{dx^n}(x^2-1)^n$$

을 얻는다. 로드리게스 공식으로부터 $\dfrac{d^n}{dx^n}(x^2-1)^n = 2^n n! P_n(x)$ 이므로 위 식은

$$P'_{n+1}(x) - P'_{n-1}(x) = \frac{2n+1}{2^n n!} \left[2^n n! P_n(x) \right]$$

이 되어 다음과 같은 재귀식을 준다.

$$P'_{n+1}(x) - P'_{n-1}(x) = (2n+1)P_n(x) \tag{7.3.16}$$

생성함수(generating function) $g(x,t) = \left(1 - 2xt + t^2\right)^{-\frac{1}{2}}$ 을 무한급수로 표현하면 다음의 관계식

$$g(x,t) = \left(1 - 2xt + t^2\right)^{-\frac{1}{2}} = \sum_{\ell=0}^{\infty} P_\ell(x) t^\ell$$

으로부터 르장드르 다항식 $P_\ell(x)$을 얻을 수 있다.

위 식을 t에 관해서 미분하면 왼편은

$$-\frac{1}{2}(-2x+2t)(1-2xt+t^2)^{-\frac{3}{2}} = (x-t)(1-2xt+t^2)^{-\frac{3}{2}}$$

이 되어 원식은 다음과 같이 표현된다.

$$\frac{x-t}{(1-2xt+t^2)^{\frac{3}{2}}} = \sum_{\ell=0}^{\infty} \ell P_\ell(x) t^{\ell-1} \tag{7.3.17}$$

여기서 왼편은

$$\frac{x-t}{(1-2xt+t^2)^{3/2}} = \frac{x-t}{1-2xt+t^2}(1-2xt+t^2)^{-1/2} = \frac{x-t}{1-2xt+t^2}\sum_{\ell=0}^{\infty} P_\ell(x) t^\ell$$

이므로 식 (7.3.17)은

$$\frac{x-t}{1-2xt+t^2}\sum_{\ell=0}^{\infty} P_\ell(x) t^\ell = \sum_{\ell=0}^{\infty} \ell P_\ell(x) t^{\ell-1}$$

$$\Rightarrow \sum x P_\ell(x) t^\ell - \sum P_\ell(x) t^{\ell+1} = \sum \ell P_\ell(x) t^{\ell-1} - \sum 2x\ell P_\ell(x) t^\ell + \sum \ell P_\ell(x) t^{\ell+1}$$

$$\Rightarrow \sum_{\ell=0}^{\infty} \left[\ell P_\ell(x) t^{\ell+1} + P_\ell(x) t^{\ell+1} - 2\ell x P_\ell(x) t^\ell - x P_\ell(x) t^\ell + \ell P_\ell(x) t^{\ell-1} \right] = 0$$

$$\Rightarrow \sum_{\ell=0}^{\infty} \left[(\ell-1) P_{\ell-1}(x) + P_{\ell-1}(x) - 2\ell x P_\ell(x) - x P_\ell(x) + (\ell+1) P_{\ell+1}(x) \right] t^\ell = 0$$

가 된다. 위 등식은 t^ℓ에 대해 항상 성립해야 하므로

$$(\ell-1) P_{\ell-1}(x) + P_{\ell-1}(x) - 2\ell x P_\ell(x) - x P_\ell(x) + (\ell+1) P_{\ell+1}(x) = 0$$

가 되어야 한다. 그러므로

$$\ell P_{\ell-1}(x) - (2\ell+1) x P_\ell(x) + (\ell+1) P_{\ell+1}(x) = 0 \tag{7.3.18}$$

인 재귀식을 얻는다. 이 식은 차수가 큰(high order) 르장드르 다항식을 구하는 데 유용하다.

③ 구간 $[-1, 1]$에서 연관 르장드르 함수의 직교성을 증명해보자.

식 (7.2.33)에서 $m \rightarrow -m$을 하면

$$\frac{d^{\ell+m}}{dx^{\ell+m}}(x^2-1)^\ell = \frac{(\ell+m)!}{(\ell-m)!}(x^2-1)^{-m}\frac{d^{\ell-m}}{dx^{\ell-m}}(x^2-1)^\ell$$

이 된다. 여기서 $m > 0$이다. 이 관계를 식 (7.2.28)에 대입하면

$$P_\ell^m(x) = \frac{1}{2^\ell \ell!}(1-x^2)^{\frac{m}{2}}\left[\frac{(\ell+m)!}{(\ell-m)!}(x^2-1)^{-m}\frac{d^{\ell-m}}{dx^{\ell-m}}(x^2-1)^\ell\right]$$

$$= \frac{1}{2^\ell \ell!}(1-x^2)^{\frac{m}{2}}\left[\frac{(\ell+m)!}{(\ell-m)!}(-1)^m(1-x^2)^{-m}\frac{d^{\ell-m}}{dx^{\ell-m}}(x^2-1)^\ell\right]$$

$$= \frac{(-1)^m}{2^\ell \ell!}\frac{(\ell+m)!}{(\ell-m)!}(1-x^2)^{-\frac{m}{2}}\frac{d^{\ell-m}}{dx^{\ell-m}}(x^2-1)^\ell$$

$$\Rightarrow \left[P_\ell^m(x)\right]^2 = \frac{1}{2^{2\ell}(\ell!)^2}\left[\frac{(\ell+m)!}{(\ell-m)!}\right]^2(1-x^2)^{-m}$$

$$\times\left[\frac{d^{\ell-m}}{dx^{\ell-m}}(x^2-1)^\ell\right]\left[\frac{d^{\ell-m}}{dx^{\ell-m}}(x^2-1)^\ell\right]$$

$$= \frac{1}{2^{2\ell}(\ell!)^2}\left[\frac{(\ell+m)!}{(\ell-m)!}\right]^2(1-x^2)^{-m}\frac{(\ell-m)!}{(\ell+m)!}(x^2-1)^m$$

$$\times\left[\frac{d^{\ell+m}}{dx^{\ell+m}}(x^2-1)^\ell\right]\left[\frac{d^{\ell-m}}{dx^{\ell-m}}(x^2-1)^\ell\right]$$

$$(\because \text{식 } (7.2.33)\text{으로부터})$$

$$= \frac{(-1)^m}{2^{2\ell}(\ell!)^2}\frac{(\ell+m)!}{(\ell-m)!}\left[\frac{d^{\ell+m}}{dx^{\ell+m}}(x^2-1)^\ell\right]\left[\frac{d^{\ell-m}}{dx^{\ell-m}}(x^2-1)^\ell\right]$$

을 얻어서

$$\int_{-1}^1\left[P_\ell^m(x)\right]^2 dx = \frac{(-1)^m}{2^{2\ell}(\ell!)^2}\frac{(\ell+m)!}{(\ell-m)!}\int_{-1}^1 dx\left[\frac{d^{\ell+m}}{dx^{\ell+m}}(x^2-1)^\ell\right]\left[\frac{d^{\ell-m}}{dx^{\ell-m}}(x^2-1)^\ell\right]$$

$$(7.3.19)$$

가 된다. 여기서 오른편의 적분은 부분적분 방법을 적용하면

$$\int_{-1}^1 dx\left[\frac{d^{\ell+m}}{dx^{\ell+m}}(x^2-1)^\ell\right]\left[\frac{d^{\ell-m}}{dx^{\ell-m}}(x^2-1)^\ell\right]$$

$$= \int_{-1}^1 dx\left[\frac{d^{\ell+m-1}}{dx^{\ell+m-1}}(x^2-1)^\ell\right]'\left[\frac{d^{\ell-m}}{dx^{\ell-m}}(x^2-1)^\ell\right]$$

$$= \left[\frac{d^{\ell+m-1}}{dx^{\ell+m-1}}(x^2-1)^\ell\frac{d^{\ell-m}}{dx^{\ell-m}}(x^2-1)^\ell\right]_{x=-1}^{x=1}$$

$$- \int_{-1}^1 dx\left[\frac{d^{\ell+m-1}}{dx^{\ell+m-1}}(x^2-1)^\ell\right]\left[\frac{d^{\ell-m+1}}{dx^{\ell-m+1}}(x^2-1)^\ell\right]$$

가 된다. 이 식의 오른편 첫 항에 있는 $\dfrac{d^{\ell-m}}{dx^{\ell-m}}(x^2-1)^\ell$을 계산하면 (x^2-1) 인자가 남게 되어서 $x=\pm1$에서 첫 항은 0이다. 그리고 오른편 두 번째 항을 부분적분 방법으로 계산하면

$$-\int_{-1}^{1}dx\left[\frac{d^{\ell+m-2}}{dx^{\ell+m-2}}(x^2-1)^\ell\right]'\frac{d^{\ell-m+1}}{dx^{\ell-m+1}}(x^2-1)^\ell$$

$$=\left[-\frac{d^{\ell+m-2}}{dx^{\ell+m-2}}(x^2-1)^\ell\frac{d^{\ell-m+1}}{dx^{\ell-m+1}}(x^2-1)^\ell\right]_{x=-1}^{x=1}$$

$$+\int_{-1}^{1}dx\left[\frac{d^{\ell+m-2}}{dx^{\ell+m-2}}(x^2-1)^\ell\right]\frac{d^{\ell-m+2}}{dx^{\ell-m+2}}(x^2-1)^\ell$$

이 되어, 위 식의 첫 번째 항은 $x=\pm1$에서 0이다. 유사한 방법으로 두 번째 항을 부분적분 방법으로 m번 계산하면 다음과 같이 될 것이다.

$$(-1)^m\int_{-1}^{1}dx\left[\frac{d^{\ell+m-m}}{dx^{\ell+m-m}}(x^2-1)^\ell\right]\frac{d^{\ell-m+m}}{dx^{\ell-m+m}}(x^2-1)^\ell$$

$$=(-1)^m\int_{-1}^{1}dx\left[\frac{d^\ell}{dx^\ell}(x^2-1)^\ell\right]\left[\frac{d^\ell}{dx^\ell}(x^2-1)^\ell\right]$$

$$=(-1)^m\int_{-1}^{1}dx\left[\frac{d^\ell}{dx^\ell}(x^2-1)^\ell\right]^2$$

이 결과를 식 (7.3.19)에 대입하면 다음과 같다.

(i) $\displaystyle\int_{-1}^{1}\left[P_\ell^m(x)\right]^2dx=\frac{(-1)^{2m}}{2^{2\ell}(\ell!)^2}\frac{(\ell+m)!}{(\ell-m)!}\int_{-1}^{1}\left[\frac{d^\ell}{dx^\ell}(x^2-1)^\ell\right]^2dx$

$\qquad\qquad\qquad\quad=\dfrac{1}{2^{2\ell}(\ell!)^2}\dfrac{(\ell+m)!}{(\ell-m)!}2^{2\ell}(\ell!)^2\displaystyle\int_{-1}^{1}\left[P_\ell(x)\right]^2dx$

$\qquad\qquad\qquad\qquad\qquad\qquad\qquad\quad$ ($\because$ 로드리게스 공식으로부터)

$\qquad\qquad\qquad\quad=\dfrac{(\ell+m)!}{(\ell-m)!}\displaystyle\int_{-1}^{1}\left[P_\ell(x)\right]^2dx=\dfrac{(\ell+m)!}{(\ell-m)!}\dfrac{2}{2\ell+1}$

(ii) 만약 $\ell\neq\ell'$이면 위 식의 오른편은 르장드르 다항식의 직교성에 의해 0이 된다. 결과적으로 (i)와 (ii)로부터 다음의 연관 르장드르 함수의 직교성을 얻을 수 있다.

$$\int_{-1}^{1} P_{\ell}^{m}(x)P_{\ell'}^{m}dx = \frac{2}{2\ell+1}\frac{(\ell+m)!}{(\ell-m)!}\delta_{\ell\ell'} \qquad (7.3.20)$$

7.4 구면 조화함수

구면 조화함수 $Y_{\ell m}(\theta,\phi)$는 구면좌표계에서 방위각성분의 함수와 극각성분의 함수의 곱으로 정의되는 함수이다.

$$\Psi(r,\theta,\phi) = R(r)\Theta(\theta)\Phi(\phi) = R(r)Y_{\ell}^{m}(\theta,\phi)$$

여기서 구면 조화함수는 식 (7.2.2)와 (7.2.20)로부터 다음과 같이 표현됨을 알 수 있다.

$$Y_{\ell}^{m}(\theta,\phi) = C(-1)^{m}P_{\ell}^{m}(\cos\theta)e^{im\phi} \qquad (7.4.1)$$

여기서 $(-1)^{m}$은 식 (7.2.35)의 연관 르장드르 함수식의 $(-1)^{m}$을 고려하여 수식을 간편하게 나타내기 위해서 도입된 **콘던-쇼틀리 위상**(Condon-Shortley phase)이며 C는 규격화 상수이고 $\ell \geq 0$인 정수 그리고 $-\ell \leq m \leq \ell$인 정수이다.

규격화 상수는 구면 조화함수의 규격화 조건 $\int d\Omega \left|Y_{\ell}^{m}(\theta,\phi)\right|^{2} = 1$로부터 다음과 같이 구할 수 있다.

$$\int_{0}^{2\pi}d\phi\int_{0}^{\pi}Y_{\ell}^{m*}(\theta,\phi)Y_{\ell'}^{m}(\theta,\phi)\sin\theta d\theta = 1$$

$$\Rightarrow |C|^{2}\int_{0}^{2\pi}d\phi\int_{0}^{\pi}P_{\ell}^{m}(\cos\theta)P_{\ell'}^{m}(\cos\theta)\sin\theta d\theta = 1$$

$$\Rightarrow 2\pi|C|^{2}\int_{0}^{\pi}P_{\ell}^{m}(\cos\theta)P_{\ell'}^{m}(\cos\theta)\sin\theta d\theta = 1$$

$$\Rightarrow \frac{4\pi}{2\ell+1}\frac{(\ell+m)!}{(\ell-m)!}|C|^{2} = 1 \quad (\because \text{연관 르장드르 함수의 직교성으로부터})$$

$$\Rightarrow \therefore C = \sqrt{\frac{2\ell+1}{4\pi}\frac{(\ell-m)!}{(\ell+m)!}}$$

이를 식 (7.4.1)에 대입하면 구면 조화함수는 다음과 같이 연관 르장드르 함수로 표현된다.

$$Y_\ell^m(\theta,\phi) = (-1)^m \sqrt{\frac{2\ell+1}{4\pi} \frac{(\ell-m)!}{(\ell+m)!}} \, P_\ell^m(\cos\theta) e^{im\phi} \qquad (7.4.2)$$

구면 조화함수에서 m이 양수인 경우와 음수인 경우에 대한 둘 사이의 관계에 대해 알아보자. 식 (7.4.2)에서 $m \to -m$을 하면

$$Y_\ell^{-m}(\theta,\phi) = (-1)^{-m} \sqrt{\frac{2\ell+1}{4\pi} \frac{(\ell+m)!}{(\ell-m)!}} \, P_\ell^{-m}(\cos\theta) e^{-im\phi}$$

$$= (-1)^m \sqrt{\frac{2\ell+1}{4\pi} \frac{(\ell+m)!}{(\ell-m)!}} (-1)^m \frac{(\ell-m)!}{(\ell+m)!} P_\ell^m(\cos\theta) e^{-im\phi}$$

$$(\because \text{식 } (7.2.35)\text{로부터})$$

$$= (-1)^{2m} \sqrt{\frac{2\ell+1}{4\pi} \frac{(\ell-m)!}{(\ell+m)!}} \, P_\ell^m(\cos\theta) e^{-im\phi}$$

$$= \sqrt{\frac{2\ell+1}{4\pi} \frac{(\ell-m)!}{(\ell+m)!}} \, P_\ell^m(\cos\theta) e^{-im\phi} \qquad (7.4.3)$$

이 된다. 그리고 식 (7.4.2)로부터 구면 조화함수의 켤레 복소수를 구하면

$$Y_\ell^{m*}(\theta,\phi) = (-1)^m \sqrt{\frac{2\ell+1}{4\pi} \frac{(\ell-m)!}{(\ell+m)!}} \, P_\ell^m(\cos\theta) e^{-im\phi}$$

이다. 이를 식 (7.4.3)에 대입하면 다음과 같은 관계식을 얻는다.

$$Y_\ell^{-m}(\theta,\phi) = (-1)^m Y_\ell^{m*}(\theta,\phi), \quad \text{여기서 } m > 0 \text{인 정수} \qquad (7.4.4)$$

구면 조화함수의 직교성에 대해 $\int d\Omega \, Y_{\ell'}^{m'*}(\theta,\phi) Y_\ell^m(\theta,\phi)$를 계산해서 알아보자. 이 적분식에 식 (7.4.2)를 대입하면 다음과 같다.

$$\int d\Omega \, Y_{\ell'}^{m'*}(\theta,\phi) Y_\ell^m(\theta,\phi) = (-1)^{m+m'} \frac{1}{4\pi} \sqrt{(2\ell+1)(2\ell'+1)} \sqrt{\frac{(\ell-m)!}{(\ell+m)!}} \sqrt{\frac{(\ell'-m')!}{(\ell'+m')!}}$$

$$\times \int \int P_{\ell'}^{m'}(\cos\theta) e^{-im'\phi} P_\ell^m(\cos\theta) e^{im\phi} \sin\theta d\theta d\phi \qquad (7.4.5)$$

여기서 $\displaystyle\int_0^{2\pi} e^{-im'\phi} e^{im\phi} d\phi = \int_0^{2\pi} e^{i(m-m')\phi} d\phi = 2\pi \delta_{mm'}$이므로 위 식의 오른편은 다음과

같이 표현된다.

$$(-1)^{2m}\frac{1}{4\pi}\sqrt{(2\ell+1)(2\ell'+1)}\sqrt{\frac{(\ell-m)!}{(\ell+m)!}}\sqrt{\frac{(\ell'-m)!}{(\ell'+m)!}}$$

$$\times 2\pi\int_0^\pi P_\ell^{m'}(\cos\theta)P_\ell^m(\cos\theta)\sin\theta d\theta$$

이때 연관 르장드르 함수의 직교성으로부터 위 식은 다음과 같이 된다.

$$(-1)^{2m}\frac{1}{4\pi}\sqrt{(2\ell+1)(2\ell'+1)}\sqrt{\frac{(\ell-m)!}{(\ell+m)!}}\sqrt{\frac{(\ell'-m)!}{(\ell'+m)!}}2\pi\frac{2}{2\ell+1}\frac{(\ell+m)!}{(\ell-m)!}\delta_{\ell\ell'}$$

$$=\frac{1}{4\pi}\sqrt{(2\ell+1)(2\ell+1)}\sqrt{\frac{(\ell-m)!}{(\ell+m)!}}\sqrt{\frac{(\ell-m)!}{(\ell+m)!}}\frac{4\pi}{2\ell+1}\frac{(\ell+m)!}{(\ell-m)!}=1$$

이 결과를 식 (7.4.5)에 대입하면

$$\int Y_\ell^{m*}(\theta,\phi)\,Y_\ell^m(\theta,\phi)d\Omega=\delta_{\ell\ell'}\delta_{mm'} \tag{7.4.6}$$

인 구면 조화함수의 직교성을 얻을 수 있다.

예제 7.9

$\ell=0$ 그리고 1인 경우의 구면 조화함수를 구하세요.

풀이 식 (7.4.2)로부터 $Y_0^0=\frac{1}{\sqrt{4\pi}}P_0^0=\frac{1}{\sqrt{4\pi}}P_0=\frac{1}{\sqrt{4\pi}}$

$\ell=1$인 경우, $-\ell\le m\le\ell$로부터 m은 -1, 0 그리고 1이 될 수 있다. 이때

$$Y_1^0(\theta,\phi)=\sqrt{\frac{3}{4\pi}}\,P_1^0=\sqrt{\frac{3}{4\pi}}\,P_1=\sqrt{\frac{3}{4\pi}}\cos\theta,$$

$$Y_1^1(\theta,\phi)=-\sqrt{\frac{3}{8\pi}}\,P_1^1e^{i\phi}=-\sqrt{\frac{3}{8\pi}}\,(1-\cos^2\theta)^{\frac{1}{2}}e^{i\phi}=-\sqrt{\frac{3}{8\pi}}\sin\theta e^{i\phi}$$

을 얻고, 식 (7.4.4)로부터

$$Y_1^{-1}(\theta,\phi)=(-1)^1Y_1^{1*}=\sqrt{\frac{3}{8\pi}}\sin\theta e^{-i\phi}$$

을 얻는다.

라플라스 방정식의 解는 구면좌표계에서 지름성분함수 $R(r)$과 각성분함수인 구면 조화함수 $Y_\ell^m(\theta, \phi)$의 곱으로 주어짐을 배웠다. 이제, 지름성분함수 $R(r)$을 구해보자. $m = 0$인 경우에 식 (7.2.3)으로부터

$$\frac{1}{R}\frac{d}{dr}\left(r^2 \frac{dR}{dr}\right) = \ell(\ell+1) \implies \left[\frac{d^2}{dr^2} + \frac{2}{r}\frac{d}{dr} - \frac{\ell(\ell+1)}{r^2}\right]R(r) = 0 \qquad (7.4.7)$$

을 얻는다. 시도해로 $R(r) = r^k$로 놓고 위 식에 대입하면

$$[k(k-1) + 2k - \ell(\ell+1)]r^{k-2} = 0 \implies k(k-1) + 2k - \ell(\ell+1) = 0$$
$$\implies k^2 + k - \ell^2 - \ell = 0$$
$$\implies (k-\ell)(k+\ell+1) = 0$$
$$\implies k = \ell \text{ 또는 } -(\ell+1)$$

을 얻어서 지름성분의 解는 다음과 같다.

$$R(r) = Ar^\ell + \frac{B}{r^{\ell+1}}, \text{ 여기서 } A\text{와 } B\text{는 상수}$$

그러므로 라플라스 방정식을 만족하는 함수 $\Psi(r,\theta,\phi)$는 다음과 같이 표현된다.

$$\Psi(r,\theta,\phi) = R(r)\Theta(\theta)\Phi(\phi)$$
$$= \sum_{\ell=0}^{\infty}\sum_{m=-\ell}^{\ell}\left(A_{\ell m}r^\ell + \frac{B_{\ell m}}{r^{\ell+1}}\right)P_\ell^m(\cos\theta)e^{im\phi} \qquad (7.4.8)$$

만약 함수가 방위각 ϕ에 무관하면 $m = 0$이 되어

$$\Psi(r,\theta) = \sum_{\ell=0}^{\infty}\left(A_\ell r^\ell + \frac{B_\ell}{r^{\ell+1}}\right)P_\ell(\cos\theta) \qquad (7.4.9)$$

로 표현된다.

7.5 베셀 미분방정식

① 베셀(Bessel)함수와 노이만(Neumann)함수

- 베셀 미분방정식의 解:

$$y(x) = AJ_\nu(x) + BN_\nu(x)$$

여기서 $J_\nu(x) = \sum_{k=0}^{\infty} \frac{(-1)^k}{k!\,\Gamma(\nu+k+1)} \left(\frac{x}{2}\right)^{\nu+2k}$ (차수 ν인 제1종 베셀함수),

$$N_\nu(x) = Y_\nu(x) = \frac{J_\nu(x)\cos\nu\pi - J_{-\nu}(x)}{\sin\nu\pi}$$ (차수 ν인 제2종 베셀함수 또는 노이만함수)

- ℓ이 양의 정수일 때와 음의 정수일 때의 관계성

$$J_{-\ell}(x) = (-1)^\ell J_\ell(x)$$

다음과 같은 이계 편미분방정식

$$(\nabla^2 + k^2)\Psi(\vec{r}) = 0, \quad \text{여기서 } k\text{는 상수} \tag{7.5.1}$$

을 **헬름홀츠**(Helnholtz) 방정식[66]이라 하고 이를 원통좌표계에서 표현한 다음에 변수분리법을 사용하였을 때 나오는 방정식을 베셀 미분방정식이라 한다.

원통좌표계에서의 라플라시안 식 (5.3.20)을 사용하면 위 식은 다음과 같이 표현된다.

$$(\nabla^2 + k^2)\Psi(\rho,\phi,z) = 0 \implies \frac{1}{\rho}\frac{\partial}{\partial\rho}\left(\rho\frac{\partial\Psi}{\partial\rho}\right) + \frac{1}{\rho^2}\frac{\partial^2\Psi}{\partial\phi^2} + \frac{\partial^2\Psi}{\partial z^2} + k^2\Psi = 0$$

여기서 $\Psi(\rho,\phi,z) = P(\rho)\Phi(\phi)Z(z)$로 놓고 이를 위 식에 대입하면

$$\Phi Z\frac{1}{\rho}\frac{d}{d\rho}\left(\rho\frac{dP}{d\rho}\right) + PZ\frac{1}{\rho^2}\frac{d^2\Phi}{d\phi^2} + P\Phi\frac{d^2Z}{dz^2} + k^2 P\Phi Z = 0$$

---

[66] 헬름홀츠 방정식에서 $k=0$인 경우가 라플라스 방정식입니다. 라플라스 방정식을 구면좌표계에서 변수분리법을 사용하면 르장드르 미분방정식이 나오는 것을 2절에서 배웠습니다.

$$\Rightarrow \frac{1}{P\rho}\frac{d}{d\rho}\left(\rho\frac{dP}{d\rho}\right) + \frac{1}{\Phi\rho^2}\frac{d^2\Phi}{d\phi^2} + \frac{1}{Z}\frac{d^2Z}{dz^2} + k^2 = 0$$

$$\Rightarrow \frac{1}{P\rho}\frac{d}{d\rho}\left(\rho\frac{dP}{d\rho}\right) + \frac{1}{\Phi\rho^2}\frac{d^2\Phi}{d\phi^2} + k^2 = -\frac{1}{Z}\frac{d^2Z}{dz^2} \qquad (7.5.2)$$

이 된다. 위의 등식이 변수의 모든 값에 대해 항상 성립하기 위해서는 왼편과 오른편이 변수에 무관한 상수가 되어야 한다. 이 상수를 $-\ell^2$으로 놓으면

$$-\frac{1}{Z}\frac{d^2Z}{dz^2} = -\ell^2 \Rightarrow \frac{d^2Z}{dz^2} - \ell^2 Z = 0$$

이 되어

$$Z(z) = Ae^{\ell z} + Be^{-\ell z} \qquad (7.5.3)$$

을 얻는다. 여기서 상수를 $-\ell^2$인 음의 값으로 잡은 이유는 $z \rightarrow \pm\infty$에 대해 물리적 의미를 갖는 解가 되도록 $Z(\pm\infty) \rightarrow 0$이 되게 하기 위함이다. 만약 상수를 양수로 잡으면 解가 삼각함수가 되어 $z \rightarrow \pm\infty$에 대해 $Z(\pm\infty) \rightarrow 0$이 되지 못한다.

이때 식 (7.5.2)는 다음과 같이 표현된다.

$$\frac{1}{P\rho}\frac{d}{d\rho}\left(\rho\frac{dP}{d\rho}\right) + \frac{1}{\Phi\rho^2}\frac{d^2\Phi}{d\phi^2} + \left(k^2 + \ell^2\right) = 0$$

여기서 $k^2 + \ell^2 = m^2$으로 놓으면 위 식은 다음과 같다.

$$\frac{1}{P\rho}\frac{d}{d\rho}\left(\rho\frac{dP}{d\rho}\right) + \frac{1}{\Phi\rho^2}\frac{d^2\Phi}{d\phi^2} + m^2 = 0$$

$$\Rightarrow \frac{\rho}{P}\frac{d}{d\rho}\left(\rho\frac{dP}{d\rho}\right) + \frac{1}{\Phi}\frac{d^2\Phi}{d\phi^2} + m^2\rho^2 = 0$$

$$\Rightarrow \frac{\rho}{P}\frac{d}{d\rho}\left(\rho\frac{dP}{d\rho}\right) + m^2\rho^2 = -\frac{1}{\Phi}\frac{d^2\Phi}{d\phi^2} \qquad (7.5.4)$$

위의 등식이 변수의 모든 값에 대해 항상 성립하기 위해서는 왼편과 오른편이 변수에 무관한 상수가 되어야 한다. 각성분함수는 $\Phi(\phi) = \Phi(\phi + 2\pi)$인 주기성을 가져야 하므로 상수를 ν^2으로 놓으면

$$-\frac{1}{\varPhi}\frac{d^2\varPhi}{d\phi^2} = \nu^2 \;\Rightarrow\; \frac{d^2\varPhi}{d\phi^2} + \nu^2\varPhi = 0$$

이 되어 다음과 같은 방위각성분의 解를 얻는다.

$$\varPhi(\phi) = Ae^{i\nu\phi}, \text{ 여기서 } \nu \text{는 정수} \tag{7.5.5}$$

이때 식 (7.5.4)는

$$\frac{\rho}{P}\frac{d}{d\rho}\left(\rho\frac{dP}{d\rho}\right) + (m^2\rho^2 - \nu^2) = 0 \;\Rightarrow\; \rho\frac{d}{d\rho}\left(\rho\frac{dP}{d\rho}\right) + (m^2\rho^2 - \nu^2)P = 0$$

으로 표현되어

다음과 같은 ρ에 관한 이계 상미분방정식을 얻는다.

$$\rho^2\frac{d^2P}{d\rho^2} + \rho\frac{dP}{d\rho} + (m^2\rho^2 - \nu^2)P = 0 \tag{7.5.6}$$

이 미분방정식을 **베셀 미분방정식**이라 한다.

여기서 $m\rho = x$로 놓으면

$$\begin{cases} \dfrac{d}{d\rho} = \dfrac{d}{dx}\dfrac{dx}{d\rho} = m\dfrac{d}{dx} \\[3mm] \dfrac{d^2}{d\rho^2} = \dfrac{d}{d\rho}\left(\dfrac{d}{d\rho}\right) = \left(m\dfrac{d}{dx}\right)\left(m\dfrac{d}{dx}\right) = m^2\dfrac{d^2}{dx^2} \end{cases}$$

이 되고, 이를 식 (7.5.6)에 대입하면

$$x^2\frac{d^2P}{dx^2} + x\frac{dP}{dx} + (x^2 - \nu^2)P = 0$$

가 된다. 편의를 위해 $P(\rho)$을 $y(x)$로 나타내면 이때 베셀 미분방정식의 解를 베셀함수라 하며, 차수 ν인 제1종 베셀함수를 $J_\nu(x)$ 그리고 차수 ν인 제2종 베셀(또는 노이만)함수를 $N_\nu(x)$로 나타낸다.

이제 베셀함수와 노이만함수의 표현을 구해보자. 베셀 미분방정식의 解가

$$y(x) = \sum_{n=0}^{\infty} c_n x^{n+m}, \text{ 여기서 } c_0 \neq 0 \qquad (7.5.8)$$

인 함수 꼴을 갖는다고 하면

$$\Rightarrow \begin{cases} y^{'}(x) = \sum_{n=0}^{\infty}(n+m)c_n x^{n+m-1} \\ y^{''}(x) = \sum_{n=0}^{\infty}(n+m)(n+m-1)c_n x^{n+m-2} \end{cases}$$

가 된다. 이를 식 (7.5.7)의 베셀 미분방정식에 대입하면 다음과 같다.

$$\sum_{n=0}^{\infty}\left[\{(n+m)(n+m-1)+(n+m)-\nu^2\}c_n x^{n+m}+c_n x^{n+m+2}\right]=0$$

$$\Rightarrow x^m\sum_{n=0}^{\infty}\left[\{(n+m)^2-\nu^2\}c_n x^n+c_n x^{n+2}\right]=0 \qquad (7.5.9)$$

x의 각 거듭제곱에 대해 위 식이 성립해야 하므로

(i) x^0의 경우

$$(m^2-\nu^2)c_0=0 \Rightarrow m=\pm\nu \Rightarrow \therefore m=\nu$$

(ii) x^1의 경우

$$\left[(m+1)^2 - \nu^2\right]c_1 = 0 \Rightarrow \left[(\nu+1)^2 - \nu^2\right]c_1 = 0$$

$$\Rightarrow (2\nu+1)c_1 = 0$$

$$\Rightarrow \therefore c_1 = 0 \quad \left(\because (2\nu+1) \neq 0\right)$$

을 얻는다.

식 (7.5.9)는 다음과 같이 나타낼 수 있어서

$$\sum_{n=0}^{\infty}\left[\left\{(n+m)^2 - \nu^2\right\}c_n + c_{n-2}\right]x^n = 0 \Rightarrow \left[(n+m)^2 - \nu^2\right]c_n + c_{n-2} = 0$$

$$\Rightarrow \frac{c_n}{c_{n-2}} = -\frac{1}{(n+m)^2 - \nu^2} = \frac{1}{(n+\nu)^2 - \nu^2} = \frac{1}{n(n+2\nu)} \tag{7.5.10}$$

앞 (ii)의 결과인 $c_1 = 0$을 위 식에 대입하면 $c_3 = c_5 = \cdots\cdots = 0$이 되어서 다음과 같이 n이 짝수인 항만 살아남는다.

$$\frac{c_2}{c_0} = -\frac{1}{2(2+2\nu)} = -\frac{1}{4(1+\nu)}$$

$$\frac{c_4}{c_0} = \frac{c_4}{c_2}\frac{c_2}{c_0} = \left[-\frac{1}{4(4+2\nu)}\right]\left[-\frac{1}{4(1+\nu)}\right]$$

$$= \frac{1}{8(2+\nu)}\frac{1}{4(1+\nu)} = \frac{1}{4\cdot 8(1+\nu)(2+\nu)}$$

$$\frac{c_6}{c_0} = \frac{c_6}{c_4}\frac{c_4}{c_0} = -\frac{1}{6(6+2\nu)}\frac{1}{4\cdot 8(1+\nu)(2+\nu)} = -\frac{1}{4\cdot 8\cdot 12(1+\nu)(2+\nu)(3+\nu)}$$

$$\vdots$$

그러므로 베셀 미분방정식의 시도해인 식 (7.5.8)은

$$y(x) = x^m\left[c_0 x^0 + c_2 x^2 + c_4 x^4 + c_6 x^6 + \cdots\cdots\right]$$

$$= x^{\nu}\left[c_0 x^0 + c_2 x^2 + c_4 x^4 + c_6 x^6 + \cdots\cdots\right]$$

$$= c_0 x^{\nu}\left[x^0 + \frac{c_2}{c_0}x^2 + \frac{c_4}{c_0}x^4 + \frac{c_6}{c_0}x^6 + \cdots\cdots\right]$$

$$= c_0 x^\nu \left[x^0 - \frac{x^2}{4(1+\nu)} + \frac{x^4}{4 \cdot 8(1+\nu)(2+\nu)} \right.$$

$$\left. - \frac{x^6}{4 \cdot 8 \cdot 12(1+\nu)(2+\nu)(3+\nu)} + \cdots \cdots \right]$$

$$= c_0 x^\nu \left[\frac{x^0}{2^0} - \frac{x^2}{1 \cdot 2^2(1+\nu)} + \frac{x^4}{2 \cdot 2^4(1+\nu)(2+\nu)} \right.$$

$$\left. - \frac{x^6}{2 \cdot 3 \cdot 2^6(1+\nu)(2+\nu)(3+\nu)} + \cdots \cdots \right] \tag{7.5.11}$$

로 표현된다.

그리고 감마함수의 성질 $\Gamma(n+1) = n\Gamma(n)$으로부터

$$(1+\nu) = \frac{\Gamma(\nu+2)}{\Gamma(\nu+1)}$$

$$(2+\nu) = \frac{\Gamma(\nu+3)}{\Gamma(\nu+2)} = \frac{\Gamma(\nu+3)}{(1+\nu)\Gamma(\nu+1)} \implies (1+\nu)(2+\nu) = \frac{\Gamma(\nu+3)}{\Gamma(\nu+1)}$$

$$(3+\nu) = \frac{\Gamma(\nu+4)}{\Gamma(\nu+3)} = \frac{\Gamma(\nu+4)}{(1+\nu)(2+\nu)\Gamma(\nu+1)} \implies (1+\nu)(2+\nu)(3+\nu) = \frac{\Gamma(\nu+4)}{\Gamma(\nu+1)}$$

을 얻고 이들을 식 (7.5.11)에 대입하면 다음과 같이 미분방정식의 解를 감마함수로 표현할 수 있다.

$$y(x) = c_0 x^\nu \left[\frac{x^0}{2^0} - \frac{\Gamma(\nu+1)x^2}{1 \cdot 2^2 \Gamma(\nu+2)} + \frac{\Gamma(\nu+1)x^4}{2 \cdot 2^4 \Gamma(\nu+3)} - \frac{\Gamma(\nu+1)x^6}{2 \cdot 3 \cdot 2^6 \Gamma(\nu+4)} + \cdots \cdots \right]$$

$$\implies y(x) = c_0 x^\nu \Gamma(\nu+1) \left[\frac{x^0}{2^0 \cdot \Gamma(\nu+1)} - \frac{x^2}{1 \cdot 2^2 \cdot \Gamma(\nu+2)} \right.$$

$$\left. + \frac{x^4}{(1 \cdot 2) \cdot 2^4 \cdot \Gamma(\nu+3)} - \frac{x^6}{(1 \cdot 2 \cdot 3) \cdot 2^6 \cdot \Gamma(\nu+4)} + \cdots \cdots \right]$$

$$= c_0 x^\nu \Gamma(\nu+1) \sum_{k=0}^{\infty} \frac{(-1)^k x^{2k}}{k! 2^{2k} \Gamma(\nu+k+1)} = c_0 \sum_{k=0}^{\infty} \frac{(-1)^k x^{\nu+2k}}{k! 2^{2k}} \frac{\Gamma(\nu+1)}{\Gamma(\nu+k+1)}$$

$$= c_0 \sum_{k=0}^{\infty} \frac{(-1)^k}{k!} \left(\frac{x}{2} \right)^{\nu+2k} \frac{2^\nu \Gamma(\nu+1)}{\Gamma(\nu+k+1)}$$

$$= c_0 2^\nu \Gamma(\nu+1) \sum_{k=0}^{\infty} \frac{(-1)^k}{k!} \left(\frac{x}{2} \right)^{\nu+2k} \frac{1}{\Gamma(\nu+k+1)} \tag{7.5.12}$$

여기서 식의 오른편에 있는 k와 관계없는 항들을 없애기 위해 $c_0 = \dfrac{1}{2^\nu \Gamma(1+\nu)}$ 로 놓으면 위 식은 다음과 같이 된다.

$$y(x) = \sum_{k=0}^{\infty} \frac{(-1)^k}{k!\,\Gamma(\nu+k+1)} \left(\frac{x}{2}\right)^{\nu+2k}$$

그러므로 차수 ν인 제1종 베셀함수는 다음과 같이 표현된다.

$$J_\nu(x) = \sum_{k=0}^{\infty} \frac{(-1)^k}{k!\,\Gamma(\nu+k+1)} \left(\frac{x}{2}\right)^{\nu+2k} \tag{7.5.13}$$

위 식에서 $\nu \to -\nu$로 하면 다음과 같이 표현된다.

$$J_{-\nu}(x) = \sum_{k=0}^{\infty} \frac{(-1)^k}{k!\,\Gamma(-\nu+k+1)} \left(\frac{x}{2}\right)^{-\nu+2k} \tag{7.5.14}$$

여기서 ν가 정수가 아닐 때, $J_\nu(x)$와 $J_{-\nu}(x)$는 선형 독립적인 解[67]이기 때문에 이들 解의 합도 베셀 미분방정식의 解가 되므로 베셀 미분방정식의 일반해는 다음과 같다.

$$y(x) = A J_\nu(x) + B J_{-\nu}(x) \tag{7.5.15}$$

이제 차수 ν가 정수일 때 베셀함수에 대해 알아보자. 이때 편의를 위해 정수인 차수를 ν 대신에 ℓ로 놓고 이에 관한 베셀함수인 $J_\ell(x)$와 $J_{-\ell}(x)$ 사이의 관계에 대해 알아본다. 식 (7.5.14)에서 $k \to n+\ell$을 하면(k와 ℓ이 정수이므로 n도 정수)

$$
\begin{aligned}
J_{-\ell}(x) &= \sum_{n=0}^{\infty} \frac{(-1)^{n+\ell}}{(n+\ell)!\,\Gamma(-\ell+(n+\ell)+1)} \left(\frac{x}{2}\right)^{-\ell+2(n+\ell)} \\
&= \sum_{n=0}^{\infty} \frac{(-1)^{n+\ell}}{(n+\ell)!\,\Gamma(n+1)} \left(\frac{x}{2}\right)^{\ell+2n}
\end{aligned} \tag{7.5.16}
$$

이 되고 여기서 분모는

$$
\begin{aligned}
(n+\ell)!\,\Gamma(n+1) &= n!(n+1)(n+2)(n+3)\cdots\cdots(n+\ell)\Gamma(n+1) \\
&= n!(n+2)(n+3)\cdots\cdots(n+\ell)\Gamma(n+2) \\
&\qquad\qquad (\because \ \Gamma(n+2) = (n+1)\Gamma(n+1))
\end{aligned}
$$

---

(67) 증명은 [연습문제 9]에서 다룹니다.

$$= n!(n+3)\cdots\cdots(n+\ell)\Gamma(n+3)$$

$$\vdots$$

$$\vdots$$

$$= n!(n+\ell-1)(n+\ell)\Gamma(n+\ell-1)$$

$$= n!(n+\ell)\Gamma(n+\ell)$$

$$= n!\Gamma(n+\ell+1)$$

이다. 따라서 식 (7.5.16)은

$$J_{-\ell}(x) = \sum_{n=0}^{\infty} \frac{(-1)^{\ell}(-1)^n}{n!\Gamma(n+\ell+1)}\left(\frac{x}{2}\right)^{\ell+2n}$$

이 되는데 위 식에서 $n \rightarrow k$로 바꾼 뒤에 이를 식 (7.5.13)과 비교하면

$$J_{-\ell}(x) = (-1)^{\ell}\sum_{k=0}^{\infty} \frac{(-1)^k}{k!\Gamma(\ell+k+1)}\left(\frac{x}{2}\right)^{\ell+2k} = (-1)^{\ell}J_{\ell}(x)$$

$$\Rightarrow J_{-\ell}(x) = (-1)^{\ell}J_{\ell}(x), \text{ 여기서 } \ell\text{은 정수}$$

의 관계를 얻는다. 즉 차수 ℓ이 정수일 때, $J_{\ell}(x)$와 $J_{-\ell}(x)$는 독립적인 解가 아니다. 베셀 미분방정식은 이계 상미분방정식이므로 독립적인 解가 두 개다. 다음과 같이 정의된 **노이만함수**는 $J_{\ell}(x)$와 선형 독립적이므로[68] 두 번째 解로 간주할 수 있다.

$$N_{\ell}(x) = \frac{J_{\ell}(x)\cos\ell\pi - J_{-\ell}(x)}{\sin\ell\pi}, \text{ 여기서 } x = 0\text{은 특이점이다.} \qquad (7.5.17)$$

아래 그림과 같이 $J_0(0) = 1$이고 다른 차수의 베셀함수는 $x = 0$에서 0이며, 모든 베셀함수는 x가 증가함에 따라 점점 0으로 수렴하는 형태이다.

---

(68) 증명은 7장의 [연습문제 10]에서 다룹니다.

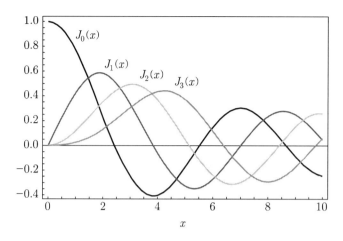

노이만함수의 식 (7.5.17)은

$$N_\ell(x) = \frac{J_\ell(x)\cos\ell\pi - J_{-\ell}(x)}{\sin\ell\pi} = \frac{J_\ell(x)(-1)^\ell - (-1)^\ell J_\ell(x)}{\sin\ell\pi} = \frac{0}{0}$$

의 꼴이다. 로피탈 정리를 위 식에 적용하면

$$N_\ell(x) = \frac{\dfrac{\partial}{\partial\ell}\big[J_\ell(x)\cos\ell\pi - J_{-\ell}(x)\big]}{\dfrac{\partial}{\partial\ell}(\sin\ell\pi)}$$

$$= \frac{(-\pi\sin\ell\pi)J_\ell(x) + \cos\ell\pi\dfrac{\partial J_\ell(x)}{\partial\ell} - \dfrac{\partial J_{-\ell}(x)}{\partial\ell}}{\pi\cos\ell\pi}$$

$$= \frac{\cos\ell\pi\dfrac{\partial J_\ell(x)}{\partial\ell} - \dfrac{\partial J_{-\ell}(x)}{\partial\ell}}{\pi\cos\ell\pi} \qquad (\because \ \sin\ell\pi = 0)$$

$$= \frac{1}{\pi}\left[\frac{\partial J_\ell(x)}{\partial\ell} - (-1)^\ell\frac{\partial J_{-\ell}(x)}{\partial\ell}\right] \qquad (\because \ \cos\ell\pi = (-1)^\ell)$$

$$\therefore \ \ N_\ell(x) = \frac{1}{\pi}\left[\frac{\partial J_\ell(x)}{\partial\ell} - (-1)^\ell\frac{\partial J_{-\ell}(x)}{\partial\ell}\right] \tag{7.5.18}$$

이 된다.

식 (7.5.13)에서 $\nu \to \ell$로 하면 $J_\ell(x)$를 얻고, $\nu \to -\ell$로 하면 $J_{-\ell}(x)$를 얻는다. 그리고 이들을 위 식에 대입하면

$$N_\ell(x) = \frac{1}{\pi}\left[\frac{\partial}{\partial \ell}\left\{\sum_{k=0}^{\infty}\frac{(-1)^k}{k!\,\Gamma(\ell+k+1)}\left(\frac{x}{2}\right)^{\ell+2k}\right\}\right.$$

$$\left. -(-1)^\ell\frac{\partial}{\partial \ell}\left\{\sum_{k=0}^{\infty}\frac{(-1)^k}{k!\,\Gamma(-\ell+k+1)}\left(\frac{x}{2}\right)^{-\ell+2k}\right\}\right]$$

$$= \frac{1}{\pi}\left[\sum_{k=0}^{\infty}\frac{(-1)^k}{k!\,\Gamma(\ell+k+1)}\frac{\partial}{\partial \ell}\left(\frac{x}{2}\right)^{\ell+2k} + \sum_{k=0}^{\infty}\left(\frac{x}{2}\right)^{\ell+2k}\frac{(-1)^k}{k!}\frac{\partial}{\partial \ell}\left(\frac{1}{\Gamma(\ell+k+1)}\right)\right.$$

$$-(-1)^\ell\sum_{k=0}^{\infty}\frac{(-1)^k}{k!\,\Gamma(-\ell+k+1)}\frac{\partial}{\partial \ell}\left(\frac{x}{2}\right)^{-\ell+2k}$$

$$\left. -(-1)^\ell\sum_{k=0}^{\infty}\left(\frac{x}{2}\right)^{-\ell+2k}\frac{(-1)^k}{k!}\frac{\partial}{\partial \ell}\left(\frac{1}{\Gamma(-\ell+k+1)}\right)\right] \qquad (7.5.19)$$

이 된다. 위 식의 첫 번째 항에 있는 $\frac{\partial}{\partial \ell}\left(\frac{x}{2}\right)^\ell$을 계산해보자. $\left(\frac{x}{2}\right)^\ell = e^{\ell\ln\frac{x}{2}}$ 이므로 $y = \ell\ln\frac{x}{2}$
로 놓으면 $\left(\frac{x}{2}\right)^\ell = e^{\ell\ln\frac{x}{2}} = e^y$ 이고 $dy = \left(\ln\frac{x}{2}\right)d\ell \Rightarrow \frac{dy}{d\ell} = \ln\frac{x}{2}$ 가 되어

$$\Rightarrow \frac{\partial}{\partial \ell}\left(\frac{x}{2}\right)^\ell = \frac{\partial}{\partial \ell}e^y = \frac{dy}{d\ell}\frac{d}{dy}e^y = \left(\ln\frac{x}{2}\right)e^y = \left(\ln\frac{x}{2}\right)\left(\frac{x}{2}\right)^\ell$$

을 얻고, 식 (7.5.19)의 세 번째 항에 있는 $\frac{\partial}{\partial \ell}\left(\frac{x}{2}\right)^{-\ell}$ 은 유사한 방법으로

$$\frac{\partial}{\partial \ell}\left(\frac{x}{2}\right)^{-\ell} = \left(-\ln\frac{x}{2}\right)\left(\frac{x}{2}\right)^{-\ell}$$

을 얻는다. 이들을 식 (7.5.19)에 대입하면 다음과 같이 된다.

$$N_\ell(x) = \frac{1}{\pi}\left[\sum_{k=0}^{\infty}\frac{(-1)^k}{k!\,\Gamma(\ell+k+1)}\left(\ln\frac{x}{2}\right)\left(\frac{x}{2}\right)^{\ell+2k} - \sum_{k=0}^{\infty}\left(\frac{x}{2}\right)^{\ell+2k}\frac{(-1)^k\Gamma'(\ell+k+1)}{k!\,\{\Gamma(\ell+k+1)\}^2}\right.$$

$$+(-1)^\ell\sum_{k=0}^{\infty}\frac{(-1)^k}{k!\,\Gamma(-\ell+k+1)}\left(\ln\frac{x}{2}\right)\left(\frac{x}{2}\right)^{-\ell+2k}$$

$$\left. -(-1)^\ell\sum_{k=0}^{\infty}\left(\frac{x}{2}\right)^{-\ell+2k}\frac{(-1)^k\Gamma'(-\ell+k+1)}{k!\,\{\Gamma(-\ell+k+1)\}^2}\right] \qquad (7.5.20)$$

여기서 첫 번째 항과 세 번째 항은 각각

$$\sum_{k=0}^{\infty}\frac{(-1)^k}{k!\Gamma(\ell+k+1)}\left(\ln\frac{x}{2}\right)\left(\frac{x}{2}\right)^{\ell+2k}=\left(\ln\frac{x}{2}\right)\sum_{k=0}^{\infty}\frac{(-1)^k}{k!\Gamma(\ell+k+1)}\left(\frac{x}{2}\right)^{\ell+2k}$$

$$=\left(\ln\frac{x}{2}\right)J_\ell(x)$$

그리고

$$(-1)^\ell\sum_{k=0}^{\infty}\frac{(-1)^k}{k!\Gamma(-\ell+k+1)}\left(\ln\frac{x}{2}\right)\left(\frac{x}{2}\right)^{-\ell+2k}$$

$$=(-1)^\ell\left(\ln\frac{x}{2}\right)\sum_{k=0}^{\infty}\frac{(-1)^k}{k!\Gamma(-\ell+k+1)}\left(\frac{x}{2}\right)^{-\ell+2k}$$

$$=(-1)^\ell\left(\ln\frac{x}{2}\right)J_{-\ell}(x)=(-1)^{2\ell}\left(\ln\frac{x}{2}\right)J_\ell(x)=\left(\ln\frac{x}{2}\right)J_\ell(x)$$

이다. 또한 다이감마 함수 $\Psi_0(x)=\dfrac{\Gamma'(x)}{\Gamma(x)}$ 의 정의식으로부터 식 (7.5.20)의 두 번째 항과 네 번째 항은 각각

$$\sum_{k=0}^{\infty}\left(\frac{x}{2}\right)^{\ell+2k}\frac{(-1)^k\Gamma'(\ell+k+1)}{k!\{(\Gamma(\ell+k+1)\}^2}=\sum_{k=0}^{\infty}\left(\frac{x}{2}\right)^{\ell+2k}\frac{(-1)^k\Psi_0(\ell+k+1)}{k!\Gamma(\ell+k+1)}$$

그리고

$$(-1)^\ell\sum_{k=0}^{\infty}\left(\frac{x}{2}\right)^{-\ell+2k}\frac{(-1)^k\Gamma'(-\ell+k+1)}{k!\{\Gamma(-\ell+k+1)\}^2}$$

$$=(-1)^\ell\sum_{k=0}^{\infty}\left(\frac{x}{2}\right)^{-\ell+2k}\frac{(-1)^k\Psi_0(-\ell+k+1)}{k!\Gamma(-\ell+k+1)}$$

이다. 이들을 식 (7.5.20)에 대입하면 다음과 같이 표현된다.

$$N_\ell(x)=\frac{2}{\pi}\left(\ln\frac{x}{2}\right)J_\ell(x)-\frac{1}{\pi}\left[\sum_{k=0}^{\infty}\left(\frac{x}{2}\right)^{\ell+2k}\frac{(-1)^k\Psi_0(\ell+k+1)}{k!\Gamma(\ell+k+1)}\right.$$

$$\left.+(-1)^\ell\sum_{k=0}^{\infty}\left(\frac{x}{2}\right)^{-\ell+2k}\frac{(-1)^k\Psi_0(-\ell+k+1)}{k!\Gamma(-\ell+k+1)}\right]\quad(7.5.21)$$

위 식의 세 번째 항에서 $k\rightarrow k+\ell$로 대체하면

$$(-1)^\ell \sum_{k=-\ell}^{\infty} \left(\frac{x}{2}\right)^{\ell+2k} \frac{(-1)^{k+\ell}\Psi_0(k+1)}{(k+\ell)!\,\Gamma(k+1)} = (-1)^\ell \sum_{k=-\ell}^{\infty} \left(\frac{x}{2}\right)^{\ell+2k} \frac{(-1)^{k+\ell}\Psi_0(k+1)}{k!\,\Gamma(k+\ell+1)}$$

$$\left(\because \ (k+\ell)! = \Gamma(k+\ell+1), \ \Gamma(k+1) = k! \right)$$

이 되고, 이를 식 (7.5.21)에 대입하면

$$N_\ell(x) = \frac{2}{\pi}\left(\ln\frac{x}{2}\right)J_\ell(x) - \frac{(-1)^\ell}{\pi} \sum_{k=-\ell}^{-1} \left(\frac{x}{2}\right)^{\ell+2k} \frac{(-1)^{k+\ell}\Psi_0(k+1)}{k!\,\Gamma(k+\ell+1)}$$

$$- \frac{1}{\pi} \sum_{k=0}^{\infty} \left(\frac{x}{2}\right)^{\ell+2k} \frac{(-1)^k}{k!\,\Gamma(k+\ell+1)} \left[\Psi_0(k+\ell+1) + \Psi_0(k+1)\right] \qquad (7.5.22)$$

이 된다. 위 식의 두 번째 항에서 $k \to k-\ell$로 대체하면 다음과 같다.

$$-\frac{(-1)^\ell}{\pi} \sum_{k=0}^{\ell-1} \left(\frac{x}{2}\right)^{-\ell+2k} \frac{(-1)^k\Psi_0(k-\ell+1)}{(k-\ell)!\,\Gamma(k+1)}$$

$$= -\frac{(-1)^\ell}{\pi} \sum_{k=0}^{\ell-1} \left(\frac{x}{2}\right)^{-\ell+2k} \frac{(-1)^k\Psi_0(k-\ell+1)}{k!\,\Gamma(k-\ell+1)}$$

여기서 오른편에 있는 아래의 항은

$$\frac{\Psi_0(k-\ell+1)}{\Gamma(k-\ell+1)} = \frac{\Psi_0(-(\ell-k-1))}{\Gamma(-(\ell-k-1))} = (-1)^{(\ell-k-1)+1}(\ell-k-1)!$$

$$\left(\because \ \frac{\Psi_0(-k)}{\Gamma(-k)} = (-1)^{k+1}k! \right)^{(69)}$$

$$= (-1)^{\ell-k}(\ell-k-1)! = (-1)^{\ell-k}\Gamma(\ell-k)$$

가 되어 오른편 두 번째 항은

$$-\frac{(-1)^\ell}{\pi} \sum_{k=0}^{\ell-1} \left(\frac{x}{2}\right)^{-\ell+2k} \frac{(-1)^k(-1)^{\ell-k}\Gamma(\ell-k)}{k!}$$

가 된다. 이를 식 (7.5.22)에 대입하면

---

(69) 7장의 [보충자료 2]를 참고하세요.

$$N_\ell(x) = \frac{2}{\pi}\left(\ln\frac{x}{2}\right)J_\ell(x) - \frac{(-1)^\ell}{\pi}\sum_{k=0}^{\ell-1}\left(\frac{x}{2}\right)^{-\ell+2k}\frac{(-1)^k(-1)^{\ell-k}\Gamma(\ell-k)}{k!}$$

$$-\frac{1}{\pi}\sum_{k=0}^{\infty}\left(\frac{x}{2}\right)^{\ell+2k}\frac{(-1)^k}{k!\Gamma(k+\ell+1)}[\Psi_0(k+\ell+1)+\Psi_0(k+1)]$$

$$=\frac{2}{\pi}\left(\ln\frac{x}{2}\right)J_\ell(x) - \frac{1}{\pi}\sum_{k=0}^{\ell-1}\left(\frac{x}{2}\right)^{-\ell+2k}\frac{\Gamma(\ell-k)}{k!}$$

$$-\frac{1}{\pi}\sum_{k=0}^{\infty}\left(\frac{x}{2}\right)^{\ell+2k}\frac{(-1)^k}{k!\Gamma(k+\ell+1)}[\Psi_0(k+\ell+1)+\Psi_0(k+1)]$$

$$=\frac{2}{\pi}\left(\ln\frac{x}{2}\right)J_\ell(x) - \frac{1}{\pi}\sum_{k=0}^{\ell-1}\left(\frac{x}{2}\right)^{-\ell+2k}\frac{(\ell-k-1)!}{k!}$$

$$-\frac{1}{\pi}\sum_{k=0}^{\infty}\left(\frac{x}{2}\right)^{\ell+2k}\frac{(-1)^k}{k!k+\ell)!}[\Psi_0(k+\ell+1)+\Psi_0(k+1)] \tag{7.5.23}$$

인 다이감마 함수로 표현되는 노이만함수를 얻는다.

아래 그림과 같이 노이만함수는 $x \to 0$으로 감에 따라 수렴하지 않고 발산한다. 이러한 노이만 함수의 성질은 원통좌표계에서 물리적인 문제를 풀 때 유용하게 사용되는 개념이다.

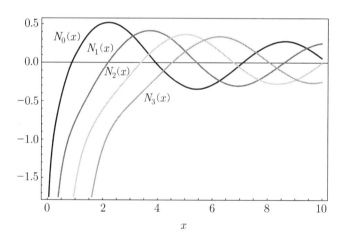

차수 ν가 정수인지 아닌지에 상관없이 베셀 미분방정식의 일반해를 다음과 같이 표현할 수 있다.

$$y(x) = AJ_\nu(x) + BN_\nu(x) \tag{7.5.24}$$

결론적으로

(i) ν가 정수가 아니면

$J_\nu(x)$와 $J_{-\nu}(x)$는 독립적인 解이므로 베셀 미분방정식의 일반해는 다음과 같다.

$$y(x) = A_1 J_\nu(x) + A_2 J_{-\nu}(x)$$

(ii) ν가 정수이면

$J_{-\nu}(x) = (-1)^\nu J_\nu(x)$의 관계성을 가지므로 다른 선형 독립적인 解가 필요하고 이 解가 바로 노이만함수이다. 이때 베셀 미분방정식의 일반해는 다음과 같다.

$$y(x) = B_1 J_\nu(x) + B_2 N_\nu(x)$$

여기서 $N_\nu(x)$는 식 (7.5.17)로 주어진다.

7.6 베셀함수의 재귀식

구면 특수함수들을 표현할 때 유용하게 사용되는 베셀함수의 재귀식에 대해 좀 더 알아보자.

차수 ν인 베셀함수에 관한 식 (7.5.13)의 왼편과 오른편에 x^ν을 곱하면

$$x^\nu J_\nu(x) = \sum_{k=0}^{\infty} \frac{(-1)^k}{k!\,\Gamma(\nu+k+1)} \frac{x^{2\nu+2k}}{2^{\nu+2k}}$$

이 되고, 이를 미분하면

$$\begin{aligned}
\frac{d}{dx}[x^\nu J_\nu(x)] &= \sum_{k=0}^{\infty} \frac{(-1)^k}{k!\,\Gamma(\nu+k+1)}(2\nu+2k)\frac{x^{2\nu+2k-1}}{2^{\nu+2k}} \\
&= \sum_{k=0}^{\infty} \frac{(-1)^k\,2}{k!\,(\nu+k)\Gamma(\nu+k)}(\nu+k)\frac{x^{2\nu+2k-1}}{2^{\nu+2k}} \\
&= \sum_{k=0}^{\infty} \frac{(-1)^k}{k!\,\Gamma(\nu+k)}\frac{x^{2\nu+2k-1}}{2^{\nu+2k-1}} = \sum_{k=0}^{\infty} \frac{(-1)^k}{k!\,\Gamma(\nu+k)}\frac{x^{\nu+2k-1}}{2^{\nu+2k-1}}x^\nu
\end{aligned}$$

을 얻는다. 여기서 왼편과 오른편에 $x^{-\nu}$를 곱하면

$$x^{-\nu}\frac{d}{dx}[x^{\nu}J_{\nu}(x)] = \sum_{k=0}^{\infty}\frac{(-1)^k}{k!\,\Gamma(\nu+k)}\left(\frac{x}{2}\right)^{\nu+2k-1}$$

이 되어

$$\therefore \quad x^{-\nu}\frac{d}{dx}[x^{\nu}J_{\nu}(x)] = J_{\nu-1}(x) \quad (\because \text{ 식 } (7.5.13)\text{으로부터}) \tag{7.6.1}$$

인 관계식을 얻는다.

유사한 방법으로 식 (7.5.13)에 $x^{-\nu}$을 곱하면

$$x^{-\nu}J_{\nu}(x) = \sum_{k=0}^{\infty}\frac{(-1)^k}{k!\,\Gamma(\nu+k+1)}\frac{x^{2k}}{2^{\nu+2k}}$$

$$\Rightarrow \frac{d}{dx}\left[x^{-\nu}J_{\nu}(x)\right] = \sum_{k=0}^{\infty}\frac{(-1)^k 2k}{k!\,\Gamma(\nu+k+1)}\frac{x^{2k-1}}{2^{\nu+2k}}$$

$$= \sum_{k=0}^{\infty}\frac{(-1)^k}{(k-1)!\,\Gamma(\nu+k+1)}\frac{x^{2k-1}}{2^{\nu+2k-1}}$$

$$\Rightarrow x^{\nu}\frac{d}{dx}\left[x^{-\nu}J_{\nu}(x)\right] = \sum_{k=0}^{\infty}\frac{(-1)^k}{(k-1)!\,\Gamma(\nu+k+1)}\left(\frac{x}{2}\right)^{\nu+2k-1}$$

을 얻고, 위 식의 오른편에 $k \to n+1$로 대체하면 오른편은

$$\sum_{n=0}^{\infty}\frac{(-1)^{n+1}}{n!\,\Gamma(\nu+n+2)}\left(\frac{x}{2}\right)^{\nu+2n+1} = -\sum_{n=0}^{\infty}\frac{(-1)^n}{n!\,\Gamma(\nu+n+2)}\left(\frac{x}{2}\right)^{\nu+2n+1} = -J_{\nu+1}(x)$$

$$(\because \text{ 식 } (7.5.13)\text{으로부터})$$

가 되어

$$\therefore \quad x^{\nu}\frac{d}{dx}\left[x^{-\nu}J_{\nu}(x)\right] = -J_{\nu+1}(x) \tag{7.6.2}$$

인 관계식을 얻는다.

① 식 (7.6.1)과 (7.6.2)를 더하면

$$J_{\nu-1}(x) - J_{\nu+1}(x) = x^{-\nu}\frac{d}{dx}\left[x^{\nu}J_{\nu}(x)\right] + x^{\nu}\frac{d}{dx}\left[x^{-\nu}J_{\nu}(x)\right]$$

$$= x^{-\nu}x^{\nu}\frac{dJ_{\nu}}{dx} + x^{-\nu}\nu x^{\nu-1}J_{\nu} + x^{\nu}x^{-\nu}\frac{dJ_{\nu}}{dx} + x^{\nu}(-\nu)x^{-\nu-1}J_{\nu}$$

$$= \frac{dJ_{\nu}}{dx} + \nu x^{-1}J_{\nu} + \frac{dJ_{\nu}}{dx} - \nu x^{-1}J_{\nu} = 2\frac{dJ_{\nu}}{dx}$$

이 되어

$$J_{\nu-1}(x) - J_{\nu+1}(x) = 2J_{\nu}^{'}(x) \tag{7.6.3}$$

인 관계식을 얻는다.

② 식 (7.5.1)에서 (7.5.2)를 빼면

$$J_{\nu-1}(x) + J_{\nu+1}(x) = x^{-\nu}\frac{d}{dx}\left[x^{\nu}J_{\nu}(x)\right] - x^{\nu}\frac{d}{dx}\left[x^{-\nu}J_{\nu}(x)\right]$$

$$= x^{-\nu}x^{\nu}\frac{dJ_{\nu}}{dx} + x^{-\nu}\nu x^{\nu-1}J_{\nu} - x^{\nu}x^{-\nu}\frac{dJ_{\nu}}{dx} - x^{\nu}(-\nu)x^{-\nu-1}J_{\nu}$$

$$= \frac{dJ_{\nu}}{dx} + \nu x^{-1}J_{\nu} - \frac{dJ_{\nu}}{dx} + \nu x^{-1}J_{\nu} = 2\nu x^{-1}J_{\nu}$$

이 되어

$$J_{\nu-1}(x) + J_{\nu+1}(x) = \frac{2\nu}{x}J_{\nu}(x) \tag{7.6.4}$$

인 관계식을 얻는다.

③ 식 (7.6.1)의 왼편과 오른편에 x^{ν}를 곱하면

$$\nu x^{\nu-1}J_{\nu}(x) + x^{\nu}J_{\nu}^{'}(x) = x^{\nu}J_{\nu-1}(x)$$

이 되어

$$\therefore\ J_{\nu}^{'}(x) = J_{\nu-1}(x) - \frac{\nu}{x}J_{\nu}(x) \tag{7.6.5}$$

의 관계식을 얻는다.

④ 식 (7.6.2)의 왼편과 오른편에 $x^{-\nu}$를 곱하면

$$- \nu x^{-\nu-1} J_\nu(x) + x^{-\nu} J_\nu^{'}(x) = - x^{-\nu} J_{\nu+1}(x)$$

이 되어

$$\therefore \quad J_\nu^{'}(x) = - J_{\nu+1}(x) + \frac{\nu}{x} J_\nu(x) \tag{7.6.6}$$

인 관계식을 얻는다.

위에서 구한 재귀식으로부터 아래의 두 결과인 식 (7.6.7)과 (7.6.8)을 다음과 같이 얻을 수 있다. 식 (7.6.1)로부터

$$J_{\nu-1}(x) = x^{-\nu+1} \left(\frac{1}{x} \frac{d}{dx} \right) \left[x^\nu J_\nu(x) \right] \;\Rightarrow\; \left(\frac{1}{x} \frac{d}{dx} \right) \left[x^\nu J_\nu(x) \right] = x^{\nu-1} J_{\nu-1}(x)$$

을 얻어서

$$\left(\frac{1}{x} \frac{d}{dx} \right)^2 \left[x^\nu J_\nu(x) \right] = \left(\frac{1}{x} \frac{d}{dx} \right) \left[x^{\nu-1} J_{\nu-1}(x) \right]$$

$$= \frac{1}{x} \left[(\nu-1) x^{\nu-2} J_{\nu-1}(x) + x^{\nu-1} J_{\nu-1}^{'}(x) \right]$$

$$= (\nu-1) x^{\nu-3} J_{\nu-1}(x) + x^{\nu-2} \left[J_{\nu-2}(x) - \frac{\nu-1}{x} J_{\nu-1}(x) \right]$$

$$(\because \text{ 식 (7.6.5)로부터})$$

$$= (\nu-1) x^{\nu-3} J_{\nu-1}(x) + x^{\nu-2} J_{\nu-2}(x) - (\nu-1) x^{\nu-3} J_{\nu-1}(x)$$

$$= x^{\nu-2} J_{\nu-2}(x)$$

$$\Rightarrow\; x^{\nu-2} J_{\nu-2}(x) = \left(\frac{1}{x} \frac{d}{dx} \right)^2 \left[x^\nu J_\nu(x) \right]$$

유사한 방법으로

$$\left(\frac{1}{x} \frac{d}{dx} \right)^3 \left[x^\nu J_\nu(x) \right] = \left(\frac{1}{x} \frac{d}{dx} \right) \left[x^{\nu-2} J_{\nu-2}(x) \right]$$

$$= \frac{1}{x} \left[(\nu-2) x^{\nu-3} J_{\nu-2}(x) + x^{\nu-2} J_{\nu-2}^{'}(x) \right]$$

$$(\because \text{ 식 (7.6.5)로부터})$$

$$= (\nu - 2)x^{\nu-4}J_{\nu-2}(x) + x^{\nu-3}\left[J_{\nu-3}(x) - \frac{\nu-2}{x}J_{\nu-2}(x)\right]$$

$$= (\nu - 2)x^{\nu-4}J_{\nu-2}(x) + x^{\nu-3}J_{\nu-3}(x) - (\nu-2)x^{\nu-4}J_{\nu-2}(x)$$

$$= x^{\nu-3}J_{\nu-3}(x)$$

$$\Rightarrow x^{\nu-3}J_{\nu-3}(x) = \left(\frac{1}{x}\frac{d}{dx}\right)^3\left[x^{\nu}J_{\nu}(x)\right]$$

$$\vdots$$

$$\vdots$$

그러므로 이러한 결과들로부터 다음의 일반식을 얻을 수 있다.

$$x^{\nu-n}J_{\nu-n}(x) = \left(\frac{1}{x}\frac{d}{dx}\right)^n\left[x^{\nu}J_{\nu}(x)\right] \qquad (7.6.7)$$

그리고 식 (7.6.2)로부터

$$J_{\nu+1}(x) = -x^{\nu+1}\left(\frac{1}{x}\frac{d}{dx}\right)\left[x^{-\nu}J_{\nu}(x)\right]$$

$$\Rightarrow \frac{1}{x}\frac{d}{dx}\left[x^{-\nu}J_{\nu}(x)\right] = -x^{-\nu-1}J_{\nu+1}(x)$$

을 얻는다. 그러면

$$\left(\frac{1}{x}\frac{d}{dx}\right)^2\left[x^{-\nu}J_{\nu}(x)\right] = \left(\frac{1}{x}\frac{d}{dx}\right)\left[-x^{-\nu-1}J_{\nu+1}(x)\right]$$

$$= \frac{1}{x}\left[(\nu+1)x^{-\nu-2}J_{\nu+1}(x) - x^{-\nu-1}J_{\nu+1}'(x)\right]$$

$$(\because \text{식 (7.6.6)으로부터})$$

$$= (\nu+1)x^{-\nu-3}J_{\nu+1}(x) - x^{-\nu-2}\left[-J_{\nu+2}(x) + \frac{\nu+1}{x}J_{\nu+1}(x)\right]$$

$$= (\nu+1)x^{-\nu-3}J_{\nu+1}(x) + x^{-\nu-2}J_{\nu+2}(x) - (\nu+1)x^{-\nu-3}J_{\nu+1}(x)$$

$$= x^{-\nu-2}J_{\nu+2}(x)$$

$$\Rightarrow x^{-\nu-2}J_{\nu+2}(x) = \left(\frac{1}{x}\frac{d}{dx}\right)^2\left[x^{-\nu}J_{\nu}(x)\right]$$

유사한 방법으로

$$\left(\frac{1}{x}\frac{d}{dx}\right)^3\left[x^{-\nu}J_\nu(x)\right] = \frac{1}{x}\frac{d}{dx}\left[x^{-\nu-2}J_{\nu+2}(x)\right]$$

$$= \frac{1}{x}\left[-(\nu+2)x^{-\nu-3}J_{\nu+2}(x) + x^{-\nu-2}J_{\nu+2}'(x)\right]$$

$$= -(\nu+2)x^{-\nu-4}J_{\nu+2}(x) + x^{-\nu-3}J_{\nu+2}'(x)$$

$$(\because \text{식 } (7.6.6)\text{으로부터})$$

$$= -(\nu+2)x^{-\nu-4}J_{\nu+2}(x) + x^{-\nu-3}\left[-J_{\nu+3}(x) + \frac{\nu+2}{x}J_{\nu+2}(x)\right]$$

$$= -(\nu+2)x^{-\nu-4}J_{\nu+2}(x) - x^{-\nu-3}J_{\nu+3}(x) + (\nu+2)x^{-\nu-4}J_{\nu+2}(x)$$

$$= -x^{-\nu-3}J_{\nu+3}(x)$$

$$\Rightarrow x^{-\nu-3}J_{\nu+3}(x) = \left(-\frac{1}{x}\frac{d}{dx}\right)^3\left[x^{-\nu}J_\nu(x)\right]$$

$$\vdots$$
$$\vdots$$

그러므로 이러한 결과들로부터 다음의 일반식을 얻을 수 있다.

$$x^{-\nu-n}J_{\nu+n}(x) = \left(-\frac{1}{x}\frac{d}{dx}\right)^n\left[x^{-\nu}J_\nu(x)\right] \tag{7.6.8}$$

지금까지 구한 재귀식들을 정리하면 다음과 같다.

- $J_{\nu-1}(x) + J_{\nu+1}(x) = \dfrac{2\nu}{x}J_\nu(x)$

- $J_{\nu-1}(x) - J_{\nu+1}(x) = 2J_\nu'(x)$

- $J_\nu'(x) = J_{\nu-1}(x) - \dfrac{\nu}{x}J_\nu(x)$

- $J_\nu'(x) = -J_{\nu+1}(x) + \dfrac{\nu}{x}J_\nu(x)$

- $x^{\nu-n}J_{\nu-n}(x) = \left(\dfrac{1}{x}\dfrac{d}{dx}\right)^n\left[x^\nu J_\nu(x)\right]$

재귀식을 사용하면서 증명한 베셀 함수의 직교성은 7장의 [보충자료 3]에 기술되어 있다.

7.7 베셀함수와 연관된 함수들

- **한켈(Hankel)함수** (또는 차수 ν의 제3종 베셀함수)

  제1종 한켈함수: $H_\nu^{(1)}(x) = J_\nu(x) + iN_\nu(x)$

  제2종 한켈함수: $H_\nu^{(2)}(x) = J_\nu(x) - iN_\nu(x)$

- **구면 베셀함수**

$$j_\ell(x) = \sqrt{\frac{\pi}{2x}} J_{\ell+\frac{1}{2}}(x) = (-x)^\ell \left(\frac{1}{x}\frac{d}{dx}\right)^\ell \left(\frac{\sin x}{x}\right)$$

- **구면 노이만함수**

$$n_\ell(x) = (-1)^{\ell+1} \sqrt{\frac{\pi}{2x}} J_{-\left(\ell+\frac{1}{2}\right)}(x) = -(-x)^\ell \left(\frac{1}{x}\frac{d}{dx}\right)^\ell \left(\frac{\cos x}{x}\right)$$

- **구면 한켈함수**

  제1종: $h_\ell^{(1)}(x) = \sqrt{\frac{\pi}{2x}} H_{\ell+\frac{1}{2}}^{(1)}(x)$

  제2종: $h_\ell^{(2)}(x) = \sqrt{\frac{\pi}{2x}} H_{\ell+\frac{1}{2}}^{(2)}(x)$

복소수를 이용한 **한켈함수**(또는 차수 ν의 제3종 베셀함수)에는 **제1종 한켈함수** $H_\nu^{(1)}(x)$와 **제2종 한켈함수** $H_\nu^{(2)}(x)$가 있고 이들은 다음과 같이 제1종 베셀함수와 제2종 베셀함수인 노이만함수로 정의된다.

$$\begin{cases} H_\nu^{(1)}(x) = J_\nu(x) + iN_\nu(x) \\ H_\nu^{(2)}(x) = J_\nu(x) - iN_\nu(x) \end{cases} \tag{7.7.1}$$

따라서 제1종 한켈함수와 제2종 한켈함수는 선형 독립적 함수이고, 베셀함수와 노이만함수가 베셀 미분방정식의 解이기 때문에 한켈함수 또한 베셀 미분방정식의 解가 된다.

　베셀함수의 차수가 반정수일 때 **구면 베셀함수** $j_\ell(x)$와 **구면 노이만함수** $n_\ell(x)$로 나타낸다. 이 구면 함수들은 양자역학에서 **산란 이론**(scattering theory)을 배우는 데 아주 유용하다. 이제 구면 베셀함수의 표현을 구해보자.

① 식 (7.5.13)에 $\nu = \dfrac{1}{2}$ 을 대입하면

$$J_{1/2}(x) = \sum_{k=0}^{\infty} \frac{(-1)^k}{k!\,\Gamma(k+3/2)}\left(\frac{x}{2}\right)^{\frac{1}{2}+2k}$$

$$= \frac{1}{0!\,\Gamma(3/2)}\left(\frac{x}{2}\right)^{\frac{1}{2}} + \frac{(-1)}{1!\,\Gamma(1+3/2)}\left(\frac{x}{2}\right)^{\frac{1}{2}+2} + \frac{(-1)^2}{2!\,\Gamma(2+3/2)}\left(\frac{x}{2}\right)^{\frac{1}{2}+4} + \cdots\cdots$$

$$= \left(\frac{x}{2}\right)^{\frac{1}{2}}\left[\frac{1}{\frac{1}{2}\Gamma(1/2)} - \frac{1}{\frac{3}{2}\Gamma(3/2)}\left(\frac{x}{2}\right)^2 + \frac{1}{2!\,\frac{5}{2}\Gamma(5/2)}\left(\frac{x}{2}\right)^4 - \cdots\cdots\right]$$

$$\left(\because\ \Gamma(3/2) = \Gamma(1+1/2) = \frac{1}{2}\Gamma(1/2),\right.$$

$$\left.\Gamma(2+3/2) = \Gamma(1+5/2) = \frac{5}{2}\Gamma(5/2)\right)$$

$$= \left(\frac{x}{2}\right)^{\frac{1}{2}}\left[\frac{1}{\frac{1}{2}\Gamma(1/2)} - \frac{1}{\frac{3}{2}\frac{1}{2}\Gamma(1/2)}\left(\frac{x}{2}\right)^2 + \frac{1}{2!\,\frac{5}{2}\frac{3}{2}\frac{1}{2}\Gamma(1/2)}\left(\frac{x}{2}\right)^4 - \cdots\cdots\right]$$

$$= \left(\frac{x}{2}\right)^{\frac{1}{2}}\frac{1}{\Gamma(1/2)}\left(2 - \frac{2}{3\cdot 2}x^2 + \frac{2}{5\cdot 4\cdot 3\cdot 2}x^4 - \cdots\cdots\right)$$

$$= \left(\frac{x}{2}\right)^{\frac{1}{2}}\frac{2}{\sqrt{\pi}}\left(1 - \frac{1}{3\cdot 2}x^2 + \frac{1}{5\cdot 4\cdot 3\cdot 2}x^4 - \cdots\cdots\right)$$

$$= \sqrt{\frac{2x}{\pi}}\left(1 - \frac{1}{3\cdot 2}x^2 + \frac{1}{5\cdot 4\cdot 3\cdot 2}x^4 - \cdots\cdots\right)$$

$$= \sqrt{\frac{2x}{\pi}}\frac{1}{x}\left(x - \frac{1}{3\cdot 2}x^3 + \frac{1}{5\cdot 4\cdot 3\cdot 2}x^5 - \cdots\cdots\right)$$

$$= \sqrt{\frac{2}{\pi x}}\left(x - \frac{1}{3!}x^3 + \frac{1}{5!}x^5 - \cdots\cdots\right) = \sqrt{\frac{2}{\pi x}}\sin x$$

$$\therefore\ J_{1/2}(x) = \sqrt{\frac{2}{\pi x}}\sin x \tag{7.7.2}$$

을 얻고, $\nu = \dfrac{1}{2}$ 이고 $n = 1$ 인 경우에 식 (7.6.8)은

$$x^{-\frac{3}{2}}J_{3/2}(x) = \left(-\frac{1}{x}\frac{d}{dx}\right)\left[x^{-\frac{1}{2}}J_{1/2}(x)\right]$$

$$\Rightarrow \ J_{3/2}(x) = x^{\frac{3}{2}}\left(-\frac{1}{x}\frac{d}{dx}\right)\left[x^{-\frac{1}{2}}J_{1/2}(x)\right]$$

이 되며, 이 식에 식 (7.7.2)를 대입하면

$$J_{3/2}(x) = x^{\frac{3}{2}}\left(-\frac{1}{x}\frac{d}{dx}\right)\left(x^{-\frac{1}{2}}\sqrt{\frac{2}{\pi x}}\sin x\right)$$

$$\Rightarrow \ J_{3/2}(x) = -\sqrt{\frac{2}{\pi}}\,x^{\frac{3}{2}}\left(\frac{1}{x}\frac{d}{dx}\right)\left(\frac{\sin x}{x}\right)$$

$$\therefore \ \ J_{1+1/2}(x) = (-1)^1\sqrt{\frac{2}{\pi}}\,x^{1+1/2}\left(\frac{1}{x}\frac{d}{dx}\right)^1\left(\frac{\sin x}{x}\right) \tag{7.7.3}$$

을 얻는다. 유사한 방법으로 식 (7.6.8)에 $\nu = \dfrac{3}{2}$ 그리고 $n = 1$을 대입하면

$$J_{5/2}(x) = x^{\frac{5}{2}}\left(-\frac{1}{x}\frac{d}{dx}\right)\left[x^{-\frac{3}{2}}J_{3/2}(x)\right]$$

$$= x^{\frac{5}{2}}\left(-\frac{1}{x}\frac{d}{dx}\right)\left[x^{-\frac{3}{2}}\left\{-\sqrt{\frac{2}{\pi}}\,x^{\frac{3}{2}}\left(\frac{1}{x}\frac{d}{dx}\right)\left(\frac{\sin x}{x}\right)\right\}\right]$$

$$(\because \ \text{식 (7.7.3)으로부터})$$

$$= \sqrt{\frac{2}{\pi}}\,x^{\frac{5}{2}}\left(\frac{1}{x}\frac{d}{dx}\right)\left[x^{-\frac{3}{2}}x^{\frac{3}{2}}\left(\frac{1}{x}\frac{d}{dx}\right)\left(\frac{\sin x}{x}\right)\right]$$

$$= \sqrt{\frac{2}{\pi}}\,x^{\frac{5}{2}}\left(\frac{1}{x}\frac{d}{dx}\right)^2\left(\frac{\sin x}{x}\right)$$

$$\therefore \ \ J_{2+1/2}(x) = (-1)^2\sqrt{\frac{2}{\pi}}\,x^{2+\frac{1}{2}}\left(\frac{1}{x}\frac{d}{dx}\right)^2\left(\frac{\sin x}{x}\right)$$

$$\vdots$$
$$\vdots$$

을 얻는다. 그러므로 이러한 결과들로부터 다음의 일반식을 얻을 수 있다.

$$J_{\ell+\frac{1}{2}}(x) = (-1)^\ell\sqrt{\frac{2}{\pi}}\,x^{\ell+\frac{1}{2}}\left(\frac{1}{x}\frac{d}{dx}\right)^\ell\left(\frac{\sin x}{x}\right), \ \text{여기서 } \ell \geq 0 \text{인 정수} \tag{7.7.4}$$

② 식 (7.5.14)로부터 $J_{-\frac{1}{2}}(x)$를 계산해서 $J_{-\left(\ell+\frac{1}{2}\right)}(x)$에 대한 일반식을 구해보자.

식 (7.5.14)에서 $\nu \to \frac{1}{2}$로 하면

$$J_{-\frac{1}{2}}(x) = \sum_{k=0}^{\infty} \frac{(-1)^k}{k!\,\Gamma(k+1/2)}\left(\frac{x}{2}\right)^{-\frac{1}{2}+2k}$$

$$= \left(\frac{x}{2}\right)^{-\frac{1}{2}}\left[\frac{1}{\Gamma(1/2)} - \frac{1}{\frac{1}{2}\Gamma(1/2)}\left(\frac{x}{2}\right)^2 + \frac{1}{2!\,\frac{3}{2}\frac{1}{2}\Gamma(1/2)}\left(\frac{x}{2}\right)^4 - \cdots\cdots\right]$$

$$= \sqrt{\frac{2}{\pi x}}\left(1 - \frac{1}{2!}x^2 + \frac{1}{4!}x^4 - \cdots\cdots\right) = \sqrt{\frac{2}{\pi x}}\cos x$$

을 얻고, 식 (7.6.7)에서 $\nu = -\frac{1}{2}$ 그리고 $n = 1$이면

$$J_{-\frac{3}{2}}(x) = x^{\frac{3}{2}}\left(\frac{1}{x}\frac{d}{dx}\right)\left[x^{-\frac{1}{2}}J_{-1/2}(x)\right] = x^{\frac{3}{2}}\left(\frac{1}{x}\frac{d}{dx}\right)\left(x^{-\frac{1}{2}}\sqrt{\frac{2}{\pi x}}\cos x\right)$$

$$= \sqrt{\frac{2}{\pi}}\,x^{\frac{3}{2}}\left(\frac{1}{x}\frac{d}{dx}\right)\left(\frac{\cos x}{x}\right)$$

이 되어

$$\therefore\ J_{-\left(1+\frac{1}{2}\right)}(x) = \sqrt{\frac{2}{\pi}}\,x^{1+\frac{1}{2}}\left(\frac{1}{x}\frac{d}{dx}\right)^1\left(\frac{\cos x}{x}\right)$$

을 얻는다. 그리고 식 (7.6.7)에 $\nu = -\frac{3}{2}$ 그리고 $n = 1$을 대입하면

$$J_{-\frac{5}{2}}(x) = x^{5/2}\left(\frac{1}{x}\frac{d}{dx}\right)\left[x^{-\frac{3}{2}}J_{-3/2}(x)\right]$$

$$= x^{\frac{5}{2}}\left(\frac{1}{x}\frac{d}{dx}\right)\left[x^{-\frac{3}{2}}\sqrt{\frac{2}{\pi}}\,x^{\frac{3}{2}}\left(\frac{1}{x}\frac{d}{dx}\right)\left(\frac{\cos x}{x}\right)\right]$$

$$= \sqrt{\frac{2}{\pi}}\,x^{\frac{5}{2}}\left(\frac{1}{x}\frac{d}{dx}\right)^2\left(\frac{\cos x}{x}\right)$$

이 되어

$$\therefore \ J_{-\left(2+\frac{1}{2}\right)}(x) = \sqrt{\frac{2}{\pi}}\, x^{2+\frac{1}{2}} \left(\frac{1}{x}\frac{d}{dx}\right)^2 \left(\frac{\cos x}{x}\right)$$

$$\vdots$$
$$\vdots$$

을 얻는다. 그러므로 이러한 결과들로부터 다음의 일반식을 얻을 수 있다.

$$J_{-\left(\ell+\frac{1}{2}\right)}(x) = \sqrt{\frac{2}{\pi}}\, x^{\ell+\frac{1}{2}} \left(\frac{1}{x}\frac{d}{dx}\right)^\ell \left(\frac{\cos x}{x}\right), \quad \text{여기서 } \ell \geq 0 \text{인 정수} \quad (7.7.5)$$

구면 베셀함수 $j_\ell(x)$와 구면 노이만함수 $n_\ell(x)$은 다음과 같이 정의한다.

$$\begin{cases} j_\ell(x) = \sqrt{\dfrac{\pi}{2x}}\, J_{\ell+1/2}(x) & (7.7.6) \\[3mm] n_\ell(x) = (-1)^{\ell+1} \sqrt{\dfrac{\pi}{2x}}\, J_{-(\ell+1/2)}(x) & (7.7.7) \end{cases}$$

식 (7.7.4)와 (7.7.5)를 위의 구면 함수들의 정의식에 대입하면 다음과 같이 표현되는 구면 베셀함수와 구면 노이만함수를 얻는다.

$$\begin{cases} j_\ell(x) = \sqrt{\dfrac{\pi}{2x}}\, J_{\ell+1/2}(x) = (-x)^\ell \left(\dfrac{1}{x}\dfrac{d}{dx}\right)^\ell \left(\dfrac{\sin x}{x}\right) & (7.7.8) \\[4mm] n_\ell(x) = (-1)^{\ell+1} \sqrt{\dfrac{\pi}{2x}}\, J_{-(\ell+1/2)}(x) = -(-x)^\ell \left(\dfrac{1}{x}\dfrac{d}{dx}\right)^\ell \left(\dfrac{\cos x}{x}\right) & (7.7.9) \end{cases}$$

위 식을 이용하면 다음과 같은 구면 베셀함수 그리고 구면 노이만함수를 얻을 수 있다.

$$\Rightarrow \ j_0(x) = \frac{\sin x}{x}, \ j_1(x) = \frac{\sin x}{x^2} - \frac{\cos x}{x}, \ j_2(x) = \left(\frac{3}{x^2}-1\right)\frac{\sin x}{x} - \frac{3\cos x}{x^2},$$

$$j_3(x) = \left(\frac{15}{x^3}-\frac{6}{x}\right)\frac{\sin x}{x} - \left(\frac{15}{x^2}-1\right)\frac{\cos x}{x}, \ \ \cdots\cdots$$

$$n_0(x) = -\frac{\cos x}{x}, \ n_1(x) = -\frac{\cos x}{x^2} - \frac{\sin x}{x}, \ n_2(x) = \left(-\frac{3}{x^2}+1\right)\frac{\cos x}{x} - \frac{3\sin x}{x^2},$$

$$n_3(x) = \left(-\frac{15}{x^3}+\frac{6}{x}\right)\frac{\cos x}{x} - \left(\frac{15}{x^2}-1\right)\frac{\sin x}{x}, \ \ \cdots\cdots$$

아래 그림은 이들 몇 가지 (a) 구면 베셀함수와 (b) 구면 노이만 함수를 보여준다.

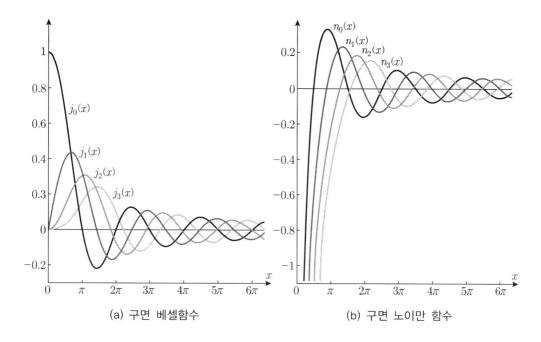

(a) 구면 베셀함수   (b) 구면 노이만 함수

그리고 차수 ν인 **제1종 구면 한켈함수** $h_{\nu}^{(1)}(x)$와 **제2종 구면 한켈함수** $h_{\nu}^{(2)}(x)$은 다음과 같이 정의된다.

$$\begin{cases} h_{\ell}^{(1)}(x) = \sqrt{\dfrac{\pi}{2x}}\, H_{\ell+1/2}^{(1)}(x) & (7.7.10) \\[2mm] h_{\ell}^{(2)}(x) = \sqrt{\dfrac{\pi}{2x}}\, H_{\ell+1/2}^{(2)}(x) & (7.7.11) \end{cases}$$

식 (7.5.17)에서 $\ell \to \ell + \dfrac{1}{2}$을 하면

$$N_{\ell+1/2}(x) = \frac{J_{\ell+1/2}(x)\cos(\ell\pi + \pi/2) - J_{-(\ell+1/2)}(x)}{\sin(\ell\pi + \pi/2)}$$

이 되는데, 여기서 $\cos(\ell\pi + \pi/2) = 0$이고 $\sin(\ell\pi + \pi/2) = (-1)^{\ell}$이므로 위 식은 다음과 같이 표현된다.

$$N_{\ell+1/2}(x) = (-1)^{\ell}(-1)J_{-(\ell+1/2)}(x) = (-1)^{\ell+1}J_{-(\ell+1/2)}(x)$$

식 (7.7.10)과 (7.7.1)로부터

$$h_\ell^{(1)}(x) = \sqrt{\frac{\pi}{2x}}\, H_{\ell+1/2}^{(1)}(x) = \sqrt{\frac{\pi}{2x}}\left[J_{\ell+1/2}(x) + i N_{\ell+1/2}(x) \right]$$

$$= \sqrt{\frac{\pi}{2x}}\left[J_{\ell+1/2}(x) + i(-1)^{\ell+1} J_{-(\ell+1/2)}(x) \right]$$

$$= \sqrt{\frac{\pi}{2x}}\, J_{\ell+1/2}(x) + i(-1)^{\ell+1} \sqrt{\frac{\pi}{2x}}\, J_{-(\ell+1/2)}(x)$$

$$= j_\ell(x) + i n_\ell(x) \quad (\because \text{식 (7.7.6)과 (7.7.7)로부터})$$

이와 유사한 방법으로

$$h_\ell^{(2)}(x) = j_\ell(x) - i n_\ell(x)$$

을 얻을 수 있다.

> 그러므로 제1종 구면 한켈함수와 제2종 구면 한켈함수은 다음과 같이 표현될 수 있다.
>
> $$h_\ell^{(1)}(x) = \sqrt{\frac{\pi}{2x}}\, H_{\ell+1/2}^{(1)}(x) = j_\ell(x) + i n_\ell(x)$$
>
> $$h_\ell^{(2)}(x) = \sqrt{\frac{\pi}{2x}}\, H_{\ell+1/2}^{(2)}(x) = j_\ell(x) - i n_\ell(x)$$

우리가 다루는 대부분의 물리 문제에서는 작은 x 영역 또는 $x \gg 1$ 영역에서의 베셀함수들에 관한 근사 표현이 필요하다.

(a) 작은 x인 경우

제1종 베셀함수 식 (7.5.13)에서 첫 항($k=0$)의 기여가 가장 크므로 근사 표현은 다음과 같이 된다.

$$J_\ell(x) \approx \frac{1}{\Gamma(\ell+1)}\left(\frac{x}{2}\right)^\ell \tag{7.7.12}$$

노이만함수는 식 (7.5.23)에서 작은 x에 대해 첫 번째 항에서는 $\ell=0$의 기여가

크므로 $J_0(x) = 1$이며 이때 두 번째 항과 세 번째 항은 작은 x에 대해 무시할 수 있어서

$$N_0(x) \approx \frac{2}{\pi} \ln \frac{x}{2} \tag{7.7.13}$$

가 된다. 반면에 $\ell > 0$에서는 작은 x에 대해 식 (7.5.23)의 두 번째 항의 기여가 가장 크므로 노이만함수는 다음과 같이 표현된다.

$$N_\ell(x) \approx -\frac{1}{\pi} \sum_{k=0}^{\ell-1} \left(\frac{x}{2}\right)^{-\ell+2k} \frac{\Gamma(\ell-k)}{k!} \approx -\frac{1}{\pi} \left(\frac{x}{2}\right)^{-\ell} \frac{\Gamma(\ell)}{0!} = -\frac{\Gamma(\ell)}{\pi} \left(\frac{2}{x}\right)^{\ell}$$

$$\therefore \quad N_\ell(x) = -\frac{\Gamma(\ell)}{\pi} \left(\frac{2}{x}\right)^{\ell} \tag{7.7.14}$$

(b) $x \gg 1$인 경우

식 (7.7.4)로부터

$$J_{\ell+1/2}(x) = (-1)^\ell \sqrt{\frac{2}{\pi}} x^{\ell+\frac{1}{2}} \left(\frac{1}{x} \frac{d}{dx}\right)^\ell \left(\frac{\sin x}{x}\right) = (-1)^\ell \sqrt{\frac{2}{\pi}} x^{\frac{1}{2}} \left(\frac{d}{dx}\right)^\ell \left(\frac{\sin x}{x}\right)$$

$$\approx (-1)^\ell \sqrt{\frac{2}{\pi}} x^{-\frac{1}{2}} \left(\frac{d}{dx}\right)^\ell \sin x = \sqrt{\frac{2}{\pi x}} \left(-\frac{d}{dx}\right)^\ell \sin x$$

이 되고, 여기서 $\left(-\dfrac{d}{dx}\right)^\ell \sin x = \cos(x - \ell\pi/2 - \pi/2)$ [70]이므로 위 식은 다음과 같이 된다.

$$J_{\ell+1/2}(x) = \sqrt{\frac{2}{\pi x}} \cos(x - \ell\pi/2 - \pi/2) \tag{7.7.15}$$

위 식에 $\ell \to \ell - 1/2$을 대입하면 다음과 같이 표현되는 베셀함수를 얻는다.

$$J_\ell(x) = \sqrt{\frac{2}{\pi x}} \cos(x - \ell\pi/2 - \pi/4) \tag{7.7.16}$$

노이만함수의 근사 표현을 구하기 위해 식 (7.7.16)을 (7.5.17)에 대입하면

---

(70) 7장의 [보충자료 4]를 참고하세요.

$$N_\ell(x) \approx \sqrt{\frac{2}{\pi x}} \frac{\cos\left(x - \ell\pi/2 - \pi/4\right)\cos\ell\pi - \cos\left(x + \ell\pi/2 - \pi/4\right)}{\sin\ell\pi}$$

이 된다. 여기서 분자의 첫 번째 항이

$$\cos\left(x - \ell\pi/2 - \pi/4\right)\cos\ell\pi = \frac{1}{2}\left[\cos\left(x + \ell\pi/2 - \pi/4\right) + \cos\left(x - 3\ell\pi/2 - \pi/4\right)\right]$$

$$\left(\because \ \cos A + \cos B = 2\cos\left(\frac{A + B}{2}\right)\cos\left(\frac{A - B}{2}\right)\right)$$

이므로, 분자는

$$\cos\left(x - \ell\pi/2 - \pi/4\right)\cos\ell\pi - \cos\left(x + \ell\pi/2 - \pi/4\right)$$

$$= -\frac{1}{2}\left[\cos\left(x + \ell\pi/2 - \pi/4\right) - \cos\left(x - 3\ell\pi/2 - \pi/4\right)\right]$$

$$\left(\because \ \cos A - \cos B = -2\sin\left(\frac{A + B}{2}\right)\sin\left(\frac{A - B}{2}\right)\right)$$

$$= \sin(x - \ell\pi/2 - \pi/4)\sin\ell\pi$$

이 되어 노이만함수는 다음과 같이 표현된다.

$$N_\ell(x) = \sqrt{\frac{2}{\pi x}}\sin(x - \ell\pi/2 - \pi/4) \tag{7.7.17}$$

위에서 구한 식 (7.7.16)과 (7.7.17)로부터 $x \gg 1$ 영역에서의 제1종 한켈함수 $H_\ell^{(1)}(x)$와 제2종 한켈함수 $H_\ell^{(2)}(x)$를 다음과 같이 구할 수 있다.

$$H_\ell^{(1)}(x) = J_\ell(x) + iN_\ell(x)$$

$$\approx \sqrt{\frac{2}{\pi x}}\left[\cos\left(x - \ell\pi/2 - \pi/4\right) + i\sin(x - \ell\pi/2 - \pi/4)\right]$$

$$= \sqrt{\frac{2}{\pi x}}\,e^{i(x - \ell\pi/2 - \pi/4)} \tag{7.7.18}$$

$$H_\ell^{(2)}(x) = J_\ell(x) - iN_\ell(x) = \sqrt{\frac{2}{\pi x}}\,e^{-i(x - \ell\pi/2 - \pi/4)} \tag{7.7.19}$$

지금까지 구한 x 영역에 따른 베셀함수, 노이만함수 그리고 한켈함수에 대한 근사 표현 결과를 정리하면 다음과 같다.

- 작은 x인 경우

$$J_\ell(x) = \frac{1}{\Gamma(\ell+1)}\left(\frac{x}{2}\right)^\ell, \qquad N_\ell(x) = \begin{cases} -\dfrac{\Gamma(\ell)}{\pi}\left(\dfrac{2}{x}\right)^\ell, & \ell > 0 \\ \dfrac{2}{\pi}\ln\dfrac{x}{2}, & \ell = 0 \end{cases}$$

- 큰 x인 경우

$$J_\ell(x) = \sqrt{\frac{2}{\pi x}}\cos(x - \ell\pi/2 - \pi/4), \qquad N_\ell(x) = \sqrt{\frac{2}{\pi x}}\sin(x - \ell\pi/2 - \pi/4)$$

$$H_\ell^{(1)}(x) = \sqrt{\frac{2}{\pi x}}\,e^{i(x - \ell\pi/2 - \pi/4)}, \qquad H_\ell^{(2)}(x) = \sqrt{\frac{2}{\pi x}}\,e^{-i(x - \ell\pi/2 - \pi/4)}$$

이제 x 영역에 따른 구면 베셀함수 $j_\ell(x)$와 구면 노이만함수 $n_\ell(x)$의 근사 표현을 구해보자.

(a) 작은 x인 경우

식 (7.7.8)로부터 $\ell = 0$인 경우 구면 베셀함수은

$$j_0(x) = \frac{\sin x}{x} \;\Rightarrow\; j_0(x) = \frac{1}{x}\left(x - \frac{1}{3!}x^3 + \cdots\cdots\right) \approx 1$$

이고 $\ell = 1$인 경우

$$j_1(x) = (-x)\frac{1}{x}\frac{d}{dx}\left(\frac{\sin x}{x}\right) = -\frac{x\cos x - \sin x}{x^2} = \frac{\sin x}{x^2} - \frac{\cos x}{x}$$

$$\Rightarrow j_1(x) \approx \frac{1}{x^2}\left(x - \frac{1}{3!}x^3\right) - \frac{1}{x}\left(1 - \frac{1}{2!}x^2\right)$$

$$= -\frac{1}{6}x + \frac{1}{2}x = \frac{1}{3}x = \frac{1}{3\cdot 1}x$$

이다. 유사한 방법으로 $\ell = 2$인 경우의 구면 베셀함수를 구해보면

$$j_2(x) = (-x)^2\left(\frac{1}{x}\frac{d}{dx}\right)^2\left(\frac{\sin x}{x}\right) = x^2\left(\frac{1}{x}\frac{d}{dx}\right)\left[\frac{1}{x}\frac{d}{dx}\left(\frac{\sin x}{x}\right)\right]$$

$$= x\frac{d}{dx}\left(\frac{\cos x}{x^2} - \frac{\sin x}{x^3}\right)$$

$$= x\left(\frac{-x^2\sin x - 2x\cos x}{x^4} - \frac{x^3\cos x - 3x^2\sin x}{x^6}\right)$$

$$= -\frac{\sin x}{x} - 2\frac{\cos x}{x^2} - \frac{\cos x}{x^2} + 3\frac{\sin x}{x^3} = -\frac{\sin x}{x} - 3\frac{\cos x}{x^2} + 3\frac{\sin x}{x^3}$$

$$\approx -\frac{1}{x}\left(x - \frac{x^3}{3!}\right) - \frac{3}{x^2}\left(1 - \frac{x^2}{2!} + \frac{x^4}{4!}\right) + \frac{3}{x^3}\left(x - \frac{x^3}{3!} + \frac{x^5}{5!}\right)$$

$$(\because \text{ 여기서 살아남는 가장 낮은 } x \text{에 관한 거듭제곱은 } x^2 \text{이므로}$$

$$\text{풀어서 계산하면 } -1 + \frac{x^2}{3!} - \frac{3}{x^2} + \frac{3}{2} - \frac{3}{4!}x^2 + \frac{3}{x^2} - \frac{3}{3!} + \frac{3}{5!}x^2)$$

$$= \left(\frac{1}{3!} - \frac{3}{4!} + \frac{3}{5!}\right)x^2 = \frac{1}{5\cdot3\cdot1}x^2$$

$$\vdots$$
$$\vdots$$

그러므로 구면 베셀함수의 근사 표현의 일반식은 다음과 같다.

$$j_\ell(x) \approx \frac{x^\ell}{(2\ell+1)!!} \tag{7.7.20}$$

여기서 $(2\ell+1)! = (2\ell+1)(2\ell-1)\cdots\cdots 5\cdot3\cdot1$ 이다.

그리고 식 (7.7.9)로부터 $\ell = 0$인 경우의 구면 노이만함수는

$$n_0(x) = -\frac{\cos x}{x} \Rightarrow n_0(x) = -\frac{1}{x}\left(1 - \frac{1}{2!}x^2 + \cdots\cdots\right) \approx -\frac{1}{x}$$

이고 $\ell = 1$인 경우

$$n_1(x) = x\left(\frac{1}{x}\frac{d}{dx}\right)\left(\frac{\cos x}{x}\right) = \frac{-x\sin x - \cos x}{x^2} = -\frac{\cos x}{x^2} - \frac{\sin x}{x}$$

$$= -\frac{1}{x^2}\left(1 - \frac{1}{2!}x^2 + \frac{1}{4!}x^4 - \cdots\cdots\right) - \frac{1}{x}\left(x - \frac{1}{3!}x^3 + \cdots\cdots\right)$$

$$\approx -\frac{1}{x^2} + \frac{1}{2} - \frac{1}{4}x^2 - 1 + \frac{1}{6}x^2 \approx -\frac{1}{x^2}$$

$$\Rightarrow n_1(x) \approx -\frac{1}{x^2}$$

이다. 유사한 방법으로 $\ell = 2$인 경우의 구면 노이만함수를 구해보면

$$n_2(x) = -x^2\left(\frac{1}{x}\frac{d}{dx}\right)\left[\frac{1}{x}\frac{d}{dx}\left(\frac{\cos x}{x}\right)\right] = x\frac{d}{dx}\left(\frac{\sin x}{x^2} + \frac{\cos x}{x^3}\right) \qquad (7.7.21)$$

이고, 여기서 $\dfrac{1}{x}\dfrac{d}{dx}\left(\dfrac{\cos x}{x}\right) = \dfrac{-x\sin x - \cos x}{x^3} = -\dfrac{\sin x}{x^2} - \dfrac{\cos x}{x^3}$ 이며
그리고

$$x\frac{d}{dx}\left(\frac{\sin x}{x^2} + \frac{\cos x}{x^3}\right) = x\left(\frac{x^2\cos x - 2x\sin x}{x^4} + \frac{-x^3\sin x - 3x^2\cos x}{x^6}\right)$$

$$= \frac{\cos x}{x} - 2\frac{\sin x}{x^2} - \frac{\sin x}{x^2} - 3\frac{\cos x}{x^3}$$

이므로 식 (7.7.21)은

$$n_2(x) = \frac{\cos x}{x} - 3\frac{\sin x}{x^2} - 3\frac{\cos x}{x^3} \approx \frac{1}{x} - \frac{3}{x^2}x - \frac{3}{x^3}\left(1 - \frac{x^2}{2!}\right) \approx -\frac{3}{x^3}$$

$$\Rightarrow n_2(x) \approx -\frac{3}{x^3}$$

이 된다. $\ell = 3$인 경우

$$n_3(x) = x^3\left(\frac{1}{x}\frac{d}{dx}\right)\left(\frac{1}{x}\frac{d}{dx}\right)^2\left(\frac{\cos x}{x}\right) = -x^3\left(\frac{1}{x}\frac{d}{dx}\right)\left(\frac{\cos x}{x^3} - \frac{3\sin x}{x^4} - \frac{3\cos x}{x^5}\right)$$

$$= -x^2\left(\frac{-x^3\sin x - 3x^2\cos x}{x^6} - \frac{3x^4\cos x - 12x^3\sin x}{x^8} - \frac{-3x^5\sin x - 15x^4\cos x}{x^{10}}\right)$$

$$= \frac{\sin x}{x} + 3\frac{\cos x}{x^2} + 3\frac{\cos x}{x^2} + 12\frac{\sin x}{x^3} - 3\frac{\sin x}{x^3} - 15\frac{\cos x}{x^4}$$

$$= \frac{\sin x}{x} + 6\frac{\cos x}{x^2} + 9\frac{\sin x}{x^3} - 15\frac{\cos x}{x^4} \approx -\frac{15}{x^4} = -\frac{5\cdot 3}{x^4}$$

$$\Rightarrow n_3(x) \approx -\frac{5 \cdot 3}{x^4}$$

$$\vdots$$
$$\vdots$$

이 되므로 구면 노이만함수의 근사 표현의 일반식은 다음과 같다.

$$n_\ell(x) \approx -\frac{(2\ell-1)!!}{x^{\ell+1}} \tag{7.7.22}$$

(b) 큰 x인 경우

식 (7.7.6)과 (7.7.15)로부터

$$j_\ell(x) = \sqrt{\frac{\pi}{2x}}\, J_{\ell+1/2}(x) = \frac{1}{x}\cos\left(x - \ell\pi/2 - \pi/2\right)$$

$$\Rightarrow j_\ell(x) = \frac{1}{x}\cos\left(x - \ell\pi/2 - \pi/2\right) \tag{7.7.23}$$

인 구면 베셀함수를 얻는다.

그리고 식 (7.7.5)로부터

$$J_{-(\ell+1/2)}(x) = \sqrt{\frac{2}{\pi}}\, x^{\ell+1/2}\left(\frac{1}{x}\frac{d}{dx}\right)^\ell\left(\frac{\cos x}{x}\right)$$

$$= \sqrt{\frac{2}{\pi}}\, x^{\frac{1}{2}}\left(\frac{d}{dx}\right)^\ell\left(\frac{\cos x}{x}\right) \approx \sqrt{\frac{2}{\pi x}}\left(\frac{d}{dx}\right)^\ell \cos x$$

이므로 구면 노이만함수는 식 (7.7.9)로부터

$$n_\ell(x) = (-1)^{\ell+1}\sqrt{\frac{\pi}{2x}}\, J_{-(\ell+1/2)}(x) = (-1)^{\ell+1}\sqrt{\frac{\pi}{2x}}\,\sqrt{\frac{2}{\pi x}}\left(\frac{d}{dx}\right)^\ell \cos x$$

$$= (-1)^{\ell+1}\frac{1}{x}\left(\frac{d}{dx}\right)^\ell \cos x$$

을 얻는다. 여기서 $\left(\frac{d}{dx}\right)^\ell \cos x = (-1)^{\ell+1}\sin(x - \ell\pi/2 - \pi/2)$ [71]이므로 구면 노이

---

(71) 7장의 [보충자료 5]를 참고하세요.

만함수의 근사 표현은 다음과 같이 된다.

$$n_\ell(x) = (-1)^{\ell+1}\frac{1}{x}(-1)^{\ell+1}\sin(x-\ell\pi/2-\pi/2) = \frac{1}{x}\sin(x-\ell\pi/2-\pi/2)$$

$$\Rightarrow n_\ell(x) = \frac{1}{x}\sin(x-\ell\pi/2-\pi/2) \tag{7.7.24}$$

지금까지 구한 x 영역에 따른 구면 베셀함수와 구면 노이만함수에 대한 근사 표현 결과를 정리하면 다음과 같다.

• 작은 x인 경우

$$j_\ell(x) = \frac{x^\ell}{(2\ell+1)!!}, \quad n_\ell(x) = -\frac{(2\ell-1)!!}{x^{\ell+1}}$$

• 큰 x인 경우

$$j_\ell(x) = \frac{1}{x}\cos(x-\ell\pi/2-\pi/2), \quad n_\ell(x) = \frac{1}{x}\sin(x-\ell\pi/2-\pi/2)$$

예제 7.10

양자역학에서 질량이 m인 자유입자의 경우, 고유치 방정식 $H\Psi = E\Psi$로부터 $\left[\frac{1}{2m}\left(\frac{\hbar}{i}\overrightarrow{\nabla}\right)^2\right]\Psi = E\Psi \Rightarrow -\frac{\hbar^2}{2m}\nabla^2\Psi = E\Psi$을 얻는다. 구면좌표계에서 고유함수를 $\Psi(r,\theta,\phi) = R(r)\Theta(\theta)\Phi(\phi)$로 놓을 수 있다. 고유함수 $\Psi(r,\theta)$를 구하세요.

풀이 주어진 고유치 방정식 $-\frac{\hbar^2}{2m}\nabla^2\Psi = E\Psi$을 구면좌표계에서 표현하면 다음과 같다.

$$-\frac{\hbar^2}{2m}\left[\frac{1}{r^2}\frac{\partial}{\partial r}\left(r^2\frac{\partial\Psi}{\partial r}\right) + \frac{1}{r^2\sin\theta}\frac{\partial\Psi}{\partial\theta}\left(\sin\theta\frac{\partial}{\partial\theta}\right) + \frac{1}{r^2\sin^2\theta}\frac{\partial^2\Psi}{\partial\phi^2}\right] = E\Psi$$

$$\Rightarrow -\frac{\hbar^2}{2m}\left[\frac{1}{r^2}\frac{\partial}{\partial r}\left(r^2\frac{\partial}{\partial r}\right) + \frac{1}{r^2}\left\{\frac{1}{\sin\theta}\frac{\partial}{\partial\theta}\left(\sin\theta\frac{\partial}{\partial\theta}\right) + \frac{1}{\sin^2\theta}\frac{\partial^2}{\partial\phi^2}\right\}\right]\Psi = E\Psi$$

여기서 중괄호에 있는 각성분은 [예제 5.12]의 식 (3)으로부터 $-\frac{L^2}{\hbar^2}$이므로 위 식은 다음과 같이 표현된다.

$$-\frac{\hbar^2}{2m}\left[\frac{1}{r^2}\frac{\partial}{\partial r}\left(r^2\frac{\partial}{\partial r}\right)-\frac{L^2}{r^2\hbar^2}\right]R\Theta\Phi=ER\Theta\Phi$$

$$\Rightarrow -\frac{\hbar^2}{2m}\frac{\Theta\Phi}{r^2}\frac{d}{dr}\left(r^2\frac{dR}{dr}\right)+R\frac{L^2}{2mr^2}\Theta\Phi=ER\Theta\Phi$$

$$\Rightarrow -\frac{\hbar^2}{2m}\frac{\Theta\Phi}{r^2}\frac{d}{dr}\left(r^2\frac{dR}{dr}\right)+R\frac{\ell(\ell+1)\hbar^2}{2mr^2}\Theta\Phi=ER\Theta\Phi,\quad \text{여기서 } \ell\geq 0\text{인 정수}$$

$$\left(\because\ L^2 Y_\ell^m(\theta,\phi)=\ell(\ell+1)\hbar^2 Y_\ell^m(\theta,\phi)\right)$$

$$\Rightarrow -\frac{\hbar^2}{2m}\frac{1}{Rr^2}\frac{d}{dr}\left(r^2\frac{dR}{dr}\right)+\frac{\ell(\ell+1)\hbar^2}{2mr^2}=E$$

$$\Rightarrow -\frac{\hbar^2}{2m}\left[\frac{1}{r^2}\frac{d}{dr}\left(r^2\frac{dR}{dr}\right)-\frac{\ell(\ell+1)R}{r^2}\right]=ER$$

$$\Rightarrow -\frac{\hbar^2}{2m}\left[\frac{d^2R}{dr^2}+\frac{2}{r}\frac{dR}{dr}-\frac{\ell(\ell+1)R}{r^2}\right]=ER$$

$$\Rightarrow \left[\frac{d^2}{dr^2}+\frac{2}{r}\frac{d}{dr}-\frac{\ell(\ell+1)}{r^2}\right]R(r)+k^2R(r)=0,\quad \text{여기서 } k^2=\frac{2m}{\hbar^2}E \tag{1}$$

위 식에서 $\rho=kr$로 놓으면

$$\Rightarrow \begin{cases}\dfrac{d}{dr}=\dfrac{d\rho}{dr}\dfrac{d}{d\rho}=k\dfrac{d}{d\rho}\\[2mm]\dfrac{d^2}{dr^2}=\dfrac{d}{dr}\left(\dfrac{d}{dr}\right)=k\left(\dfrac{d}{dr}\right)\dfrac{d}{d\rho}=k^2\dfrac{d^2}{d\rho^2}\end{cases}$$

이 되고, 이들을 식 (1)에 대입하면 다음과 같이 된다.

$$k^2\frac{d^2R(\rho)}{d\rho^2}+2\frac{k}{\rho}k\frac{dR(\rho)}{d\rho}-\ell(\ell+1)\frac{k^2}{\rho^2}R(\rho)+k^2R(\rho)=0$$

$$\Rightarrow \frac{d^2R(\rho)}{d\rho^2}+\frac{2}{\rho}\frac{dR(\rho)}{d\rho}-\frac{\ell(\ell+1)}{\rho^2}R(\rho)+R(\rho)=0$$

$$\Rightarrow \frac{d^2R(\rho)}{d\rho^2}+\frac{2}{\rho}\frac{dR(\rho)}{d\rho}+\left[1-\frac{\ell(\ell+1)}{\rho^2}\right]R(\rho)=0 \tag{2}$$

위 식에서 $R(\rho)=\dfrac{u(\rho)}{\rho}$로 놓으면

$$\Rightarrow \begin{cases}\dfrac{dR}{d\rho}=\dfrac{d}{d\rho}\left(\dfrac{u}{\rho}\right)=\dfrac{u'\rho-u}{\rho^2}=\dfrac{u'}{\rho}-\dfrac{u}{\rho^2}\\[3mm]\dfrac{d^2R}{d\rho^2}=\dfrac{d}{d\rho}\left(\dfrac{u'}{\rho}-\dfrac{u}{\rho^2}\right)=\dfrac{u''\rho-u'}{\rho^2}-\dfrac{u'\rho^2-2u\rho}{\rho^4}=\dfrac{u''}{\rho}-\dfrac{2u'}{\rho^2}+\dfrac{2u}{\rho^3}\end{cases}$$

이 되고, 이들을 식 (2)에 대입하면

$$\frac{u''}{\rho} - \frac{2u'}{\rho^2} + \frac{2u}{\rho^3} + \frac{2u'}{\rho^2} - \frac{2u}{\rho^3} + \left[1 - \frac{\ell(\ell+1)}{\rho^2}\right]\frac{u}{\rho} = 0$$

$$\Rightarrow \frac{d^2u}{d\rho^2} + \left[1 - \frac{\ell(\ell+1)}{\rho^2}\right]u = 0 \tag{3}$$

이 된다. 위 식을 우리가 解를 알고 있는 미분방정식으로 표현하기 위해
$u(\rho) = \rho^{\frac{1}{2}}y(\rho)$로 놓으면

$$\Rightarrow \begin{cases} \dfrac{du}{d\rho} = \dfrac{1}{2}\rho^{-\frac{1}{2}}y + \rho^{\frac{1}{2}}\dfrac{dy}{d\rho} \\[2mm] \dfrac{d^2u}{d\rho^2} = -\dfrac{1}{4}\rho^{-\frac{3}{2}}y + \rho^{-\frac{1}{2}}\dfrac{dy}{d\rho} + \rho^{\frac{1}{2}}\dfrac{d^2y}{d\rho^2} \end{cases}$$

이 되고, 이들을 식 (3)에 대입하면

$$-\frac{1}{4}\rho^{-\frac{3}{2}}y + \rho^{-\frac{1}{2}}\frac{dy}{d\rho} + \rho^{\frac{1}{2}}\frac{d^2y}{d\rho^2} + \left[1 - \frac{\ell(\ell+1)}{\rho^2}\right]\rho^{\frac{1}{2}}y = 0$$

$$\Rightarrow \rho^{\frac{1}{2}}\frac{d^2y}{d\rho^2} + \rho^{-\frac{1}{2}}\frac{dy}{d\rho} + \left[1 - \frac{\ell(\ell+1)}{\rho^2} - \frac{1}{4}\rho^{-2}\right]\rho^{\frac{1}{2}}y = 0$$

이 된다. 이 식에 $\rho^{\frac{3}{2}}$을 곱하면

$$\rho^2\frac{d^2y}{d\rho^2} + \rho\frac{dy}{d\rho} + \left[1 - \frac{\ell(\ell+1)}{\rho^2} - \frac{1}{4}\rho^{-2}\right]\rho^2 y = 0$$

$$\Rightarrow \rho^2\frac{d^2y}{d\rho^2} + \rho\frac{dy}{d\rho} + \left[\rho^2 - \ell(\ell+1) - \frac{1}{4}\right]y = 0$$

$$\therefore \quad \rho^2\frac{d^2y}{d\rho^2} + \rho\frac{dy}{d\rho} + \left[\rho^2 - \left(\ell + \frac{1}{2}\right)^2\right]y = 0 \tag{4}$$

을 얻는다. 이 식과 베셀 미분방정식 (7.5.7)을 비교하면 위 식은 차수가 $\nu = \ell + \dfrac{1}{2}$
인 베셀 미분방정식임을 알 수 있다.
그러므로 식 (4)의 일반해는

$$y(\rho) = A_1 J_{\ell+1/2}(\rho) + A_2 J_{-\ell+1/2}(\rho), \quad \text{여기서 } A_1\text{과 } A_2\text{는 상수}$$

로 표현된다. $u(\rho) = \rho^{\frac{1}{2}}y(\rho)$로 놓았기 때문에 위 식은

$$\frac{u(\rho)}{\sqrt{\rho}} = A_1 J_{\ell+1/2}(\rho) + A_2 J_{-\ell+1/2}(\rho) = A\sqrt{\rho}\,j_\ell(\rho) + B\sqrt{\rho}\,n_\ell(\rho)$$

$$(\because \text{ 식 } (7.7.8)\text{과 } (7.7.9)\text{로부터})$$

$$\Rightarrow \ u(\rho)=A\rho j_\ell(\rho)+B\rho n_\ell(\rho), \quad \text{여기서} \ A \text{와} \ B \text{는 상수} \tag{5}$$

그러므로 $u(\rho)=\rho R(\rho)$이기 때문에 지름성분의 일반해는 다음과 같다.

$$R(\rho)=Aj_\ell(\rho)+Bn_\ell(\rho) \tag{6}$$

이렇게 구한 일반해는 원점에서 유한해야 한다. 그러나 작은 ρ 영역에서 구면 노이만함수는 $\eta_\ell(\rho)\approx-\dfrac{(2\ell-1)!!}{\rho^{\ell+1}}$이기 때문에 발산하는 문제가 있어서 구면 노이만함수는 작은 ρ 영역에서 解가 될 수 없다. 그러므로 작은 $\rho=kr$ 영역에서의 지름성분의 일반해는 다음과 같이 구면 베셀함수로 표현된다.

$$R(\rho)=Aj_\ell(\rho) \ \Rightarrow \ R(kr)=Aj_\ell(kr) \tag{7}$$

구면좌표계에서 각성분 방정식에 대한 解는 구면 조화함수 $Y_{\ell m}(\theta,\phi)$인 것을 배웠으므로, 작은 $\rho=kr$의 영역에서의 고유치 방정식에 대한 解는

$$\therefore \ \Psi(r,\theta,\phi)=R(r)\Theta(\theta)\Phi(\phi)=\sum_{\ell=0}^{\infty}\sum_{m=-\ell}^{\ell}j_\ell(kr)\,Y_{\ell m}(\theta,\phi)$$

이 된다.

예제 7.11

z-축으로 진행하는 평면파는 구면좌표계에서 산란 후 멀리 떨어진 곳에서는 아래와 같이 표현된다. 이 관계식에 있는 계수 C_ℓ을 구하세요.

$$e^{i\vec{k}\cdot\vec{r}}=e^{ikr\cos\theta}=\sum_{\ell=0}^{\infty}C_\ell j_\ell(kr)P_\ell(\cos\theta)$$

풀이 상수 C_ℓ을 구하기 위해서 르장드르 다항식의 직교성을 다음과 같이 이용한다.

$$\int_{-1}^{1}e^{ikr\cos\theta}P_{\ell'}(\cos\theta)d(\cos\theta)=\int_{-1}^{1}\sum_{\ell=0}^{\infty}C_\ell j_\ell(kr)P_\ell(\cos\theta)P_{\ell'}(\cos\theta)d(\cos\theta)$$

$$=\sum_{\ell=0}^{\infty}C_\ell j_\ell(kr)\int_{-1}^{1}P_\ell(\cos\theta)P_{\ell'}(\cos\theta)d(\cos\theta)$$

$$=\sum_{\ell=0}^{\infty}C_\ell j_\ell(kr)\left(\frac{2}{2\ell+1}\delta_{\ell\ell'}\right)=\frac{2}{2\ell'+1}C_{\ell'}j_{\ell'}(kr)$$

$$\Rightarrow \ C_\ell j_\ell(kr)=\frac{2\ell+1}{2}\int_{-1}^{1}e^{ikr\cos\theta}P_\ell(\cos\theta)d(\cos\theta)$$

$$=\frac{2\ell+1}{2}\int_{-1}^{1}\left(\frac{1}{ikr}e^{ikr\cos\theta}\right)'P_\ell(\cos\theta)d(\cos\theta)$$

$$= \left(\frac{2\ell+1}{2}\right)\frac{1}{ikr}\left[e^{ikr\cos\theta}P_\ell(\cos\theta)\right]_{\cos\theta=-1}^{\cos\theta=1}$$
$$-\frac{2\ell+1}{2}\int_{-1}^{1}\left(\frac{1}{ikr}e^{ikr\cos\theta}\right)'P_\ell'(\cos\theta)d(\cos\theta)$$

여기서 $\left(\frac{1}{ikr}e^{ikr\cos\theta}\right)'$ 와 $P_\ell'(\cos\theta)$ 은 $\cos\theta$ 에 관한 미분이다.

위 식의 오른편의 첫 번째 항은 $\frac{1}{r}$ 에 비례하는 반면, 두 번째 항에 ℓ 번 부분적분을 적용하면 고차원항은 $\frac{1}{r^\ell}$ 에 비례한다. 그러므로 큰 r 영역에서는 두 번째 항을 무시할 수 있다.

그러므로

$$C_\ell j_\ell(kr) = \left(\frac{2\ell+1}{2}\right)\frac{1}{ikr}\left[e^{ikr\cos\theta}P_\ell(\cos\theta)\right]_{\cos\theta=-1}^{\cos\theta=1}$$
$$= \left(\frac{2\ell+1}{2}\right)\frac{1}{ikr}\left[e^{ikr}P_\ell(1)-e^{-ikr}P_\ell(-1)\right]$$
$$= \left(\frac{2\ell+1}{2}\right)\frac{1}{ikr}\left[e^{ikr}-e^{-ikr}(-1)^\ell\right]$$
$$\left(\because\ P_\ell(x)=\frac{1}{2^\ell\ell!}\frac{d^\ell}{dx^\ell}(x^2-1)^\ell \Rightarrow P_\ell(-x)=(-1)^\ell P_\ell(x)\right)$$
$$= \left(\frac{2\ell+1}{2}\right)\frac{1}{ikr}\left(e^{ikr}-e^{-ikr}e^{i\ell\pi}\right)$$
$$\left(\because\ e^{i\ell\pi}=\cos\ell\pi+i\sin\ell\pi=\cos\ell\pi=(-1)^\ell\right)$$
$$= \left(\frac{2\ell+1}{2}\right)\frac{e^{i\frac{\ell\pi}{2}}}{ikr}\left(e^{-i\frac{\ell\pi}{2}}e^{ikr}-e^{i\frac{\ell\pi}{2}}e^{-ikr}\right)$$
$$= \left(\frac{2\ell+1}{2}\right)\frac{e^{i\frac{\ell\pi}{2}}}{ikr}\left[e^{i(kr-\frac{\ell\pi}{2})}-e^{-i(kr-\frac{\ell\pi}{2})}\right]$$

여기서 $e^{i\frac{\ell\pi}{2}}=\cos\frac{\ell\pi}{2}+i\sin\frac{\ell\pi}{2}=i^\ell$ 이므로 위 식은 다음과 같이 표현된다.

$$\left(\because\ \cos\frac{\ell\pi}{2}+i\sin\frac{\ell\pi}{2}=\begin{cases}\ell=0\text{인 경우}, 1+0=1\\\ell=1\text{인 경우}, 0+i=i\\\ell=2\text{인 경우}, -1+0=-1\\\vdots\end{cases}=i^\ell\right)$$

$$C_\ell j_\ell(kr) = \left(\frac{2\ell+1}{2}\right)\frac{i^\ell}{ikr}2i\sin(kr-\ell\pi/2)$$
$$= (2\ell+1)i^\ell\frac{1}{kr}\sin(kr-\ell\pi/2) \tag{1}$$

여기서 큰 x 영역에 대해 $j_\ell(x) = \dfrac{1}{x}\cos(x - \ell\pi/2 - \pi/2)$ 이므로, 이 관계식에서 $x \to kr$ 로 대체하면

$$j_\ell(kr) = \frac{1}{kr}\cos(kr - \ell\pi/2 - \pi/2)$$

$$= \frac{1}{kr}\cos[\pi/2 - (kr - \ell\pi/2)] = \frac{1}{kr}\sin(kr - \ell\pi/2)$$

이다. 따라서 이 결과를 식 (1)에 대입하면

$$C_\ell j_\ell(kr) = (2\ell+1)i^\ell j_\ell(kr) \;\Rightarrow\; C_\ell = (2\ell+1)i^\ell$$

을 얻고 이 결과를 주어진 관계식에 대입하면 구면좌표계에서 평면파의 표현인 다음의 관계식

$$e^{ikr\cos\theta} = \sum_{\ell=0}^{\infty} C_\ell j_\ell(kr) P_\ell(\cos\theta)$$

$$= \sum_{\ell=0}^{\infty} (2\ell+1)i^\ell j_\ell(kr) P_\ell(\cos\theta)$$

을 얻는다.

7.8 라게르 미분방정식

이계 미분방정식

$$x\frac{d^2y}{dx^2} + (k+1-x)\frac{dy}{dx} + ny = 0, \quad \text{여기서 } n \geq 0 \text{인 정수} \tag{7.8.1}$$

을 차수 n의 **라게르**(Laguerre) 미분방정식이라 하며, $k = 0$인 경우의 解는 **라게르 다항식** (또는 함수) $L_n(x)$, $k \neq 0$인 경우의 解는 **연관 라게르 다항식** $L_n^k(x)$라 한다. 이 미분방정식 은 양자역학에서 수소유사원자에 대한 파동방정식의 지름성분을 구할 때 필요하다.

$k = 0$인 경우의 라게르 미분방정식은 $x = 0$에서 특이점을 갖는다. 방정식의 시도해를

$$y(x) = \sum_{m=0}^{\infty} a_m x^{m+r}, \quad \text{여기서 } a_0 \neq 0 \tag{7.8.2}$$

로 놓고 식 (7.8.1)에 대입하면

$$\sum_{m=0}^{\infty} (m+r)(m+r-1)a_m x^{m+r-1} + (1-x)\sum_{m=0}^{\infty}(m+r)a_m x^{m+r-1} + n\sum_{m=0}^{\infty} a_m x^{m+r} = 0$$

$$\Rightarrow \sum_{m=0}^{\infty} \left[(m+r)(m+r-1)+(m+r)\right]a_m x^{m+r-1} - \sum_{m=0}^{\infty}\left[(m+r)-n\right]a_m x^{m+r} = 0$$

$$\Rightarrow \sum_{m=0}^{\infty} a_m x^r \left[(m+r)^2 x^{m-1} + (n-r-m)x^m\right] = 0 \qquad (7.8.3)$$

여기서 x의 최저차 항의 계수를 0으로 하기 위해서는 $a_0 r^2 = 0$이 되어야 하고 $a_0 \neq 0$이므로 $r=0$이 된다. 이 결과를 식 (7.8.3)에 대입하면

$$\sum_{m=0}^{\infty}\left[m^2 a_m x^{m-1} + (n-m)a_m x^m\right] = 0$$

이 되고, 위 식의 첫 항에서 $m \rightarrow m+1$을 하면

$$\sum_{m=0}^{\infty}\left[(m+1)^2 a_{m+1} + (n-m)a_m\right]x^m = 0 \qquad (7.8.4)$$

이 된다. 이로부터 다음의 회귀관계식을 얻는다.

$$a_{m+1} = -\frac{n-m}{(m+1)^2}a_m \qquad (7.8.5)$$

여기서 $m=n$이면 위 식의 분자가 0이 되어 $a_{n+1} = a_{n+2} = \cdots\cdots = 0$이 된다.
위 식에 $m=0,\,1,\,2,\,\cdots\cdots$을 대입하면

$$\begin{cases} a_1 = \dfrac{-n}{1^2}a_0 \\[2mm] a_2 = \dfrac{-(n-1)}{2^2}a_1 = \dfrac{(-1)^2(n-1)n}{(1\times 2)^2}a_0 \\[2mm] a_3 = \dfrac{-(n-2)}{3^2}a_2 = \dfrac{(-1)^3(n-2)(n-1)n}{(1\times 2\times 3)^2}a_0 \\[2mm] \qquad\qquad\qquad\vdots \end{cases}$$

$$\Rightarrow a_m = (-1)^m \frac{(n-m+1)(n-m+2)\cdots\cdots(n-1)n}{(m!)^2}a_0, \qquad (7.8.6)$$

여기서 $m \leq n$

인 일반 관계식을 얻는다. 이를 식 (7.8.2)에 대입하면

$$y(x) = \sum_{m=0}^{\infty} (-1)^m \frac{(n-m+1)(n-m+2)\cdots\cdots(n-1)n}{(m!)^2} a_0 x^m \quad (\because \ r=0)$$

$$= a_0 \sum_{m=0}^{n} (-1)^m \frac{n(n-1)\cdots\cdots(n-m+2)(n-m+1)(n-m)(n-m-1)\cdots\cdots 3\cdot 2\cdot 1}{[(n-m)(n-m-1)\cdots\cdots 3\cdot 2\cdot 1](m!)^2} x^m$$

$$= a_0 \sum_{m=0}^{n} (-1)^m \frac{n!}{(n-m)!(m!)^2} x^m$$

을 얻고,

$a_0 = 1$로 선택하면 미분방정식의 解는

$$y(x) = \sum_{m=0}^{n} (-1)^m \frac{n!}{(n-m)!(m!)^2} x^m = L_n(x) \tag{7.8.7}$$

로 표현되고 이 다항함수를 라게르 다항식 $L_n(x)$라 한다.

식 (7.8.7)로부터 처음의 몇몇 라게르 다항식을 구하면

$$L_0(x) = \sum_{m=0}^{0} (-1)^0 \frac{0!}{(0-0)!(0!)^2} x^0 = 1,$$

$$L_1(x) = \sum_{m=0}^{1} (-1)^m \frac{n!}{(n-m)!(m!)^2} x^m$$

$$= (-1)^0 \frac{1!}{(1-0)!(0!)^2} x^0 + (-1)^1 \frac{1!}{(1-1)!(1!)^2} x^1 = 1-x$$

$$L_2(x) = \sum_{m=0}^{2} (-1)^m \frac{n!}{(n-m)!(m!)^2} x^m$$

$$= (-1)^0 \frac{2!}{(2-0)!(0!)^2} x^0 + (-1)^1 \frac{2!}{(2-1)!(1!)^2} x^1 + (-1)^2 \frac{2!}{(2-2)!(2!)^2} x^2$$

$$= \frac{1}{2!}(2-4x+x^2)$$

$$L_3(x) = \sum_{m=0}^{3} (-1)^m \frac{n!}{(n-m)!\,(m!)^2} x^m$$

$$= (-1)^0 \frac{3!}{(3-0)!\,(0!)^2} x^0 + (-1)^1 \frac{3!}{(3-1)!\,(1!)^2} x^1$$

$$+ (-1)^2 \frac{3!}{(3-2)!\,(2!)^2} x^2 + (-1)^3 \frac{3!}{(3-3)!\,(3!)^2} x^3$$

$$= \frac{1}{3!}(6 - 18x + 9x^2 - x^3)$$

유사한 방법으로

$$L_4(x) = \frac{1}{4!}(24 - 96x + 72x^3 - 16x^3 + x^4)$$

$$\vdots$$

$$\vdots$$

을 얻을 수 있다. 이들 결과로부터 라게르 다항식 $L_n(x)$의 최고차수 항은 $\frac{1}{n!}(-1)^n x^n$임을 알 수 있다.

처음의 몇몇 라게르 다항식을 그래프로 나타내면 아래 그림과 같다.

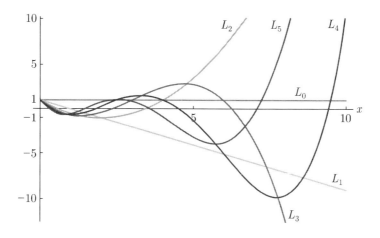

위에서 구한 라게르 다항식 $L_n(x)$는 다음과 같은 생성함수를 사용해서 구할 수도 있다.

$$\frac{e^{-\frac{xt}{1-t}}}{1-t} = \sum_{n=0}^{\infty} L_n(x)t^n \qquad (7.8.8)$$

위 등식의 왼편에 있는 지수함수를 무한급수로 표현하면 위 식은 다음과 같다.

$$\sum_{n=0}^{\infty} L_n(x)t^n = \frac{1}{1-t}\sum_{r=0}^{\infty}\frac{\left(-\dfrac{xt}{1-t}\right)^r}{r!} = \frac{1}{1-t}\sum_{r=0}^{\infty}\frac{(-1)^r x^r t^r}{r!(1-t)^r}$$

$$= \sum_{r=0}^{\infty}\frac{(-1)^r x^r t^r}{r!}(1-t)^{-(r+1)} \qquad (7.8.9)$$

여기서 이항정리로부터

$$\frac{1}{(1-t)^m} = (1-t)^{-m} = \sum_{s=0}^{\infty}\binom{m+s-1}{m-1}t^s = \sum_{s=0}^{\infty}\frac{(m+s-1)!}{(m-1)!(m+s-1-m+1)!}t^s$$

$$= \sum_{s=0}^{\infty}\frac{(m+s-1)(m+s-2)\cdots\cdots(m+1)m(m-1)!}{(m-1)!s!}t^s$$

$$= \sum_{s=0}^{\infty}\frac{m(m+1)\cdots\cdots(m+s-1)}{s!}t^s$$

이므로

$$(1-t)^{-(r+1)} = \sum_{s=0}^{\infty}\frac{(r+1)(r+2)\cdots\cdots(r+s)}{s!}t^s$$

이 된다. 그러므로 식 (7.8.9)는 다음과 같이 된다.

$$\sum_{n=0}^{\infty} L_n(x)t^n = \sum_{r=0}^{\infty}\sum_{s=0}^{\infty}\frac{(-1)^r x^r}{r!s!}(r+1)(r+2)\cdots\cdots(r+s)t^{r+s}$$

이 식 왼편과 오른편의 t^n에 대해 등식을 적용하면 $s = n - r$(여기서 $n \geq r$)이 되어 다음의 관계식을 얻는다.

$$L_n(x) = \sum_{r=0}^{n}\frac{(-1)^r x^r}{r!(n-r)!}\left[(r+1)(r+2)\cdots\cdots n\right]$$

$$= \sum_{r=0}^{n}\frac{(-1)^r x^r}{r!(n-r)!}\left(\frac{n!}{r!}\right) \qquad (7.8.10)$$

위 식은 다음과 같이 나타낼 수도 있다.

$$L_n(x) = e^x \sum_{r=0}^{n} \frac{1}{r!(n-r)!} (-1)^r e^{-x} \left(\frac{n!}{r!} \right) x^r$$

$$= e^x \sum_{r=0}^{n} \frac{1}{r!(n-r)!} (-1)^r e^{-x} \frac{n!}{[n-(n-r)]!} x^{n-(n-r)} \tag{7.8.11}$$

여기서 $n \geq p$인 경우이면 $\dfrac{d^p}{dx^p} x^n = \dfrac{n!}{(n-p)!} x^{n-p}$이므로 위 식의 오른편에 있는 항에서

$\dfrac{n!}{[n-(n-r)]!} x^{n-(n-r)} = \dfrac{d^{n-r}}{dx^{n-r}} x^n$ 이고 $(-1)^r e^{-x} = \dfrac{d^r}{dx^r} e^{-x}$ 이므로 위 식은 다음과 같

이 표현된다.

$$L_n(x) = e^x \sum_{r=0}^{n} \frac{1}{r!(n-r)!} \left(\frac{d^r}{dx^r} e^{-x} \right) \left(\frac{d^{n-r}}{dx^{n-r}} x^n \right)$$

$$= \frac{e^x}{n!} \sum_{r=0}^{n} \frac{n!}{r!(n-r)!} \left(\frac{d^{n-r}}{dx^{n-r}} x^n \right) \left(\frac{d^r}{dx^r} e^{-x} \right) \tag{7.8.12}$$

여기서 라이프니츠 공식

$$\frac{d^n}{dx^n} [f(x)g(x)] = \sum_{k=0}^{n} \binom{n}{k} \left(\frac{d^{n-k}}{dx^{n-k}} f(x) \right) \left(\frac{d^k}{dx^k} g(x) \right)$$

$$= \sum_{k=0}^{n} \frac{n!}{k!(n-k)!} \left(\frac{d^{n-k}}{dx^{n-k}} f(x) \right) \left(\frac{d^k}{dx^k} g(x) \right)$$

$$= \sum_{r=0}^{n} \frac{n!}{r!(n-r)!} \left(\frac{d^{n-r}}{dx^{n-r}} f(x) \right) \left(\frac{d^r}{dx^r} g(x) \right)$$

을 사용하면 식 (7.8.12)는 다음과 같이 된다.

$$L_n(x) = \frac{e^x}{n!} \frac{d^n}{dx^n} (x^n e^{-x}), \text{ 여기서 } n \geq 0\text{인 정수} \tag{7.8.13}$$

이를 라게르 다항식에 대한 **로드리게 공식**이라 한다.

위 식을 사용해서 얻는 라게르 다항식은 식 (7.8.7)을 사용해서 얻은 라게르 다항식의
결과와 같음을 쉽게 확인할 수 있다.

이제 $k \neq 0$인 라게르 미분방정식의 解인 연관 라게르 다항식 $L_n^k(x)$를 구해보자. 라게르 다항식을 미분해서 얻는 연관 라게르 다항식은 다음과 같은 생성함수로 구할 수 있다.

$$\sum_{n=0}^{\infty} L_n^k(x)t^n = \frac{e^{-\frac{xt}{1-t}}}{(1-t)^{k+1}} = \frac{1}{(1-t)^{k+1}} \sum_{r=0}^{\infty} \frac{\left(-\frac{xt}{1-t}\right)^r}{r!}$$

$$= \frac{1}{(1-t)^{k+1}} \sum_{r=0}^{\infty} \frac{(-1)^r x^r t^r}{r!(1-t)^r} = \sum_{r=0}^{\infty} \frac{(-1)^r x^r t^r}{r!}(1-t)^{-(k+1+r)}$$

$$= \sum_{r=0}^{\infty}\sum_{s=0}^{\infty} \frac{(-1)^r x^r t^r}{r!}\binom{k+r+s}{k+r}t^s = \sum_{r=0}^{\infty}\sum_{s=0}^{\infty} \frac{(-1)^r x^r t^r}{r!}\frac{(k+r+s)!}{(k+r)!s!}t^s$$

$$= \sum_{r=0}^{\infty}\sum_{s=0}^{\infty} \frac{(-1)^r x^r t^r}{r!}\frac{(k+r+s)\cdots\cdots(k+r+1)(k+r)!}{(k+r)!s!}t^s$$

$$= \sum_{r=0}^{\infty}\sum_{s=0}^{\infty} \frac{(-1)^r x^r}{r!}\frac{(k+r+1)(k+r+2)\cdots\cdots(k+r+s)}{s!}t^{r+s}$$

이 식 왼편과 오른편의 t^n에 대해 등식을 적용하면 $s = n - r$(여기서 $n \geq r$)이 되어 다음의 관계식을 얻는다.

$$L_n^k(x) = \sum_{r=0}^{n} \frac{(-1)^r}{r!}\frac{(k+r+1)(k+r+2)\cdots\cdots(k+n)}{(n-r)!}x^r$$

$$= \sum_{r=0}^{n} \frac{(-1)^r}{r!}\frac{(k+n)(k+n-1)\cdots\cdots(k+r+2)(k+r+1)[(k+r)(k+r-1)\cdots\cdots 2\cdot 1]}{(n-r)![(k+r)(k+r-1)\cdots\cdots 2\cdot 1]}x^r$$

$$= \sum_{r=0}^{n} \frac{(-1)^r}{r!(n-r)!}\frac{(k+n)!}{(k+r)!}x^r = x^{-k}\sum_{r=0}^{n} \frac{(-1)^r}{r!(n-r)!}\frac{(k+n)!}{(k+r)!}x^{r+k}$$

$$= \frac{e^x}{n!}x^{-k}\sum_{r=0}^{n} \frac{(-1)^r n!}{r!(n-r)!}e^{-x}\frac{(k+n)!}{(k+r)!}x^{r+k} \quad (\because \text{분모와 분자에 같이 } \frac{e^x}{n!}\text{를 곱해줌})$$

$$= \frac{e^x}{n!}x^{-k}\sum_{r=0}^{n} \frac{n!}{r!(n-r)!}(-1)^r e^{-x}\frac{(k+n)!}{(k+r)!}x^{r+k}$$

$$= \frac{e^x}{n!}x^{-k}\sum_{r=0}^{n} \frac{n!}{r!(n-r)!}(-1)^r e^{-x}\frac{(n+k)!}{[n+k-(n-r)]!}x^{n+k-(n-r)} \qquad (7.8.14)$$

여기서

$$(-1)^r e^{-x} = \frac{d^r}{dx^r} e^{-x} \quad \text{그리고} \quad \frac{(n+k)!}{[n+k-(n-r)]!} x^{n+k-(n-r)} = \frac{d^{n-r}}{dx^{n-r}} x^{n+k}$$

이므로 식 (7.8.14)는 다음과 같이 표현된다.

$$L_n^k(x) = \frac{e^x}{n!} x^{-k} \sum_{r=0}^{n} \frac{n!}{r!(n-r)!} \left(\frac{d^{n-r}}{dx^{n-r}} x^{n+k} \right) \left(\frac{d^r}{dx^r} e^{-x} \right) \tag{7.8.15}$$

그리고 라이프니츠 공식으로부터 식 (7.8.15)는

$$L_n^k(x) = \frac{e^x x^{-k}}{n!} \frac{d^n}{dx^n} (x^{n+k} e^{-x}) \tag{7.8.16}$$

여기서 $n \geq 0$인 정수이며 $k > -1$인 실수

가 된다. 이를 연관 라게르 다항식에 대한 **로드리게 공식**이라 한다.
$k=0$인 경우에 연관 라게르 다항식은 $L_n^0(x) = L_n(x)$이 되어 기대한 대로 라게르 다항식
이 된다.

식 (7.8.16)으로부터 처음의 몇몇 연관 라게르 다항식을 구하면

$$L_0^k(x) = \frac{e^x x^{-k}}{0!} \frac{d^0}{dx^0} (x^{0+k} e^{-x}) = e^x x^{-k} (x^k e^{-x}) = 1$$

$$L_1^k(x) = \frac{e^x x^{-k}}{1!} \frac{d^1}{dx^1} (x^{1+k} e^{-x})$$

$$= e^x x^{-k} [(k+1) x^k e^{-x} - x^{k+1} e^{-x}] = -x + k + 1$$

$$L_2^k(x) = \frac{e^x x^{-k}}{2!} \frac{d^2}{dx^2} (x^{2+k} e^{-x})$$

$$= \frac{e^x x^{-k}}{2} [(k+2)(k+1) x^k e^{-x} - 2(k+2) x^{k+1} e^{-x} + x^{k+2} e^{-x}]$$

$$= \frac{1}{2!} [x^2 - 2(k+2)x + (k+1)(k+2)]$$

유사한 방법으로

$$L_3^k(x) = \frac{1}{3!}[-x^3 + 3(k+3)x^2 - 3(k+2)(k+3)x + (k+1)(k+2)(k+3)]$$

$$\vdots$$
$$\vdots$$

을 얻는다. 이들 결과로부터 연관 라게르 다항식 $L_n^k(x)$의 최고차수 항은 라게르 다항식과 마찬가지로 $\frac{1}{n!}(-1)^n x^n$ 임을 알 수 있다.

이제 연관 라게르 다항식의 직교성에 대해 알아보기 위해 다음의 적분을 계산하면

$$\int_0^\infty e^{-x} x^k L_m^k(x) L_n^k(x) dx \quad (\text{여기서 } k > -1)$$

$$= \int_0^\infty e^{-x} x^k L_m^k(x) \left[\frac{e^x x^{-k}}{n!} \frac{d^n}{dx^n}(x^{n+k} e^{-x}) \right] dx \quad (\because \text{식 } (7.8.16)\text{으로부터})$$

$$= \frac{1}{n!} \int_0^\infty L_m^k(x) \left[\frac{d^n}{dx^n}(x^{n+k} e^{-x}) \right] dx \tag{7.8.17}$$

이 되며, 적분은 다음과 같이 부분적분 방법을 사용해서 계산하면 다음과 같다.

$$\int_0^\infty L_m^k(x) \left[\frac{d^n}{dx^n}(x^{n+k} e^{-x}) \right] dx = \int_0^\infty L_m^k(x) \left[\frac{d^{n-1}}{dx^{n-1}}(x^{n+k} e^{-x}) \right]' dx$$

$$= \left[L_m^k(x) \left\{ \frac{d^{n-1}}{dx^{n-1}}(x^{n+k} e^{-x}) \right\} \right]_0^\infty - \int_0^\infty \frac{dL_m^k(x)}{dx} \left[\frac{d^{n-1}}{dx^{n-1}}(x^{n+k} e^{-x}) \right] dx$$

여기서 첫 번째 항에 있는 x의 차수 $(n+k)$가 미분하는 횟수인 $(n-1)$보다 크므로 첫 번째 항은 $x = 0$에서 0이 되고 또한 $x = \infty$에서는 e^{-x}에 의해 0이 되어서 첫 번째 항은 0이 된다. 두 번째 항에 부분적분 방법을 사용하면 위 식은

$$-\int_0^\infty \frac{dL_m^k(x)}{dx} \left[\frac{d^{n-2}}{dx^{n-2}}(x^{n+k} e^{-x}) \right]' dx$$

$$= \left[\frac{dL_m^k(x)}{dx} \left\{ \frac{d^{n-2}}{dx^{n-2}}(x^{n+k} e^{-x}) \right\} \right]_0^\infty + (-1)^2 \int_0^\infty \frac{d^2 L_m^k(x)}{dx^2} \left[\frac{d^{n-2}}{dx^{n-2}}(x^{n+k} e^{-x}) \right] dx$$

$$= (-1)^2 \int_0^\infty \frac{d^2 L_m^k(x)}{dx^2} \left[\frac{d^{n-2}}{dx^{n-2}}(x^{n+k} e^{-x}) \right] dx$$

$$(\because \text{ 위와 같은 이유로 첫 번째 항은 } 0 \text{이므로})$$

$$= (-1)^2 \int_0^\infty \frac{d^2 L_m^k(x)}{dx^2} \left[\frac{d^{n-3}}{dx^{n-3}} (x^{n+k} e^{-x}) \right]' dx$$

$$= (-1)^3 \int_0^\infty \frac{d^3 L_m^k(x)}{dx^3} \left[\frac{d^{n-3}}{dx^{n-3}} (x^{n+k} e^{-x}) \right] dx$$

$$\vdots$$

$$\vdots$$

$$= (-1)^n \int_0^\infty \frac{d^n L_m^k(x)}{dx^n} \left[\frac{d^{n-n}}{dx^{n-n}} (x^{n+k} e^{-x}) \right] dx \quad (\because \ n\text{번 부분적분을 하면})$$

$$= (-1)^n \int_0^\infty \frac{d^n L_m^k(x)}{dx^n} (x^{n+k} e^{-x}) dx$$

가 되고 이를 식 (7.8.17)에 대입하면 다음과 같은 관계식을 얻는다.

$$\int_0^\infty e^{-x} x^k L_m^k(x) L_n^k(x) dx = \frac{1}{n!} \left[(-1)^n \int_0^\infty \frac{d^n L_m^k(x)}{dx^n} (x^{n+k} e^{-x}) dx \right] \quad (7.8.18)$$

(i) $m < n$인 경우

오른편 피적분함수 항에 있는 $\dfrac{d^n L_m^k(x)}{dx^n}$에서 $L_m^k(x)$의 최고차수 항은 $\dfrac{1}{m!}(-1)^m x^m$ 인데 $m < n$이므로 $\dfrac{d^n L_m^k(x)}{dx^n} = 0$이 되어

$$\int_0^\infty e^{-x} x^k L_m^k(x) L_n^k(x) dx = 0 \quad (7.8.19)$$

인 결과를 얻는다.

(ii) $m = n$인 경우

오른편 피적분함수 항에 있는 $\dfrac{d^n L_n^k(x)}{dx^n}$에서 $L_n^k(x)$의 최고차수 항은 $\dfrac{1}{n!}(-1)^n x^n$이 므로 $\dfrac{d^n L_n^k(x)}{dx^n} = \dfrac{1}{n!}(-1)^n \dfrac{d^n}{dx^n} x^n = \dfrac{1}{n!}(-1)^n n! = (-1)^n$이 되어 식 (7.8.18)은 다음과 같이 된다.

$$\int_0^\infty e^{-x} x^k \left[L_n^k(x) \right]^2 dx = \frac{1}{n!} \left[(-1)^{2n} \int_0^\infty (x^{n+k} e^{-x}) dx \right]$$

$$= \frac{1}{n!} \left[\int_0^\infty x^{n+k} e^{-x} dx \right]$$

$$= \frac{1}{n!} \Gamma(n+k+1) \quad (\because \text{감마함수의 정의식으로부터})$$

$$= \frac{(n+k)!}{n!} \tag{7.8.20}$$

그러므로 식 (7.8.19)와 (7.8.20)으로부터 다음과 같은 연관 라게르 다항식의 직교성을 얻는다.

$$\int_0^\infty e^{-x} x^k L_m^k(x) L_n^k(x) dx = \frac{(n+k)!}{n!} \delta_{mn} \tag{7.8.21}$$

여기서 $e^{-x} x^k$는 가중(weighting)함수이다.
위 식에 $k=0$을 대입하면 다음과 같은 라게르 다항식의 직교성을 구할 수 있다.

$$\int_0^\infty e^{-x} L_m(x) L_n(x) dx = \delta_{mn} \tag{7.8.22}$$

여기서 e^{-x}는 가중함수이다.

예제 7.12

$L_n^k(x) = (-1)^k \dfrac{d^k}{dx^k} L_{n+k}(x)$임을 증명하세요. 여기서 $k \leq n$

풀이 $k=0$이며 차수가 $(n+k)$인 라게르 미분방정식은 식 (7.8.1)로부터 다음과 같이 표현된다.

$$x \frac{d^2 y}{dx^2} + (1-x) \frac{dy}{dx} + (n+k) y = 0 \tag{1}$$

위 식을 k번 미분하면

$$\frac{d^k}{dx^k} \left[x \frac{d^2 y}{dx^2} \right] + \frac{d^k}{dx^k} \left[(1-x) \frac{dy}{dx} \right] + (n+k) \frac{d^k}{dx^k} y = 0 \tag{2}$$

이 된다. 첫 번째 항에 라이프니츠 공식을 적용하면

$$\sum_{s=0}^{k} \frac{k!}{s!(k-s)!}\left(\frac{d^{k-s}}{dx^{k-s}}y''\right)\left(\frac{d^s}{dx^s}x\right) = \frac{k!}{0!k!}\left(\frac{d^k}{dx^k}y''\right)x + \frac{k!}{1!(k-1)!}\left(\frac{d^{k-1}}{dx^{k-1}}y''\right)$$

$$= x\left(\frac{d^{k+2}}{dx^{k+2}}y\right) + k\left(\frac{d^{k+1}}{dx^{k+1}}y\right)$$

이 되고 두 번째 항에 라이프니츠 공식을 적용하면

$$\sum_{s=0}^{k} \frac{k!}{s!(k-s)!}\left(\frac{d^{k-s}}{dx^{k-s}}y'\right)\left(\frac{d^s}{dx^s}(1-x)\right) = \frac{k!}{0!k!}\left(\frac{d^k}{dx^k}y'\right)(1-x) - \frac{k!}{1!(k-1)!}\left(\frac{d^{k-1}}{dx^{k-1}}y'\right)$$

$$= \left(\frac{d^{k+1}}{dx^{k+1}}y\right)(1-x) - k\left(\frac{d^k}{dx^k}y\right)$$

$$= \left(\frac{d^{k+1}}{dx^{k+1}}y\right) - x\left(\frac{d^{k+1}}{dx^{k+1}}y\right) - k\left(\frac{d^k}{dx^k}y\right)$$

가 된다. 이들을 식 (2)에 대입하면

$$x\left(\frac{d^{k+2}}{dx^{k+2}}y\right) + k\left(\frac{d^{k+1}}{dx^{k+1}}y\right) + \left(\frac{d^{k+1}}{dx^{k+1}}y\right) - x\left(\frac{d^{k+1}}{dx^{k+1}}y\right) - k\left(\frac{d^k}{dx^k}y\right) + (n+k)\frac{d^k}{dx^k}y = 0$$

$$\Rightarrow x\left(\frac{d^{k+2}}{dx^{k+2}}y\right) + k\left(\frac{d^{k+1}}{dx^{k+1}}y\right) + \left(\frac{d^{k+1}}{dx^{k+1}}y\right) - x\left(\frac{d^{k+1}}{dx^{k+1}}y\right) + n\frac{d^k}{dx^k}y = 0$$

$$\Rightarrow x\left(\frac{d^{k+2}}{dx^{k+2}}y\right) + (k+1-x)\left(\frac{d^{k+1}}{dx^{k+1}}y\right) + n\frac{d^k}{dx^k}y = 0$$

$$\Rightarrow x\left(\frac{d^k y}{dx^k}\right)'' + (k+1-x)\left(\frac{d^k y}{dx^k}\right)' + n\frac{d^k y}{dx^k} = 0$$

이 된다. 그러므로 $\frac{d^k y}{dx^k}$는 차수 n인 연관 라게르 미분방정식의 解인 $L_n^k(x)$가

된다. 그리고 식 (1)로부터 $y(x) = L_{n+k}(x)$이므로 $\frac{d^k y}{dx^k} = \frac{d^k}{dx^k}L_{n+k}(x)$가 되어

$$L_n^k(x) = (-1)^k \frac{d^k}{dx^k}L_{n+k}(x) \tag{3}$$

인 관계식을 얻는다. 여기서 $(-1)^k$는 등식 왼편과 오른편의 다항식 부호를 맞추기 위해 넣은 상수임을 [예제 7.13]으로부터 확인할 수 있다[72].

---

(72) 증명은 7장의 [연습문제 12]에서 다룹니다.

$L_2^1(x)$, $L_2^2(x)$ 그리고 $L_3^1(x)$를 계산하세요.

풀이 [예제 7.12]의 식 (3)으로부터

$$L_2^1(x) = (-1)^1 \frac{d^1}{dx^1} L_{2+1}(x) = -\frac{d}{dx} L_3(x) = -\frac{d}{dx}\left[\frac{1}{3!}\left(6 - 18x + 9x^2 - x^3\right)\right]$$

$$= -\frac{1}{3!}(-18 + 18x - 3x^2) = \frac{1}{2!}(x^2 - 6x - 6)$$

을 얻는다.

또한 본문에서 구한 관계식 $L_2^k(x) = \frac{1}{2!}[x^2 - 2(k+2)x + (k+1)(k+2)]$로부터

$$L_2^1(x) = \frac{1}{2!}[x^2 - 2(1+2)x + (1+1)(1+2)] = \frac{1}{2!}(x^2 - 6x + 6)$$

인 같은 결과를 얻을 수 있음을 알 수 있다.

유사한 방법으로

$$L_2^2(x) = (-1)^2 \frac{d^2}{dx^2} L_{2+2}(x) = \frac{d^2}{dx^2}\left[\frac{1}{4!}\left(24 - 96x + 72x^2 - 16x^3 + x^4\right)\right]$$

$$= \frac{1}{4!}(12x^2 - 96x + 144) = \frac{1}{2!}(x^2 - 8x + 12)$$

을 얻는다.

또한

$$L_3^1(x) = (-1)^1 \frac{d^1}{dx^1} L_{3+1}(x) = -\frac{d}{dx}\left[\frac{1}{4!}\left(24 - 96x + 72x^2 - 16x^3 + x^4\right)\right]$$

$$= -\frac{1}{4!}\left(4x^3 - 48x^2 + 144x - 96\right) = \frac{1}{3!}(-x^3 + 12x^2 - 36x + 24)$$

을 얻는다.

라이프니츠 공식

$$\frac{d^n}{dx^n}[f(x)g(x)] = \sum_{k=0}^{n}\binom{n}{k}\left[\frac{d^{n-k}}{dx^{n-k}}f(x)\right]\left[\frac{d^k}{dx^k}g(x)\right]$$

을 증명하세요.

풀이

$f(x)g(x)$을 미분하면

$$\frac{d}{dx}[f(x)g(x)] = \frac{df(x)}{dx}g(x) + f(x)\frac{dg(x)}{dx}$$

이 된다. 위 식을 미분하면

$$\frac{d^2}{dx^2}[f(x)g(x)] = \frac{d}{dx}\left[\frac{d}{dx}f(x)g(x)\right] = \frac{d}{dx}\left[\frac{df}{dx}g + f\frac{dg}{dx}\right]$$

$$= \frac{d^2f(x)}{dx^2}g(x) + 2\frac{df(x)}{dx}\frac{dg(x)}{dx} + f(x)\frac{d^2g(x)}{dx^2}$$

이 되며, 한 번 더 미분하면

$$\frac{d^3}{dx^3}[f(x)g(x)] = \frac{d}{dx}\left[\frac{d^2}{dx^2}f(x)g(x)\right]$$

$$= \frac{d}{dx}\left[\frac{d^2f(x)}{dx^2}g(x) + 2\frac{df(x)}{dx}\frac{dg(x)}{dx} + f(x)\frac{d^2g(x)}{dx^2}\right]$$

$$= \frac{d^3f(x)}{dx^3}g(x) + 3\frac{d^2f(x)}{dx^2}\frac{dg(x)}{dx}$$

$$+ 3\frac{df(x)}{dx}\frac{d^2g(x)}{dx^2} + f(x)\frac{d^3g(x)}{dx^3}$$

이 된다. 다시 한 번 더 미분하면 다음과 같이 된다.

$$\frac{d^4}{dx^4}[f(x)g(x)] = \frac{d}{dx}\left[\frac{d^3f(x)}{dx^3}g(x) + 3\frac{d^2f(x)}{dx^2}\frac{dg(x)}{dx}\right.$$

$$\left. + 3\frac{df(x)}{dx}\frac{d^2g(x)}{dx^2} + f(x)\frac{d^3g(x)}{dx^3}\right]$$

$$= \frac{d^4f(x)}{dx^4}g(x) + 4\frac{d^3f(x)}{dx^3}\frac{dg(x)}{dx} + 6\frac{d^2f(x)}{dx^2}\frac{d^2g(x)}{dx^2}$$

$$+ 4\frac{df(x)}{dx}\frac{d^3g(x)}{dx^3} + f(x)\frac{d^4g(x)}{dx^4}$$

$$= \frac{d^4f(x)}{dx^4}g(x) + 4\frac{d^3f(x)}{dx^3}\frac{dg(x)}{dx} + \frac{4(4-1)}{2!}\frac{d^2f(x)}{dx^2}\frac{d^2g(x)}{dx^2}$$

$$+ 4\frac{df(x)}{dx}\frac{d^3g(x)}{dx^3} + f(x)\frac{d^4g(x)}{dx^4}$$

$$\vdots$$

$$\vdots$$

유사한 방법으로 n번 미분하면 다음과 같게 된다.

$$\frac{d^n}{dx^n}[f(x)g(x)] = \frac{d^nf(x)}{dx^n}g(x) + n\frac{d^{n-1}f(x)}{dx^{n-1}}\frac{dg(x)}{dx}$$

$$+ \frac{n(n-1)}{2!}\frac{d^{n-2}f(x)}{dx^{n-2}}\frac{d^2g(x)}{dx^2}$$

$$+ \cdots\cdots + n\frac{df(x)}{dx}\frac{d^{n-1}g(x)}{dx^{n-1}} + f(x)\frac{d^ng(x)}{dx^n} \tag{1}$$

이항정리 관계식에 $a \rightarrow \dfrac{df(x)}{dx}$ 그리고 $b \rightarrow \dfrac{dg(x)}{dx}$ 을 대입하면

$$\left(\frac{df}{dx} + \frac{dg}{dx}\right)^n = \frac{d^nf}{dx^n}\frac{d^0g}{dx^0} + n\frac{d^{n-1}f}{dx^{n-1}}\frac{dg}{dx} + \frac{n(n-1)}{2!}\frac{d^{n-2}f}{dx^{n-2}}\frac{d^2g}{dx^2}$$

$$+ \cdots\cdots + n\frac{df}{dx}\frac{d^{n-1}g}{dx^{n-1}} + \frac{d^0f}{dx^0}\frac{dx^ng}{dx^n}$$

$$= \frac{d^nf}{dx^n}g + n\frac{d^{n-1}f}{dx^{n-1}}\frac{dg}{dx} + \frac{n(n-1)}{2!}\frac{d^{n-2}f}{dx^{n-2}}\frac{d^2g}{dx^2}$$

$$+ \cdots\cdots + n\frac{df}{dx}\frac{d^{n-1}g}{dx^{n-1}} + f\frac{dx^ng}{dx^n}$$

을 얻는다. 위 식의 오른편은 식 (1)의 오른편과 같음을 알 수 있다. 그리고 위 식의 왼편은 이항정리 관계식으로부터

$$\left(\frac{df}{dx} + \frac{dg}{dx}\right)^n = \sum_{k=0}^{n} \binom{n}{k} \left[\frac{d^{n-k}f(x)}{dx^{n-k}}\right]\left[\frac{d^k g(x)}{dx^k}\right] \tag{2}$$

이 되므로 식 (1)과 (2)로부터 다음의 관계식인 라이프니츠 공식을 얻을 수 있다.

$$\frac{d^n}{dx^n}[f(x)g(x)] = \sum_{k=0}^{n} \binom{n}{k} \left[\frac{d^{n-k}}{dx^{n-k}}f(x)\right]\left[\frac{d^k}{dx^k}g(x)\right]$$

$\dfrac{\Psi_0(-k)}{\Gamma(-k)} = (-1)^{k+1}k!$ 임을 증명하세요.

풀이

감마함수의 성질로부터 다음의 관계식을 얻는다.

$$\Gamma(x) = \Gamma(x-1+1) = (x-1)! = \frac{x!}{x}$$

$$= \frac{1}{x} \frac{(1 \cdot 2 \cdot 3 \cdot \cdots\cdots x)[(x+1)(x+2)(x+3)\cdots\cdots(x+n)]}{[(x+1)(x+2)(x+3)\cdots\cdots(x+n)]} \tag{1}$$

위 식의 분자는

$$(x+n)! = 1 \cdot 2 \cdot \cdots\cdots \cdot n(n+1) \cdot (n+2) \cdot \cdots\cdots \cdot (n+x)$$
$$= n!(n+1)(n+2)\cdots\cdots \cdot (n+x)$$

이므로 식 (1)은 다음과 같이 된다.

$$\Gamma(x) = \frac{n!(n+1)(n+2)\cdots\cdots(n+x)}{x(x+1)(x+2)\cdots\cdots(x+n)} = \frac{n!n^x\left(1+\dfrac{1}{n}\right)\left(1+\dfrac{2}{n}\right)\cdots\cdots\left(1+\dfrac{x}{n}\right)}{x(x+1)(x+2)\cdots\cdots(x+n)}$$

이때 큰 n에 대해 위 식의 오른편은

$$\lim_{n\to\infty} \frac{n!n^x\left(1+\dfrac{1}{n}\right)\left(1+\dfrac{2}{n}\right)\cdots\cdots\left(1+\dfrac{x}{n}\right)}{x(x+1)(x+2)\cdots\cdots(x+n)} = \lim_{n\to\infty}\left[\frac{n!n^x}{x(x+1)(x+2)\cdots\cdots(x+n)}\right]$$

이 된다. 여기서 대괄호 안에 있는 항은

$$\Gamma_n(x) = \frac{n!n^x}{x(x+1)(x+2)\cdots\cdots(x+n)} \tag{2}$$

로 정의되는 감마함수에 대한 가우스 표현이라 부른다. 그러므로 다음의 관계식을 얻는다.

$$\lim_{n \to \infty} \Gamma_n(x) = \Gamma(x)$$

이때 감마함수에 대한 가우스 표현인 식 (2)는

$$\Gamma_n(x) = \frac{1}{x} \frac{1}{x+1} \frac{2}{x+2} \cdots\cdots \frac{n}{x+n} n^x$$

$$= \frac{e^{x\left[ln(n)-1-\frac{1}{2}-\cdots\cdots-\frac{1}{n}\right]} e^{x+\frac{x}{2}+\cdots\cdots+\frac{x}{n}}}{x(x+1)\left(1+\frac{x}{2}\right)\cdots\cdots\left(1+\frac{x}{n}\right)}$$

이 되는데, 이때 분자에 있는 지수함수의 지수를 $\ln(n)-1-\frac{1}{2}-\cdots\cdots-\frac{1}{n}=-\gamma$인 **오일러
-마스케로니**(Euler-Mascheroni) **상수**로 정의하면 위 식은 다음과 같은

$$\Gamma_n(x) = e^{-\gamma x} \frac{1}{x} \frac{e^x}{1+x} \frac{e^{\frac{x}{2}}}{1+\frac{x}{2}} \cdots\cdots \frac{e^{\frac{x}{n}}}{1+\frac{x}{n}}$$

$$\Rightarrow \lim_{n \to \infty} \Gamma_n(x) = \Gamma(x) = e^{-\gamma x} x^{-1} \prod_{n=1}^{\infty} \frac{n}{n+x} e^{\frac{x}{n}}$$

바이어슈트라스(Weierstrass) 표현을 얻는다. 위 식의 왼편과 오른편에 자연로그를
취하면

$$\ln \Gamma(x) = -\gamma x + \ln x^{-1} + \sum_{n=1}^{\infty} \ln e^{\frac{x}{n}} + \sum_{n=1}^{\infty} \ln\left(\frac{n}{n+x}\right)$$

가 되고, 이 식을 미분하면 다음의 관계식을 얻는다.

$$\frac{d}{dx} \ln \Gamma(x) = -\gamma - \frac{1}{x} + \sum_{n=1}^{\infty} \frac{\frac{1}{n} e^{\frac{x}{n}}}{e^{\frac{x}{n}}} - \sum_{n=1}^{\infty} \frac{-\frac{n}{(n+x)^2}}{\frac{n}{n+x}}$$

$$= -\gamma - \frac{1}{x} + \sum_{n=1}^{\infty} \frac{1}{n} - \sum_{n=1}^{\infty} \frac{1}{n+x} = -\gamma - \frac{1}{x} + \sum_{n=1}^{\infty} \left(\frac{1}{n} - \frac{1}{n+x}\right)$$

$$= -\gamma + \sum_{n=1}^{\infty} \frac{1}{n} - \sum_{n=0}^{\infty} \frac{1}{n+x}$$

$$= \lim_{n \to \infty} \left[\ln(n) - \sum_{k=1}^{n} \frac{1}{k} \right] + \sum_{n=1}^{\infty} \frac{1}{n} - \sum_{n=0}^{\infty} \frac{1}{n+x}$$

$$\left(\because -\gamma = \ln(n) - 1 - \frac{1}{2} - \cdots\cdots - \frac{1}{n} \right)$$

$$= \lim_{n \to \infty} \left[\ln(n) - \sum_{k=0}^{n} \frac{1}{k+x} \right]$$

$$\therefore \ \frac{d}{dx} \ln \Gamma(x) = \lim_{n \to \infty} \left[\ln(n) - \sum_{k=0}^{n} \frac{1}{k+x} \right]$$

위 식의 왼편은 $\dfrac{d}{dx} \ln \Gamma(x) = \dfrac{\Gamma^{'}(x)}{\Gamma(x)}$ 인 다이감마 함수인 $\Psi_0(x)$이므로 위 식은

$$\Psi_0(x) = \lim_{n \to \infty} \left[\ln(n) - \sum_{k=0}^{n} \frac{1}{k+x} \right] \tag{3}$$

이 된다. 그러므로 식 (2)와 (3)으로부터

$$\frac{\Psi_0(x)}{\Gamma(x)} = \frac{\Psi_0(x)}{\lim\limits_{n \to \infty} \Gamma_n(x)} = \lim_{n \to \infty} \left[\frac{\ln(n) - \left(\dfrac{1}{x} + \dfrac{1}{x+1} + \dfrac{1}{x+2} + \cdots\cdots + \dfrac{1}{x+n} \right)}{\dfrac{n! \, n^x}{x(x+1)(x+2)\cdots\cdots(x+n)}} \right]$$

이 된다. 이때 위 식의 분모와 분자에 $(x+k)$를 곱하면

$$\frac{\Psi(x)}{\Gamma(x)}$$

$$= \lim_{n \to \infty} \left[\frac{(x+k)\ln(n) - \left(\dfrac{x+k}{x} + \dfrac{x+k}{x+1} + \cdots\cdots + \dfrac{x+k}{x+k-1} + 1 + \dfrac{x+k}{x+k+1} + \cdots\cdots \dfrac{x+k}{x+n} \right)}{\dfrac{n! \, n^x}{x(x+1)(x+2)\cdots\cdots(x+k-1)\cdot 1 \cdot (x+k+1)\cdots\cdots(x+n)}} \right]$$

여기서 분모의 분모에 있는 $(x+k)$은 없어지게 되고 편의를 위해 1을 넣었다.
위 식에서 $x \to -k$을 대입하면

$$\frac{\Psi(-k)}{\Gamma(-k)} = \lim_{n\to\infty} \left[\frac{0\cdot \ln(n) - \left(\dfrac{0}{-k} + \dfrac{0}{-k+1} + \cdots + \dfrac{0}{-1} + 1 + \dfrac{0}{1} + \cdots + \dfrac{0}{-k+n} \right)}{\dfrac{n!n^{-k}}{-k(-k+1)(-k+2)\cdots(-1)\cdot 1\cdot[1\cdot 2\cdots(-k+n)]}} \right]$$

$$= \lim_{n\to\infty} \left[(-1)^{k+1} \frac{k(k-1)(k-2)\cdots(1)\cdot 1\cdot[1\cdot 2\cdots(-k+n)]}{n!n^{-k}} \right]$$

$$= \lim_{n\to\infty} \left[(-1)^{k+1} \frac{k!}{n!n^{-k}} \frac{n!}{(n-k+1)(n-k+2)\cdots(n-1)n} \right]$$

$$= \lim_{n\to\infty} \left[(-1)^{k+1} k! n^{k} \frac{1}{(n-k+1)(n-k+2)\cdots(n-1)n} \right]$$

$$= \lim_{n\to\infty} \left[(-1)^{k+1} k! \frac{1}{\left(1-\dfrac{k}{n}+\dfrac{1}{n}\right)\left(1-\dfrac{k}{n}+\dfrac{2}{n}\right)\cdots\left(1-\dfrac{1}{n}\right)\cdot 1} \right]$$

$$= (-1)^{k+1} k!$$

을 얻게 된다.

$$\therefore\ \frac{\Psi(-k)}{\Gamma(-k)} = (-1)^{k+1} k!$$

베셀 함수의 직교성인 $\displaystyle\int_0^1 x J_\nu(ax) J_\nu(bx)\, dx = \frac{1}{2} J_{\nu+1}^2(a)\delta_{ab}$를 증명하세요.

풀이

베셀 미분방정식[식 (7.5.7)]은 $x^2 \dfrac{d^2 y(x)}{dx^2} + x \dfrac{dy(x)}{dx} + (x^2 - \nu^2)y(x) = 0$이다. $J_\nu(x)$가 베셀 미분방정식의 解이면 $J_\nu(x)$는 다음의 미분방정식을 만족한다.

$$x^2 \frac{d^2 J_\nu(x)}{dx^2} + x \frac{dJ_\nu(x)}{dx} + (x^2 - \nu^2)J_\nu(x) = 0$$

$$\Rightarrow\ x \frac{d}{dx}\left[x \frac{dJ_\nu(x)}{dx} \right] + (x^2 - \nu^2)J_\nu(x) = 0$$

(i) $a \neq b$인 경우

위 식에서 $x = at$로 놓자. 여기서 상수 a는 $J_\nu(a) = 0$을 만족하는 상수이다. 그러면 $\dfrac{d}{dx} = \dfrac{1}{a}\dfrac{d}{dt}$이며 $J_\nu(x) = J_\nu(at) = u(t)$라고 할 때 위 식은 다음과 같이 표현된다.

$$at\left(\frac{1}{a}\frac{d}{dt} \right)\left[at\left(\frac{1}{a}\frac{du}{dt} \right) \right] + (a^2 t^2 - \nu^2)u(t) = 0$$

$$\Rightarrow\ t\frac{d}{dt}\left(t\frac{du}{dt} \right) + (a^2 t^2 - \nu^2)u(t) = 0 \tag{1}$$

또한 $J_\nu(b) = 0$를 만족하는 상수 b가 있어서, $J_\nu(bt) = v(t)$라고 하면 위와 유사한 방법으로 $v(t)$에 관해서 다음의 미분방정식을 얻는다.

$$t\frac{d}{dt}\left(t\frac{dv}{dt} \right) + (b^2 t^2 - \nu^2)v(t) = 0 \tag{2}$$

식 (1)에 $v(t)$를 곱하고 식 (2)에 $u(t)$를 곱한 뒤에 식 (1)에서 (2)를 빼면

$$tv\frac{d}{dt}\left(t\frac{du}{dt}\right) - tu\frac{d}{dt}\left(t\frac{dv}{dt}\right) + (a^2 - b^2)t^2uv = 0$$

$$\Rightarrow v\frac{d}{dt}\left(t\frac{du}{dt}\right) - u\frac{d}{dt}\left(t\frac{dv}{dt}\right) + (a^2 - b^2)tuv = 0$$

$$\Rightarrow \frac{d}{dt}\left(vt\frac{du}{dt} - ut\frac{dv}{dt}\right) + (a^2 - b^2)tuv = 0$$

이 된다. 위 식에 다음과 같이 적분을 취하면

$$\int_0^1 \left[\frac{d}{dt}\left(vt\frac{du}{dt} - ut\frac{dv}{dt}\right) + (a^2 - b^2)tuv\right]dt = 0$$

$$\Rightarrow \int_0^1 \left[\frac{d}{dt}\left(vt\frac{du}{dt} - ut\frac{dv}{dt}\right)\right]dt + \int_0^1 (a^2 - b^2)tuvdt = 0$$

$$\Rightarrow \left[vt\frac{du}{dt} - ut\frac{dv}{dt}\right]_0^1 + (a^2 - b^2)\int_0^1 tuvdt = 0 \qquad (3)$$

이 된다. 여기서 왼편의 대괄호는

$$v(1)\frac{du}{dt}\bigg|_{t=1} - u(1)\frac{dv}{dt}\bigg|_{t=1} = J_\nu(b)\frac{du}{dt}\bigg|_{t=1} - J_\nu(a)\frac{dv}{dt}\bigg|_{t=1} = 0$$

$$\left(\because J_\nu(a) = J_\nu(b) = 0\right)$$

이 되어 식 (3)은 다음과 같이 된다.

$$(a^2 - b^2)\int_0^1 tuvdt = 0$$

여기서 $a \neq b$이므로 위 식은

$$\int_0^1 tuvdt = 0 \Rightarrow \int_0^1 tJ_\nu(at)J_\nu(bt)dt = 0$$

이 되어 $t \rightarrow x$로 놓으면

$$\therefore \int_0^1 xJ_\nu(ax)J_\nu(bx)dx = 0 \qquad (4)$$

인 관계식을 얻는다.

(ii) $a = b$인 경우

식 (1)은 다음과 같이 표현될 수 있다.

$$t^2\frac{d^2u}{dt^2} + t\frac{du}{dt} + (a^2t^2 - \nu^2)u(t) = 0$$

$$\Rightarrow \left(2\frac{du}{dt}\right)t^2\frac{d^2u}{dt^2} + t\left(2\frac{du}{dt}\right)\frac{du}{dt} + (a^2t^2 - \nu^2)\left(2\frac{du}{dt}\right)u = 0$$

$$\Rightarrow 2t^2\left(\frac{d^2u}{dt^2}\right)\left(\frac{du}{dt}\right) + 2t\left(\frac{du}{dt}\right)^2 + 2(a^2t^2 - \nu^2)u\left(\frac{du}{dt}\right) = 0$$

$$\Rightarrow 2t^2u''u' + 2tu'^2 + 2a^2t^2uu' - 2\nu^2uu' = 0, \text{ 여기서 } \frac{du}{dt} \equiv u' \text{ 그리고 } \frac{d^2u}{dt^2} \equiv u''$$

$$\Rightarrow 2tu'^2 + 2t^2u''u' - 2\nu^2uu' + 2a^2t^2uu' + (2a^2tu^2 - 2a^2tu^2) = 0$$

$$\Rightarrow \frac{d}{dt}(t^2u'^2 - \nu^2u^2 + a^2t^2u^2) - 2a^2tu^2 = 0$$

위 식을 다음과 같이 적분하면

$$\int_0^1\left[\frac{d}{dt}\left(t^2u'^2 - \nu^2u^2 + a^2t^2u^2\right)\right]dt - 2a^2\int_0^1 tu^2dt = 0$$

$$\Rightarrow \left[t^2u'^2 - \nu^2u^2 + a^2t^2u^2\right]_0^1 - 2a^2\int_0^1 tu^2dt = 0$$

$$\Rightarrow \left[\left(\frac{du}{dt}\right)^2\right]_{t=1} - 2a^2\int_0^1 tu^2dt = 0 \quad (\because u(1) = 0 \text{ 그리고 } u(0) = 0)$$

$$\Rightarrow \left[\left(\frac{du}{dt}\right)^2\right]_{t=1} = 2a^2\int_0^1 tu^2dt = 0 \Rightarrow \int_0^1 tu^2dt = \frac{1}{2a^2}\left[\left(\frac{du}{dt}\right)^2\right]_{t=1}$$

$$\Rightarrow \int_0^1 tJ_\nu^2(at)dt = \frac{1}{2a^2}\left[\left(\frac{du}{dt}\right)^2\right]_{t=1} = \frac{1}{2a^2}\left[\left(\frac{dJ_\nu(at)}{dt}\right)^2\right]_{t=1}$$

이 되어 $t \to x$로 놓으면

$$\int_0^1 x J_\nu^2(ax)dx = \frac{1}{2a^2}\left[\left(\frac{dJ_\nu(ax)}{dx}\right)^2\right]_{x=1} \tag{5}$$

인 관계식을 얻는다.

재귀식 $J_\nu^{'}(x) = -J_{\nu+1}(x) + \dfrac{\nu}{x}J_\nu(x)$ 에서 $x \to y$ 로 놓으면

$$\frac{1}{a}\frac{dJ_\nu(ay)}{dy} = -J_{\nu+1}(ay) + \frac{\nu}{ay}J_\nu(ay)$$

$$\Rightarrow \frac{dJ_\nu(ay)}{dy} = -aJ_{\nu+1}(ay) + \frac{\nu}{y}J_\nu(ay)$$

를 얻고, 이 식에서 $y \to x$ 로 놓으면 다음과 같은 재귀식을 얻는다.

$$\frac{dJ_\nu(ax)}{dx} = -aJ_{\nu+1}(ax) + \frac{\nu}{x}J_\nu(ax) \tag{6}$$

식 (6)을 (5)에 대입하면

$$\begin{aligned}
\int_0^1 x J_\nu^2(ax)dx &= \frac{1}{2a^2}\left[\left(-aJ_{\nu+1}(ax) + \frac{\nu}{x}J_\nu(ax)\right)^2\right]_{x=1} \\
&= \frac{1}{2a^2}\left[-aJ_{\nu+1}(a) + \nu J_\nu(a)\right]^2 \\
&= \frac{1}{2a^2}\left[-aJ_{\nu+1}(a)\right]^2 \quad (\because \ J_p(a) = 0) \\
&= \frac{1}{2}J_{\nu+1}^2(a) \tag{7}
\end{aligned}$$

이 된다.

그러므로 식 (4)와 (7)를 델타 함수를 써서 하나의 관계식으로 나타내면 다음과 같이 된다.

$$\int_0^1 x J_\nu(ax)J_\nu(bx)dx = \frac{1}{2}J_{\nu+1}^2(a)\delta_{ab}$$

$\left(-\dfrac{d}{dx}\right)^{\ell}\sin x = \cos\left(x - \ell\pi/2 - \pi/2\right)$ 를 증명하세요.

풀이

$\ell = 0$ 일 때, $\left(-\dfrac{d}{dx}\right)^{0}\sin x = \sin x = \cos\left(x - \pi/2\right)$

$\ell = 1$ 일 때, $\left(-\dfrac{d}{dx}\right)^{1}\sin x = -\cos x = \cos\left(x - \pi\right) = \cos\left(x - \pi/2 - \pi/2\right)$

$\ell = 2$ 일 때, $\left(-\dfrac{d}{dx}\right)^{2}\sin x = -\dfrac{d}{dx}\left(-\dfrac{d}{dx}\sin x\right) = \dfrac{d}{dx}\cos x$

$$= -\sin x = \cos\left(x - 3\pi/2\right) = \cos\left(x - 2\pi/2 - \pi/2\right)$$

$\ell = 3$ 일 때, $\left(-\dfrac{d}{dx}\right)^{3}\sin x = -\dfrac{d}{dx}\left(-\sin x\right) = \cos x = \cos\left(x - 3\pi/2 - \pi/2\right)$

$$\vdots$$
$$\vdots$$

그러므로 다음과 같이 일반식을 얻을 수 있다.

$$\left(-\dfrac{d}{dx}\right)^{\ell}\sin x = \cos\left(x - \ell\pi/2 - \pi/2\right)$$

$\left(\dfrac{d}{dx}\right)^{\ell}\cos x = (-1)^{\ell+1}\sin(x - \ell\pi/2 - \pi/2)$를 증명하세요.

풀이

$\ell = 0$일 때, $\left(\dfrac{d}{dx}\right)^{0}\cos x = \cos x = \sin(\pi/2 - x) = -\sin(x - \pi/2)$

$\ell = 1$일 때, $\left(\dfrac{d}{dx}\right)^{1}\cos x = -\sin x = -\sin(\pi - x) = \sin(x - \pi)$
$$= \sin(x - \pi/2 - \pi/2)$$

$\ell = 2$일 때, $\left(\dfrac{d}{dx}\right)^{2}\cos x = \dfrac{d}{dx}(-\sin x) = -\cos x = \sin(3\pi/2 - x)$
$$= -\sin(x - 3\pi/2) = -\sin(x - 2\pi/2 - \pi/2)$$

$\ell = 3$일 때, $\left(\dfrac{d}{dx}\right)^{3}\cos x = \dfrac{d}{dx}(-\cos x) = \sin x = \sin(x - 3\pi/2 - \pi/2)$
$$\vdots$$
$$\vdots$$

그러므로 다음과 같이 일반식을 얻을 수 있다.

$$\left(\dfrac{d}{dx}\right)^{\ell}\cos x = (-1)^{\ell+1}\sin(x - \ell\pi/2 - \pi/2)$$

01 감마함수 $\Gamma(-1/2)$, $\Gamma(-3/2)$ 그리고 $\Gamma(3/2)$을 계산하세요.

02 베타함수 정의식 $B(p,q) = \int_0^1 t^{p-1}(1-t)^{q-1}dt$에 $t = \dfrac{1}{1+u}$을 대입해서 베타함수의 다른 표현인 $B(p,q) = \int_0^\infty \dfrac{u^{p-1}}{(1+u)^{p+q}}du$을 증명하세요.

03 $\Gamma(x)\Gamma(1-x) = \dfrac{\pi}{\sin\pi x}$ (73)을 증명하세요.

04 식 (7.2.15)를 증명하세요.

05 르장드르 다항식이 $P_0(x) = 1$ 그리고 $P_1(x) = x$일 때 $P_3(x)$를 구하세요.

06 [예제 5.12]에서 각운동량 연산자의 제곱은 $L_{op}^2 = -\hbar^2\left(\dfrac{\partial^2}{\partial\theta^2} + \cot\theta\dfrac{\partial}{\partial\theta} + \dfrac{1}{\sin^2\theta}\dfrac{\partial^2}{\partial\phi^2}\right)$로 표현된다고 배웠다. 이때 $Y_1^0(\theta,\phi)$, $Y_1^1(\theta,\phi)$ 그리고 $Y_1^{-1}(\theta,\phi)$의 고유치를 각각 구하세요.

07 [예제 5.13]에서 각운동량 연산자의 z성분은 $L_z = -i\hbar\dfrac{\partial}{\partial\phi}$로 표현된다고 배웠다. 이때 $Y_1^0(\theta,\phi)$, $Y_1^1(\theta,\phi)$ 그리고 $Y_1^{-1}(\theta,\phi)$의 고유치를 각각 구하세요.

08 반지름이 R인 속이 빈 구 표면에서의 전위가 $V_0(\theta) = V_0\sin^2\dfrac{\theta}{2}$일 때, 구 안과 구 밖에서의 전위 $V(r,\theta)$를 $\nabla^2 V(r,\theta) = 0$을 풀어서 구하세요.

---

(73) 오일러의 reflection formula라고 합니다.

09 베셀함수 $J_\nu(x)$와 $J_{-\nu}(x)$가 정수가 아닌 ν에 대해 선형 독립적인 **解**임을 **론스키안** $W(J_\nu, J_{-\nu})$을 사용해서 증명하세요.

10 베셀함수 $J_\ell(x)$와 식 (7.5.17)에서 정의된 노이만함수 $N_\ell(x)$는 선형 독립적임을 론스키안 $W(J_\ell, N_\ell)$을 사용해서 증명하세요. 여기서 ℓ은 정수이다.

11 라게르 함수의 생성함수 식 (7.8.8)을 사용하여 라게르 함수의 직교성 식 (7.8.22)를 증명하세요.

12 [예제 7.12]의 식 (3)의 오른편에 $(-1)^k$가 들어가는 이유를 설명하세요.

CHAPTER 08
푸리에 변환

테일러 급수는 무한히 미분 가능한 어떤 일반 함수를 무한급수로 표현하는 것인 반면에 **푸리에**(Fourier) **급수**는 주어진 구간 내에서 정의된 어떤 주기함수를 사인함수와 코사인함수의 무한합으로 표현한 것이다.

아래 그림과 같이 푸리에 급수로 표현할 때 n이 증가할수록 직선으로 그려진 함수에 가까워지는 것을 볼 수 있다.

유한 구간을 갖는 푸리에 급수와 달리 무한 구간까지 확장한 것을 **푸리에 변환**(transformation)이라 한다.

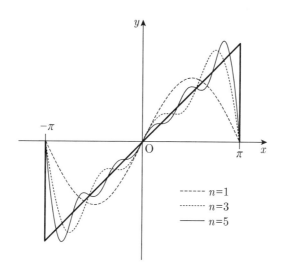

함수 f와 g가 푸리에 변환이 가능하다고 할 때 다음의 관계

$$F(af+bg) = aF(f) + bF(g), \quad \text{여기서 } a\text{와 } b\text{는 상수}$$

를 만족하면 푸리에 변환은 선형성을 갖는다고 한다. 푸리에 변환은 한 변수의 함수를 다른 변수의 함수로 변환시키는 선형 변환이다. 예로서 시간 영역(도메인)에서 해석하기 힘든 신호를 푸리에 변환으로 진동수 영역으로 변환하여 전자기파 등을 쉽게 해석할 수 있게 한다.

8.1 푸리에 급수

닫힌 구간 $[-p, p]$(여기서 $p \geq 0$인 실수)에서 정의된 적분 가능한 함수 $f(x)$의 푸리에 급수는 다음과 같이 표현된다.

$$f(x) = \frac{a_0}{2} + \sum_{n=1}^{\infty} \left[a_n \cos\left(\frac{n\pi}{p}x\right) + b_n \sin\left(\frac{n\pi}{p}x\right) \right], \quad \text{여기서 } n > 0\text{인 정수} \quad (8.1.1)$$

위 식의 상수항 $\frac{a_0}{2}$는 $n=0$인 경우에 해당하고, 시간 함수 $f(t)$인 경우에 상수항은 직류 그리고 두 번째 항은 진동수 n을 갖는 교류로 해석할 수 있다.

이제 위 식의 a_0, 푸리에 계수 a_n과 b_n을 구하고 첫 번째 항에 인자 $\frac{1}{2}$이 왜 들어가는지에 대해 알아보자. 이들 계산을 위해서 다음의 적분 결과를 알아두는 것이 유용하다.

(a) $\displaystyle\int_{-p}^{p} \cos\left(\frac{n\pi}{p}x\right)\cos\left(\frac{m\pi}{p}x\right)dx = \frac{1}{2}\int_{-p}^{p}\left[\cos\left(\frac{n+m}{p}\pi x\right) + \cos\left(\frac{n-m}{p}\pi x\right)\right]dx$

　(i) $n = m = 0$인 경우에 위 식의 오른편은

$$\frac{1}{2}\int_{-p}^{p} 2dx = \int_{-p}^{p} dx = 2p$$

　(ii) $n \neq 0$ 그리고 $n = m$인 경우에 식의 오른편은

$$\frac{1}{2}\int_{-p}^{p} \cos\left(\frac{2n\pi x}{p}\right)dx + \frac{1}{2}\int_{-p}^{p} dx$$

$$= \frac{1}{2}\left(\frac{p}{2n\pi}\right)\left[\sin\left(\frac{2n\pi x}{p}\right)\right]_{x=-p}^{x=p} + \frac{1}{2}\int_{-p}^{p}dx = p$$

(iii) $n \neq 0$ 그리고 $n \neq m$인 경우에 식의 오른편은 0이다.

그러므로 (i)~(iii)로부터 다음의 관계식을 얻는다.

$$\int_{-p}^{p}\cos\left(\frac{n\pi}{p}x\right)\cos\left(\frac{m\pi}{p}x\right)dx = \begin{cases} 2p, & n=m=0 \\ p\delta_{nm}, & n\neq 0 \end{cases}$$

(b) $\int_{-p}^{p}\sin\left(\frac{n\pi}{p}x\right)\sin\left(\frac{m\pi}{p}x\right)dx = -\frac{1}{2}\int_{-p}^{p}\left[\cos\left(\frac{n+m}{p}\pi x\right) - \cos\left(\frac{n-m}{p}\pi x\right)\right]dx$

(i) $n=0$인 경우에 위 식의 오른편은 0이다.

(ii) $n \neq 0$ 그리고 $n=m$인 경우에 식의 오른편은

$$-\frac{1}{2}\int_{-p}^{p}\cos\left(\frac{2n\pi x}{p}\right)dx + \frac{1}{2}\int_{-p}^{p}dx$$

$$= -\frac{1}{2}\left(\frac{p}{2n\pi}\right)\left[\sin\left(\frac{2n\pi x}{p}\right)\right]_{x=-p}^{x=p} + \frac{1}{2}\int_{-p}^{p}dx = p$$

(iii) $n \neq 0$ 그리고 $n \neq m$인 경우에 식의 오른편은 0이다.

그러므로 (i)~(iii)로부터 다음의 관계식을 얻는다.

$$\int_{-p}^{p}\sin\left(\frac{n\pi}{p}x\right)\sin\left(\frac{m\pi}{p}x\right)dx = \begin{cases} 0, & n=0 \\ p\delta_{nm}, & n\neq 0 \end{cases}$$

(c) $\int_{-p}^{p}\sin\left(\frac{n\pi}{p}x\right)\cos\left(\frac{m\pi}{p}x\right)dx = \frac{1}{2}\int_{-\pi}^{\pi}\left[\sin\left(\frac{n+m}{p}\pi x\right) + \sin\left(\frac{n-m}{p}\pi x\right)\right]dx$

(i) $n=0$인 경우에 위 식의 오른편은 0이다.

(ii) $n \neq 0$ 그리고 $n=m$인 경우에 식의 오른편은

$$\frac{1}{2}\int_{-p}^{p}\sin\left(\frac{2n\pi x}{p}\right)dx = \frac{1}{2}\left(\frac{p}{2n\pi}\right)\left[-\cos\left(\frac{2n\pi x}{p}\right)\right]_{x=-p}^{x=p}$$

$$= \frac{p}{4n\pi}\left[-\cos 2n\pi + \cos(-2n\pi)\right]$$

$$= \frac{p}{4n\pi}\left[-\cos 2n\pi + \cos 2n\pi\right] = 0$$

(iii) $n \neq 0$ 그리고 $n \neq m$인 경우에 식의 오른편은 0이다.

즉 기함수인 코사인함수와 우함수인 사인함수의 곱에 대한 대칭 구간의 적분은 0이다. 그러므로 (i)~(iii)로부터 다음의 관계식을 얻는다.

$$\int_{-p}^{p} \sin\left(\frac{n\pi}{p}x\right)\cos\left(\frac{m\pi}{p}x\right)dx = 0$$

위에서 얻은 (a), (b), (c)의 결과들을 정리하면 다음과 같다.

$$\bullet \quad \int_{-p}^{p} \cos\left(\frac{n\pi}{p}x\right)\cos\left(\frac{m\pi}{p}x\right)dx = \begin{cases} 2p, & n=m=0 \\ p\delta_{nm}, & n \neq 0 \end{cases} \qquad (8.1.2)$$

$$\bullet \quad \int_{-p}^{p} \sin\left(\frac{n\pi}{p}x\right)\sin\left(\frac{m\pi}{p}x\right)dx = \begin{cases} 0, & n=0 \\ p\delta_{nm}, & n \neq 0 \end{cases} \qquad (8.1.3)$$

$$\bullet \quad \int_{-p}^{p} \sin\left(\frac{n\pi}{p}x\right)\cos\left(\frac{m\pi}{p}x\right)dx = 0 \qquad (8.1.4)$$

닫힌 구간 $[a, b]$에서 연속함수인 $f(x)$의 평균값은 다음과 같이 주어진다.

$$\overline{f(x)} = \frac{1}{b-a}\int_{a}^{b} f(x)dx \qquad (8.1.5)$$

① 푸리에 급수의 a_0를 구하기 위해서 먼저 닫힌 구간 $[-p, p]$에서 함수 $f(x)$의 평균값을 식 (8.1.5)를 사용해서 계산해보자.

$$\begin{aligned} \overline{f(x)} &= \frac{1}{p-(-p)}\int_{-p}^{p} f(x)dx \\ &= \frac{1}{2p}\int_{-p}^{p}\left[\frac{a_0}{2} + \sum_{n=1}^{\infty}\left\{a_n\cos\left(\frac{n\pi}{p}x\right) + b_n\sin\left(\frac{n\pi}{p}x\right)\right\}\right] \\ &= \frac{1}{2p}\frac{a_0}{2}\int_{-p}^{p}dx + \left[\frac{a_1}{2p}\int_{-p}^{p}\cos\left(\frac{\pi}{p}x\right)dx + \frac{a_2}{2p}\int_{-p}^{p}\cos\left(\frac{2\pi}{p}x\right)dx + \cdots\cdots\right] \\ &\quad + \left[\frac{b_1}{2p}\int_{-p}^{p}\sin\left(\frac{n\pi}{p}x\right)dx + \frac{b_2}{2p}\int_{-p}^{p}\sin\left(\frac{n\pi}{p}x\right)dx + \cdots\cdots\right] \end{aligned}$$

위 식의 첫 번째 항을 제외한 모든 다른 항들의 적분을 계산하면 0이다. 그러므로 위 식은 다음과 같이 된다.

$$\frac{1}{2p}\int_{-p}^{p}f(x)dx = \frac{a_0}{4p}\int_{-p}^{p}dx = \frac{a_0}{2}$$

$$\therefore \ a_0 = \frac{1}{p}\int_{-p}^{p}f(x)dx$$

이와 같이 식 (8.1.1)의 첫 번째 항에 인수 $\frac{1}{2}$이 있어서 a_0가 보다 간결한 꼴로 표현될 뿐 아니라 아래에서 구할 푸리에 계수인 a_n 그리고 b_n과 유사한 꼴을 가질 수 있다.

② a_1을 구하기 위해 식 (8.1.1)에 $\cos\left(\frac{\pi}{p}x\right)$를 곱한 뒤에 닫힌 구간 $[-p, p]$에서 평균값을 계산해보자.

$$\frac{1}{2p}\int_{-p}^{p}f(x)\cos\left(\frac{\pi}{p}x\right)dx = \frac{1}{2p}\frac{a_0}{2}\int_{-p}^{p}\cos\left(\frac{\pi}{p}x\right)dx$$

$$+\left[\frac{a_1}{2p}\int_{-p}^{p}\cos^2\left(\frac{\pi}{p}x\right)dx + \frac{a_2}{2p}\int_{-p}^{p}\cos\left(\frac{2\pi}{p}x\right)\cos\left(\frac{\pi}{p}x\right)dx + \cdots\cdots\right]$$

$$+\left[\frac{b_1}{2p}\int_{-p}^{p}\sin\left(\frac{\pi}{p}x\right)\cos\left(\frac{\pi}{p}x\right)dx + \frac{b_2}{2p}\int_{-p}^{p}\sin\left(\frac{2\pi}{p}x\right)\cos\left(\frac{\pi}{p}x\right)dx + \cdots\cdots\right]$$

위 식 오른편의 두 번째 대괄호 항을 제외한 모든 다른 적분 항들은 0이다. 두 번째 대괄호 항에서 식 (8.1.2)로부터 $n \neq 0$인 경우 $n \neq m$이면 적분은 0이므로 두 번째 대괄호의 첫 번째 항을 제외한 다른 모든 항들은 0이다.
그러므로

$$\frac{1}{2p}\int_{-p}^{p}f(x)\cos\left(\frac{\pi}{p}x\right)dx = \frac{a_1}{2p}\int_{-p}^{p}\cos^2\left(\frac{\pi}{p}x\right)dx$$

$$= \frac{a_1}{2p}\int_{-p}^{p}\frac{1}{2}\left[1 + \cos\left(\frac{2\pi}{p}x\right)\right]dx = \frac{a_1}{2p}\left(\frac{1}{2}2p\right) = \frac{a_1}{2}$$

$$\Rightarrow a_1 = \frac{1}{p}\int_{-p}^{p}f(x)\cos\left(\frac{\pi}{p}x\right)dx$$

가 된다.

a_n을 구하기 위해서 위와 유사한 방법으로 식 (8.1.1)에 $\cos\left(\dfrac{n\pi}{p}x\right)$를 곱한 뒤에 닫힌 구간 $[-p, p]$에서 평균값을 계산하면 다음과 같다.

$$\frac{1}{2p}\int_{-p}^{p}f(x)\cos\left(\frac{n\pi}{p}x\right)dx = \frac{1}{2p}\frac{a_0}{2}\int_{-p}^{p}\cos\left(\frac{n\pi}{p}x\right)dx$$

$$+\left[\frac{a_1}{2p}\int_{-p}^{p}\cos\left(\frac{\pi}{p}x\right)\cos\left(\frac{n\pi}{p}x\right)dx + \frac{a_2}{2p}\int_{-p}^{p}\cos\left(\frac{2\pi}{p}x\right)\cos\left(\frac{n\pi}{p}x\right)dx + \cdots\cdots\right]$$

$$+\left[\frac{b_1}{2p}\int_{-p}^{p}\sin\left(\frac{\pi}{p}x\right)\cos\left(\frac{n\pi}{p}x\right)dx + \frac{b_2}{2p}\int_{-p}^{p}\sin\left(\frac{2\pi}{p}x\right)\cos\left(\frac{n\pi}{p}x\right)dx + \cdots\cdots\right]$$

위 식 오른편의 첫 번째 항은 0이고 식 (8.1.2)와 (8.1.4)로부터

$\displaystyle\int_{-p}^{p}\cos\left(\frac{n\pi}{p}x\right)\cos\left(\frac{n\pi}{p}x\right)dx$ 적분을 제외한 모든 다른 적분은 0이다.

그러므로

$$\frac{1}{2p}\int_{-p}^{p}f(x)\cos\left(\frac{n\pi}{p}x\right)dx = \frac{a_n}{2p}\int_{-p}^{p}\cos\left(\frac{n\pi}{p}x\right)\cos\left(\frac{n\pi}{p}x\right)dx = \frac{a_n}{2}$$

$$\therefore \ a_n = \frac{1}{p}\int_{-p}^{p}f(x)\cos\left(\frac{n\pi}{p}x\right)dx$$

③ b_n을 구하기 위해서 유사한 방법으로 식 (8.1.1)에 $\sin\left(\dfrac{n\pi}{p}x\right)$를 곱한 뒤에 닫힌 구간 $[-p, p]$에서 평균값을 계산하면 다음과 같다.

$$\frac{1}{2p}\int_{-p}^{p}dx\,f(x)\sin\left(\frac{n\pi}{p}x\right)$$

$$=\frac{1}{2p}\frac{a_0}{2}\int_{-p}^{p}\sin\left(\frac{n\pi}{p}x\right)dx + \left[\frac{a_1}{2p}\int_{-p}^{p}\cos\left(\frac{\pi}{p}x\right)\sin\left(\frac{n\pi}{p}x\right)dx + \cdots\cdots\right]$$

$$+\left[\frac{b_1}{2p}\int_{-p}^{p}\sin\left(\frac{\pi}{p}x\right)\sin\left(\frac{n\pi}{p}x\right)dx + \cdots\cdots + \frac{b_n}{2p}\int_{-p}^{p}\sin\left(\frac{n\pi}{p}x\right)\sin\left(\frac{n\pi}{p}x\right)dx + \cdots\cdots\right]$$

위 식 오른편의 첫 번째 항은 0이고 식 (8.1.4)와 (8.1.3)으로부터

$\int_{-p}^{p}\sin\left(\dfrac{n\pi}{p}x\right)\sin\left(\dfrac{n\pi}{p}x\right)dx$ 적분을 제외한 모든 다른 적분은 0이다.

그러므로

$$\frac{1}{2p}\int_{-p}^{p}dx\,f(x)\sin\left(\frac{n\pi}{p}x\right)=\frac{b_n}{2p}\int_{-p}^{p}\sin\left(\frac{n\pi}{p}x\right)\sin\left(\frac{n\pi}{p}x\right)dx=\frac{b_n}{2}$$

$$\therefore\ b_n=\frac{1}{p}\int_{-p}^{p}f(x)\sin\left(\frac{n\pi}{p}x\right)dx$$

위 결과들을 정리하면 다음과 같다.

- 구간 $[-p,\,p]$에서의 $f(x)$의 푸리에 급수는 다음과 같다.

$$f(x)=\frac{a_0}{2}+\sum_{n=1}^{\infty}\left[a_n\cos\left(\frac{n\pi}{p}x\right)+b_n\sin\left(\frac{n\pi}{p}x\right)\right],\quad (\text{여기서 } p\geq 0\text{인 정수})$$

그리고 계수는 다음과 같다.

$$a_0=\frac{1}{p}\int_{-p}^{p}f(x)dx,$$

$$a_n=\frac{1}{p}\int_{-p}^{p}f(x)\cos\left(\frac{n\pi}{p}x\right)dx,\quad b_n=\frac{1}{p}\int_{-p}^{p}f(x)\sin\left(\frac{n\pi}{p}x\right)dx$$

예제 8.1

x 값에 대해서 $f(x)=f(x+2L)$인 주기가 $2L$인 함수를 고려해보자.

$$f(x)=\begin{cases}1, & -L\leq x<0\\ 0, & 0<x\leq L\end{cases}$$

이 함수를 푸리에 급수로 표현하세요.

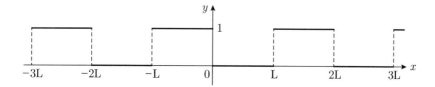

풀이 푸리에 급수로 표현하기 위해 상수 a_0 그리고 푸리에 계수 a_n과 b_n을 구하면 된다.

$$a_0 = \frac{1}{L}\int_{-L}^{L} f(x)dx = \frac{1}{L}\int_{-L}^{0} dx = 1,$$

$$a_n = \frac{1}{L}\int_{-L}^{L} f(x)\cos\left(\frac{n\pi}{L}x\right)dx = \frac{1}{L}\int_{-L}^{0}\cos\left(\frac{n\pi}{L}x\right)dx$$

$$= \frac{1}{L}\left(\frac{L}{n\pi}\right)\left[\sin\left(\frac{n\pi}{L}x\right)\right]_{-L}^{0} = 0$$

$$b_n = \frac{1}{L}\int_{-L}^{L} f(x)\sin\left(\frac{n\pi}{L}x\right)dx = \frac{1}{L}\int_{-L}^{0}\sin\left(\frac{n\pi}{L}x\right)dx$$

$$= -\frac{1}{L}\left(\frac{L}{n\pi}\right)\left[\cos\left(\frac{n\pi}{L}x\right)\right]_{-L}^{0} = -\frac{1}{n\pi}\left[1-(-1)^n\right]$$

$$= -\frac{1}{n\pi}\times\begin{cases} 0, & n = \text{짝수} \\ 2, & n = \text{홀수} \end{cases}$$

이들 결과를 식 (8.1.1)에 대입하면 주어진 주기함수는 다음과 같이 삼각함수의 무한급수로 표현된다.

$$f(x) = \frac{1}{2} - \frac{2}{\pi}\sum_{n=1}^{\infty}\frac{1}{n}\sin\left(\frac{n\pi}{L}x\right),\ \text{여기서 } n \text{은 홀수인 자연수}$$

예제 8.2

x 값에 대해서 $f(x) = f(x+2\pi)$인 주기가 2π인 함수를 고려해보자.

$$f(x) = \begin{cases} x, & 0 \leq x < \pi \\ \pi, & \pi < x \leq 2\pi \end{cases}$$

이 함수를 푸리에 급수로 표현하세요.

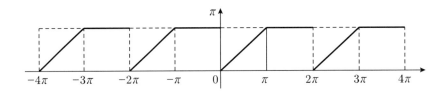

풀이 이때 $\displaystyle\int_{\pi}^{2\pi} f(x)dx = \int_{-\pi}^{0} f(x+2\pi)dx = \int_{-\pi}^{0} f(x)dx$

$(\because f(x)$는 주기가 2π인 함수이므로)

이므로 이 문제를 $[-\pi, \pi]$ 구간에서 계산해도 무방하다.

$$a_0 = \frac{1}{\pi}\int_{-\pi}^{\pi} f(x)dx = \frac{1}{\pi}\left[\int_{-\pi}^{0}\pi dx + \int_{0}^{\pi}x\,dx\right] = \frac{1}{\pi}\left(\pi^2 + \frac{1}{2}\pi^2\right) = \frac{3}{2}\pi,$$

$$a_n = \frac{1}{\pi}\int_{-\pi}^{\pi} f(x)\cos\left(\frac{n\pi}{\pi}x\right)dx = \frac{1}{\pi}\left[\int_{-\pi}^{0}\pi\cos(nx)dx + \int_{0}^{\pi}x\cos(nx)dx\right]$$

$$= \frac{1}{\pi}\int_{0}^{\pi}x\left[\frac{1}{n}\sin(nx)\right]'dx = \frac{1}{\pi}\left[\frac{x}{n}\sin(nx)\Big|_{0}^{\pi} - \frac{1}{n}\int_{0}^{\pi}\sin(nx)dx\right]$$

$$= \frac{1}{n\pi}\left[\frac{1}{n}\cos(nx)\right]_{0}^{\pi} = \frac{1}{n^2\pi}\left[(-1)^n - 1\right] = \frac{1}{n^2\pi}\times\begin{cases}0, & n = \text{짝수},\\ -2, & n = \text{홀수}\end{cases}$$

$$b_n = \frac{1}{\pi}\int_{-\pi}^{\pi} f(x)\sin\left(\frac{n\pi}{\pi}x\right)dx = \frac{1}{\pi}\left[\int_{-\pi}^{0}\pi\sin(nx)dx + \int_{0}^{\pi}x\sin(nx)dx\right]$$

$$= \frac{1}{\pi}\left[\pi\left(-\frac{1}{n}\cos nx\right)_{-\pi}^{0} + \int_{0}^{\pi}x\left(-\frac{1}{n}\cos(nx)\right)'dx\right]$$

$$= \frac{1}{\pi}\left[-\frac{\pi}{n}\{1-(-1)^n\} - \frac{x}{n}\cos(nx)\Big|_{x=0}^{x=\pi} + \frac{1}{n}\int_{0}^{\pi}\cos(nx)dx\right]$$

$$= \frac{1}{\pi}\left[-\frac{\pi}{n}\{1-(-1)^n\} + \frac{\pi}{n} + \frac{1}{n^2}\sin(nx)\Big|_{0}^{\pi}\right] = \frac{1}{n}(-1)^n$$

$$= \frac{1}{n}\times\begin{cases}1, & n = \text{짝수}\\ -1, & n = \text{홀수}\end{cases}$$

이들 결과를 식 (8.1.1)에 대입하면 주어진 주기함수는 다음과 같이 삼각함수의 무한급수로 표현된다.

$$f(x) = \frac{3\pi}{4} - \frac{2}{\pi}\left(\cos x + \frac{1}{3^2}\cos 3x + \frac{1}{5^2}\cos 5x + \cdots\cdots\right)$$

$$- \left(\sin x - \frac{1}{2}\sin 2x + \frac{1}{3}\sin 3x + \cdots\cdots\right)$$

즉 푸리에 급수는 삼각함수로, 주기함수를 잘 표현함을 알 수 있다.

닫힌 구간 $[-\pi, \pi]$에서 주기 2π를 갖는 함수 $f(x)$에 관한 다음의 적분은

$$\int_{-\pi}^{\pi}|f(x)|^2 dx = \int_{-\pi}^{\pi}\left[\frac{a_0}{2} + \sum_{n=1}^{\infty}(a_n\cos nx + b_n\sin nx)\right]^2 dx$$

$$= \frac{a_0^2}{4}\int_{-\pi}^{\pi}dx + a_0\int_{-\pi}^{\pi}\sum_{n=1}^{\infty}(a_n\cos nx + b_n\sin nx)dx$$

$$+ \int_{-\pi}^{\pi}\sum_{n=1}^{\infty}\sum_{m=1}^{\infty}\left[a_n a_m\cos(nx)\cos(mx) + b_n b_m\sin(nx)\sin(mx)\right.$$

$$+ a_n b_m \cos(nx)\sin(mx) + a_m b_n \cos(mx)\sin(nx) \big] dx$$

$$= \frac{a_0^2}{4} \int_{-\pi}^{\pi} dx$$

$$+ \sum_{n=1}^{\infty} \sum_{m=1}^{\infty} \int_{-\pi}^{\pi} \big[a_n a_m \cos(nx)\cos(mx) + b_n b_m \sin(nx)\sin(mx)$$

$$+ a_n b_m \cos(nx)\sin(mx) + a_m b_n \cos(mx)\sin(nx) \big] dx$$

$$\left(\because \sum_{n=1}^{\infty} a_n \int_{-\pi}^{\pi} dx \cos nx = 0, \ \sum_{n=1}^{\infty} b_n \int_{-\pi}^{\pi} dx \sin nx = 0 \right)$$

$$= \frac{\pi}{2} a_0^2 + \sum_{n=1}^{\infty} \sum_{m=1}^{\infty} \big[a_n a_m (\pi \delta_{nm}) + b_n b_m (\pi \delta_{nm}) \big]$$

$$(\because \ \text{식 } (8.1.2 \sim 8.1.4) \text{로부터})$$

$$= \frac{\pi}{2} a_0^2 + \pi \sum_{n=1}^{\infty} (a_n^2 + b_n^2)$$

이 된다.

그러므로 다음의 관계를 얻고, 이를 **파시발**(Parseval) 정리라 한다.

$$\frac{1}{2\pi} \int_{-\pi}^{\pi} |f(x)|^2 dx = \frac{a_0^2}{4} + \frac{1}{2} \sum_{n=1}^{\infty} (a_n^2 + b_n^2) \tag{8.1.6}$$

파시발 정리는 함수와 그 함수의 푸리에 계수를 연관시킬 때 유용하다.

예제 8.3

닫힌 구간 $[-\pi, \pi]$에서 함수 $f(x) = 1 + x$에 관한 푸리에 급수와 파시발 정리로부터 무한합 $\sum_{n=1}^{\infty} \frac{1}{n^2}$을 계산하세요.

풀이 파시발 정리를 사용하기 위해서 주어진 함수 $f(x)$의 푸리에 급수표현에서 a_0 그리고 푸리에 계수 a_n과 b_n을 구하자.

$$a_0 = \frac{1}{\pi} \int_{-\pi}^{\pi} f(x) dx = \frac{1}{\pi} \int_{-\pi}^{\pi} (1+x) dx = \frac{1}{\pi} \left[x + \frac{1}{2} x^2 \right]_{-\pi}^{\pi} = 2,$$

$$a_n = \frac{1}{\pi} \int_{-\pi}^{\pi} f(x)\cos(nx)dx = \frac{1}{\pi} \int_{-\pi}^{\pi} (1+x)\cos(nx)dx$$

여기서 $\displaystyle\int_{-\pi}^{\pi} (1+x)\cos(nx)dx = \int_{-\pi}^{\pi} \cos(nx)dx + \int_{-\pi}^{\pi} x\left(\frac{1}{n}\sin nx\right)' dx$

$$= \frac{1}{n}\sin nx\Big|_{-\pi}^{\pi} + \frac{x}{n}\sin nx\Big|_{-\pi}^{\pi} - \frac{1}{n}\int_{-\pi}^{\pi} \sin(nx)dx$$

$$= \frac{1}{n^2}\cos nx\Big|_{-\pi}^{\pi} = 0$$

$$\therefore \ a_n = 0$$

그리고

$$b_n = \frac{1}{\pi} \int_{-\pi}^{\pi} f(x)\sin(nx)dx = \frac{1}{\pi} \int_{-\pi}^{\pi} (1+x)\sin(nx)dx$$

$$= \frac{1}{\pi}\left[\int_{-\pi}^{\pi} \sin(nx)dx - \int_{-\pi}^{\pi} x\left(\frac{1}{n}\cos nx\right)' dx \right]$$

$$= -\frac{1}{\pi n}\cos nx\Big|_{-\pi}^{\pi} - \frac{1}{\pi n}\left[x\cos nx \right]_{-\pi}^{\pi} + \frac{1}{\pi n^2}\sin nx\Big|_{-\pi}^{\pi}$$

$$= -\frac{2}{n}(-1)^n = \frac{2}{n}(-1)^{n+1}$$

$$\therefore \ b_n = \frac{2}{n}(-1)^{n+1}$$

이들을 파시발 정리식 (8.1.6)에 대입하면

$$\frac{1}{2\pi} \int_{-\pi}^{\pi} (1+x)^2 dx = 1 + \frac{1}{2}\sum_{n=1}^{\infty} \frac{4}{n^2}(-1)^{2n+2}$$

$$\Rightarrow \int_{-\pi}^{\pi} (1+x)^2 dx = 2\pi + \pi\sum_{n=1}^{\infty} \frac{4}{n^2}(-1)^{2n+2} = 2\pi + \pi\sum_{n=1}^{\infty} \frac{4}{n^2}$$

$$\Rightarrow \left[x + \frac{1}{3}x^3 + x^2 \right]_{-\pi}^{\pi} = 2\pi + \pi\sum_{n=1}^{\infty} \frac{4}{n^2}$$

$$\Rightarrow 2\pi + \frac{2}{3}\pi^3 = 2\pi + \pi\sum_{n=1}^{\infty} \frac{4}{n^2}$$

$$\Rightarrow \pi\sum_{n=1}^{\infty} \frac{4}{n^2} = \frac{2}{3}\pi^3$$

$$\therefore \ \sum_{n=1}^{\infty} \frac{1}{n^2} = \frac{1}{6}\pi^2$$

을 얻는다.

8.2 푸리에 변환

푸리에 변환은 어떤 함수를 다른 함수로 매핑(mapping)하는 적분이며, 불연속 또는 부드럽지 않은 함수를 다루기 쉬운 함수로 바꿀 수 있어 문제를 푸는 데 유용하다.

- 함수 $f(x)$의 푸리에 변환

$$g(\alpha) = \frac{1}{2\pi} \int_{-\infty}^{\infty} f(x) e^{-i\alpha x} dx$$

- $g(\alpha)$의 역푸리에 변환

$$f(x) = \int_{-\infty}^{\infty} g(\alpha) e^{i\alpha x} d\alpha$$

- 델타함수의 적분형 정의식

$$\delta(x - x') = \frac{1}{2\pi} \int_{-\infty}^{\infty} e^{i(x-x')\alpha} d\alpha$$

$$\delta(x - x') = \frac{2}{\pi} \int_{0}^{\infty} \sin(\alpha x') \sin(\alpha x) d\alpha$$

$$\delta(x - x') = \frac{2}{\pi} \int_{0}^{\infty} \cos(\alpha x') \cos(\alpha x) d\alpha$$

푸리에 급수인 식 (8.1.1)은 복소수 형태로 다음과 같이 표현될 수 있다.

$$
\begin{aligned}
f(x) &= \frac{a_0}{2} + \sum_{n=1}^{\infty} \left[a_n \cos\left(\frac{n\pi}{p} x\right) + b_n \sin\left(\frac{n\pi}{p} x\right) \right] \\
&= \frac{a_0}{2} + \sum_{n=1}^{\infty} \left[a_n \left(\frac{e^{in\pi x/p} + e^{-in\pi x/p}}{2} \right) + b_n \left(\frac{e^{in\pi x/p} - e^{-in\pi x/p}}{2i} \right) \right] \\
&= \frac{a_0}{2} + \sum_{n=1}^{\infty} \left[\left(\frac{a_n - ib_n}{2} \right) e^{in\pi x/p} + \left(\frac{a_n + ib_n}{2} \right) e^{-in\pi x/p} \right]
\end{aligned}
$$

위 식의 세 번째 항에서 $n \rightarrow -\ell$ 로 하면 위 식은

$$f(x) = \frac{a_0}{2} + \sum_{n=1}^{\infty} \left(\frac{a_n - ib_n}{2} \right) e^{in\pi x/p} + \sum_{\ell=-1}^{-\infty} \left(\frac{a_\ell + ib_\ell}{2} \right) e^{i\ell\pi x/p}$$

이 되어

$$f(x) = \sum_{n=-\infty}^{\infty} g(n)e^{in\pi x/p} = \sum_{\alpha=-\infty}^{\infty} g(\alpha)e^{i\alpha x}$$

로 표현될 수 있다. 여기서 변수가 연속적일 때 위 식은 다음과 같은 적분형태로 표현되고 이를 $g(\alpha)$의 **역푸리에 변환**이라 한다.

$$f(x) = \int_{-\infty}^{\infty} g(\alpha)e^{i\alpha x}d\alpha \tag{8.2.1}$$

이때 함수 $f(x)$의 **푸리에 변환**은 다음과 같다.

$$g(\alpha) = \frac{1}{2\pi}\int_{-\infty}^{\infty} f(x)e^{-i\alpha x}dx \tag{8.2.2}$$

식 (8.2.2)를 (8.2.1)에 대입하면

$$f(x) = \int_{-\infty}^{\infty} \left[\frac{1}{2\pi}\int_{-\infty}^{\infty} f(x')e^{-i\alpha x'}dx' \right]e^{i\alpha x}d\alpha$$

$$= \frac{1}{2\pi}\int_{-\infty}^{\infty}\int_{-\infty}^{\infty} f(x')e^{i(x-x')\alpha}dx'd\alpha$$

$$= \int_{-\infty}^{\infty} f(x')\left[\frac{1}{2\pi}\int_{-\infty}^{\infty} e^{i(x-x')\alpha}d\alpha \right]dx'$$

이 된다. 등식의 왼편과 오른편이 같기 위해서는

$$\frac{1}{2\pi}\int_{-\infty}^{\infty} e^{i(x-x')\alpha}d\alpha = \delta(x-x') \tag{8.2.3}$$

인 관계가 성립되어야 한다. 이 관계는 푸리에 변환을 이용하여 얻은 **델타함수의 적분형 표현**이다.

예제 8.4

델타함수 $\delta(x)$의 푸리에 변환은 상수임을 보이세요.

풀이 델타함수의 푸리에 변환은 식 (8.2.2)로부터

$$g(\alpha) = \frac{1}{2\pi} \int_{-\infty}^{\infty} \delta(x) e^{-i\alpha x} dx = \frac{1}{2\pi}$$

이다. 그러므로 불연속 함수인 델타함수의 푸리에 변환은 상수이다.

예제 8.5

양자역학에서 파군(wave packet)을 배울 때 나오는 가우스 함수 $f(x) = e^{-x^2/\sigma^2}$ (여기서 σ은 상수)의 푸리에 변환을 구하세요.

풀이 식 (8.2.2)로부터

$$g(\alpha) = \frac{1}{2\pi} \int_{-\infty}^{\infty} e^{-x^2/\sigma^2} e^{-i\alpha x} dx$$

이고, 여기서

$$-\frac{x^2}{\sigma^2} - i\alpha x = -\left[\frac{x^2}{\sigma^2} + i\alpha x + \left(i\frac{\sigma\alpha}{2} \right)^2 - \left(i\frac{\sigma\alpha}{2} \right)^2 \right]$$

$$= -\left(\frac{x}{\sigma} + i\frac{\sigma\alpha}{2} \right)^2 + \left(i\frac{\sigma\alpha}{2} \right)^2$$

이므로 위 식은 다음과 같이 된다.

$$g(\alpha) = \frac{1}{2\pi} \int_{-\infty}^{\infty} e^{-\left(\frac{x}{\sigma} + i\frac{\sigma\alpha}{2} \right)^2} e^{\left(i\frac{\sigma\alpha}{2} \right)^2} dx$$

$$= \frac{1}{2\pi} e^{-\frac{\sigma^2\alpha^2}{4}} \int_{-\infty}^{\infty} e^{-\left(\frac{x}{\sigma} + i\frac{\sigma\alpha}{2} \right)^2} dx$$

여기서 $\frac{x}{\sigma} + i\frac{\sigma\alpha}{2} = y$로 놓으면 $dx = \sigma dy$가 되고, 이들을 위 식에 대입하면 주어진 함수의 푸리에 변환은 다음과 같다.

$$g(\alpha) = \frac{\sigma}{2\pi} e^{-\frac{\sigma^2\alpha^2}{4}} \int_{-\infty}^{\infty} e^{-y^2} dy = \frac{\sigma}{2\pi} e^{-\frac{\sigma^2\alpha^2}{4}} \sqrt{\pi} = \frac{\sigma}{2\sqrt{\pi}} e^{-\frac{\sigma^2\alpha^2}{4}}$$

그러므로 가우스 함수의 푸리에 변환은 가우스 함수이다.

변환하고자 하는 함수 $f(x)$가 기함수인지 아니면 우함수인지에 따라 푸리에 변환에서 적분변환의 표현이 달라진다.

(i) 기함수인 경우

푸리에 변환

$$g(\alpha) = \frac{1}{2\pi} \int_{-\infty}^{\infty} f(x) e^{-i\alpha x} dx$$

$$= \frac{1}{2\pi} \left[\int_{-\infty}^{0} f(x) e^{-i\alpha x} dx + \int_{0}^{\infty} f(x) e^{-i\alpha x} dx \right]$$

에서, 위 식의 첫 번째 적분에서 $x \rightarrow -y$로 놓으면

$$\int_{-\infty}^{0} f(x) e^{-i\alpha x} dx = \int_{\infty}^{0} f(-y) e^{i\alpha y} (-dy)$$

$$= -\int_{0}^{\infty} f(-y) e^{i\alpha y} (-dy) = \int_{0}^{\infty} f(-y) e^{i\alpha y} dy$$

$$= -\int_{0}^{\infty} f(y) e^{i\alpha y} dy \quad (\because \text{함수 } f(x)\text{가 기함수이므로})$$

$$= -\int_{0}^{\infty} f(x) e^{i\alpha x} dx$$

가 되어

$$g(\alpha) = \frac{1}{2\pi} \left[-\int_{0}^{\infty} f(x) e^{i\alpha x} dx + \int_{0}^{\infty} f(x) e^{-i\alpha x} dx \right]$$

$$= -\frac{1}{2\pi} \left[\int_{0}^{\infty} f(x) \left(e^{i\alpha x} - e^{-i\alpha x} \right) dx \right]$$

$$= -\frac{1}{2\pi} \left[\int_{0}^{\infty} f(x) (2i \sin \alpha x) dx \right]$$

$$= -\frac{2i}{2\pi} \left[\int_{0}^{\infty} f(x) \sin(\alpha x) dx \right] = -2i S(\alpha) \tag{8.2.4}$$

가 되고, 여기서 정의된

$$S(\alpha) = \frac{1}{2\pi} \int_{0}^{\infty} f(x) \sin(\alpha x) dx \tag{8.2.5}$$

를 **푸리에 사인변환**이라 한다.

그리고 식 (8.2.1)로부터

$$f(x) = -\int_{-\infty}^{\infty} 2iS(\alpha)e^{i\alpha x}d\alpha = -2i\int_{-\infty}^{\infty} S(\alpha)e^{i\alpha x}d\alpha$$

$$= -2i\int_{-\infty}^{\infty} S(\alpha)i\sin(\alpha x)d\alpha$$

$$\left(\because f(x)\int_{-\infty}^{\infty} \sin(\alpha x)\cos(\alpha x)d\alpha = 0 \right)$$

이 되어, **푸리에 사인역변환**은 다음과 같다.

$$f(x) = 4\int_0^{\infty} S(\alpha)\sin(\alpha x)d\alpha \tag{8.2.6}$$

식 (8.2.5)를 (8.2.6)에 대입하면

$$f(x) = 4\int_0^{\infty}\left[\frac{1}{2\pi}\int_0^{\infty} f(x')\sin(\alpha x')dx'\right]\sin(\alpha x)d\alpha$$

$$= \int_0^{\infty} f(x')\left[\frac{2}{\pi}\int_0^{\infty} \sin(\alpha x')\sin(\alpha x)d\alpha\right]dx'$$

이 되고, 등식의 왼편과 오른편이 같기 위해서는

$$\frac{2}{\pi}\int_0^{\infty} \sin(\alpha x')\sin(\alpha x)d\alpha = \delta(x - x') \tag{8.2.7}$$

인 관계가 성립되어야 한다. 이 관계는 푸리에 사인변환을 이용하여 얻은 **델타함수의 적분형**의 또 다른 표현이다.

(ii) 우함수인 경우

푸리에 변환

$$g(\alpha) = \frac{1}{2\pi}\int_{-\infty}^{\infty} f(x)e^{-i\alpha x}dx$$

$$= \frac{1}{2\pi}\left[\int_{-\infty}^{0} f(x)e^{-i\alpha x}dx + \int_0^{\infty} f(x)e^{-i\alpha x}dx\right]$$

에서, 위 식의 첫 번째 적분에서 $x \to -y$로 놓으면

$$\int_{-\infty}^{0} f(x)e^{-i\alpha x}dx = \int_{\infty}^{0} f(-y)e^{i\alpha y}(-dy)$$

$$= \int_{0}^{\infty} f(y)e^{i\alpha y}dy \quad (\because \text{ 함수 } f(x)\text{가 우함수이므로})$$

$$= \int_{0}^{\infty} f(x)e^{i\alpha x}dx$$

이 되어

$$g(\alpha) = \frac{1}{2\pi}\left[\int_{0}^{\infty} f(x)e^{i\alpha x}dx + \int_{0}^{\infty} f(x)e^{-i\alpha x}dx\right]$$

$$= \frac{1}{2\pi}\left[\int_{0}^{\infty} f(x)(e^{i\alpha x} + e^{-i\alpha x})dx\right] = \frac{1}{2\pi}\left[\int_{0}^{\infty} f(x)(2\cos\alpha x)dx\right]$$

$$= \frac{2}{2\pi}\left[\int_{0}^{\infty} f(x)\cos(\alpha x)dx\right] = 2C(\alpha) \tag{8.2.8}$$

가 되고, 여기서 정의된

$$C(\alpha) = \frac{1}{2\pi}\int_{0}^{\infty} f(x)\cos(\alpha x)dx \tag{8.2.9}$$

를 **푸리에 코사인변환**이라 한다.

그리고 식 (8.2.1)로부터

$$f(x) = \int_{-\infty}^{\infty} 2C(\alpha)e^{i\alpha x}d\alpha = 2\int_{-\infty}^{\infty} C(\alpha)e^{i\alpha x}d\alpha$$

$$= 2\int_{-\infty}^{\infty} C(\alpha)\cos(\alpha x)d\alpha$$

$$\left(\because f(x)\int_{-\infty}^{\infty} \sin(\alpha x)\cos(\alpha x)d\alpha = 0\right)$$

이 되어, **푸리에 코사인역변환**은 다음과 같다.

$$f(x) = 4\int_{0}^{\infty} C(\alpha)\cos(\alpha x)d\alpha \tag{8.2.10}$$

식 (8.2.9)를 (8.2.10)에 대입하면

$$f(x) = 4 \int_0^\infty \left[\frac{1}{2\pi} \int_0^\infty f(x') \cos(\alpha x') dx' \right] \cos(\alpha x) d\alpha$$

$$= \int_0^\infty f(x') \left[\frac{2}{\pi} \int_0^\infty \cos(\alpha x') \cos(\alpha x) d\alpha \right] dx'$$

이 되고, 등식의 왼편과 오른편이 같기 위해서는

$$\frac{2}{\pi} \int_0^\infty \cos(\alpha x') \cos(\alpha x) d\alpha = \delta(x - x') \tag{8.2.11}$$

인 관계가 성립되어야 한다. 이 관계는 푸리에 코사인변환을 이용하여 얻은 **델타함수의 적분형**의 또 다른 표현이다.

그러므로 (i)과 (ii)로부터 주어진 함수가 기함수인지 또는 우함수인지에 따라 푸리에 사인변환 또는 푸리에 코사인변환을 사용해서 편리하게 함수의 성질을 분석할 수 있다.

두 함수 $f_1(x)$와 $f_2(x)$의 곱의 푸리에 변환을 계산하면 다음과 같다.

$$\frac{1}{2\pi} \int_{-\infty}^\infty \left[f_1(x) f_2(x) \right] e^{-i\alpha x} dx = \frac{1}{2\pi} \int_{-\infty}^\infty \left[\int_{-\infty}^\infty g_1(\alpha') e^{i\alpha' x} d\alpha' \right] f_2(x) e^{-i\alpha x} dx$$

$$= \int_{-\infty}^\infty d\alpha' g_1(\alpha') \left[\frac{1}{2\pi} \int_{-\infty}^\infty f_2(x) e^{-i(\alpha - \alpha')x} dx \right]$$

$$= \int_{-\infty}^\infty g_1(\alpha') g_2(\alpha - \alpha') d\alpha'$$

그러므로 두 함수 곱의 푸리에 변환은 각 함수의 푸리에 변환의 합성곱(convolution)이다.

그리고 $\int_{-\infty}^\infty |f(x)|^2 dx$를 계산하면

$$\int_{-\infty}^\infty f^*(x) f(x) dx = \int_{-\infty}^\infty f^*(x) \left[\int_{-\infty}^\infty g(\alpha) e^{i\alpha x} d\alpha \right] dx$$

$$= \int_{-\infty}^{\infty} g(\alpha) d\alpha \int_{-\infty}^{\infty} f^*(x) e^{i\alpha x} dx$$

$$= \int_{-\infty}^{\infty} g(\alpha) d\alpha \left[\int_{-\infty}^{\infty} f(x) e^{-i\alpha x} dx \right]^*$$

$$= 2\pi \int_{-\infty}^{\infty} g(\alpha)[g(\alpha)]^* d\alpha$$

이 되어서

$$\int_{-\infty}^{\infty} |g(\alpha)|^2 d\alpha = \frac{1}{2\pi} \int_{-\infty}^{\infty} |f(x)|^2 dx$$

인 함수 자승의 적분과 그 함수의 푸리에 변환의 자승의 적분사이의 관계식을 얻는다. 이 식 또한 **파시발 정리**로 알려져 있다.

예제 8.6

함수 $f(x)$의 푸리에 변환을 구하세요.

$$f(x) = \begin{cases} x, & |x| < 1 \\ 0, & |x| > 1 \end{cases}$$

풀이

$$g(\alpha) = \frac{1}{2\pi} \int_{-\infty}^{\infty} f(x) e^{-i\alpha x} dx = \frac{1}{2\pi} \int_{-1}^{1} x e^{-i\alpha x} dx$$

$$= \frac{1}{2\pi} \int_{-1}^{1} x \left(\frac{1}{-i\alpha} e^{-i\alpha x} \right)' dx$$

$$= \frac{1}{2\pi} \left[\frac{x}{-i\alpha} e^{-i\alpha x} \right]_{x=-1}^{x=1} + \frac{1}{2\pi} \frac{1}{i\alpha} \int_{-1}^{1} e^{-i\alpha x} dx$$

$$= -\frac{1}{2\pi i\alpha} (e^{-i\alpha} + e^{i\alpha}) + \frac{1}{2\pi\alpha^2} (e^{-i\alpha} - e^{i\alpha})$$

$$= -\frac{\cos\alpha}{\pi i\alpha} - \frac{i\sin\alpha}{\pi\alpha^2} = \frac{i\cos\alpha}{\pi\alpha} - \frac{i\sin\alpha}{\pi\alpha^2}$$

예제 8.7

계단(step) 함수 $f(x)$의 푸리에 변환을 구하세요. 이 함수는 전자통신이론에 자주 나오는 형태로서 푸리에 변환을 사용해서 파형을 시간 영역에서 주파수 영역으로 변환하여 파형을 이루는 주파수를 분석한다.

$$f(x) = \begin{cases} 0, & x < -a \\ A, & -a < x < a \text{ , 여기서 } A > 0 \text{인 상수} \\ 0, & x > a \end{cases}$$

풀이

$$g(\alpha) = \frac{1}{2\pi} \int_{-a}^{a} A e^{-i\alpha x} dx = \frac{A}{2\pi} \left[\frac{-1}{i\alpha} e^{-i\alpha x} \right]_{x=-a}^{x=a}$$

$$= \frac{iA}{2\pi\alpha}(e^{-i\alpha a} - e^{i\alpha a}) = \frac{A}{\pi\alpha}\sin\alpha a = \frac{Aa}{\pi}\frac{\sin\alpha a}{\alpha a} = \frac{Aa}{\pi}Sa(\alpha a)$$

여기서 $Sa(x) = \dfrac{\sin x}{x}$ 로 정의된 비규격화된 **싱크**(sinc)**함수**이다[74].

그러므로 주어진 함수의 푸리에 변환은 $\alpha a = n\pi \Rightarrow \alpha = \dfrac{n\pi}{a}$ (여기서 n은 정수)에서

0인 정현파(sinusoidal) 함수가 된다. 이 정현파 함수의 폭은 $\dfrac{2\pi}{a}$ 이다. 그리고 $\alpha = 0$

일 때 $g(\alpha) = \dfrac{0}{0}$ 이 되므로 로피탈 정리를 적용하면 $\left.\dfrac{(\sin\alpha a)'}{(\alpha)'}\right|_{\alpha=0} = \left.\dfrac{a\cos\alpha a}{1}\right|_{\alpha=0} = a$

가 되어서 $\alpha = 0$에서 $g(\alpha)$가 최댓값인 $\dfrac{Aa}{\pi}$ 을 갖는다.

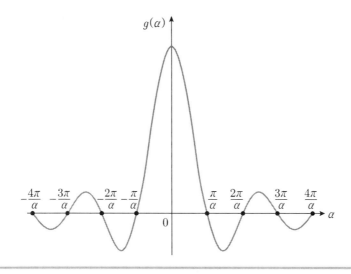

[74] 반면에 규격화된 싱크함수는 $\mathrm{sinc}(x) = \dfrac{\sin(\pi x)}{\pi x}$ 이다.

함수 $f(x)$의 푸리에 변환을 구하세요.

$$f(x) = \begin{cases} \cos x, & |x| < \dfrac{\pi}{2} \\ 0, & |x| > \dfrac{\pi}{2} \end{cases}$$

풀이 주어진 함수가 우함수이므로 푸리에 코사인변환식 (8.2.9)를 사용하면

$$C(\alpha) = \frac{1}{2\pi} \int_{-\pi/2}^{\pi/2} dx \cos x \cos \alpha x = \frac{1}{\pi} \int_{0}^{\pi/2} dx \cos x \cos \alpha x$$

$$= \frac{1}{\pi} \int_{0}^{\pi/2} dx (\sin x)' \cos \alpha x = \frac{1}{\pi} \sin x \cos \alpha x \Big|_{0}^{\pi/2} + \frac{\alpha}{\pi} \int_{0}^{\pi/2} dx \sin x \sin \alpha x$$

$$= \frac{1}{\pi} \cos \frac{\pi\alpha}{2} - \frac{\alpha}{\pi} \int_{0}^{\pi/2} dx (\cos x)' \sin \alpha x$$

$$= \frac{1}{\pi} \cos \frac{\pi\alpha}{2} - \frac{\alpha}{\pi} \cos x \sin \alpha x \Big|_{0}^{\pi/2} + \frac{\alpha^2}{\pi} \int_{0}^{\pi/2} dx \cos x \cos \alpha x$$

$$= \frac{1}{\pi} \cos \frac{\pi\alpha}{2} + \frac{\alpha^2}{\pi} \int_{0}^{\frac{\pi}{2}} dx \cos x \cos \alpha x$$

이 되고, 여기서 $\dfrac{1}{\pi} \displaystyle\int_{0}^{\pi/2} dx \cos x \cos \alpha x = I$로 놓으면 위 식은

$$I = \frac{1}{\pi} \cos \frac{\pi\alpha}{2} + \alpha^2 I \implies I = \frac{1}{(1-\alpha^2)\pi} \cos \frac{\pi\alpha}{2}$$

이 되어

$$\therefore \ C(\alpha) = \frac{1}{(1-\alpha^2)\pi} \cos \frac{\pi\alpha}{2}$$

인 푸리에 변환 결과를 얻는다.

양자역학에서 $\Psi(x)$가 규격화된 파동함수라고 하면 $\displaystyle\int_{-\infty}^{\infty} |\Psi(x)|^2 dx = 1$인 조건을 만족해야 한다. 파동함수를 운동량 p로 표현하세요.

풀이 위치에 관한 파동함수 $\Psi(x)$는 역푸리에 변환으로 다음과 같이 표현된다.

$$\Psi(x) = \int_{-\infty}^{\infty} \phi(k) e^{ikx} dk, \ \text{여기서 } k\text{는 파수}$$

파수 k는 운동량 p와 $k = \dfrac{p}{\hbar}$의 관계에 있으므로 위 식은

$$\Psi(x) = C \int_{-\infty}^{\infty} \phi(p) e^{i\frac{p}{\hbar}x} dp, \quad \text{여기서 } C \text{는 규격화 상수} \tag{1}$$

로 표현된다. 이때

$$\Psi^*(x') \Psi(x) = |C|^2 \left[\int_{-\infty}^{\infty} \phi^*(p) e^{-i\frac{p}{\hbar}x'} dp \right] \left[\int_{-\infty}^{\infty} \phi(p) e^{i\frac{p}{\hbar}x} dp \right]$$

$$= |C|^2 \int_{-\infty}^{\infty} |\phi(p)|^2 \left[\int_{-\infty}^{\infty} e^{ip(x-x')/\hbar} dp \right] dp$$

$$= |C|^2 \int_{-\infty}^{\infty} |\phi(p)|^2 \left[2\pi \delta\left(\frac{x-x'}{\hbar} \right) \right] dp$$

$$\Rightarrow \int_{-\infty}^{\infty} \Psi^*(x') \Psi(x) dx = 2\pi |C|^2 \int_{-\infty}^{\infty} \int_{-\infty}^{\infty} |\phi(p)|^2 \delta\left(\frac{x-x'}{\hbar} \right) dp\, dx$$

$$= 2\pi |C|^2 \int_{-\infty}^{\infty} \int_{-\infty}^{\infty} |\phi(p)|^2 \left[\hbar \delta(x-x') \right] dp\, dx$$

$$\Rightarrow \int_{-\infty}^{\infty} |\Psi(x)|^2 dx = 2\pi\hbar |C|^2 \int_{-\infty}^{\infty} |\phi(p)|^2 dp = 2\pi\hbar |C|^2$$

이 된다. 여기서 왼편 적분은 1이므로 규격화 상수는

$$C = \frac{1}{\sqrt{2\pi\hbar}}$$

가 되어, 이를 식 (1)에 대입하면 운동량 영역에서의 파동함수 표현은 다음과 같다.

$$\Psi(x) = \frac{1}{\sqrt{2\pi\hbar}} \int_{-\infty}^{\infty} \phi(p) e^{i\frac{p}{\hbar}x} dp$$

01 $[-\pi, \pi]$ 구간에서 함수 $f(x) = |\sin x|$를 푸리에 급수로 표현하고

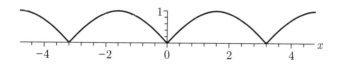

표현 결과를 이용하여 $\displaystyle\sum_{n=1}^{\infty} \frac{(-1)^n}{1-4n^2}$을 계산하세요.

02 닫힌 구간 $[-2, 2]$에서 정의된 함수 $f(x) = x^2$을 고려하고 파시발 정리를 사용해서 $\displaystyle\sum_{n=1}^{\infty} \frac{1}{n^4}$을 계산하세요.

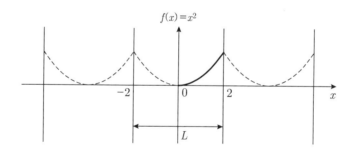

03 다음의 삼각함수 $f(x)$의 푸리에 변환을 구하세요.

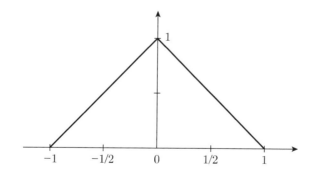

04 e^{-x}의 푸리에 코사인변환을 구하세요.

05 푸리에 사인변환 결과가 $S(\alpha) = \dfrac{1}{4}\dfrac{\alpha}{\alpha^2+1}$일 때, 함수 $f(x)$를 구하세요.

CHAPTER 09

라그랑지 역학

물체의 운동을 기술하는 것이 역학이다. 뉴턴 역학에서 물체는 뉴턴의 운동법칙을 따라 움직이며 벡터와 미적분으로 기술되고, **라그랑지**(Lagrange) 역학에서는 물체의 특정한 물리량이 **해밀턴의 최소 작용의 원리**(Hamilton's principle of least action)를 만족하는 경로로 움직이며 스칼라로 기술된다. 어느 방법으로 물체의 운동을 구하더라도 그 결과는 서로 일치한다.

9.1 라그랑지 방정식

- 라그랑지 방정식

$$\frac{\partial L(q_i, \dot{q_i}, t)}{\partial q_i} - \frac{d}{dt}\left[\frac{\partial L(q_i, \dot{q_i}, t)}{\partial \dot{q_i}}\right] = 0, \ \text{여기서} \ L = K - U \text{는 라그랑지언}$$

3차원에서 어떤 계의 라그랑지언(Lagrangian)은 그 계의 운동에너지 K와 위치에너지 U로 다음과 같이 정의된다.

$$L(q_i, \dot{q_i}, t) = K - U$$

여기서 $q_i(t)$는 **일반화 좌표계**(generalized coordinates)에서 시간에 대한 일반화 좌표이다. 일반화 좌표계는 일반적으로 계의 구성을 정의하는 데 필요한 최소의 독립적인 좌표로 정의된다. 이때 일반화 좌표의 수는 그 계의 **자유도**(degree of freedom)가 된다. 예로서 3차원에서 어떤 계에 n개의 입자가 있고 m개의 **구속조건**(constraint)이 있다면 이 계의 자유도는 $3n-m$이 된다. 이때 구속조건이 위치와 시간만으로(또는 등식으로) 표현될 수 있으면 **홀로노믹**(holonomic) 구속조건이라 하고 부등식으로 표현되면 **비홀로노믹**(non-holonomic) 구속조건이라 한다.

예제 9.1

물체가 3차원에서 xy평면상에서 반지름이 a인 원을 따라 움직일 때 물체의 자유도를 구하세요.

풀이 물체가 xy평면상에서 반지름 a인 원을 따라 움직이므로 이때의 구속조건은 $x^2+y^2=a^2 \Rightarrow x^2+y^2-a^2=0$ 그리고 $z=0$인 두 개의 홀로노믹 구속조건이 존재한다. 이때 자유도는 $(3\times1)-2=1$이므로 일반화 좌표 ϕ만으로 운동을 기술할 수 있고, $\dot{\phi}$를 일반화 속도라고 한다.

그러므로 물체의 위치 (x, y, z)는 다음과 같이 일반화 좌표로 표현된다.

$$\begin{cases} x = a\cos\phi \\ y = a\sin\phi \\ z = 0 \end{cases}$$

그리고 물체의 속도는 다음과 같이 일반화 속도로 표현된다.

$$\begin{cases} \dot{x} = a\dfrac{d}{dt}\cos\phi = a\dfrac{d\phi}{dt}\dfrac{d}{d\phi}\cos\phi = -a\dot{\phi}\sin\phi \\ \dot{y} = a\dfrac{d}{dt}\sin\phi = a\dfrac{d\phi}{dt}\dfrac{d}{d\phi}\sin\phi = a\dot{\phi}\cos\phi \\ \dot{z} = 0 \end{cases}$$

예제 9.2

반지름이 a인 구 표면을 따라 움직이는 물체의 자유도를 구하세요.

풀이 구속조건은 $(x^2+y^2+z^2)-a^2=0$이다. 그러므로 자유도는 $(3\times1)-1=2$이므로 일반화 좌표 θ와 ϕ로 반지름이 a인 구 표면을 따라 움직이는 물체의 운동을 기술할 수 있다.

길이가 ℓ인 아령의 경우, 이 계의 자유도를 구하세요.

(x_1, y_1, z_1)

(x_2, y_2, z_2)

ℓ

풀이 구속조건은 $\left[(x_1 - x_2)^2 + (y_1 - y_2)^2 + (z_1 - z_2)^2\right] - \ell^2 = 0$이다. 아령 양끝의 둥근 물체를 기술하기 위해서는 $2 \times 3 = 6$개의 좌표$(x_1,\ y_1,\ z_1,\ x_2,\ y_2,\ z_2)$가 필요하다. 그러므로 자유도는 $6 - 1 = 5$가 되어 다섯 개의 일반화 좌표(X, Y, Z, θ, ϕ)로 이 계를 기술할 수 있다. 여기서 (X, Y, Z)는 아령의 질량중심 좌표이고 (θ, ϕ)는 아령의 회전 좌표이다.

물체는 다음과 같이 정의된 작용량(S)을 최소화하는 경로로 움직인다.

$$S = \int_{t_1}^{t_2} L(q_i, \dot{q}_i, t)dt \tag{9.1.1}$$

이를 해밀턴의 최소 작용의 원리 또는 해밀턴의 **변분 원리**라고 한다.

먼저 자유도가 1인 경우(즉 $i = 1$)에 대해 알아본 다음, 자유도가 n인 경우에 해당하는 일반식을 구하자.

계의 운동이 시간 구간 $[t_1, t_2]$ 동안에 일어난다고 가정하면 이 계는 최소 작용의 원리로부터 $\delta S = 0$을 만족하는 경로를 따른다. 즉 식 (9.1.1)로부터

$$0 = \delta \int_{t_1}^{t_2} L(q, \dot{q}, t)dt = \int_{t_1}^{t_2} L(q + \delta q, \dot{q} + \dot{\delta q}, t)dt - \int_{t_1}^{t_2} L(q, \dot{q}, t)dt \tag{9.1.2}$$

을 얻는다.

미분 정의식

$$\frac{df}{dx} = \lim_{\Delta x \to 0} \frac{f(x + \Delta x) - f(x)}{\Delta x} = \frac{f(x + \delta x) - f(x)}{\delta x}$$

로부터

$$f(x + \delta x) - f(x) = \frac{df}{dx}\delta x$$

를 얻는다. 이로부터 식 (9.1.2)는 다음과 같이 표현될 수 있음을 알 수 있다.

$$0 = \int_{t_1}^{t_2}\left(\frac{\partial L}{\partial q}\delta q + \frac{\partial L}{\partial \dot q}\dot{\delta q}\right)dt = \int_{t_1}^{t_2}\frac{\partial L}{\partial q}\delta q dt + \int_{t_1}^{t_2}\frac{\partial L}{\partial \dot q}\left(\frac{d}{dt}\delta q\right)dt \qquad (9.1.3)$$

여기서 오른편 두 번째 항에 부분적분을 적용하면 다음과 같이 된다.

$$\int_{t_1}^{t_2}\frac{\partial L}{\partial \dot q}\left(\frac{d}{dt}\delta q\right)dt = \frac{\partial L}{\partial \dot q}\delta q\Big|_{t_1}^{t_2} - \int_{t_1}^{t_2}\frac{d}{dt}\left(\frac{\partial L}{\partial \dot q}\right)\delta q dt = -\int_{t_1}^{t_2}\frac{d}{dt}\left(\frac{\partial L}{\partial \dot q}\right)\delta q dt$$

$$\left(\because \ \delta q(t_1) = \delta q(t_2) = 0\right)$$

이를 식 (9.1.3)에 대입하면

$$0 = \int_{t_1}^{t_2}\frac{\partial L}{\partial q}\delta q dt - \int_{t_1}^{t_2}\frac{d}{dt}\left(\frac{\partial L}{\partial \dot q}\right)\delta q dt = \int_{t_1}^{t_2}\left[\frac{\partial L}{\partial q} - \frac{d}{dt}\left(\frac{\partial L}{\partial \dot q}\right)\right]\delta q dt$$

를 얻는다. 일반화 좌표의 모든 변분에 대해 위의 등식이 항상 성립하기 위해서는 피적분함수가 0이 되어야 하므로 다음의 관계를 얻는다.

$$\frac{\partial L(q,\dot q,t)}{\partial q} - \frac{d}{dt}\left[\frac{\partial L(q,\dot q,t)}{\partial \dot q}\right] = 0$$

위 결과는 자유도가 1인 경우에 얻은 관계식이고 이를 자유도가 n인 경우로 일반화시키면 다음과 같은 라그랑지 방정식[75]을 얻는다.

$$\frac{\partial L(q_i,\dot q_i,t)}{\partial q_i} - \frac{d}{dt}\left[\frac{\partial L(q_i,\dot q_i,t)}{\partial \dot q_i}\right] = 0, \ \ \text{여기서} \ i = 1, \ 2, \ \cdots\cdots, \ n \qquad (9.1.4)$$

예제 9.4

1차원에서 질량이 m인 자유입자의 운동방정식을 구하세요.

풀이 라그랑지언은 $L = K - U = \dfrac{1}{2}m\dot x^2 - 0 = \dfrac{1}{2}m\dot x^2$이다. 이때 라그랑지 방정식은 다음과 같다.

---

(75) 또는 오일러-라그랑지 방정식이라고 합니다.

$$0 = \frac{dL}{dx} - \frac{d}{dt}\left(\frac{dL}{d\dot{x}}\right) \;\Rightarrow\; 0 = 0 - \frac{d}{dt}\left[\frac{d}{d\dot{x}}\left(\frac{1}{2}m\dot{x}^2\right)\right] = -\frac{d}{dt}(m\dot{x})$$

$$\Rightarrow\; \dot{x} = 상수 \;\Rightarrow\; v(t) = 상수 \equiv v_0$$

즉 자유입자는 등속운동을 한다. 그리고 위 식을 시간에 관해 적분하면

$$x(t) = x_0 + v_0 t$$

인 일반해를 얻는다. 여기서 x_0와 v_0는 $t=0$일 때의 입자의 위치와 속도이다.

예제 9.5

1차원 조화 진동자에 대한 운동방정식을 구하세요.

풀이 라그랑지언은 $L(x,\dot{x}) = K - U = \frac{1}{2}m\dot{x}^2 - \frac{1}{2}kx^2$이다. 이때 라그랑지 방정식은

$$0 = \frac{dL}{dx} - \frac{d}{dt}\left(\frac{dL}{d\dot{x}}\right) = -kx - m\ddot{x} \;\Rightarrow\; m\ddot{x} + kx = 0$$

이며, 이는 비감쇠 조화 진동자의 운동방정식이다. 위 식은

$$\ddot{x} + \omega_0^2 x = 0, \quad 여기서 \;\; \omega_0 = \sqrt{\frac{k}{m}}$$

가 되어 일반해는 다음과 같다.

$$x(t) = x_0 \sin(\omega_0 t + \phi)$$

여기서 x_0는 진폭, $(\omega_0 t + \phi)$는 위상 그리고 ϕ는 위상각이며, 이들은 초기조건에 의해 결정된다.

예제 9.6

평면상의 두 지점 A와 B 사이의 가장 짧은 경로를 구하세요.

풀이 평면에서 미소 변동의 길이는 $ds = \sqrt{dx^2 + dy^2}$이므로, 두 지점 사이의 경로는 다음과 같다.

$$S = \int_A^B ds = \int_A^B \sqrt{dx^2 + dy^2}$$

$$= \int_A^B \sqrt{1 + \left(\frac{dy}{dx}\right)^2}\, dx = \int_A^B \sqrt{1 + y'^2}\, dx$$

최소 작용의 원리로부터 두 지점 사이의 실제 경로는 $\delta S = 0$을 만족한다.

위 식과 식 (9.1.1)을 비교하면 두 식 사이에 다음의 대응관계를 알 수 있다.

$$
\begin{cases}
t \rightarrow x \\
\dfrac{dq}{dt} \rightarrow \dfrac{dy}{dx} \\
q \rightarrow y
\end{cases}
\Rightarrow L(q, \dot{q}, t) \rightarrow f(y, y', x) = \sqrt{1 + y'^2}
$$

이때 라그랑지 방정식은 다음과 같이 표현된다.

$$
\frac{\partial L(q, \dot{q}, t)}{\partial q} - \frac{d}{dt}\left[\frac{\partial L(q, \dot{q}, t)}{\partial \dot{q}} \right] = 0
$$

$$
\Rightarrow \frac{\partial f(y, y', x)}{\partial y} - \frac{d}{dx}\left[\frac{\partial f(y, y', x)}{\partial y'} \right] = 0
$$

$$
\Rightarrow 0 = 0 - \frac{d}{dx}\left(\frac{y'}{\sqrt{1 + y'^2}} \right) \quad (\because f \text{는 } y' \text{만의 함수이므로})
$$

$$
\Rightarrow \frac{d}{dx}\left(\frac{y'}{\sqrt{1 + y'^2}} \right) = 0
$$

그러므로 $\dfrac{y'}{\sqrt{1 + y'^2}} = a$인 상수이다.

$$
\Rightarrow y'^2 = a^2(1 + y'^2) \Rightarrow y' = \pm \frac{a}{\sqrt{(1 - a^2)}}
$$

$$
\Rightarrow \frac{dy}{dx} = \pm \frac{a}{\sqrt{1 - a^2}}
$$

위 식은 기울기가 상수임을 의미한다.

$$
\therefore y(x) = Ax + B, \text{ 여기서 } A \text{와 } B \text{는 상수}
$$

위 식은 직선 방정식이므로 두 지점 사이의 가장 짧은 경로는 직선이다.

예제 9.7

아래 그림과 같이 빛이 (x_1, y_1)에서 (x_2, y_2)로 $(x, 0)$의 지점을 지나서 직선으로 지나간다. 이때 매질 1과 매질 2에서의 빛의 속도가 각각 v_1과 v_2라고 할 때, 관계식 $\dfrac{\sin\theta_1}{v_1} = \dfrac{\sin\theta_2}{v_2}$ 이 성립함을 증명하세요.

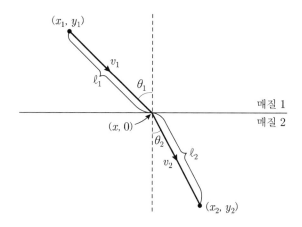

풀이 $(x_1,\ y_1)$에서 $(x_2,\ y_2)$로 지나가는 데 걸리는 시간은 다음과 같다.

$$t_{tot} = t_1 + t_2 = \frac{\ell_1}{v_1} + \frac{\ell_2}{v_2} = \frac{\sqrt{(x-x_1)^2 + y_1^2}}{v_1} + \frac{\sqrt{(x_2-x)^2 + y_2^2}}{v_2}$$

가장 적은 시간이 걸리는[76] 경로는 다음의 관계를 만족해야 한다.

$$0 = \frac{dt_{tot}}{dx} = \frac{1}{v_1}\frac{x-x_1}{\sqrt{(x-x_1)^2 + y_1^2}} - \frac{1}{v_2}\frac{x_2-x}{\sqrt{(x_2-x)^2 + y_2^2}}$$

$$= \frac{1}{v_1}\left(\frac{x-x_1}{\ell_1}\right) - \frac{1}{v_2}\left(\frac{x_2-x}{\ell_2}\right) = \frac{\sin\theta_1}{v_1} - \frac{\sin\theta_2}{v_2}$$

그러므로 다음과 같은 스넬의 법칙을 얻을 수 있다.

$$\frac{\sin\theta_1}{v_1} = \frac{\sin\theta_2}{v_2}$$

매질의 굴절률은 매질에서의 빛의 속도와 $n_i = \dfrac{c}{v_i}$ 인 관계에 있으므로 스넬의 법칙은 다음과 같이 표현된다.

$$n_1\sin\theta_1 = n_2\sin\theta_2$$

예제 9.8

중력장하에서 움직이는 질량 m인 입자의 운동방정식을 구하세요.

---

[76] **페르마**(Fermat)의 최소 시간 원리라고 합니다.

풀이 라그랑지언은 $L = K - U = \frac{1}{2}mv^2 - U = \frac{1}{2}m(\dot{x}^2 + \dot{y}^2 + \dot{z}^2) - mgz$이다.

이때 라그랑지 방정식으로부터 다음과 같은 운동방정식을 얻는다.

$$
\begin{cases}
\dfrac{\partial L}{\partial x} - \dfrac{d}{dt}\left(\dfrac{\partial L}{\partial \dot{x}}\right) = 0 \\[2mm]
\dfrac{\partial L}{\partial y} - \dfrac{d}{dt}\left(\dfrac{\partial L}{\partial \dot{y}}\right) = 0 \\[2mm]
\dfrac{\partial L}{\partial z} - \dfrac{d}{dt}\left(\dfrac{\partial L}{\partial \dot{z}}\right) = 0
\end{cases}
\Rightarrow
\begin{cases}
\dfrac{d}{dt}(m\dot{x}) = 0 \;\rightarrow\; \therefore\; \dot{x} = \text{const.} \\[2mm]
\dfrac{d}{dt}(m\dot{y}) = 0 \;\rightarrow\; \therefore\; \dot{y} = \text{const.} \\[2mm]
-mg - \dfrac{d}{dt}(\frac{1}{2}m2\dot{z}) = 0 \;\rightarrow\; \therefore\; \ddot{z} = -g
\end{cases}
$$

$$
\Rightarrow \therefore
\begin{cases}
x(t) = x_0 + v_{0x}t \\[1mm]
y(t) = y_0 + v_{0y}t \\[1mm]
z(t) = z_0 + v_{0z}t - \dfrac{1}{2}gt^2
\end{cases}
$$

예제 9.9

질량이 m이고 길이가 ℓ인 단진자에 대한 운동방정식을 구하세요.

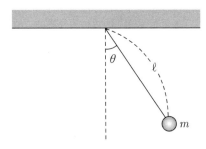

풀이 여기서 $\begin{cases} x = \ell\sin\theta \\ y = -\ell\cos\theta \end{cases} \Rightarrow \begin{cases} \dot{x} = \ell\dot{\theta}\cos\theta \\ \dot{y} = \ell\dot{\theta}\sin\theta \end{cases} \Rightarrow \dot{x}^2 + \dot{y}^2 = \ell^2\dot{\theta}^2$

그러므로 라그랑지언은

$$
L(\theta, \dot{\theta}) = K - U = \frac{1}{2}m(\dot{x}^2 + \dot{y}^2) - mgy = \frac{1}{2}m\ell^2\dot{\theta}^2 + mg\ell\cos\theta
$$

이 되고 이때 라그랑지 방정식으로부터

$$
0 = \frac{dL}{d\theta} - \frac{d}{dt}\left(\frac{dL}{d\dot{\theta}}\right) = -mg\ell\sin\theta - m\ell^2\ddot{\theta} \;\Rightarrow\; \ddot{\theta} + \frac{g}{\ell}\sin\theta = 0 \tag{1}
$$

$$
\xrightarrow{\text{작은 각}} \ddot{\theta} + \frac{g}{\ell}\theta = 0 \quad (\because\; \sin\theta \approx \theta)
$$

을 얻어서, 단진자의 운동방정식은

$$\theta(t) = \theta_0 \sin(\omega t + \phi), \quad \text{여기서} \ \ \omega = \sqrt{\frac{g}{\ell}}$$

이 된다. 이때 주기 T는 다음과 같이 구할 수 있다.

$$\theta(t) = \theta(t + T) \ \Rightarrow \ \sin(\omega t + \phi) = \sin(\omega t + \omega T + \phi)$$

$$\Rightarrow \ \omega T = 2\pi$$

$$\therefore \ \ T = \frac{2\pi}{\omega} = 2\pi \sqrt{\frac{\ell}{g}}$$

예제 9.10

도르래의 반지름이 a이고 줄의 길이가 ℓ인 애트우드 머신(Atwood machine)의 운동방정식과 줄의 장력을 구하세요. 이때 $m_2 > m_1$이고 도르래와 줄의 질량은 무시하세요.

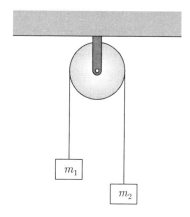

풀이 이 계를 기술하기 위해서는 두 좌표 x_1과 x_2가 필요하고 홀로노믹 구속조건 $f(x_1, x_2) = x_1 + \pi a + x_2 - \ell = 0$이 있으므로 이 계의 자유도는 $(1 \times 2) - 1 = 1$이 되어 일반화 좌표 x로 이 계는 기술될 수 있다. 여기서 x는 m_1이 움직인 거리이다. 이때 이 계의 운동에너지 K와 위치에너지 U는

$$K = \frac{1}{2} m_1 \dot{x}^2 + \frac{1}{2} m_2 (-\dot{x})^2 \ \ \text{그리고} \ \ U = m_1 g x + m_2 g(\ell - \pi a - x)$$

이므로 라그랑지언은

$$L(x, \dot{x}) = K - U = \frac{1}{2} m_1 \dot{x}^2 + \frac{1}{2} m_2 \dot{x}^2 - m_1 g x - m_2 g(\ell - \pi a - x)$$

이 된다. 이때 라그랑지 방정식은 다음과 같다.

$$0 = \frac{dL}{dx} - \frac{d}{dt}\left(\frac{dL}{d\dot{x}}\right) = (m_2 - m_1)g - (m_1 + m_2)\ddot{x}$$

$$\Rightarrow \ddot{x} = \frac{m_2 - m_1}{m_1 + m_2}g$$

위 식을 시간에 관해 두 번 적분하면 다음과 같다.

$$x(t) = x_0 + v_0 t + \frac{1}{2}\left(\frac{m_2 - m_1}{m_1 + m_2}\right)gt^2$$

그리고 줄의 장력 T는 다음과 같이 구할 수 있다.

$$T - m_1 g = m_1 \ddot{x} \Rightarrow T = m_1 g + m_1 \frac{m_2 - m_1}{m_1 + m_2}g = \frac{m_1^2 + m_1 m_2 + m_1 m_2 - m_1^2}{m_1 + m_2}g$$

$$\therefore \quad T = \frac{2m_1 m_2}{m_1 + m_2}g$$

예제 9.11

중심력장 $\vec{F} = F(r)\hat{r}$ 하에서 반지름 r의 원운동을 하는 질량 m인 입자의 운동방정식을 구하세요.

풀이 극좌표계에서 입자의 속도는

$$\begin{cases} x = r\cos\theta \\ y = r\sin\theta \end{cases} \Rightarrow \begin{cases} \dot{x} = \dot{r}\cos\theta - r\dot{\theta}\sin\theta \\ \dot{y} = \dot{r}\sin\theta + r\dot{\theta}\cos\theta \end{cases} \Rightarrow v^2 = \dot{x}^2 + \dot{y}^2 = \dot{r}^2 + r^2\dot{\theta}^2$$

이다. 이때 운동에너지와 위치에너지는

$$K = \frac{1}{2}mv^2 = \frac{1}{2}m(\dot{r}^2 + r^2\dot{\theta}^2) \quad \text{그리고} \quad U = U(r)$$

이므로 라그랑지언은

$$L(r, \dot{r}, \theta, \dot{\theta}) = K - U = \frac{1}{2}m(\dot{r}^2 + r^2\dot{\theta}^2) - U(r) \tag{1}$$

이 된다. 이때 라그랑지 방정식은 다음과 같다.

$$\begin{cases} 0 = \dfrac{\partial L}{\partial r} - \dfrac{d}{dt}\left(\dfrac{\partial L}{\partial \dot{r}}\right) = \left[mr\dot{\theta}^2 - \dfrac{dU(r)}{dr}\right] - m\ddot{r} \tag{2} \\[2ex] 0 = \dfrac{\partial L}{\partial \theta} - \dfrac{d}{dt}\left(\dfrac{\partial L}{\partial \dot{\theta}}\right) = -\dfrac{d}{dt}(mr^2\dot{\theta}) \tag{3} \end{cases}$$

식 (3)으로부터

$$mr^2\dot{\theta} = 상수 \tag{4}$$

을 얻는다. 이 관계식은 각성분에 대한 운동방정식이다. 여기서 상수는 각운동량 (L)의 단위를 가지므로 이 관계식은 각운동량이 보존된다는 의미이다.

즉 식 (1)인 라그랑지언이 일반화 좌표인 θ에 무관할 때 θ와 관계되는 각운동량은 보존된다. 이와 같이 일반화 좌표를 라그랑지언이 갖지 않을 때 그 좌표를 **순환**(cyclic)**좌표**라 하고, 이 순환좌표와 관계되는 물리량은 보존된다.

단위질량당 각운동량인 $r^2\dot{\theta} = \dfrac{L}{m} = \ell$로 정의하면 식 (2)는 다음과 같이 된다.

$$m\ddot{r} = mr\dot{\theta}^2 - \frac{dU}{dr} = mr\dot{\theta}^2 + F(r) = m\frac{\ell^2}{r^3} + F(r)$$

$$\Rightarrow \ddot{r} = \frac{\ell^2}{r^3} + \frac{F(r)}{m}$$

이 관계식은 지름성분에 대한 운동방정식이다.

예제 9.12

그림과 같이 x축 방향으로 마찰력 없이 자유롭게 움직이는 질량 m_2에 질량이 m_1인 추가 길이가 ℓ인 줄에 매달려 있을 때 줄의 질량을 무시하면서 작은 θ에 대해 이들의 운동방정식을 구하세요.

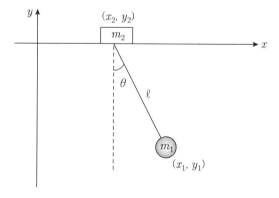

풀이 이 계를 기술하기 위해서는 4개의 좌표 $(x_1,\ y_1)$과 $(x_2,\ y_2)$가 필요하고 구속조건으로 $y_2 = 0$과 $[(x_1 - x_2)^2 + y_1^2] - \ell^2 = 0$이 있으므로 자유도는 $(2 \times 2) - 2 = 2$가 된다. 그러므로 두 개의 일반화 좌표인 x_2와 θ로 이 계를 다음과 같이 기술할 수 있다.

$$\begin{cases} x_1 = x_2 + \ell\sin\theta \\ y_1 = -\ell\cos\theta \end{cases} \Rightarrow \begin{cases} \dot{x}_1 = \dot{x}_2 + \ell\dot{\theta}\cos\theta \\ \dot{y}_1 = \ell\dot{\theta}\sin\theta \end{cases} \Rightarrow \dot{x}_1^2 + \dot{y}_1^2 = \dot{x}_2^2 + \ell^2\dot{\theta}^2 + 2\ell\dot{x}_2\dot{\theta}\cos\theta$$

이 계의 운동에너지와 위치에너지는

$$K = \frac{1}{2}m_2\dot{x_2}^2 + \frac{1}{2}m_1(\dot{x_1}^2 + \dot{y_1}^2) \quad \text{그리고} \quad U = m_1gy_1 = -m_1g\ell\cos\theta$$

이다. 이때 라그랑지언은

$$L(x_2, \dot{x_2}, \theta, \dot{\theta}) = \frac{1}{2}m_2\dot{x_2}^2 + \frac{1}{2}m_1(\dot{x_2}^2 + \ell^2\dot{\theta}^2 + 2\ell\dot{x_2}\dot{\theta}\cos\theta) + m_1g\ell\cos\theta$$

이 된다.

(i) x_2에 대해

$$\frac{\partial L}{\partial x_2} = 0 \text{이고} \quad \frac{d}{dt}\left(\frac{\partial L}{\partial \dot{x_2}}\right) = \frac{d}{dt}\left[(m_1+m_2)\dot{x_2} + m_1\ell\dot{\theta}\cos\theta\right]$$

이므로 라그랑지 방정식은

$$0 = \frac{\partial L}{\partial x_2} - \frac{d}{dt}\left(\frac{\partial L}{\partial \dot{x_2}}\right) = -\frac{d}{dt}\left[(m_1+m_2)\dot{x_2} + m_1\ell\dot{\theta}\cos\theta\right]^{(77)}$$

$$\Rightarrow (m_1+m_2)\ddot{x_2} + m_1\ell\ddot{\theta}\cos\theta - m_1\ell\dot{\theta}^2\sin\theta = 0 \tag{1}$$

인 운동방정식을 얻는다.

(ii) θ에 대해

$$\frac{\partial L}{\partial \theta} = -m_1\ell\dot{x_2}\dot{\theta}\sin\theta - m_1g\ell\sin\theta = -m_1\ell(\dot{x_2}\dot{\theta} + g)\sin\theta$$

그리고

$$\frac{d}{dt}\left(\frac{\partial L}{\partial \dot{\theta}}\right) = \frac{d}{dt}\left(m_1\ell^2\dot{\theta} + m_1\ell\dot{x_2}\cos\theta\right) = m_1\ell^2\ddot{\theta} + m_1\ell\ddot{x_2}\cos\theta - m_1\ell\dot{x_2}\dot{\theta}\sin\theta$$

$$= m_1\ell\left(\ell\ddot{\theta} + \ddot{x_2}\cos\theta - \dot{x_2}\dot{\theta}\sin\theta\right)$$

이므로 라그랑지 방정식은

$$0 = \frac{\partial L}{\partial \theta} - \frac{d}{dt}\left(\frac{\partial L}{\partial \dot{\theta}}\right) = -m_1\ell(\dot{x_2}\dot{\theta} + g)\sin\theta - m_1\ell(\ell\ddot{\theta} + \ddot{x_2}\cos\theta - \dot{x_2}\dot{\theta}\sin\theta)$$

$$\Rightarrow \dot{x_2}\dot{\theta}\sin\theta + g\sin\theta + \ell\ddot{\theta} + \ddot{x_2}\cos\theta - \dot{x_2}\dot{\theta}\sin\theta = 0$$

$$\Rightarrow \ell\ddot{\theta} + \ddot{x_2}\cos\theta + g\sin\theta = 0 \tag{2}$$

---

(77) 이 결과는 [예제 9.16]에서 사용할 것입니다.

인 운동방정식을 얻는다.

작은 θ에 대해 $\cos\theta \approx 1$ 그리고 $\sin\theta \approx \theta$이므로 식 (1)과 (2)는 다음과 같이 된다.

$$\begin{cases} (m_1+m_2)\ddot{x}_2 + m_1\ell(\ddot{\theta}-\dot{\theta}^2\theta) = 0 \\ \ell\ddot{\theta}+\ddot{x}_2+g\theta = 0 \end{cases} \Rightarrow \begin{cases} (m_1+m_2)\ddot{x}_2 + m_1\ell\ddot{\theta} = 0 & (3) \\ \ell\ddot{\theta}+\ddot{x}_2+g\theta = 0 & (4) \end{cases}$$

식 (3)을 두 번 적분하면

$$x_2(t) = x_2(0) + v_{20}t - \frac{m_1}{m_1+m_2}\ell\theta(t) \tag{5}$$

을 얻는다. 그리고 식 (3)으로부터 얻은 $\ddot{x}_2 = -\dfrac{m_1}{m_1+m_2}\ell\dot{\theta}$을 식 (4)에 대입하면 다음과 같다.

$$\ddot{\theta} + \left(\frac{m_1+m_2}{m_2}\right)\frac{g}{\ell}\theta = 0 \tag{6}$$

여기서 $\omega^2 = \left(\dfrac{m_1+m_2}{m_2}\right)\dfrac{g}{\ell}$로 놓으면 식 (6)의 일반해는 다음과 같다.

$$\theta(t) = \theta_0\cos(\omega t + \phi) \tag{7}$$

식 (7)을 (5)에 대입하면 다음과 같이 된다.

$$x_2(t) = x_2(0) + v_{20}t - \frac{m_1}{m_1+m_2}\ell\theta_0\cos(\omega t + \phi) \tag{8}$$

$t=0$일 때, m_2의 위치가 원점에 있다고 하면 위 식에서 $x_2(0) = 0$이 된다.

(i) $t=0$일 때 m_2가 정지해 있다고 하면 $v_{20} = 0$이 되어서 식 (5)로부터

$x_2(t) = -\dfrac{m_1}{m_1+m_2}\ell\theta(t)$를 얻는다. 이 결과로부터 질량 m_1과 m_2는 같은 진동수 ω로 서로 반대 방향으로 움직임을 알 수 있다.

(ii) $t=0$일 때 m_2의 위치가 원점에 있고 $\theta(0) = 0$이면 두 입자는 진동을 하지 않고 식 (8)로부터 $x_2(t) = v_{20}t$가 되어 두 입자는 같은 속도로 수평방향으로 움직인다.

아래 그림과 같이 줄에 매달려 있는 질량이 m이고 반지름이 a인 원판이 풀릴 때의 운동방정식을 구하세요. 이때 줄의 무게는 무시하세요.

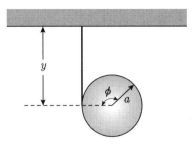

풀이 이 계의 운동에너지는 $K = \frac{1}{2}m\dot{y}^2 + \frac{1}{2}I\dot{\phi}^2$이며, 여기서 $I = \frac{1}{2}ma^2$인 원판의 관성모멘트이다. 그리고 위치에너지는 $U = -mgy$인데 $y = a\phi (\Rightarrow \dot{y} = a\dot{\phi})$이므로 운동에너지와 위치에너지는

$$K = \frac{1}{2}ma^2\dot{\phi}^2 + \frac{1}{4}ma^2\dot{\phi}^2 = \frac{3}{4}ma^2\dot{\phi}^2 \text{ 그리고 } U = -mga\phi$$

이 되어 라그랑지언은 다음과 같다.

$$L(\phi,\dot{\phi}) = K - U = \frac{3}{4}ma^2\dot{\phi}^2 + mga\phi$$

그러므로 라그랑지 방정식으로부터

$$0 = \frac{dL}{d\phi} - \frac{d}{dt}\left(\frac{dL}{d\dot{\phi}}\right) = mga - \frac{3}{2}ma^2\ddot{\phi} \Rightarrow g = \frac{3}{2}a\ddot{\phi}$$

$$\Rightarrow \ddot{\phi} = \frac{2g}{3a} \text{ (또는 } \ddot{y} = a\ddot{\phi} = \frac{2}{3}g)$$

을 얻고, 위 식을 시간에 관해 두 번 적분하면 다음의 관계식을 얻는다.

$$\phi(t) = \phi(0) + \dot{\phi}(0)t + \frac{g}{3a}t^2 = \phi(0) + \omega_0 t + \frac{g}{3a}t^2$$

예제 9.14

라그랑지 방정식으로부터 [예제 4.12]에서 사용한 방정식을 구하세요.

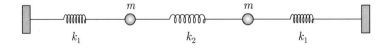

풀이 이 계의 운동에너지와 위치에너지는 각각 다음과 같다.

$$K = \frac{1}{2}m\dot{x}_1^2 + \frac{1}{2}m\dot{x}_2^2 \text{ 그리고 } U = \frac{1}{2}k_1 x_1^2 + \frac{1}{2}k_2(x_2 - x_1)^2 + \frac{1}{2}k_1 x_2^2,$$

이때 라그랑지언은

$$L(x_1, \dot{x}_1, x_2, \dot{x}_2) = K - U = \frac{1}{2} m \dot{x}_1^{\,2} + \frac{1}{2} m \dot{x}_2^{\,2} - \frac{1}{2} k_1 x_1^2 - \frac{1}{2} k_2 (x_2 - x_1)^2 - \frac{1}{2} k_1 x_2^2$$

이므로

$$\frac{\partial L}{\partial x_1} = -k_1 x_1 + k_2 (x_2 - x_1) = -(k_1 + k_2) x_1 + k_2 x_2$$

$$\frac{\partial L}{\partial x_2} = -k_2 (x_2 - x_1) - k_1 x_2 = k_2 x_1 - (k_1 + k_2) x_2,$$

$$\frac{d}{dt} \left(\frac{\partial L}{\partial \dot{x}_1} \right) = m \ddot{x}_1, \quad \frac{d}{dt} \left(\frac{\partial L}{\partial \dot{x}_2} \right) = m \ddot{x}_2$$

이 된다. 이들을 라그랑지 방정식에 대입하면 다음과 같다.

$$\begin{cases} \dfrac{\partial L}{\partial x_1} - \dfrac{d}{dt} \left(\dfrac{\partial L}{\partial \dot{x}_1} \right) = 0 \\ \dfrac{\partial L}{\partial x_2} - \dfrac{d}{dt} \left(\dfrac{\partial L}{\partial \dot{x}_2} \right) = 0 \end{cases} \Rightarrow \begin{cases} m \ddot{x}_1 + (k_1 + k_2) x_1 - k_2 x_2 = 0 & (1) \\ m \ddot{x}_2 - k_2 x_1 + (k_1 + k_2) x_2 = 0 & (2) \end{cases}$$

각 진동자는 진폭만 다르고 같은 진동수 ω와 위상 ϕ를 가질 것으로 기대하므로

$$x_1(t) = a_1 \cos(\omega t + \phi) \text{ 와 } x_2(t) = a_2 \cos(\omega t + \phi)$$

로 놓을 수 있어서

$$\ddot{x}_1(t) = -a_1 \omega^2 \cos(\omega t + \phi) \quad \text{그리고} \quad \ddot{x}_2(t) = -a_2 \omega^2 \cos(\omega t + \phi)$$

이 된다. 이들을 식 (1)과 (2)에 대입하면

$$\begin{cases} \left[-m a_1 \omega^2 + (k_1 + k_2) a_1 - k_2 a_2 \right] (\cos \omega t + \phi) = 0 \\ \left[-m a_2 \omega^2 - k_2 a_1 + (k_1 + k_2) a_2 \right] (\cos \omega t + \phi) = 0 \end{cases}$$

$$\Rightarrow \begin{cases} (k_1 + k_2) a_1 - k_2 a_2 = m \omega^2 a_1 & (3) \\ -k_2 a_1 + (k_1 + k_2) a_2 = m \omega^2 a_2 & (4) \end{cases}$$

을 얻고, 이를 행렬로 표현하면 [예제 4.12]에서의 행렬표현인 다음의 결과를 얻는다.

$$\begin{pmatrix} k_1 + k_2 & -k_2 \\ -k_2 & k_1 + k_2 \end{pmatrix} \begin{pmatrix} a_1 \\ a_2 \end{pmatrix} = m \omega^2 \begin{pmatrix} a_1 \\ a_2 \end{pmatrix} \xrightarrow{m \omega^2 \equiv \lambda} \begin{pmatrix} k_1 + k_2 & -k_2 \\ -k_2 & k_1 + k_2 \end{pmatrix} \begin{pmatrix} a_1 \\ a_2 \end{pmatrix} = \lambda \begin{pmatrix} a_1 \\ a_2 \end{pmatrix}$$

9.2 라그랑지 승수법

자유도가 n인 계의 경우 n개의 독립적인 라그랑지 방정식을 갖는다. 반면에 홀로노믹 구속조건을 라그랑지 표현에 포함시킬 수도 있다. 이렇게 해서 얻어진 방정식은 서로 독립적이지 않은데 **라그랑지 미정 승수법**(Lagrange's method of undetermined multiplier)을 사용하면 이들 방정식을 독립적으로 만들 수 있다. 이 방법은 퍼텐셜 함수로부터 계산되지 않는 일반화 구속력(generalized forces of constraint)에 관한 정보를 제공한다.

> • m개의 홀로노믹 구속조건이 있을 때 라그랑지 미정 승수법은 다음과 같이 표현된다.
>
> $$\frac{\partial L}{\partial q_i} - \frac{d}{dt}\left(\frac{\partial L}{\partial \dot{q_i}}\right) + \sum_{k=1}^{m} \lambda_k(t)\frac{\partial f_k}{\partial q_i} = 0, \quad \text{여기서} \quad \lambda_k\frac{\partial f_k}{\partial q_i} \text{ 는 일반화 구속력}$$

이제 위의 라그랑지 미정 승수법의 식을 구해보자. 먼저 좌표 q_1과 q_2로 기술되며 홀로노믹 구속조건 $f(q_1, q_2, t) = 0$을 갖는 계를 고려하면, 최소 작용의 원리로부터

$$0 = \delta\int_{t_1}^{t_2} L(q_1, q_2, \dot{q_1}, \dot{q_2}, t)dt = \int_{t_1}^{t_2} \sum_{i=1}^{2}\left[\frac{\partial L}{\partial q_i} - \frac{d}{dt}\left(\frac{\partial L}{\partial \dot{q_i}}\right)\right]\delta q_i dt$$

$$= \int_{t_1}^{t_2}\left[\frac{\partial L}{\partial q_1} - \frac{d}{dt}\left(\frac{\partial L}{\partial \dot{q_1}}\right)\right]\delta q_1 dt + \int_{t_1}^{t_2}\left[\frac{\partial L}{\partial q_2} - \frac{d}{dt}\left(\frac{\partial L}{\partial \dot{q_2}}\right)\right]\delta q_2 dt \quad (9.2.1)$$

을 얻는다. 문제를 간단히 하기 위해 구속조건이 시간과 무관하다고 가정하면

$$f(q_1, q_2) = 0 \;\Rightarrow\; \delta f = \frac{\partial f}{\partial q_1}\delta q_1 + \frac{\partial f}{\partial q_2}\delta q_2 = 0 \;\Rightarrow\; \delta q_2 = -\frac{\partial f/\partial q_1}{\partial f/\partial q_2}\delta q_1 \quad (9.2.2)$$

을 얻고, 이를 식 (9.2.1)에 대입하면 다음과 같다.

$$0 = \int_{t_1}^{t_2}\left[\left\{\frac{\partial L}{\partial q_1} - \frac{d}{dt}\left(\frac{\partial L}{\partial \dot{q_1}}\right)\right\} - \left\{\frac{\partial L}{\partial q_2} - \frac{d}{dt}\left(\frac{\partial L}{\partial \dot{q_2}}\right)\right\}\left(\frac{\partial f/\partial q_1}{\partial f/\partial q_2}\right)\right]\delta q_1 dt$$

모든 δq_1에 대해 위 식이 항상 성립하기 위해서는 피적분함수가 0이 되어야 하므로 다음의 관계식을 얻는다.

$$\frac{\partial L}{\partial q_1} - \frac{d}{dt}\left(\frac{\partial L}{\partial \dot{q}_1}\right) = \left[\frac{\partial L}{\partial q_2} - \frac{d}{dt}\left(\frac{\partial L}{\partial \dot{q}_2}\right)\right]\left(\frac{\partial f/\partial q_1}{\partial f/\partial q_2}\right)$$

$$\Rightarrow \frac{\dfrac{\partial L}{\partial q_1} - \dfrac{d}{dt}\left(\dfrac{\partial L}{\partial \dot{q}_1}\right)}{\partial f/\partial q_1} = \frac{\dfrac{\partial L}{\partial q_2} - \dfrac{d}{dt}\left(\dfrac{\partial L}{\partial \dot{q}_2}\right)}{\partial f/\partial q_2}$$

위의 등식이 모든 q_1과 q_2에 대해 항상 성립하기 위해서는 왼편과 오른편이 q_1과 q_2에 무관한 함수이어야 한다. 이 함수를 **미정 승수**라 하며, $-\lambda(t)$로 놓는다. 이때 위 식은 다음과 같이 표현된다.

$$\begin{cases} \dfrac{\partial L}{\partial q_1} - \dfrac{d}{dt}\left(\dfrac{\partial L}{\partial \dot{q}_1}\right) + \lambda(t)\dfrac{\partial f}{\partial q_1} = 0 \\ \dfrac{\partial L}{\partial q_2} - \dfrac{d}{dt}\left(\dfrac{\partial L}{\partial \dot{q}_2}\right) + \lambda(t)\dfrac{\partial f}{\partial q_2} = 0 \end{cases} \tag{9.2.3}$$

미지의 변수는 q_1, q_2 그리고 λ로 세 개이며 식 (9.2.3)의 두 관계식과 한 개의 구속조건이 있으므로 이들 세 개의 변수를 구할 수 있다.

유사한 방법으로 구속조건 $f(q_i, \dot{q}_i) = 0$을 갖는 식 (9.2.3)의 일반식은 다음과 같이 표현된다.

$$\frac{\partial L}{\partial q_i} - \frac{d}{dt}\left(\frac{\partial L}{\partial \dot{q}_i}\right) + \lambda(t)\frac{\partial f}{\partial q_i} = 0 \tag{9.2.4}$$

여기서 라그랑지 승수항인 $\lambda(t)\dfrac{\partial f}{\partial q_i}$를 **일반화 구속력**이라 한다.

만약 m개의 구속조건이 있으면 식 (9.2.4)는 다음과 같이 표현되고 이를 라그랑지 승수법의 식이라 한다.

$$\frac{\partial L}{\partial q_i} - \frac{d}{dt}\left(\frac{\partial L}{\partial \dot{q}_i}\right) + \sum_{k=1}^{m} \lambda_k(t)\frac{\partial f_k}{\partial q_i} = 0 \tag{9.2.5}$$

예제 9.15

[예제 9.10]의 애트우드 머신 문제를 라그랑지 미정 승수법을 사용해서 풀고 일반화 구속력을 구하세요.

풀이 라그랑지언 $L = \dfrac{1}{2}m_1\dot{x}_1^{\,2} + \dfrac{1}{2}m_2\dot{x}_2^{\,2} + (m_1 g x_1 + m_2 g x_2)$과 홀로노믹 구속조건

$$x_1 + \pi a + x_2 - \ell = 0 \;\Rightarrow\; f(x_1, x_2) = x_1 + \pi a + x_2 - \ell$$

으로부터 라그랑지 미정 승수법의 식 (9.2.4)는

$$\begin{cases} \dfrac{\partial L}{\partial x_1} - \dfrac{d}{dt}\left(\dfrac{\partial L}{\partial \dot{x}_1}\right) + \lambda(t)\dfrac{\partial f}{\partial x_1} = 0 \\[3mm] \dfrac{\partial L}{\partial x_2} - \dfrac{d}{dt}\left(\dfrac{\partial L}{\partial \dot{x}_2}\right) + \lambda(t)\dfrac{\partial f}{\partial x_2} = 0 \end{cases} \Rightarrow \begin{cases} m_1 g - m_1 \ddot{x}_1 = -\lambda & \quad(1) \\[2mm] m_2 g - m_2 \ddot{x}_2 = -\lambda & \quad(2) \end{cases}$$

인 관계식을 준다. 여기서 $\ddot{x}_1 + \ddot{x}_2 = 0 \;\Rightarrow\; \ddot{x}_2 = -\ddot{x}_1$이므로 식 (2)는

$$m_2 g + m_2 \ddot{x}_1 = -\lambda \qquad\qquad (3)$$

이 되어 식 (1)과 (3)으로부터

$$(m_1 - m_2)g - (m_1 + m_2)\ddot{x}_1 = 0 \;\Rightarrow\; \ddot{x}_1 = \frac{m_1 - m_2}{m_1 + m_2}g \qquad (4)$$

그리고

$$\ddot{x}_2 = -\ddot{x}_1 = \frac{m_2 - m_1}{m_1 + m_2}g \qquad\qquad (5)$$

가 된다. 이때 식 (4)를 식 (1)에 대입하면

$$\lambda = -m_1 g + m_1 \frac{m_1 - m_2}{m_1 + m_2}g = -\frac{2m_1 m_2}{m_1 + m_2}g$$

인 미정 승수를 구할 수 있고 이때 일반화 구속력은 다음과 같다.

$$\begin{cases} \lambda\dfrac{\partial f}{\partial x_1} = -\dfrac{2m_1 m_2}{m_1 + m_2}g \\[3mm] \lambda\dfrac{\partial f}{\partial x_2} = -\dfrac{2m_1 m_2}{m_1 + m_2}g \end{cases}$$

위의 관계식 오른편은 질량 곱하기 가속도의 단위를 가지므로 힘을 의미함을 알 수 있다. 이 문제의 경우 일반화 구속력은 장력이며, 부호가 음수인 것은 장력의 방향이 중력 가속도의 방향과 반대임을 뜻한다.

예제 9.16

[예제 9.12]의 문제를 라그랑지 미정 승수법을 사용해서 계산하세요.

풀이 m_1과 m_2를 기술하기 위해 좌표 $(x_1,\, y_1)$과 $(x_2,\, y_2)$를 사용하면 라그랑지언은 다음과 같다.

$$L = K - U = \frac{1}{2}m_1(\dot{x_1}^2 + \dot{y_1}^2) + \frac{1}{2}m_2\dot{x_2}^2 - m_1gy_1$$

두 구속조건인

$$\begin{cases} [(x_1 - x_2)^2 + y_1^2] - \ell^2 = 0 \Rightarrow f_1(x_1, y_1) = [(x_1 - x_2)^2 + y_1^2] - \ell^2 \\ y_2 = 0 \Rightarrow f_2(x_2, y_2) = y_2 \end{cases}$$

로부터 라그랑지 미정 승수법의 식 (9.2.5)는 다음의 관계식을 준다.

$$\begin{cases} \dfrac{\partial L}{\partial x_1} - \dfrac{d}{dt}\left(\dfrac{\partial L}{\partial \dot{x_1}}\right) + \left(\lambda_1 \dfrac{\partial f_1}{\partial x_1} + \lambda_2 \dfrac{\partial f_2}{\partial x_1}\right) = 0 \\[3mm] \dfrac{\partial L}{\partial x_2} - \dfrac{d}{dt}\left(\dfrac{\partial L}{\partial \dot{x_2}}\right) + \left(\lambda_1 \dfrac{\partial f_1}{\partial x_2} + \lambda_2 \dfrac{\partial f_2}{\partial x_2}\right) = 0 \\[3mm] \dfrac{\partial L}{\partial y_1} - \dfrac{d}{dt}\left(\dfrac{\partial L}{\partial \dot{y_1}}\right) + \left(\lambda_1 \dfrac{\partial f_1}{\partial y_1} + \lambda_2 \dfrac{\partial f_2}{\partial y_1}\right) = 0 \\[3mm] \dfrac{\partial L}{\partial y_2} - \dfrac{d}{dt}\left(\dfrac{\partial L}{\partial \dot{y_2}}\right) + \left(\lambda_1 \dfrac{\partial f_1}{\partial y_2} + \lambda_2 \dfrac{\partial f_2}{\partial y_2}\right) = 0 \end{cases} \tag{1}$$

위 식의 네 번째 방정식에서 $\dfrac{\partial L}{\partial y_2} = 0 = \dfrac{d}{dt}\left(\dfrac{\partial L}{\partial \dot{y_2}}\right)$ 이므로 의미있는 결과를 얻지 못한

다. 식 (1)에 라그랑지언과 구속조건을 대입하면

$$\begin{cases} -m_1\ddot{x_1} + 2\lambda_1(x_1 - x_2) = 0 \\ -m_2\ddot{x_2} - 2\lambda_1(x_1 - x_2) = 0 \\ -m_1g - m_1\ddot{y_1} + 2\lambda_1 y_1 = 0 \end{cases} \tag{2}$$

을 얻는다. 위 식의 첫 번째 식을 두 번째 식으로 빼면

$$m_2\ddot{x_2} - m_1\ddot{x_1} + 4\lambda_1(x_1 - x_2) = 0 \Rightarrow \lambda_1 = \frac{m_1\ddot{x_1} - m_2\ddot{x_2}}{4(x_1 - x_2)} \tag{3}$$

이고, 식 (3)을 식 (2)의 첫 번째 식에 대입하면

$$-m_1\ddot{x_1} + 2\frac{m_1\ddot{x_1} - m_2\ddot{x_2}}{4(x_1 - x_2)}(x_1 - x_2) = 0 \Rightarrow -2m_1\ddot{x_1} + m_1\ddot{x_1} - m_2\ddot{x_2} = 0$$

$$\Rightarrow m_1\ddot{x_1} + m_2\ddot{x_2} = 0 \Rightarrow \ddot{x_1} = -\frac{m_2}{m_1}\ddot{x_2} \tag{4}$$

가 된다. 이 결과를 식 (3)에 대입하면

$$\lambda_1 = \frac{m_1(-m_2/m_1)\ddot{x_2} - m_2\ddot{x_2}}{4(x_1 - x_2)} = -\frac{m_2\ddot{x_2}}{2(x_1 - x_2)}$$

이고, 이를 식 (2)의 세 번째 식에 대입하면

$$-m_1 g - m_1 \ddot{y}_1 - \frac{m_2 \ddot{x}_2}{x_1 - x_2} y_1 = 0 \tag{5}$$

을 얻는다.

이제, 위의 구한 결과들이 [예제 9.12]에서 얻은 결과와 같은지 알아보자.

주어진 문제에서

$$x_1 - x_2 = \ell \sin\theta \text{ 그리고 } y_1 = -\ell \cos\theta \Rightarrow \dot{y}_1 = \ell \dot{\theta} \sin\theta \Rightarrow \ddot{y}_1 = \ell \ddot{\theta} \sin\theta + \ell \dot{\theta}^2 \cos\theta$$

이다. 이들을 식 (5)에 대입하면

$$-m_1 g - m_1 \ell \ddot{\theta} \sin\theta - m_1 \ell \dot{\theta}^2 \cos\theta - \frac{m_2 \ddot{x}_2}{\ell \sin\theta} \ell \cos\theta = 0$$

$$\Rightarrow m_1 g \sin\theta + m_1 \ell \ddot{\theta} \sin^2\theta + m_1 \ell \dot{\theta}^2 \cos\theta \sin\theta - m_2 \ddot{x}_2 \cos\theta = 0 \tag{6}$$

을 얻는다. [예제 9.12]에서 x_2에 대해서 얻은 식

$$\frac{d}{dt}\left[(m_1 + m_2)\dot{x}_2 + m_1 \ell \dot{\theta} \cos\theta\right] = 0$$

으로부터 다음의 관계식을 얻는다.

$$(m_1 + m_2)\ddot{x}_2 + m_1 \ell \ddot{\theta} \cos\theta - m_1 \ell \dot{\theta}^2 \sin\theta = 0$$

$$\Rightarrow m_1 \ell \dot{\theta}^2 \sin\theta = (m_1 + m_2)\ddot{x}_2 + m_1 \ell \ddot{\theta} \cos\theta$$

$$\Rightarrow m_1 \ell \dot{\theta}^2 \sin\theta \cos\theta = (m_1 + m_2)\ddot{x}_2 \cos\theta + m_1 \ell \ddot{\theta} \cos^2\theta$$

이 결과를 식 (6)에 대입하면

$$m_1 g \sin\theta + m_1 \ell \ddot{\theta} \sin^2\theta + (m_1 + m_2)\ddot{x}_2 \cos\theta + m_1 \ell \ddot{\theta} \cos^2\theta - m_2 \ddot{x}_2 \cos\theta = 0$$

$$\Rightarrow m_1 g \sin\theta + m_1 \ell \ddot{\theta} \sin^2\theta + m_1 \ddot{x}_2 \cos\theta + m_1 \ell \ddot{\theta} \cos^2\theta = 0$$

$$\Rightarrow \ell \ddot{\theta}(\sin^2\theta + \cos^2\theta) + \ddot{x}_2 \cos\theta + g \sin\theta = 0$$

을 얻고, 이 결과는 [예제 9.12]의 식 (2)인 $\ell \ddot{\theta} + \ddot{x}_2 \cos\theta + g \sin\theta = 0$과 같음을 알 수 있다.

예제 9.17

아래 그림과 같이 질량 m인 입자가 반지름이 a인 반쪽 원판의 꼭대기에서 미끄러져 내려올 때, 라그랑지 미정 승수법을 사용해서 입자가 원판의 어느 지점에서 떨어질지를 구하세요.

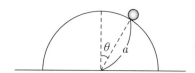

풀이 극좌표계에서 속도는 $v^2 = \dot{r}^2 + r^2\dot{\theta}^2$이다. 구속조건은 $r - a = 0 \Rightarrow f(r) = r - a$이고, 라그랑지언은 다음과 같다.

$$L = \frac{1}{2}m(\dot{r}^2 + r^2\dot{\theta}^2) - mgr\cos\theta$$

이때 라그랑지 미정 승수법으로부터

$$\begin{cases} \dfrac{\partial L}{\partial r} - \dfrac{d}{dt}\left(\dfrac{\partial L}{\partial \dot{r}}\right) + \lambda\dfrac{\partial f}{\partial r} = 0 \\ \dfrac{\partial L}{\partial \theta} - \dfrac{d}{dt}\left(\dfrac{\partial L}{\partial \dot{\theta}}\right) + \lambda\dfrac{\partial f}{\partial \theta} = 0 \end{cases} \Rightarrow \begin{cases} mr\dot{\theta}^2 - mg\cos\theta - m\ddot{r} + \lambda = 0 & (1) \\ mgr\sin\theta - \dfrac{d}{dt}(mr^2\dot{\theta}) = 0 & (2) \end{cases}$$

을 얻는다. 식 (1)로부터

$$\lambda = m\ddot{r} + mg\cos\theta - mr\dot{\theta}^2$$

인데 여기서 $\dot{r} = 0$, $\ddot{r} = 0$이므로 미정 승수는 다음과 같다.

$$\lambda = mg\cos\theta - ma\dot{\theta}^2 \qquad (3)$$

그리고 에너지 보존법칙으로부터

$$mga = \frac{1}{2}ma^2\dot{\theta}^2 + mga\cos\theta \Rightarrow \dot{\theta}^2 = \frac{2g}{a}(1 - \cos\theta)$$

을 얻고 이를 식 (3)에 대입하면

$$\lambda = 3mg\cos\theta - 2mg$$

이 된다. 이때 일반화 구속력은 다음과 같다.

$$\lambda\frac{\partial f}{\partial r} = \lambda = 3mg\cos\theta - 2mg$$

구속력이 없어질 때 입자가 원판에서 떨어질 것이므로

$$0 = 3mg\cos\theta - 2mg \Rightarrow \cos\theta = \frac{2}{3}$$

가 되어 입자가 떨어지는 높이는 다음과 같다.

$$a\cos\theta = \frac{2}{3}a$$

아래 그림과 같은 경사면을 반지름이 a이고 질량이 m인 원판이 굴러 내려올 때 원판의 운동방정식과 원판이 미끄러지지 않고 굴러 내려오게 하는 구속력을 구하세요. 원판의 관성모멘트는 $I = \frac{1}{2}ma^2$이다.

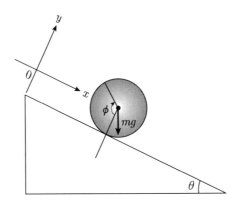

풀이 구속조건은 $x - a\phi = 0 \Rightarrow f = x - a\phi$이고 운동에너지와 위치에너지는 다음과 같다.

$$\begin{cases} K = \frac{1}{2}m\dot{x}^2 + \frac{1}{2}I\dot{\phi}^2 = \frac{1}{2}m\dot{x}^2 + \frac{1}{4}ma^2\dot{\phi}^2 \\ U = -mgx\sin\theta \end{cases}$$

이때 라그랑지언은

$$L = K - U = \frac{1}{2}m\dot{x}^2 + \frac{1}{4}ma^2\dot{\phi}^2 + mgx\sin\theta$$

이 되어 라그랑지 미정 승수법을 적용하면

$$\begin{cases} \dfrac{\partial L}{\partial x} - \dfrac{d}{dt}\left(\dfrac{\partial L}{\partial \dot{x}}\right) + \lambda\dfrac{\partial f}{\partial x} = 0 \\ \dfrac{\partial L}{\partial \phi} - \dfrac{d}{dt}\left(\dfrac{\partial L}{\partial \dot{\phi}}\right) + \lambda\dfrac{\partial f}{\partial \phi} = 0 \end{cases} \Rightarrow \begin{cases} mg\sin\theta - m\ddot{x} + \lambda = 0 \qquad (1) \\ -\dfrac{1}{2}ma^2\ddot{\phi} - a\lambda = 0 \qquad (2) \end{cases}$$

을 얻는다. 식 (2)로부터

$$\lambda = -\frac{1}{2}ma\ddot{\phi} = -\frac{1}{2}m\ddot{x} \qquad (3)$$

을 얻고, 이 결과를 식 (1)에 대입하면

$$\ddot{x} = \frac{2}{3}g\sin\theta$$

가 되고, 이를 식 (3)에 대입하면

$$\lambda = -\frac{1}{2}m\left(\frac{2}{3}g\sin\theta\right) = -\frac{1}{3}mg\sin\theta \quad \text{그리고} \quad \ddot{\phi} = \frac{\ddot{x}}{a} = \frac{2g}{3a}\sin\theta$$

을 얻는다.

그리고 일반화 구속력은

$$\lambda\frac{\partial f}{\partial x} = \lambda = -\frac{1}{3}mg\sin\theta$$

이 되는데, 이 구속력은 힘에 해당한다. 반면에 다음의 일반화 구속력

$$\lambda\frac{\partial f}{\partial \phi} = \lambda(-a) = \left(\frac{1}{3}mg\sin\theta\right)a$$

은 힘 곱하기 거리 단위를 가지므로 토크의 물리량에 해당한다. 즉 이 일반화 구속력은 원판이 미끄러지지 않고 굴러가게 하는 토크에 해당한다.

예제 9.19

[예제 9.13]의 문제에서 일반화 구속력을 구하세요.

풀이 이 계의 구속조건은 $y - a\phi = 0 \Rightarrow f = y - a\phi$이다.

그리고 라그랑지언은 다음과 같다.

$$L = K - U = \frac{1}{2}m\dot{y}^2 + \frac{1}{2}I\dot{\phi}^2 + mgy = \frac{1}{2}m\dot{y}^2 + \frac{1}{4}ma^2\dot{\phi}^2 + mgy$$

이때 라그랑지 미정 승수법을 적용하면

$$\begin{cases} \dfrac{\partial L}{\partial y} - \dfrac{d}{dt}\left(\dfrac{\partial L}{\partial \dot{y}}\right) + \lambda\dfrac{\partial f}{\partial y} = 0 \\ \dfrac{\partial L}{\partial \phi} - \dfrac{d}{dt}\left(\dfrac{\partial L}{\partial \dot{\phi}}\right) + \lambda\dfrac{\partial f}{\partial \phi} = 0 \end{cases} \Rightarrow \begin{cases} mg - m\ddot{y} + \lambda = 0 & \quad (1) \\ -\dfrac{1}{2}ma^2\ddot{\phi} - \lambda a = 0 & \quad (2) \end{cases}$$

을 얻는다. 식 (2)로부터 미정 승수는 다음과 같다.

$$\lambda = -\frac{1}{2}ma\ddot{\phi} = -\frac{1}{2}m\ddot{y} \qquad (3)$$

이를 식 (1)에 대입하면 $\ddot{y} = \frac{2}{3}g$가 된다.

이를 식 (3)에 대입하면 미정 승수는

$$\lambda = -\frac{1}{3}mg$$

가 되어 일반화 구속력은

$$\lambda \frac{\partial f}{\partial y} = \lambda = -\frac{1}{3}mg$$

이 된다. 이 구속력은 줄의 장력에 해당한다. 반면에

$$\lambda \frac{\partial f}{\partial \phi} = \lambda(-a) = (-\frac{1}{3}mg)(-a) = \frac{1}{3}mga$$

이 구속력은 힘 곱하기 거리 단위를 가지므로 원판에 작용하는 토크에 해당한다.

예제 9.20

$\frac{x^2}{a^2} + \frac{y^2}{b^2} = 1$인 타원 안에 들어갈 수 있는 가장 큰 직사각형 면적을 구하세요.

풀이 직사각형 면적은 $A(x,y) = (2x)(2y) = 4xy$이고 구속조건은

$$\frac{x^2}{a^2} + \frac{y^2}{b^2} - 1 = 0 \;\Rightarrow\; f(x,y) = \frac{x^2}{a^2} + \frac{y^2}{b^2} - 1$$

이다. 그리고 라그랑지언은 다음과 같이 놓을 수 있다.

$$L = 4xy$$

이때 라그랑지 미정 승수법의 식으로부터

$$\begin{cases} \dfrac{\partial L}{\partial x} - \dfrac{d}{dt}\left(\dfrac{\partial L}{\partial \dot{x}}\right) + \lambda\dfrac{\partial f}{\partial x} = 0 \\ \dfrac{\partial L}{\partial y} - \dfrac{d}{dt}\left(\dfrac{\partial L}{\partial \dot{y}}\right) + \lambda\dfrac{\partial f}{\partial y} = 0 \end{cases} \Rightarrow \begin{cases} 4y + \lambda\dfrac{2x}{a^2} = 0 \\ 4x + \lambda\dfrac{2y}{b^2} = 0 \end{cases} \tag{1}$$

$$\Rightarrow \begin{cases} \dfrac{4y^2}{b^2} + \lambda\dfrac{2xy}{a^2b^2} = 0 \\ \dfrac{4x^2}{a^2} + \lambda\dfrac{2xy}{a^2b^2} = 0 \end{cases}$$

을 얻고 이들 두 관계식을 다 더하면 다음과 같이 미정 승수를 구할 수 있다.

$$4\left(\frac{y^2}{b^2} + \frac{x^2}{a^2}\right) + \lambda\frac{4xy}{a^2b^2} = 0 \;\Rightarrow\; 1 + \lambda\frac{xy}{a^2b^2} = 0 \;\Rightarrow\; \lambda = -\frac{a^2b^2}{xy}$$

이를 식 (1)에 대입하면 다음과 같다.

$$\begin{cases} 4y + \dfrac{2x}{a^2}\left(-\dfrac{a^2 b^2}{xy}\right) = 0 \\ 4x + \dfrac{2y}{b^2}\left(-\dfrac{a^2 b^2}{xy}\right) = 0 \end{cases} \Rightarrow \begin{cases} y = \pm \dfrac{b}{\sqrt{2}} \\ x = \pm \dfrac{a}{\sqrt{2}} \end{cases}$$

그러므로 가장 큰 직사각형의 면적은 다음과 같다.

$$A = 4\left(\frac{a}{\sqrt{2}}\right)\left(\frac{b}{\sqrt{2}}\right) = 2ab$$

9.3 해밀턴 역학

라그랑지 역학과 해밀턴 역학은 개념적으로 큰 차이가 없다. 라그랑지 역학은 속도를 변수로 갖는 반면에 해밀턴 역학은 운동량을 변수로 갖는다. 일반좌표에서 운동량은 $p = mv$ 이지만 회전좌표에서는 각운동량 $L = |\vec{r} \times \vec{p}|$ 이 된다.

라그랑지언이 일반화 좌표 q_i 에 무관할 때, 즉 q_i 가 순환좌표일 때, 라그랑지 방정식은 다음과 같이 된다.

$$\frac{\partial L}{\partial q_i} - \frac{d}{dt}\left(\frac{\partial L}{\partial \dot{q}_i}\right) = 0 \Rightarrow \frac{d}{dt}\left(\frac{\partial L}{\partial \dot{q}_i}\right) = 0$$

여기서 일반적으로 $\dfrac{\partial L}{\partial \dot{q}_i} = P_i$ 로 정의하며 이를 **일반화 운동량**이라 한다. 이때 위 식은 다음과 같이 된다.

$$\frac{d}{dt} P_i = 0$$

그러므로 일반화 운동량 P_i 는 보존된다.

예로서 3차원에서 위치에너지가 x 와 무관한 경우 라그랑지언은 다음과 같다.

$$L = \frac{1}{2} m\left(\dot{x}^2 + \dot{y}^2 + \dot{z}^2\right) - U(y, z) \qquad (9.3.1)$$

이때 x 는 순환좌표이므로 일반화 운동량 $P_x = \dfrac{\partial L}{\partial \dot{x}} = m\dot{x}$ 는 보존된다.

유사하게 [예제 9.11]에서는 θ가 순환좌표이고 식 (3)에서 $\dfrac{\partial L}{\partial \dot{\theta}} = P_\theta = mr^2\dot{\theta} =$ 상수이다.

라그랑지언 $L(q_i, \dot{q}_i, t)$를 시간에 관해 미분하면 다음과 같다.

$$\begin{aligned}
\frac{dL}{dt} &= \sum_i \frac{\partial L}{\partial q_i}\frac{dq_i}{dt} + \sum_i \frac{\partial L}{\partial \dot{q}_i}\frac{d\dot{q}_i}{dt} + \frac{\partial L}{\partial t} \\
&= \sum_i \left[\frac{d}{dt}\left(\frac{\partial L}{\partial \dot{q}_i}\right)\right]\frac{dq_i}{dt} + \sum_i \frac{\partial L}{\partial \dot{q}_i}\frac{d\dot{q}_i}{dt} + \frac{\partial L}{\partial t} \quad (\because \text{라그랑지 방정식으로부터}) \\
&= \sum_i \left[\left\{\frac{d}{dt}\left(\frac{\partial L}{\partial \dot{q}_i}\right)\right\}\dot{q}_i + \frac{\partial L}{\partial \dot{q}_i}\frac{d\dot{q}_i}{dt}\right] + \frac{\partial L}{\partial t} \\
&= \sum_i \frac{d}{dt}\left(\frac{\partial L}{\partial \dot{q}_i}\dot{q}_i\right) + \frac{\partial L}{\partial t} = \frac{d}{dt}\left(\sum_i \frac{\partial L}{\partial \dot{q}_i}\dot{q}_i\right) + \frac{\partial L}{\partial t}
\end{aligned} \tag{9.3.2}$$

여기서

$$H = \sum_i \dot{q}_i \frac{\partial L}{\partial \dot{q}_i} - L^{(78)} \tag{9.3.3}$$

로 정의하고 **해밀토니안**이라 한다.

그러면 식 (9.3.2)는 다음과 같이 표현된다.

$$\frac{dL}{dt} = \frac{d}{dt}(H+L) + \frac{\partial L}{\partial t} = \frac{dH}{dt} + \frac{dL}{dt} + \frac{\partial L}{\partial t} \implies \therefore \frac{dH}{dt} = -\frac{\partial L}{\partial t} \tag{9.3.4}$$

즉 $\dfrac{\partial L}{\partial t} = 0$이면 해밀토니안은 보존된다.

해밀토니안이 갖는 물리적 의미를 알아보기 위해, 식 (9.3.1)을 (9.3.3)에 대입하면 다음과 같다.

$$\begin{aligned}
H &= \dot{x}\frac{\partial L}{\partial \dot{x}} + \dot{y}\frac{\partial L}{\partial \dot{y}} + \dot{z}\frac{\partial L}{\partial \dot{z}} - L \\
&= m(\dot{x}^2 + \dot{y}^2 + \dot{z}^2) - \left[\frac{1}{2}m(\dot{x}^2 + \dot{y}^2 + \dot{z}^2) - U(y,z)\right] \\
&= \frac{1}{2}m(\dot{x}^2 + \dot{y}^2 + \dot{z}^2) + U(y,z) = K.E. + P.E.
\end{aligned}$$

---

(78) 그러므로 해밀턴 역학은 라그랑지 역학에서 파생되었다고 할 수 있습니다.

즉 식 (9.3.3)에 정의된 해밀토니안이 갖는 물리적 의미는 계의 운동에너지와 위치에너지의 합이다. 위치에너지가 시불변(time invariant)이면 식 (9.3.4)에서 $\frac{\partial L}{\partial t} = 0$가 되어 계의 에너지가 보존됨을 알 수 있다.

라그랑지언의 도함수는 다음과 같이 일반화 운동량으로 표현될 수 있다.

$$dL = \sum_i \left(\frac{\partial L}{\partial q_i} dq_i + \frac{\partial L}{\partial \dot{q}_i} d\dot{q}_i \right) + \frac{\partial L}{\partial t} dt = \sum_i \left(\dot{P}_i dq_i + P_i d\dot{q}_i \right) + \frac{\partial L}{\partial t} dt \qquad (9.3.5)$$

$$\left(\because \quad \frac{dP_i}{dt} = \frac{d}{dt}\left(\frac{\partial L}{\partial \dot{q}_i} \right) = \frac{\partial L}{\partial q_i} \right)$$

유사하게 식 (9.3.3)의 도함수는 다음과 같이 표현된다.

$$dH = \sum_i \left[\frac{\partial L}{\partial \dot{q}_i} d\dot{q}_i + \dot{q}_i d\left(\frac{\partial L}{\partial \dot{q}_i} \right) \right] - dL = \sum_i \left(P_i d\dot{q}_i + \dot{q}_i dP_i \right) - dL$$

$$= \sum_i \left(P_i d\dot{q}_i + \dot{q}_i dP_i \right) - \sum_i \left(\dot{P}_i dq_i + P_i d\dot{q}_i \right) - \frac{\partial L}{\partial t} dt \quad (\because \text{ 식 } (9.3.5)\text{로부터})$$

$$= \sum_i \left(\dot{q}_i dP_i - \dot{P}_i dq_i \right) - \frac{\partial L}{\partial t} dt \qquad (9.3.6)$$

위 식으로부터 다음의 관계식을 얻을 수 있다.

$$\begin{cases} \dot{q}_i = \left. \dfrac{\partial H}{\partial P_i} \right|_{q,t} \\[2mm] \dot{P}_i = -\left. \dfrac{\partial H}{\partial q_i} \right|_{P,t} \\[2mm] \left. \dfrac{\partial H}{\partial t} \right|_{q,P} = -\left. \dfrac{\partial L}{\partial t} \right|_{q,P} \end{cases} \qquad (9.3.7)$$

위 식의 첫 두 관계식을 **해밀턴 표준**(canonical) **운동방정식**이라 한다.

예로서 라그랑지언 식 (9.3.1)을 고려하면 식 (9.3.3)은

$$H = \left(\dot{x} \frac{\partial L}{\partial \dot{x}} + \dot{y} \frac{\partial L}{\partial \dot{y}} + \dot{z} \frac{\partial L}{\partial \dot{z}} \right) - L = \frac{1}{2} m \left(\dot{x}^2 + \dot{y}^2 + \dot{z}^2 \right) + U(y, z)$$

$$= \frac{\left(P_x^2 + P_y^2 + P_z^2\right)}{2m} + U(y,z) = \frac{P^2}{2m} + U(y,z) \quad \left(\because\ P_i = \frac{\partial L}{\partial \dot{q}_i} = m\dot{q}_i\right)$$

이 된다. 이때 해밀턴 운동방정식은 다음과 같다.

$$\begin{cases} \dot{x} = \left.\frac{\partial H}{\partial P_x}\right|_x = \frac{P_x}{m}, \ \dot{y} = \left.\frac{\partial H}{\partial P_y}\right|_y = \frac{P_y}{m}, \ \dot{z} = \left.\frac{\partial H}{\partial P_z}\right|_z = \frac{P_z}{m} \\[2mm] \dot{P}_x = -\left.\frac{\partial H}{\partial x}\right|_{P_x} = 0, \ \dot{P}_y = -\left.\frac{\partial H}{\partial y}\right|_{P_y} = -\frac{\partial U}{\partial y} = F_y, \ \dot{P}_z = -\left.\frac{\partial H}{\partial z}\right|_{P_z} = -\frac{\partial U}{\partial z} = F_z \end{cases} \quad (9.3.8)$$

$$\Rightarrow \begin{cases} \vec{P} = m\vec{v} \\[1mm] \vec{F} = \frac{d\vec{P}}{dt} \end{cases}$$

즉 위의 첫 번째 식은 운동량과 속도의 관계식이며 두 번째 식은 뉴턴의 두 번째 법칙이다.

예제 9.21

단진자의 운동을 해밀턴 운동방정식을 사용해서 구하고, 이를 θ와 운동량 P의 평면에서 나타내세요.

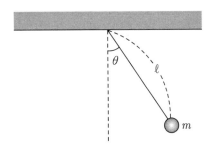

풀이 라그랑지언은 [예제 9.9]에서 다음과 같음을 구했다.

$$L(\theta, \dot{\theta}) = K - U = \frac{1}{2}m\left(\dot{x}^2 + \dot{y}^2\right) - mgy = \frac{1}{2}m\ell^2\dot{\theta}^2 + mg\ell\cos\theta$$

이때 일반화 운동량은

$$P = \frac{\partial L}{\partial \dot{\theta}} = m\ell^2\dot{\theta} \qquad (1)$$

가 된다. 그러므로

$$H = \dot{\theta}P - L = m\ell^2\dot{\theta}^2 - \frac{1}{2}m\ell^2\dot{\theta}^2 - mg\ell\cos\theta = \frac{1}{2}m\ell^2\dot{\theta}^2 - mg\ell\cos\theta$$

$$= \frac{1}{2}m\ell^2\left(\frac{P^2}{m^2\ell^4}\right) - mg\ell\cos\theta = \frac{P^2}{2m\ell^2} - mg\ell\cos\theta$$

$$\therefore \quad H(\theta, P) = \frac{P^2}{2m\ell^2} - mg\ell\cos\theta \tag{2}$$

이때 해밀턴 운동방정식으로부터

$$\begin{cases} \dot{\theta} = \dfrac{\partial H}{\partial P} = \dfrac{P}{m\ell^2} \Rightarrow \ddot{\theta} = \dfrac{\dot{P}}{m\ell^2} \\[3mm] \dot{P} = -\dfrac{\partial H}{\partial \theta} = -mg\ell\sin\theta \end{cases} \Rightarrow \ddot{\theta} = -\frac{mg\ell\sin\theta}{m\ell^2} \Rightarrow \ddot{\theta} + \frac{g}{\ell}\sin\theta = 0 \tag{3}$$

을 얻고 이 결과는 [예제 9.9]에서 라그랑지 방정식으로 얻은 식 (1)과 같음을 알 수 있다.

단진자의 운동방정식을 θ와 P의 평면에서 나타내기 위해, 식 (2)를 시간에 관해 미분하면 다음과 같다.

$$\frac{dH}{dt} = \frac{P\dot{P}}{m\ell^2} + mg\ell\dot{\theta}\sin\theta = \frac{(m\ell^2\dot{\theta})(m\ell^2\ddot{\theta})}{m\ell^2} + mg\ell\dot{\theta}\sin\theta \quad (\because \text{ 식 (1)로부터})$$

$$= m\ell^2\dot{\theta}\ddot{\theta} + mg\ell\dot{\theta}\sin\theta = m\ell^2\dot{\theta}\left(\ddot{\theta} + \frac{g}{\ell}\sin\theta\right) = 0 \quad (\because \text{ 식 (3)으로부터})$$

그러므로 $\dfrac{dH}{dt} = 0$이므로 이 계의 에너지는 보존된다. 이때 식 (2)는 다음과 같이 표현된다.

$$H = \text{상수} \Rightarrow \frac{P^2}{2m\ell^2} - mg\ell\cos\theta = \text{상수} \Rightarrow \frac{P^2}{2m\ell^2} = mg\ell\left[1 - 2\sin^2(\theta/2)\right] + \text{상수}$$

$$\Rightarrow P^2 + C\sin^2(\theta/2) = D,$$

여기서 $C > 0$와 D는 상수

작은 θ에 대해 위 식은 $P^2 + (A\theta)^2 = B^2$이 되어서 θ와 운동량 P의 평면상에 해밀토니안을 그리면 다음과 같다.

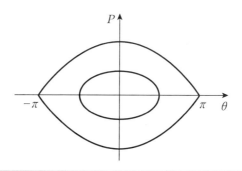

01 [예제 9.7]에서는 매질을 지나는 시간이 최소가 된다는 원리를 사용해서 x에 관해서 시간을 미분함으로써 스넬의 법칙을 증명했다. 라그랑지 방정식을 사용해서 스넬의 법칙을 증명하세요.

02 그림과 같이 질량이 M이고 반지름이 R인 바퀴가 굴러가고 질량 m인 입자가 바퀴 안에서 진동할 때 라그랑지 방정식으로부터 입자의 진동수를 구하세요. 여기서 θ는 작다고 가정한다.

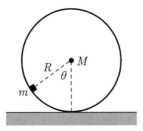

03 중력장하에서 반지름이 r인 구의 표면을 질량이 m인 입자가 움직일 때 운동방정식이

$$\ddot{\theta} - \frac{P_\phi^2 \cos\theta}{m^2 r^4 \sin^3\theta} - \frac{g}{r}\sin\theta = 0$$

임을 보이세요. 여기서 θ와 ϕ는 각각 극각과 방위각이다.

04 그림과 같이 수직 방향으로 움직이는 질량 M인 입자가 마찰이 없는 책상 위에 놓여 있으면서 책상 위에서 자유롭게 움직이는 질량이 m인 입자와 질량을 무시할 수 있는 길이가 ℓ인 줄로 연결되어 있다. 운동방정식을 구하고 어떤 조건에서 책상 위의 입자가 원운동을 하는지 구하고 원운동에 관해서 r에서의 작은 진동의 진동수를 구하세요.

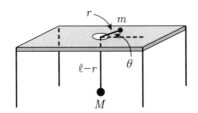

05 해밀토니안으로부터 라그랑지안을 얻은 뒤에, 라그랑지 방정식을 만족함을 보이세요.

06 [연습문제 3]의 경우 해밀토니안과 표준 운동방정식을 구하고 계의 에너지가 보존됨을 보이세요.

07 [연습문제 1]에서는 라그랑지 방정식을 사용해서 스넬의 법칙을 증명했다. 라그랑지 미정 승수법을 사용해서 스넬의 법칙을 증명하세요.

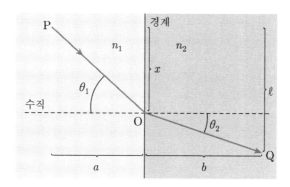

08 변경 a인 반구 안에 들어갈 수 있는 xy평면상에 놓이는 가장 큰 직육면체의 부피를 구하세요.

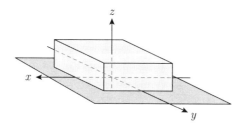

09 [예제 9.6]에서 평면상의 두 지점 A와 B 사이의 가장 짧은 경로는 직선임을 배웠다. 원점에서 어떤 지점 (x, y)까지의 최소거리는 직선 방정식 $y = ax + b$을 따른다. 이때 라그랑지 방정식과 라그랑지 미정 승수법을 사용해서 x와 y를 a와 b로 나타내고 두 결과를 비교하세요.

연습문제 풀이

[1장]

01 (a) $F(x) \equiv f(f(x)) \xrightarrow{x \to -x} F(-x) = f(f(-x)) = f(f(x)) = F(x)$가 되므로 우함

수 간의 합성 결과는 우함수이다. 그리고

$$G(x) \equiv g(g(x)) \xrightarrow{x \to -x} G(-x) = g(g(-x)) = g(-g(x))$$
$$= -g(g(x)) = -G(x)$$

가 되므로 기함수 간의 합성 결과는 기함수이다.

(b) $H(x) \equiv f(g(x)) \xrightarrow{x \to -x} H(-x) = f(g(-x)) = f(-g(x)) = f(g(x) = H(x)$

그리고 $H(x) \equiv g(f(x)) \xrightarrow{x \to -x} H(-x) = g(f(-x)) = g(f(x)) = H(x)$

그러므로 우함수와 기함수의 합성 결과는 우함수이다.

02 (i) [예제 1.1]의 관계식 $\cos A \sin B = \dfrac{1}{2}[\sin(A+B) - \sin(A-B)]$에서 A 대신에

$\dfrac{A+B}{2}$을 대입하고 B 대신에 $\dfrac{A-B}{2}$을 대입하면 다음을 얻는다.

$$\cos\left(\frac{A+B}{2}\right)\sin\left(\frac{A-B}{2}\right)$$
$$= \frac{1}{2}\left[\sin\left(\frac{A+B}{2} + \frac{A-B}{2}\right) - \sin\left(\frac{A+B}{2} - \frac{A-B}{2}\right)\right]$$
$$= \frac{1}{2}(\sin A - \sin B)$$

$$\therefore \ \sin A - \sin B = 2\cos\left(\frac{A+B}{2}\right)\sin\left(\frac{A-B}{2}\right)$$

(ii) [예제 1.1]의 관계식 $\cos A \cos B = \dfrac{1}{2}[\cos(A+B) + \cos(A-B)]$에서 A 대신에 $\dfrac{A+B}{2}$을 대입하고 B 대신에 $\dfrac{A-B}{2}$을 대입하면 다음을 얻는다.

$$\cos\left(\frac{A+B}{2}\right)\cos\left(\frac{A-B}{2}\right)$$
$$= \frac{1}{2}\left[\cos\left(\frac{A+B}{2} + \frac{A-B}{2}\right) + \cos\left(\frac{A+B}{2} - \frac{A-B}{2}\right)\right]$$
$$= \frac{1}{2}(\cos A + \cos B)$$
$$\therefore \ \cos A + \cos B = -2\cos\left(\frac{A+B}{2}\right)\cos\left(\frac{A-B}{2}\right)$$

(iii) [예제 1.1]의 관계식 $\sin A \sin B = -\dfrac{1}{2}[\cos(A+B) - \cos(A-B)]$에서 A 대신에 $\dfrac{A+B}{2}$을 대입하고 B 대신에 $\dfrac{A-B}{2}$을 대입하면 다음을 얻는다.

$$\sin\left(\frac{A+B}{2}\right)\sin\left(\frac{A-B}{2}\right)$$
$$= -\frac{1}{2}\left[\cos\left(\frac{A+B}{2} + \frac{A-B}{2}\right) - \cos\left(\frac{A+B}{2} - \frac{A-B}{2}\right)\right]$$
$$= -\frac{1}{2}(\cos A - \cos B)$$
$$\therefore \ \cos A - \cos B = -2\sin\left(\frac{A+B}{2}\right)\sin\left(\frac{A-B}{2}\right)$$

03 z를 복소평면에서 $re^{i\theta} = r(\cos\theta + i\sin\theta)$의 형태로 표현하면 $r = \sqrt{1^2 + 1^2} = \sqrt{2}$ 그리고 $\tan\theta = \dfrac{1}{1} = 1 \Rightarrow \theta = \tan^{-1}(1) = \dfrac{\pi}{4}$가 되어

$$z = 1 + i = \sqrt{2}\,e^{i\frac{\pi}{4}}$$
$$\Rightarrow z^{100} = \left(\sqrt{2}\,e^{i\frac{\pi}{4}}\right)^{100} = 2^{50}e^{i25\pi}$$
$$= 2^{50}(\cos 25\pi + i\sin 25\pi) = 2^{50}(-1 + 0) = -2^{50}$$

04　$y' = \lim\limits_{\Delta x \to 0} \dfrac{\cos(x + \Delta x) - \cos x}{\Delta x} = \lim\limits_{\Delta x \to 0} \dfrac{\cos x \cos \Delta x - \sin x \sin \Delta x - \cos x}{\Delta x}$

$\qquad = \lim\limits_{\Delta x \to 0} \dfrac{\cos x - \sin x \Delta x - \cos x}{\Delta x} = -\sin x$

$\qquad \therefore \; y' = -\sin x$

05　$y' = \lim\limits_{\Delta x \to 0} \dfrac{e^{(x + \Delta x)} - e^x}{\Delta x} = \lim\limits_{\Delta x \to 0} \dfrac{e^x e^{\Delta x} - e^x}{\Delta x} = \lim\limits_{\Delta x \to 0} \dfrac{e^x(e^{\Delta x} - 1)}{\Delta x}$

여기서 분자를 계산하면

$$e^x(e^{\Delta x} - 1) = e^x\left[1 + \Delta x + \frac{1}{2!}(\Delta x)^2 + \cdots\cdots - 1\right]$$

$$= e^x\left[\Delta x + \frac{1}{2!}(\Delta x)^2 + \cdots\cdots\right]$$

이 되고, 이를 원식에 대입하면 다음과 같다.

$$y' = \lim\limits_{\Delta x \to 0} \frac{1}{\Delta x} e^x\left[\Delta x + \frac{1}{2!}(\Delta x)^2 + \cdots\cdots\right]$$

$$= \lim\limits_{\Delta x \to 0} e^x\left[1 + \frac{1}{2!}\Delta x + \cdots\cdots\right] = e^x$$

$$\therefore \; \left(e^x\right)' = e^x$$

06　$\dfrac{\partial E}{\partial x} = \sin(vt)(-\sin x)$

$\qquad \Rightarrow \dfrac{\partial^2 E}{\partial x^2} = \dfrac{\partial}{\partial x}\left(\dfrac{\partial E}{\partial x}\right) = \dfrac{\partial}{\partial x}\left[\sin(vt)(-\sin x)\right] = -\sin(vt)\cos x$ 　　　　(1)

그리고

$$\frac{\partial E}{\partial t} = \cos x\left[v\cos(vt)\right] = v\cos(x)\cos(vt)$$

$$\Rightarrow \frac{\partial^2 E}{\partial t^2} = \frac{\partial}{\partial t}\left(\frac{\partial E}{\partial t}\right) = \frac{\partial}{\partial t}\left[v\cos(x)\cos(vt)\right]$$

$$= v\cos x\left[-v\sin(vt)\right] = -v^2\cos x \sin(vt) \qquad\qquad (2)$$

그러므로 식 (1)과 (2)로부터

$$\frac{\partial^2 E}{\partial x^2} = \frac{1}{v^2}\frac{\partial^2 E}{\partial t^2}$$

의 관계식을 얻을 수 있다.

07 $\displaystyle\int_0^2 y^2(-e^{-y})' dy = \left[-y^2 e^{-y}\right]_0^2 + 2\int_0^2 y e^{-y} dy$

$\qquad\qquad = -4e^{-2} + 2\int_0^2 y(-e^{-y})' dy = -4e^{-2} - 2\left[y e^{-y}\right]_0^2 + 2\int_0^2 e^{-y} dy$

$\qquad\qquad = -4e^{-2} - 4e^{-2} + 2\left[-e^{-y}\right]_0^2$

$\qquad\qquad = -4e^{-2} - 4e^{-2} - 2e^{-2} + 2 \ = -10e^{-2} + 2$

08 $i^{35} = (i^2)^{17} i = (-1)^{17} i = -i$

09 $\displaystyle\int_{-\infty}^{\infty} x\delta'(x)f(x) dx = \int_{-\infty}^{\infty} x\left(\frac{d}{dx}\delta(x)\right)f(x) dx$

$\qquad\qquad = [x\delta(x)f(x)]_{-\infty}^{\infty} - \int_{-\infty}^{\infty} \delta(x)\frac{d}{dx}[xf(x)] dx$

(위 식의 오른편의 첫 항에 있는 $\delta(x)$는 $x \neq 0$인 곳에서는 0이기 때문에 첫 항은 0이 된다.)

$\qquad\qquad = -\int_{-\infty}^{\infty} \delta(x)\frac{d}{dx}[xf(x)] dx = -\int_{-\infty}^{\infty} \delta(x)\left[f(x) + xf'(x)\right] dx$

$\qquad\qquad = -\left[\int_{-\infty}^{\infty} \delta(x)f(x) dx + \int_{-\infty}^{\infty} \delta(x)xf'(x) dx\right]$

(위 식의 오른편의 두 번째 항에 있는 $\delta(x)$는 $x \neq 0$인 곳에서는 0이기 때문에 두 번째 항은 0이 된다.)

$\qquad\qquad = -\int_{-\infty}^{\infty} \delta(x)f(x) dx = \int_{-\infty}^{\infty} \left[-\delta(x)\right]f(x) dx$

등식의 왼편과 오른편을 비교하면

$$\therefore \ x\frac{d}{dx}\delta(x) = -\delta(x)$$

을 얻는다.

10 $\quad \mathcal{L}\left[f(t)\right] = \int_0^\infty e^{-st}t^n dt = \int_0^\infty \left(-\frac{1}{s}e^{-st}\right)' t^n dt$

$$= \left(-\frac{1}{s}e^{-st}\right)t^n \Big|_{t=0}^{t=\infty} + \frac{n}{s}\int_0^\infty e^{-st}t^{n-1}dt = \frac{n}{s}\int_0^\infty e^{-st}t^{n-1}dt$$

여기서 $s > 0$이다. 그렇지 않으면 위 식의 첫 번째 항이 발산하기 때문이다.

$$\Rightarrow \ \mathcal{L}\left[t^n\right] = \frac{n}{s}\mathcal{L}\left[t^{n-1}\right] \tag{1}$$

$$\Rightarrow \ \mathcal{L}\left[t^{n-1}\right] = \frac{n-1}{s}\mathcal{L}\left[t^{n-2}\right] \tag{2}$$

$$\vdots$$
$$\vdots$$

$$\Rightarrow \ \mathcal{L}\left[t\right] = \frac{1}{s}\mathcal{L}\left[t^0\right] \tag{3}$$

그러므로 식 (1)~(3)으로부터 다음의 관계식을 얻는다.

$$\mathcal{L}\left[t^n\right] = \left(\frac{n}{s}\right)\left(\frac{n-1}{s}\right)\cdots\cdots\left(\frac{1}{s}\right)\mathcal{L}\left[t^0\right] = \frac{n!}{s^n}\mathcal{L}\left[t^0\right] \tag{4}$$

여기서 $\mathcal{L}\left[t^0\right] = \int_0^\infty e^{-st}dt = \left(-\frac{1}{s}e^{-st}\right)_{t=0}^\infty = \frac{1}{s}$이므로 식 (4)는 다음과 같이 된다.

$$\mathcal{L}\left[t^n\right] = \frac{n!}{s^{n+1}}, \ \ 여기서 \ s > 0$$

11 $$\mathcal{L}\left[\delta(t)\right] = \int_0^\infty e^{-st}\delta(t)dt = \left[e^{-st}\right]_{t=0}^{t=\infty} = 1$$

여기서 $s > 0$이다. 그렇지 않으면 위 식이 발산하기 때문이다.

그리고 $\mathcal{L}\left(e^t\right) = \frac{1}{s-1} \quad (\because \ [예제 \ 1.38]로부터)$

$$\therefore \mathcal{L}[f(t)] = \mathcal{L}[3\delta(t) - 2e^t] = 3\mathcal{L}[\delta(t)] - 2\mathcal{L}[e^t] = 3 - 2\frac{1}{s-1} = \frac{3s-5}{s-1}$$

12 $\ddot{x} + \omega^2 x = 2\cos t \Rightarrow \left(\dfrac{d^2}{dt^2} + \omega^2\right)x = 2\cos t = f(t)$

여기서 $\left(\dfrac{d^2}{dt^2} + \omega^2\right)$은 선형 미분 연산자임을 본문에서 한 것과 유사한 방법으로 쉽게 보여줄 수 있다.

이때 그린 함수는 다음의 방정식을 만족한다.

$$\left(\frac{d^2}{dt^2} + \omega^2\right)G(t,z) = \delta(t-z) \Rightarrow \frac{d^2 G(t,z)}{dt^2} + \omega^2 G(t,z) = \delta(t-z) \qquad (1)$$

먼저 계산의 편의를 위해 $z = 0$로 놓으면 식 (1)은 다음과 같다.

$$\frac{d^2 G(t)}{dt^2} + \omega^2 G(t) = \delta(t) \qquad (2)$$

이때 $t > 0$인 경우 위 식의 解는

$$G(t) = A\sin\omega t + B\cos\omega t \qquad (3)$$

이고, 그린 함수는 연속이므로 초기조건을 식 (3)에 적용하면

$$G(0) = B = 0$$

이 되어 다음과 같이 된다.

$$G(t) = A\sin\omega t \qquad (4)$$

그리고 그린 함수의 도함수에 관한 경계조건 관계식에 식 (3)을 대입하면

$$A\omega\cos\omega t\Big|_{t=0} = 1 \Rightarrow A\omega = 1 \Rightarrow \therefore A = \frac{1}{\omega}$$

이를 식 (4)에 대입하면 그린 함수는 $G(t) = \dfrac{1}{\omega}\sin\omega t$가 된다.

즉, 정지 상태에 있는 진동자에 델타 함수 $\delta(t)$가 작용할 때 식 (4)의 진동자 운동을 한다. 즉 델타 함수 $\delta(t-z)$의 경우에는 그린 함수는 다음과 같다.

$$\therefore \quad G(t, \ z) = \begin{cases} 0, & 0 < t < z \\ \dfrac{1}{\omega}\sin\omega(t-z), & 0 < z < t \end{cases}$$

그러므로

$$x(t) = \left[\int G(t,z)f(z)dz\right]_{t>z} = \int_0^t \left[\frac{1}{\omega}\sin\omega(t-z)\right](2\cos z)dz$$

$$= \frac{2}{\omega}\int_0^t [\sin\omega(t-z)]\cos z\, dz \tag{5}$$

여기서 $\displaystyle\int_0^t [\sin\omega(t-z)]\cos z\, dz = I$로 놓으면

$$I = \int_0^t [\sin\omega(t-z)](\sin z)' dz$$

$$= [\sin\omega(t-z)\sin z]_{z=0}^{z=t} + \omega\int_0^t [\cos\omega(t-z)]\sin z\, dz$$

$$= -\omega\int_0^t [\cos\omega(t-z)](\cos z)' dz$$

$$= [-\omega\cos\omega(t-z)\cos z]_{z=0}^{z=t} + \omega^2\int_0^t [\sin\omega(t-z)]\cos z\, dz$$

$$= -\omega\cos t + \omega\cos\omega t + \omega^2 I$$

$$\Rightarrow I(1-\omega^2) = \omega(\cos\omega t - \cos t) \Rightarrow I = \frac{\omega(\cos\omega t - \cos t)}{1-\omega^2}$$

이를 식 (5)에 대입하면 다음과 같이 강제 진동자의 解를 얻는다.

$$x(t) = \frac{2}{\omega}\left[\frac{\omega(\cos\omega t - \cos t)}{1-\omega^2}\right] = \frac{2(\cos\omega t - \cos t)}{1-\omega^2}$$

13

$$\left(\frac{d^2}{dx^2} - k^2\right)y(x) = f(x)$$

이때 그린 함수는 식 (1.11.2)를 만족한다.

$$\left(\frac{d^2}{dx^2} - k^2\right)G(x,z) = \delta(x-z) \Rightarrow \frac{d^2 G(x,z)}{dx^2} - k^2 G(x,z) = \delta(x-z) \tag{1}$$

$x \neq z$인 경우 위 식은

$$
\begin{cases}
\dfrac{d^2 G_<(x,z)}{dx^2} - k^2 G_<(x,z) = 0, & x < z \text{인 경우} \\[3mm]
\dfrac{d^2 G_>(x,z)}{dx^2} - k^2 G_>(x,z) = 0, & x > z \text{인 경우}
\end{cases}
$$

이 되어

$$
\begin{cases}
G_<(x,z) = A\,e^{kx} + B e^{-kx} \\
G_>(x,z) = C e^{kx} + D e^{-kx}
\end{cases}
\tag{2}
$$

을 얻는다. $x = 0$에서의 경계조건을 식 (2)의 첫 번째 관계식에 적용하면

$$
G_<(0,z) = 0 \;\Rightarrow\; A + B = 0 \;\Rightarrow\; B = -A
$$

을 얻고 $x = \ell$에서의 경계조건을 식 (2)의 두 번째 관계식에 적용하면

$$
G_>(\pi/2, z) = 0 \;\Rightarrow\; C e^{k\ell} + D e^{-k\ell} = 0 \;\text{ 또는는 }\; C\big[e^{k(x-\ell)} - e^{-k(x-\ell)}\big]
$$

가 되어

$$
\begin{cases}
G_<(x,z) = A\big(e^{kx} - e^{-kx}\big) \\
G_>(x,z) = C\big[e^{k(x-\ell)} - e^{-k(x-\ell)}\big]
\end{cases}
\tag{3}
$$

을 얻는다. $x = z$에서 그린 함수는 연속이므로 식 (3)으로부터 다음의 관계식을 얻는다.

$$
A\big(e^{kz} - e^{-kz}\big) = C\big[e^{k(z-\ell)} - e^{-k(z-\ell)}\big]
\tag{4}
$$

미분방정식의 오른편에 델타 함수가 있는 식 (1)과 같은 미분방정식은 x가 $[z-\epsilon,\; z+\epsilon]$인 구간에서 다음과 같이 표현된다.

$$
\int_{z-\epsilon}^{z+\epsilon} \frac{d^2 G(x,z)}{dx^2} dx - k^2 \int_{z-\epsilon}^{z+\epsilon} G(x,z) dx = \int_{z-\epsilon}^{z+\epsilon} \delta(x-z) dx
$$

여기서 $\epsilon \to 0$일 때 왼편의 두 번째 적분은 그린 함수가 연속이라는 사실로부터 0이 되고 오른편 적분은 1이 된다.

$$
\Rightarrow \int_{z-\epsilon}^{z+\epsilon} \frac{d^2 G(x,z)}{dx^2} dx = 1 \;\Rightarrow\; \int_{z-\epsilon}^{z+\epsilon} \frac{d}{dx}\left[\frac{dG(x,z)}{dx}\right] dx = 1
$$

그러므로 위 식은 다음과 같은 그린 함수의 도함수에 관한 경계조건식을 얻게 된다.

$$\left[\frac{dG(x,z)}{dx}\right]_{z-\epsilon}^{z+\epsilon} = 1 \;\Rightarrow\; \therefore\; \frac{dG}{dx}\bigg|_{z+\epsilon} - \frac{dG}{dx}\bigg|_{z-\epsilon} = 1 \tag{5}$$

여기서

$$\frac{dG}{dx}\bigg|_{z+\epsilon} = \left[\frac{dG_>}{dx}\right]_{x=z} = \frac{d}{dx}C\left[e^{k(x-\ell)} - e^{-k(x-\ell)}\right]\bigg|_{x=z}$$

$$= Ck\left[e^{k(z-\ell)} + e^{-k(z-\ell)}\right] \tag{6}$$

그리고

$$\frac{dG}{dx}\bigg|_{z-\epsilon} = \left[\frac{dG_<}{dx}\right]_{x=z} = \frac{d}{dx}A\left(e^{kx} - e^{-kx}\right)\bigg|_{x=z} = Ak\left(e^{kz} + e^{-kz}\right) \tag{7}$$

식 (6)과 (7)을 그린 함수의 도함수에 관한 경계조건인 식 (5)에 대입하면 다음과 같다.

$$Ck\left[e^{k(z-\ell)} + e^{-k(z-\ell)}\right] - Ak\left(e^{kz} + e^{-kz}\right) = 1 \tag{8}$$

식 (4)로부터

$$C = A\frac{e^{kz} - e^{-kz}}{e^{k(z-\ell)} - e^{-k(z-\ell)}} \tag{9}$$

을 얻고, 이를 식 (8)에 대입하면 다음과 같다.

$$Ak\frac{e^{kz} - e^{-kz}}{e^{k(z-\ell)} - e^{-k(z-\ell)}}\left[e^{k(z-\ell)} + e^{-k(z-\ell)}\right] - Ak\left(e^{kz} + e^{-kz}\right) = 1$$

$$\Rightarrow Ak\left[\left(e^{kz} - e^{-kz}\right)\left(e^{k(z-\ell)} + e^{-k(z-\ell)}\right) - \left(e^{kz} + e^{-kz}\right)\left(e^{k(z-\ell)} - e^{-k(z-\ell)}\right)\right]$$
$$= \left[e^{k(z-\ell)} - e^{-k(z-\ell)}\right]$$

$$\Rightarrow Ak\left[2e^{k\ell} - 2e^{-k\ell}\right] = \left[e^{k(z-\ell)} - e^{-k(z-\ell)}\right]$$

$$\Rightarrow Ak\left[2e^{k\ell} - 2e^{-k\ell}\right] = \frac{1}{2k}\frac{e^{k(z-\ell)} - e^{-k(z-\ell)}}{e^{k\ell} - e^{-k\ell}} = \frac{1}{2k}\frac{\sinh[k(z-\ell)]}{\sinh(k\ell)} \tag{10}$$

이를 식 (9)에 대입하면

$$C = \left(\frac{1}{2k}\frac{\sinh[k(z-\ell)]}{\sinh(k\ell)}\right)\frac{e^{kz}-e^{-kz}}{e^{k(z-\ell)}-e^{-k(z-\ell)}}$$

$$= \left(\frac{1}{2k}\frac{\sinh[k(z-\ell)]}{\sinh(k\ell)}\right)\frac{\sinh(kz)}{\sinh[k(z-\ell)]} = \frac{1}{2k}\frac{\sinh(kz)}{\sinh(k\ell)} \tag{11}$$

가 되어 이들을 식 (3)에 대입하면 그린 함수는 다음과 같다.

$$\begin{cases} G_<(x,z) = \dfrac{1}{2k}\dfrac{\sinh[k(z-\ell)]}{\sinh(k\ell)}\left(e^{kx}-e^{-kx}\right) = \dfrac{1}{k}\dfrac{\sinh[k(z-\ell)]}{\sinh(k\ell)}\sinh(kx) \\ G_>(x,z) = \dfrac{1}{2k}\dfrac{\sinh(kz)}{\sinh(k\ell)}\left[e^{k(x-\ell)}-e^{-k(x-\ell)}\right] = \dfrac{1}{k}\dfrac{\sinh(kz)}{\sinh(k\ell)}\sinh[k(x-\ell)] \end{cases}$$

[2장]

01 (i) 변수분리법

$$\frac{dx}{dt}+2tx=0 \Rightarrow \frac{dx}{dt}=-2tx \Rightarrow \frac{dx}{x}=-2tdt \Rightarrow \int\frac{dx}{x}=-2\int tdt$$

$$\Rightarrow \ln x = -t^2+c \Rightarrow x=e^{-t^2+c} \Rightarrow \therefore x(t)=Ae^{-t^2}$$

$\therefore x(t)=Ae^{-t^2}$, 여기서 A는 초기조건에 의해 결정되는 상수

(ii) 일계 동차 상미분방정식의 일반해를 구하는 공식인 식 (2.2.1)을 주어진 문제에 적용하면 $x(t)=Ae^{-\int P(t)dt}$가 된다. 여기서 $P(t)=2t$이다.

$$\therefore x(t)=Ae^{-\int P(t)dt}=Ae^{-\int 2tdt}=Be^{-t^2}$$

여기서 B는 초기조건에 의해 결정되는 상수이므로 이 결과는 (i)의 결과와 같다.

02 보조 방정식 $(D-3)^2y(x)=0$으로부터 $(D-3)^2=0$을 얻는다.
이는 보조 방정식이 중근을 갖는 경우이므로 보조해는 다음과 같다.

$$y_c(x)=(Ax+c)e^{D_1x} \Rightarrow \therefore y_c(x)=(Ax+c)e^{3x}=ce^{3x}+Axe^{3x} \tag{1}$$

이때 특수해를 찾기 위한 시도해는 $f(x)=e^{3x}$가 될 수 있는데, 이는 보조해인 식 (1)의 첫 번째 항의 함수와 같은 함수 꼴이다. 그래서 시도해에 x를 곱해주면 xe^{3x}

가 되는데, 이는 식 (1)의 두 번째 항의 함수와 같은 함수 꼴이다. 그래서 한 번 더 x를 곱한 Bx^2e^{3x}(여기서 B는 상수)가 시도해가 된다.

이를 주어진 미분방정식에 대입하면

$$[(2+12x+9x^2)-6(2x+3x^2)+9x^2]Be^{3x}=e^{3x} \Rightarrow 2c=1 \Rightarrow \therefore B=\frac{1}{2}$$

이 되어 특수해는 $y_p(x)=\frac{1}{2}x^2e^{3x}$이 된다.

그러므로 일반해는 다음과 같다.

$$y(x)=y_c(x)+y_p(x)=ce^{3x}+Axe^{3x}+\frac{1}{2}x^2e^{3x}, \text{ 여기서 } c\text{와 } A\text{는 상수}$$

03 주어진 문제의 미분방정식의 오른편에 있는 함수는 2장 4절에 있는 표의 시도해를 사용할 수 없는 함수 꼴이다. 따라서 2장 [보충자료 1]의 식 (8)을 사용하여 특수해를 구해야 한다.

이때, 보조 방정식 $(D-1)^2y(x)=0$으로부터 $(D-1)^2=0$을 얻는다.

보조 방정식이 중근을 갖는 경우이므로

$$y_c(x)=(Ax+c)e^{D_1x} \Rightarrow \therefore y_c(x)=(Ax+c)e^x=ce^x+Axe^x$$

인 보조해를 얻는다. 즉, $y_1(x)=e^x$ 그리고 $y_2(x)=xe^x$가 된다.

그러면 $\begin{vmatrix} y_1(x) & y_2(x) \\ y_1'(x) & y_2'(x) \end{vmatrix} = \begin{pmatrix} e^x & xe^x \\ e^x & e^x+xe^x \end{pmatrix} = e^x(e^x+xe^x)-xe^{2x}=e^{2x}$

그리고 $y_2(x)f(x)=xe^x\left(\dfrac{e^x}{x}\right)=e^{2x}$, $y_1(x)f(x)=e^x\left(\dfrac{e^x}{x}\right)=\dfrac{e^{2x}}{x}$

이들을 2장 [보충자료 1]의 식 (8)에 대입하면

$$y_p(x)=-e^x\int dx\left(\frac{e^{2x}}{e^{2x}}\right)+xe^x\int dx\left[\left(\frac{1}{e^{2x}}\right)\left(\frac{e^{2x}}{x}\right)\right]=-e^x x+xe^x\ln x$$

을 얻어서, 일반해는 다음과 같다.

$$y(x)=y_c(x)+y_p(x)=ce^x+Axe^x-e^x x+xe^x\ln x$$
$$=ce^x+(A-1)xe^x+xe^x\ln x$$

$$\therefore \ y(x) = ce^x + Bxe^x + xe^x \ln x$$

04 편의를 위해 [예제 2.13]에 있는 식 (1)을 $r = \dfrac{\ell}{1 + e \cos\theta}$ 로 표현하면

$$\ell = r + er\cos\theta \ \Rightarrow \ \ell = \sqrt{x^2 + y^2} + ex \quad (\because \ x = r\cos\theta, \ y = r\sin\theta)$$

$$\Rightarrow \ (\ell - ex)^2 = x^2 + y^2 \ \Rightarrow \ (1 - e^2)x^2 + 2\ell ex + y^2 = \ell^2$$

$$\Rightarrow \ x^2 + 2\frac{\ell e}{1 - e^2}x + \frac{y^2}{1 - e^2} = \frac{\ell^2}{1 - e^2}$$

$$\Rightarrow \ x^2 + 2\frac{\ell e}{1 - e^2}x + \frac{\ell^2 e^2}{(1 - e^2)^2} - \frac{\ell^2 e^2}{(1 - e^2)^2} + \frac{y^2}{1 - e^2} = \frac{\ell^2}{1 - e^2}$$

$$\therefore \ \left(x + \frac{\ell e}{1 - e^2}\right)^2 + \frac{1}{(1 - e^2)}\left(y^2 - \frac{\ell^2 e^2}{1 - e^2}\right) = \frac{\ell^2}{(1 - e^2)^2}$$

참고 아래 그림과 같이 좌표를 잡은 다음에 타원 방정식을 구하면 다음과 같다.

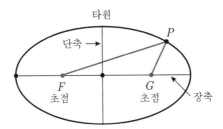

타원: 평면 위의 타원의 두 초점에서의 거리의 합이 일정한 점들의 집합

$$\begin{cases} r' + r = 2a \\ r'^2 = (2ea + r\cos\theta)^2 + r^2\sin^2\theta \end{cases} \Rightarrow \ r = \frac{a(1 - e^2)}{1 + e\cos\theta}$$

여기서 e는 이심률이며 $0 < e < 1$일 때 타원 방정식이다.

05 $\ddot{y} + 5\dot{y} + 6y = 0 \ \Rightarrow \ \dfrac{d^2 y}{dt^2} + 5\dfrac{dy}{dt} + 6y = 0 \ \Rightarrow \ \left(\dfrac{d^2}{dt^2} + 5\dfrac{d}{dt} + 6\right)y(t) = 0$

$\dfrac{d}{dt} = D$인 미분 연산자로 놓으면 위 식은

$$(D^2 + 5D + 6)y = 0 \ \Rightarrow \ D^2 + 5D + 6 = 0 \ \Rightarrow \ (D + 3)(D + 2) = 0$$

(i) $D = -3 \Rightarrow Dy_1(t) = -3y_1(t) \Rightarrow \dfrac{dy_1}{dt} = -3y_1 \Rightarrow \dfrac{dy_1}{y_1} = -3dt$

$\Rightarrow \ln y_1 = -3t \Rightarrow y_1(t) = Ae^{-3t}$

(ii) $D = -2 \Rightarrow Dy_2(t) = -2y_2(t) \Rightarrow \dfrac{dy_2}{dt} = -2y_2 \Rightarrow \dfrac{dy_2}{y_2} = -2dt$

$\Rightarrow \ln y_2 = -2t \Rightarrow y_2(t) = Be^{-2t}$

그러므로 일반해는 다음과 같다.

$$y(t) = y_1(t) + y_2(t) = Ae^{-3t} + Be^{-2t} \tag{1}$$

그리고

$$\dot{y}(t) = -3Ae^{-3t} - 2Be^{-2t}$$

초기조건 $y(0) = 2$로부터 $A + B = 2$이고 초기조건 $\dot{y}(0) = 3$으로부터 $-3A - 2B = 3$ 이 되어 $A = -7$과 $B = 9$을 얻는다. 이를 식 (1)에 대입하면

$$y(t) = -7e^{-3t} + 9e^{-2t}$$

인 일반해를 얻는다.

이 결과는 라플라스 변환과 역변환을 사용해서 구한 미분방정식의 解와 같음을 알 수 있다.

06 $\qquad\qquad y'' + y = x \Rightarrow \dfrac{d^2y(x)}{dx^2} + y(x) = x$

먼저 보조해를 구해보자.

$$\dfrac{d^2y_c(x)}{dx^2} + y_c(x) = 0 \Rightarrow (D^2 + 1)y_c(x) = 0, \ \ 여기서 \ D = \dfrac{d}{dx}인 \ 미분 \ 연산자$$

$$\Rightarrow D^2 + 1 = 0 \Rightarrow D = \pm i$$

$$\Rightarrow Dy_c(x) = \pm iy_c(x) \Rightarrow \dfrac{dy_c}{dx} = \pm iy_c$$

$$\dfrac{dy_c}{y_c} = \pm idx \Rightarrow \int \dfrac{dy_c}{y_c} = \pm i \int dx \Rightarrow y_c(x) = ce^{\pm ix}$$

또는 $y_c(x) = A_1\sin x + A_2\cos x$

미분방정식의 오른편이 x이므로 특수해를 $y_p(x) = B_1 x + B_2$로 놓을 수 있고, 주어진 미분방정식에 대입하면 다음과 같다.

$$B_1 x + B_2 = x \implies B_1 = 1, \; B_2 = 0$$

그러므로 특수해 $y_p(x) = x$를 얻는다.

이때 보조해와 특수해의 합인 일반해는 다음과 같다.

$$y(x) = y_c(x) + y_p(x) = A_1\sin x + A_2\cos x + x$$

초기조건 $y(0) = 0$으로부터 $A_2 = 0$ 그리고

초기조건 $y\left(\dfrac{\pi}{2}\right) = 0$으로부터 $y\left(\dfrac{\pi}{2}\right) = A_1 + \dfrac{\pi}{2} = 0 \implies A_1 = -\dfrac{\pi}{2}$

이들을 일반해에 대한 식에 대입하면

$$y(x) = -\frac{\pi}{2}\sin x + x$$

을 얻어서, 그린 함수로 구한 미분방정식의 解와 같음을 알 수 있다.

07 $$\ddot{x_c} + \omega^2 x_c = 0 \implies x_c(t) = A_1\cos\omega t + A_2\sin\omega t$$

미분방정식의 오른편이 $\cos t$ 꼴을 가지므로 특수해를 $x_p(t) = B_1\cos t + B_2\sin t$로 놓을 수 있고, 이를 미분방정식에 대입하면 다음과 같다.

$$\left(-B_1\cos t - B_2\sin t\right) + \omega^2\left(B_1\cos t + B_2\sin t\right) = 2\cos t$$

$$\implies B_1(\omega^2 - 1)\cos t + B_2(\omega^2 - 1)\sin t = 2\cos t$$

등식이 항상 성립하기 위해서는

$$\begin{cases} B_2(\omega^2 - 1) = 0 \implies \therefore \; B_2 = 0 \\ B_1(\omega^2 - 1) = 2 \implies \therefore \; B_1 = \dfrac{2}{\omega^2 - 1} \end{cases}$$

그러므로 특수해는 $x_p(t) = \dfrac{2}{\omega^2 - 1}\cos t$이다.

이때 일반해는 보조해와 특수해의 解이므로

$$x(t) = x_c(t) + x_p(t) = A_1\cos\omega t + A_2\sin\omega t + \frac{2}{\omega^2 - 1}\cos t$$

이 된다. 그리고

$$\dot{x}(t) = -A_1\omega\sin\omega t + A_2\omega\cos\omega t - \frac{2}{\omega^2 - 1}\sin t$$

인데, 초기조건 $x(0) = 0$으로부터

$$x(0) = A_1 + \frac{2}{\omega^2 - 1} = 0 \implies A_1 = -\frac{2}{\omega^2 - 1}$$

을 얻고 초기조건 $\dot{x}(0) = 0$으로부터

$$\dot{x}(0) = A_2\omega = 0 \implies A_2 = 0$$

을 얻는다. 이들을 일반해에 대한 식에 대입하면

$$x(t) = -\frac{2}{\omega^2 - 1}\cos\omega t + \frac{2}{\omega^2 - 1}\cos t = \frac{2}{\omega^2 - 1}(\cos t - \cos\omega t)$$

가 되어, 그린 함수로 미분방정식의 解를 구한 것과 같은 결과을 얻는다.

[3장]

01
$$\left(\hat{x}\frac{\partial}{\partial x} + \hat{y}\frac{\partial}{\partial y} + \hat{z}\frac{\partial}{\partial z}\right) \cdot \left(xr^{n-1}\hat{x} + yr^{n-1}\hat{y} + zr^{n-1}\hat{z}\right)$$

$$= (\hat{x}\cdot\hat{x})\frac{\partial}{\partial x}(xr^{n-1}) + (\hat{y}\cdot\hat{y})\frac{\partial}{\partial y}(yr^{n-1}) + (\hat{z}\cdot\hat{z})\frac{\partial}{\partial z}(zr^{n-1}) \qquad (1)$$

여기서

$$\frac{\partial}{\partial x}(xr^{n-1}) = r^{n-1} + x\frac{\partial}{\partial x}r^{n-1} = r^{n-1} + x\frac{\partial}{\partial x} + x\frac{\partial}{\partial x}(x^2 + y^2 + z^2)^{(n-1)/2}$$

$$= r^{n-1} + (n-1)x(x^2 + y^2 + z^2)^{(n-3)/2}$$

$$= r^{n-1} + (n-1)xr^{n-3}$$

유사한 방법으로

$$\frac{\partial}{\partial y}\left(yr^{n-1}\right) = r^{n-1} + (n-1)yr^{n-3} \quad 그리고 \quad \frac{\partial}{\partial z}\left(zr^{n-1}\right) = r^{n-1} + (n-1)zr^{n-3}$$

을 얻는다. 이들을 식 (1)에 대입하면 식의 오른편은 다음과 같다.

$$3r^{n-1} + (n-1)r^{n-3}(x+y+x) = 3r^{n-1} + (n-1)r^{n-3}r^2$$
$$= 3r^{n-1} + (n-1)r^{n-1} = (n+2)r^{n-1}$$

$$\therefore \quad \vec{\nabla} \cdot \vec{r}r^{n-1} = (n+2)r^{n-1}$$

이는 기대한 대로 [예제 3.13]의 결과와 같다.

02 벡터 퍼텐셜 $\vec{A}$의 컬은 $\vec{\nabla}\times\vec{A} = \frac{1}{2}\vec{\nabla}\times(\vec{B}\times\vec{r})$이다.

여기서 오른편의 삼중 벡터곱의 성분 i는 다음과 같다.

$$\left[\vec{\nabla}\times(\vec{B}\times\vec{r})\right]_i = \sum_{j,k}\epsilon_{ijk}\partial_j(\vec{B}\times\vec{r})_k, \quad 여기서 \quad \frac{\partial}{\partial x_j} \equiv \partial_j$$
$$= \sum_{j,k}\sum_{\ell,m}\epsilon_{ijk}\partial_j\epsilon_{k\ell m}B_\ell r_m = \sum_{j,k}\sum_{\ell,m}\epsilon_{ijk}\epsilon_{k\ell m}\partial_j B_\ell r_m$$
$$= \sum_{j,k}\sum_{\ell,m}\epsilon_{ijk}\epsilon_{k\ell m}\left(B_\ell\partial_j r_m + r_m\partial_j B_\ell\right)$$
$$= \sum_{j}\sum_{\ell,m}(\delta_{i\ell}\delta_{jm} - \delta_{im}\delta_{j\ell})\left(B_\ell\partial_j r_m + r_m\partial_j B_\ell\right)$$
$$= \sum_{j}\sum_{\ell,m}\delta_{i\ell}\delta_{jm}B_\ell\partial_j r_m + \sum_{j}\sum_{\ell,m}\delta_{i\ell}\delta_{jm}r_m\partial_j B_\ell$$
$$- \sum_{j}\sum_{\ell,m}\delta_{im}\delta_{j\ell}B_\ell\partial_j r_m - \sum_{j}\sum_{\ell,m}\delta_{im}\delta_{j\ell}r_m\partial_j B_\ell \tag{1}$$

식 (1)의 오른편 첫 번째 항은

$$\sum_{j}\sum_{\ell,m}\delta_{i\ell}\delta_{jm}B_\ell\partial_j r_m = \sum_{j}B_i\partial_j r_j = \left(\sum_{j}\partial_j r_j\right)B_i = (\vec{\nabla}\cdot\vec{r})B_i$$

그리고 오른편 두 번째 항은

$$\sum_{j}\sum_{\ell,m}\delta_{i\ell}\delta_{jm}\partial_j r_m B_\ell = \sum_{j}\sum_{\ell,m}\delta_{i\ell}\delta_{jm}\left(r_m\partial_j B_\ell + B_\ell\partial_j r_m\right)$$

이기 때문에

$$\sum_j \sum_{\ell,m} \delta_{i\ell} \delta_{jm} r_m \partial_j B_\ell = \sum_j \sum_{\ell,m} \delta_{i\ell} \delta_{jm} \partial_j r_m B_\ell - \sum_j \sum_{\ell,m} \delta_{i\ell} \delta_{jm} B_\ell \partial_j r_m$$

$$= \sum_j \partial_j r_j B_i - \sum_j B_i \partial_j r_j = \vec{\nabla} \cdot \vec{r} B_i - B_i \vec{\nabla} \cdot \vec{r}$$

$$= 3B_i - 3B_i = 0$$

그리고 식 (1)의 오른편 세 번째 항은

$$\sum_j \sum_{\ell,m} \delta_{im} \delta_{j\ell} B_\ell \partial_j r_m = \left(\sum_j B_j \partial_j \right) r_i = (\vec{B} \cdot \vec{\nabla}) r_i$$

이고 오른편 네 번째 항은

$$\sum_j \sum_{\ell,m} \delta_{im} \delta_{j\ell} r_m \partial_j B_\ell = \sum_j r_i \partial_j B_j = \left(\sum_j \partial_j B_j \right) r_i = (\vec{\nabla} \cdot \vec{B}) r_i = 0 \quad (\because \vec{\nabla} \cdot \vec{B} = 0)$$

이 되어, 식 (1)은 다음과 같이 된다.

$$[\vec{\nabla} \times (\vec{B} \times \vec{r})]_i = (\vec{\nabla} \cdot \vec{r}) B_i - (\vec{B} \cdot \vec{\nabla}) r_i$$

$$\Rightarrow \vec{\nabla} \times (\vec{B} \times \vec{r}) = (\vec{\nabla} \cdot \vec{r}) \vec{B} - (\vec{B} \cdot \vec{\nabla}) \vec{r}$$

$$\therefore \vec{\nabla} \times \vec{A} = \frac{1}{2} \vec{\nabla} \times (\vec{B} \times \vec{r}) = \frac{1}{2} [(\vec{\nabla} \cdot \vec{r}) \vec{B} - (\vec{B} \cdot \vec{\nabla}) \vec{r}] \qquad (2)$$

여기서

$$(\vec{B} \cdot \vec{\nabla}) \vec{r} = \left(B_x \frac{\partial}{\partial x} + B_y \frac{\partial}{\partial y} + B_z \frac{\partial}{\partial z} \right) (x\hat{x} + y\hat{y} + z\hat{z})$$

$$= B_x \hat{x} + B_y \hat{y} + B_z \hat{z} = \vec{B}$$

그리고 [예제 3.13]에서 $\vec{\nabla} \cdot \vec{r}$은 함수 $f(r) = r^{n-1}$가 $n=1$인 경우에 해당하므로 $\vec{\nabla} \cdot \vec{r} = (n+2) r^{n-1} = 3$이다.

이들 결과를 식 (2)에 대입하면 다음과 같다.

$$\therefore \vec{\nabla} \times \vec{A} = \frac{1}{2} (3\vec{B} - \vec{B}) = \vec{B}$$

즉 벡터 퍼텐셜 $\vec{A}$의 컬은 자기장 $\vec{B}$가 된다.

03 $\vec{\nabla}\times(\vec{A}\times\vec{B})$의 성분 i는 다음과 같다.

$$\left[\vec{\nabla}\times(\vec{A}\times\vec{B})\right]_i = \sum_{j,k}\epsilon_{ijk}\partial_j(\vec{A}\times\vec{B})_k = \sum_{j,k}\epsilon_{ijk}\partial_j\left(\sum_{\ell,m}\epsilon_{k\ell m}A_\ell B_m\right)$$

$$= \sum_{j,k}\sum_{\ell,m}\epsilon_{ijk}\epsilon_{k\ell m}\partial_j(A_\ell B_m) = \sum_{j,k}\sum_{\ell,m}\epsilon_{ijk}\epsilon_{k\ell m}(B_m\partial_j A_\ell + A_\ell\partial_j B_m)$$

$$= \sum_j\sum_{\ell,m}(\delta_{i\ell}\delta_{jm}-\delta_{im}\delta_{j\ell})(B_m\partial_j A_\ell + A_\ell\partial_j B_m)$$

$$= \sum_j\sum_{\ell,m}(\delta_{i\ell}\delta_{jm}B_m\partial_j A_\ell + \delta_{i\ell}\delta_{jm}A_\ell\partial_j B_m - \delta_{im}\delta_{j\ell}B_m\partial_j A_\ell - \delta_{im}\delta_{j\ell}A_\ell\partial_j B_m)$$

$$= (\vec{B}\cdot\vec{\nabla})A_i + A_i(\vec{\nabla}\cdot\vec{B}) - B_i(\vec{\nabla}\cdot\vec{A}) - (\vec{A}\cdot\vec{\nabla})B_i$$

$$\therefore\ \vec{\nabla}\times(\vec{A}\times\vec{B}) = (\vec{B}\cdot\vec{\nabla})\vec{A} + \vec{A}(\vec{\nabla}\cdot\vec{B}) - \vec{B}(\vec{\nabla}\cdot\vec{A}) - (\vec{A}\cdot\vec{\nabla})\vec{B}$$

04 (i) 적분을 직접 계산해보자.

$$\int_A z^3\hat{z}\cdot d\vec{A} = \int_A (R\cos\theta)^3(R^2\sin\theta d\theta d\phi)(\hat{z}\cdot\hat{r})$$

$$= \int_A (R\cos\theta)^3(R^2\sin\theta d\theta d\phi)\left[\hat{z}\cdot(\hat{x}\sin\theta\cos\phi + \hat{y}\sin\theta\sin\phi + \hat{z}\cos\theta)\right]$$

$$= \int_A (R\cos\theta)^3(R^2\sin\theta d\theta d\phi)\cos\theta = R^5\int_0^{2\pi}d\phi\int_0^\pi \cos^4\theta\sin\theta d\theta$$

여기서 $\cos\theta = x$로 놓으면 $\displaystyle\int_0^\pi \cos^4\theta\sin\theta d\theta = \int_1^{-1}x^4(-dx) = \int_{-1}^1 x^4 dx = \frac{2}{5}$

이므로 위 식은 다음과 같다.

$$\int_A z^3\hat{z}\cdot d\vec{A} = \frac{2}{5}R^5 2\pi = \frac{4\pi}{5}R^5$$

(ii) 발산 정리를 주어진 문제에 적용하면 $\displaystyle\int_V \vec{\nabla}\cdot(z^3\hat{z})dV$로 표현된다.

여기서 $\vec{\nabla}\cdot(z^3\hat{z}) = \dfrac{d}{dz}z^3 = 3z^2$이다. 이때 $dV = \left[\pi(R^2-z^2)\right]dz$이므로 적분은 다음과 같다.

$$\int_{-R}^R 3z^2\left[\pi(R^2-z^2)\right]dz = 3\pi\int_{-R}^R (R^2z^2-z^4)dz = 6\pi\left[\frac{R^2 z^3}{3}-\frac{1}{5}z^5\right]_0^R$$

$$= 6\pi\left(\frac{2}{15}R^5\right) = \frac{4}{5}\pi R^5$$

이와 같이 발산 정리를 사용하면 보다 간단하게 적분을 계산할 수 있음을 알 수 있다.

05 (i) 원에서 벡터장은 $\vec{F} = -(R\sin\phi)^3 \hat{x} + (R\cos\phi)^3 \hat{y}$이고

$\vec{d\ell} = Rd\phi(-\hat{x}\sin\phi + \hat{y}\cos\phi)$이므로, 이때 주어진 적분은

$$\int_C \vec{F} \cdot \vec{d\ell}$$

$$= \int_0^{2\pi} \left[-(R\sin\phi)^3 \hat{x} + (R\cos\phi)^3 \hat{y} \right] \cdot \left[Rd\phi(-\hat{x}\sin\phi + \hat{y}\cos\phi) \right]$$

$$= \int_0^{2\pi} \left(R^4 \sin^4\phi + R^4 \cos^4\phi \right) d\phi = R^4 \int_0^{2\pi} \left(\sin^4\phi + \cos^4\phi \right) d\phi$$

이 되고, 여기서

$$(\cos^2\phi + \sin^2\phi)^2 = 1$$

$$\Rightarrow \cos^4\phi + \sin^4\phi = 1 - \frac{1}{2}(1 - \cos^2 2\phi) = \frac{1}{2} + \frac{1}{4}(1 + \cos 4\phi)$$

이므로 위 적분식은 다음과 같이 된다.

$$\int_C \vec{F} \cdot \vec{d\ell} = R^4 \int_0^{2\pi} \left[\frac{1}{2} + \frac{1}{4}(1 + \cos 4\phi) \right] d\phi = \frac{3\pi}{2} R^4$$

(ii) $\oint_C \vec{F} \cdot \vec{d\ell} = \int_A \vec{\nabla} \times \vec{F} \cdot \vec{dA}$인 스토크 정리를 사용해보자.

이를 위해 다음을 먼저 계산하면

$$\vec{\nabla} \times \vec{F} = \begin{vmatrix} \hat{x} & \hat{y} & \hat{z} \\ \frac{\partial}{\partial x} & \frac{\partial}{\partial y} & \frac{\partial}{\partial z} \\ -y^3 & x^3 & 0 \end{vmatrix} = \hat{z}(3x^2 + 3y^2) = 3(x^2 + y^2)\hat{z} = 3r^2\hat{z}$$

이 되고 $\vec{dA} = (2\pi r dr)\hat{z}$이므로 적분식은 다음과 같이 된다.

$$\int_A \vec{\nabla} \times \vec{F} \cdot \vec{dA} = \int_0^R (3r^2\hat{z}) \cdot (2\pi r dr \hat{z}) = 6\pi \int_0^R r^3 dr = \frac{3\pi}{2} R^4$$

이와 같이 스토크 정리를 사용하면 보다 간단하게 적분을 계산할 수 있음을 알 수 있다.

06 $\begin{pmatrix} 0 & 2 & 0 \\ 0 & 0 & 0 \\ 0 & 0 & 0 \end{pmatrix} + \begin{pmatrix} 0 & 0 & 0 \\ 3 & 0 & 0 \\ 0 & 0 & 0 \end{pmatrix} + \begin{pmatrix} 0 & 0 & 0 \\ 0 & 0 & -5 \\ 0 & 0 & 0 \end{pmatrix} + \begin{pmatrix} 0 & 0 & 0 \\ 0 & 0 & 0 \\ 0 & 0 & 2 \end{pmatrix} = \begin{pmatrix} 0 & 2 & 0 \\ 3 & 0 & -5 \\ 0 & 0 & 2 \end{pmatrix}$

07 임의의 회전축에 대한 관성 모멘트는 $\overset{\leftrightarrow}{I} = \sum_i m_i r_i^2 \overset{\leftrightarrow}{1} - \sum_i m_i \vec{r_i}\vec{r_i}$ 이므로

$$I_{22} = \hat{2} \cdot \overset{\leftrightarrow}{I} \cdot \hat{2} = \hat{y} \cdot \overset{\leftrightarrow}{I} \cdot \hat{y} = \hat{y} \cdot \left[\sum_i m_i r_i^2 \overset{\leftrightarrow}{1} - \sum_i m_i \vec{r_i}\vec{r_i} \right] \cdot \hat{y}$$

$$= \hat{y} \cdot \left[\sum_i m_i r_i^2 (\hat{x}\hat{x} + \hat{y}\hat{y} + \hat{z}\hat{z}) - \sum_i m_i \vec{r_i}\vec{r_i} \right] \cdot \hat{y}$$

$$= \hat{y} \cdot \left[\sum_i m_i r_i^2 (\hat{x}\hat{x} \cdot \hat{y} + \hat{y}\hat{y} \cdot \hat{y} + \hat{z}\hat{z} \cdot \hat{y}) - \sum_i m_i \vec{r_i}(\vec{r_i} \cdot \hat{y}) \right]$$

$$(\text{여기서 } \vec{r_i} \cdot \hat{y} = (x_i\hat{x} + y_i\hat{y} + z_i\hat{z}) \cdot \hat{y} = y_i)$$

$$= \hat{y} \cdot \left[\sum_i m_i r_i^2 \hat{y} - \sum_i m_i \vec{r_i} y_i \right] = \sum_i m_i r_i^2 \hat{y} \cdot \hat{y} - \sum_i m_i (\hat{y} \cdot \vec{r_i}) y_i$$

$$= \sum_i m_i r_i^2 - \sum_i m_i y_i^2 = \sum_i m_i (r_i^2 - y_i^2) = \sum_i m_i (x_i^2 + z_i^2)$$

$$\therefore \ I_{22} = \sum_i m_i (x_i^2 + z_i^2)$$

유사한 방법으로 $I_{33} = \sum_i m_i (x_i^2 + y_i^2)$을 얻을 수 있다. 그리고

$$I_{21} = \hat{2} \cdot \overset{\leftrightarrow}{I} \cdot \hat{1} = \hat{y} \cdot \overset{\leftrightarrow}{I} \cdot \hat{x} = \hat{y} \cdot \left[\sum_i m_i r_i^2 (\hat{x}\hat{x} + \hat{y}\hat{y} + \hat{z}\hat{z}) - \sum_i m_i \vec{r_i}\vec{r_i} \right] \cdot \hat{x}$$

$$= \hat{y} \cdot \left[\sum_i m_i r_i^2 \hat{x} - \sum_i m_i \vec{r_i} x_i \right] = - \sum_i m_i y_i x_i$$

$$\therefore \ I_{21} = - \sum_i m_i y_i x_i$$

유사한 방법으로 $I_{31} = - \sum_i m_i z_i x_i$를 얻을 수 있다.

[4장]

01 문제에 주어진 위의 관계식을 행렬표현으로 나타내면 다음과 같다.

$$\begin{pmatrix} e^{-ika} & e^{ika} \\ ike^{-ika} & -ike^{ika} \end{pmatrix} \begin{pmatrix} A_+ \\ A_- \end{pmatrix} = \begin{pmatrix} e^{-\kappa a} & e^{\kappa a} \\ \kappa e^{-\kappa a} & -\kappa e^{\kappa a} \end{pmatrix} \begin{pmatrix} B_+ \\ B_- \end{pmatrix} \tag{1}$$

$$\begin{pmatrix} e^{\kappa a} & e^{-\kappa a} \\ \kappa e^{\kappa a} & -\kappa e^{-\kappa a} \end{pmatrix}\begin{pmatrix} B_+ \\ B_- \end{pmatrix} = \begin{pmatrix} e^{ika} & e^{-ika} \\ ike^{ika} & -ike^{-ika} \end{pmatrix}\begin{pmatrix} C_+ \\ C_- \end{pmatrix} \tag{2}$$

여기서 미지수를 $X = \begin{pmatrix} A_+ \\ A_- \end{pmatrix}$, $Y = \begin{pmatrix} B_+ \\ B_- \end{pmatrix}$, $Z = \begin{pmatrix} C_+ \\ C_- \end{pmatrix}$로 놓고

그리고 $A = \begin{pmatrix} e^{-ika} & e^{ika} \\ ike^{-ika} & -ike^{ika} \end{pmatrix}$, $B = \begin{pmatrix} e^{-\kappa a} & e^{\kappa a} \\ \kappa e^{-\kappa a} & -\kappa e^{\kappa a} \end{pmatrix}$, $C = \begin{pmatrix} e^{\kappa a} & e^{-\kappa a} \\ \kappa e^{\kappa a} & -\kappa e^{-\kappa a} \end{pmatrix}$,

$\qquad D = \begin{pmatrix} e^{ika} & e^{-ika} \\ ike^{ika} & -ike^{-ika} \end{pmatrix}$

인 행렬로 놓으면 식 (1)과 (2)는 다음과 같다.

$$\begin{cases} AX = BY \\ CY = DZ \end{cases} \Rightarrow \begin{cases} A^{-1}AX = A^{-1}BY \\ C^{-1}CY = C^{-1}DZ \end{cases} \Rightarrow \begin{cases} X = A^{-1}BY \\ Y = C^{-1}DZ \end{cases}$$

$$\therefore \ X = A^{-1}B(C^{-1}DZ) = (A^{-1}BC^{-1}D)Z$$

즉 행렬 Y를 소거하여 행렬 X와 Z의 관계를 얻을 수 있다.

02 (i) x-축을 회전축으로 해서 시계 방향으로 θ만큼 회전했을 때

x-축은 회전축이므로 $\hat{x} = \hat{x}'$가 되어

$$\hat{x} \cdot \hat{x}' = 1, \ \hat{y} \cdot \hat{x}' = \hat{y} \cdot \hat{x} = 0, \ \hat{z} \cdot \hat{x}' = \hat{z} \cdot \hat{x} = 0$$

그리고

$$\begin{cases} \hat{x} \cdot \hat{y}' = \hat{x}' \cdot \hat{y}' = 0 \\ \hat{y} \cdot \hat{y}' = \cos\theta \\ \hat{z} \cdot \hat{y}' = \cos\left(\dfrac{\pi}{2} + \theta\right) = -\sin\theta \end{cases}$$

반면에 $\begin{cases} \hat{x} \cdot \hat{z}' = \hat{x}' \cdot \hat{z}' = 0 \\ \hat{y} \cdot \hat{z}' = \cos\left(\dfrac{\pi}{2} - \theta\right) = \sin\theta \\ \hat{z} \cdot \hat{z}' = \cos\theta \end{cases}$

이들 결과를 식 (4.3.2)의 변환행렬에 대입하면

$$\therefore \ R_x(-\theta) = \begin{pmatrix} 1 & 0 & 0 \\ 0 & \cos\theta & -\sin\theta \\ 0 & \sin\theta & \cos\theta \end{pmatrix}$$

인 변환행렬을 얻는다.

(ii) y-축을 회전축으로 해서 시계 방향으로 θ만큼 회전했을 때

y-축은 회전축이므로 $\hat{y} = \hat{y}'$가 되어

$$\hat{y} \cdot \hat{y}' = 1, \ \hat{x} \cdot \hat{y}' = \hat{x} \cdot \hat{y} = 0, \ \hat{z} \cdot \hat{y}' = \hat{z} \cdot \hat{y} = 0$$

그리고

$$\begin{cases} \hat{x} \cdot \hat{x}' = \cos\theta \\ \hat{y} \cdot \hat{x}' = \hat{y}' \cdot \hat{x}' = 0 \\ \hat{z} \cdot \hat{x}' = \cos\left(\dfrac{\pi}{2} - \theta\right) = \sin\theta \end{cases}$$

반면에 $\begin{cases} \hat{x} \cdot \hat{z}' = \cos\left(\dfrac{\pi}{2} + \theta\right) = -\sin\theta \\ \hat{y} \cdot \hat{z}' = \hat{y} \cdot \hat{z} = 0 \\ \hat{z} \cdot \hat{z}' = \cos\theta \end{cases}$

이들 결과를 식 (4.3.2)의 변환행렬에 대입하면

$$\therefore \ R_y(-\theta) = \begin{pmatrix} \cos\theta & 0 & \sin\theta \\ 0 & 1 & 0 \\ -\sin\theta & 0 & \cos\theta \end{pmatrix}$$

인 변환행렬을 얻는다.

03 식 (4.3.3)으로부터

$$\begin{aligned} R(\theta_2)R(\theta_1) &= \begin{pmatrix} \cos\theta_2 & \sin\theta_2 & 0 \\ -\sin\theta_2 & \cos\theta_2 & 0 \\ 0 & 0 & 1 \end{pmatrix}\begin{pmatrix} \cos\theta_1 & \sin\theta_1 & 0 \\ -\sin\theta_1 & \cos\theta_1 & 0 \\ 0 & 0 & 1 \end{pmatrix} \\ &= \begin{pmatrix} \cos\theta_2\cos\theta_1 - \sin\theta_2\sin\theta_1 & \cos\theta_2\sin\theta_1 + \sin\theta_2\cos\theta_1 & 0 \\ -\sin\theta_2\cos\theta_1 - \cos\theta_2\sin\theta_1 & -\sin\theta_2\sin\theta_1 + \cos\theta_2\cos\theta_1 & 0 \\ 0 & 0 & 1 \end{pmatrix} \\ &= \begin{pmatrix} \cos\theta_1\cos\theta_2 - \sin\theta_1\sin\theta_2 & \sin\theta_1\cos\theta_2 + \cos\theta_1\sin\theta_2 & 0 \\ -(\sin\theta_1\cos\theta_2 + \cos\theta_1\sin\theta_2) & \cos\theta_1\cos\theta_2 - \sin\theta_1\sin\theta_2 & 0 \\ 0 & 0 & 1 \end{pmatrix} \\ &= \begin{pmatrix} \cos(\theta_1 + \theta_2) & \sin(\theta_1 + \theta_2) & 0 \\ -\sin(\theta_1 + \theta_2) & \cos(\theta_1 + \theta_2) & 0 \\ 0 & 0 & 1 \end{pmatrix} = R(\theta_1 + \theta_2) \end{aligned}$$

$$\therefore \ R(\theta_1 + \theta_2) = R(\theta_2)R(\theta_1)$$

의 관계를 얻는다.

04 $R_z(-\phi)R_{x'}(-\theta)R_{z''}(-\Psi)\vec{\omega}$

$$= \begin{pmatrix} \cos\phi & -\sin\phi & 0 \\ \sin\phi & \cos\phi & 0 \\ 0 & 0 & 1 \end{pmatrix} \begin{pmatrix} 1 & 0 & 0 \\ 0 & \cos\theta & -\sin\theta \\ 0 & \sin\theta & \cos\theta \end{pmatrix} \begin{pmatrix} \cos\Psi & -\sin\Psi & 0 \\ \sin\Psi & \cos\Psi & 0 \\ 0 & 0 & 1 \end{pmatrix} \begin{pmatrix} \dot{\phi}\sin\theta\sin\Psi + \dot{\theta}\cos\Psi \\ \dot{\phi}\sin\theta\cos\Psi - \dot{\theta}\sin\Psi \\ \dot{\phi}\cos\theta + \dot{\Psi} \end{pmatrix}$$

$$= \begin{pmatrix} \cos\phi & -\sin\phi & 0 \\ \sin\phi & \cos\phi & 0 \\ 0 & 0 & 1 \end{pmatrix} \begin{pmatrix} 1 & 0 & 0 \\ 0 & \cos\theta & -\sin\theta \\ 0 & \sin\theta & \cos\theta \end{pmatrix} \begin{pmatrix} \dot{\theta} \\ \dot{\phi}\sin\theta \\ \dot{\phi}\cos\theta + \dot{\Psi} \end{pmatrix}$$

$$= \begin{pmatrix} \cos\phi & -\sin\phi & 0 \\ \sin\phi & \cos\phi & 0 \\ 0 & 0 & 1 \end{pmatrix} \begin{pmatrix} \dot{\theta} \\ -\dot{\Psi}\sin\theta \\ \dot{\phi} + \dot{\Psi}\cos\theta \end{pmatrix}$$

$$= \begin{pmatrix} \dot{\theta}\cos\phi + \dot{\Psi}\sin\theta\sin\phi \\ \dot{\theta}\sin\phi - \dot{\Psi}\sin\theta\cos\phi \\ \dot{\phi} + \dot{\Psi}\cos\theta \end{pmatrix}$$

$$\therefore \ \vec{\omega} = (\dot{\theta}\cos\phi + \dot{\Psi}\sin\theta\sin\phi)\hat{x} + (\dot{\theta}\sin\phi - \dot{\Psi}\sin\theta\cos\phi)\hat{y} + (\dot{\phi} + \dot{\Psi}\cos\theta)\hat{z}$$

05 주어진 행렬이 유니타리행렬이기 위해서는 $AA^+ = 1$의 관계를 보여주면 된다.

$$A = \frac{1}{5}\begin{pmatrix} 3 & 4i \\ 4i & 3 \end{pmatrix} \Rightarrow A^+ = (A^*)^T = \left[\frac{1}{5}\begin{pmatrix} 3 & -4 \\ -4i & 3 \end{pmatrix}\right]^T = \frac{1}{5}\begin{pmatrix} 3 & -4i \\ -4i & 3 \end{pmatrix}$$

이때

$$AA^+ = \left[\frac{1}{5}\begin{pmatrix} 3 & 4i \\ 4i & 3 \end{pmatrix}\right]\left[\frac{1}{5}\begin{pmatrix} 3 & -4i \\ -4i & 3 \end{pmatrix}\right] = \frac{1}{25}\begin{pmatrix} 25 & 0 \\ 0 & 25 \end{pmatrix} = 1$$

그러므로 A는 유니타리행렬이다.

06 [예제 4.13]에서 고유치 m_1과 m_2에 대응하는 해밀토니안의 고유벡터는

$$X = \begin{pmatrix} \cos\alpha & \sin\alpha \\ \sin\alpha & -\cos\alpha \end{pmatrix}$$

임을 구했다. 이 행렬의 행렬식은 $|X| = -1$이다.
2×2 행렬의 역행렬을 구하는 관계식인 식 (4.2.13)으로부터

$$X^{-1} = \frac{1}{|X|}\begin{pmatrix} -\cos\alpha & -\sin\alpha \\ -\sin\alpha & \cos\alpha \end{pmatrix} = -\begin{pmatrix} -\cos\alpha & -\sin\alpha \\ -\sin\alpha & \cos\alpha \end{pmatrix} = \begin{pmatrix} \cos\alpha & \sin\alpha \\ \sin\alpha & -\cos\alpha \end{pmatrix}$$

이므로

$$X^{-1}HX$$

$$= \begin{pmatrix} \cos\alpha & \sin\alpha \\ \sin\alpha & -\cos\alpha \end{pmatrix} \begin{pmatrix} m_1\cos^2\alpha + m_2\sin^2\alpha & (m_1 - m_2)\cos\alpha\sin\alpha \\ (m_1 - m_2)\cos\alpha\sin\alpha & m_1\sin^2\alpha + m_2\cos^2\alpha \end{pmatrix} \begin{pmatrix} \cos\alpha & \sin\alpha \\ \sin\alpha & -\cos\alpha \end{pmatrix}$$

$$= \begin{pmatrix} \cos\alpha & \sin\alpha \\ \sin\alpha & -\cos\alpha \end{pmatrix} \begin{pmatrix} m_1\cos^3\alpha + m_1\cos\alpha\sin^2\alpha & m_2\sin^3\alpha + m_2\cos^2\alpha\sin\alpha \\ m_1\cos^2\alpha\sin\alpha + m_1\sin^3\alpha & -m_2\cos\alpha\sin^2\alpha - m_2\cos^3\alpha \end{pmatrix}$$

$$= \begin{pmatrix} m_1(\cos^2\alpha + \sin^2\alpha)^2 & 0 \\ 0 & m_2(\cos^2\alpha + \sin^2\alpha)^2 \end{pmatrix} = \begin{pmatrix} m_1 & 0 \\ 0 & m_2 \end{pmatrix}$$

을 얻어서 고유치에 대응하는 고유벡터로 이루어진 행렬 X는 해밀토니안 H를 대각화시킴을 알 수 있다.

07 특성방정식으로부터

$$\begin{vmatrix} -\lambda & -1 & 1 \\ -1 & -\lambda & 1 \\ 1 & 1 & -\lambda \end{vmatrix} = 0 \Rightarrow -\lambda(\lambda^2 - 1) - (1 - \lambda) + (-1 + \lambda) = 0$$

$$\Rightarrow (\lambda - 1)[-\lambda(\lambda + 1) + 2] = 0$$

$$\Rightarrow (\lambda - 1)^2(\lambda + 2) = 0 \Rightarrow \lambda = 1, -2$$

인 고유치를 얻는다.

(i) $\lambda = 1$인 경우

$$\begin{pmatrix} -1 & -1 & 1 \\ -1 & -1 & 1 \\ 1 & 1 & -1 \end{pmatrix} \begin{pmatrix} x_1 \\ x_2 \\ x_3 \end{pmatrix} = 0 \Rightarrow x_1 + x_2 - x_3 = 0 \Rightarrow x_1 = -x_2 + x_3$$

이때 $(x_2, x_3) = (1, 0)$와 $(x_2, x_3) = (0, 1)$로 놓으면

$$(x_1, x_{2,} x_3) = (-1, 1, 0) \text{와} (x_1, x_2, x_3) = (1, 0, 1)$$

인 고유치에 대응하는 두 개의 독립적인 고유벡터를 얻는다.
그러므로 규격화된 고유벡터는 다음과 같다.

$$\frac{1}{\sqrt{2}} \begin{pmatrix} -1 \\ 1 \\ 0 \end{pmatrix} \text{ 그리고 } \frac{1}{\sqrt{2}} \begin{pmatrix} 1 \\ 0 \\ 1 \end{pmatrix}$$

(ii) $\lambda = -2$인 경우

$$\begin{pmatrix} 2 & -1 & 1 \\ -1 & 2 & 1 \\ 1 & 1 & 2 \end{pmatrix}\begin{pmatrix} x_1 \\ x_2 \\ x_3 \end{pmatrix} = 0 \Rightarrow \begin{cases} 2x_1 - x_2 + x_3 = 0 \\ -x_1 + 2x_2 + x_3 = 0 \\ x_1 + x_2 + 2x_3 = 0 \end{cases}$$

$$\Rightarrow x_1 = 1, \ x_2 = 1, \ x_3 = -1$$

그러므로 규격화된 고유벡터는 다음과 같다.

$$\frac{1}{\sqrt{3}}\begin{pmatrix} 1 \\ 1 \\ -1 \end{pmatrix}$$

08 행렬 A와 B가 서로 유사할 때 $B = P^{-1}AP$이므로

$$|A - \lambda I| = 0 \Rightarrow |PBP^{-1} - \lambda PIP^{-1}| = 0 \Rightarrow |PBP^{-1} - P(\lambda I)P^{-1}| = 0$$

$$\Rightarrow |P(B - \lambda I)P^{-1}| = 0 \Rightarrow |P||B - \lambda I||P^{-1}| = 0$$

$$\therefore |B - \lambda I| = 0 \quad (\because |P||P^{-1}| = 1)$$

인 관계식을 얻는다.

09 [예제 4.15]에서 고유치 $\lambda_1 = m + g$와 $\lambda_2 = m - g$에 대응하는 규격화된 고유벡터 $|\Psi_1 >$와 $|\Psi_2 >$는 각각

$$\begin{cases} |\Psi_1 > = \dfrac{1}{\sqrt{2}}\begin{pmatrix} 1 \\ 1 \end{pmatrix} = \dfrac{1}{\sqrt{2}}(|1 > + |2 >) \\ |\Psi_2 > = \dfrac{1}{\sqrt{2}}\begin{pmatrix} 1 \\ -1 \end{pmatrix} = \dfrac{1}{\sqrt{2}}(|1 > - |2 >) \end{cases}$$

임을 구했다. 초기상태 $|\varphi(0) > = |1 >$을 이들 규격화된 고유벡터로 다음과 같이 나타낼 수 있다. 즉, 위 식을 더하면

$$|\varphi(0) > = |1 > = \frac{1}{\sqrt{2}}(|\Psi_1 > + |\Psi_2 >)$$

이 된다. 시간 t에서의 상태벡터 $|\varphi(t) >$는 초기상태에 시간변화 연산자를 걸어줌으로써 다음과 같이 구할 수 있다.

$$|\varphi(t)> = e^{-\frac{i}{\hbar}Ht}|\varphi(0)> = \frac{1}{\sqrt{2}}e^{-\frac{i}{\hbar}Ht}\big(|\Psi_1> + |\Psi_2>\big) \tag{1}$$

여기서 $H|\Psi_1> = \lambda_1|\Psi_1> = (m+g)|\Psi_1>$, $H|\Psi_2> = \lambda_2|\Psi_2> = (m-g)|\Psi_2>$ 이므로

$$e^{-\frac{i}{\hbar}Ht}|\Psi_1> = \left[1 + \left(-\frac{i}{\hbar}Ht\right) + \frac{1}{2!}\left(-\frac{i}{\hbar}Ht\right)\left(-\frac{i}{\hbar}Ht\right) + \cdots\cdots\right]|\Psi_1>$$

$$= |\Psi_1> - \frac{i}{\hbar}(m+g)t|\Psi_1> + \frac{1}{2!}\left[-\frac{i}{\hbar}(m+g)t\right]^2|\Psi_1> + \cdots\cdots$$

$$= \left[1 - \frac{i}{\hbar}(m+g)t + \frac{1}{2!}[-\frac{i}{\hbar}(m+g)t]^2 + \cdots\cdots\right]|\Psi_1>$$

$$= e^{-\frac{i}{\hbar}(m+g)t}|\Psi_1>$$

가 되고, 이와 유사한 방법으로 다음의 관계식을 얻을 수 있다.

$$e^{-\frac{i}{\hbar}Ht}|\Psi_2> = e^{-\frac{i}{\hbar}(m-g)t}|\Psi_2>$$

위에서 얻은 결과들을 식 (1)에 대입하면 시간 t에서의 상태벡터는 다음과 같다.

$$|\varphi(t)> = \frac{1}{\sqrt{2}}e^{-\frac{i}{\hbar}(m+g)t}|\Psi_1> + \frac{1}{\sqrt{2}}e^{-\frac{i}{\hbar}(m-g)t}|\Psi_2>$$

10 특성방정식으로부터

$$\begin{vmatrix} 1-\lambda & -1 \\ -1 & 1-\lambda \end{vmatrix} = 0 \Rightarrow (1-\lambda)^2 - 1 = 0 \Rightarrow \lambda(\lambda-2) = 0 \Rightarrow \lambda = 0,\ 2$$

인 고유치를 얻는다.

(i) $\lambda = 0$인 경우

$$\begin{pmatrix} 1 & -1 \\ -1 & 1 \end{pmatrix}\begin{pmatrix} x_1 \\ x_2 \end{pmatrix} = 0 \Rightarrow x_1 = 1,\ x_2 = 1$$

그러므로 규격화된 고유벡터는 $\frac{1}{\sqrt{2}}\begin{pmatrix} 1 \\ 1 \end{pmatrix}$

(i) $\lambda = 2$인 경우

$$\begin{pmatrix} -1 & -1 \\ -1 & -1 \end{pmatrix}\begin{pmatrix} x_1 \\ x_2 \end{pmatrix} = 0 \implies x_1 = 1, \ x_2 = -1$$

그러므로 규격화된 고유벡터는 $\dfrac{1}{\sqrt{2}}\begin{pmatrix} 1 \\ -1 \end{pmatrix}$

결과적으로 변환 전의 기저는 $(1 \quad 0), (0 \quad 1)$이고 변환 후의 기저는 $\dfrac{1}{\sqrt{2}}\begin{pmatrix} 1 \\ 1 \end{pmatrix}$,

$\dfrac{1}{\sqrt{2}}\begin{pmatrix} 1 \\ -1 \end{pmatrix}$이다.

그리고 A를 대각화시키는 행렬 X는 다음과 같다.

$$X = \frac{1}{\sqrt{2}}\begin{pmatrix} 1 & 1 \\ 1 & -1 \end{pmatrix} \implies X^{-1} = \frac{1}{\sqrt{2}}\begin{pmatrix} 1 & 1 \\ 1 & -1 \end{pmatrix}$$

$$\implies X^{-1}AX = \frac{1}{\sqrt{2}}\begin{pmatrix} 1 & 1 \\ 1 & -1 \end{pmatrix}\begin{pmatrix} 1 & -1 \\ -1 & 1 \end{pmatrix}\frac{1}{\sqrt{2}}\begin{pmatrix} 1 & 1 \\ 1 & -1 \end{pmatrix} = \begin{pmatrix} 0 & 0 \\ 0 & 2 \end{pmatrix}$$

$$\therefore \ Tr(A) = 2 = Tr(X^{-1}AX)$$

[5장]

01 $\dot{\hat{\theta}} = \dfrac{\partial \hat{\theta}}{\partial t} = \dfrac{\partial \hat{\theta}}{\partial \theta}\dfrac{\partial \theta}{\partial t} + \dfrac{\partial \hat{\theta}}{\partial \phi}\dfrac{\partial \phi}{\partial t}$

$\quad = (-\hat{x}\sin\theta\cos\phi - \hat{y}\sin\theta\sin\phi - \hat{z}\cos\theta)\dot{\theta} + (-\hat{x}\cos\theta\sin\phi + \hat{y}\cos\theta\cos\phi)\dot{\phi}$

$\quad = -(\hat{x}\sin\theta\cos\phi + \hat{y}\sin\theta\sin\phi + \hat{z}\cos\theta)\dot{\theta} + \cos\theta(-\hat{x}\sin\phi + \hat{y}\cos\phi)\dot{\phi}$

$\quad = -\hat{r}\dot{\theta} + \cos\theta(\hat{\phi})\dot{\phi}$

$\therefore \ \dot{\hat{\theta}} = -\dot{\theta}\hat{r} + \dot{\phi}\cos\theta\hat{\phi}$

을 얻는다. 그리고

$$\begin{cases} \hat{r} = \hat{x}\sin\theta\cos\phi + \hat{y}\sin\theta\sin\phi + \hat{z}\cos\theta \\ \hat{\theta} = \hat{x}\cos\theta\cos\phi + \hat{y}\cos\theta\sin\phi - \hat{z}\sin\theta \\ \hat{\phi} = -\hat{x}\sin\phi + \hat{y}\cos\phi \end{cases} \tag{5.1.10}$$

$$\dot{\hat{\phi}} = \frac{\partial \hat{\phi}}{\partial t} = \frac{\partial \hat{\phi}}{\partial \phi}\frac{\partial \phi}{\partial t} = (-\hat{x}\cos\phi - \hat{y}\sin\phi)\dot{\phi} = -(\hat{x}\cos\phi + \hat{y}\sin\phi)\dot{\phi} \tag{1}$$

식 (5.1.10)의 첫 번째 관계식에 $\sin\theta$을 곱하고 두 번째 관계식에 $\cos\theta$을 곱한 뒤에 두 관계식을 더하면 다음과 같다.

$$\hat{r}\sin\theta + \hat{\phi}\cos\theta = \hat{x}(\sin^2\theta + \cos^2\theta)\cos\phi + \hat{y}(\sin^2\theta + \cos^2\theta)\sin\phi$$
$$= \hat{x}\cos\phi + \hat{y}\sin\phi$$

이 결과를 식 (1)에 대입하면

$$\dot{\hat{\phi}} = -\dot{\phi}\left(\hat{r}\sin\theta + \hat{\theta}\cos\theta\right)$$

을 얻는다.

02 [예제 5.2]의 식 (7)로부터

$$m\ddot{r} - mr\dot{\theta}^2 = f(r) = -\frac{k}{r^2} \;\Rightarrow\; \ddot{r} - r\dot{\theta}^2 = -\frac{k}{mr^2} \tag{1}$$

$r = \dfrac{1}{u}$로 놓으면 $\dot{\theta} = \dfrac{\ell}{r^2} = \ell u^2$이 되고 ℓ은 단위질량당 각운동량이다.
이때

$$\dot{r} = \frac{d}{dt}r = \frac{du}{dt}\frac{d}{du}\left(\frac{1}{u}\right) = \frac{d\theta}{dt}\frac{du}{d\theta}\left(-\frac{1}{u^2}\right) = \ell u^2\left(-\frac{1}{u^2}\right)\frac{du}{d\theta} = -\ell\frac{du}{d\theta}$$

그리고 유사한 방법으로

$$\ddot{r} = -\ell\frac{d}{dt}\left(\frac{du}{d\theta}\right) = -\ell\frac{d\theta}{dt}\frac{d}{d\theta}\left(\frac{du}{d\theta}\right) = -\ell(\ell u^2)\frac{d^2u}{d\theta^2} = -\ell^2 u^2\frac{d^2u}{d\theta^2}$$

을 얻고, 이 결과들을 식 (1)에 대입하면 다음과 같다.

$$-\ell^2 u^2\frac{d^2u}{d\theta^2} - \frac{1}{u}(\ell u^2)^2 = -\frac{k}{m}u^2 \;\Rightarrow\; \frac{d^2u}{d\theta^2} + u = \frac{ku^2}{m\ell^2 u^2}$$
$$\Rightarrow\; \frac{d^2u}{d\theta^2} + u = \frac{k}{m\ell^2}$$

이는 오른편에 상수를 갖는 이계 비동차 상미분방정식이므로 解는 다음과 같다.

$$u(\theta) = A\cos(\theta - \theta_0) + \frac{k}{m\ell^2} \tag{2}$$

여기서 $A\cos(\theta-\theta_0)$는 보조해이며 $\dfrac{k}{m\ell^2}$는 특수해이다.

$u=\dfrac{1}{r}$이므로 식 (2)는 다음과 같이 $r(\theta)$로 표현된다.

$$r(\theta)=\frac{1}{A\cos(\theta-\theta_0)+k/m\ell^2}$$

여기서 A와 θ_0는 초기조건에 의해 결정되는 상수이다.

만약 $\theta_0=0$인 경우 위 식은 다음과 같이 된다.

$$r(\theta)=\frac{m\ell^2/k}{1+(Am\ell^2/k)\cos\theta}$$

03 [예제 5.3]에서 구한 원운동하는 입자의 속도와 가속도의 결과를 이 문제에 적용하면 된다.

$$\begin{cases}\vec{v}=\dot{r}\hat{r}+r\dot{\theta}\hat{\theta}\\ \vec{a}=(\ddot{r}-r\dot{\theta}^2)\hat{r}+(2\dot{r}\dot{\theta}+r\ddot{\theta})\hat{\theta}\end{cases} \tag{1}$$

이 문제에서는

$$\dot{r}=u\;\Rightarrow\;r=ut,\;\ddot{r}=0,\;\dot{\theta}=\omega,\;\ddot{\theta}=0$$

이므로 이들을 식 (1)에 대입하면

$$\vec{v}=u\hat{r}+(ut)\omega\hat{\theta}$$

인 구슬의 속도 그리고

$$\vec{a}=(0-ut\omega^2)\hat{r}+(2u\omega+0)\hat{\theta}=-ut\omega^2\hat{r}+2u\omega\hat{\theta}$$

인 구슬의 가속도를 얻는다.

04 원통좌표계에서 이 문제를 다루는 것이 편리하다.

$$\int_V e^z\,dV=\iiint e^z\rho\,d\rho\,d\phi\,dz=\left(\int_0^{2\pi}d\phi\right)\int_0^{\sqrt{5}}\left(\int_0^{1+\rho^2}e^z\,dz\right)\rho\,d\rho$$

$$=2\pi\int_0^{\sqrt{5}}\left(e^{1+\rho^2}-1\right)\rho\,d\rho \tag{1}$$

여기서 $1 + \rho^2 = x$로 놓으면

$$\int_0^{\sqrt{5}} e^{1+\rho^2}\rho d\rho = \frac{1}{2}\int_1^6 e^x dx = \frac{1}{2}(e^6 - e) \tag{2}$$

그리고

$$-\int_0^{\sqrt{5}}\rho d\rho = -\frac{5}{2} \tag{3}$$

이다. 식 (2)와 (3)을 식 (1)에 대입하면 다음과 같이 체적적분 결과를 얻는다.

$$\int_V e^z dV = 2\pi\left[\frac{1}{2}(e^6 - e) - \frac{5}{2}\right] = \pi(e^6 - e - 5)$$

05 원통좌표계에서 이 문제를 다음과 같이 다룰 수 있다.

$$\begin{cases} \rho = R \\ z = kR\phi, \text{ 여기서 } k = \tan\alpha \end{cases}$$

여기서 R은 상수이고 α은 나선각(helix angle) 그리고 ϕ와 z는 시간에 따라 변한다. 이때

$$\dot{\rho} = 0, \ \ddot{\rho} = 0, \ \dot{\phi} = \omega, \ \ddot{\phi} = \dot{\omega}, \ \dot{z} = kR\dot{\phi} = kR\omega, \ \ddot{z} = kR\dot{\omega} \tag{1}$$

이므로 이를 식 (5.2.8)에 대입하면 다음과 같다.

$$\vec{v} = \dot{\rho}\hat{\rho} + \rho\dot{\phi}\hat{\phi} + \dot{z}\hat{z} = R\omega\hat{\phi} + kR\omega\hat{z}$$

$$\Rightarrow v = \sqrt{(R\omega)^2 + (kR\omega)^2} = R\omega\sqrt{1 + k^2} \tag{2}$$

그리고 식 (1)을 식 (5.2.9)에 대입하면 다음과 같이 가속도를 얻는다.

$$\vec{a} = (\ddot{\rho} - \rho\dot{\phi}^2)\hat{\rho} + (2\dot{\rho}\dot{\phi} + \rho\ddot{\phi})\hat{\phi} + \ddot{z}\hat{z} = -R\omega^2\hat{\rho} + R\dot{\omega}\hat{\phi} + kR\dot{\omega}\hat{z} \tag{3}$$

만약 각속도가 일정하다면 $\dot{\omega} = 0$이 되어 식 (3)은

$$\vec{a} = -R\omega^2\hat{\rho} \tag{4}$$

이 된다.

이때 식 (1)로부터

$$v^2 = R^2\omega^2(1+k^2) \implies \omega^2 = \frac{v^2}{R^2(1+k^2)}$$

을 얻고, 이를 식 (4)에 대입하면

$$\vec{a} = -R\frac{v^2}{R^2(1+k^2)}\hat{\rho} = -\frac{v^2}{R(1+k^2)}\hat{\rho}, \quad \text{여기서 } \rho = R(1+k^2)\text{인 곡률반지름}$$

가 된다.

06 (i) $(\vec{\nabla}\cdot\vec{f})_{q_2} = \vec{\nabla}\cdot\left(h_3h_1f_2\frac{\hat{q_2}}{h_3h_1}\right)$

$$= \frac{\hat{q_2}}{h_3h_1}\cdot\vec{\nabla}(h_3h_1f_2) + h_3h_1f_2\vec{\nabla}\cdot\left(\frac{\hat{q_2}}{h_3h_1}\right)$$

$$= \frac{\hat{q_2}}{h_3h_1}\cdot\vec{\nabla}(h_3h_1f_2) \quad \left(\because \frac{1}{h_3h_1}\vec{\nabla}\cdot\hat{q}_2 = 0\right)$$

$$= \frac{1}{h_3h_1}[\vec{\nabla}(h_3h_1f_2)]_{q_2}$$

$$= \frac{1}{h_3h_1}\left[\frac{1}{h_2}\frac{\partial}{\partial q_2}(h_3h_1f_2)\right] = \frac{1}{h_1h_2h_3}\frac{\partial}{\partial q_2}(h_3h_1f_1)$$

$$\therefore (\vec{\nabla}\cdot\vec{f})_{q_2} = \frac{1}{h_1h_2h_3}\frac{\partial}{\partial q_2}(h_3h_1f_2)$$

(ii) $(\vec{\nabla}\cdot\vec{f})_{q_3} = \vec{\nabla}\cdot\left(h_1h_2f_3\frac{\hat{q_3}}{h_1h_2}\right)$

$$= \frac{\hat{q_3}}{h_1h_2}\cdot\vec{\nabla}(h_1h_2f_3) + h_1h_2f_3\vec{\nabla}\cdot\left(\frac{\hat{q_3}}{h_1h_2}\right)$$

$$= \frac{\hat{q_3}}{h_1h_2}\cdot\vec{\nabla}(h_1h_2f_3) \quad \left(\because \frac{1}{h_1h_2}\vec{\nabla}\cdot\hat{q}_3 = 0\right)$$

$$= \frac{1}{h_1h_2}[\vec{\nabla}(h_1h_2f_3)]_{q_3}$$

$$= \frac{1}{h_1h_2}\left[\frac{1}{h_3}\frac{\partial}{\partial q_3}(h_1h_2f_3)\right] = \frac{1}{h_1h_2h_3}\frac{\partial}{\partial q_3}(h_1h_2f_3)$$

$$\therefore (\vec{\nabla}\cdot\vec{f})_{q_3} = \frac{1}{h_1h_2h_3}\frac{\partial}{\partial q_3}(h_1h_2f_3)$$

07 직각좌표계에서의 다이버전스는 식 (5.3.9)를 사용하면 된다.

$\vec{r} = x\hat{x} + y\hat{y} + z\hat{z}$이므로

$$\vec{\nabla} \cdot \vec{r} = \frac{\partial}{\partial x}x + \frac{\partial}{\partial y}y + \frac{\partial}{\partial z}z = 3$$

구면좌표계에서의 다이버전스는 식 (5.3.10)을 사용하면 된다.

$$\vec{\nabla} \cdot \vec{r} = \vec{\nabla} \cdot r\hat{r} = \frac{1}{r^2 \sin\theta}\left[\sin\theta\frac{\partial}{\partial r}(r^2 r)\right] = \frac{1}{r^2}\left[\frac{\partial}{\partial r}r^3\right]$$

$$= \frac{1}{r^2}3r^2 = 3$$

원통좌표계에서 $\vec{r} = \rho\hat{\rho} + z\hat{z}$이며 다이버전스는 식 (5.3.11)을 사용하면 된다.

$$\vec{\nabla} \cdot \vec{r} = \vec{\nabla} \cdot (\rho\hat{\rho} + z\hat{z}) = \frac{1}{\rho}\left[\frac{\partial}{\partial\rho}(\rho\rho) + \rho\frac{\partial}{\partial z}z\right] \quad (\because f_\phi = 0)$$

$$= \frac{1}{\rho}(2\rho + \rho) = 3$$

그러므로 좌표계와 무관하게 $\vec{\nabla} \cdot \vec{r} = 3$인 결과를 얻는다.

08 구면좌표계에서 라플라시안은 식 (5.3.19)로부터

$$\nabla^2 = \frac{1}{r^2}\frac{\partial}{\partial r}\left(r^2\frac{\partial}{\partial r}\right) + \frac{1}{r^2\sin\theta}\frac{\partial}{\partial\theta}\left(\sin\theta\frac{\partial}{\partial\theta}\right) + \frac{1}{r^2\sin^2\theta}\frac{\partial^2}{\partial\phi^2}$$

$$= \frac{1}{r^2}\left(r^2\frac{\partial^2}{\partial r^2} + 2r\frac{\partial}{\partial r}\right) + \frac{1}{r^2\sin\theta}\left(\sin\theta\frac{\partial^2}{\partial\theta^2} + \cos\theta\frac{\partial}{\partial\theta}\right) + \frac{1}{r^2\sin^2\theta}\frac{\partial^2}{\partial\phi^2}$$

$$= \frac{\partial^2}{\partial r^2} + \frac{2}{r}\frac{\partial}{\partial r} + \frac{1}{r^2}\left(\frac{\partial^2}{\partial\theta^2} + \cot\theta\frac{\partial}{\partial\theta} + \frac{1}{\sin^2\theta}\frac{\partial^2}{\partial\phi^2}\right)$$

이 된다. [예제 5.12]의 식 (4)를 위 식에 대입하면 구면좌표계에서 라플라시안과 각운동량 연산자 사이의 다음 관계식을 얻는다.

$$\nabla^2 = \frac{\partial^2}{\partial r^2} + \frac{2}{r}\frac{\partial}{\partial r} - \frac{L_{op}^2}{r^2\hbar^2}$$

09 구면좌표계에서 관계식 (5.3.4)로부터 $\vec{\nabla} = \frac{\partial}{\partial r}\hat{r} + \frac{1}{r}\frac{\partial}{\partial\theta}\hat{\theta} + \frac{1}{r\sin\theta}\frac{\partial}{\partial\phi}\hat{\phi}$이다.

이때 각운동량 연산자는

$$\vec{L}_{op} = \vec{r} \times \vec{p}_{op} = -i\hbar r \hat{r} \times \vec{\nabla} = -i\hbar r \hat{r} \times \left(\hat{r}\frac{\partial}{\partial r} + \hat{\theta}\frac{1}{r}\frac{\partial}{\partial \theta} + \hat{\phi}\frac{1}{r\sin\theta}\frac{\partial}{\partial \phi} \right)$$

$$= -i\hbar r \left(\hat{\phi}\frac{1}{r}\frac{\partial}{\partial \theta} - \hat{\theta}\frac{1}{r\sin\theta}\frac{\partial}{\partial \phi} \right) = -i\hbar \left(\hat{\phi}\frac{\partial}{\partial \theta} - \hat{\theta}\frac{1}{\sin\theta}\frac{\partial}{\partial \phi} \right)$$

이 되어 행렬식을 사용해서 얻은 [예제 5.12]의 식 (2)와 같은 결과를 얻는다.

10 $R(r) = r^k$을 시도해로 미분방정식에 대입하면

$$[k(k-1) + 2k - \ell(\ell+1)]r^{k-2} = 0 \implies k^2 + k - \ell^2 - \ell = 0$$
$$\implies (k+\ell)(k-\ell) + (k-\ell) = 0$$
$$\implies (k-\ell)(k+\ell+1) = 0$$

이 되어 $k = \ell$ 또는 $-(\ell+1)$이다.

이를 시도해에 대입하면

$$R(r) = Ar^\ell + \frac{B}{r^{\ell+1}}, \quad \text{여기서 계수 } A \text{와 } B \text{는 상수}$$

인 이계 상미분 방정식의 解를 얻는다.

[6장]

01 $\lim\limits_{x \to 0} \dfrac{2\sin x - \sin 2x}{x - \sin x} \to \dfrac{0}{0}$ 이므로, 로피탈의 정리를 적용하면 다음과 같다.

$$\lim_{x \to 0} \frac{2\cos x - 2\cos 2x}{1 - \cos x} \to \frac{0}{0}$$

이 결과에 한 번 더 로피탈의 정리를 적용하면

$$\lim_{x \to 0} \frac{-2\sin x + 4\sin 2x}{\sin x} \to \frac{0}{0}$$

이 된다. 위 식에 한 번 더 로피탈의 정리를 적용하면

$$\lim_{x\to 0}\frac{-2\cos x+8\cos 2x}{\cos x}=\frac{-2+8}{1}=6$$

을 얻는다.

02 $p=\dfrac{\pi\hbar}{a}$를 주어진 식에 대입하면 분수는 $\dfrac{0}{0}$의 꼴을 갖는다. 로피탈의 정리를 사용하기 위해서 위 식을 p에 관해 미분해야 한다. 이를 위해 주어진 식을 다음과 같이 나타내자.

$$|\phi(p)|^2=\frac{4\pi}{a^3\hbar}\frac{\left(\cos\dfrac{pa}{2\hbar}\right)^2}{\left[(p/\hbar)^2-(\pi/a)^2\right]^2}=\frac{4\pi}{a^3\hbar}\frac{\dfrac{1}{2}\left(1+\cos\dfrac{pa}{\hbar}\right)}{\left[\left(\dfrac{p}{\hbar}\right)^2-\left(\dfrac{\pi}{a}\right)^2\right]^2}$$

위 식에 로피탈의 정리를 적용하면

$$\lim_{p\to\frac{\pi\hbar}{a}}\frac{4\pi}{a^3\hbar}\frac{-\dfrac{1}{2}\dfrac{a}{\hbar}\sin\dfrac{pa}{\hbar}}{2\dfrac{2p}{\hbar^2}\left[\left(\dfrac{p}{\hbar}\right)^2-\left(\dfrac{\pi}{a}\right)^2\right]}=\lim_{p\to\frac{\pi\hbar}{a}}\frac{4\pi}{a^3\hbar}\left(-\frac{\hbar a}{8}\right)\frac{\sin\dfrac{pa}{\hbar}}{p\left[\left(\dfrac{p}{\hbar}\right)^2-\left(\dfrac{\pi}{a}\right)^2\right]}$$

을 얻고, 여전히 위 식은 $p=\dfrac{\pi\hbar}{a}$에서 $\dfrac{0}{0}$의 꼴이기 때문에 한 번 더 로피탈의 정리를 적용하면 다음과 같이 된다.

$$\lim_{p\to\frac{\pi\hbar}{a}}\frac{-\dfrac{\pi}{2a^2}\left(\dfrac{a}{\hbar}\cos\dfrac{pa}{\hbar}\right)}{\left[\left(\dfrac{p}{\hbar}\right)^2-\left(\dfrac{\pi}{a}\right)^2\right]+\dfrac{2p^2}{\hbar^2}}=\frac{\dfrac{\pi a}{2a^2\hbar}}{\dfrac{2}{\hbar^2}\dfrac{\pi^2\hbar^2}{a^2}}=\frac{a}{4\pi\hbar}$$

그러므로 입자의 운동량이 $\dfrac{\pi\hbar}{a}$일 확률은

$$|\phi(p)|^2=\frac{a}{4\pi\hbar}$$

이다.

03 (i) [예제 6.18]에서와 유사한 방법으로 $f(x)=\ln(1-x)$를 급수로 표현할 수 있다.

    [예제 6.17]에서 $\dfrac{1}{1-x}=\sum_{n=0}^{\infty}x^n$임을 구했다.

그러므로

$$\ln(1-x)=-\int\frac{1}{1-x}dx=-\sum_{n=0}^{\infty}\int x^n dx=-\sum_{n=0}^{\infty}\frac{x^{n+1}}{n+1} \quad (\text{또는} \; -\sum_{n=1}^{\infty}\frac{x^n}{n})$$

인 급수로 표현된다.

(ii) 또는 [예제 6.18]에서 $\ln(1+x)=\sum_{n=0}^{\infty}(-1)^n\frac{x^{n+1}}{n+1}$ 임을 배웠다. 이 관계식에서

$x \to -x$을 대입하면 주어진 함수를 다음과 같이 급수로 나타낼 수 있다.

$$\ln(1-x)=\sum_{n=0}^{\infty}(-1)^n\frac{(-x)^{n+1}}{n+1}=\sum_{n=0}^{\infty}(-1)^{2n}(-1)\frac{x^{n+1}}{n+1}=-\sum_{n=0}^{\infty}\frac{x^{n+1}}{n+1}$$

기대한 대로 (i)와 (ii)는 같은 결과를 준다.

04 $v \ll c$인 경우, 주어진 식은

$$E=\frac{mc^2}{\sqrt{1-v^2/c^2}}-mc^2=mc^2\left[\left(1-\frac{v^2}{c^2}\right)^{-\frac{1}{2}}-1\right]$$

로 표현되고 등식의 오른편에 있는 괄호 항에 이항급수를 적용하면 위 식은

$$E=mc^2\left[1-\frac{1}{2}\left(-\frac{v^2}{c^2}\right)+\left(-\frac{1}{2}\right)\left(-\frac{3}{2}\right)\frac{1}{2!}\left(-\frac{v^2}{c^2}\right)^2+\cdots\cdots-1\right]$$

$$\approx mc^2\frac{1}{2}\frac{v^2}{c^2}=\frac{1}{2}mv^2$$

이 되어, 고전적 운동에너지로 표현된다. 여기서 $v \ll c$이므로 $\left(\dfrac{v}{c}\right)^2$보다 더 큰 항

들은 무시되었다.

05 (i) $\displaystyle\int_0^{\pi/6}dx\sin^2 x=\frac{1}{2}\int_0^{\pi/6}dx(1-\cos 2x)$

$$=\frac{1}{2}\left[x-\frac{1}{2}\sin 2x\right]_0^{\pi/6}=\frac{\pi}{12}-\frac{1}{4}\sin\frac{\pi}{3}$$

$$=\frac{\pi}{12}-\frac{\sqrt{3}}{8}\approx 0.045293$$

(ii) $\sin^2 x$를 맥클로린 급수로 세 번째 항까지 표현하면

$$\sin^2 x = \left(x - \frac{x^3}{3!} + \frac{x^5}{5!} - \frac{x^7}{7!} + \cdots \right)^2$$

$$\approx x^2 - 2\frac{x^4}{3!} + 2\frac{x^6}{5!} + \frac{x^6}{(3!)^2} = x^2 - \frac{x^4}{3} + \frac{2x^6}{45}$$

이 되고, 이를 주어진 적분식에 대입하면

$$\int_0^{\pi/6} dx \sin^2 x = \int_0^{\pi/6} dx \left(x^2 - \frac{x^4}{3} + \frac{2x^6}{45} \right)$$

$$= \left[\frac{1}{3} x^3 - \frac{1}{15} x^5 + \frac{2}{315} x^7 \right]_0^{\pi/6} \approx 0.045294$$

이 된다. 그러므로 (i)와 (ii)를 비교해 보면 $\sin^2 x$를 맥클로린 급수로 세 번째 항까지만 취했는데도 소수점 아래 다섯째 자리까지 일치함을 알 수 있다.

06 (i) $e^{i\theta} = 1 + (i\theta) + \frac{(i\theta)^2}{2!} + \frac{(i\theta)^3}{3!} + \frac{(i\theta)^4}{4!} + \frac{(i\theta)^5}{5!} \cdots + \frac{(i\theta)^n}{n!} + \cdots$

$$= 1 + i\theta - \frac{\theta^2}{2!} - i\frac{\theta^3}{3!} + \frac{\theta^4}{4!} + i\frac{\theta^5}{5!} \cdots + \frac{(i\theta)^n}{n!} + \cdots$$

$$= \left(1 - \frac{\theta^2}{2!} + \frac{\theta^4}{4!} - \cdots \right) + i\left(\theta - \frac{\theta^3}{3!} + \frac{\theta^5}{5!} - \cdots \right)$$

$$= \cos\theta + i\sin\theta$$

$$\therefore \ e^{i\theta} = \cos\theta + i\sin\theta$$

(ii) $e^{i\pi} = \cos\pi + i\sin\pi = -1 \Rightarrow \therefore e^{i\pi} + 1 = 0$

07 $\tan^{-1} x = y$로 놓으면 $\tan y = x \Rightarrow \frac{d}{dx}\tan y = 1 \Rightarrow \frac{dy}{dx}\left(\frac{d}{dy}\tan y \right) = 1$

$$\Rightarrow \frac{dy}{dx}\left(\frac{1}{\cos^2 y} \right) = 1 \Rightarrow \frac{dy}{dx} = \cos^2 y = \frac{\cos^2 y}{\sin^2 y + \cos^2 y} = \frac{1}{\tan^2 y + 1}$$

그러므로 $\frac{dy}{dx} = \frac{1}{\tan^2 y + 1} \Rightarrow \frac{d}{dx}\tan^{-1} x = \frac{1}{x^2 + 1}$ 이다.

양변에 적분을 취하면

$$\tan^{-1}x = \int \frac{1}{x^2+1}dx \tag{1}$$

여기서, [예제 6.17]에서 구한 $\dfrac{1}{1+x} = \displaystyle\sum_{n=0}^{\infty}(-1)^n x^n$의 관계식에 $x \to x^2$을 대입하면 $\dfrac{1}{1+x^2} = \displaystyle\sum_{n=0}^{\infty}(-1)^n x^{2n}$을 얻는다. 이를 식 (1)에 대입하면

$$\tan^{-1}x = \int \sum_{n=0}^{\infty}(-1)^n x^{2n}dx = (-1)^n \int x^{2n}dx = (-1)^n \frac{1}{2n+1}x^{2n+1}+C$$

이 된다. 여기서 $x=0$일 때 $C=0$이므로

$$\tan^{-1}x = (-1)^n \frac{1}{2n+1}x^{2n+1}$$

가 된다.

08 먼저 평형위치 (x_0, y_0)을 구하자.

$$\frac{\partial f(x,y)}{\partial x}\bigg|_{x_0} = 0 \;\Rightarrow\; 3x_0^2 - 3y_0 = 0 \;\Rightarrow\; \therefore\; x_0^2 = y_0$$

$$\frac{\partial f(x,y)}{\partial y}\bigg|_{x_0, y_0} = 0 \;\Rightarrow\; 3y_0^2 - 3x_0 = 0 \;\Rightarrow\; \therefore\; y_0^2 = x_0$$

위의 두 식으로부터

$$x_0^4 = y_0^2 = x_0 \;\Rightarrow\; x_0(x_0^3 - 1) = 0 \;\Rightarrow\; \therefore\; x_0 = 0 \text{ 또는 } x_0 = 1$$

을 얻어서 평형위치는 $(0, 0)$과 $(1, 1)$이다.

그리고 헤시안 행렬성분은 $f_{xx} = 6x$, $f_{xy} = -3$, $f_{yy} = 6y$이므로

(i) 평형위치 $(0, 0)$에서

$D = \begin{vmatrix} 0 & -3 \\ -3 & 0 \end{vmatrix} < 0$이므로 이 평형위치는 안장형 평형이다.

(ii) 평형위치 $(1, 1)$에서

$D = \begin{vmatrix} 6 & -3 \\ -3 & 6 \end{vmatrix} > 0$이고 $f_{xx}(1,1) > 0$이므로 이 평형위치는 안정적 평형이다.

[7장]

01
$$\Gamma(x+1) = x\Gamma(x) \implies \Gamma(x) = \frac{\Gamma(x+1)}{x}$$

그러므로

$$\Gamma(-1/2) = \frac{\Gamma(-1/2+1)}{-1/2} = -2\Gamma(1/2) = -2\sqrt{\pi} \quad (\because \ \Gamma(1/2) = \sqrt{\pi})$$

$$\Gamma(-3/2) = \frac{\Gamma(-3/2+1)}{-3/2} = -\frac{2}{3}\Gamma(-1/2) = -\frac{2}{3}(-2\sqrt{\pi}) = \frac{4}{3}\sqrt{\pi}$$

그리고

$$\Gamma(x+1) = x\Gamma(x) \implies \Gamma(3/2) = \Gamma(1/2+1) = \frac{1}{2}\Gamma(1/2) = \frac{1}{2}\sqrt{\pi}$$

$$\therefore \ \Gamma(3/2) = \frac{1}{2}\sqrt{\pi}$$

02 $t = \dfrac{1}{1+u}$ 로 놓으면 $u = \infty$일 때 $t = 0$이고 $u = 0$일 때 $t = 1$이다.

그리고 $1 - t = \dfrac{u}{1+u}$ 이고 $dt = -\dfrac{1}{(1+u)^2}du$이므로, 이들을 베타함수 정의식에 대입하면 다음과 같다.

$$B(p,q) = -\int_{\infty}^{0} \left(\frac{1}{1+u}\right)^{p-1} \left(\frac{u}{1+u}\right)^{q-1} \frac{1}{(1+u)^2}du$$

$$= \int_{0}^{\infty} \frac{u^{p-1}}{(1+u)^{p-1+q-1+2}}du$$

$$\therefore \ B(p,q) = \int_{0}^{\infty} \frac{u^{p-1}}{(1+u)^{p+q}}du$$

03 $\displaystyle\lim_{n\to\infty}\left(1 - \frac{t}{n}\right)^n = e^{-t}$이므로, 감마 정의식에 대입하면

$$\Gamma(x) = \int_{0}^{\infty} t^{x-1}\left[\lim_{n\to\infty}\left(1-\frac{t}{n}\right)^n\right]dt = \lim_{n\to\infty}\int_{0}^{n} t^{x-1}\left(1-\frac{t}{n}\right)^n dt \qquad (1)$$

여기서

$$\int_0^n t^{x-1}\left(1-\frac{t}{n}\right)^n dt = \int_0^n \left(\frac{t^x}{x}\right)'\left(1-\frac{t}{n}\right)^n dt$$

$$= \left[\frac{t^x}{x}\left(1-\frac{t}{n}\right)^n\right]_0^n - \int_0^n \frac{t^x}{x}\left(-\frac{n}{n}\right)\left(1-\frac{t}{n}\right)^{n-1} dt$$

$$= \frac{n}{nx}\int_0^n t^x\left(1-\frac{t}{n}\right)^{n-1} dt$$

유사한 방법으로 위 식의 오른편을 n번 부분적분을 하면 다음과 같다.

$$\frac{n\cdot(n-1)\cdot(n-2)\cdots\cdots 1}{nx\cdot n(x+1)\cdot n(x+2)\cdots\cdots n(x+n-1)}\int_0^n t^{x+n-1}\left(1-\frac{t}{n}\right)^{n-n} dt$$

$$= \frac{n\cdot(n-1)\cdot(n-2)\cdots\cdots 1}{nx\cdot n(x+1)\cdot n(x+2)\cdots\cdots n(x+n-1)}\int_0^n t^{x+n-1} dt$$

$$= \frac{n\cdot(n-1)\cdot(n-2)\cdots\cdots 1}{nx\cdot n(x+1)\cdot n(x+2)\cdots\cdots n(x+n-1)}\left[\frac{t^{x+n}}{x+n}\right]_{t=0}^{t=n}$$

$$= \frac{n\cdot(n-1)\cdot(n-2)\cdots\cdots 1}{nx\cdot n(x+1)\cdot n(x+2)\cdots\cdots n(x+n-1)}\left(\frac{n^{x+n}}{x+n}\right)$$

$$= \frac{n!}{n^n\left[x\cdot(x+1)\cdot(x+2)\cdots\cdots(x+n-1)\right]}\left(\frac{n^{x+n}}{x+n}\right)$$

$$= \frac{n!\,n^x}{x\left[(x+1)\cdot(x+2)\cdots\cdots(x+n-1)\cdot(x+n)\right]}$$

$$= \frac{n^x}{x}\prod_{k=1}^{n}\frac{k}{x+k}$$

이를 식 (1)에 대입하면 다음과 같이 된다.

$$\Gamma(x) = \lim_{n\to\infty}\left(\frac{n^x}{x}\prod_{k=1}^{n}\frac{k}{x+k}\right) \tag{2}$$

이때

$$\Gamma(x)\Gamma(1-x) = \Gamma(x)(-x)\Gamma(-x)$$

$$= -x\left[\lim_{n\to\infty}\left(\frac{n^x}{x}\prod_{k=1}^{n}\frac{k}{x+k}\right)\right]\left[\lim_{n\to\infty}\left(\frac{n^{-x}}{-x}\prod_{k=1}^{n}\frac{k}{-x+k}\right)\right]$$

$$(\because \text{식 (2)로부터})$$

$$= \lim_{n\to\infty}\left(\frac{1}{x}\prod_{k=1}^{n}\frac{k^2}{-x^2+k^2}\right) = \frac{1}{x}\prod_{k=1}^{\infty}\frac{k^2}{k^2-x^2}$$

여기서

$$\sin\pi x = \pi x\prod_{k=1}^{\infty}\left(1 - \frac{x^2}{k^2}\right) = \pi x\prod_{k=1}^{\infty}\frac{k^2 - x^2}{k^2} \Rightarrow \prod_{k=1}^{\infty}\frac{k^2}{k^2 - x^2} = \frac{\pi x}{\sin\pi x} \quad {}^{(79)}$$

이므로 이를 식 (3)에 대입하면

$$\therefore \ \Gamma(x)\Gamma(1-x) = \frac{1}{x}\left(\frac{\pi x}{\sin\pi x}\right) = \frac{\pi}{\sin\pi x}$$

을 얻는다.

$x = 1/2$을 대입하면 $\Gamma(1/2)\Gamma(1/2) = \pi \Rightarrow \Gamma(1/2) = \sqrt{\pi}$ 인 기대한 결과를 얻는다.

04 식 (7.2.14)로부터 $P_\ell(1) = 1$이 되도록 하기 위해서는

$$\begin{aligned}
a_\ell &= \frac{(2\ell-1)(2\ell-3)(2\ell-5)\cdots\cdots(2\ell-2k+1)}{\ell(\ell-1)(\ell-2)(\ell-3)\cdots\cdots(\ell-2k+1)}\\[2mm]
&= \frac{(2\ell-1)(2\ell-3)(2\ell-5)\cdots\cdots(2\ell-2k+1)(\ell-2k)\cdots\cdots 2\cdot 1}{\ell(\ell-1)(\ell-2)(\ell-3)\cdots\cdots(\ell-2k+1)(\ell-2k)\cdots\cdots 2\cdot 1}\\[2mm]
&= \frac{(2\ell-1)(2\ell-3)(2\ell-5)\cdots\cdots(2\ell-2k+1)(\ell-2k)!}{\ell!}\\[2mm]
&= \frac{2\ell(2\ell-1)(2\ell-2)(2\ell-3)(2\ell-4)(2\ell-5)\cdots\cdots 4\cdot 3\cdot 2\cdot 1}{\ell!2\ell(2\ell-2)(2\ell-4)(2\ell-6)\cdots\cdots 4\cdot 2}\\[2mm]
&= \frac{(2\ell)!}{\ell!2^\ell\ell(\ell-1)(\ell-2)\cdots\cdots 2\cdot 1} = \frac{(2\ell)!}{\ell!2^\ell\ell!}\\[2mm]
\therefore \ a_\ell &= \frac{(2\ell)!}{2^\ell(\ell!)^2}
\end{aligned}$$

05 재귀식 (7.3.18) $\ell P_{\ell-1}(x) - (2\ell+1)xP_\ell(x) + (\ell+1)P_{\ell+1}(x) = 0$에 $\ell = 1$을 대입하면

$$P_0(x) - 3xP_1(x) + 2P_2(x) = 0$$

---

(79) 오일러의 sine product expansion이라 합니다. 참고로 cos 함수는 $\cos\pi x = \prod_{k=0}^{\infty}\left[1 - \frac{4x^2}{(2k+1)^2}\right]$ 로 표현됩니다.

$$\Rightarrow P_2(x) = \frac{1}{2}\left[3xP_1(x) - P_0(x)\right] = \frac{1}{2}(3x^2 - 1)$$

을 얻고, $\ell = 2$인 경우 재귀식은

$$2P_1(x) - 5xP_2(x) + 3P_3(x) = 0$$

가 되어 $P_3(x)$을 다음과 같이 구할 수 있다.

$$P_3(x) = \frac{1}{3}\left[5xP_2(x) - 2P_1(x)\right] = \frac{1}{3}\left[5x \cdot \frac{1}{2}(3x^2 - 1) - 2x\right]$$

$$= \frac{1}{2}(5x^3 - 3x)$$

06 [예제 7.9]에서 $Y_1^0(\theta,\phi) = \sqrt{\dfrac{3}{4\pi}}\cos\theta$, $Y_1^1(\theta,\phi) = -\sqrt{\dfrac{3}{8\pi}}\sin\theta e^{i\phi}$ 그리고

$Y_1^{-1}(\theta,\phi) = \sqrt{\dfrac{3}{8\pi}}\sin\theta e^{-i\phi}$임을 구했다.

이때

(i) $L^2 Y_1^0(\theta,\phi) = -\hbar^2\left(\dfrac{\partial^2}{\partial\theta^2} + \cot\theta\dfrac{\partial}{\partial\theta} + \dfrac{1}{\sin^2\theta}\dfrac{\partial^2}{\partial\phi^2}\right)\left(\sqrt{\dfrac{3}{4\pi}}\cos\theta\right)$

$\qquad = -\hbar^2\left(\sqrt{\dfrac{3}{4\pi}}\right)(-\cos\theta - \cot\theta\sin\theta) = -\hbar^2\left(\sqrt{\dfrac{3}{4\pi}}\right)(-2\cos\theta)$

$\qquad = 2\hbar^2\sqrt{\dfrac{3}{4\pi}}\cos\theta = 2\hbar^2 Y_1^0(\theta,\phi),$

(ii) $L^2 Y_1^1(\theta,\phi) = -\hbar^2\left(\dfrac{\partial^2}{\partial\theta^2} + \cot\theta\dfrac{\partial}{\partial\theta} + \dfrac{1}{\sin^2\theta}\dfrac{\partial^2}{\partial\phi^2}\right)\left(-\sqrt{\dfrac{3}{8\pi}}\sin\theta e^{i\phi}\right)$

$\qquad = \hbar^2\left(\sqrt{\dfrac{3}{8\pi}}\right)\left(-\sin\theta e^{i\phi} + \cot\theta\cos\theta e^{i\phi} - \dfrac{1}{\sin\theta}e^{i\phi}\right)$

$\qquad = \hbar^2\left(\sqrt{\dfrac{3}{8\pi}}\right)e^{i\phi}\left(-\sin\theta + \dfrac{\cos^2\theta}{\sin\theta} - \dfrac{1}{\sin\theta}\right)$

$\qquad = \hbar^2\left(\sqrt{\dfrac{3}{8\pi}}\right)e^{i\phi}\left(\dfrac{-\sin^2\theta + \cos^2\theta - 1}{\sin\theta}\right) = \hbar^2\left(\sqrt{\dfrac{3}{8\pi}}\right)e^{i\phi}\left(\dfrac{-2\sin^2\theta}{\sin\theta}\right)$

$\qquad = -2\hbar^2\left(\sqrt{\dfrac{3}{8\pi}}\right)e^{i\phi}\sin\theta = 2\hbar^2\left(-\sqrt{\dfrac{3}{8\pi}}\sin\theta e^{i\phi}\right) = 2\hbar^2 Y_1^1(\theta,\phi)$

유사한 방법으로

(iii) $L^2 Y_1^{-1}(\theta,\phi) = -\hbar^2\left(\frac{\partial^2}{\partial\theta^2} + \cot\theta\frac{\partial}{\partial\theta} + \frac{1}{\sin^2\theta}\frac{\partial^2}{\partial\phi^2}\right)\left(\sqrt{\frac{3}{8\pi}}\sin\theta e^{-i\phi}\right)$

$$= 2\hbar^2 Y_1^{-1}(\theta,\phi)$$

을 얻는다.

그러므로 주어진 $\ell = 1$에서 m 값과 무관한 고유치 $2\hbar^2 = \ell(\ell+1)\hbar^2$을 갖는다.

이를 일반화하면 다음과 같은 관계식을 얻는다.

$$L^2 Y_\ell^m(\theta,\phi) = \ell(\ell+1)\hbar^2 Y_\ell^m(\theta,\phi)$$

07 (i) $L_z Y_1^0(\theta,\phi) = -i\hbar\frac{\partial}{\partial\phi}\left(\sqrt{\frac{3}{4\pi}}\cos\theta\right) = (0)Y_1^0(\theta,\phi)$

(ii) $L_z Y_1^1(\theta,\phi) = -i\hbar\frac{\partial}{\partial\phi}\left(-\sqrt{\frac{3}{8\pi}}\sin\theta e^{i\phi}\right) = i\hbar\left(\sqrt{\frac{3}{8\pi}}\right)ie^{i\phi} = \hbar\left(-\sqrt{\frac{3}{8\pi}}\sin\theta e^{i\phi}\right)$

$$= \hbar Y_1^1(\theta,\phi)$$

(ii) $L_z Y_1^{-1}(\theta,\phi) = -i\hbar\frac{\partial}{\partial\phi}\left(\sqrt{\frac{3}{8\pi}}\sin\theta e^{-i\phi}\right) = -i\hbar\left(\sqrt{\frac{3}{8\pi}}\right)(-i)e^{-i\phi}$

$$= -\hbar\left(\sqrt{\frac{3}{8\pi}}\sin\theta e^{-i\phi}\right) = -\hbar Y_1^{-1}(\theta,\phi)$$

그러므로 주어진 $\ell = 1$에서 m 값에 따라 $m\hbar$의 고유치를 갖는다.

이를 일반화하면 다음과 같은 관계식을 얻는다.

$$L_z Y_\ell^m(\theta,\phi) = m\hbar Y_\ell^m(\theta,\phi)$$

08 일반해는 $V(r,\theta) = \sum_{\ell=0}^{\infty}\left(A_\ell r^\ell + \frac{B_\ell}{r^{\ell+1}}\right)P_\ell(\cos\theta)$ 이다.

(∵ 5장 [연습문제 10]에서 지름성분의 解를 구했다.)

(i) 구 안의 경우

$r = 0$에서 $\frac{1}{r^{\ell+1}}$은 발산하므로 $B_\ell = 0$이 되어야 한다. 그러므로 구 안에서의 전위는 다음과 같이 표현된다.

$$V(r,\theta) = \sum_{\ell=0}^{\infty} A_\ell r^\ell P_\ell(\cos\theta) \tag{1}$$

경계조건인 구 표면($r = R$)에서의 전위 $V_0(\theta) = V_0\sin^2\dfrac{\theta}{2}$를 위 식에 요구하면

$$V(R,\theta) = \sum_{\ell = 0}^{\infty} A_\ell R^\ell P_\ell(\cos\theta) \Rightarrow V_0\sin^2\frac{\theta}{2} = \sum_{\ell = 0}^{\infty} A_\ell R^\ell P_\ell(\cos\theta)$$

을 얻는다. 이때 르장드르 다항식의 규격화 조건을 적용하여 상수 A_ℓ을 다음과 같이 구할 수 있다.

$$V_0\int_0^\pi \sin^2(\theta/2)P_{\ell'}(\cos\theta)\sin\theta d\theta = \sum_{\ell=0}^{\infty} A_\ell R^\ell \int_0^\pi P_{\ell'}(\cos\theta)P_\ell(\cos\theta)\sin\theta d\theta$$

$$= \sum_{\ell=0}^{\infty} A_\ell R^\ell \left(\frac{2}{2\ell+1}\delta_{\ell\ell'}\right) = A_\ell' R^{\ell'} \frac{2}{2\ell'+1}$$

$$\Rightarrow V_0\int_0^\pi \sin^2(\theta/2)P_\ell(\cos\theta)\sin\theta d\theta = A_\ell R^\ell \frac{2}{2\ell+1} \tag{2}$$

위 식의 왼편 적분은

$$V_0\int_0^\pi \sin^2(\theta/2)P_\ell(\cos\theta)\sin\theta d\theta = \frac{V_0}{2}\int_0^\pi (1-\cos\theta)P_\ell(\cos\theta)\sin\theta d\theta$$

$$= \frac{V_0}{2}\int_0^\pi [P_0(\cos\theta) - P_1(\cos\theta)]P_\ell(\cos\theta)\sin\theta d\theta$$

$$= \frac{V_0}{2}\left(\int_0^\pi P_0(\cos\theta)P_\ell(\cos\theta)\sin\theta d\theta - \int_0^\pi P_1(\cos\theta)P_\ell(\cos\theta)\sin\theta d\theta\right]$$

$$= \frac{V_0}{2}\left(\frac{2}{2\ell+1}\delta_{0\ell} - \frac{2}{2\ell+1}\delta_{1\ell}\right) \;(\because \text{르장드르 다항식의 규격화 조건으로부터})$$

이 된다. 이 결과를 식 (2)의 왼편에 대입하면 다음과 같다.

$$\frac{V_0}{2}\left(\frac{2}{2\ell+1}\delta_{0\ell} - \frac{2}{2\ell+1}\delta_{1\ell}\right) = A_\ell R^\ell \frac{2}{2\ell+1}$$

$$\Rightarrow V_0 = 2A_0 \Rightarrow \therefore A_0 = \frac{V_0}{2}$$

그리고

$$-\frac{V_0}{3} = A_1 R\frac{2}{3} \Rightarrow \therefore A_1 = -\frac{V_0}{2R}$$

이 결과를 식 (1)에 대입하면 구 안에서의 전위는 다음과 같다.

$$V(r,\theta) = A_0 r^0 P_0(\cos\theta) + A_1 r^1 P_1(\cos\theta) = \frac{V_0}{2} - \frac{V_0}{2R} r\cos\theta$$

$$\therefore \; V(r,\theta) = \frac{V_0}{2}\left(1 - \frac{1}{R} r\cos\theta\right)$$

(ii) 구 밖의 경우

$r \rightarrow \infty$ 에서 r^ℓ은 발산하므로 $A_\ell = 0$이 되어야 한다. 그러므로 구 바깥에서의 전위는 다음과 같이 표현된다.

$$V(r,\theta) = \sum_{\ell=0}^{\infty} \frac{B_\ell}{r^{\ell+1}} P_\ell(\cos\theta) \tag{3}$$

경계조건인 구 표면에서의 전위 $V_0(\theta) = V_0 \sin^2\frac{\theta}{2}$를 위 식에 요구하면

$$V(R,\theta) = \sum_{\ell=0}^{\infty} \frac{B_\ell}{R^{\ell+1}} P_\ell(\cos\theta) \Rightarrow V_0\sin^2\frac{\theta}{2} = \sum_{\ell=0}^{\infty} \frac{B_\ell}{R^{\ell+1}} P_\ell(\cos\theta)$$

이 되는데, (i)에서 한 것과 유사한 방법으로 계산을 하면 위 식은

$$\frac{V_0}{2}\left(\frac{2}{2\ell+1}\delta_{0\ell} - \frac{2}{2\ell+1}\delta_{1\ell}\right) = \frac{B_\ell}{R^{\ell+1}}\frac{2}{2\ell+1}$$

이 되어

$$\Rightarrow \frac{V_0}{2} = \frac{B_0}{R} \Rightarrow \therefore B_0 = \frac{RV_0}{2}$$

그리고

$$\frac{V_0}{2}\left(-\frac{2}{3}\right) = \frac{B_1}{R^2}\frac{2}{3} \Rightarrow \therefore B_1 = -\frac{V_0}{2}R^2$$

이 된다. 이 결과를 식 (3)에 대입하면 구 밖에서의 전위는 다음과 같다.

$$V(r,\theta) = \frac{B_0}{r} P_0(\cos\theta) + \frac{B_1}{r^2} P_1(\cos\theta) = \frac{RV_0}{2r} - \frac{V_0}{2r^2} R^2\cos\theta$$

$$\therefore \; V(r,\theta) = \frac{V_0 R}{2r}\left(1 - \frac{R}{r}\cos\theta\right)$$

470

09 $J_\nu(x)$와 $J_{-\nu}(x)$가 식 (7.5.7)의 베셀 미분방정식의 解라고 하면

$$\begin{cases} x^2 J_\nu''(x) + x J_\nu'(x) + (x^2 - \nu^2) J_\nu(x) = 0 \\ x^2 J_{-\nu}''(x) + x J_{-\nu}'(x) + (x^2 - \nu^2) J_{-\nu}(x) = 0 \end{cases}$$

인 관계식을 얻는다. 위 식의 첫 번째 관계식에 $J_{-\nu}(x)$을 곱하고, 두 번째 관계식에 $J_\nu(x)$을 곱한 뒤에 두 관계식을 빼면 다음과 같다.

$$x^2 \left[J_\nu''(x) J_{-\nu}(x) - J_{-\nu}''(x) J_\nu(x) \right] + x \left[J_\nu'(x) J_{-\nu}(x) - J_{-\nu}'(x) J_\nu(x) \right] = 0$$

$$\Rightarrow x \left[J_\nu''(x) J_{-\nu}(x) - J_{-\nu}''(x) J_\nu(x) \right] + \left[J_\nu'(x) J_{-\nu}(x) - J_{-\nu}'(x) J_\nu(x) \right] = 0$$

$$\Rightarrow \frac{d}{dx} \left[x \left\{ J_\nu'(x) J_{-\nu}(x) - J_{-\nu}'(x) J_\nu(x) \right\} \right] = 0$$

$$\Rightarrow \frac{d}{dx} \left[x \left\{ J_{-\nu}'(x) J_\nu(x) - J_\nu'(x) J_{-\nu}(x) \right\} \right] = 0$$

$$\Rightarrow \frac{d}{dx} \left[x \left\{ J_\nu(x) J_{-\nu}'(x) - J_{-\nu}(x) J_\nu'(x) \right\} \right] = 0 \Rightarrow \frac{d}{dx} \left[x\, W(J_\nu, J_{-\nu}) \right] = 0$$

$$\Rightarrow x\, W(J_\nu, J_{-\nu}) = 상수 \equiv C$$

그러므로

$$W(J_\nu, J_{-\nu}) = \frac{C}{x}$$

가 된다. 그러므로 론스키안이 0이 아니므로 $J_\nu(x)$와 $J_{-\nu}(x)$는 서로 선형 독립적이다.

10 이때 론스키안은

$$W(J_\ell, N_\ell) = \begin{vmatrix} J_\ell(x) & N_\ell(x) \\ J_\ell'(x) & N_\ell'(x) \end{vmatrix} = J_\ell(x) N_\ell'(x) - N_\ell(x) J_\ell'(x) \tag{1}$$

이다. 여기서 $N_\ell(x) = \dfrac{J_\ell(x) \cos \ell\pi - J_{-\ell}(x)}{\sin \ell\pi}$ 그리고

$N_\ell'(x) = \dfrac{J_\ell'(x) \cos \ell\pi - J_{-\ell}'(x)}{\sin \ell\pi}$ 이므로, 식 (1)은 다음과 같이 된다.

$$W(J_\ell, N_\ell) = J_\ell(x) \frac{J_\ell'(x)\cos\ell\pi - J_{-\ell}'(x)}{\sin\ell\pi} - \frac{J_\ell(x)\cos\ell\pi - J_{-\ell}(x)}{\sin\ell\pi} J_\ell'(x)$$

$$= \frac{J_\ell(x)J_\ell'(x)\cos\ell\pi - J_\ell(x)J_{-\ell}'(x) - J_\ell(x)J_\ell'(x)\cos\ell\pi + J_\ell'(x)J_{-\ell}(x)}{\sin\ell\pi}$$

$$= \frac{-\left[J_\ell(x)J_{-\ell}'(x) - J_{-\ell}(x)J_\ell'(x)\right]}{\sin\ell\pi} = -\frac{1}{\sin\ell\pi}\begin{vmatrix} J_\ell(x) & J_{-\ell}(x) \\ J_\ell'(x) & J_{-\ell}'(x) \end{vmatrix} \tag{2}$$

[연습문제 9]에서 론스키안은 $W(J_\nu, J_{-\nu}) = \dfrac{C}{x}$ 꼴임을 배웠다. 즉, 베셀함수 급수 표현에서 첫 항만 계산하는 것으로도 충분하다.

이때 식 (7.5.13)으로부터

$$J_\ell(x) = \frac{(-1)^0}{0!\,\Gamma(\ell+0+1)}\left(\frac{x}{2}\right)^{\ell+0} = \frac{1}{\Gamma(\ell+1)}\left(\frac{x}{2}\right)^\ell,$$

$$J_\ell'(x) = \frac{\ell}{\Gamma(\ell+1)}\left(\frac{1}{2^\ell}\right)x^{\ell-1} = \frac{1}{\Gamma(\ell)}\frac{1}{2^\ell}x^{\ell-1}$$

그리고 식 (7.5.14)로부터

$$J_{-\ell}(x) = \frac{(-1)^0}{0!\,\Gamma(-\ell+0+1)}\left(\frac{x}{2}\right)^{-\ell+0} = \frac{1}{\Gamma(-\ell+1)}\left(\frac{x}{2}\right)^{-\ell},$$

$$J_{-\ell}'(x) = \frac{-\ell}{\Gamma(-\ell+1)}\frac{1}{2^{-\ell}}x^{-\ell-1} = \frac{1}{\Gamma(-\ell)}\frac{1}{2^{-\ell}}x^{-\ell-1}$$

을 얻는다.

이들로부터

$$W(J_\ell, J_{-\ell}) = \frac{1}{\Gamma(\ell+1)}\left(\frac{x}{2}\right)^\ell\left[\frac{1}{\Gamma(-\ell)}\frac{1}{2^{-\ell}}x^{-\ell-1}\right]$$

$$- \frac{1}{\Gamma(-\ell+1)}\left(\frac{x}{2}\right)^{-\ell}\left[\frac{1}{\Gamma(\ell)}\frac{1}{2^\ell}x^{\ell-1}\right]$$

$$= \frac{x^{-1}}{\Gamma(\ell+1)\Gamma(-\ell)} - \frac{x^{-1}}{\Gamma(\ell)\Gamma(-\ell+1)}$$

$$= \frac{1}{x}\left[\frac{1}{\Gamma(\ell+1)\Gamma(-\ell)} - \frac{1}{\Gamma(\ell)\Gamma(-\ell+1)}\right]$$

$$= \frac{1}{x}\left[\frac{-\sin\ell\pi}{\pi} - \frac{\sin\ell\pi}{\pi}\right] = -\frac{2\sin\ell\pi}{\pi x}$$

(∵ [연습문제 3]으로부터)

을 얻고, 이 결과를 식 (2)에 대입하면 론스키안

$$W(J_\ell, N_\ell) = -\frac{1}{\sin\ell\pi}\left(-\frac{2\sin\ell\pi}{\pi x}\right) = \frac{2}{\pi x}$$

가 되어, 론스키안이 0이 아니므로 정수인 ℓ에 관해 베셀함수 $J_\ell(x)$와 노이만함수 $N_\ell(x)$는 선형 독립적이다.

11

$$\begin{cases}\displaystyle\sum_{m=0}^{\infty} L_m(x)t^m = \frac{e^{-\frac{xt}{1-t}}}{1-t} \\ \displaystyle\sum_{n=0}^{\infty} L_n(x)s^m = \frac{e^{-\frac{xs}{1-s}}}{1-s}\end{cases} \Rightarrow \sum_{m=0}^{\infty}\sum_{n=0}^{\infty} L_m(x)t^m L_n(x)s^m = \left(\frac{e^{-\frac{xt}{1-t}}}{1-t}\right)\left(\frac{e^{-\frac{xs}{1-s}}}{1-s}\right)$$

$$\Rightarrow \sum_{m=0}^{\infty}\sum_{n=0}^{\infty} L_m(x)L_n(x)t^m s^m = \frac{e^{-x\left(\frac{t}{1-t}+\frac{s}{1-s}\right)}}{(1-t)(1-s)}$$

$$\Rightarrow \sum_{m=0}^{\infty}\sum_{n=0}^{\infty} e^{-x}L_m(x)L_n(x)t^m s^m = \frac{e^{-x\left(1+\frac{t}{1-t}+\frac{s}{1-s}\right)}}{(1-t)(1-s)}$$

$$\Rightarrow \sum_{m=0}^{\infty}\sum_{n=0}^{\infty} \int_0^{\infty} e^{-x}L_m(x)L_n(x)t^m s^m dx = \int_0^{\infty} \frac{e^{-x\left(1+\frac{t}{1-t}+\frac{s}{1-s}\right)}}{(1-t)(1-s)}dx$$

$$\Rightarrow \sum_{m=0}^{\infty}\sum_{n=0}^{\infty} \left[\int_0^{\infty} e^{-x}L_m(x)L_n(x)dx\right]t^m s^m$$

$$= \frac{1}{(1-t)(1-s)}\int_0^{\infty} e^{-x\left(1+\frac{t}{1-t}+\frac{s}{1-s}\right)}dx$$

$$= \frac{1}{(1-t)(1-s)}\left[\frac{e^{-x\left(1+\frac{t}{1-t}+\frac{s}{1-s}\right)}}{-\left(1+\frac{t}{1-t}+\frac{s}{1-s}\right)}\right]_0^{\infty}$$

$$= \frac{1}{(1-t)(1-s)} \frac{1}{\left(1 + \dfrac{t}{1-t} + \dfrac{s}{1-s}\right)}$$

$$= \frac{1}{(1-t)(1-s)} \frac{(1-t)(1-s)}{1-st} = \frac{1}{1-st}$$

$$= (1-st)^{-1} = 1 + st + (st)^2 + (st)^3 + \cdots\cdots = \sum_{n=0}^{\infty} s^n t^n$$

$$\Rightarrow \sum_{m=0}^{\infty} \sum_{n=0}^{\infty} \left[\int_0^{\infty} e^{-x} L_m(x) L_n(x) dx \right] t^m s^m = \sum_{n=0}^{\infty} s^n t^n$$

(i) $m \neq n$인 경우, 등식이 모든 t와 s에 관해 항상 성립하기 위해서는

$$\int_0^{\infty} e^{-x} L_m(x) L_n(x) dx = 0$$

이 되어야 한다.

(ii) $m = n$인 경우, 등식의 왼편은 $\displaystyle\sum_{n=0}^{\infty} \left[\int_0^{\infty} e^{-x} \left[L_n(x) \right]^2 dx \right] t^n s^m$이 되어서 오른편과 같기 위해서는

$$\int_0^{\infty} e^{-x} \left[L_n(x) \right]^2 dx = 1$$

이 되어야 한다.

그러므로 (i)과 (ii)로부터 관계식 (7.8.22)를 얻는다.

12 $L_{n+k}(x)$의 최고차수 항은 $\dfrac{1}{(n+k)!}(-x)^{n+k}$이므로

$$\frac{d^k}{dx^k} L_{n+k}(x) = \frac{d^k}{dx^k} \left[\frac{1}{(n+k)!}(-x)^{n+k} \right] = \frac{(-1)^{n+k}}{(n+k)!} \frac{d^k}{dx^k} x^{n+k}$$

$$= \frac{(-1)^n (-1)^k}{(n+k)!}(n+k)(n+k-1)\cdots\cdots (n+1)x^n$$

$$= (-1)^k \left[\frac{(-1)^n}{n!} x^n \right] = (-1)^k \frac{(-x)^n}{n!} \tag{1}$$

이 된다. [예제 7.12]의 식 (3)의 왼편인 $L_n^k(x)$의 최고차수 항은 $\dfrac{1}{n!}(-x)^n$이므로 [예제 7.12]의 식 (3)의 등식이 성립하기 위해서는 식 (1)에 $(-1)^k$를 곱해주면 된다.

474

01 (i) $a_0 = \dfrac{1}{\pi} \displaystyle\int_{-\pi}^{\pi} f(x)dx = \dfrac{2}{\pi} \displaystyle\int_0^{\pi} dx \sin x = \dfrac{2}{\pi} \left[-\cos x \right]_0^{\pi} = \dfrac{4}{\pi}$

$a_n = \dfrac{1}{\pi} \displaystyle\int_{-\pi}^{\pi} f(x)\cos\left(\dfrac{n\pi}{\pi}x\right)dx = \dfrac{2}{\pi} \displaystyle\int_0^{\pi} \sin x \cos(nx)dx$ \hfill (1)

$= \dfrac{1}{\pi} \displaystyle\int_0^{\pi} \left[\sin\{(1+n)x\} + \sin\{(1-n)x\} \right] dx$

$= \dfrac{1}{\pi} \left[-\dfrac{1}{1+n}\cos\{(1+n)x\} \Big|_0^{\pi} - \dfrac{1}{1-n}\cos\{(1-n)x\} \Big|_0^{\pi} \right]$

$= \dfrac{1}{\pi} \left[-\dfrac{1}{1+n}\{(-1)^{1+n}-1\} - \dfrac{1}{1-n}\{(-1)^{1-n}-1\} \right]$

$= \dfrac{1}{\pi} \left[\dfrac{1}{1+n}\{(-1)^n+1\} + \dfrac{1}{1-n}\{(-1)^n+1\} \right] = \dfrac{1}{\pi}\{(-1)^n+1\}\dfrac{2}{1-n^2}$

$= \dfrac{2}{\pi}\dfrac{(-1)^n+1}{1-n^2}$ \hfill (2)

식 (2)에서 $n=1$인 경우에는 $\dfrac{0}{0}$ 꼴을 가지므로 a_1은 식 (1)로부터 직접 구하면

$a_1 = \dfrac{2}{\pi} \displaystyle\int_0^{\pi} dx \sin x \cos x = \dfrac{1}{\pi} \displaystyle\int_{-\pi}^{\pi} dx \sin x \cos x = 0$이 된다.

그러므로 식 (2)는

$$a_n = \dfrac{2}{\pi}\dfrac{(-1)^n+1}{1-n^2} = \dfrac{2}{\pi(1-n^2)} \times \begin{cases} 2, & n=\text{짝수} \\ 0, & n \neq 1\text{인 홀수} \end{cases}$$

$$\Rightarrow a_{2n} = \dfrac{4}{\pi(1-4n^2)}, \ \text{여기서} \ n=1,2,3,\cdots\cdots$$ \hfill (3)

그리고

$$b_n = \dfrac{1}{\pi} \displaystyle\int_{-\pi}^{\pi} f(x)\sin\left(\dfrac{n\pi}{\pi}x\right)dx = \dfrac{1}{\pi} \displaystyle\int_{-\pi}^{\pi} |\sin x|\sin(nx)dx = 0$$ \hfill (4)

($\because$ 기함수인 $|\sin x|$와 우함수인 $\sin(nx)$의 곱에 대한 대칭
구간의 적분은 0이므로)

이들 결과를 식 (8.1.1)에 대입하면 주어진 주기함수는 다음과 같이 삼각함수의
무한급수로 표현된다.

$$f(x) = \frac{2}{\pi} + \frac{4}{\pi} \sum_{n=1}^{\infty} \frac{1}{(1-4n^2)} \cos 2nx \tag{5}$$

(ii) 식 (5)로부터 $f(\pi/2) = \frac{2}{\pi} + \frac{4}{\pi} \sum_{n=1}^{\infty} \frac{1}{(1-4n^2)} \cos n\pi = \frac{2}{\pi} + \frac{4}{\pi} \sum_{n=1}^{\infty} \frac{(-1)^n}{(1-4n^2)}$

을 얻고, 주어진 문제로부터 $f(x) = |\sin x| \Rightarrow f(\pi/2) = 1$을 얻는다.

그러므로

$$\frac{2}{\pi} + \frac{4}{\pi} \sum_{n=1}^{\infty} \frac{(-1)^n}{(1-4n^2)} = 1 \Rightarrow \therefore \sum_{n=1}^{\infty} \frac{(-1)^n}{(1-4n^2)} = \frac{\pi}{4}\left(1 - \frac{2}{\pi}\right) = \frac{\pi-2}{4}$$

02 함수 주기는 4이고 우함수이다. 이 경우 푸리에 급수에서 푸리에 계수 b_n은 우함수와 기함수의 곱의 적분 형태이므로 대칭 구간에서의 적분 결과는 0이다. 그리고
$$a_0 = \frac{1}{2} \int_{-2}^{2} x^2 dx = \frac{1}{2}\left(2\frac{8}{3}\right) = \frac{8}{3} \text{이고}$$

$$\begin{aligned}
a_n &= \frac{1}{2} \int_{-2}^{2} x^2 \cos\left(\frac{n\pi}{2}x\right) dx = \frac{1}{2} \int_{-2}^{2} x^2 \left(\frac{2}{n\pi}\sin\frac{n\pi x}{2}\right)' dx \\
&= \frac{1}{2}\left[\frac{2}{n\pi}x^2\sin\left(\frac{n\pi x}{2}\right)\right]_{-2}^{2} - \frac{2}{n\pi}\int_{-2}^{2} x\sin\left(\frac{n\pi x}{2}\right) dx \\
&= \frac{2}{n\pi}\int_{-2}^{2} x\left(\frac{2}{n\pi}\cos\frac{n\pi x}{2}\right)' dx \\
&= \frac{4}{n^2\pi^2}\left[x\cos\left(\frac{n\pi x}{2}\right)\right]_{-2}^{2} - \frac{2}{n\pi}\int_{-2}^{2} \frac{2}{n\pi}\cos\left(\frac{n\pi x}{2}\right) dx \\
&= \frac{4}{n^2\pi^2}(2\cos n\pi + 2\cos n\pi) = \frac{16}{n^2\pi^2}(-1)^n
\end{aligned}$$

이 된다. 이때 파시발 정리는

$$\int_{-2}^{2} x^4 dx = a_0^2 + 2\sum_{n=1}^{\infty} a_n^2 \tag{1}$$

가 되고, 여기서 왼편은 $\int_{-2}^{2} x^4 dx = \frac{64}{5}$ 그리고 오른편은

$$a_0^2 + 2\sum_{n=1}^{\infty} a_n^2 = \left(\frac{8}{3}\right)^2 + 2\sum_{n=1}^{\infty} \frac{16^2}{n^4\pi^4}(-1)^{2n}$$

이다. 이를 식 (1)에 대입하면 다음과 같다.

$$\frac{64}{5} = \left(\frac{8}{3}\right)^2 + 2\sum_{n=1}^{\infty}\frac{16^2}{n^4\pi^4}$$

그러므로

$$\sum_{n=1}^{\infty}\frac{1}{n^4} = \frac{\pi^4}{2\times 16^2}\left[\frac{64}{5} - \left(\frac{8}{3}\right)^2\right]$$

$$= \frac{\pi^4}{2\times 16^2}\times 64 \times \left(\frac{1}{5} - \frac{1}{9}\right) = \pi^4\frac{4^3}{2\times 4^4}\frac{4}{45}$$

$$\therefore \sum_{n=1}^{\infty}\frac{1}{n^4} = \frac{\pi^4}{90}$$

을 얻는다.

03

$$g(\alpha) = \frac{1}{2\pi}\int_{-\infty}^{\infty}f(x)e^{-i\alpha x}dx$$

$$= \frac{1}{2\pi}\left[\int_{-1}^{0}(1+x)e^{-i\alpha x}dx + \int_{0}^{1}(1-x)e^{-i\alpha x}dx\right] \tag{1}$$

여기서

$$\int_{-1}^{0}e^{-i\alpha x}dx = \left[\frac{-e^{-i\alpha x}}{i\alpha}\right]_{-1}^{0} = -\frac{1}{i\alpha}(1 - e^{i\alpha}),$$

$$\int_{-1}^{0}xe^{-i\alpha x}dx = \int_{-1}^{0}x\left(\frac{-1}{i\alpha}e^{-i\alpha x}\right)'dx = \frac{-x}{i\alpha}e^{-i\alpha x}\Big|_{-1}^{0} + \frac{1}{i\alpha}\int_{-1}^{0}e^{-i\alpha x}dx$$

$$= -\frac{1}{i\alpha}e^{i\alpha} + \frac{1}{i\alpha}\left[-\frac{1}{i\alpha}(1 - e^{i\alpha})\right] = -\frac{1}{i\alpha}e^{i\alpha} + \frac{1}{\alpha^2}(1 - e^{i\alpha})$$

$$\int_{0}^{1}e^{-i\alpha x}dx = \left[\frac{-e^{-i\alpha x}}{i\alpha}\right]_{0}^{1} = -\frac{1}{i\alpha}(e^{-i\alpha} - 1),$$

$$\int_{0}^{1}xe^{-i\alpha x}dx = \int_{0}^{1}x\left(\frac{-1}{i\alpha}e^{-i\alpha x}\right)'dx = \frac{-x}{i\alpha}e^{-i\alpha x}\Big|_{0}^{1} + \frac{1}{i\alpha}\int_{0}^{1}e^{-i\alpha x}dx$$

$$= -\frac{1}{i\alpha}e^{-i\alpha} + \frac{1}{i\alpha}\left[-\frac{1}{i\alpha}(e^{-i\alpha} - 1)\right]$$

$$=-\frac{1}{i\alpha}e^{-i\alpha}+\frac{1}{\alpha^2}\left(e^{-i\alpha}-1\right)$$

이들 결과를 식 (1)에 대입하면

$$g(\alpha)=\frac{1}{2\pi}\left[-\frac{1}{i\alpha}\left(1-e^{i\alpha}\right)-\frac{1}{i\alpha}e^{i\alpha}+\frac{1}{\alpha^2}\left(1-e^{i\alpha}\right)\right.$$

$$\left.-\frac{1}{i\alpha}\left(e^{-i\alpha}-1\right)+\frac{1}{i\alpha}e^{-i\alpha}-\frac{1}{\alpha^2}\left(e^{-i\alpha}-1\right)\right]$$

$$=\frac{1}{2\pi\alpha^2}\left[2-\left(e^{i\alpha}+e^{i\alpha}\right)\right]=\frac{1}{\pi\alpha^2}\left(1-\cos\alpha\right)$$

$$=\frac{2}{\pi\alpha^2}\sin^2(\alpha/2)=\frac{1}{2\pi}\left[\frac{\sin(\alpha/2)}{(\alpha/2)}\right]^2$$

$$=\frac{1}{2\pi}Sa^2(\alpha/2) \tag{2}$$

여기서 $Sa(x)=\dfrac{\sin x}{x}$로 정의된 비규격화된 싱크(sinc)함수이다. 아래 그림은 $\text{sinc}^2(x)$를 보여준다. 결과적으로 식 (2)와 같이 삼각함수의 푸리에 변환은 [예제 8.7]의 계단함수의 푸리에 변환의 제곱과 같음을 알 수 있다.

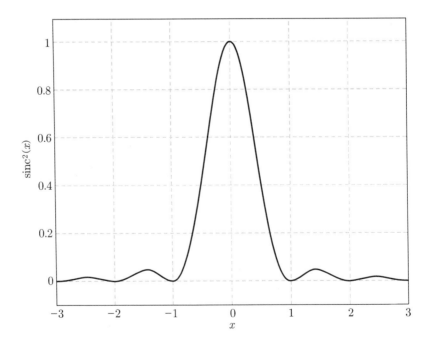

04
$$C(\alpha) = \frac{1}{2\pi} \int_0^\infty e^{-x} \cos(\alpha x) dx = \frac{1}{2\pi} \int_0^\infty e^{-x} \left(\frac{1}{\alpha} \sin\alpha x \right)' dx \qquad (1)$$

여기서 $I = \displaystyle\int_0^\infty e^{-x} \cos(\alpha x) dx$로 놓으면

$$I = \frac{1}{\alpha} e^{-x} \sin\alpha x \Big|_{x=0}^{x=\infty} + \frac{1}{\alpha} \int_0^\infty e^{-x} \sin(\alpha x) dx$$

$$= -\frac{1}{\alpha} \int_0^\infty e^{-x} \left(\frac{1}{\alpha} \cos\alpha x \right)' dx$$

$$= -\frac{1}{\alpha^2} e^{-x} \cos\alpha x \Big|_0^\infty - \frac{1}{\alpha^2} \int_0^\infty e^{-x} \cos(\alpha x) dx = \frac{1}{\alpha^2} - \frac{1}{\alpha^2} I$$

$$\Rightarrow I = \frac{2\pi}{2\pi + \alpha^2}$$

이 결과를 식 (1)에 대입하면

$$C(\alpha) = \frac{1}{2\pi} \left(\frac{2\pi}{2\pi + \alpha^2} \right) = \frac{1}{2\pi + \alpha^2}$$

을 얻는다.

05 푸리에 사인역변환식 (8.2.6)에 대입하면

$$f(x) = \int_0^\infty \left(\frac{\alpha}{\alpha^2 + 1} \right) \sin(\alpha x) d\alpha = \int_0^\infty \left[\frac{\alpha^2}{\alpha(\alpha^2 + 1)} \right] \sin(\alpha x) d\alpha \qquad (1)$$

$$= \int_0^\infty \left[\frac{(\alpha^2 + 1) - 1}{\alpha(\alpha^2 + 1)} \right] \sin(\alpha x) d\alpha$$

$$= \int_0^\infty \left[\frac{\sin(\alpha x)}{\alpha} \right] d\alpha - \int_0^\infty \frac{\sin(\alpha x)}{\alpha(\alpha^2 + 1)} d\alpha \qquad (2)$$

여기서

$$I(s) = \int_0^\infty \frac{e^{-sx} \sin x}{x} dx \qquad (3)$$

로 놓을 때, 등식의 왼편과 오른편을 s에 관해 미분하면

$$\frac{d}{ds}I(s) = \int_0^\infty \frac{\partial}{\partial s}\left[\frac{e^{-sx}\sin x}{x}\right]dx = -\int_0^\infty dx\, e^{-sx}\sin x \tag{4}$$

가 되는데,

$$I = \int_0^\infty dx\, e^{-sx}\sin x = \int_0^\infty dx\, e^{-sx}(-\cos x)'$$

$$= -e^{-sx}\cos x\big|_0^\infty + \int_0^\infty dx\,(-s e^{-sx})\cos x = 1 - s\int_0^\infty dx\, e^{-sx}(\sin x)'$$

$$= 1 - s\left[e^{-sx}\sin x\big|_0^\infty + s\int_0^\infty dx\, e^{-sx}\sin x\right] = 1 - s^2 I$$

$$\Rightarrow I = \frac{1}{1+s^2}$$

이를 식 (4)에 대입하면 다음과 같다.

$$\frac{d}{ds}I(s) = -\frac{1}{1+s^2} \Rightarrow I(s) = -\int \frac{1}{1+s^2}ds \tag{5}$$

여기서 $s = \tan\theta$로 놓으면

$$\int \frac{1}{1+s^2}ds = \int (\cos^2\theta)\left(\frac{d\theta}{\cos^2\theta}\right) = \theta = \tan^{-1}s + c_1, \quad \text{여기서 } c_1 \text{은 적분상수}$$

이를 식 (5)에 대입하면 다음과 같다.

$$I(s) = -\tan^{-1}s + c_2, \quad \text{여기서 } c_2 = -c_1 \text{인 상수} \tag{6}$$

식 (3)으로부터 $I(\infty) = 0$가 되어야 한다. 이 조건을 식 (6)에 요구하면 $c_2 = \frac{\pi}{2}$가 된다.

그러므로

$$I(s) = \frac{\pi}{2} - \tan^{-1}s \tag{7}$$

을 얻는다.

식 (3)으로부터 $I(0) = \int_0^\infty \frac{\sin x}{x}dx$가 되고, 식 (7)로부터 $I(0) = \frac{\pi}{2}$가 되어

$$\therefore \int_0^\infty \frac{\sin x}{x} dx = \frac{\pi}{2}$$

인 결과를 얻는다.

식 (2)의 첫번 째 적분인 $\int_0^\infty \left[\frac{\sin(\alpha x)}{\alpha} \right] d\alpha$는 $\alpha x = y$로 놓으면 $\int_0^\infty \frac{\sin y}{y} dy$가

되어 $\int_0^\infty \left[\frac{\sin(\alpha x)}{\alpha} \right] d\alpha = \frac{\pi}{2}$임을 알 수 있다.

그러므로 식 (2)는 다음과 같이 된다.

$$f(x) = \frac{\pi}{2} - \int_0^\infty \frac{\sin(\alpha x)}{\alpha(\alpha^2 + 1)} d\alpha \tag{8}$$

위 식의 왼편과 오른편을 x에 관해 미분하면

$$f'(x) = -\int_0^\infty \left[\alpha \frac{\cos(\alpha x)}{\alpha(\alpha^2 + 1)} \right] d\alpha = -\int_0^\infty \frac{\cos(\alpha x)}{(\alpha^2 + 1)} d\alpha \tag{9}$$

이 되고, 위 식의 왼편과 오른편을 x에 관해 한번 더 미분하면

$$f''(x) = \int_0^\infty \frac{\alpha \sin(\alpha x)}{(\alpha^2 + 1)} d\alpha = f(x) \quad (\because \text{ 식 (1)로부터}) \tag{10}$$

가 된다. 그러므로 $f(x)$는

$$f''(x) - f(x) = 0$$

인 이계 상미분방정식을 만족하는 解이다.

$$\Rightarrow f(x) = A e^x + B e^{-x} \text{ 그리고 } f'(x) = A e^x - B e^{-x} \tag{11}$$

식 (8)로부터 $f(0) = \frac{\pi}{2}$ 그리고 식 (9)로부터

$f'(0) = -\int_0^\infty \frac{1}{\alpha^2 + 1} d\alpha = -\int_0^{\pi/2} d\theta = -\frac{\pi}{2}$ 이므로, 이 결과들을 식 (11)에 대입

하면

$$\begin{cases} A + B = \frac{\pi}{2} \\ A - B = -\frac{\pi}{2} \end{cases} \Rightarrow A = 0, \ B = \frac{\pi}{2}$$

을 얻고, 이를 식 (11)에 있는 $f(x)$의 관계식에 대입하면

$$f(x) = \frac{\pi}{2}e^{-x}$$

인 결과를 얻는다.

[9장]

01 매질 1과 2를 지나가는 데 걸리는 시간은 각각 다음과 같다.

$$t_1 = \int_{x_1,y_1}^{x,0} \frac{1}{v_1}\sqrt{dx^2+dy^2}, \; t_2 = \int_{x,0}^{x_2,y_2} \frac{1}{v_2}\sqrt{dx^2+dy^2}$$

여기서 각각의 적분은 [예제 9.6]에서의 적분과 같다. 즉 라그랑지 방정식으로부터 각 매질에서의 경로는 직선이며 적분으로부터 다음의 결과를 갖는다.

$$\frac{1}{v}\frac{y'}{\sqrt{1+y'^2}} = 상수$$

그러므로 v가 상수일 때 기울기 y'도 상수이다. 두 매질에서의 속도가 다르므로 직선의 기울기도 다르다.

그러므로 다음의 관계를 만족해야 한다.

$$\frac{1}{v_1}\left[\frac{y'}{\sqrt{1+y'^2}}\right]_1 = \frac{1}{v_2}\left[\frac{y'}{\sqrt{1+y'^2}}\right]_2 \tag{1}$$

여기서 1과 2는 매질을 나타낸다. 또한

$$\left[\frac{y'}{\sqrt{1+y'^2}}\right]_1 = \frac{\tan\theta_1}{\sqrt{1+\tan\theta_1^2}} = \sin\theta_1$$

그리고 유사하게 $\left[\dfrac{y'}{\sqrt{1+y'^2}}\right]_2 = \sin\theta_2$이므로 식 (1)은 다음과 같이 된다.

$$\therefore \; \frac{\sin\theta_1}{v_1} = \frac{\sin\theta_2}{v_2}$$

02 바퀴와 평면이 접촉하는 지점을 원점으로 잡으면 질량 m인 입자의 좌표로부터 입자의 속도를 다음과 같이 구할 수 있다.

$$\begin{cases} x = R\theta - R\sin\theta \\ y = R - R\cos\theta \end{cases} \Rightarrow \begin{cases} \dot{x} = R\dot{\theta} - R\dot{\theta}\cos\theta \\ \dot{y} = R\dot{\theta}\sin\theta \end{cases} \Rightarrow \dot{x}^2 + \dot{y}^2 = 2R^2\dot{\theta}^2(1 - \cos\theta)$$

그리고 질량 M의 좌표로부터 바퀴의 속도를 다음과 같이 구할 수 있다.

$$\begin{cases} X = R\theta \\ Y = R \end{cases} \Rightarrow \begin{cases} \dot{X} = R\dot{\theta} \\ \dot{Y} = 0 \end{cases} \Rightarrow \dot{X}^2 + \dot{Y}^2 = R^2\dot{\theta}^2$$

그러면 라그랑지언은 다음과 같다.

$$L(\theta, \dot{\theta}) = K - U = \frac{1}{2}MR^2\dot{\theta}^2 + \frac{1}{2}m\left[2R^2\dot{\theta}^2(1 - \cos\theta)\right] - (-mgR\cos\theta)$$

$$= \frac{1}{2}MR^2\dot{\theta}^2 + mR^2\dot{\theta}^2(1 - \cos\theta) + mgR\cos\theta$$

이때 라그랑지 방정식은 다음과 같다.

$$\frac{\partial L}{\partial \theta} - \frac{d}{dt}\left(\frac{\partial L}{\partial \dot{\theta}}\right) = 0$$

$$\Rightarrow mR^2\dot{\theta}^2\sin\theta - mgR\sin\theta - \frac{d}{dt}\left[MR^2\dot{\theta} + 2mR^2\dot{\theta}(1 - \cos\theta)\right] = 0$$

$$\Rightarrow mR^2\dot{\theta}^2\sin\theta - mgR\sin\theta - MR^2\ddot{\theta} - 2mR^2\ddot{\theta}(1 - \cos\theta) - 2mR^2\dot{\theta}^2\sin\theta = 0$$

$$\Rightarrow MR\ddot{\theta} + 2mR\ddot{\theta}(1 - \cos\theta) + mR\dot{\theta}^2\sin\theta + mg\sin\theta = 0$$

작은 θ에 대해 $\cos\theta \approx 1$ 그리고 $\sin\theta \approx \theta$이므로 위 식은 다음과 같이 된다.

$$MR\ddot{\theta} + mR\dot{\theta}^2\theta + mg\theta = 0 \Rightarrow MR\ddot{\theta} + mg\theta = 0 \Rightarrow \ddot{\theta} + \frac{mg}{MR}\theta = 0$$

여기서 $\omega^2 = \dfrac{mg}{MR}$로 놓으면, 위 식의 일반해는 다음과 같다.

$$\theta(t) = \theta_0\cos(\omega t + \phi)$$

즉 진동수는 $\omega = \sqrt{\dfrac{mg}{MR}}$ 이다.

03 구면좌표계에서 속도는 식 (5.1.12)로부터 $\vec{v} = \dot{r}\hat{r} + r\dot{\theta}\hat{\theta} + r\dot{\phi}\sin\theta\hat{\phi}$임을 배웠다. 주어진 문제에서 r은 구의 반지름이므로 $\dot{r} = 0$이다. 그러므로 속도는 $\vec{v} = r\dot{\theta}\hat{\theta} + r\dot{\phi}\sin\theta\hat{\phi}$이 된다.

이때 라그랑지언은 다음과 같이 된다.

$$L = K - U = \frac{1}{2}mv^2 - mgr\cos\theta = \frac{1}{2}m\left(r^2\dot{\theta}^2 + r^2\dot{\phi}^2\sin^2\theta\right) - mgr\cos\theta$$

$$\Rightarrow \frac{\partial L}{\partial \theta} = \frac{1}{2}mr^2\dot{\phi}^2\sin 2\theta + mgr\sin\theta, \quad \frac{d}{dt}\left(\frac{\partial L}{\partial\dot{\theta}}\right) = mr^2\ddot{\theta}$$

$$\frac{\partial L}{\partial\phi} = 0, \quad \frac{d}{dt}\left(\frac{\partial L}{\partial\dot{\phi}}\right) = \frac{d}{dt}\left(mr^2\dot{\phi}\sin^2\theta\right)$$

그러면 라그랑지 방정식으로부터

$$\frac{\partial L}{\partial\theta} - \frac{d}{dt}\left(\frac{\partial L}{\partial\dot{\theta}}\right) = 0 \Rightarrow mr^2\dot{\phi}^2\sin\theta\cos\theta + mgr\sin\theta - mr^2\ddot{\theta} = 0$$

$$\Rightarrow \ddot{\theta} - \dot{\phi}^2\sin\theta\cos\theta - \frac{g}{r}\sin\theta = 0 \tag{1}$$

그리고

$$\frac{\partial L}{\partial\phi} - \frac{d}{dt}\left(\frac{\partial L}{\partial\dot{\phi}}\right) = 0 \Rightarrow \frac{d}{dt}\left(\frac{\partial L}{\partial\dot{\phi}}\right) = 0 \Rightarrow \frac{d}{dt}\left(mr^2\dot{\phi}\sin^2\theta\right) = 0$$

$$\Rightarrow P_\phi = mr^2\dot{\phi}\sin^2\theta \tag{2}$$

을 얻고 식 (2)를 (1)에 대입하면 다음과 같다.

$$\ddot{\theta} - \left(\frac{P_\phi^2}{m^2r^4\sin^4\theta}\right)\sin\theta\cos\theta - \frac{g}{r}\sin\theta = 0$$

$$\therefore \ddot{\theta} - \frac{P_\phi^2\cos\theta}{m^2r^4\sin^3\theta} - \frac{g}{r}\sin\theta = 0$$

04 이 계의 라그랑지언은 다음과 같다.

$$L = K - U = \frac{1}{2}M\dot{r}^2 + \frac{1}{2}m\left(\dot{r}^2 + r^2\dot{\theta}^2\right) + Mg(\ell - r)$$

이때 라그랑지 방정식으로부터

$$\begin{cases} \dfrac{dL}{dr} - \dfrac{d}{dt}\left(\dfrac{dL}{d\dot{r}}\right) = 0 \implies mr\dot{\theta}^2 - Mg - (M+m)\ddot{r} = 0 \\ \dfrac{dL}{d\theta} - \dfrac{d}{dt}\left(\dfrac{dL}{d\dot{\theta}}\right) = 0 \implies \dfrac{d}{dt}\left(mr^2\dot{\theta}\right) = 0 \end{cases} \tag{1}$$

인 운동방정식을 얻는다.

식 (1)의 두 번째 관계식으로부터 각운동량 P_θ는 보존됨을 알 수 있다.

$$\text{즉, } P_\theta = mr^2\dot{\theta} = \text{상수} \implies \dot{\theta} = \frac{P_\theta}{mr^2} \tag{2}$$

이를 식 (1)의 첫 번째 관계식에 대입하면 다음과 같다.

$$(M+m)\ddot{r} = mr\left(\frac{P_\theta}{mr^2}\right)^2 - Mg = \frac{P_\theta^2}{mr^3} - Mg \tag{3}$$

원운동의 경우 $\dot{r} = 0 = \ddot{r}$이므로 위 식은 다음과 같이 된다.

$$\frac{P_\theta^2}{mr_0^3} - Mg = 0, \text{ 여기서 } r_0\text{는 원의 반지름}$$

$$\implies r_0^3 = \frac{P_\theta^2}{Mmg} = \frac{\left(mr^2\dot{\theta}\right)^2}{Mmg} = \frac{mr^2\dot{\theta}^2}{Mg} \quad (\because \text{ 식 (2)로부터})$$

그러므로 다음의 조건을 만족할 때, 질량이 m인 입자는 원운동을 하고 이때의 반지름은 r_0이다.

$$mr_0\dot{\theta}^2 = Mg \tag{4}$$

즉 질량 M의 무게와 질량 m의 구심력이 같을 때 원운동을 한다.

그리고 원운동에 관해서 r에서의 작은 진동을 $\delta(t)$라고 가정하면

$$r(t) = r_0 + \delta(t) \tag{5}$$

로 표현할 수 있다. 이때

$$r^3 = (r_0 + \delta)^3 = r_0^3\left(1 + \frac{\delta}{r_0}\right)^3 \implies r^{-3} = r_0^{-3}\left(1 + \frac{\delta}{r_0}\right)^{-3} \approx r_0^{-3}\left(1 - 3\frac{\delta}{r_0}\right)$$

이를 식 (3)에 대입하면 다음과 같이 된다.

$$(M+m)\ddot{\delta}=\frac{P_\theta}{m}\left[r_0^{-3}\left(1-3\frac{\delta}{r_0}\right)\right]-Mg$$

$$=\frac{Mgmr_0^3}{m}\left[r_0^{-3}\left(1-3\frac{\delta}{r_0}\right)\right]-Mg=-3Mg\frac{\delta}{r_0}$$

$$\Rightarrow \ddot{\delta}+\left[\frac{3Mg}{(M+m)r_0}\right]\delta=0$$

그러므로 진동수 $\omega=\sqrt{\dfrac{3Mg}{(M+m)r_0}}$ 을 얻는다.

05 $H=\sum_i \dot{q}_i\dfrac{\partial L}{\partial \dot{q}_i}-L=\sum_i \dot{q}_i P_i - L \Rightarrow L=\sum_i \dot{q}_i P_i - H$

그러면 $\dfrac{\partial L}{\partial q_i}=-\dfrac{\partial H}{\partial q_i}$ 그리고 $\dfrac{\partial L}{\partial \dot{q}_i}=P_i$

이때

$$\frac{\partial L}{\partial q_i}-\frac{d}{dt}\left(\frac{\partial L}{\partial \dot{q}_i}\right)=-\frac{\partial H}{\partial q_i}-\frac{d}{dt}P_i=\dot{P}_i-\frac{d}{dt}P_i=0$$

$$\therefore \frac{\partial L}{\partial q_i}-\frac{d}{dt}\left(\frac{\partial L}{\partial \dot{q}_i}\right)=0$$

06 해밀토니안은 $H=\dot{\theta}P_\theta+\dot{\phi}P_\phi-L$ 이다. 여기서 [연습문제 3]으로부터

$L=\dfrac{1}{2}m\left(r^2\dot{\theta}^2+r^2\dot{\phi}^2\sin^2\theta\right)-mgr\cos\theta$ 이므로 $P_\theta=\dfrac{\partial L}{\partial \dot{\theta}}=mr^2\dot{\theta}$ 그리고

$P_\phi=\dfrac{\partial L}{\partial \dot{\phi}}=mr^2\dot{\phi}\sin^2\theta$ 이다.

그러면

$$H=\dot{\theta}(mr^2\dot{\theta})+\dot{\phi}(mr^2\dot{\phi}\sin^2\theta)-\left[\frac{1}{2}m\left(r^2\dot{\theta}^2+r^2\dot{\phi}^2\sin^2\theta\right)-mgr\cos\theta\right]$$

$$=\frac{1}{2}\left(mr^2\dot{\theta}^2+mr^2\dot{\phi}^2\sin^2\theta\right)+mgr\cos\theta$$

$$=\frac{1}{2}\left(\frac{P_\theta^2}{mr^2}+\frac{P_\phi^2}{mr^2\sin^2\theta}\right)+mgr\cos\theta \qquad (1)$$

이때 표준 운동방정식은 다음과 같다.

$$\begin{cases} \dot{\theta} = \dfrac{\partial H}{\partial P_\theta} = \dfrac{P_\theta}{mr^2} \\[2mm] \dot{\phi} = \dfrac{\partial H}{\partial P_\phi} = \dfrac{P_\phi}{mr^2\sin^2\theta} \\[2mm] \dot{P}_\theta = -\dfrac{\partial H}{\partial \theta} = \dfrac{P_\phi^2\cos\theta}{mr^2\sin^3\theta} + mgr\sin\theta \\[2mm] \dot{P}_\phi = -\dfrac{\partial H}{\partial \phi} = 0 \end{cases} \qquad (2)$$

여기서 $\dfrac{d}{d\theta}\left(\dfrac{1}{1-\cos 2\theta}\right) = \dfrac{-2\sin 2\theta}{(1-\cos 2\theta)^2} = \dfrac{-2\sin 2\theta}{4\sin^4\theta} = -\dfrac{4\sin\theta\cos\theta}{4\sin^4\theta} = -\dfrac{\cos\theta}{\sin^3\theta}$ 인 관계를 사용했다.

식 (2)의 첫 번째와 세 번째 관계식으로부터 P_θ을 소거하면 다음의 운동방정식을 얻는다.

$$mr^2\ddot{\theta} = \frac{P_\phi^2\cos\theta}{mr^2\sin^3\theta} + mgr\sin\theta \;\Rightarrow\; \therefore\; \ddot{\theta} - \frac{P_\phi^2\cos\theta}{m^2r^4\sin^3\theta} - \frac{g}{r}\sin\theta = 0 \qquad (3)$$

이는 라그랑지 방정식으로부터 얻은 [연습문제 3]과 같은 결과이다.

이 계의 에너지는 운동에너지와 위치에너지의 합이므로

$$\begin{aligned} E &= \frac{1}{2}m\left(r^2\dot{\theta}^2 + r^2\dot{\phi}^2\sin^2\theta\right) + mgr\cos\theta \\[2mm] &= \frac{1}{2}\left(\frac{P_\theta^2}{mr^2} + \frac{P_\phi^2}{mr^2\sin^2\theta}\right) + mgr\cos\theta \quad (\because \text{식 (6)으로부터}) \end{aligned} \qquad (4)$$

이다.

식 (1)과 (4)로부터 해밀토니안이 이 계의 에너지임을 알 수 있다.

그리고 식 (1)을 시간에 관해 미분하면 다음과 같다.

$$\begin{aligned} \frac{dH}{dt} &= \frac{P_\theta\dot{P}_\theta}{mr^2} + \frac{P_\phi\dot{P}_\phi}{mr^2\sin^2\theta} - \frac{P_\phi^2\cos\theta}{mr^2\sin^3\theta}\dot{\theta} - mgr\dot{\theta}\sin\theta \\[2mm] &= \frac{P_\theta}{mr^2}\left(\frac{P_\phi^2\cos\theta}{mr^2\sin^3\theta} + mgr\sin\theta\right) - \frac{P_\theta P_\phi^2\cos\theta}{m^2r^4\sin^3\theta} - \frac{P_\theta}{mr^2}mgr\sin\theta \\ &\hspace{6cm} (\because \text{식 (6)으로부터}) \\[2mm] &= 0 \end{aligned}$$

그러므로 H는 보존된다. 즉 입자의 에너지는 보존된다.

07 $v = \dfrac{c}{n} \Rightarrow cT(\theta_1, \theta_2) = n_1(v_1 t_1) + n_2(v_2 t_2) = n_1 \dfrac{a}{\cos\theta_1} + n_2 \dfrac{b}{\cos\theta_2}$

그리고 구속조건은 다음과 같다.

$$\ell = x + (\ell - x) = a\tan\theta_1 + b\tan\theta_2 \Rightarrow a\tan\theta_1 + b\tan\theta_2 - \ell = 0$$

이때 라그랑지언은 다음과 같다.

$$L(\theta_1, \theta_2, \lambda) = n_1 \frac{a}{\cos\theta_1} + n_2 \frac{b}{\cos\theta_2} + \lambda\big(a\tan\theta_1 + b\tan\theta_2 - \ell\big)$$

그러면 λ에 대한 라그랑지 방정식은 다음과 같다.

$$\begin{cases} \dfrac{\partial L}{\partial\theta_1} = 0 \Rightarrow \dfrac{an_1\sin\theta_1 + a\lambda}{\cos^2\theta_1} = 0 \Rightarrow -\lambda = n_1\sin\theta_1 \\[3mm] \dfrac{\partial L}{\partial\theta_2} = 0 \Rightarrow \dfrac{bn_2\sin\theta_2 + b\lambda}{\cos^2\theta_2} = 0 \Rightarrow -\lambda = n_2\sin\theta_2 \end{cases} \Rightarrow \therefore n_1\sin\theta_1 = n_2\sin\theta_2$$

08 직육면체의 부피는 $V = (2x)(2y)(z) = 4xyz$이고 구속조건은

$(x^2 + y^2 + z^2) - a^2 = 0 \Rightarrow f(x, y, z) = (x^2 + y^2 + z^2) - a^2$이다.

이때 라그랑지언은 다음과 같이 놓을 수 있고

$$L = 4xyz$$

이때 라그랑지 미정 승수법으로부터

$$\begin{cases} \dfrac{\partial L}{\partial x} - \dfrac{d}{dt}\left(\dfrac{\partial L}{\partial \dot{x}}\right) + \lambda\dfrac{\partial f}{\partial x} = 0 \\[3mm] \dfrac{\partial L}{\partial y} - \dfrac{d}{dt}\left(\dfrac{\partial L}{\partial \dot{y}}\right) + \lambda\dfrac{\partial f}{\partial y} = 0 \Rightarrow \begin{cases} 4yz + \lambda 2x = 0 \\ 4xz + \lambda 2y = 0 \\ 4xy + \lambda 2z = 0 \end{cases} \\[3mm] \dfrac{\partial L}{\partial z} - \dfrac{d}{dt}\left(\dfrac{\partial L}{\partial \dot{z}}\right) + \lambda\dfrac{\partial f}{\partial z} = 0 \end{cases} \tag{1}$$

$$\Rightarrow \begin{cases} 4xyz + 2x^2\lambda = 0 \\ 4xyz + 2y^2\lambda = 0 \\ 4xyz + 2z^2\lambda = 0 \end{cases}$$

을 얻고 이들 세 관계식을 모두 더하면 다음과 같이 미정 승수를 구할 수 있다.

$$12xyz + 2(x^2 + y^2 + z^2)\lambda = 0 \Rightarrow \lambda = -\frac{6xyz}{x^2 + y^2 + z^2} = -\frac{6xyz}{a^2}$$

이를 식 (1)에 대입하면

$$\begin{cases} 4yz + 2x\left(-\dfrac{6xyz}{a^2}\right) = 0 \\[2mm] 4xz + 2y\left(-\dfrac{6xyz}{a^2}\right) = 0 \\[2mm] 4xy + 2z\left(-\dfrac{6xyz}{a^2}\right) = 0 \end{cases} \Rightarrow \begin{cases} 1 = \dfrac{3x^2}{a^2} \\[2mm] 1 = \dfrac{3y^2}{a^2} \\[2mm] 1 = \dfrac{3x^2}{a^2} \end{cases} \Rightarrow \begin{cases} x = \pm\dfrac{a}{\sqrt{3}} \\[2mm] y = \pm\dfrac{a}{\sqrt{3}} \\[2mm] z = \pm\dfrac{a}{\sqrt{3}} \end{cases}$$

그러므로 가장 큰 직육면체의 부피는 다음과 같다.

$$V = 4\left(\frac{a}{\sqrt{3}}\right)\left(\frac{a}{\sqrt{3}}\right)\left(\frac{a}{\sqrt{3}}\right) = 4\left(\frac{a^3}{3\sqrt{3}}\right)$$

09 원점에서 (x, y)까지의 거리 제곱은 라그랑지언으로 나타내면 다음과 같다.

$$L = x^2 + y^2 = x^2 + (ax + b)^2$$

이때 라그랑지 방정식으로부터

$$\frac{\partial L}{\partial x} - \frac{d}{dt}\left(\frac{\partial L}{\partial \dot{x}}\right) = 0 \Rightarrow 2x + 2a(ax + b) = 0$$

$$\Rightarrow x = -\frac{ab}{1 + a^2}$$

그리고 $y = a\left(-\dfrac{ab}{1 + a^2}\right) + b = \dfrac{b}{1 + a^2}$

$$\therefore (x, y) = \left(-\frac{ab}{1 + a^2}, \frac{b}{1 + a^2}\right) \tag{1}$$

을 얻는다.

그리고 구속조건은 $y - ax - b = 0 \Rightarrow f = y - ax - b$ 이다.

이때 라그랑지 미정 승수법으로부터

$$\begin{cases} \dfrac{\partial L}{\partial x} - \dfrac{d}{dt}\left(\dfrac{\partial L}{\partial \dot{x}}\right) + \lambda\dfrac{\partial f}{\partial x} = 0 \\[2mm] \dfrac{\partial L}{\partial y} - \dfrac{d}{dt}\left(\dfrac{\partial L}{\partial \dot{y}}\right) + \lambda\dfrac{\partial f}{\partial y} = 0 \end{cases} \Rightarrow \begin{cases} 2x - \lambda a = 0 \\[2mm] 2y + \lambda = 0 \end{cases} \Rightarrow \begin{cases} x = \dfrac{\lambda}{2}a \\[2mm] y = -\dfrac{\lambda}{2} \end{cases} \tag{2}$$

을 얻어서, 이로부터

$$y = a\left(\frac{\lambda}{2}a\right) + b = \frac{\lambda}{2}a^2 + b \implies -\frac{\lambda}{2} = \frac{\lambda}{2}a^2 + b$$

$$(\because 식\ (2)의\ 두\ 번째\ 관계식으로부터)$$

$$\therefore\ \lambda = -\frac{2b}{1+a^2}$$

인 미정 승수를 얻는다.

이를 식 (2)에 대입하면 식 (1)과 같은 결과를 얻는다.

수리물리학

초판 1쇄 발행 | 2022년 11월 20일
초판 2쇄 발행 | 2024년 02월 20일

지은이 | 박 환 배
펴낸이 | 조 승 식
펴낸곳 | (주)도서출판 북스힐

등 록 | 1998년 7월 28일 제22-457호
주 소 | 서울시 강북구 한천로 153길 17
전 화 | (02) 994-0071
팩 스 | (02) 994-0073

홈페이지 | www.bookshill.com
이메일 | bookshill@bookshill.com

정가 28,000원

ISBN 979-11-5971-403-0